GISBERT HAEFS

HANNIBAL

DER ROMAN KARTHAGOS

HAFFMANS VERLAG

Umschlagbild von
Almut Gernhardt

1. – 30. Tausend, Frühling 1989

Alle Rechte vorbehalten
Copyright © 1989 by
Haffmans Verlag AG Zürich
Satz: Jung Satz Centrum, Lahnau
Herstellung: Franz Spiegel Buch GmbH, Ulm
ISBN: 3 251 00128 0

»... ein Teil der Mauer drehte sich.
Sie verbarg eine Art Höhle, die geheimnisvolle
Dinge enthielt, Dinge ohne Namen und von
unschätzbarem Wert. Hamilkar ging die drei Stufen hinab; aus einem silbernen Bottich nahm er ein
Lamafell, das auf schwarzer Flüssigkeit trieb, dann
stieg er wieder hinauf.«

Gustave Flaubert, *Salammbô* VII

»... Regulus *hat* das ernst gemeint ... Er kannte
Karthago, und das war (eure Prüfer werden euch
das nicht fragen, also braucht ihr es nicht zu notie-
ren) eine Art gottverlassenes Nigger-Manchester.«

Rudyard Kipling, »Regulus«, *Stalky & Co.*

Inhalt

Prolog

Die weißen Wälle des Landguts leuchteten durch die Bäume. Links kroch der Karren über die staubige Ebene. Schichten wabernder Luft verzerrten alles. Plötzlich sahen wir zwei riesige Pferde, die einen schwarzen Punkt zogen; dann einen gewaltigen Wagen, der im Himmel trieb, die Räder nach oben. Einige hundert Schritte entfernt gebückte Feldarbeiter, die zu dem kleinen Gut gehörten; sie würden uns kaum stören.

Wir hatten nachts die Bucht erreicht, wie geplant; auf Bomilkar war wie immer Verlaß. Das Schiff lag hinter Felsvorsprüngen, vom Meer aus nicht zu sehen.

»Bostar ist beinahe pünktlich.« Ich ließ mich wieder hinter dem Block nieder und grinste Bomilkar an. »Na, Kapitän?«

Er strahlte; im dunklen Gesicht blitzten die Zähne. »Acht Jahre«, sagte er leise. »Mein Vater ist ein alter Mann.« Dann kicherte er. »Wie du, Antigonos.«

Seit unserer Ächtung und Flucht aus Qart Hadasht hatten wir nie wieder punischen Boden betreten. Die Bucht lag nicht weit von den Ruinen des Landhauses, in dem ich einen Teil meiner Jugend verbracht hatte. Vor acht Jahren war es, wie alle Besitzungen der Barkiden und ihrer Freunde, zerstört worden.

»Wir sollten ihm entgegengehen. Uns kann hier wohl kaum etwas geschehen.« Ich wollte aufstehen.

Iolaos zupfte an meiner Tunika und deutete in den Himmel hinter dem Karren: Staubwolken und in einer Spiegelung ein paar Reiter mit wehenden weißen Gewändern.

»Numider!« Bomilkar sprang auf, ohne auf die Gesten des Kappadokiers zu achten. »Los, wir müssen hin. Ah, die Götter sollen Masinissa in Rattenscheiße ersticken!«

Ich zögerte einen Moment, dann winkte ich den Männern. »Los! Geduckt, vielleicht sehen sie uns nicht.«

Iolaos verzog das Gesicht. »Wie du willst, Herr.« Er steckte zwei Finger in den Mund und pfiff.

Alte Männer sind schlechte Läufer. Ich hielt das Schwert in der Hand und ging hinterher, so schnell ich konnte. Bomilkar war bei den ersten; er schwenkte beim Rennen seine kretische Waffe. Die kappadokischen Bogenschützen liefen mit langen, federnden Schritten. Feldarbeiter – Männer, Frauen und Kinder – kamen uns entgegengerannt; sie schrien und stolperten.

Ich versuchte schneller zu laufen. Das Herz, von acht Jahrzehnten müde, raste wie ein Tier im Käfig, und die Lunge schmolz zu einem kleinen Feuerball. Vor oder hinter meinen Augen kreiselten Bilder: Hamilkars Numider, die Reiter seines Schwiegersohns Naravas, hetzten flüchtende Söldner. Maharbals Numider galoppierten durch eine iberische Schlucht. Hannibals Numider, wirbelnde Gestalten, mit den leichten Pferden verwachsen, zersprengten schwere römische Reiterei, lösten deren Trupps zu tödlichen Strudeln auf. Aber dies hier waren die Reiter von Masinissa, König der Numider, Bundesgenosse Roms. Sie überfielen punische Gehöfte und Dörfer, verwüsteten den Boden, schnitten immer größere Stücke des lebenswichtigen punischen Hinterlandes ab. Und Qart Hadasht, gefesselt durch den Vertrag mit Rom, durfte keinen Krieg führen – nicht einmal in Libyen, nicht einmal zur Verteidigung.

Aus einer Staubwolke rannte eine Frau. Ihre Haare wehten hinter ihr her. Sie kreischte. Der Mund war aufgerissen. Ich hörte den Schrei nicht, ich sah ihn. Der Reiter holte sie ein. Sie rannte mit ausgebreiteten Armen. Dann blinkte das Schwert, der Kopf flog zur Seite, der Körper rannte noch ein paar Schritte weiter. Ein anderer Numider trieb einen Mann vor sich her, der ihm Gesicht und Brust zuwandte. Der Mann stieß einen langen gurgelnden Schrei aus; mit den Händen umklammerte er den Schaft des Speers, dessen Spitze aus seinem Rücken ragte. Endlich ließ der Numider los, fast unwillig. Der Mann torkelte eine kurze Strecke, dann brach er zusammen. Er lag wenige Schritte vor meinen Füßen und schrie immer noch.

Die Numider waren in breiter Linie angeritten; nun schwenkten sie ein, um den Mittelpunkt: den Wagen. Die Bogenschützen knieten in einem Halbkreis und schossen schnell, ruhig, sicher. Iolaos' Stimme gellte durch das Geschrei, das Gewieher und den Kampflärm.

»Die Pferde! Zielt auf die Pferde!«

Das entschied das Gefecht. Die Männer hatten bis dahin den eigentlichen Feind beschossen, die Numider in ihren schmutzigweißen Gewändern; die Tiere waren größer und leichter zu treffen als die Reiter.

Plötzlich, so schnell wie sie angegriffen hatten, rasten die Überlebenden davon. Es mochten vielleicht zehn oder zwölf sein; weitere zwölf lagen auf dem Boden, von Pfeilen getroffen oder unter verwundeten und toten Pferden. Ein Kappadokier hockte blutüberströmt in einer Furche; der Helm hatte den Hieb abgelenkt, die Klinge war tief in die Schulter gefahren. Ein zweiter Bogenschütze lag mit dem Gesicht im Staub des Fahrwegs; zwischen den Schultern steckte ein zerbrochener Speerschaft.

Iolaos und drei seiner Männer hielten rote Messer in den Händen; sie kümmerten sich um die Numider und ihre Pferde. Einer der Steppenreiter kroch durchs Feld, so schnell er konnte; sein linkes Bein schleifte nach. Iolaos erreichte ihn, packte mit der Linken die Haare, riß den Kopf zurück. Das Messer schien die Kehle des Numiders kaum zu berühren.

Ich wandte mich ab, immer noch atemlos, und taumelte zum Wagen. Auf dem Sitzbrett lag der Kopf des schwarzen Sklaven, der den Karren gelenkt hatte; der Rumpf war unter dem Kadaver eines der beiden Zugpferde begraben. Das zweite hatte sich losreißen können und stand etwa fünfzig Schritt entfernt an einem verkrüppelten Strauch, dessen Blätter es beschnupperte.

Bomilkar saß neben dem linken Vorderrad; er hielt den Kopf seines Vaters im Schoß. Ich kniete bei ihnen nieder. Ein abwärts gerichteter Speerstoß hatte Bostars Schlüsselbein getroffen. Unterhalb der rechten Brustwarze lag der weiße Umhang über der klaffenden Wunde; er färbte sich schnell rot.

Der alte Mann atmete schwach; die Augen waren geschlossen, und die Haut des Gesichts wurde zusehends fahl. Ich legte eine Hand an die rechte Wange. Kaltes Pergament.

»Alter Freund, hörst du mich?«

Bomilkar hielt die Hände seines Vaters fest, die sich immer wieder zum Bauch tasteten. Er starrte in den Himmel, mit blinden nassen Augen.

»Bostar, kannst du mich hören? Antigonos...«

Plötzlich blinzelte der Sterbende. »Ho, Tiggo«, murmelte er. Er brachte sogar ein kleines Lächeln zustande. »Keine Bäder mehr vor Kap Kamart. Aber alles ist auf dem Wagen.« Er keuchte; etwas rasselte in dem zerschlitzten Leib. »Besser so als krank im Bett.« Dann suchte er mit den Augen das Gesicht seines Sohnes. Ich berührte Bomilkar an der

Schulter; er riß sich von der Betrachtung des Himmels los. Ein paar Tropfen fielen auf Bostars Stirn.

»Bring mich ins Wasser.« Die Worte waren kaum noch zu verstehen.

»Söhnchen, ich gehe. Mutt...«

Bomilkar drückte ihm die Augen zu. Den letzten Ruf an Tanit – »Mutter von Qart Hadasht, ich gebe meine Ruder zurück« – hatte Bostar nicht mehr vollenden können.

Gegen Sonnenuntergang war alles an Bord gebracht. Die zehn schweren Holzkisten mit Eisenbeschlägen enthielten goldene Schekel; insgesamt etwa zwanzig Talente. Das kleine Lederpäckchen nahm ich an mich; die Glasarbeit, die ich durch einen Mittelsmann in Auftrag gegeben hatte, war unversehrt. Mit den Talenten besaß ich nun alles, was Bostar vom Rest meines und des barkidischen Vermögens hatte retten können. Ein gewaltiger Betrag von geringer Bedeutung; den größten Teil der Geschäfte hatte ich schon vor der Vertreibung Hannibals außerhalb von Qart Hadasht abgewickelt. Nun waren die letzten Verbindungen zur punischen Metropole gekappt.

Als die Kisten verstaut waren, kam Bomilkar wieder an Land. Ich legte den Arm um seine Schulter.

»Hör zu, Freund. Ich weiß nicht, wieviel davon deinem Vater gehört hat, aber ohne ihn wäre nichts davon hier. Nimm die Hälfte – als Erbe von Bostar.«

»Was ist in den Kisten?«

»*Shiqlu* – Gold. Dein Anteil sind zehn Talente.«

Er zuckte zusammen. »Du bist wahnsinnig.«

Ich klopfte ihm auf den Rücken und ging zu Iolaos, der oben auf einem Felsen hockte und kleine Steine ins Meer zu werfen versuchte. Er traf immer nur den Strand; das Wasser war zu weit.

»Was geschieht jetzt mit dir und deinen Männern?«

Iolaos kratzte sich den Bart. »Was rätst du uns?«

Ich blickte zu den Bogenschützen. Sie hatten das Zugpferd eingefangen und zusammen mit einem unverletzten Numiderhengst angespannt. Ihre Beutel, die Bogen und die Köcher lagen bereits auf dem Karren. Die Kappadokier, die für Sparta irgendwelche Hinterland-Scharmützel bestritten, hatte ich im Hafen von Pylos gefunden und in Sold genommen – eine Maßnahme, die mir selbst zunächst als überflüssig erschienen war.

Der Verwundete war verbunden; den toten Schützen hatten sie ohne große Zeremonien mit den Numidern in eine Grube geworfen. Vom Landgut her näherten sich ein paar Leute; einer kam zu Pferd, vermutlich der Verwalter oder der Besitzer. Die übrigen waren Arbeiter, die vor den Numidern hatten entkommen können.

»Ich weiß es nicht. Soll ich euch mitnehmen und wieder in Pylos absetzen? Es wird eng, aber...«

Iolaos runzelte die Stirn. »Es gibt doch sicher Verwendung für gute Bogenschützen. Hier, in Karchedon, in einer der anderen Städte.«

Der Berittene hielt neben uns und sprang ab; ein großer, hagerer Punier mittleren Alters. Er war der Besitzer des Guts und dankte für unser Eingreifen. Er stellte keine Fragen; in dieser Lage wäre es unhöflich gewesen. Aber es war zu sehen, daß die Neugier in ihm nagte.

»Karchedon?« Er winkte ab, als ich ihn um Rat fragte. Dabei musterte er die vierundzwanzig Kappadokier. »Karchedon hat keinen Bedarf an Kriegern.« Er lachte auf. »Bedarf ist gut – aber es wird nicht gehen.« Sein Hellenisch war sauber, wenn auch nicht ohne Akzent.

»Wir wissen, daß die Hände gebunden sind«, sagte ich auf Punisch; sein Gesicht erhellte sich. »Qart Hadasht ist nicht mehr, was es war. Aber wie steht es mit Ityke oder Hipu?«

Er überlegte lange. »Ityke, am besten«, sagte er schließlich zögernd. »Aber« – er ging wieder zur Koine über – »ich will euch gern über Nacht bei mir unterbringen. Dann können wir alles bereden. Es gibt hier viele junge Witwen; und manche Bogenschützen, habe ich gehört, können auch Land bebauen.«

Iolaos zwinkerte. »Witwen? Nun ja, man wird sehen.«

Ich stand auf. »Ihr wollt also zunächst bleiben? Gut. Ich danke euch noch einmal.« Ich löste den Beutel vom Gürtel und warf ihn Iolaos zu; es klirrte, als er ihn auffing. Die Männer grinsten und knurrten beifällig.

Im Dunkel legten wir ab. Bostars Leichnam war in weißes Tuch gehüllt und mit Seilen umwickelt; ein Ankerstein, den Stricke mit seinen Füßen verbanden, würde meinen alten Freund auf den Boden des Meeres bringen.

Bomilkar übergab das Seitenruder dem Steuermann und trat zu mir. Ich lehnte an der Tür zum Heckraum. Die Matrosen hatten die Lotleine eingeholt; sie saßen hinter der Bugverkleidung und aßen. Einer summte mit vollem Mund eine scheußliche Melodie, wenn es nicht nur zusammenhanglose Töne waren. Die Nacht war mondlos; alle Sterne, die Bomilkar zur Orientierung brauchte, waren gut zu sehen. Das Segel stand ein wenig schräg; der kräftige Landwind aus dem Südwesten füllte es und trieb uns nach Osten.

»Wohin?«

»Alexandreia.«

»Und dann?«

Ich räusperte mich. »Athen; danach Bithynien.«

»Ach du liebe ... Was willst du denn da?« Bomilkar sah mich von der Seite an.

Ich grinste. »Jemanden besuchen.« Ich deutete auf Bostars Leichnam, der mittschiffs auf mehreren Packen und Ballen lag. »Wann willst du es tun?«

Bomilkar gab keine Antwort. Langsam ging er nach vorn und setzte sich neben seinen toten Vater.

»Antigonos aus Kalchedon?« Die Stimme war voll und weich, dabei irgendwie angstvoll.

Ich blickte vom Tisch hoch. Die junge Frau stand barfuß auf dem Steinboden der Lagerhalle; der Arbeiter, der sie zu mir geführt hatte, blickte fragend. Ich entließ ihn mit einer Handbewegung; er verschwand zwischen den Säcken und Ballen.

Sie mochte sechzehn oder siebzehn Jahre alt sein. Ihr Chiton war ausgefranst und schmutzig. Oberarme und Schultern – soweit sichtbar – waren übersät von blauen Flecken. Auch über einem der Backenknochen war die sahnige Haut blutunterlaufen, und in den schwarzen Augen steckte Schmerz.

»Nicht Kalchedon«, sagte ich. »Karchedon.«

Sie zögerte. »Du siehst aber nicht aus wie ein Punier, Herr; und diese Botschaft ist Hellenisch.«

»Ich bin Punier *und* Hellene. Gib her.« Ich streckte die Hand aus.

Fast widerstrebend reichte sie mir ein Stück Pergament, zusammengerollt und mit einem schwarzen Wollfaden umwickelt. Ich nahm das kleine Messer vom Tisch, zerschnitt den Faden und las. *Baals Gnade durch Tanit von Gadir.* Ich lächelte.

»Du verstehst das, Herr?«

»Ja, ich verstehe das.« Ich blickte sie nachdenklich an; Freude über das

bevorstehende Wiedersehen mischte sich mit Mißtrauen dieser geprü-
gelten Sklavin gegenüber. »Wer hat es dir gegeben?«

»Ein Mann hat es dem Hafenmeister gegeben, meinem Herrn, und
mein Herr mir.«

»Woher weißt du, daß die Botschaft Hellenisch ist und daß man sie
nicht leicht versteht?«

Sie hob die Achseln; das leichte Lächeln blieb um ihren Mund, reichte
aber nicht bis zu den dunklen Augen. »Der Hafenmeister hat es gelesen
und etwas geknurrt. Dann hat er es mir gegeben, ohne den Faden wieder
darum zu wickeln.«

»Du kannst also lesen?«

»Und schreiben, Herr. Aber der Hafenmeister weiß das nicht.« Sie
blickte zu Boden, dann hob sie die Augen und sah mich an.

»Gut. Geh jetzt. – Ah, noch etwas. Wirst du seekrank?«

Diesmal lächelten auch ihre Augen, allerdings verhalten. »Nein, Herr.
Und der Name ist Korinna.«

Ich deutete auf das gleißende Licht des Eingangs. Sie warf mir noch
einen langen fragenden Blick zu, dann ging sie hinaus in den heißen Mittag.

Ich setzte mich wieder an den Tisch und nahm die Warenrolle in die
Hand. Meine Gedanken waren jedoch mit anderem befaßt. *Khenu Baal*,
Gnade des Baal – Hannibal erwartete mich, wenn die Sonne über dem
verlorenen Gadir im fernen Westen stehen würde, in oder bei einem
Artemis-Heiligtum. Ich hatte gehofft, ihn hier in Nikomedeia zu sehen,
aber angesichts der wirren Vorgänge und des beginnenden Kriegs zwischen Bithynien und Pergamon konnte ich nicht sicher sein. König Prusias mochte seinen berühmten Gast mit wer weiß welchen Unternehmungen betrauen. Niemand in der Stadt wußte etwas.

Dann das Mädchen. Sie wirkte beherrscht, klug, war offenbar gebildet; ich konnte ihren kaum merklichen Akzent nicht einordnen. Vermutlich stammte sie aus Kreta oder von einer der kleineren südhelleni-
schen Inseln und war im Verlauf des Kriegs zwischen Rom und Antiochos irgendwessen Beute geworden, als Kind. In Karchedon hatte man
Sklaven gut behandelt – ohne große Gefühle, einfach als wertvolle Ware.
Sklaven hatten im Krieg gegen die Söldner die Stadt verteidigt und tapfer
gekämpft. In den meisten Städten des hellenischen Teils der Oikumene
wäre derlei unvorstellbar; in all den Jahren hatte ich mich nicht daran
gewöhnen können, daß Sklaven schlechter behandelt wurden als Vieh.

Das Mädchen konnte lesen und schreiben; mein letzter Schreiber – ein Alexandriner – war auf der Fahrt von Ägypten nach Bithynien unausgesetzt seekrank gewesen, obwohl das sommerliche Meer wahrlich keinen Anlaß dazu bot.

Außerdem war sie hübsch. Ah ja, die Regsamkeit des Fleisches. Nach achtzig Jahren hätte sie nicht nur nachlassen, sondern aufhören sollen. Aber die Fortdauer der Gelüste sollte einem Greis nur dann zur Klage gereichen, wenn ihm die Möglichkeiten fehlen, diesen Lüsten nachzugehen.

Mit Hilfe des Alexandriners, der in Nikomedeia bleiben würde, beendete ich die Warenlisten. Die baktrische Karawane hatte die Stadt wieder verlassen, um noch vor Beginn des Winters die persischen Grenzberge zu passieren. Und um aus den bithynisch-pergamenischen Gebieten zu verschwinden, ehe Prusias und Eumenes mit dem neuesten hellenischen Wahnsinn Ernst machten.

Salzfisch aus dem Euxeinischen Meer, Honig aus Kolchis, große Räder bithynischen Käses, Nüsse aus Paphlagonien; hinzu kamen einige der Waren, die die Karawane gebracht hatte – Musselin und Seide in Ballen; Holzkisten mit Schildpattscheibchen; ein paar Ledersäcke voll dunkelroter Karneole; Lavendel; Kassia und Kinnamon. Insgesamt war es eine gute Ladung. Die punischen Elfenbeinschnitzereien, die Glas- und Goldarbeiten, dazu attisches Öl – was ich in Nikomedeia ausgeladen hatte, war verkauft, und was ich nun einlud, hatte nicht mehr als acht Zehntel des Verkaufserlöses gekostet und mußte mir fast das Doppelte einbringen. Ich überschlug noch einmal Einnahmen und Ausgaben, markierte einige Kisten und Ballen und sah zu, wie stämmige Thraker mit dem Beladen der Karren begannen.

In einem Bretterverschlag am Ende der Halle fand ich die kleine Schachtel. Das Pulver im Säckchen war weiß und roch, wie es riechen sollte. Aus meinem Reisebeutel nahm ich die wunderbare kleine Glasarbeit einer punischen Werkstatt.

Das Fläschchen hatte die Form eines weiblichen Rumpfs, ohne Arme und Beine. Die Brüste waren hoch und steil. Der Stöpsel war mit einer Art Halsschmuck verziert; darüber, aus einem Saphir geschnitten, das feine Gesicht einer jungen Punierin. Die Ähnlichkeit war verblüffend. Durch Flaschen-»Hals« und Unterteil des Stöpsels war eine hauchdünne Goldkette geführt, die Flasche und Stöpsel ohne jedes Spiel zusammenhielt. Man konnte sie am Hals tragen.

Meine Gedanken sprangen achteinhalb Jahre zurück, in eine Zeit des Bedauerns und der Wehmut. Ich seufzte leise; dann öffnete ich den Ring, der die Kette schloß, zog sie vorsichtig aus den winzigen Öffnungen, entfernte den Stöpsel und schüttete das weiße Pulver in den Frauenrumpf.

Auf den Sockelvorsprüngen der bräunlichen Marmorsäulen des Portals bildete weißer Taubendreck verwirrende Muster. Die königliche Bank oberhalb des Hafengeländes war angenehm kühl. Ein Bankbüttel mit vergoldetem Muskelpanzer und ungeheurem Helmbusch führte mich durch das Gedränge des Saals.

Hippolytos stand auf, als er mich sah, kam mir bis zum Durchgang entgegen, ergriff meinen rechten Unterarm und schickte den Büttel fort. Dann zog er die schweren Vorhänge aus golddurchwirktem pergamenischen Wollstoff zu und deutete auf einen Scherenstuhl. Das Leder war einfach, aber die Lehnen waren mit Elfenbeineinlagen geschmückt.

»Es ist gut, dich zu sehen.« Er zupfte an seinem seltsamen Umhang – Baumwolle mit Purpurrand, am Hals verschlossen durch zwei goldene Spangen und eine Goldkette – und ergänzte, mit fein abgewogener Verzögerung: »Oheim.«

Ich wartete, bis er sich hinter seinen mit Rollen und Schalen überladenen Tisch gesetzt hatte. Sein Gesicht war grau, die Augen unterhöhlt. »Laß das; sonst muß ich grübeln, wie ich den Enkel eines Vetters meines Vaters anreden soll. – Aber du siehst schlecht aus.«

Er fuhr sich über die Augen. »Ja. Ich fühle mich auch so. Diese Kriegsbewirtschaftung... Prusias und seine unsinnigen Pläne machen das Geld knapp und den Spielraum sehr eng, und nicht alle Kunden verstehen es. Dazu Sonderlisten, Sonderabgaben, Berechnung der Besteuerung aufgelaufener Zinseszinssummen; und alles bis vorgestern. Aber du bist sicher nicht hier, um meine Klagen anzuhören.«

Ich setzte ihm auseinander, was ich zu tun beabsichtigte: Auflösung meines Guthabens bis auf einen kleinen Rest, der dem bisherigen Verwalter und hinfort Teilhaber meines Geschäfts verbleiben sollte. Hippolytos wühlte; schließlich zog er eine Rolle aus dem Stapel, der nur durch eine bleierne Nachbildung des Sphinx auf dem Tisch gehalten wurde.

Mein Guthaben belief sich auf fünfundvierzig Talente, siebenundzwanzig Minen, fünfundfünfzig Drachmen und vier Obolen, einschließlich des Zinses für das laufende Jahr. Unter der Kriegsbewirtschaftung ließ König Prusias allerdings nicht zu, daß mehr als ein Fünftel eines beliebigen Guthabens entfernt oder gar außer Landes gebracht wurde. Die Bestände der königlichen Bank... Elf Talente Silber entsprachen zur Zeit einem Talent Gold; drei Talente Gold einem Talent in Perlen. Wir vereinbarten, daß zweitausendvierhundert Goldstater, etwa ein Fünftel des Guthabens, auf das Schiff gebracht werden sollten; ein Händler namens Hephaistion, der der Bank Geld schuldete und vor kurzem eine Perlenlieferung erhalten hatte, würde durch sanften Druck gezwungen werden, mein Guthaben zu übernehmen und mir die Perlen zu übergeben – außerhalb der Bank, außerhalb der Vorschriften von Prusias.

Schließlich erfuhr ich, daß der Hafenmeister ebenfalls Bankschulden hatte; eine kretische Sklavin sollte nicht mehr als fünf Minen kosten, und Hippolytos gab mir zur Bekräftigung meines Sklavinnenwunschs einen Beauftragten der Bank mit, der den Hafenmeister erinnern würde. Kurz vor Sonnenuntergang lieferte ich Korinna auf dem Schiff ab und bat Bomilkar, für Essen, warmes Wasser und frische Kleidung zu sorgen. Sie küßte meine Hand, ehe ich mich dagegen verwahren konnte.

Der kleine Hügel westlich der Stadt bot einen prächtigen Blick auf den astakenischen Meerbusen, Nikomedeia, den Hafen und die Berge. Das Wasser schillerte von blaugrün nach schwarz hinüber; die kleinen Boote der Nachtfischer verließen den Hafen, wie an einer Schnur aufgereiht. Rechts unterhalb des Hügels begann der lichte Wald um den Palast des Prusias; die Mauern und Türme glommen grellweiß im Laub.

Ich setzte mich auf den Sockel einer umgestürzten Säule. Die Ruinen des alten Artemis-Heiligtums waren gut geeignet für ein melancholisches Wiedersehen. Moos und Flechten hatten die meisten Steine erobert; nur in der Mitte der Fläche stand noch eine rissige Säule aufrecht.

Er kam schnell bergauf, beinahe im Trab, federnd wie ein junger Mann. Sein Atem war kaum beschleunigt. Einen Moment lang legte er seine Wange an meine; dann schob er mich von sich, legte die Hände auf meine Schultern und sah mich an. Die Jahre – er mußte, überlegte ich, einundsechzig sein – hatten ihn nur wenig gezeichnet. Vielleicht war der Nasenrücken etwas schärfer, und sicher hatten sich die Fältchen um das linke Auge zu dichterem Netzwerk zusammengezogen. Aber der Blick war scharf und kühl wie immer, das Haar kaum angegraut, die Brauen und der Bart tiefschwarz.

»Es ist gut, dich zu sehen, alter Freund. Du bist nicht vergreist, wie ich sehe.« Hannibal lächelte.

»Wozu die Heimlichtuerei? Ich denke, du bist Gast des Königs. Allerdings wußte ich nicht, ob du in Nikomedeia oder bei irgendeinem wahnsinnigen Unternehmen bist.«

»Wahnsinnig ist richtig.« Er deutete hinter sich. »Hast du den sogenannten Kriegshafen des Fürsten gesehen?«

Ich blickte hinab, dorthin, wo vier alte Trieren, zwei Penteren und ein Rudel räudiger kleiner Segler lagen. »Die stolze Flotte, ja. Und?«

Hannibal grinste. »Prusias läßt mich beobachten. Er hat furchtbare Angst vor all den Listen, die ich gegen ihn verwenden könnte. Jedenfalls hat er immer zwei oder drei Spitzel auf mich angesetzt. Hier oben kann ich sie von weitem sehen; außerdem ist das mein üblicher Abendspaziergang.«

»Deshalb die heimliche Botschaft. Wo warst du in den letzten Jahren? Ich hörte Gerüchte über Armenien.«

Er seufzte und lehnte sich an die einsame Säule. »Ja. Ich war bei König Artaxias, habe seine Wälder und Straßen von Räubern gereinigt und ihm eine Stadt entworfen. Aber...« Er deutete auf das schwarze Wasser, das tief unter uns im Schatten der Berge lag. Jenseits, auf dem südlichen Ufer, konnten wir noch einen roten Sonnenrand sehen.

»Was aber? Das Meer?«

Hannibal sah mich an; in dem Blick des einsamen Auges lag eine seltsame Mischung von Gefühlen. Trauer, Trotz, Sehnsucht, Abwehr, Entsagung, Hochmut... »Du bist doch auch so einer«, sagte er halblaut.

»Also deshalb. Du magst dieses Meer nicht verlassen.«

Er verschränkte die Arme. Wie üblich trug er nur einen einfachen Chiton, einen schlichten metallbesetzten Brustschutz, Sandalen; wie üblich steckte in seinem Gürtel Ylans Stichschwert.

Hannibal bemerkte meinen Blick und klopfte auf die Waffe. »Dein schärfstes und treuestes Geschenk. Hat mich nie im Stich gelassen.«

»Aber was willst du jetzt tun, mit oder ohne Schwert? Dieses Meer...«

Er hob die Hand. »Dieses Meer, dieses Salz, diese Luft, diese Winde. Die Berge und Buchten und Menschen. Ich weiß; es ist beinahe ein römischer Binnensee geworden. Aber trotzdem. – Wie sieht es zuhause aus?«

»Qart Hadasht blüht. Die Versäumnisse der Vergangenheit sind nicht gutzumachen, aber noch blüht der Handel, und deine Neuordnung hat für eine feste Grundlage gesorgt. Es wird nicht mehr so viel bestochen; die hohen Beamten werden gewählt, nicht mehr auf Lebenszeit eingesetzt. Aber...«

»Aber was?«

»Masinissa.« Ich berichtete von dem numidischen Überfall, den ich selbst erlebt hatte, und ergänzte den Bericht durch Kenntnisse, die ich anderen verdankte – Händlern, Reisenden, Matrosen. Masinissa hatte einen Traum – den Traum von einem großen numidischen Reich, mit Qart Hadasht als Hauptstadt. Die von den Römern festgelegten Grenzen waren schwammig und konnten beliebig gedeutet werden; Senat und Volk von Rom dachten nicht im Traum daran, Karchedons blutende Grenze und die dauernden Gebietsverluste zur Kenntnis zu nehmen. Außerdem hatte Rom genügend andere Sorgen. Krieg in Iberien, wo die Stammesfürsten längst begriffen hatten, daß ihre neuen Herren sie zu Knechten machten; für Qart Hadasht waren sie Bundesgenossen mit innerer Selbständigkeit gewesen. Aufstände bei den Kelten und Illyrern, Unzufriedenheit bei den italischen Bundesgenossen, Gezeter bei den Hellenen, Schwierigkeiten mit den eigenen Bauern und Landsklaven.

»Ah ja, die Numider.« Hannibal verschränkte die Arme wieder. Um den Mund legte sich ein harter und zugleich bitterer Zug. »Wie du sagst – die Versäumnisse der Vergangenheit. Mein Vater und Hasdrubal haben es nicht geschafft, Stadt und Hinterland zur Einheit zu machen; der Rat wollte lieber Knechte. Weißt du eigentlich, daß ich vor Jahren mit Scipio über eine Änderung des Vertrags beraten habe? Schriftlich?«

Ich blickte ihn sehr erstaunt an. »Nein.«

»Ah, mein Freund, es gab so viel zu tun, und später so viele andere wichtige Dinge..« Er zupfte an der Klappe über dem toten rechten Auge. »Ja, wir haben einander geschrieben. Ich habe ihm angeboten, Qart Hadasht zum römischen Bundesgenossen zu machen. Dafür sollte Rom die alten Städte Tabraq, Sikka und Thiouest als westliche Grenzfestungen des punischen Reichs anerkennen, eine Linie zwischen ihnen als Grenze; und im Osten Lepqy.«

»Hat er geantwortet?«

»Er wollte sich in Rom dafür einsetzen. Und dann...«

Er sprach nicht weiter; es war auch nicht nötig. Dann hatten die Grundherren und ehemaligen hohen Beamten Karchedons nach Rom gemeldet, Hannibal plane einen neuen Krieg; die Römer forderten seine Auslieferung, und er mußte fliehen. Wie ich. Wie viele andere.

»Was willst du jetzt noch tun? Außer das Meer betrachten und die Luft einatmen?«

Er lachte. »Was ich am besten kann – Unruhe stiften. Morgen läuft die gewaltige Kriegsflotte des großen Königs Prusias unter dem neuen Nauarchen Hannibal aus, um die Nußschalen von Pergamon zu versenken.«

»Das ist doch nicht dein Ernst! Pergamon hat...«

»Ich weiß. Die beste und größte Flotte nach Rom, Ägypten und Rhodos. Trotzdem. Ich weiß, wie man es machen muß.«

Ich ging zu ihm und legte ihm die Hände auf die Schultern. »Hannibal, komm zu dir! Selbst wenn es zu schaffen ist – auch ohne seine Flotte ist Eumenes den Bithyniern unendlich überlegen! Und er ist mit Rom verbündet.«

»Ich weiß. Aber bis ein römisches Heer losgeschickt wird und hier eintrifft, ist alles längst vorüber. Es gibt nur einen schwachen Punkt.«

»Du irrst. Es gibt viele. Pergamon hat Geld und Waffen und ein gutes Heer. Prusias hat nur ein paar tausend Mann. Nicht zu reden von der Flotte...«

Hannibal zwinkerte. »Vergiß die Flotte. Was das Heer angeht: Eumenes muß, um den Krieg schnell zu entscheiden, an die euxeinische Küste vorstoßen. Nur so kann er Bithynien von armenischer Hilfe oder Nachschub aus Kolchis abschneiden. Auf dem Weg zur Küste muß er bestimmte Wege gehen. Ich kenne alle Wege, und jeder Weg, den er nimmt, führt zu mindestens drei Stellen, an denen ein paar tausend Mann jede Übermacht vernichten können.«

Ich holte tief Luft. »Da du es sagst... Aber was ist die Schwachstelle?«

Hannibal spuckte aus. »Prusias. Das gleiche wie bei Antiochos.«

»Aller Ruhm dem siegenden König, der deswegen die Vorschläge des großen Feldherrn nicht befolgen will?«

»Du sagst es, Freund.«

»Aber was soll denn dann alles?«

Ich konnte seinen Gesichtsausdruck nicht deuten; im zunehmenden Zwielicht schien er Teil der einsamen Säule zu sein.

»Nichts.« Kein Unterton, weder Bitterkeit noch Hohn.

»Nichts? Ja, aber...«

Er löste sich von der Säule und kam zu mir, setzte sich auf den gestürzten Sockel. »Dieses römische Meer«, sagte er halblaut.

Ich verstand ihn, aber dann doch wieder nicht. Er konnte nirgends hingehen, an diesem Meer. Iberien ist römisch; die nordwestliche Küste Libyens fällt immer mehr Masinissas Reich zu; Qart Hadasht hatte ihn ausgestoßen, auch die anderen punischen und libyphönikischen Städte würden nicht wagen, ihn aufzunehmen; Ägypten schwankte zwischen Selbstbetrachtung und Auseinandersetzungen mit dem Reich der Seleukiden und würde sich hüten, den Verfemten gegen den Willen Roms willkommen zu heißen; das Buch Hannibal und die Seleukiden hatte in Magnesia geendet, wenn nicht schon vorher bei den Thermopylen, als der große Stratege ohnmächtig zusehen mußte, wie die weit überlegenen seleukidischen Heere, unter einem zaudernden König, von den Legionen Roms zerfetzt wurden; die hellenischen Staaten Asiens waren, bis auf Bithynien, römische Bundesgenossen; ebenso Massalia in Gallien.

»Und die Hellenen sind Sklaven«, sagte ich; es war eher ein lauter Gedanke.

Hannibal knurrte. »Knechte, nicht Sklaven. Sklaven können nichts für ihr Los, sie werden gezwungen. Athen, Korinth, Sparta, Makedonien, mit ihrem kindischen Gezänk untereinander, machen sich selbst zu Knechten.«

Ich legte die Hand auf seinen Arm und blickte ihn eindringlich an. »Komm mit mir. Ich bin dabei, meine Geschäfte aufzulösen. Ein Teil des Geldes gehört sowieso dir. Alexandreia ist eine halbwegs freie Stadt; bis der nächste römische Gesandte deine Auslieferung fordert. Wenigstens ein paar Tage wirst du dort bleiben dürfen – bis ich mit dem Auflösen fertig bin.«

»Und dann?«

Ich hob die Arme. »Die Weihrauchküste. Auch das indische Meer ist salzig. Oder die alten punischen Städte jenseits der Säulen des Herakles – Liksh, Qart Hanno, die Glücklichen Inseln. Oder Indien...«

Er lachte, ein wenig gequält. »Zwei Greise spielen Ausreißen, was? Oh Tiggo, vergiß es. Ich muß Dinge tun, bewegen, in Gang setzen. Glaubst du, nach über sechzig Jahren lerne ich es noch, in einer Ecke zu sitzen, Wein zu trinken und die Welt zu beschauen?«

»Aber dies hier, dein bithynisches Abenteuer, das ist doch vollkommen sinnlos!«

»Oh nein, das ist es nicht. Es gibt eine Möglichkeit.«

»Welche? Wozu?«

»Wenn Prusias auf mich hört – wenn er mich arbeiten läßt, ist Pergamon zu schlagen. Diese wankende Ecke hier oben am Bosporos läßt sich auf gute Fundamente stellen.«

Nikomedeia sei, sagte er, nicht die geeignete Stadt, wegen ihrer Lage; sinnvoller sei eine große Neugründung unmittelbar am Bosporos, oder der Ausbau einer bereits bestehenden Polis – etwa Byzantions, das leider römischer Bundesgenosse sei. Die Landenge zwischen Europa und Asien, mit den Bergen, Erzen und unendlichen Steppen des Nordens, den alten Reichen im Osten, den hellenischen Staaten, Land und Meer, Handelswege – ein neues großes hellenisches Zentrum, weit genug von Rom entfernt, um dem Senat nicht unmittelbar als Bedrohung zu erscheinen, trotzdem nicht außerhalb der Oikumene – eine Drehscheibe des Handels und der politischen Einflüsse, mit einer guten Flotte und einem geordneten Heer mühelos zu verteidigen …

Gegen meinen Willen mußte ich zugeben, daß es nicht nur eine winzige Möglichkeit war, sondern eine sehr große und erstrebenswerte, ein vollkommen überzeugender und gewaltiger Entwurf. Eine Metropole im Osten der Oikumene, Zentrum und Nabel für alles zwischen Baktrien und Hellas, den skythischen Steppen und Arabien.

»Und früher oder später«, sagte er, »werden sogar die zänkischen hellenischen Dörfer wie Athen und Sparta begreifen, daß es für sie keine andere Wahl gibt. Rom trampelt alles nieder. Die Städte auf Sizilien haben unter punischer Herrschaft ihre Einrichtungen und Sitten behalten und gepflegt – jetzt ist dort alles so, wie Rom es haben will. Eine Sprache, ein Gesetz, eine Moral, eine Verwaltung. Wahrscheinlich erfinden sie früher oder später auch noch einen einzigen Gott; widerlich.«

Eine Metropole für Makedonen, Skythen, Thraker, Armenier, Perser, Mesopotamier, Araber, Hellenen – hundert Sprachen und hunderttausend Gebräuche, als Bündnis oder Reich, Einheit in Vielfalt, gegenüber dem römischen Monolithen und seiner Vergewaltigung von allem Andersartigen? Die Scherben des Bildes, das Alexandros hinterlassen wollte, könnten sich ohne Zwang, zum eigenen und gegenseitigen Vorteil, um eine neue Mitte zu einem neuen Bild zusammenfügen; keine der einzelnen Scherben – Hellas, Makedonien, Syrien, Ägypten, Pergamon … – konnte je die anderen um sich kitten; bald mußten die Sandalen der Legionen alle Scherben zertreten, und aus dem Grus würden in einem gewalttätigen Brennofen die Stückchen für ein ödes Einheitsmosaik geformt werden. Aber eine neue Mitte, am Schnittpunkt der See- und Landverbindungen!

»Du mußt Prusias . . .« Ich ließ das Ende offen.

Hannibal seufzte. »Du vergißt sechshundert Jahre Feindschaft zwischen Hellenen und Puniern. Ein punischer Feldherr, mit Staub und Ruhm bedeckt und sowieso alt, das mag angehen. Aber ein punischer Herrscher? Und Prusias' Söhne sind Schwachköpfe.«

Immer wieder kehrten meine Gedanken zu seinem Plan zurück; die Kühnheit und Ungeheuerlichkeit des Entwurfs raubten mir fast den Atem. Und alles war so offensichtlich – eine große reiche Stadt würde die ohnehin nicht weit entfernt verlaufenden Hauptstränge des Handels sofort, ohne jede Anstrengung, an sich ziehen und verknoten. Und alles hing nur davon ab, daß ein feister Kleinkönig drei Augenblicke lang den größten Strategen der Geschichte gewähren ließ.

»Aber Pergamon ist mit Rom verbündet«, sagte ich schließlich. »Wenn Eumenes alles verliert, werden die Legionen kommen.«

Hannibal stützte das Kinn in die Hand. »Das muß nicht sein. Ich will Pergamon nicht vernichten, nur ein wenig . . . begrenzen. Das Angebot zur Zusammenarbeit ist fertig; es bietet Eumenes so viele Vorteile, daß er nach der Niederlage seiner Truppen sofort zugreifen wird. Und eine Gesandtschaft an Rom wird dort einen Freundschaftsvertrag und Zusammenarbeit bei einem viel gewaltigeren Plan anbieten.«

Im fahlroten Zwielicht, das vom westlichen Himmel noch auf den alten Tempel fiel, wirkte er plötzlich zeitlos jung; ich erwartete einen Moment lang, daß er gleich die Augenklappe abnehmen und ein neugewachsenes Auge zeigen würde. »Was für ein Unternehmen denn noch?«

»Die gemeinsame Eroberung und Besiedlung der skythischen, thrakischen, keltischen und germanischen Gebiete bis zum Istros. Danoubis, sagt man hier, glaube ich.«

Wir schwiegen sehr lange; bis kaum noch Sonnenlicht am Himmel war und der fast volle Mond alles mit Geistermolke überspülte.

»Manche Dinge sind für einen greisen Händler zu groß«, sagte ich endlich heiser.

Er schien mich nicht gehört zu haben. »Wenn sie es annehmen und Hände und Arme nach Norden recken, entblößen sie im Süden ihren Bauch. Und wenn sie es ablehnen, wird es sie zumindest solange beschäftigen, daß sie nicht gleich auf uns losgehen können.«

Ich murmelte irgendetwas Bedeutungsloses; er wandte sich wieder zu mir. »Ich habe Rom nie gehaßt«, sagte er halblaut und bitter; »du weißt es, Tiggo. Rom oder Syrakosai oder Petra oder Athen – alle haben das gleiche Recht. Ich wollte nur, daß Rom dieses Recht auch Qart Hadasht zugesteht. Aber Rom gesteht es niemandem zu, nur sich.«

»Und was, wenn alles scheitert? Wenn Prusias dich nicht frei handeln läßt?«

Er zuckte mit den Schultern. »Dann geht das letzte Stückchen Küste, an dem ich mich noch aufhalten darf, auch verloren.«

Langsam streifte ich die dünne Goldkette über meinen Kopf. »Ein indisches Pulver«, sagte ich leise. »Wenn man Wasser oder Wein hat, geht es besser, aber in der Eile kann man das Pulver auch einfach so schlucken. Schnell und ohne Qual.« Ich reichte ihm Kette und Fläschchen.

»Ich danke dir, Freund.« Hannibal streckte die Hand aus. Dann zuckte er zusammen; ich sah im Mondlicht, daß seine Gesichtszüge die Fassung, die Haltung verloren, wie Schiffe einer Flotte, die jäh von Sturm und Flut durcheinandergetrieben werden.

»Elissa.« Er bewegte kaum die Lippen, starrte auf das Abbild der schönen Punierin, die er geliebt und die seinen Sohn getragen hatte.

»Vielleicht mein letztes Geschenk, Gnade des Baal.«

Er blickte von der Giftflasche auf. »Sie wird im letzten Moment bei mir sein.« Er befestigte die Kette um seinen Hals. »Du hast einen schwarzen Witz, Tiggo. Auch dafür habe ich dich immer geliebt.«

Am frühen Morgen liefen Bithyniens Kriegsschiffe aus. Im Hafen wurde gejubelt; Prusias winkte huldreich aus seiner Sänfte. Die Leute schwenkten Tücher, bis die armselige Flotte kaum noch zu sehen war.

Bomilkar trat neben mich, stellte einen Fuß auf die niedrige Reling und spuckte ins trübe Hafenwasser. »Da sind mehr Holzwürmer als Seeleute an Bord. Prusias ist ein gerissenes Schwein.«

Korinna blickte ihn fragend an. Ich hatte den rechten Arm um ihre Schultern gelegt; nach gewissen Nächten hat ein alter Mann das Recht, sich auf eine junge Frau zu stützen.

»Wenn Hannibal das Wunder schafft, mit diesen lecken Kähnen«, sagte der Punier, »kann Prusias einen Triumph feiern. Und wenn, was wahrscheinlicher ist, Pergamon die Seeschlacht gewinnt, ist Prusias seinen lästigen Gast los und kann so tun, als ob alles Hannibals Idee war.«

Es war tatsächlich gelungen, das Unternehmen bis zum frühen Morgen geheimzuhalten. Die Schiffe waren völlig überladen ausgelaufen; alle möglichen seltsamen Geräte hatte man an Bord gebracht, dazu neben den Besatzungen und Rudermannschaften auch noch Bogenschützen und fast tausend Fußsoldaten.

Ich verbrachte die nächsten beiden Tage mit der Abwicklung meiner restlichen Geschäfte und der Übergabe des Lagers an meinen Verwalter, den ich zum Teilhaber machte; die Nächte mit Korinna, an Bord des Schiffs. Vielleicht war es der nahezu volle Mond, der Wasser aus dem Hafen in den dürren alten Halm steigen ließ; es war jedoch nicht brackig. Frisch gebadet, neu gekleidet, in einem der Heißbäder des Hafens massiert und gepflegt, vor allem ohne Furcht vor Mißhandlungen, mit gutem Essen und Wein verwandelte sie sich; nach ein paar Tagen erinnerte sie sich selbst, wie sie sagte, kaum noch an die geschundene Sklavin.

Bomilkar knurrte Abfälliges in seinen schwarzen Bart; er mochte keine Frauen an Bord. Als ich ihm sagte, Korinna sei der neue Schreiber und somit weniger Frau als Teil der Mannschaft, grinste er schäbig. Der Schlafraum am Heck, über der Ladung und unter dem Steuermann, war groß genug, um unterteilt zu werden. Bomilkars Teil war der kleinere; diesseits der Trennwand ließ ich einen kleinen Tisch und einen Schemel fest anbringen.

»Was willst du damit?« Korinna hockte auf den Fellen des Lagers und sah zu, wie ich die Papyrosrollen prüfte. Der Händler hatte beste Qualität versprochen; in Ägypten wäre das Zeug allenfalls als mittelmäßig durchgegangen.

»Eine Geschichte aufschreiben. Viele Stückchen davon stehen bereits auf Rollen; sie liegen in Alexandreia. Andere Stücke der Geschichte fehlen noch. Bis Alexandreia sind wir lange unterwegs. Ich werde schreiben, bis meine Hand nicht mehr mag, und dann werde ich erzählen und du wirst schreiben.«

»Was ist das für eine Geschichte?«

»Eine Geschichte von Dingen und Ländern und Menschen. Stücke der langen Geschichte, die ich erlebt habe.«

Sie kniff ein Auge zu. »Komme ich auch darin vor? Wenigstens ein wenig?«

»Mindestens.« Ich grinste. »Vor allem gegen Ende, und zwar nachts.«

Am dritten Tag nach Auslaufen der Flotte erschien Hippolytos mit einem Träger. Der Lederbeutel war schwer.

»Gestern abend«, sagte der Bankherr, »hat Hephaistion aufgegeben. Du weißt schon, Widerstand gegen meine Vorschläge zur Tilgung seiner

Schulden. Bis auf den vereinbarten Rest ist dein Guthaben nun auf seinen Namen übertragen; ich habe mir erlaubt, seine fälligen Tilgungen gleich abzuziehen. Dafür hat er mir dies hier gegeben. Es sind eineinhalb Talente; etwas mehr als vorgesehen.«

Ich brachte die Perlen selbst in den Heckraum; Hippolytos entließ den Träger und stieg mit Korinna und mir auf die Heckerhöhung, wo Bomilkar mit syrischem Wein auf uns wartete.

»Alles ganz rechtmäßig«, sagte Hippolytos nach dem ersten Schluck. Er grinste leicht. »Mehr als ein Fünftel darf ich dir ja nicht auszahlen. Und mehr als ein Fünftel habe ich dir nicht ausgezahlt. Geschäfte, die du mit Händlern außerhalb der königlichen Bank machst, gehen den Dikken nichts an.«

Noch am Nachmittag legten wir ab und verließen den Hafen von Nikomedeia. Nachrichten über die Flotte gab es nicht. Bomilkar beugte sich über die aufgerollte Karte, pochte mit dem Zeigefinger auf mehrere Stellen der Küste und blickte dann in den Himmel.

»Eine klare Nacht. Das Wetter sollte sich halten. Mit ein wenig Glück können wir nach den Sternen segeln, sobald wir den Hellespont hinter uns haben. Wir wollen doch nicht in eine Seeschlacht hineinschwimmen, wie?«

Bomilkar hielt uns nachts auf offener See, tags näher an der asiatischen Küste. Am dritten Reisetag begegneten wir Schiffstrümmern; gegen Abend sichtete einer der Seeleute etwas, das im Wasser trieb und sich zu bewegen schien. Bomilkar ließ das große Segel bergen und ging selbst ans Seitensteuer.

Es war ein junger Ruderoffizier einer pergamenischen Pentere. Er hatte eineinhalb Tage auf Wrackteilen treibend ausgehalten. Nachdem er getrunken und ein wenig gegessen hatte, berichtete er von Hannibals Wunder.

»Ah nein, kein Wunder – er ist das Wunder, wenn es eines gibt. Ein großer Stratege, auch auf dem Wasser. Und listenreich wie Odysseus.«

Die Flotte des Königs Eumenes bestand aus achtzig Kriegsschiffen, allesamt fast neu und mit guten Besatzungen. Sie waren in Sichtweite der Küste gesegelt; nachts wurde in Buchten oder zwischen den zahllosen Inseln geankert.

»Keine Eile; wir wissen ja, daß wir nach Zahl und Güte hoch überlegen sind, da wollen wir uns nicht überraschen lassen und nichts überstürzen. Vorgestern abend hörten wir von einem Fischer, daß diese sogenannte bithynische Flotte in einer kleinen Bucht liegt, teilweise sogar auf dem Strand, weil einige Schiffe leck sind. Es ist eine Gegend, in der um diese Jahreszeit der Wind fast immer vom Land weht, aber das hat uns nicht gestört; wenn's losgeht, werden sowieso die Segel eingezogen und alle Mann an die Ruder.

Wir brechen also früh auf, vor Sonnenaufgang. Wie wir zu der Bucht kommen, ist gerade Frühstückszeit. Wir sehen diese angeschimmelten Nachttöpfe da dümpeln; die wollen gerade los. Ich glaub, in dem Moment war das Grölen und Lachen bei uns lauter als der Zorn des Zeus im Gewitter. Die Kähne in der Bucht, so wenig, so alt, so morsch! Und die armen Jungs drüben kriegen die Segel bei den kleineren Schiffen nicht richtig hoch, und bei ner ollen Triere fängt eine Hälfte schon an zu rudern, während die andere noch frühstückt, und das Schiff dreht sich wie ein besoffener Tausendfüßler.

Dann kommt ein kleines Boot raus, mit heller Fahne; offenbar wollen die verhandeln oder aufgeben oder so was. Inzwischen sind wir in der Bucht, müssen uns ein bißchen quetschen, aber alle Schiffe passen rein. Da paßt kein Bilch mehr durch. Das Verhandlungsboot kommt näher, der Mann da drin fragt nach unserem Nauarch und auf welchem Schiff der wohl hockt, und dann fährt er dahin und grüßt ganz artig von Hannibal, und ob wir uns nicht ergeben wollen. Nie hab ich so was gehört wie *das* Gelächter.

Jedenfalls fährt der Kleine wieder zurück zu den anderen, die inzwischen die Segel halbwegs oben und die Ruder ausgerichtet haben. Und dann greifen wir an.«

Danach wurde der Bericht ein wenig wirr. Die fünffach überlegene, zwischen den steilen Ufern der Bucht eingeklemmte und kaum noch bewegliche Flotte von Pergamon sah sich ein paar Seglern und morschen Kriegsruderern gegenüber, die den Wind im Rücken hatten. Durch das vorgetäuschte Verhandlungsangebot hatte Hannibal erfahren, auf welchem Schiff der Befehlshaber der gegnerischen Flotte war. Der kräftige Landwind trieb die Segelschiffe schnell auf die pergamenische Flotte zu; drei oder vier der Boote steuerten das Befehlsschiff des Nauarchen an.

Plötzlich flogen Tonkrüge auf die Schiffe, die die Flügel der pergamenischen Flotte bildeten. Hannibal hatte kleine Katapulte bauen und oben auf den steilen Ufern der Bucht aufstellen lassen. Von dort wurden einige tausend Krüge abgeschossen, die fast alle auf Schiffe fielen und platzten. Sie enthielten Öl. Das Gelächter der mit Ölkrügen beschossenen Krieger endete abrupt, als die Bogenschützen vom Ufer her Brandpfeile losjagten, die die ölgetränkten Kriegsschiffe sofort in Flammen setzten.

Öldurchtränkt waren ebenfalls die kleinen Segler, die auf das Zentrum der Flotte mit dem Schiff des Nauarchen zuhielten. Plötzlich flammten sie auf; die Besatzungen sprangen über Bord, und der Landwind trieb die brennenden Schiffe ins Herz der pergamenischen Flotte.

Der junge Mann riß die Augen auf und wurde blaß um die Nase, als er zum letzten Teil der Seeschlacht kam. »Inzwischen sind die paar Ruderschiffe auch bei uns. Die schmeißen noch mehr Krüge rüber, und die kommen runter und platzen. Tausende Giftschlangen, Skorpione und Taranteln! Da ist nichts mehr mit Kämpfen; alles kreischt und springt durcheinander. Und in dem Moment gehen die Schiffe von Hannibal bei uns längsseits, und seine Fußsoldaten stürmen. Die hatten ganz verrückte Sachen an – kein Chiton, keine Sandalen, sondern so ne Art lange Lederröhren um die Beine und Ledertaschen an den Füßen. Machen sich keine Gedanken um Schlangen und Skorpione, sondern hauen uns einfach zusammen. – Ich schätze, Hannibal hat an die dreißig gute Schiffe erbeutet; der Rest ist verbrannt oder versenkt. Dafür hat er höchstens sechs oder sieben seiner wurmstichigen Kähne geopfert. Die Flotte von Pergamon gibt es nicht mehr.«

Am Abend liefen wir einen kleinen Inselhafen an; dort erfuhren wir, daß Hannibal nach der Seeschlacht gleich an Land gegangen war, um ein paar südliche Grenzfestungen Bithyniens aufzusuchen und Kämpfer zu werben oder auszuheben.

*   *   *

Es ist gut, in den Abend zu schreiben und dabei über Rollen und Tintenschalen aufs Meer zu blicken. Bald wird die Nacht mich bergen, wie das Meer den Taucher, aber aus ihr gibt es keine Rückkehr zum Strand. Vielleicht gelingt es mir, eine Papyrosbrücke durch dieses Dunkel zu schlagen, damit an einem fremden fernen Morgen jemand wissen kann, daß es einen Vortag gab.

Zwei Frachtsegler, von Osten her, steuern den Großen Hafen an; sie werden ihn vor Einbruch der Nacht erreichen. Zwischen den glitzernden Dächern des Palasts und der Spitze des Leuchtturms von Pharos gleitet die Sonne in den Untergang. Vor mir, keine dreißig Schritte entfernt, kreischen Möwen, zetern und zerren an einem Fischkadaver. Auch ich werde nicht mehr die hohe See erreichen – das Große Grüne, wie die Ägypter sagen –, aber anders als du, schuppiger Freund, kann ich mich noch gegen Zerren und Zetern wehren.

Korinnas Stimme ist sanft; wie ihre Haut und ihre Lippen. Sie ist zweiundzwanzig Jahre alt und wärmt meine Nächte – soweit ein Greis in seinem achtundachtzigsten Jahr dessen bedarf. Bei meinem Tod wird sie frei sein; sie zeigt keine unziemliche Ungeduld und bestiehlt mich nur so viel, wie es ihrem kretischen Gemüt unabdingbar erscheint. Ich weiß, Papyros kostet zwei Drachmen; sie brachte mir heute die neuen Rollen zum Preis von zwei Drachmen und zwei Obolen; nun ja, der Zwischenhandel...

Der milde Nordost ist voller Salz und Weite. Sicher liegen im Hafen auch Schiffe, die nach Westen fahren werden – so weit die Römer es zulassen. Mit diesem Wind zu den Säulen des Herakles und darüber hinaus; noch einmal in das große Rollen und Stampfen und Heben und Gischten segeln – Korinna soll den syrischen Wein abtragen und mir Wasser bringen; nicht kanalisiertes Nilwasser aus der Zisterne im Keller, frisches Wasser aus dem tiefen Brunnen am Platz. Mit Wein und diesem Wind würde es ein Grübeln, und die auf vielen Rollen verzeichneten Erinnerungen müssen endlich ihre Überleitungen und ein Ende bekommen – Arbeit für zahllose Tage, und wer weiß, wie morgen der Wind steht. Dieser hier brächte mich, auf dem Weg zum Weltozean, auch dorthin, wo ich geboren wurde – heim nach Karchedon, das, wenn es nach dem Willen Masinissas und der Römer geht, bald unter dem Namen Karthago ein Trümmerfeld sein wird.

Dort wurde ich geboren, vier Jahre nach dem albernen Tod des großen Pyrrhos, vier Jahre vor dem römischen Vertragsbruch, der den ersten großen Krieg zwischen Italien und Libyen auslöste. Mit diesem Vertragsbruch begann der Untergang einer Welt, aber das konnte damals niemand sehen. In der langen Spanne meines Lebens habe ich zwischen den Schneebergen im Osten Indiens und den westlichen Küsten jenseits des Okeanos viele große Männer und verzweifelte Entscheidungen erlebt; nun sind alle zu Nichts geworden. Wie der unselige ehrenhafte Starrkopf Regulus, der gewaltige Stratege Hamilkar, und natürlich Skipio der Stock, den sie Scipio den Afrikaner nannten. Sie waren groß, doch nur Räder in einem Laufwerk; sie hatten die Kraft, es zu beschleunigen oder zu verlangsamen, aber sie konnten es nicht anhalten und nicht aus diesem Laufwerk ausbrechen. Einer nur hatte die große Sicht, und schwindelerregende Jahre lang hielt er die Macht und die Möglichkeit in der Hand, das Ende einer, seiner, meiner Welt zu verhindern und den Strom der Zeit in ein anderes Bett zu zwingen. Er war größer als Achilleus, Kyros und Alexandros – aber nun ist Hannibal seit zwei Jahren tot. In den Tavernen reden sie noch immer von ihm, auch hier in Alexandreia; in Rom werden sie nie von ihm schweigen. Er war das gewaltige Feuer, in dem die alte Welt sich verzehrte, und kein Phönix wird sein. So bleibt mir, die Asche meines Erinnerns zu Sätzen zu formen, in dieser letzten freien Stadt.

Nun ja, frei. Nächst dem Hafen – der jedoch, wie alle Häfen, der ganzen Welt gehört – und dem Teil der Ägypter, Rhakotis, sind mir Eleusis und Kanopos immer als am wenigsten abscheulich erschienen. Der Rest, ausgenommen Bibliothek und Museion, ist Prunk und Knechtschaft: prachtvolle Straßen, auf denen Menschen gehen, die nicht über sich verfügen; prachtvolle Häuser, verwaltet von Sklaven und bewohnt von mietezahlenden Knechten; die marmornen Ameisenhügel der Verwaltung, in denen die tausend Steuern, zweitausend Zölle und dreitausend Abgaben verwaltet werden; Kornhallen, in denen der Reichtum eines entmündigten Landes sich türmt. Vielleicht war es nicht der Dioiketes Apollonios, Hüter der Staatsschätze unter dem zweiten Ptolemaios, der diesen furchtbaren Satz sagte, aber er könnte es gewesen sein: »Hier darf keiner tun, was er will, denn alles ist zum Besten geregelt.« Die Bebauung des Landes duldet keine Unterbrechung, und jeder Mensch hat seinen Platz, den er nur auf besondere Anweisung oder mit besonderer Erlaubnis verlassen darf.

Der Würgegriff, der in ganz Ägypten das Atmen und Denken schmerzhaft hemmt, ist an zwei Stellen gleichsam gelockert. Kanopos, Stadt der Laster und Vergnügen, ist das Luftloch, durch das der Druck entweicht, dessentwegen andernfalls das Gefäß börste. Und Eleusis, das Viertel der Reichen und der Paläste inmitten von Gärten, ist Eleusis: der Platz, den jene Menschen haben, die an der Bebauung des Landes durch andere genug verdienten, um sogar in Alexandreia »bei« Ägypten, unter den Augen des Lagidenherrschers, ihren Platz selbst wählen zu können. Keine Klage, denn ich gehöre zu ihnen, wenn ich auch nicht Teil von alledem bin. Alles ist neu und aufdringlich reich; das kleine Haus aus weißen Bruchsteinen und Ziegeln, das ich mir am Strand errichten ließ, schändet nach Meinung der Nachbarn den Stadtteil. Ich finde, es adelt ihn.

Aber Eleusis ist eine Notlösung. Dreißig Schritte zum Strand, zweitausend zum Großen Hafen, fünftausend zum westlichen Hafen oder zur Bibliothek; dies sind die Vorzüge. Mehr gibt es nicht zu sagen. Einige Monde habe ich im Hafenbereich gelebt, in einer weitläufigen Wohnung zwei Geschosse über den Hafenstraßen und Kaimauern. Es war großartig und bitter; die Gerüche, die Gespräche mit Seeleuten und Händlern, jeder Tag war Erwartung des Abends, jeder Abend war Wein und Reden und Rausch und Erinnern und Sehnen: Seesucht. Jede Nacht war Vergessen, und jeder Morgen der Fluß des Herakleitos, ausgebrochen aus fauligem Rachen in einem schmerzenden Kopf. Kanopos ist zu weit von der Bibliothek, den Läden mit frisch beschriebenen, interessanten Papyrosrollen, den Läden mit zu beschreibenden Rollen. In dieser freien Stadt, dieser protzenden Polis hat nichts ein Gesicht; kaum ein Gebäude ist älter als hundert Jahre; nur in Rhakotis und am Ende des Kanals, in Kanopos, ist das zu finden, was Gesichter und Städte anziehend macht: faßbare, fühlbare, geronnene Zeit. Aber die schwärzliche Stimmung der alten ägyptischen Tempel und der verfallenden Hafenanlagen wird überspült von der kreischenden Flut der Vergnügungsfahrer auf dem Kanal, die jeden Tag in zahllosen Booten dorthin ziehen, um die Schänken und Mädchen, die Spielhäuser und Knabengehege, Zwerge, Gaukler, Schlangen, Wahrsager und Messerstecher zu besuchen. Alexandreia, insgesamt, ist ein eben noch erträglicher Wartezustand, eine wimmelnde lärmende Mole, auf der ein Greis Charon erwarten mag.

Qart Hadasht dagegen, das unselige Karchedon – es mag sein, daß der graue Katarakt des Beschönigens das rückblickende Auge eines alten Mannes trübt, aber Karchedon war anders und ist es noch immer, wie punische Händler versichern. Die sanften Hügel der Megara, die bewässerten Gärten, weiße üppige Paläste wie Blitze in der Mittagssonne, die hellen Landhäuser mit ihren Zypressenhainen – Anmut und Strenge, die Gelassenheit von sechshundert Jahren – beherrschter und tiefer, weniger vorlaut und vornehmer als das protzende Eleusis. Kein Hafen zwischen Britannien und der Gangesmündung hat je so gerochen wie der große Kothon von Karchedon am Ende eines heißen windstillen Tages; nirgendwo war die Schneide des Lebens so scharf wie in den hitzigen stinkenden Gassen zwischen den Häuserblocks (denn das Sein mag den Seienden kitzeln oder ihm in den Gedärmen herumgedreht werden: Immer ist das Sein ein Messer; wenn Parmenides dies begriffen hätte, wäre ihm und uns viel schroffes Geschwätz erspart geblieben); nie war ich den erfundenen Göttern näher als an einem gewissen frostigen Morgen nach durchwachter Nacht unter den heiligen Bäumen des Eshmun-Tempels, hoch auf der Byrsa. Hier, in Alexandreia, darf ich als Hellene an Stadtteilversammlungen teilnehmen; in Qart Hadasht war ich wie mein Vater und mein Großvater geduldeter Gast, Metöke; aber wenn ich träume, dann auf Punisch.

So viele Tausende sind in den vergangenen achtzig Jahren für und gegen Qart Hadasht gestorben; mein letzter Wunsch wäre ein Tod *in* Karchedon. Dieser Wunsch ist unerfüllbar, seit vor über vierzehn Jahren, auf Betreiben der Fettsteiße des Rats, Hannibal an die Römer ausgeliefert werden sollte, fliehen mußte, sein Haus – das Haus Hamilkars, der Palast der Barkiden – dem Erdboden gleichgemacht wurde; man enteignete die Familie, teilte die alten weiten fruchtbaren Ländereien in der Byssatis auf und jagte alle engen Freunde Hannibals aus der Stadt und dem Land. Seitdem mag ich nicht mehr in Karchedon leben (selbst wenn man mich wieder dort einließe), aber ich stürbe lieber gar nicht als anderswo. Ich fürchte, es gibt da Unvermeidliches.

Mein Urgroßvater war der jüngste Sohn eines sikeliotischen Händlers. Bei vier älteren Brüdern gab es für ihn in Leontinoi keine guten Aussichten; nach längeren Fahrten und mehreren Fehlschlägen an anderen Orten ließ er sich in Karchedon nieder, ohne die Verbindung zu den Brüdern abreißen zu lassen. Dank guter Beziehungen und der auf Reisen erworbenen Kenntnisse brachte er es schnell zu unbescheidenem Wohlstand. Natürlich war auch einem reichen Metöken die Megara versperrt, aber er konnte ein hübsches Landgut an der Küste erwerben, etwa auf halbem Weg von Qart Hadasht nach Ityke. Es lag abseits aller Verbindungsstraßen; daher wurde es weder von Agathokles noch von den Söldnern nach dem ersten Römischen Krieg heimgesucht. Scipio ließ es vorübergehend besetzen, ohne es zu verwüsten; bei dieser Gelegenheit lernte ich ihn kennen.

Es gab zwei Söhne. Mein Großvater, der ältere, übernahm das Handelsgeschäft und baute die Verbindungen zu den verschiedenen hellenischen Städten weiter aus: Leontinoi, Syrakosai, Korinthos, Athen; selbst am Euxeinischen Gestade und in Kolchis gab es halbverwandte Partner und Freunde. Der jüngere Sohn ging nach Massalia, wo er eine Nichte des Gelehrten und Reisenden Pytheas zur Frau nahm und uns den Gallien-Handel erschloß.

Mein Großvater, Kleomenes, baute nicht nur die Fernhandelsverbindungen inner- und außerhalb der Sippe aus; er begann auch die Ausdehnung in andere Geschäftsbereiche: Beteiligung an einer kleinen Werft, Mitbesitz an einem halben Dutzend Booten für den Hochsee-Thunfischfang, Finanzierung und Versicherung von Handelsschiffen und ihren Ladungen. Einer seiner Partner war ein junger Punier aus einer der ältesten Familien der Stadt, Hannibal. Diese Partnerschaft entwickelte sich zu einer guten Freundschaft, die sich auch auf die folgenden Geschlechter übertrug, trotz aller Unterschiede auch des Alters. Als mein Vater, Aristeides, geboren wurde, war Hannibal kaum zwanzig Jahre alt, und die Partnerschaft bestand noch nicht. Hannibal hatte fünf Töchter und einen Sohn: Hamilkar, zwanzig Jahre jünger als mein Vater und dreizehn Jahre älter als ich.

* * *

Diesen Traum habe ich so oft geträumt, daß ich längst nicht mehr sicher bin, ob die geträumten Dinge sich jemals zugetragen haben.

»Da, wieder eins. Kaum noch Ruder. Löcher überm Bug. Oh oh oh. Scheußlich. Jeden Tag mehr. Wird immer schlimmer, was?« Bostar fuchtelte mit dem Granatapfel, biß dann hinein und begann Kerne auszuspucken. Die Goldschmiedewerkstatt seines Vaters lag in der Nähe der hohen Mauern, die den Kriegshafen umgaben. Dort war zwar nichts zu hören oder zu sehen, jedenfalls nicht mehr als in anderen Stadtteilen, aber die Nähe machte Bostar zu einer Art Fachmann. Der schmächtige Itubal neben ihm nickte, allerdings eher aus punischer Solidarität als aus Überzeugung. Er beschattete die Augen mit der Rechten und spähte zu dem Schiff hinaus.

Ich verzog das Gesicht. »Blödsinn. Schlimm wär bloß, wenn weniger Schiffe zurückkämen. Kaputte Trieren kann man flicken.«

Das Kriegsschiff glitt langsam nach Süden, in die Bucht von Qart Hadasht. Es war zu weit entfernt, und viel konnte man nicht ausmachen. Bostars »Löcher überm Bug« waren reine Angabe und Erfindung; es sei denn, er hätte über Nacht Adleraugen bekommen. Zu sehen war nur, daß zwei der Ruderreihen nicht arbeiteten.

Bostar kniff die Augen zusammen und sah mich an. »Blöder Hellene.«

»Punischer Lehmkopf.« Ich grinste und rieb den Rücken am Fels. Die Kante drang durch den Wollstoff des knielangen Hemdrocks.

Irgendein Insekt hatte mich zwischen den Schulterblättern gebissen, nach dem Baden.

»Ziegenschänder, alle beide.« Daniel hatte etwas Neues aufgeschnappt und war sichtlich stolz. Der Jude wohnte außerhalb der großen Isthmos-Mauer, in einem südwestlichen Vorort an der Straße nach Tynes. Er arbeitete in den Gärten seines Vaters, versorgte uns mit Obst und brachte von den Märkten immer die neuesten Geschichten und Schimpfwörter aus dem Hinterland mit.

Ich hatte den Vormittag über im Lager meines Vaters gearbeitet, Getreide gewogen, in Säcke verpackt, die Säcke gestapelt und auf einer Rolle verzeichnet. Dann war Bostar aufgetaucht, und da nichts Dringendes mehr zu tun war, durfte ich mit ihm gehen. Wir hatten uns eine Weile am Handelshafen herumgetrieben, in einer Garküche Fisch und Brot gegessen, den Matrosen und Sklaven beim Laden der Schiffe zugesehen. Ein Mann von einem athenischen Frachter, der eben erst eingelaufen war, wollte seine Drachmen gegen Schekel wechseln. Wir hatten ihn zu einem punischen Wechsler gebracht, aber der Hellene mißtraute allem Punischen, Bostar eingeschlossen, dankte uns und ging weiter, bis er einen Geldwechsler aus den Reihen der Metöken fand. Sein Fehler; die punischen Wechsler wurden vom Rat überwacht, ihre Münzgewichte waren auf der Unterseite mit Palme und Pferd gestempelt. Die nicht überwachten »freien« Händler mochten die Koine sprechen und einem Athener gegenüber besonders freundlich sein, aber ihre Gewichte waren zweifelhaft.

Im Gewirr der Gassen zwischen den hohen Häusern am Fuß der Byrsa hatten wir dann Itubal getroffen, der wie immer nach der Färberei seiner Sippe stank. Er schlug vor, Daniel aufzustöbern und zum Piratensee zu gehen. Das war unsere Bezeichnung für die seichte Bucht im Nordwesten von Qart Hadasht.

Dort verbrachten wir den größten Teil des Nachmittags. Das Wasser war warm, und in der Bucht gab es Inselchen, kaum zwei Stadien vom Strand, zu denen man um die Wette schwimmen konnte. Manchmal wurden dort interessante Dinge angespült; ein paar Tage vorher hatte ich eine aufgequollene Holzfigur gefunden, eine Göttin oder Dämonin mit fünf Brüsten. Am besten war natürlich, daß sämtliche Eltern diese Schwimmereien mißbilligten.

Später waren wir vorbei an den armseligen Riedhütten der wenigen Fischer der Bucht auf die Felsen bei Kap Kamart geklettert, gleich unterhalb der Seemauer. Der schwarzhäutige Posten, vier Mannslängen über uns, verstand kaum Punisch und beantwortete unser freundliches Gespöttel mit einem Grinsen und dem Versuch, uns zu bespucken.

Nun sank links von uns die Sonne. Am fernen Ostufer der Bucht färbten sich die Berge rot, das Wasser glitzerte wie Kupfer, die Fischerboote wurden schwarz, und das Kriegsschiff kroch wie ein wundes Insekt übers Wasser. Es mußte bald Kap Qart Hadasht passieren; dann würde es hinter dem höchsten Teil der Seemauer außer Sicht geraten. Ich konnte mich nicht von dem Anblick losreißen; irgend etwas zog und zerrte in meiner Brust. Heute weiß ich, daß es Fernweh war, und das Meer.

Immer wenn ich nach diesem Traum erwache, ist das Ziehen und Zerren da. Noch heute – auch siebenundachtzig Jahre haben diesen Durst nicht gelöscht. So viele Länder habe ich bereist, ihre Weine getrunken, ihren Liedern und Geschichten gelauscht, mit ihren Waren gehandelt und bei ihren Frauen gelegen. Es war gut, und es ist genug. Aber das Meer... sanfter Wind, der über laues Salzwasser streicht, erfüllt mit dem Ruch wuchernden Verfallens und Beginnens – Treibholz, angespülte Algen, alter Tang, faulender Fisch, Pech, Segeltuch. Wo immer ich dies roch, an der Küste des fernen Taprobane oder am Gestade des Erdteils weit jenseits der Säulen des Melqart, immer folgte mir dieser Geruch in den Schlaf und lockte den Traum hervor. Seltsam und fast göttlich, diese Macht, die das Riechen über unsere Seele hat. Aber kein mir bekanntes Volk hat je die Nase geheiligt.

Ich hatte immer zuviel Wichtigeres zu tun und nie die Muße oder Lust, den geheimen Kern des wiederkehrenden Traums vom Nachmittag am Kap Kamart zu erforschen, mich dem Rätsel des Inneren zu ergeben. Hierin gleicht es dem Knoten von Gordion, daß es unlösbar ist und durch einen äußeren Schwerthieb nur ausgelöscht werden kann. Dennoch glaube ich, einen wesentlichen Teil des Traums zu erkennen. Heute, unter den Legionen und dem Senat, gibt es nur zweierlei Menschen: römische Herren und nichtrömische Knechte. In jenem Traum waren wir verschieden und gleich – der schwarze Posten, der Jude, die beiden Punier und ich, Sohn eines hellenischen Metöken.

Und es war der letzte Tag des vertrauten Lebens. Auf dem Heimweg, die abknickende Seemauer entlang nach Süden zur großen Isthmos-Mauer, bemerkten wir Veränderungen. Zwischen dem frühen Nachmittag und dem Sonnenuntergang mußten neue Nachrichten vom großen

Sizilischen Krieg (später nannten »wir« Punier ihn den Ersten Römischen Krieg) angekommen und neue Befehle des Rats ergangen sein. Der gewaltige Graben, hier und da eingebrochen und teilweise ganz vollgelaufen, wurde ausgebessert; Sklaven, Kriegsgefangene und einige Krieger schaufelten, und an den besonders schlechten Stellen rissen Ochsengespanne mit Pflügen den Boden des Grabens auf. Krieger und Handwerker versenkten Pflöcke im steilen Wall hinter dem Graben – Pflöcke mit Bronzespitzen. Es wurde gehämmert, gekratzt und gekreischt; die Leute quirlten durcheinander wie Ameisen. Von irgendwo kam der Gestank erhitzten Pechs. An einer engen Stelle hatten sich zwei Karren verkeilt, der eine leer, der andere turmhoch mit Steinen beladen. Pferde stiegen wiehernd auf die Hinterbeine.

Ein Bautrupp des Heers – nackte Männer mit einem Offizier, der Helm und Befehlsstab trug; dazu ein paar Baumeister – machte sich an der großen Steinbrücke vor dem Tynes-Tor zu schaffen, als wollten sie sie abreißen. Ein Trupp Zimmerleute arbeitete auf der freigeräumten Marktfläche an einer Holzbrücke.

»Das sieht aus, als ob eine Belagerung…« Bostar wich fünf kräftigen libyschen Fußkämpfern aus, die mit einem riesigen Balken aus dem Tor kamen.

Im Gedränge verloren wir Daniel, der nicht in die Stadt zu gehen brauchte. Ich kletterte auf das Geländer und blickte zurück. Das große Marktgelände brodelte. In Brückennähe die Soldaten, Zimmerleute und Baumeister, dazu zahllose Pferdekarren, Ochsenkarren und Karren, die von Sklaven geschoben wurden; dahinter die Marktbauern und Händler, die ihre Stände abbrachen und das Durcheinander färbten und vermehrten; die flachen Dächer der Vorstädte, die dunstigen heißen Ebenen und darüber, für mich von einer fernen Zypresse halbiert, der dunkle Feuerball des Sonnenuntergangs, wie ein großes böses Auge.

Der Torbogen unter der gewaltigen Hauptmauer dröhnte von all dem Lärm draußen, aber in der Stadt war es ruhiger: Abendzeit. Eine Abteilung illyrischer Söldner – trotz der Hitze mit Wieselfellkappen – kam uns entgegen; die Männer waren mit Staub und Mörtel bedeckt, einige wiesen kleinere Abschürfungen auf.

»Woher die wohl kommen?« Itubal machte wieder sein allerbestes Kindergesicht.

»Ob die Byrsamauer auch ausgebessert wird?« sagte Bostar. »Mann, dann ist aber wirklich was Furchtbares passiert.«

An der Ostküste war eine römische Flotte gelandet, bei der Stadt Aspy. Ein gewaltiges Heer, mit beiden Konsuln. Seit acht Jahren tobte der große Krieg, nur drei Tagereisen jenseits des Meers, aber eine Welt entfernt; für uns, die wir damit aufwuchsen, daß Schiffe ausliefen, Söldner geworben und verladen wurden, für uns war es wie ein Wasserfall, an den man gewöhnt ist und dessen Rauschen man nicht mehr hört. Nun begannen die Wasser zu malmen; Gischtspritzer erreichten uns.

Im Haus meines Vaters wartete sein Freund Hamilkar – auf mich. Es war dies eine Absprache zwischen ihnen, von der ich nichts gewußt hatte. Mein älterer Bruder Attalos lebte seit längerem in Massalia; ich sollte irgendwann nach Alexandreia zu einem Geschäftsfreund meines Vaters reisen, um dort andere Ansichten der Dinge und der Waren zu erlernen. Irgendwann – oder bald, wenn der Krieg näherrücken würde. Hamilkar war für mich ein großer Bruder, ein ehrfurchtgebietender Freund; an diesem Abend haßte ich ihn, weil er mein Leben beendete. Er befehligte einen Teil der Reiterei, die in der großen Mauer lag, und wollte noch in der Nacht nach Tynes und weiter ins Hinterland, um neue Kämpfer anzuwerben. Er knurrte etwas über feistärschige Greise, die sich wimmernd ihr Spundloch kratzen und bedauern, nicht beizeiten genug Geld für den Krieg bereitgestellt zu haben. Alles wurde zu einem wirren Traum – der Abschied von Vater und Mutter und den beiden Schwestern Arsinoë und Argiope, der wilde Ritt durch die Nacht, die Tränen, die ich nicht weinen wollte. Numidische Führer, von Hamilkar in Tynes bezahlt, brachten mich durch die Berge nach Südosten, zum Tritonsee und zur Küste bei der Insel Meninx. Irgendwann in diesen elenden Tagen des Reitens und Leidens erwachte ich aus dem bösen Traum.

Fünfeinhalb Jahre vergingen, bis ich Qart Hadasht wiedersah. Die Zeit eines Greises, der ich nun bin, ist wie heißes Glas, das langsam aber unaufhaltsam der Erstarrung zufließt und erkaltet, in seinen seltsamen Windungen und Blähungen dabei verzerrt Dinge widerspiegelt, die längst hinter einem liegen. Wenn die wichtigen Dinge, die ich seither erlebte und nur zum Teil bereits aufgeschrieben habe, sämtlich berichtet sind und mein Leben dann noch immer zäh fließt, will ich versuchen, die klaren verzerrten Bilder aus diesen fünfeinhalb Jahren aufzuzeichnen; ich bezweifle jedoch die Geduld des Schicksals.

Mit einer Karawane reiste ich zur Oase des Gottes Amun, von dort weiter nach Alexandreia. Ich liebte die damals noch nicht durch Neuerung vernichtete Ägypterstadt Rhakotis und haßte die anmaßenden Makedonen, vor allem meines Vaters Geschäftsfreund (nun ja, Freund?), meinen Lehrherren Amyntas. Ich jubelte, als im folgenden Jahr die Nachrichten aus Qart Hadasht kamen: Geführt von dem Lakedaimonier Xanthippos, mit Hamilkar als Befehlshaber der Reiterei, hatte das punische Heer die Römer vernichtet und den Konsul Marcus Atilius Regulus gefangen. Ich ächzte, als ich mit einem Boot nilaufwärts fuhr, um Getreide zu beschaffen, denn spätestens hierbei lernte ich die erstickende Lähmung des Landes kennen. Das Schiff fuhr auf eine Sandbank und wurde beschädigt; auch in dem Hafen, in dem die Schäden beseitigt wurden, gab es einen Getreidespeicher, aber die königliche Anweisung lautete auf einen anderen Speicher weiter flußauf; fünf Tage dauerte es, bis der zuständige Beamte die Bitte des Kapitäns erhörte und zur Vermeidung weiteren Zeitverlusts erlaubte, daß das Schiff bereits hier beladen werde.

Doch feierte ich auch in Alexandreia, als ich Zeuge des großartigen Prunkfestes wurde, das der König veranstaltete. Im Inneren des Palastes lag das Festzelt. Es konnte hundertdreißig im Kreis angeordnete Liegen aufnehmen. Auf jeder Langseite standen fünf Holzsäulen, fünfzig Ellen hoch, an den kürzeren Seiten eine weniger. Sie trugen einen viereckigen Aufbau, der das ganze Dach über dem Festplatz hielt. Es war mit einem kreisförmigen Baldachin aus Purpurstoff mit weißem Rand versehen. An den Seiten Balken mit weißgestreiften Behängen. In den Zwischenräumen in der Mitte gemalte Platten. Außerhalb der Säulen gab es nach drei Seiten Vorhallen mit gewölbtem Dach. Der Innenraum war mit phönikischen Vorhängen ausgekleidet, in den Räumen zwischen den Säulen hingen Felle wilder Tiere, groß und bunt. Die dem offenen Himmel zugekehrte Außenseite der Vorhänge war überdeckt mit Myrte, Lorbeer und anderem Grün. Der Fußboden war ganz mit vielerlei Blumen bestreut.

Da dieses Gastmahl mitten im Winter stattfand, war der Reichtum an Blumen erstaunlich. Denn Blumen, von denen man in einer anderen Stadt kaum genug für einen einzigen Kranz gefunden hätte, waren in Fülle für die Kränze der zahlreichen Gäste aufgewendet worden, und sie lagen auch noch hoch auf dem Fußboden des Zeltes, als prächtige Wiese. An den Säulen standen hundert Marmortiere. In den Zwischenräumen hingen Gemälde von sikyonischen Malern, wechselnd mit Kopfbildern, goldgewebten Chitonen und prächtigen Kriegermänteln mit eingewebten Bildnissen der Könige. Darüber waren Schilde aufgehängt, abwechselnd von Gold und von Silber. Im Raum darüber, etwa acht Ellen breit, waren Nischen eingefügt, jeweils sechs an den Längs-, vier an den Breitseiten, mit Darstellungen von Trinkszenen aus Tragödie, Komödie und Satyrspiel: Gestalten, die richtige Kleider trugen und vor sich goldene Becher hatten. Zwischen den Nischen waren kleine Freiräume, in denen auf Haltern goldene delphische Dreifüße standen. Auf dem höchsten Punkt der Decke blickten goldene Adler, fünfzehn Ellen lang, einander an.

Auf den beiden Seiten des Zeltes standen hundert goldene Liegen mit sphinxgestaltigen Füßen – die Apsis dem Eingang gegenüber war freigelassen. Auf den Liegen Purpurdecken von feinster Wolle, beidseitig flaumig, darüber kunstvoll gestickte bunte Überdecken. Den mittleren Teil für die Füße deckten persische Teppiche. Den gelagerten Gästen wurden dreifüßige goldene Tischchen vorgesetzt, zweihundert, zwei an jede Liege, auf silbernen Ständern. Hinter ihnen hundert silberne Becken und ebenso viele Kannen, vor ihnen Liegen mit Mischgefäßen und Pokalen und den übrigen für das Gelage notwendigen Geräten. Das war alles von Gold und mit Edelsteinen besetzt.

An der Spitze des Festzugs im Stadion gingen Silene, die die Massen zurückdrängten, gekleidet in purpurne Mäntel. Ihnen folgten Satyrn mit Leuchten in Form goldener Efeublätter. Danach kamen Siegesgöttinnen mit goldenen Flügeln. Sie trugen sechs Ellen hohe Räuchergefäße mit goldenen Efeublättern, waren in buntgestickte Gewänder gekleidet und mit reichem Goldschmuck geziert. Ihnen folgte ein sechs Fuß hoher Doppelaltar, umhüllt mit vergoldetem Efeu und bekränzt mit Weinlaub, das mit weißgestreiften Bändern durchflochten war. Ihm schlossen sich hundertzwanzig Jungen in Purpurkleidern an, die auf goldenen Schüsseln Weihrauch, Myrrhe und Safran trugen, dann vierzig Satyrn mit goldenen Efeukränzen, die Körper mit Purpur bemalt oder mit Kinnober und anderen Farben. Auch ihre Kränze waren aus goldenem Weinlaub und Efeu geflochten. Dann zwei Silene in Purpurmänteln und weißen Sandalen. Zwischen ihnen schritt ein über vier Ellen großer Mann in Kostüm und Maske eines Tragödienschauspielers, im Arm ein goldenes Füllhorn. Er trug den Namen Das Jahr. Ihm folgte eine wunderschöne große Frau, geziert mit viel Gold und einem prächtigen Gewand. Sie trug in der einen Hand einen Blumenkranz, in der anderen einen Palmzweig und hieß Die Festzeit. Ihr folgten Die Vier Jahreszeiten, jede entsprechend gekleidet und mit den jeweiligen Früchten ausgestattet. Anschließend kamen zwei Räuchergefäße, sechs Ellen hoch und mit goldenem Efeulaub verziert, zwischen ihnen ein viereckiger goldener Altar. Dann wieder Satyrn mit goldenen Lorbeerkränzen und in Purpurmänteln; sie trugen teils goldene Weinkrüge, teils Pokale. Hinter ihnen schritt die gesamte Schauspielervereinigung. Dann kam ein vierrädriger Wagen, vierzehn Ellen lang, acht breit, gezogen von hundertachtzig Männern. Auf ihm stand ein zehn Ellen hohes Bild des Dionysos, wie er aus einem goldenen Pokal ein Trankopfer darbringt, mit fußlangem Purpurgewand, durchsichtigem gelben Oberkleid, um die Schultern ein golddurchwirkter Purpurmantel. Vor sich hatte er ein goldenes spartanisches Mischgefäß, das fünfzehn Eimer faßte, und einen goldenen Dreifuß, auf dem ein goldenes Räuchergefäß und zwei Schalen voll Kinnamon und Safran standen. Ihn überschattete ein Baldachin, verziert mit Efeu, Weinlaub und Früchten und behängt mit Kränzen, Bändern, Thyrsosstäben, Handpauken, Stirnbinden und Theatermasken aus Satyrspiel, Komödie und Tragödie. Dem Wagen folgten Priester und Priesterinnen, Tempeldiener, vielerlei Vereine, Frauen mit den heiligen Gabenkörben. Dann kamen Lydierinnen mit aufgelöstem Haar, bekränzt mit Schlangen, Weinlaub und Efeu, in den Händen Dolche. Es folgte ein vierrädriger Wagen, acht Ellen breit, gezogen von sechzig Männern, mit einem acht Ellen hohen Sitzbild der Nysa in gelbem, goldverziertem Gewand mit spartanischem Überwurf. Diese Statue konnte sich erheben, aus einer goldenen Schale Milch ausgießen und sich wieder setzen. Sie trug einen goldenen Efeukranz, der mit Trauben aus Edelsteinen besetzt war.

Als nächster kam ein vierrädriger Wagen, zwanzig Ellen lang und sechzehn breit, gezogen von dreihundert Männern. Auf ihm stand eine vierundzwanzig Ellen lange und fünfzehn Ellen breite Weinpresse voller Trauben. Sechzig Satyrn stampften die Trauben und sangen zu Flötenbegleitung ein Kelterlied, überwacht von einem Silen. Und auf der ganzen Länge des Weges strömte der Traubensaft. Es folgte ein vierrädriger Wagen von fünfundzwanzig Ellen Länge und vierzehn Ellen Breite, gezogen von sechshundert Männern. Auf ihm lag ein Weinschlauch aus Leopardenhäuten, der dreitausend Eimer faßte. Auch aus ihm tropfte der Wein auf der ganzen Wegstrecke. Ihm folgten hundertzwanzig bekränzte Satyrn und Silene mit Weinkrügen, flachen oder tiefen Schalen, alles aus Gold. Gleich danach kam ein silbernes Mischgefäß, das sechshundert Eimer faßte, auf einem von sechshundert Männern gezogenen Wagen. Es zeigte um den Rand, die Henkel und den Fuß Lebewesen in Treibarbeit, und um die Mitte lief ein goldenes, mit Edelsteinen besetztes Band. Als nächstes wurden zwei dreiundzwanzig Ellen lange und sechs Ellen hohe silberne Pokalständer vorbeigetragen. Sie hatten oben Verzierungen, dazu um die Mitte und an den Füßen Tierfiguren in großer Zahl.

Dann gab es einen vierrädrigen Wagen von zweiundzwanzig Ellen Länge und vierzehn Ellen Breite, gezogen von fünfhundert Männern, auf dem man eine tiefe Grotte sah, beschattet von Efeu. Aus ihr kamen Tauben heraus, die den ganzen Weg mitflogen, mit Fäden an den Füßen, damit die Zuschauer sie fangen konnten. Auch zwei Quellen ergossen sich daraus, eine von Milch, die andere von Wein. Auf einem anderen Wagen, der die Rückkehr des Dionysos aus Indien darstellte, saß Dionysos, zwölf Ellen hoch, auf einem Elefanten, in ein Purpurgewand gehüllt, mit einem goldenen Kranz aus Efeu und Weinlaub. In der Hand hielt er einen langen goldenen Thyrsosstab, seine Schuhe hatten goldene Schnallen. Vor ihm saß auf dem Nacken des Elefanten ein Satyr, fünf Ellen hoch, mit einem goldenen Kranz von Pinienzapfen, in der Rechten ein goldenes Ziegenhorn. Der Elefant hatte ein goldenes Geschirr und um den Hals einen Kranz von vergoldeten Efeublättern.

Diesem Wagen folgten fünfhundert junge Mädchen in purpurnen Gewändern mit goldenen Gürteln. Die ersten hundertzwanzig trugen Kränze von goldenen Pinienzapfen. Danach kamen hundertzwanzig Satyrn, in goldener, silberner oder bronzener Rüstung. Es folgten fünf Herden von Eseln, auf denen bekränzte Silene und Satyrn saßen. Die Esel hatten teils goldene, teils silberne Stirnplatten und Zaumzeug. Danach kamen vierundzwanzig Elefantenwagen, sechzig Gespanne von Ziegenböcken, zwölf von Rentieren, sieben von Oryxantilopen, fünfzehn von Kuhantilopen, acht von Straußen, vier von Wildeseln und vier Viergespanne von Pferden. Es folgten sechs Kamelgespanne, drei auf jeder Seite, dann Maultierwagen mit fremdartigen Zelten, unter denen Inderinnen und andere Frauen, gekleidet wie Kriegsgefangene, saßen, dann Kamele mit Lasten von dreihundert Minen Weihrauch, dreihundert Minen Myrrhe, je zweihundert an Safran, Sennesfrüchten, Kinnamon, Iris und anderen Gewürzen. Dann kamen Schwarze mit Tributen: sechshundert Elefantenzähne, zweitausend Ebenholzbalken, sechzig Mischkrüge voll Gold- und Silbermünzen und Goldstaub. Dann Jäger mit vergoldeten Jagdspießen. Sie führten zweitausendvierhundert

Hunde mit, indische, hyrkanische, Molosser und andere. Hundertfünf-
zig Männer mit Stangen, an denen die verschiedenartigsten erbeuteten
Tiere und Vögel hingen. Sodann trug man in Käfigen Papageien, Pfauen,
Perlhühner, Fasanen und afrikanische Vögel vorbei, alle in großer Zahl.
Ferner gab es zahllose Tiere, darunter vierundzwanzig Löwen, hun-
dertdreißig äthiopische Schafe, dreihundert aus Arabien, zwanzig aus
Euboia, sechsundzwanzig ganz weiße indische und acht äthiopische
Stiere, eine große weiße Bärin, vierzehn Leoparden, sechzehn Panther,
vier Luchse, drei Pantherjunge, ein Strauß, ein äthiopisches Rhinozeros.
Dann folgte auf einem vierrädrigen Wagen eine Darstellung des Diony-
sos, wie er vor der Verfolgung durch Hera am Altar der Rhea Zuflucht
sucht, mit einem goldenen Kranz, zu seiner Seite Priapos mit goldenem
Efeukranz. Das Standbild der Hera hatte ein goldenes Diadem. Dann
Statuen des Alexandros und Ptolemaios mit goldenen Efeukränzen,
neben Ptolemaios die Verkörperung der Tugend mit goldenem Ölkranz.
Auch Priapos stand dabei mit goldenem Efeukranz. Bei Ptolemaios
stand auch die Verkörperung der Stadt Korinthos mit goldenem Diadem. Neben diesen allen war ein Pokalständer voller Goldgefäße und ein
Mischkrug, der fünf Eimer faßte. Diesem Wagen folgten reichgekleidete
und geschmückte Frauen, die die Städte darstellten, die den Persern in
Ionien untertan gewesen waren und die übrigen Hellenenstädte in Asien
und auf den Inseln. Alle trugen sie goldene Kränze. Auf weiteren Wagen
wurden ein neunzig Ellen langer goldener Thyrsos mitgeführt und eine
silberne Lanze von sechzig Ellen, ein hundertzwanzig Ellen langer Phallos aus Gold, bunt bemalt und mit vergoldeten Bändern geschmückt, an
der Spitze einen goldenen Stern mit einem Durchmesser von sechs Ellen.
    Die Tiere, vor allem Elefanten und zwei Tiger aus Indien, veränderten
mein Leben. Ich wollte die Länder sehen, aus denen sie kamen. Die weiße
Bärin besuchte ich oft im Tierpark des Königs; ein punischer Händler,
sagte man, hatte sie auf dem Okeanos auf Eis treibend gefunden, nördlich
der Zinninseln, dort, wo Pytheas Thule sah. Er hatte sie dem König
geschenkt und besondere Bedingungen für den Papyroshandel erhalten.
    Neben dem weißen Bären gab es zwei weitere merkwürdige Tiere, die
meine Reiselust anstachelten. Eine Lust, die mich bis heute nicht verließ.
Zwei gelbgewandete Gesandte des Herrschers von Indien erzählten viel
von ihrer Heimat und von dem milden Meister, dessen Lehre sie im fernen Westen verbreiten sollten. Ich fürchte, ihr größter – vielleicht einziger – Erfolg war, daß ich nach zwei Jahren Alexandreia verließ. Mit

Händlern, als junger Händler, zog ich über Petra und Damaskos nach Tadmor, zu den zwei Strömen, durch die alten persischen Länder, hinein nach Baktrien und über die Berge ins Reich des Königs Ashoka. Wenn die Zeit sich mir weitere drei Jahre lang nicht entzöge, könnte ich vielleicht auch dies schildern. Aber Korinna, die schreibt, was ich sage, erinnert mich an die Pflicht, nicht zu sagen, was man nun nicht sagen will, sondern das zu berichten, wozu man sich entschlossen hat.

Allerdings kommt es nicht nur darauf an, wozu sich ein Mensch entschließt; auch der Grund und der Zeitpunkt des Entschlusses mögen Bedeutung gewinnen – unter Umständen. Die punischen Ratsherren, die einmal dreiundzwanzig und einmal siebzehn Jahre Zeit hatten, sich zu einem wirklichen Krieg zu entschließen, entschlossen sich im vierundzwanzigsten, dann im achtzehnten Jahr, als es zu spät war. Sie entschlossen sich nicht, um das Begonnene zu beenden, sondern weil ihnen neben diesem Entschluß nur noch das Aufgeben blieb. Mir bleibt immerhin die Möglichkeit, alles zu unterlassen, nichts zu beschreiben, meine Tage der Muße, der Betrachtung des Meers, dem Entrollen von Schriften zu widmen. Es ließen sich Gründe finden, die großen Ereignisse der vergangenen sechseinhalb Jahrzehnte für minder wichtig zu halten denn die Pein des Gemüts oder das Schwären des Nabels. Zu sagen, die Welt sei wichtiger, birgt bereits den Entschluß, sich ihr zu widmen und nicht der Muße oder dem Nabel. Und der Zeitpunkt? Nun, da die Kriege verloren sind und Rom drei Viertel der Oikumene nach Gutdünken zertrampeln kann, wäre es lächerlich, wenn ein Greis eine Streitschrift gegen Senat und Volk verfaßte. Man soll sich nicht kratzen, wo es noch nicht juckt, aber auch nicht da, wo längst das Fell abgezogen ist. Wie der alte Kapitän Hiram sagte, ist es eine Vergeudung von Schubkraft, gegen den Wind zu furzen statt ins eigene Segel. Hätte ich nicht mit dem Schwert, mit Schiffen und mit Silber gegen Rom gekämpft, wäre eine solche Streitschrift jetzt nur albern; da ich gekämpft habe, wäre sie Greisentorheit. Was Hannibal mit dem Schwert nicht vermochte, soll ich, gestützt auf eine junge Kreterin, mit dem Schreibhalm bewirken? Vielleicht war es der lange Umgang mit Silber, dem Schwert und den Menschen, der mich vor den vielerlei Versuchungen bewahrt – auch vor jener, zum rechten Zeitpunkt mit dem treffenden Grund das Falsche zu tun, die Welt geliebt habend der Welt den Rücken zu kehren und sie zu verleugnen.

Dieses lernte ich in Indien zu vermeiden; Indiens Herrscher Ashoka tat derlei etwa zu der Zeit, da ich Indien bereiste. Er hatte Trümmer alter

Reiche geeint, seine Herrschaft bis in den hohen Norden ausgedehnt, an den Fuß der Berge, die Alexandros eben noch überschritt, ehe sein Heer ihn am Indos zum Rückzug zwang. Ashoka ordnete sein Reich, legte Straßen an, ließ Häuser für die Siechen und Waisen bauen – und griff das alte Kalinga im Südosten an. Nach einem Feldzug, bei dem Hunderttausende niedergemetzelt wurden und weitere Hunderttausende in Sklaverei gerieten; einem Feldzug, der den Boden mit Blut tränkte, bis es nirgends mehr Dürre gab, und der alle Geier Indiens sättigte, bis sie sich erbrachen; am Ende dieses Feldzugs erklomm der König den größten Leichenhaufen, und es heißt, er habe auf der Spitze genächtigt, nachdem er bei Sonnenaufgang mit dem Klimmen begann. Er trat auf die Hände der gespeerten Säuglinge, zog sich an den Brüsten der vergewaltigten und gekehlten Frauen hoch, schlang die Gedärme gemeuchelter Greise zu Strickleitern, warf sie über die abgeschlagenen Köpfe der Fürsten von Kalinga, schwankte und torkelte über den steilen Grat aus verstümmelten Reitern, stieg den steilen Hang hinauf, den die zerhackten Leiber der Fürstenwache von Kalinga bildeten, glitt und taumelte über die Nebengipfel aus Ohren, Nasen, Gemächten, Zehen und erreichte so endlich würgend und sterbenselend die Spitze. Er atmete Verwesung, trank Blut, schlief auf gemartertem Fleisch. Am Morgen sah er über sein gesamtes Reich hinweg, von der See des Südens und der Inselbrücke nach Taprobane bis hinauf in den Norden zu den hellenischen Grenzhütern am Ostrand Baktriens, von den Segeln arabischer Händler auf dem westlichen Meer zu den weißen Himmelsbergen des Ostens. Und er sah, daß es gut war; es war sein, dies große Reich, und nichts mehr zu erobern, alles beherrscht und geordnet und unterdrückt. Zufrieden in seinem Gemüt und von dem Gebirge der Toten unter sich krank am Leibe rutschte er zu Tale, entsagte dem Krieg – es gab nichts mehr zu bekriegen – und dem Gemetzel – alle waren abgeschlachtet – und bekannte sich zur milden Lehre des milden Meisters Gotamo, der lehrt, daß die Welt Trug ist. Der Zeitpunkt war richtig, denn das Reich war geeint; der Grund war trefflich, denn des Mordens ist immer zuviel; der Entschluß jedoch war falsch, denn sofort begann der Zerfall dessen, was er gebaut, die Unordnung dessen, was er geordnet hatte.

Er fügte diesem Falschen noch eine Torheit hinzu, indem er die Welt nicht völlig fahren ließ, sondern sich mühte, die milde Lehre des Gotamo mit Gewalt durchzusetzen. Er ließ die hunderttausend alten Tempel schließen, die Tempel der Götterfratzen, der Göttinnen mit tausend mörderischen Brüsten, des liebenswerten *elephanthropos* Ganesha, der Gott ist und glückhaftes Beginnen; er wollte die Lehre töten, derzufolge alle Menschen vor der Geburt bereits bestimmten Gruppen angehören, und tat dies, indem er mit Hilfe der in die Gruppe der Krieger geborenen *kshatriyas* die Priester der anderen alten Lehre tötete. Und er ließ zu, daß die neue milde Lehre ebenso erbarmungslos wurde wie die alte, wie jede, die Macht erhalten, erweitern oder verbessern will. In Pa'alipotra, in den rinderschwangeren Gassen der alten Stadt, in denen die Tiere bis zum Bauch im eigenen Dreck standen, geheiligt wurden und ihre Milch über ekelhaftem Gewimmel absonderten, sah ich einen Neuling der milden Lehre, der sich einer Strafe zu unterziehen hatte. Es war am Abend eines heißen Tags; im Morgen hatte man ihn gefunden, da er das Glied in den Schoß einer Frau versenkte und ihre Brüste liebkoste. Die Oberen zwangen ihn, zur Wiedererlangung der vergeudeten Kraft des keuschen Leibs einen Esel zu schlachten, der vielen als Inbegriff der Geilheit gilt. Der junge Mann hatte den Esel geschlachtet, zog ihm die Haut ab, hüllte sich nackt in die triefende Haut und wanderte ächzend und gekrümmt zwei Tage durch Hitze und Staub, verkrustet von Blut, belagert von Myriaden Fliegen, verhöhnt von den Menschen. Abends, da ich ihn sah, glich er der Nacht; am folgenden Abend ähnelte er bereits dem Tod. Aber Welt und Leben sind Trug, so sagten seine Meister. Und er verspies das gewaltige Glied des geopferten Esels, roh, am Abend des zweiten Tags, vor dem Tempel, in dem ein Knochen des Gotamo verehrt wurde. So gewann er die Keuschheit zurück und verlor das Leben, denn er starb am folgenden Morgen, gekrümmt und gebläht und schreiend.

Als ich endlich Qart Hadasht wieder erreichte, trug ich neben Wissen und dem Wunsch, viele Dinge wiederzusehen und noch mehr Dinge ewig zu meiden, Perlen und Edelsteine aus Taprobane bei mir. Mein Vater lebte nicht mehr; Arsinoë hatte sich mit seinem Verwalter Kassandros vermählt; die Mutter und Argiope waren auf dem Land. Dank Hamilkars Schutz und mit meinem alten Freund Bostar tat ich jenen Schritt, der die Geschäfte der Familie ausweiten und uns von den Unbilden und Fährnissen der punischen Geldherren unabhängig machen sollte: Ich gründete eine Bank. Nach der Rückkehr von einer weiteren Reise, diesmal in den unglaublichen Westen, zahlte ich allmählich die Verwandten aus und verzweigte die Geschäfte.

Korinna sagt, so sei es besser; eine gewisse fliegende Atemlosigkeit sei leichter niederzuschreiben und zu verfolgen als der Maiandros eines greisen Geistes. Greises Geschwätz, Mutmaßungen eines alten Mannes über die Innenseite der Dinge und die Verwerfungen in den Geistern jener, die er einmal kannte; schürfendes Grübeln über Gerüche und die Einzigartigkeit des allgegenwärtigen veränderlichen Meeres; Abschweifungen vom Punkt des Berichts, durch den Punkt ausgelöst; Nachsinnen über die Sickergruben, Kanäle und toten Nebenarme am Fluß der Geschichte – all dies ist müßig, über die Maßen unziemlich und einem Greise gemäß, wiewohl eines Greises nicht würdig. Da ich mir vornahm, nur jene Dinge aufzuschreiben, die der zu schlagenden Brücke des Begreifens als Pfeiler und nötiger Zierat dienen können, will ich das Erleben des punischen Metöken und hellenischen Händlers Antigonos aus Karchedon, Sohn des Aristeides und Herr der versunkenen Sandbank, nur so weit berichten, wie es die Ränder der Oikumene und die Ausläufer der Zeit erhellen kann. Denn nicht Antigonos war wichtig – wiewohl es dem Greise so scheinen mag –, sondern andere, größere Männer; und Antigonos steht es auch nicht zu, etwa zu behaupten, in dieser oder jener Lage habe Hamilkar dieses gedacht oder Hannibal jenes gefühlt. Das Äußere so zu beschreiben, daß das Innere geborgen, aber nicht bloßgestellt ist – ah, die Verästelungen und Gedanken, die unwichtigen Nebengeschichten und schäbigen Alltäglichkeiten; hunderttausend Rollen Papyros zu füllen und noch nach hundert Jahren kein Ende erreicht zu haben.

Nicht so. Was ich sah, nicht wie ich es sah; Dinge, nicht Deutungen. Stücke von Aufzeichnungen aus sechzig Jahren, ergänzt oder gekürzt, einige Briefe, und kein greiser Ich, der den Verlockungen der Abwege erliegt, sondern ein kühler Antigonos, der junger, älterer, alter Er ist, Auge und Feder, nicht darlegendes, deutendes, entstellendes Hirn. Beginnen will ich mit der Rückkehr vom Okeanos in den Krieg, ins ablaufende sechzehnte Jahr des Kriegs. Wenn die Götter, die es nicht gibt, mir gnädig sind, was ihnen selbst bei angenommenem Sein nicht entspräche, werde ich die Aufgabe beenden.

1. HEIMKEHR
NACH QART HADASHT

Die fünfzehn Frachter segelten in zwei Reihen. Frischer herbstlicher Westwind füllte die Segel, und das Meer war unruhig. Dennoch blieben die Schiffe in Kiellinie; die schwere Ladung sorgte dafür: Die meisten hatten iberische Eisenbarren in den Laderäumen, für punische Schmieden. Links acht Segler, rechts, die Lücken abschirmend, sieben; was zwischen ihnen und der am grauen Horizont zu ahnenden Küste lag, war von See aus nicht zu sehen.

Drei der Schiffe hatten ein großes rotes Auge auf dem Segel; so auch das Führungsschiff. Der Kapitän wechselte ein paar Worte mit den Bogenschützen, die am Bug hinter der Bordwand kauerten; dann ging er nach achtern. Er trug, wie sein Steuermann, Sandalen mit dicken Korksohlen; der lederne Brustschutz über der schmierigen Tunika schien ihn ein wenig zu stören. Er zerrte immer wieder daran, während er noch einmal alles überprüfte. Das kleine Beiboot lag kieloben neben dem Mast und war sicher verkeilt, der Deckel des Wasserfasses verschraubt, die Taurollen und tausend andere Dinge, die sonst lose herumlagen, beiseitegeschafft oder festgezurrt. Das Deck wirkte befremdlich glatt und ordentlich.

Der Kapitän kam den Aufgang zum Achterdeck herauf, zwei Stufen auf einmal. Er blickte hinauf zum Segel, nickte dem jungen Fahrgast zu, der an der Heckwand lehnte, und deutete dann nach rechts, zum libyschen Festland. Dort flackerte etwas in regelmäßigen Abständen: Signalfeuer.

Der punische Offizier hob die Schultern. Auch er trug einen ledernen Brustschutz über der Tunika. Den roten Umhang hatte er im Schlafraum unter dem Achterdeck verstaut; der Helm mit dem roten Busch lag zu seinen Füßen. »Du solltest lieber aufs Meer schauen«, sagte er. Seine Ohren starrten von Ringen.

Der Kapitän kniff die Augen zusammen. »Wieso? Ha. Da sind sie. Fünf – ah, sieben. Trieren. Melqart soll sie zerschmettern.« Er nickte mehrmals heftig und fuhr sich mit der Rechten durch den grauen Bart.

Der Offizier klickte mit der Zunge. »Nicht aufregen. Und Kurs halten.« Er trat neben den Steuermann.

»Keine Sorge, Söhnchen – ich meinte ›Herr‹.« Der Steuermann grinste kurz, dann beugte er sich über die Bordwand. Graugrünes Wasser gurgelte um den bronzebeschlagenen Balken, der an der rechten Außenseite des Achterdecks in seinen Bronzeringen bebte. Das Blatt des Steuerruders war nicht zu sehen. »Aber ein bißchen schneller wäre schön.«

Mittschiffs strömte das Wasser knapp drei Handbreit unter dem Bord des schwerbeladenen Schiffs entlang; mehr als gemächliche Fahrt war auch bei gutem Wind nicht möglich.

Am Fuß des Masts knieten drei Matrosen. Sie hatten die Augen geschlossen, die Hände erhoben und sangen etwas Dumpfes, Düsteres in einer harten Zunge. Ihre nackten Oberkörper bewegten sich rhythmisch vor und zurück.

»Sardonier«, sagte der Kapitän. Er trat neben den jungen Mann an die Heckwand. »Sandalioten, Antigonos. Sie beten um gnädige Aufnahme in die Anderwelt.«

Antigonos lächelte flüchtig. »Wenn ihre Anderwelt so unbehaglich ist wie ihre Sprache . . .« Er blickte wieder aufs Meer hinaus.

Die Kriegsschiffe krochen über das Wasser. Sie kamen von Nordosten, ruderten gegen den Wind. Die Masten waren längst niedergelegt.

Der Offizier hüstelte. »Es gibt Schlimmeres. Die Dialekte der balliarischen Schleuderer, zum Beispiel. Und Latein ist auch nicht besser. Aber den Übergang in die andere Welt schaffen sogar Stumme. Leider auch Römer.«

Die Trieren kamen jetzt schnell näher. Antigonos seufzte, bückte sich, hob den Brustschutz auf und legte ihn an. Er hatte bis zum Schluß warten wollen, aber nun fand er die Lage ungemütlich. Inzwischen waren die schwarzen Enterbrücken zu erkennen, gegen die noch niemand eine Abwehr gefunden hatte. Vor dreizehn Jahren, im dritten Jahr des großen Sizilischen Kriegs, war zum ersten Mal eine römische Flotte entstanden, Nachbauten eines gestrandeten punisches Schiffs; und da sie niemals die jahrhundertealte Erfahrung der Punier mit Meer und Schiffen aufholen konnten, hatten Roms Strategen diese Enterbrücken erfunden, die Schiffe mit Fußsoldaten vollgepfropft und Seeschlachten zu Landgefechten auf dem Wasser gemacht.

Der Offizier schien ähnliche Gedanken zu denken. »Diesmal werden ihnen die verdammten Raben nichts nützen«, sagte er halblaut. »Sie werden nicht nah genug herankommen, um die Schnäbel in unsere Schiffe zu hacken.« Er gab dem Kapitän ein Zeichen.

Ein schriller Pfiff auf drei Fingern. Die Matrosen machten sich bereit. Der Offizier bückte sich, holte unter seinem Helm eine Trompete hervor, setzte sie an den Mund und blies hinein.

Die römischen Schiffe, Reste der großen Flotten, überfielen seit einiger Zeit Frachtsegler vor den libyschen Küsten; sobald sich eine Flotte von Kriegsruderern näherte, verschwanden sie. Nun hatte der punische Nauarch einige Schiffe in Nachtfahrten nach Westen geschickt; vor Hipu hatte man gewartet, bis genügend Handelsschiffe mit Kurs Qart Hadasht bereitlagen – als Lockvögel. Jeder Händler mußte einen Offizier an Bord nehmen, außerdem Bogenschützen, und die kleine Flotte segelte weiter von der Küste als sonst. Der Vater des Einfalls war Hamilkar, wie der Offizier sagte.

»Segel weg! Abfallen nach Steuerbord!« Die Stimme des Kapitäns hallte über das Schiff; Antigonos lauschte vergebens nach Untertönen von Angst oder Unsicherheit.

Alle fünfzehn Frachter machten das Manöver mit. Plötzlich waren große Lücken in der Doppelreihe der Schiffe.

Die sechs punischen Penteren hatten sich hinter der Abschirmung gehalten. Jetzt fielen dort die Masten und Segel; gleichzeitig tauchten die langen Ruder ins Wasser. Nur ein Ruderdeck, aber an jedem Ruder fünf Männer – die Beschleunigung und Wucht, die die Schiffe nahezu aus dem Stand erreichen konnten, war furchtbar. Sie schossen durch die Lücken, den Römern entgegen.

»Segel – hoch! Zurück auf den alten Kurs!«

Der Steuermann wartete genau den winzigen Moment ab, da das Segel sich zu füllen begann und das Schiff wieder Druck bekam.

»Dumm«, knurrte der Offizier. »Zu dumm, die Römer.«

Der Frachter lag wieder auf Kurs; die übrigen folgten in zwei Doppelreihen.

»Warum dumm?« Antigonos blickte dorthin, wo der Zusammenstoß der Kriegsschiffe gleich erfolgen mußte. Wirre Trompetensignale wurden vom Wind zerfetzt.

»Handelsschiffe geraten durcheinander, wenn Kriegsschiffe sich auf sie stürzen. Daß wir nicht wie die Gänse abgehauen sind, hätte sie eigentlich warnen müssen.«

Das beginnende Seegefecht blieb rasch zurück; vom Achterdeck des ersten Frachters war nur ein Teil der Kämpfe zu überblicken. Eine punische Pentere fuhr zwischen zwei römischen Trieren hindurch. Die Ruder der linken Seite wurden blitzschnell eingezogen, die der rechten hoben sich aus dem Wasser. Die Römer waren auf einen Kampf mit einem gleichwertigen Gegner nicht gefaßt; Antigonos sah das Quirlen an Bord der Trieren. Außerhalb der Reichweite der Raben an Bug und Heck glitt die Pentere über die Ruder des linken Schiffs. Gätulische Bogenschützen und balliarische Schleuderer ließen einen Hagel von Pfeilen und Steinen auf die Römer niedergehen; zwei kleine schwenkbare Katapulte bestrichen das Deck der Triere mit gehacktem Blei, scharfkantigen Steinen und Nägeln. Gleichzeitig schossen weitere Gätulier Brandpfeile auf das Schiff rechts von der Pentere. Alles dauerte nur Sekunden. Ein paar brennende Töpfe mit Pech, Öl und Harz flogen vom Heck auf den linken Römer, der ins Trudeln geraten war. Die Ruder der einen Seite waren zersplittert, die der anderen konnten nicht schnell genug die Arbeit einstellen. Überall flammten Brände auf.

Antigonos schloß einen Moment die Augen. An Bord des Schiffs mußte es nun fürchterlich aussehen und zugehen. Er bildete sich ein, das Schreien der Ruderer zu hören, die von den mit entsetzlicher Wucht hochschießenden Griffenden der zertrümmerten Ruder getroffen, zerschmettert, verstümmelt wurden.

Als er die Augen wieder öffnete, tauchten eben die Ruder der Steuerbordseite ein; die Pentere bremste ab, drehte beinahe auf der Stelle. Die Backbordruder senkten sich; vier – fünf – sechs mächtige Schläge, dann krachte der bronzene Bugsporn ins Heck des zweiten römischen Schiffs, auf dem es ebenfalls längst brannte. Der Rabe sauste herab, aber die Haken trafen nicht auf Holz, sondern auf die Bugverkleidung der Pentere, schrappten über Eisen, rutschten ab. Die punischen Ruderer stemmten sich gegen ihre Holmen, Ruderblätter droschen Gischt auf, die Schiffe ruckten und wankten, dann löste sich der Sporn. Die Pentere glitt rückwärts. Durch das riesige Leck strömte Wasser in die Triere und überflutete das untere Ruderdeck. Das Schiff sackte achtern ab.

Antigonos schaute sich um. Matrosen und Bogenschützen johlten. Der alte erfahrene Kapitän machte Luftsprünge; das Geräusch der Korksohlen auf den Planken war widerwärtig. Der Steuermann fletschte die Zähne und verdrehte den Hals, um noch etwas zu sehen, und der punische Offizier hatte die Hände in die Bordwand gekrallt, trampelte auf der Stelle und schrie immer wieder: »Nachsetzen! Nachsetzen!«

Drei Trieren sanken, zwei weitere standen in Flammen. Zwei versuchten sich abzusetzen, aber fünf der Penteren verfolgten sie, holten sie ein, formierten sich zu einem Halbkreis. Antigonos wandte sich ab und zog den Lederschutz aus.

»Diese kleine Zerstreuung war nicht vorgesehen«, sagte der Kapitän. Er grinste. »Aber sie erhöht den Beförderungspreis nicht.«

Antigonos lächelte höflich. Er hatte für die Fahrt gezahlt und darauf verzichtet zu erwähnen, daß alle Schiffe, die das rote Auge des Melqart auf dem Segel führten, ihm gehörten. Der Kapitän hätte es dem Zwanzigjährigen auch kaum geglaubt.

Am späten Nachmittag, als sie Kap Qart Hadasht umschifften, riß die Wolkendecke auf. Die sinkende Sonne überzog das grüne Wasser mit einer Schicht wie von rostendem Kupfer, und die hellen Häuser am Ostufer der Bucht flammten auf.

Die Seemauer, hinter der die feine Vorstadt Megara lag, glitt vorüber; überall waren Köpfe zu sehen, und auf den ungewöhnlich dicht besetzten Wachttürmen wurden Fahnen und Speere geschwenkt. Irgendwo gellte eine Signaltrompete. Auf der großen Außenmole und den an ihr liegenden Schiffen herrschte großes Gedränge.

»Segel weg! Ruder raus!« Der Kapitän blickte über die Schulter zurück. »Wir müssen erst die Helden vorbeilassen.«

Die Penteren zogen vorüber. Eine war leicht beschädigt, brauchte aber nicht geschleppt zu werden. Der Offizier hob den rechten Arm; auf dem Achterdeck des Kriegsschiffs erwiderte jemand den Gruß.

»Ruder – frei!«

Die Matrosen begannen zu pullen. Langsam setzte sich der schwere Frachter in Bewegung, kroch hinter der beschädigten Pentere um die nach Südosten ragende Mole in den rechteckigen Handelshafen hinein. Die Kriegsschiffe glitten in den engen Durchlaß zwischen den Mauern, die den nördlichen Kothon umgaben, den runden Kriegshafen. Als die letzte Pentere ihn passiert hatte, wurde die Kette hochgezogen, die die Einfahrt sperrte. Dröhnend schlossen sich die Eisentore.

Der Offizier und die Bogenschützen, die nicht zum Einsatz gekommen waren, sprangen als erste auf den Kai. Sie hatten noch einen langen Weg, durch die Stadt zur riesigen Westmauer mit ihren Truppenunterkünften, Stallungen und Waffenschmieden. Es würde aber ein guter Weg werden, gesäumt von Feiernden und Jubelnden.

Antigonos winkte einen Lastträger herbei und führte ihn in den engen Verschlag unter dem Achterdeck. Er schulterte seinen leichten Beutel und wies auf einen dicken Ballen, der mit Leder umhüllt war.

Der stämmige Libyer hob die Last an und ächzte. »Was hast du darin, Herr? Blei?«

Antigonos grinste. »Fast richtig. Gold.«

Der Träger lachte. »Na gut, Gold. Wohin, Herr?«

»Zur Sandbank.«

Der Träger murmelte etwas, ging über den schwankenden Steg an Land und wartete, bis Antigonos sich von Kapitän und Steuermann verabschiedet hatte. Dann schritt der Libyer wuchtig aus. Er war barfuß, trug eine speckige Wollmütze, und seine zerfetzte Tunika stank nach Schweiß und Bratstuben.

Antigonos folgte, mit weit offenen Augen und geblähten Nasenflügeln. Er kannte die Häfen Alexandreias, den Flußhafen von Pa'alipotra am großen Ganges, Hauptstadt des indischen Herrschers Ashoka, die Häfen von Taprobane und der arabischen Weihrauchküste, das neue Berenike und das uralte Gadir, aber der Handelshafen von Qart Hadasht war einzig. Frischer Fisch, ältlicher Fisch, Thunfischgekröse im tiefbraunen Brackwasser, Farbe auf trockenem Holz, morsche Kähne, fauliger Tang, Salz und heißes Pech, Schweiß von tausend Männern, teerige Taue, der scharfe Dunst rostiger nasser Eisenteile, Pferde, Pferdeäpfel, der Geruch der Zugochsen – er sog alles in sich auf, auch die seltsamen Aromen aus einem Lagerschuppen, in dem einige Flaschen mit Duftwässern zerbrochen waren. Ein betrunkener Hafenarbeiter rülpste Wein aus, erbrach sich ins Becken. Am Südende rasselte die zweiteilige Brücke herunter; Karren rollten über die Hafeneinfahrt. Das Quarren der schweren Hebebäume mit ihren Steingewichten; bald würde man mit dem Entladen der Eisenbarren beginnen.

Der Osten, zwischen Hafen, Seemauer und Außenmole, war die Welt der Werften, Werkstätten, Lagerhallen, Schuppen. Männer mit roten Schurzen turnten auf einem kleinen Lastensegler herum, der oberhalb einer Helling festgemacht war; aus der Halle daneben dröhnten Hammerschläge. Das Boot konnte jederzeit ins Rutschen gebracht werden, sobald ein paar Keile entfernt waren.

Am Westrand, zwischen Stadt und Hafenbecken, waren die Kornspeicher, Umschlaglager, die Läden der Ausfuhrhändler, Zubehörwerkstätten, Tavernen.

Und die Bank. Der Name »Sandbank« war zunächst ein Witz gewesen. Aber »Sand« war auch eines der vielen gängigen Wörter für Geld, vor allem kleine Münzen aus Kupfer, Bronze und Elektron. Und »Anstalt für gedeihlichen Münzumlauf« oder »Bank zur Förderung des Mißtrauens zwischen Puniern und Hellenen«, derlei Bezeichnungen gab es reichlich. Ebenso wie freie Wechsler, die verschiedenen Staatsbanken – von Qart Hadasht, von Alexandreia, von Massalia, von Pergamon –, dazu Banken punischer Großherren und etliche Einrichtungen, hinter denen Vereinigungen von Händlern oder Grundbesitzern standen. Aber die Sandbank war die einzige, die einem Metöken gehörte; sie war die Bank mit dem auffälligsten Namen; und Antigonos hatte – mit Billigung der Priesterschaft – das auffälligste Symbol gewählt. Priesterliche Billigung hätte er eigentlich nicht gebraucht, aber sie konnte nicht schaden. Ein verändertes Emblem, eine ins Bild gesetzte Redewendung: Aus dem Zeichen der gütigen Mutter Tanit – einem rhombischen Rumpf mit Brüsten und Kopf, darüber Mond und Sichel – wurde eine fast dreieckige, stilisierte Vulva; Mond und Sichel, ins Dreieck abgesenkt und in den Bezügen zueinander verwandelt, wurden Auge und Braue. »Rotes Auge des Melqart!« – ein Ausruf der Verblüffung, manchmal ein Fluch, aber kein Emblem des »Königs der Stadt« und insofern nicht unbedingt von seinen Priestern zu billigen.

Alles zusammen ergab das Symbol der Sandbank, und »Glotzmöse«, wie der Lastträger gemurmelt hatte, war noch eine der harmloseren Bezeichnungen.

Es hatte punischer Strohmänner bedurft und gewaltiger Weihegaben an die Tempel. Antigonos glaubte nicht an Götter; er glaubte jedoch an die Möglichkeit der Priester, durch ein billigendes Wort an der richtigen Stelle die Zulassung einer neuen Bank zu fördern. Deshalb hatte er sich an die Tempel gewandt, als er nach dem Tod seines Vaters Aristeides mit dem ererbten Vermögensteil und den eigenen Mitteln als Achtzehnjähriger ins Geschäft einsteigen wollte. Zu seinen ersten Kunden hatten viele Hetären von Qart Hadasht gehört, denen er im Zeichen von Tanit und Melqart nicht vier, sondern viereinhalb Hundertstel Zins auf Guthaben einräumte – die Stadt hatte sich darüber amüsiert und tagelang von der Bank geredet.

Das Haus stand in der Mauer, die den Hafen von der Stadt trennte. Es gab Geschäftsräume am Kai und andere an der belebten Straße vom Hafen zur Agora. Nur Mitarbeiter durften zwischen beiden Teilen wechseln; alle anderen hatten die von Posten bewachten Ausgänge aus dem Hafenbezirk zu benutzen.

Bostar hielt sich in den Räumen am Kai auf. Er stieß einen gellenden Schrei aus, als er seinen alten Freund sah, sprang über den langen Marmortisch, drängte sich durch die Kunden und umarmte Antigonos.

»Du – woher – wann – ah, gut dich zu sehen. Wie ...?«

»Langsam, langsam.« Antigonos lachte.

»Du stinkst«, sagte Bostar. »Dein Haar ist zu lang, der Bart unmöglich. Du brauchst ein Bad, Duftwässer, frische Kleider und einen Haarstutzer.« Er grinste breit und hieb Antigonos auf die Schulter.

»Kommt alles. Zuerst mal ...« Er wandte sich dem Träger zu und winkte ihm. Bostar klappte den beweglichen Teil der Tischplatte hoch und ging voraus. Als die schwere Last in Bostars Raum gebracht war, warf Antigonos dem Libyer einen halben Schekel zu – fast das Doppelte dessen, was der Mann an einem normalen Tag verdiente.

Der Libyer verneigte sich tief. »Herr, wenn du nochmal Steine, Sand oder Gold zu schleppen hast ...«

»Was für Gold?« sagte Bostar, als sie allein waren.

»Er hat es nicht geglaubt, aber es stimmt.« Antigonos wies auf den Ballen. »Etwas über zwei Talente.«

Bostar pfiff durch die Zähne. »Andere Leute werden entführt, und man muß Lösegeld für sie bezahlen. Du läßt dich von Numidern verschleppen und tauchst mit Gold wieder auf. Wie machst du das? Eh, der Kurs ist übrigens im Moment siebzehn zu eins.«

»Nett.« Antigonos rechnete schnell. »Ungefähr fünfunddreißig Silbertalente, hundertsechsundzwanzigtausend *shiqlu*. Nicht so gut wie vor zwei Jahren, aber immerhin.«

Damals, bei seiner Rückkehr nach Qart Hadasht von langen Reisen, hatte er Perlen aus Taprobane mitgebracht, im Gegenwert von fast fünf Talenten Gold.

Bostar grinste und tippte sich an die Schläfe. »Blöder Hellene.«

»Punischer Lehmkopf.«

Sie lachten wieder. Bostar sprang auf, holte einen dunkelgrünen Weinkrug mit dem Symbol der Bank und zwei Becher aus geschliffenem Kristall.

»Hier. Trink. Auf dich und deine Rückkehr.«

Antigonos hob den Becher. »Auf das Auge, die Dose und den Sand.« Er lächelte.

»Also, wo bist du gewesen? Wir haben deine Nachricht aus dem Süden gekriegt, im Winter, von einem Händler; der hatte sie von den Garamanten. Und dann nichts mehr, bis plötzlich dein Schreiben aus Gadir kam.«

Antigonos lehnte sich zurück; das weiche Leder des Scherenstuhls seufzte. In knappen Worten berichtete er – von der Besichtigung des großen Landguts, am Südrand des punischen Libyen, in der Byssatis; von der Gefangennahme durch aufständische Numider, die ihn in die Steppe verschleppten; von der Flucht zu einem Garamantendorf.

»Aber da hättest du doch zurückkehren können.« Bostar riß die Augen auf und beugte sich vor.

»Ja. Aber du kennst mich doch . . .«

»Ah ja, ich weiß. Die Fremde, die Ferne. Und der dumme alte Bostar wird sich schon um deine Geschäfte kümmern. Pah.«

Antigonos grinste und erzählte weiter. Der Zug mit einer Eselkarawane durch die Wüste, nachts marschieren, tags dösen; vier Nächte von einem Wasserloch zum nächsten. Dann wieder Steppe, der große Fluß Gher, Städte mit schwarzen Menschen, reiche Städte und gutes Land, in dem es auch punische Mittelsmänner gab; dann der Gyr und die Fahrt flußab zum Okeanos, zu einer kleinen punischen Niederlassung am Gestade des Goldlands; die Küste hinauf nach Norden, ein Abstecher zu den Glücklichen Inseln . . .

»Dann hast du also viel von dem gesehen, was der alte Hanno damals beschrieben hat.«

»Ja. Ich muß unbedingt demnächst eine Abschrift der Tafeln lesen. In den Tempel darf ich ja nicht.«

Den wildesten Teil der Reise ließ Antigonos aus. Er hatte Schweigen geschworen und würde nur Hamilkar davon berichten, und auch ihm nur in Umrissen.

»Also, weiter nach Norden – Kerne, Liksh, Tingis, dann rüber nach Tarshish und Gadir. Von Gadir konnte ich mit einem Kurierboot bis Igilgili fahren, den Rest auf einem unserer Frachter. Guter Kapitän, übrigens; er heißt Hiram. Und der Steuermann . . .«

». . . Mastanabal. Ich kenne die beiden. Wissen sie . . .?«

»Nein. Aber sie haben etwas verdient.«

Bostar runzelte die Stirn. »Du bist doch nicht etwa in diese Seeschlacht geraten, von der alles erzählt?«

»Doch.«

»Hätte ich mir denken können. Wo etwas los ist, da treibt sich auch

Tiggo herum. Aber sag mal, warum bist du denn nicht von Tingis aus zurückgekommen?«

Antigonos schaute ihn vorwurfsvoll an.

»Ach so, ja, klar. Wenn man schon mal in der Gegend ist, muß man sich unbedingt Tarshish und Gadir ansehen. Richtig?«

Antigonos grinste. »Sei froh, daß ich schon zurück bin. Eigentlich wollte ich noch ein bißchen in den Norden.«

Bostar ächzte. »Weiße Bären suchen?«

»So ähnlich. Dieser Bär im königlichen Gehege in Alexandreia läßt mich nicht los.«

»Genug von Bären und Reisen – vorerst. Später will ich viele lange Geschichten hören, aber jetzt, Herr der Sandbank, sollten wir endlich von den Geschäften reden.«

Antigonos hob die Brauen. »Muß das sein? Ich nehme an, es geht ganz gut, sonst gäbe es keine Schiffe mit dem Auge des Melqart. Und du säßest nicht hier.«

»Du bist inzwischen einer der fünfzig reichsten Männer von Qart Hadasht, weißt du das?«

Antigonos gähnte. »Die Bank, Bostar, nicht ich – ich werde es sein, wenn ich die anderen ausbezahlt habe. – Wo stecken sie übrigens?«

Bostar zuckte mit den Achseln. »Ich glaube, immer noch auf dem Land, seit Sommerbeginn. Bis auf Kassandros, natürlich.« Er zögerte. »Er scheint deine Schwester nicht sehr zu vermissen.«

Antigonos hob eine Braue. »Erzähl es mir nicht; sonst muß ich es am Ende wissen.«

Sie saßen im Halbdunkel; die Sonne war untergegangen. Ein junger Mitarbeiter, den Antigonos nicht kannte, erschien und reichte Bostar einen Schlüssel.

»Die Hafenseite ist geschlossen. Hast du noch Anweisungen, Herr?«

Bostar blickte Antigonos an; dabei sagte er halblaut: »Dieser hier ist Antigonos, der Besitzer; du solltest ihn willkommen heißen.«

Der junge Mann verneigte sich; Antigonos stand auf und winkte ab. »Das hat Zeit.«

»Willst du heute noch Listen sehen oder so etwas?«

»Ich will baden, mich umziehen, essen. Hast du etwas vor?«

Bostar setzte ein beinahe unsicheres Lächeln auf. »Ich, eh, also, ich wußte ja nicht, daß du ... Ich habe Gäste.«

Antigonos kniff ein Auge zu. »So wie du redest, ist es was Wichtiges.«

»Eine Frau. Ihre Eltern und meine.«

Antigonos reichte ihm die Hand, zog ihn aus dem Stuhl. »Viel Glück, mein Freund. Und verzeih, daß ich dich so lange aufgehalten habe. – Das da ist hier sicher?« Er deutete auf den schweren Ballen.

»So sicher wie irgendwo in Qart Hadasht.«

Gemeinsam verließen sie das Gebäude auf der Stadtseite; Bostar legte einen Riegel vor. Die Fenster waren bereits von den Mitarbeitern gesichert worden.

»Morgen früh?«

Antigonos klopfte gegen die Eisenschicht auf der großen Tür. »Nicht zu früh.«

Die engen Gassen des Metökenviertels waren erleuchtet. Öllaternen, Pechfackeln und das Licht aus den Häusern vervielfältigten alle Schatten, gaben den Dingen und Menschen fantastische Umrisse und Tiefen, die sich unaufhörlich wandelten. Aber es waren nicht viele Leute unterwegs – zu spät für Geschäfte, zu früh für das Nachtleben. Aus einer der oberen Wohnungen eines sechsgeschossigen Mietshauses hörte Antigonos Kindergeschrei. Vor ihm verschloß ein alter Mann mit Turban seinen Laden; durch die Ritzen drang der Geruch von Käse. Aus einem Tor ergoß sich eine Lichtkaskade über die Gasse; im Innenhof des Hauses loderte Feuer. Zuckende Gestalten, halb erhellt und gleichzeitig verformt, hantierten mit Bratspießen. Auf dem groben Tisch neben dem Tor lagen zwei Hammel, frisch geschlachtet, ausgeweidet und abgezogen. Aus dem Holzkübel quollen Gedärme. Im Weitergehen rutschte Antigonos aus; das Hammelblut hatte Pfützen auf dem Pflaster gebildet.

Es war der lebhafteste, offenste Teil von Qart Hadasht. Die Metöken, Gäste ohne Bürgerrechte, stellten fast ein Fünftel der Stadtbewohner. Hellenen, Libyer, Numider, Kreter, Ägypter, hellhäutige Garamanten aus dem Inneren Libyens, dunkle Gätulier aus den Randgebieten der südnumidischen Wüsten, Elymer, Sikelioten, Iberer, Balliaren, Gallier, alle mit ihren Gebräuchen und Sprachen und Gewändern, voneinander und von Qart Hadasht beeinflußt und verändert und aufgespalten. Es gab einen punisch geprägten Dialekt der gallisch-hellenischen Sprachmischung, wie sie im Hinterland von Massalia benutzt wurde; in Qart Hadasht neben Augilern und Elymern aufgewachsene Kinder von Makedonen aus Alexandreia redeten eine Zunge, die alle Philologen der hellenischen Akademien zur Verzweiflung gebracht hätte. Die meisten waren kleine Händler, kleine Handwerker, Arbeiter der Fabriken, Werkstätten, Docks und des Hafens; es gab freigelassene Sklaven, die in schäbigen Holzverschlägen hausten und davon lebten, daß sie die Kotkübel ihrer Nachbarn wegschafften, und freigelassene Sklaven aus guten punischen Häusern, die den Kindern ihrer Nachbarn Lesen und Schreiben beibrachten.

Antigonos lief ein paar Schritte, als ein Warnruf von oben ertönte. Hinter ihm platschte der Inhalt eines Koteimers auf die Gasse, vermischt mit Küchenabfällen und allen möglichen Dingen von unsagbarem Ruch. Er fluchte leise; dann grinste er. Es wäre ungerecht, nur zu fluchen, sagte er sich; dies hier war seine Heimat, und nirgendwo sonst gab es diese reiche Vielfalt des Ärmlichen, diese ungeheure und ungeheuerliche Menschensumme. Die brodelnde Unterstadt von Qart Hadasht, der dicke Sud, der Bodensatz von sechshundert Jahren – sechshundert Jahren einer Stadt, die bereits groß gewesen war, ehe die Ahnen der italischen Barbaren den ersten Misthaufen dort aufschütteten, wo heute Rom stand; einer riesigen Stadt, die niemals erobert, niemals zerstört worden war, anders als Athen, Damaskos, Babylon oder die uralten Städte Ägyptens.

Und es war dieser wirre Teil von Qart Hadasht, der in den vergangenen Jahrzehnten die größten Wandlungen der punischen Hauptstadt bewirkt hatte. Antigonos wußte sehr wohl, daß er noch vor sechzig, höchstens siebzig Jahren, als sein Urgroßvater aus Leontinoi nach Karchedon kam und das Geschäft begründete, für seine frivolen Scherze gekreuzigt worden wäre. Zweifellos gab es in den alten Familien noch genug von dem finsteren, fanatischen Puniertum, das die Hellenen immer so entsetzt hatte und nach wie vor durch die Geister vieler Bewohner der Oikumene spukte. Aber die Sklaven, die Söldner aus der ganzen Welt, die nicht immer nach der Entlassung heimkehrten, die Händler, nicht zuletzt auch die hellenischen Lehrer und Philosophen – sogar die absurden Pythagoräer waren vergleichsweise lichtvoll – hatten die Stadt verändert, geöffnet, erweitert und bereichert. Nicht nur die Fremden, natürlich – auch die Punier selbst hatten dazu beigetragen. Händler, die Niederlassungen am Ganges und auf Taprobane unterhielten, die Zinn und Bernstein aus dem Norden holten, wo an Sommermittagen die Sonne nicht senkrecht, sondern weit im Süden stand, und die an der libyschen Westküste dorthin segelten, wo an Sommermittagen die Sonne nicht senkrecht, sondern im Norden brannte; die verlogene Kreter belügen und gerissene Achaier überlisten konnten, die einem Araber Sand

60

und einem Bewohner von Memphis/Men-nofre eine Nachbildung der Pyramiden verkauften; die jenseits der Säulen des Melqart mit ihren Schiffen gegen den Wind kreuzten und nachts ihren Kurs an den unwandelbaren Sternen ausrichteten – diese Händler gehorchten längst nicht mehr den mutmaßlichen Ratschlüssen wandelbarer Götterbilder. Nicht einmal die beharrenden alten Familien, deren Reichtum nicht aus der Welt, sondern aus dem Boden des Hinterlands kam, gehorchten ihnen und den Priestern; sie mochten totgeborene Kinder oder Kinder, die im frühesten Alter an Krankheiten gestorben waren, zum Tempel bringen und dort mit düsteren Gesängen, dröhnenden Gongs und flackernden Opferfeuern den uralten *mulk* feiern. Aber das letzte der grausamen Kinderopfer lag mehr als sechzig Jahre zurück; und bereits damals, als Agathokles Qart Hadasht belagerte und man die Götter versöhnen wollte, war es ein Rückgriff auf längst aufgegebene Gepflogenheiten gewesen – wie die Priester und Chronisten ausdrücklich festgehalten hatten: Die Götter seien ungnädig, weil seit zahllosen Jahrzwölften das *mulk*-Opfer vernachlässigt wurde.

Antigonos war so tief in Gedanken, daß er zu weit ging; plötzlich fand er sich auf der breiten Straße hinter dem Teil des Mauersystems, der am Nordstrand des Sees von Tynes verlief. Er zuckte mit den Schultern und ging zur Vorderseite des Hauses. Hier lagen, an der Straße, die Geschäftsräume und Lagergewölbe. Antigonos trat auf den großen dunklen Innenhof und stieg die Treppe zum dritten Stockwerk hinauf. Nirgendwo brannte Licht; offenbar hatte Kassandros den Sklaven freigegeben.

Die Räume waren unverändert, bis auf Kleinigkeiten. Im großen Speiseraum, aus dessen Fenstern man auf den See blickte, stand eine Truhe aus dunklem Holz. Die Schnitzarbeit schien sehr verwirrend zu sein, soweit es im Halbdunkel auszumachen war. Antigonos' Schritte hallten durch den langen hohen Flur. Die beiden Räume, die er zuletzt benutzt hatte, rochen sauber und waren aufgeräumt, ansonsten unangetastet. Er warf den Reisebeutel in eine Ecke, löste den unter Tunika und Schurz getragenen Münzengürtel, steckte eine Handvoll Münzen in ein Beutelchen, in die aufgenähte Tasche der Tunika und verließ das Haus.

Nördlich der Straße, die von der Agora zum Tynes-Tor führte, hatte sich in der Frühzeit der Stadt eine ausgedehnte Nekropolis gebildet. Später war man zu seltsamen Verbindungen zwischen der Achtung vor den Toten und den Bedürfnissen der wachsenden Bevölkerung gelangt. Die tiefen Schachtgräber waren überwölbt und ummauert worden; dann hatte man am Westhang der Byrsa neue Straßen und Gebäude über der Nekropole angelegt. Die labyrinthischen Höhlen und Gänge darunter waren teilweise noch zugänglich. In kalten Wintern krochen bisweilen Mittellose dort hinein, um die Nacht mit Ratten und Geistern zu verbringen.

Antigonos dachte an endlose, beklemmende Räuberspiele in den verbotenen Tiefen, während er sich einem der Badehäuser am Fuß der Byrsa näherte. Die Bäder waren meist bis Mitternacht geöffnet und dienten auch als Orte der Begegnung; es hieß, die Badehäuser könnten Hafenschänken, Rat, Handelsvereinigung und Tempel ersetzen, da hier mehr politische Abmachungen getroffen, Geschäfte vereinbart, Dirnen vermittelt und Ehen angebahnt würden als dort.

Antigonos wählte ein abgelegenes, ruhiges Badehaus, das er von früher kannte. Mit dem Bademeister, einem feisten Libyphöniker aus Hadrymes, besprach er seine Wünsche und handelte den Preis aus.

An den Wänden des Bads gab es abgeteilte Kammern, deren hölzerne Verschalungen nicht bis zur Decke reichten. Aus dem großen Raum fiel Licht auf die breite Liege. Antigonos entkleidete sich.

Das Bad wurde von Fackeln, Öllampen und einem Feuer zwischen vier mit grünem Wasser gefüllten Glaskästen erhellt. Ein Teil der Decke bestand aus dickem Glas; über dem Bad befand sich eine kleine Garküche, und das Bratfeuer von oberhalb füllte den Baderaum mit milchig rotem warmen Licht, das sich nicht mit dem grünlichen Flackern mischen wollte.

Zwei kräftige Badeknechte besprühten ihn mit heißem Wasser, salbten ihn ein und wuschen ihn ab. Sie gossen herbe Duftwässer in ein Marmorbecken, füllten es auf, und Antigonos entspannte sich in nasser Hitze, während die Badeknechte einen Punier mittleren Alters walkten, salbten und schließlich in Tücher wickelten.

Dann kam Antigonos an die Reihe. Muskeln, die er auf der langen Schiffsreise verspannt hatte, wurden eingeschläfert; Sehnen, die vergessen waren, wurden geweckt; die Badeknechte kneteten ihn, salbten ihn aus verschiedenen Töpfchen – eines enthielt, dem Geruch nach, vor allem Sesamöl und Blütensud, dazu ein wenig Talg und tausend Düfte – und umwickelten ihn schließlich wie einen toten Ägypter. Auf einer schrägen Liege mit Nackenstütze und gepolstertem Fußbrett ließ er sich Hände, Füße und Haupt behandeln. Die Libyerin, die zunächst seine Nägel feilte, die Haut lockerte und tote Nagelhaut abschnitt, bewegte sich wie eine der Raubkatzen aus den Wäldern und Steppen im Süden ihrer Heimat. Kleine Schweißperlen glitzerten auf ihrer braunen Haut. Sie trug nur einen weißen Lendenschurz, mochte um die zwanzig Jahre alt sein, und Antigonos blickte immer wieder auf ihre spitzen dunkelbraunen Brustwarzen.

Der Pfleger des Hauptes war ein hagerer Schwarzer; seine krausen Haare wurden grau, und einer der oberen Schneidezähne fehlte. Durch diese Lücke pfiff er leise und ausdauernd eine gleichzeitig wilde und wehmütige Melodie, während er Antigonos' Haar und Bart wusch, Stirn und Kopfhaut knetete und dann zu Schaber und Schere griff. Er stutzte den Bart, rasierte die Ecken aus, schnitt das Haar kurz, wie Antigonos es haben wollte.

Als die Libyerin mit seinen Händen fertig war, verschwand sie und kehrte mit einem Becher zurück. »Jetzt Hand frei bewegen, du«, sagte sie. Der Becher enthielt heißen Wein, versetzt mit ein wenig Wasser, Honig und Kinnamon. Die Frau ließ sich zu seinen Füßen nieder, massierte mit warmen weichen Fingern seine Zehen und zwinkerte; dabei fuhr sie sich mit der Zunge über die fleischigen Lippen. Nachdem sie die Nägel geschnitten hatte, entfernte sie mit einem scharfen krummen Messerchen und Bimsstein die Hornhaut von den Sohlen. Sie schien sich viel Zeit zu lassen.

Der Schwarze flämmte einzelne Härchen ab und betupfte die Gesichtshaut mit duftender Flüssigkeit; dann klopfte er Antigonos auf die Schulter, rollte seine Instrumente in ein Tuch, klemmte es unter den Arm, nahm die Schüssel mit schmutzigem Wasser in die Hand und watschelte fort. Er pfiff noch immer.

Auch die Libyerin kam zum Schluß und stand auf, mit einer gleitenden Bewegung. »Du kommen, Kleider.«

Antigonos folgte ihr in den Nebenraum. Auf der mit Leder bespannten Liege hatte der Bademeister sein Angebot ausgebreitet: mehrere Gürtel; eine knielange Wolltunika mit kurzen, eine mit langen Ärmeln, beide mit Purpurrand; ein dunkelroter Wollumhang, der mit schlichten Bronzespangen auf den Schultern der Tunika befestigt werden konnte; eine kürzere Leinentunika; ein mit vernähtem Gurt versehenes tunikaähnliches Gewand aus gefälteltem Baumwollstoff; Chitone aus verschiedenen Stoffen, einfach, geschmückt, bunt; Unterkleider, Unterschurze; Sandalen, Schnürschuhe mit dicken Sohlen, lederne Halbstiefel; runde Kappen mit Borte, kegelförmige Filzhüte, lange bunte Kopftücher mit Bändern, flache dicke Wollmützen.

Antigonos wählte Sandalen, einen weißen Baumwollschurz, eine kurzärmelige weiße Leinentunika mit Purpurrand, nicht ganz knielang. Aus der Tasche seines alten, verschmutzten und abgenutzten Obergewands holte er das Geld und ein besticktes Stirnband mit dem Symbol der Bank.

»So ist es gut. Was ich getragen hatte, soll verbrannt oder weggeworfen werden.« Die alten Sandalen waren dunkelrot überkrustet von dem Hammelblut.

Die Libyerin legte eine Hand an seine Hüfte. Die Wicklung der inzwischen nicht mehr feuchten Tücher hatte sich ausreichend gelockert, um eine Wölbung zuzulassen.

»Das da – große Schlange?«

Antigonos grinste. »Furchtbare Schlange. Aber nicht giftig.«

Sie lächelte und legte den Kopf schief; die Zunge erschien zwischen den kräftigen weißen Zähnen. »Lange her?«

Antigonos schloß die Augen und dachte an die junge Frau des iberischen Händlers in Gadir, der ins Hinterland von Tarshish gereist war. »Fast zwei Monde.«

Sie zupfte an dem Wickeltuch. »Halb *shiqlu*? Danach viel Wohlfühlung.«

Antigonos nahm einen ganzen Schekel aus dem Lederbeutelchen, das er zu den neuen Gewändern gelegt hatte, warf ihn in die Luft und fing ihn wieder auf. »Sehr viel Wohlfühlung.« Er lächelte.

Sie stieß einen leisen heiseren Knurrlaut aus, zog den Vorhang der Türöffnung zu, fegte das Kleiderangebot des Badehauses von der Liege zu Boden und löste ihren Schurz. Als sie sich umdrehte, sah Antigonos, daß sie zwischen den Beinen rasiert war.

Er ließ sein Tuch fallen und ging zur Liege. Die Libyerin hielt ihn am Arm fest.

»Schlange viel Haut.« Ihre Augen waren groß und dunkel.

Anders als fast alle Libyer und die meisten Punier war Antigonos nicht beschnitten. Er kicherte, ließ sich auf die Liege sinken und streckte die Hand aus. »Schlange viel Haut und viel Hunger.«

»Viel neu, groß aufregen«, murmelte die Libyerin. Sie schüttelte den Kopf, glitt auf die Liege und kniete sich zwischen seine Beine.

»Nach Mitternacht, Herr«, sagte der Wirt bedauernd. »Die Musik ist beendet, und aus der Küche gibt es nur noch Reste. Gute Reste, aber...«

Antigonos winkte ab. »Gute Reste sind gut genug für mich.« Er gähnte und folgte dem Punier zu einer Nische.

Der Speiseraum im Versammlungshaus der Weinhändler war spärlich erleuchtet. Die meisten Tische waren leer; auf ihnen hatte der Wirt die zweischnäbligen Öllämpchen bereits gelöscht, ebenso die meisten der Fackeln und Öllaternen an den weißen Wänden. Das Feuer unter dem großen Bratrost in der Mitte des Raums war niedergebrannt und gab nur noch dumpfrotes Glühen ab, wie die Kohlebecken.

»Du warst lange fort, Herr.« Der Punier schob den dreieckigen Tisch beiseite; Antigonos ließ sich in den Scherenstuhl sinken und streckte die Beine aus.

»Ja. Aber nun bin ich zurück. Und hungrig.«

»Was wir haben, soll dein sein, Herr.« Der Wirt lächelte. »Wein?«

»Etwas Besonderes?«

Der Punier wiegte den Kopf. »Ein sehr feiner Syrer, ohne große Beimischungen. Geharzter Wein aus Attika, gekalkter aus der Byssatis. Eine neue Züchtung aus der Umgebung von Ityke.«

»Syrischen, bitte.«

Der Wirt verschwand. Antigonos lehnte sich zurück und betrachtete die große Neuigkeit, ein kniehohes Podium an einer Seitenwand, umrahmt von Holzsäulen. Instrumente lagen neben den Schemeln.

Der Wirt kehrte zurück; er brachte eine gläserne Karaffe mit rotem Wein, einen Tonkrug mit Wasser und einen mit dunklem Leder umhüllten Glasbecher.

»Was ist das für eine Musik, die hier abends gespielt wird?«

Der Punier spitzte die Lippen. »Unvergleichlich. Zwei Männer und eine Frau. Sie ist Ägypterin. Alle drei sind Meister auf den Instrumenten. Und die Ägypterin singt wie die Fürstin aller Lerchen.«

»Jeden Abend?«

»Bis Mitte des nächsten Monds, ja. Teuer, aber die Gäste sind begeistert.«

Eine Küchensklavin erschien mit einem tönernen Napf; er enthielt dicke Fischsuppe, in der große Brocken schwammen, mild gewürzt. Der Löffel war aus Elfenbein; der Griff wies kleine Schnitzereien auf. Antigonos begann zu essen, entspannt und mit Genuß; der Wirt brachte eine flache Platte mit warmen Weizenfladen.

»Das karge Restmahl . . .« sagte Antigonos; er lächelte.

Der Wirt breitete die Arme aus. »Man tut, was man für die verehrten weitgereisten Gäste tun kann.«

»Sind Lager zu bekommen? Ich fürchte, nach dem Mahl werde ich den Heimweg nicht mehr finden.«

Es kam oft vor, daß Mitglieder der Vereinigung aus verschiedensten Gründen nicht zuhause, sondern im Versammlungshaus zu schlafen wünschten. Das Recht, einen der Schlafräume zu benutzen, stand jedem zu, der die Vereinigungsbeiträge zahlte – wenn Platz war.

»Brauchst du Gesellschaft dazu? Ich könnte . . .«

Antigonos winkte ab. »Keine Gesellschaft. Nur schlafen.«

Der Wirt seufzte. »Ein Jammer. Ich habe da eine hellhäutige und hell-haarige junge Makedonin. Oder, wenn du anderes vorziehst, eine gewal-tige Elymerin.«

Antigonos schob den leeren Suppennapf von sich. »Nur essen. Und danach tief schlafen.«

Die Küchensklavin brachte eine Platte: zwei gebratene Wachteln, gefüllt mit gehackten Kräutern und scharf gewürzten gekochten Nier-chen, dazu Kohl und Lauch in einer säuerlichen Tunke. Die Nachspeise kam wieder in einem Napf: gequollenes Mehl, vermengt mit frischem Käse und Honig. Antigonos hatte den Napf halb geleert, als von einem der anderen Tische ein Mann aufstand, um zu den Koteimern im Neben-raum zu gehen. Er kam an der Nische vorbei, stutzte, blieb stehen und klopfte dann auf die Tischplatte.

»Ah. Antigonos. Lange nicht gesehen. Lebst du noch?«

Es war ein hellenischer Metöke, Mittler eines Handelshauses in Kyrene. Antigonos blickte zu ihm auf und lächelte.

»Ja, Demetrios. Ich bin endlich wieder zuhause.«

ANTIGONOS KARCHEDONIOS, HERR DER SANDBANK,
AN PHRYNICHOS, OIKONOMOS FÜR DEN WESTHANDEL,
KÖNIGLICHE BANK ZU ALEXANDREIA
BEI ÄGYPTEN

Gruß, Freundschaft, Mehrung, Dank – o Phrynichos. Wie in meinem letzten Schreiben beschworen und erhofft, dehnen sich die Geschäfte prachtvoll aus. Ich sehe nun, daß es der wichtigste aller guten Einfälle war, deinem Rat zu folgen und vom Händler zum Bankherren zu werden. Wie soll ich dir neue Bitten vortragen, da ich doch nie genug für deine schriftlichen Ratschläge an einen Unbekannten danken kann?

Ich will, ehe ich zu meiner größten Bitte komme, zunächst versuchen, einen Überblick über die Art und den Umfang der Geschäfte zu geben. Du weißt, daß wegen der Unruhen im libyschen Hinterland Weizen knapp ist in Karchedon, nicht jedoch in Ägypten; Ägypten hält sich aber aus dem Krieg heraus und liefert weder an Rom, das auch nicht zahlen könnte, noch an Karchedon. Es gibt da einen Händler in Massalia, meinen älteren Bruder Attalos, der wiederum durch seine Frau mit gewissen Kreisen in Alexandreia verwandt wurde. Sagt man das so? Gleichviel. Die Seewege zwischen Massalia und Ägypten sind ungesund, wegen des Kriegs und der zahlreichen Kriegsschiffe. Ferner braucht Massalia keinen Weizen. Es gibt jedoch auch in Leontinoi auf Sizilien, in Kolchis am Euxeinischen Meer, in Byzantion und Korinthos und nahezu überall Vettern, Onkel, Versippte. Du wirst das Weitere vertraulich behandeln, dessen bin ich gewiß; daß wir bereits Geschäfte mit der königlichen Bank machen, ohne Wissen derselben, sollte dich allenfalls erheitern.

Maßgebliche Großhändler versichern dem König in Alexandreia, sie würden bei ein bißchen Entgegenkommen im Preis die königlichen Monopolerzeugnisse auch dann kaufen, wenn der Bedarf nicht so hoch sei, aber der König gerade dringend Geld brauche, um seine absehbare nächste Auseinandersetzung mit Syrien zu betreiben. Außerdem verbürgen sie sich dafür, daß ihre jeweiligen Heimatstädte durch sie von den Vorzügen des einzig wahren Nachfolgers des großen Makedonen in Kenntnis gesetzt werden. Ptolemaios läßt ihnen den Weizen ein Zwanzigstel billiger. Massalia bestellt, kann aber nicht abholen, wegen des Kriegs, der den Weg blockiert. Also laufen Schiffe eines Händlers aus Leontinoi Alexandreia an, laden Weizen und segeln wieder ab, mit feinen weißen Segeln. Draußen rollen sie diese ein und setzen neue, mit einem roten Auge darin. Leontinoi, das keinen Weizen braucht, erhält zum Beispiel punisches Glas. Und Duftwässer. Natürlich nicht aus Karchedon – die Römer auf Sizilien würden das nicht gern sehen. Sie bekommen die Waren aus Kition.

Nach dem Tod des Vaters ist das Vermögen des alten Handelshauses geteilt worden – theoretisch: je ein Fünftel für die Mutter Apama, den ältesten Sohn Attalos, den zweiten Sohn Antigonos, die Schwester Arsinoë mit ihrem Mann Kassandros und die Jüngste, Argiope. Natürlich ist das hauptsächlich aus Gebäuden, Kenntnissen, Verbindungen und gutem Ruf bestehende Vermögen nicht unmittelbar zu teilen; ich gründete die Sandbank, mit meinem Kindheitsfreund Bostar als Geschäftsführer, und die Bank verwaltet das Vermögen. Die Anteile der anderen werden als rückzahlbare, verzinsliche Darlehen geführt; das alte Handelsgeschäft von Aristeides und seinen Vorfahren gehört der Bank, und mein Schwager Kassandros, schon vor dem Tod des Vaters dessen rechte Hand, bezieht (zusammen mit Arsinoë) Zinsen, außerdem Lohn als Verwalter.

Der erste größere Kauf nach Gründung der Bank war die Übernahme einer kleinen Werft, einige Meilen im Süden, auf der dünnen »Zunge« zwischen Bucht von Karchedon und See von Tynes. Als der Besitzer starb, war kein an der Fortführung der Werft interessierter Erbe vorhanden. Es gibt dort eine Mole, Werkstätten, ein ausgemauertes Dock, Lagerhallen, weitere Nutz- und Wohnhäuser. Die Werft bezieht von einem Handelshaus in Korinthos, das einem meiner Vettern zweiten Grades gehört, die langen geraden Fichtenstämme aus epeirotischen und aitolischen Wäldern, aus denen sie kleine Lastschiffe, Vergnügungsboote und Fertigteile zum schnellen Zusammenbau von Kriegsschiffen herstellt; letztere kauft die Verwaltung des Kriegshafens. Kassandros, dessen Geschäft der Bank gehört, kauft von der Werft, die der Bank gehört, Schiffe, die mit einem Darlehen der Bank finanziert werden. Er belädt sie mit Handwerkserzeugnissen; die Ladung wird von einer Sonderabteilung der Bank versichert. Die Handwerkserzeugnisse gehen zum Beispiel nach Kypros; in Kition unterhält mein Vetter aus Leontinoi eine Niederlassung. Der Wert der Waren wird mit dem Weizen verrechnet, den Karchedon nicht in Ägypten kaufen darf. Der Weizen wird auf Schiffen, die der Reederei »Auge des Melqart« gehören, die der Bank gehört, nach Karchedon gebracht und auf dem Markt angeboten oder von der Stadt zur Bevorratung aufgekauft – sechshunderttausend Menschen wollen ernährt werden. Kassandros' Schiffe laden inzwischen in einem der Freihäfen syrischen Wein und ägyptischen Papyros und kehren zurück. So etwa, o Phrynichos.

So wolle mir denn nicht übel ob der Scherze und des unernsten Namens der Bank; erfreue dich des Symbols meines Hauses und seiner Fleischwerdung in Alexandreias Hetären. Und laß mich wissen, ob die Bank des Königs, deren würdigster, klügster und teuerster Mann du bist, der Sandbank die gleichen – oder auch bessere – Bedingungen gewähren mag wie dem alten Geschäft, das mein Vater Aristeides und sein Vater und Großvater betrieben. Förderliches, Gewinn, Lust und Gesundheit allezeit – Antigonos.

2. HAMILKAR

»Die Göttin wird dir gewogen bleiben – was mich betrifft.« Der Priester lächelte kurz und wickelte den Goldfinger im Gewicht einer Mine wieder in den Lederlappen. Er begleitete Antigonos bis ans Ende des heiligen Zypressenhains und verabschiedete ihn mit unverständlichem Segensgemurmel.

Mittlerer Vormittag. Antigonos blickte über die Stadt, Bucht und See, holte tief Luft und streckte sich. Er hatte lange geschlafen, Obst, Brot und Wasser zu sich genommen und die Weihegaben für Melqart und Tanit – genauer: deren Priester – abgeliefert. Alle anderen Pflichten konnten warten.

Leise summend ging er bergab. Der Posten am Tor der Mauer, die den Tempelbezirk umgab, ließ ihn unbefragt passieren. Als er aus den engen steilen Straßen zwischen den Stadthäusern der Reichen trat, prallte er beinahe gegen einen Wasserverkäufer, der eben seinen Esel ablud. Antigonos ließ sich aus dem Ziegenbalg einen Strahl frischen Wassers in die Hände schütten, trank, gab dem Mann eine kleine Elektronmünze und ging weiter.

Die Agora lag fast unbelebt in der herbstlichen Vormittagssonne. Antigonos zögerte, dann betrat er das Ratsgebäude und wandte sich an einen der Diener.

»Wo finde ich Hamilkar, Sohn des Hannibal, Enkel des Baalyaton, Unterstratege der Reiterei und vor einem Jahr Fünf-Herr für den Flottenbau?«

Die räumliche und zeitliche Entfernung vom reinen Phönikisch der untergegangenen Mutter Tyros hatte den Namen Abd Melqart, Diener des Melqart, verschwimmen lassen; im Rat, im Gericht der Hundertvier, in den jeweils aus fünf Leuten bestehenden Fachausschüssen, in Heer und Flotte gab es Dutzende Hamilkars.

Der Diener prüfte eine Liste. »Er ist nicht mehr Fünf-Herr der Flotte; er wurde nach Klumyusa geschickt, Schleuderer anwerben. Ich glaube aber, er ist wieder hier; wahrscheinlich findest du ihn im großen Wall.«

Ein paar Männer mit lederner Beinkleidung, Wollumhang, Wiesel-fellmütze und Speer standen neben dem Tor der Byrsamauer. Antigonos musterte sie neugierig, beschloß, es müsse sich um Illyrer handeln, trat in die staubige, quirlende Unterstadt hinaus und ging zurück zur Bank.

»Willst du noch mehr Gold holen oder bleibst du jetzt hier?« Bostar saß an seinem Arbeitstisch, auf dem Papyrospyramiden drohten.

»Weder noch. Ich will etwas anderes holen und wieder weg. Ich komme aber heute noch einmal her.« Aus dem Ballen, der das Gold ent-hielt, nahm er das zusammengerollte Fell, nickte Bostar zu und brach auf.

Die Große Straße erstreckte sich fast siebentausend Schritt vom Hafen im Osten zum Tynes-Tor im Westen. Gleich außerhalb des Hafen-geländes, südlich der Straße, hatte einmal der Düstere Ort gelegen, wie die Metöken ihn immer noch nannten, deren Viertel westlich des ummauerten alten Baal-Tempels mit dem *tofet* begann. Für Antigonos war es eine Art von blindem Punkt, wie für viele andere Bewohner des unteren Stadtteils zwischen der Großen Straße und der südlichen Mauer am See von Tynes. Am Vorabend, nach seiner Heimkehr, war er vom Hafen gleich ins Metökenviertel gegangen, als läge nichts dazwi-schen – den Düsteren Ort gab es nicht. Die Mauer um den Tempel und die verschütteten Gruben, in denen unter Steinen, Sand und Erde die Reste der geopferten Kinder lagen, hatte einmal die Heiligkeit der Stätte betonen sollen; Antigonos empfand die verwitterte, mit Flechten bewachsene und hier und da von Strauchwerk umstandene Stein-begrenzung nicht als Schutz des Tempels, sondern als Schutz der ande-ren *vor* dem Tempel. Er zwang sich, darüber nachzudenken, als er die Große Straße betrat und nach Westen ging. Er glaubte nicht an Götter, war aber zufrieden damit, daß der alte HErr von Tyros, Melqart, den die Hellenen mit Herakles gleichsetzten, und die ebenfalls gütige Mut-ter Tanit den düsteren Baal verdrängt hatten. Selbst der heilende Esh-mun und ägyptisch beeinflußte Zwittergötzen wie Reshef waren längst wichtiger. Nur an besonderen Tagen oder bei sehr gewichtigen Ereig-nissen begaben sich Ratsabordnungen noch in den Baal-Tempel, dessen Betreten den unmittelbaren Nachbarn, den Metöken, streng verboten war. Als ob einer von ihnen ihn je hätte betreten wollen. Antigonos stellte ihn sich als Quell der Schwärze vor, Hort des Bösen, wo düstere alte Männer mit gräßlichen Gewohnheiten und furchtbarer Macht eine wallende Finsternis hegten, die nur dank der starken Ummauerung nicht die Stadt überschwappte.

Die Große Straße war belebt, wie immer. Karren und Träger zogen zu jeder Tageszeit zwischen dem großen Markt vor dem Tynes-Tor und den kleineren Märkten innerhalb der Stadt hin und her. Wasserverkäufer trieben ihre mit Ziegenbälgen oder großen Amphoren beladenen Esel zu den besten Stellen; um die Zisternen drängten sich Frauen und Sklaven aus den Häusern und Knechte der Garküchen, die nicht alle eigene Brunnen oder Zisternen hatten und mehr Wasser brauchten, als die Männer mit ihren Eseln liefern konnten. Ein punischer Offizier mit wehendem rotem Umhang und Bronzehelm kam von Westen, auf einem Wagen; ihm folgte im Laufschritt eine Gruppe iberischer Söldner mit Lederstiefeln und roter Tunika unter dem Brustpanzer. Das Klirren der kurzen Schwerter in ihren Eisengehängen drang nur selten durch das rhythmische Grölen, das eine Art Lied darzustellen schien.

Vor dem Laden eines hellenischen Buchverkäufers drängte sich eine Menschentraube. Der Händler gestikulierte wild und versuchte, eine kreischende Frau zu beruhigen und von dem Tisch fortzubringen, auf dem er, vor dem Geschäft, einige besondere Rollen ausgebreitet hatte. Sie wehrte ihn mit der Linken ab und fuchtelte mit dem rechten Arm; Blut troff aus einer Schnittwunde auf die entrollte Dichtung. Eine grellgeschminkte Hetäre; was sie kreischte, war nicht zu verstehen, aber es richtete sich gegen einen Mann, den die Menschentraube festhielt. Plötzlich riß die Frau sich von dem Buchhändler los, machte ein paar Schritte zur Seite, zur Auslage eines Obstverkäufers, und griff in die Kästen. Melonen, Granatäpfel und Pflaumen flogen, beidhändig geworfen, trotz der Wunde. Zwei kräftige Punier der Unterschicht packten den bekreischten und beworfenen Mann, der sich immer wieder zu verdrükken suchte, schoben ihn vor und hielten ihn aufrecht, so daß er ein gutes Ziel abgab. In das Gekreisch und Gejohle drängte sich der Obstverkäufer, aber sein Zetern war nur zu sehen – was aus dem offenen Mund kam, ging unter im Lärm der anderen.

Aus einer Nebenstraße bog ein turmhoch mit Fellen beladener Karren, gezogen von einem Ochsen, den wiederum ein Mann zog. Sie kamen aus dem weit nördlich der Großen Straße gelegenen Viertel der Färber und Gerber und stanken entsetzlich. Antigonos wich aus und stolperte über einen blinden Bettler, der an eine Krüppelpinie gelehnt halb auf dem

Ziegelpflaster saß. Um den Baum gab es vielleicht drei Handbreit dürre Erde.

Kurz vor dem Tynes-Tor, neben einer Weinbude, entdeckte Antigonos den alten Elymer – Vertrauter aber Sklave –, von dem Hamilkar sich meistens fahren ließ. Der leichte zweirädrige Wagen stand an der Ecke; der dunkle Hengst kaute an den Blättern einer Topfpflanze. Der Elymer hockte auf einem dicken Stein; er hatte den Zügel um das rechte Handgelenk geschlungen, hielt in der Linken einen Lederbecher und starrte wie gebannt über die Straße in einen Hof, wo junge Sklavinnen mit allerlei Bottichen zugange waren, wuschen und Butter stampften. Sie trugen nur Schurze.

»Wipp, wipp, wipp. Ah«, sagte der Elymer, als Antigonos ihn an der Schulter berührte. »Der junge Herr Antigonos! Bist du heimgekehrt?«

»Wie du siehst, Psallo. Wo finde ich Hamilkar?«

Der Elymer wies mit dem rechten Daumen hinter sich; der Hengst schnaubte, als der Zügel sich spannte. »Irgendwo da hinten. Bei den Elefanten oder Numidern oder Balliaren oder sonstigen Tieren.«

Antigonos lachte. »Ich will ihn menschlich ablenken. Oder sind Hellenen für dich auch Tiere?«

Der Elymer, dessen Volk vor Jahrhunderten Sizilien besessen hatte, blickte auf und zwinkerte. Das Netz der Fältchen verzog sich zu einem wirren Gewebe. »Hellenen? Eine Belastung des Erdbodens, junger Freund. Weißt du, wie meine Ahnen sie nannten? Fürze des Zeus.«

Antigonos klopfte ihm auf den grauen Schädel. »Dann will ich verwehen. Viel Spaß noch bei dem Schauspiel drüben.«

Der Elymer schob die Unterlippe vor. »Bah, Spaß. Ich grüble.«

»Was grübelst du, o Psallo?«

»Über die Rätselhaftigkeit der Dinge, und wie es kommt, daß ein alter Mann durch ein paar Euter zu verzücken ist.«

Solange die Stadt das Meer beherrschte, war die Seemauer, die sich von Kap Kamart im Nordwesten über Kap Qart Hadasht im Nordosten bis hinab zum Hafen zog, nicht angreifbar. Außerdem war sie auf die fast überall steilen felsigen Ufer gebaut, wo Angreifer kaum Fuß fassen konnten. Die Landzunge zwischen Meer und See von Tynes im Süden war zu schmal für größere Belagerungsheere; jemand hatte die Stadt einmal mit einem an der Küste verankerten Schiff verglichen, das nur von Land aus bedroht werden konnte. Diese Landstelle war der Isthmos zwischen dem See von Tynes und der seichten Bucht westlich Kap Kamart, kaum breiter als fünftausend Schritt. Im Norden, wo die Seemauer an die Isthmos-Befestigungen anschloß, gab es ein paar kleinere Durchgänge zwischen der Bucht und der Vorstadt Megara; im Süden, knapp oberhalb der Stelle, wo die Südmauer am Tynes-See durch ein System von Türmen, Vorsprüngen und Winkeln mit der Isthmos-Mauer verbunden war, lag das Tynes-Tor. Die Große Straße führte hier durch die Befestigungen hindurch, auf die Brücken über den Gräben, zum riesigen Marktgelände und den Vororten.

Der ganze Rest des Isthmos war von der gewaltigsten Mauer der gesamten Oikumene gesichert. Weder der Tyrann von Syrakosai, Agathokles, vor zweiundsechzig Jahren, noch der Römer Regulus mit seinen Legionen vor sieben Jahren hatten auch nur einen Moment ernsthaft erwogen, dieses Verteidigungswerk zu belagern oder gar zu erstürmen. Der zweiundzwanzig Schritt breite, in der Mitte fünf Männer tiefe äußere Graben konnte im Ernstfall schnell mit Wasser gefüllt werden, indem man die dünnen Dämme zerstörte, die ihn von der Bucht im Norden und dem See von Tynes im Süden trennten. Außerdem waren in den Graben Sicheln, Speere, Haken und Bronzedornen eingelassen, die das Waten ungemütlich machten. Es folgte eine glatte Schräge, bewehrt mit engstehenden Eisenstacheln; darüber erhob sich die erste Mauer, zwei Männer hoch und sieben Schritt breit. Dahinter ein weiterer Graben mit einem Wald aufrechter Speere, eine weitere bewehrte Schräge und die zweite Mauer, fünf Männer hoch und sieben Schritte breit, mit Brustwehr und Scharten für Bogenschützen und Schleuderer. Der letzte Graben konnte ebenfalls mit Wasser gefüllt werden, und dann blieb der Große Wall: acht Männer hoch, fünfzehn Schritte breit, mit nach außen und nach unten gerichteten Eisenstacheln an der Kante der Brustwehr, mit scharfkantigen Steinen, Metallsplittern und Glasscherben, eingelassen in Mörtel; mit viergeschossigen Türmen in Abständen von achtzig Schritten; mit beweglichen Katapulten und Pechöfen und Pyramiden von Steinkugeln und Kammern voller Waffen und Kisten voller Metalltrümmer.

Gleich hinter dem Großen Wall lagen zwei Reihen von Stallungen übereinander, verbunden durch Rampen für die Tiere, Treppen und Gänge für die Menschen. Die unteren Ställe konnten dreihundert Kriegselefanten aufnehmen, die oberen viertausend Pferde. Teils in der Mauer, teils jenseits der breiten Straße zur schnellen ungehinderten Verlegung von Truppen befanden sich die Unterkünfte für zwanzigtausend Fußsoldaten und viertausend Reiter; die Waffenschmieden, die Werkstätten der Wagenbauer und Lederwerker, die Behausungen der Ärzte und Tierpfleger, die Quartiere der Frauen, Kinder und Dirnen, die Hallen mit Vorräten und Rüstzeug, die gewaltigen Mannschaftsküchen. Und die furchtbaren Latrinen – überstehende Sitzbretter mit Löchern, unter die Tonnenkarren geschoben wurden.

Obwohl kaum Elefanten und nur wenige Truppen in der Stadt waren – es gab keine unmittelbare Bedrohung; alle verfügbaren Kräfte standen auf Sizilien, wo der Krieg bald ins siebzehnte Jahr ging, und im unruhigen libyschen Hinterland –, suchte Antigonos im Gewimmel zwei Stunden lang. Er fragte sich, wie man es wohl anstellen mochte, bei voller Besetzung der Quartiere einen einfachen Soldaten zu suchen, wenn der Kaufherr und Unterstratege nun schon kaum zu finden war.

Hamilkar hockte auf einem Fenstersims im zweiten Stockwerk des elften Turms. Er trug nur Sandalen, eine kurze Tunika aus purpurgetränktem Leinen und ein purpurnes Kopftuch mit goldenem Band; das Tuch hing auf die linke Schulter herab. Der breite Ledergürtel war leer – keine Waffe, nicht einmal ein Gehänge. Er nickte Antigonos zu, als habe er ihn gestern zuletzt gesehen, und bat ihn mit einer Geste um Geduld. Dann wandte er sich wieder den anderen Männern zu.

Antigonos lehnte sich an die Ziegelwand neben der Fensteröffnung. Die Besprechung fand in einem iberischen Dialekt statt und kreiste, soweit er es verstehen konnte, um Morde und Vergiftungen bei der Regelung der Herrschaftsnachfolge eines Volks irgendwo im gebirgigen Inneren Iberiens. Antigonos fragte sich, wozu Hamilkar derlei Dinge so eingehend wissen wollte. Die iberischen Unterführer schienen einem erst kürzlich angeworbenen Söldnertrupp anzugehören; ihre Nachrichten waren ziemlich frisch. Die Männer trugen flache Halbstiefel, rötliche Röcke, lederne Brustpanzer mit Bronzeplatten und rote Stoffbündel auf den Schultern. Auch sie waren unbewaffnet und ohne Helm.

Hamilkar hielt die linke Hand in der rechten Ellenbeuge; mit Daumen und Zeigefinger der Rechten strich er sich über die große Hakennase. Die Brauen – schwarzes dickes Gestrüpp – waren zusammengezogen, und der Bart hätte gestutzt und ausrasiert werden können. Offenbar gab es wichtigere Dinge. Antigonos sah das Spiel der ungeheuren Armmuskeln, ausgelöst durch die Fingerbewegungen an der Nase. Er klemmte das zusammengerollte Fell unter den anderen Arm und schaute aus der

Fensteröffnung, über die Dächer der westlichen Vororte, die Straßen und Felder, auf denen schwarze Punkte arbeiteten. Rechts glitzerte die seichte Bucht mit den Schilfinselchen.

Die Besprechung ging zu Ende; Hamilkar entließ die Iberer. Antigonos kniete lächelnd vor dem Punier nieder und sagte in zeremoniellem Phönikisch:

»Diener des Melqart, der rechtlose Fremde begehrt deine Gunst und fleht göttliche Gnade auf dein Haupt herab.«

Hamilkar ergriff ihn am Ohr, zog ihn hoch und umarmte ihn. »Laß den Quatsch, Tiggo. Schön, dich wiederzusehen. Du kommst aus Gadir, hörte ich.«

»Woher weißt du das denn?«

»Es gibt kein unnützes Wissen, deshalb soll man alle Wissensquellen sprudeln lassen und aus ihnen trinken.«

Antigonos runzelte die Stirn. »Ah ja. Deshalb also diese iberischen Mordgeschichten.«

Hamilkar betrachtete ihn aufmerksam. »Ich wußte nicht, daß du iberische Dialekte verstehst. Sonst...«

Antigonos legte ihm eine Hand auf die Schulter. »Es gibt auch für metökische Händler kein unnützes Wissen. Aber wenn es Geheimnisse waren – keine Sorge, ich habe sie schon vergessen.« Dann reichte er Hamilkar das Fellbündel. »Ich habe dir etwas mitgebracht.«

Hamilkar deutete eine Verneigung an, betrachtete das Bündel, machte aber keine Anstalten, es entgegenzunehmen. »Ein Tierfell«, sagte er. »Wenn du wirklich deinen Vorfahren gleichst – was ich wegen deiner Jugend noch nicht weiß, verzeih –, dann hat es damit etwas auf sich. Und wenn es etwas damit auf sich hat, möchte ich es genauer wissen. Dazu ist hier nicht der richtige Ort. Zuviel zu tun; der Tag ist noch lang. Hast du heute abend Zeit? Gut. Dann komm doch zu uns raus, gegen Sonnenuntergang. Wein und Essen und Reden. Es gibt viel zu erzählen. Und Kshyqti wird sich freuen; sie hat neulich erst nach dir gefragt.«

Hamilkars weitläufiger Palast in der Megara lag am Fuß der Hügel, die sich nach Norden bis zum Kap Kamart erstreckten. Von den Dachterrassen der weißen, ineinander übergehenden Gebäude konnte man aufs Meer hinausblicken. Neben der Familie wohnten hier an die hundert Mitarbeiter, Arbeiter und Sklaven, die im Haus, in den Gärten, Parks, Stallungen und Gehegen beschäftigt waren. Es war eines der reichsten

Anwesen der reichen Megara. Und eines der ältesten – die Familie führte ihre Abstammung auf den Steuermann des Schiffs zurück, mit dem in sagenhafter Vorzeit die Königstochter Elissa von Tyros, Begründerin und erste Herrin der »neuen Stadt«, Qart Hadasht, in der Bucht angekommen war. Die Erträge der großen Ländereien im fruchtbaren Süden des punischen Hinterlands, in der Byssatis, stellten das Fundament des Reichtums, dessen Mauern kluger Fernhandel und dessen Zinnen geschicktes Wandeln durch das Machtlabyrinth der Stadt waren.

Kshyqti stand auf der Marmortreppe vor dem zweigeschossigen weißen Haupthaus, als Antigonos vorfuhr. Ein Stallknecht übernahm Pferd und Wagen, und Antigonos lief die Stufen hinauf.

»Herrin«, sagte er, »mein Herz hüpft wie ein Zicklein.«

Sie umarmte ihn lächelnd. »Wenn du früher gekommen wärst, hätten wir nicht das andere Zicklein schlachten müssen.« Sie nahm seine Hand und zog ihn die letzten Stufen hoch.

Kshyqti war die Tochter eines balliarischen Stammesfürsten. Antigonos wußte, daß sie der allgemeinen Sitte gemäß bei ihrer Vermählung mit Hamilkar einen punischen Namen angenommen hatte, kannte diesen jedoch nicht, da er nie verwendet wurde.

Die beiden Töchter nahmen am Abendmahl teil. Die jüngere, Sapanibal, war vor wenigen Monden acht Jahre alt geworden und sprach die ersten Brocken Hellenisch; Antigonos redete sie als »Fürstentochter Sophonisba« an und gab der fröhlichen Kleinen einen Kuß auf die Nase, als es Zeit zum Schlafengehen war. Salambua, inzwischen zehn Jahre alt, litt offensichtlich unter Erziehungsmaßnahmen ihrer Lehrerin, einer jungen Tanit-Priesterin, bewegte sich wie eine punische Matrone und blickte aus großen dunklen Anderwelt-Augen weniger ins Diesseits als an diesem vorbei.

»Salambua braucht hellenischen Unterricht«, sagte Hamilkar, als die Mädchen verschwunden waren.

»Soll ich mich umhören?«

»Ja, Tiggo; wir haben zwar ein paar Namen von Leuten, die in Frage kämen, aber wir wissen nichts über sie.«

Während des Essens hatte Antigonos von seiner Reise berichtet und vor allem in den Mädchen gefesselte Zuhörer gefunden. Salambua bemühte sich allerdings immer wieder um gelangweilte Distanz, wenn ihr auffiel, wie sehr sie sich von der Erzählung hinreißen ließ.

Sie saßen auf der Dachterrasse, tranken gewürzten Wein und blickten nach Nordosten aufs Meer hinaus, das im späten Abenddämmer glomm und tanzte.

»So. Nun erzähl mal von der Pause, die du beim Essen übersprungen hast. Und von dem Fell.«

Antigonos zögerte. »Es ist ein bißchen . . . schwierig.«

Kshyqti lachte leise. Als sie aufstehen wollte, legte Hamilkar eine Hand auf ihren linken Arm.

»Bleib zwischen uns und mit uns. Tiggo, was ich wissen darf, darf auch Kshyqti wissen.«

Antigonos räusperte sich. »Die Glücklichen Inseln«, sagte er.

Hamilkar setzte sich aufrecht. »Ah. Wer ist dort – noch immer Gulussa?«

»Du kennst ihn? Ja. War er immer schon so mürrisch?«

Hamilkar hob die Schultern. »Das täuscht. Er ist ganz umgänglich.«

Antigonos suchte nach den richtigen Worten. »Es ist . . . ich müßte . . . ich habe. Ah. Ich darf nichts Genaues über diesen Teil meiner Reise sagen. Ich habe einen Eid geleistet. Nur allgemeine Umrisse. Versteht ihr?«

Kshyqti nickte. Hamilkar kniff ein Auge zu. »Hat es etwas mit den warmen Strömungen zu tun – und mit einer anderen Strömung, die die Rückkehr nach Gadir erlaubt?« Seine Stimme klang fast gelangweilt.

»Dann weißt du also . . .«

»Ich weiß, daß es eine gute Strömung und gute Winde nach Westen gibt, wenn man von den Glücklichen Inseln aufbricht. Daß man einen Bogen von grünen Inseln erreicht, nach vielen Tagen, und daß dahinter, wieder viele Tage weiter, ein unermeßliches Festland liegt.«

»Aber es ist geheim, dieses Wissen, nicht wahr?«

»Ja. Dort drüben gibt es zuviel Gold und schlimmen Zauber. Nur ein Teil der Ratsmitglieder – vielleicht ein Drittel – weiß davon. Der Schatzkämmerer und die Suffeten erfahren es bei ihrer Wahl. Es ist eine Strecke, die nicht von Handelsschiffen befahren wird; nur vier Schiffe des Rats, mit ausgewählten Mannschaften. Ich weiß es, denn ich bin einmal dorthin gefahren. Aber wieso du?«

Antigonos beugte sich vor. Im flackernden Halblicht der Öllampe, die auf dem Tischchen stand, waren die Löcher im rechten Ohr eher zu ahnen als zu sehen. »Ich habe beschlossen, ein vornehmer junger Punier zu sein. Im Westen, am Weltmeer, erschien es mir sinnvoll. Als die punischen Kaufleute in der großen Stadt am Gyr mißtrauisch waren, weil ich keine Ringe in den Ohren trug wie ihr, habe ich mir von einem schwarzen Arzt Löcher machen lassen und Ringe hineingesteckt. Scheußlich, aber es hat gewirkt. Ich war ein Neffe von dir, Hamilkar – Sohn deiner Schwester, die in Sikka lebt. Ich konnte nur hoffen, daß niemand sie und ihre Familie kennt. Von dir konnte ich ja genug erzählen.«

»Kleiner Schuft«, sagte Hamilkar. Es klang beinahe liebevoll.

»Ich erflehe deine Vergebung, Diener des Melqart.«

»Geschenkt. Weiter.«

»Ich, der ich nicht an Götter glaube, habe tausend Eide auf unsere, das heißt eure, und auf fremde Götter abgelegt. Zuerst Gulussa – ich habe schnell rausgekriegt, daß das Schiff an der kleinen Inselmole etwas Besonderes war. Ich habe gebohrt und gebettelt und gefragt. Schließlich mußte ich auf dich und auf Baal, Melqart, Eshmun, Tanit, Reshef, ich weiß nicht wen noch alles schwören, daß ich nicht mit Uneingeweihten darüber reden würde. Dann durfte ich mitfahren.«

»Gulussa wird alt. Aber sprich weiter.«

»Ich glaube, ich muß weiter ausholen. Habe ich euch je erzählt, daß ich damals, vor sieben Jahren, ah, fast acht, daß ich damals im Oasentempel des Amun war, beim Orakel?«

Kshyqti wandte ihm fast ruckartig das Gesicht zu. »Im uralten heiligen Orakeltempel?«

»Ja. Damals, als Regulus hier landete und mein Vater mich nach Alexandreia schickte. Kyrene hatte sich eben von Ägypten gelöst, und es sah aus, als ob Ptolemaios neben seinem syrischen Krieg auch noch einen um Kyrene anfangen wollte. Deshalb bin ich damals mit den Händlern nicht an der Küste entlang, sondern durch die Wüste gezogen. Der Amun-Tempel interessierte mich überhaupt nicht – ich war zwölf Jahre alt, und das war doch nur ein komisches altes Gemäuer. Ich wußte, daß Alexandros das Orakel aufgesucht hatte, daß es seit Jahrtausenden sogar von den Pharaonen verehrt worden war. Aber für mich waren das bloß verwitterte Steine, die etwas Unheimliches ausstrahlten – ähnlich wie der *tofet* hier. Den Markt vor dem Tempel fand ich viel aufregender, mit den verschiedenen Leuten aus verschiedenen Weltgegenden. Ich habe damals auf einer Brunnenumrandung gehockt und zugesehen und darauf gewartet, daß die Karawane endlich fertig wird und weiterzieht. Plötzlich berührt mich etwas an der Schulter. Der Finger eines Mannes. Ich blicke zu ihm auf, zu einem furchtbaren Gesicht, wie schlecht gegerbtes Leder auf einem zu schwachen Rahmen. Darin zwei glühende

Augen, sengender als die Sonne. Dieser Mann sagt zu mir: ›Du wirst in den Sonnenuntergang segeln. Bring die Haare zurück, die zum Lauf der Dinge gehören. Drei Löwen, deren Gebrüll die Welt erzittern läßt. Und Gold für den Gott.‹ Dann erlöschen plötzlich seine Augen, die Hand gleitet zurück in den weiten weißen Ärmel, wie der Kopf einer Schildkröte in den Panzer. Er geht mit schwankenden Schritten zum Tempel und verschwindet im Eingang.«

Kshyqti schüttelte langsam den Kopf. Hamilkar sagte mit belegter Stimme: »Gott Amun ist der Älteste.«

Antigonos schwieg einen Moment. »Natürlich hat mich das alles sehr beeindruckt. Aber in der nächsten Nacht, auf dem Esel in der hellen Wüste, wurde mir alles völlig unheimlich.«

»Wegen der Sprache?« sagte Kshyqti.

Antigonos starrte sie an, mit offenem Mund. »Woher... Ja. Die Priester sprechen weder Punisch noch Hellenisch, und ich verstand damals kein einziges Wort Ägyptisch. Erst als mir das klar wurde, ist mir eingefallen, was mich an der Begegnung so seltsam berührt hatte: Der Priester hat die Lippen nicht bewegt; die Stimme war nur in meinem Kopf.«

Hamilkar murmelte: »Sonnenuntergang... Haare... drei Löwen. Ist es das, dein Fell aus dem fernen Westen?«

Antigonos seufzte. »Für das, was nun kommt, muß ich euch um Vergebung bitten.« Er stand auf, schon leicht benommen vom Wein, ging um den Tisch herum und kniete vor Kshyqti und Hamilkar nieder. »Bitte«, sagte er leise. »Vergebung. Vieles darf ich nicht sagen, und was ich sagen kann, wird euch schmerzen. Aber es war nicht, weil ich mich eindrängeln will. Nur, weil ich euch liebe und euren Kummer kenne.«

Kshyqti beugte sich vor und küßte ihn auf die Stirn; ihre Augen waren naß. Hamilkar nahm das Gesicht des jungen Metöken in beide Hände und sagte leise: »Freund und Sohn meines Freundes, es ist gut. Sprich weiter.«

Antigonos schloß die Augen; er kniete immer noch auf der Matte aus fein geflochtenem balliarischen Schilf. Während er weiterredete, tastete er blind nach dem Tierfell.

»Ich bin über das Weltmeer gesegelt, nach Westen, und von einer grünen Insel zu vielen anderen. Dann mit Booten der Menschen, die dort leben, zum südlichen Festland. Ich war nur wenige Tage dort, aber weil ich in Alexandreia, Indien, Taprobane und hier viele Dinge gelernt habe, die man dort nicht kennt, konnte ich in einer bestimmten Lage, von der ich nicht sprechen darf, etwas tun. Es trug mir viel Gold ein, mehr als zwei Talente, und Amun soll seinen Teil davon bekommen. Dann lernte ich einen weisen alten Mann kennen, einen Priester des seltsamen Volks, das in den Bergen wohnt und die Küste beherrscht. Er fand Gefallen an mir – trotz der Ohrringe.« Antigonos öffnete die Augen und lächelte. »Wir haben drei Tage und drei Nächte miteinander geredet. Ich war so stolz auf das, was ich wußte und konnte, und ... Ah, es ist gleich. In der letzten Nacht vor meinem Aufbruch hat er mir gesagt: ›Du bedarfst keiner Hilfe, aber ich will dir dennoch ein Geschenk machen.‹ Ich habe überlegt und ihn dann um einen Rat oder eine Vorhersage für den Krieg gebeten. ›Das kann ich nicht‹, sagte er. ›Dich und Dinge, die dir sehr nah sind, kann ich erfühlen – kleine Dinge, Menschen. Aber du gehörst keiner der beiden kriegführenden Städte wirklich an, keine ist in deinem Blut, keine kann ich fühlen.‹ Dabei hatte ich ihm nie gesagt, daß ich Metöke bin.« Er räusperte sich. »Ich wußte nicht, um was ich bitten sollte. Dann seid ihr mir eingefallen, und ich habe dem alten Mann erzählt – von einem großen Mann, der seine Stadt retten könnte, wenn die Stadt sich nur von ihm retten ließe, von seiner schönen und gütigen Frau, und davon, daß sie zwei Töchter aber keine Söhne haben. Er hat die Augen geschlossen und dann gesagt: ›Ja, ich kann sie sehen. Komm mit.‹ Kurz vor Morgengrauen sind wir zu einer heiligen Stätte gekommen. Dort hat er etwas aus einem goldenen Behälter geholt, die Hände darauf gelegt und es mir gegeben. Dies hier.«

Antigonos nahm das Tierfell, rollte es auf und breitete es über Kshyqtis und Hamilkars Knie. Die ledrige Unterseite war gegerbt, die gräuliche Wolle der Oberseite fühlte sich an wie grobes Kamelhaar.

»Ein Tier aus den Bergen des südlichen Erdteils. Sie nennen es *liam* oder *yama*. Man benutzt es als Nutz- und Lasttier. Es liefert Wolle, Milch, Fleisch und notfalls das gesamte Fell. Es ist gewissen Göttern geheiligt, und dieses *yama* wurde geopfert. Das ist, was der alte Mann dann gesagt hat: ›Es ist für deine Freunde. Sie sollen miteinander darauf liegen. Drei ruhmreiche Söhne; der erste wird größer sein als der Vater, der zweite fast so groß wie der Vater, der dritte ein wenig geringer als der zweite. Wenn der dritte Sohn geboren ist, soll der Vater das Fell mit heiligen Kräutern eures Landes räuchern und es im Kampf über Brust und Rücken tragen. Nie darf gischtendes Wasser es benetzen.‹«

»Und du«, sagte Kshyqti nach langem Schweigen, »du hast nichts von dem alten Mann bekommen?«

»Doch.« Antigonos stand auf, ging zu seinem Sessel, setzte sich und ergriff den Weinbecher. »Doch. Viele weise Ratschläge. Und eine Anweisung, die mich überrascht hat. Ich hatte dem alten Mann nichts vom Orakel des Amun erzählt. Aber zum Abschied sagte er: ›Und vergiß nicht, von dem Gold, das du mitnimmst, einen Teil dem fernen Gott zu geben, dessen Priester dich hergeschickt hat.‹ «

Die Reise zu Amuns Oase mußte warten; Antigonos verschob sie aufs nächste Frühjahr. Es gab wichtige Dinge zu tun, die nicht mit der Geduld eines dreitausendjährigen Tempels behandelt werden konnten: Kassandros, die Familie, die Bank, das Leben.

Bostar war ein großartiger Verwalter, aber bisweilen fehlte ihm der weite Blick und die Bereitschaft, Kühnheit und Leichtsinn zu unterscheiden.

»Aber wozu willst du die Werft verkaufen? Sie macht doch besten Gewinn!«

Antigonos seufzte. »Hör zu, mein Freund. Was ist vor eineinhalb Jahren in Drepana und bei Kamarina geschehen?«

»Wollen wir jetzt den Sizilischen Krieg besprechen?«

»Wir müssen.«

Bostar schob die Unterlippe vor. »Wenn du meinst... Bei Drepana hat der Nauarch Adherbal eine römische Flotte versenkt, und vor Kamarina der Stratege Qarthalo die andere.«

Es stimmte nicht ganz; Qarthalo hatte die zweite römische Flotte durch listige Segelmanöver dazu gebracht, vor einer steilen Leeküste zu ankern; als seine erfahrenen Steuerleute die Vorzeichen eines Sturms bemerkten, zog er sich mit seinen Schiffen im letzten Moment zurück, in eine sichere Bucht, während die Römer an den Klippen zerschmettert wurden. Aber auf derlei Feinheiten kam es Antigonos nicht an.

»Gut. Nun hören wir von unseren Freunden, die mit Rom Geschäfte machen, daß mit Rom keine Geschäfte zu machen sind. Rom ist erschöpft; auf dem Land wird heftig gekämpft, aber es fehlen die Mittel, eine neue Flotte zu bauen.«

»Wunderbar.« Bostar starrte ihn verständnislos an. »Und? Endlich haben wir wieder die Herrschaft über das Meer – und du willst die Werft verkaufen?«

»Das beste Geschäft mit der Werft sind die Fertigteile für den Kriegsschiffsbau. Richtig?«

»Richtig.«

»Qart Hadasht beherrscht wieder die See, die Römer greifen auf Sizilien an, haben aber keine Flotte mehr und im Moment nicht die Möglichkeit, eine zu bauen. Richtig?«

»Richtig. Aber...«

»Moment. Was tut in dieser Lage eine kluge Führung? Sie wird die eigene Flotte ausbauen, die römischen Küsten verwüsten, den römischen Nachschub abschneiden, Verstärkungen nach Sizilien legen. Richtig?«

»Ja, aber...«

»Aber wir haben keine kluge Führung. Die Kaufleute im Rat werden sagen, das sei nun alles so, wie es sein soll, und endlich könne man sich wieder den Geschäften widmen. Vielleicht werden sie die Flotte auf dem jetzigen Stand halten, aber ohne Zweifel werden sie keine neuen Schiffe bauen. Und so werden sie den Krieg verlieren. Richtig?«

Bostar ächzte. »Und deshalb...?«

»Genau. Und deshalb verkaufen wir die Werft; sie wird uns nichts mehr einbringen.«

Hamilkar, der drei Tage später überraschend in der Bank auftauchte, teilte Antigonos' düstere Ansichten und bestätigte sie zusätzlich.

»Diese Kornsäcke«, sagte er erbittert. »Adherbal, Himilko und Qarthalo waren die besten Befehlshaber, die wir in diesem überflüssig langen Krieg hatten.«

»Vergiß nicht Xanthippos«, sagte Antigonos. »Mehr Wein?«

»Ja. Aber das war kein Punier.« Hamilkar hielt den Becher hin. »Natürlich hat er Regulus für uns geschlagen – nachdem die Trottel Hanno und Bomilkar, diese Sandratten, zuerst trotz aller Warnungen ihrer erfahrenen Seeleute in Stürme gesegelt sind und sich dann an Land gegen die Römer angestellt haben wie blutige Anfänger. Waren sie ja auch.«

»Was ist mit Himilko, Qarthalo und Adherbal?«

»Adherbal behält die Flotte – aber sie wird wohl verringert. Himilko und Qarthalo werden abberufen.«

»Falsche Partei?«

»Ja, falsche Partei. Es soll alles wieder werden wie es war, das Hinterland muß befriedet werden, wir müssen neue Märkte erschließen. Mit Rom wird man schon so oder so zu einem Ausgleich kommen. Dieser ganze Quatsch. Himilko und Qarthalo gehören zu den ›Neuen‹ – sie wissen, daß Rom eine ganz andere Bedrohung darstellt als jeder bisherige Gegner. Als Regulus vor Qart Hadasht stand, haben die Kornsäcke um Frieden gebettelt; zum Glück waren seine Bedingungen zu hart. Dann haben sie Regulus, als er gefangen war, mit einer Gesandtschaft nach Rom geschickt, unter Ehrenwort; der Vorschlag war, die Kämpfe einzustellen und zum Zustand vor dem Krieg zurückzukehren. Rom hat abgelehnt. Den gleichen Vorschlag haben wir letztes Jahr gemacht, als die römischen Flotten vernichtet waren – wieder abgelehnt.«

»Sie wollen verlieren oder gewinnen; ein Ausgleich kommt nicht in Frage – richtig?«

Hamilkar lachte, aber es war kein frohes Gelächter. »Fast richtig. Sie wollen uns vernichten, und die Sache wird erst beendet sein, fürchte ich, wenn entweder Rom oder Qart Hadasht nicht mehr sind. Und dann – dann werden sie auf die Hellenen losgehen, und die Syrer und die Ägypter. Erst wenn in der gesamten Oikumene« – Hamilkar warf das hellenische Wort in die auf Punisch geführte Unterhaltung – »niemand mehr lebt, der es wagt, andere Gedanken zu denken und anderen Sitten anzuhängen als Rom, erst dann werden sie zufrieden sein. Vielleicht. – Jedenfalls: Himilko und Qarthalo sind abberufen. Ihre Erfolge kommen natürlich den ›Neuen‹ zugute, und die Kornsäcke, die Rom für irgendeine Stadt wie alle anderen halten, würden lieber den Krieg verlieren als den ›Neuen‹ einen Triumph überlassen.«

Antigonos lehnte sich in seinem Stuhl zurück und verschränkte die Hände hinter dem Kopf. »Wer kommt nach ihnen? Nach Qarthalo und Himilko, meine ich.«

»Das ist noch nicht entschieden.«

»Was geschieht mit Regulus?«

Hamilkar hob die Schultern. »Wenn er bei Kriegsende noch lebt, wird er nach Rom heimkehren. Wenn er Pech hat, stirbt er vorher.«

»Weißt du, wo er ist?«

»Natürlich. Unter Bewachung in einem feinen Haus in der Megara. Warum?«

Antigonos beugte sich vor. »Ich hätte Neuigkeiten, die ihn interessieren könnten. Von einem etruskischen Händler, der gestern außen an der Mole angelegt hat.«

»Wichtige?«

»Nichts, was den Krieg schlimmer oder besser macht. Aber wenn er wirklich ein derartiger Starrkopf ist, wird es ihn begeistern, gewisse Dinge zu hören.«

Hamilkar grunzte. »Er ist ein Gemenge aus Starrsinn und Ehrenhaftigkeit, weder durch Humor noch Geist gemildert. Aber wenn du willst – ich werde ihn einladen. Morgen abend? Bring deinen Händler mit.«

»Seltsam, wenn man es sich überlegt ... Was hättest du an seiner Stelle getan?«

Hamilkar rümpfte die Nase. »Ich? Ja, was hätte ich getan? Ich will Rom nicht vernichten – ich glaube, ich hätte alles daran gesetzt, einen Ausgleichsfrieden zustandezubringen. Dann hätte ich zuhause bleiben können, statt meinem Ehrenwort gemäß wieder in Gefangenschaft zurückkehren zu müssen. Er dagegen hat in Rom geredet wie ... wie ein Wasserfall, um jeden Frieden zu verhindern.«

Antigonos schwieg. Hamilkar hing seinen finsteren Gedanken nach; schließlich klopfte er auf den Tisch.

»Aber das alles nebenbei – eigentlich bin ich wegen einer anderen Sache gekommen.«

»Sprich, Freund meines Vaters.«

»Ich spreche jetzt nicht als Freund deines Vaters, sondern als Kaufherr, Landbesitzer – und als *dein* Freund.« Der Punier grinste. »Du warst ein freundlicher Junge – und du wirst verzeihen, aber ich mußte erst sehen, ob mehr in dir steckt als die Freundlichkeit. Bevor ich dich meinen Freund nenne.«

Antigonos schob ihm den Weinkrug hin. »Ich bin geehrt und lausche, o Diener des Melqart.«

»Ich werde vermutlich bald wieder fortreisen – nach Iberien, nach Klumyusa, vielleicht ins Hinterland –, Truppen werben oder Aufstände niederschlagen, je nachdem was die ehrenwerten Kornsäcke beschließen. Nachdem ich nun weiß, daß deine Bank solide ist und daß du mehr bist als ein netter Junge, möchte ich dir meine Geschäfte übergeben – wenn du magst.«

Antigonos holte tief Luft. »Das ist eine große Ehre. Und eine große Verantwortung«, sagte er heiser. »Ich weiß nichts Genaues, aber deine Geschäfte dürften zu den teuersten in Qart Hadasht gehören.«

Hamilkar winkte ab. »Es geht. Sie sind nicht schlecht. Aber ich bin oft fort; Kshyqti ist keine Punierin und hat als Frau eines ›Neuen‹ doppelten Ärger mit den alten Kornsäcken – und keiner von uns, den ›Neuen‹, hat eine Bank oder etwas derartiges, womit sich ein größeres Vermögen sinnvoll verwalten ließe. Soll ich – nein: Ich will nicht, daß bestimmte Leute mit ihren Vereinigungen und Banken an mir verdienen. Hanno, zum Beispiel, der goldgesäumte Rattenafter, der sich dank der Verdienste seiner Vorfahren Der Große nennen darf.«

Antigonos schüttelte langsam den Kopf. Der Ratsherr und Großgrundbesitzer, Bankteilhaber und Reeder Hanno war zweifellos der kommende Mann der »Alten«. Er mochte an die dreißig Jahre alt sein, etwa so alt wie Hamilkar, und war im Rat dessen erbittertster Gegner.

»Nein, Hanno muß nicht an dir verdienen. Aber eine Sache dieser Größe sollte ohne Freundschaft beredet werden, ganz sachlich. Ich würde gern meinen Verwalter dazuholen.«

Hamilkar stimmte zu. Antigonos stand auf, ging zur Tür des Raums und rief nach Bostar. Der junge Punier riß die Augen auf, als er erfuhr, um was es ging.

»Große Ehre, große Ehre«, sagte er immer wieder. »Aber es will gut überlegt sein – zum beiderseitigen Vorteil.«

»Wenn du morgen abend ein bißchen früher kommst als zum Sonnenuntergang«, sagte Hamilkar zu Antigonos, »können wir ein paar Einzelheiten bereden. Und ich kann dir die wichtigsten Rollen übergeben – Abschriften, natürlich.«

Er erhob sich, klopfte Bostar auf die Schulter und umarmte Antigonos. »Übrigens, bevor ich es vergesse – ich brauche einen neuen Gutsverwalter, der alte ist gestorben. Wenn ihr jemanden kennt . . .?«

Antigonos geleitete ihn zum Stadtausgang. Als er in seinen Arbeitsraum zurückkam, saß Bostar noch immer mit großen Augen da.

»Uh uh uh uh uh«, machte er. »Eines der größten Vermögen von Qart Hadasht. Uh uh uh.«

»Hör auf mit deinem uh uh uh. Wir werden das genauer bereden, wenn wir die Rollen haben und die Einzelheiten kennen. Wüßtest du einen Gutsverwalter?«

Bostar schob die Unterlippe vor und kaute darauf herum. »Nein«, sagte er schließlich. »Nicht für eine derart große Sache. Die alten Ländereien in der Byssatis . . . Uh uh uh.«

»Was macht eigentlich der Ziegenschänder?«

»Daniel? Er ist einer der wichtigsten Männer auf dem Markt, berät die Gemüsebauern, derlei. Du meinst . . .? Aber er ist doch Jude!«

»Ist er gut? Ich habe ihn lange nicht gesehen und weiß es nicht.«

»Doch, doch. Sogar für so etwas Großes – wenn er will. Aber...«

»Kein Aber. Hamilkar hat keine Vorurteile. Den Libyern, die für ihn da draußen arbeiten, ist es sowieso gleich. Mal sehen.«

Am nächsten Nachmittag fuhr Antigonos zum großen Markt vor dem Tynes-Tor. Er hatte ein paar Erkundigungen angestellt und war sicher, den richtigen Mann für Hamilkar gefunden zu haben.

Der schlanke, dunkelhaarige Daniel trug nur eine lange schmierige Tunika. Er sah aus wie tausend andere Marktbauern, aber die Leute, mit denen er zwischen drei Obstkarren stand und verhandelte, zeigten durch ihre Redeweise und Körperhaltung, daß er der Meister war. Antigonos nahm es aufmerksam zur Kenntnis.

»Ha, der blöde Hellene!« Daniel drängte sich durch den Kreis, der ihn umgab, und fiel Antigonos um den Hals. »Oder muß ich jetzt Herr Bankbesitzer sagen?«

»Ziegenschänder«, sagte Antigonos lachend.

»Na gut, Ziegenschänder. Komm – da drüben kann man besser reden. – Wir sprechen morgen weiter!« Er winkte den Bauern zu und schob Antigonos durch das Gedränge.

Es war ein unangenehm kühler Nachmittag im Spätherbst; der graue Himmel dämpfte die Farben des Markts, der Kleider und der Waren. Antigonos warf dem Jungen, der sein Pferd und seinen Wagen hütete, eine weitere kleine Münze zu und deutete auf die Tröge. Der kleine zerlumpte Wächter führte das Tier zur Wasserstelle.

»Längere Wiedersehensfeiern müssen wir aufschieben«, sagte Antigonos. »Ich habe ein Anliegen.« Er wartete, bis die Schanksklavin zwei Becher mit heißem Kräuteraufguß gebracht hatte, der zum Wetter besser paßte als Wein. »Ein wichtiges Anliegen.«

Daniel runzelte die Stirn, trank und verbrühte sich den Mund. Er knirschte irgendeinen Fluch in seiner Sprache. »Braucht deine Bank Geld?«

»Danke, nein. Ein sehr großer punischer Handelsherr hat mich – die Bank – mit der Verwaltung seines Vermögens beauftragt. Und er braucht einen Gutsverwalter.«

Daniel kniff die Augen zusammen. »Wo?«

»In der Byssatis. Es ist ein sehr großes Gut, und es ist eine der ältesten und reichsten Familien.«

»Und du meinst, die nehmen einen Juden?«

Antigonos legte die Hände um den heißen Becher. »Die lassen ihr Vermögen durch einen hellenischen Metöken verwalten, der heute abend zusammen mit einem Etrusker bei ihnen essen wird, um mit einem Punier und einem Römer zu reden.«

Daniel kicherte. »Wilde Mischung.«

»Ja. Und?«

Daniel starrte einen Punkt in der Luft an, über Antigonos' Kopf. »Tja, Tiggo, das kommt ein bißchen plötzlich. Andererseits – mein Vater kann sich auf meine Brüder stützen, der Markt findet einen anderen Meister, ohne Zweifel. Und ich habe das hier lange genug gemacht.«

»Vergiß nicht – der Punier muß zustimmen, aber dann bin ich dein Herr, als Verwalter des Gesamtvermögens.«

Daniel grinste. »Dann sieht man sich vielleicht öfter. Was soll ich machen?«

»Du kommst gleich mit, so wie du bist. Wir reden mit dem Besitzer – wenn er dich will, klären wir die anderen Dinge in den nächsten Tagen.«

Daniel pfiff leise. »Ich kann doch nicht in diesem Schmuddelzeug vornehme Punier besuchen.« Er hob den von Mist, Lehm, Staub und Obstflecken verzierten Saum seiner Tunika.

»Die wollen einen Gutsverwalter, keinen Kleiderständer«, sagte Antigonos. »Es kommt auf das an, was du sagst und wie du es sagst, nicht auf deine Fetzen. Aber nach dem ersten Gespräch wirst du dich höflichst zurückziehen – das Essen ist politisch, und . . .«

»Klar. Und dann morgen früh in deiner Bank?«

Marcus Atilius Regulus hatte einen kantigen Bauernschädel, war fast kahl und glattrasiert. In den sieben Jahren seiner Gefangenschaft hatte er weder innerlich noch äußerlich Entgegenkommen gezeigt; selbst zu diesem Anlaß erschien er in seiner römischen Tracht – Sandalen, lederner Schurz, Toga. Die beiden jungen Punier, die ihn zu bewachen hatten, aßen außer Hörweite an einem kleinen Tisch.

Da Regulus nicht den kleinsten Brocken Punisch sprach (oder sprechen wollte) und auch kaum Hellenisch beherrschte, zog Kshyqti sich nach dem Essen zurück. Sie verstand kein Latein; außerdem schien ihr der römische Felsklotz unheimlich zu sein. Der Etrusker, ein kleiner drahtiger Mann mit fahrigen Bewegungen und einer Knollennase, machte sich ein Vergnügen daraus, die starre Grammatik der hölzernen Sprache absichtlich zu zertrümmern. Hamilkars Latein war elegant, soweit Latein elegant sein konnte. Antigonos beherrschte nur die übliche Handelszunge der italischen Küste, ein Gemenge aus Latein, Etruskisch und Hellenisch, konnte aber dem Gespräch folgen.

Hamilkar war bester Laune; nach einem schnellen harten Frage-und-Antwort-Spiel von etwa einer halben Stunde hatte er Daniel als künftigen Verwalter gebilligt und sogar von Psallo nach Hause fahren lassen.

Nach dem Essen rückte der Etrusker, dem Antigonos zuvor einiges eingeschärft hatte, mit seinen Nachrichten heraus. Wegen des schlechten Wetters saßen die vier Männer zwischen zwei Kohlebecken innerhalb des großen Raums, der an die Terrasse grenzte. Der Römer trank Wasser, die anderen heißen Wein mit Honig und Kräutern.

»Ich Neuigkeiten aus Rom habend«, sagte der Händler.

Regulus verzog keine Miene. »Wenn es nach mir ginge, dürften Angehörige italischer Bündnisvölker nicht mit dem Feind handeln und schon gar keine Nachrichten übermitteln. Ich will nichts von dem wissen, was du an Neuigkeiten hast.«

Der Etrusker grinste. »Nicht Bündnisvolk – Etrusker untergeworfen und zwingweise. Du Welt erst Schätzung, wenn alles römisch, wie?«

Der Römer hob einen Mundwinkel.

»Jedenfalls du gut Gefangenschaft, essen und trinken und schlafen und Luft. Andere nicht so gut.«

Hamilkar beugte sich vor. »Wen meinst du?«

»Geisel punisch in Rom, was drei Unterstrategen von gute Familie, gefangen bei Eryx in Krieg.«

Regulus betrachtete ihn mißtrauisch. Er preßte die Lippen zusammen; seine Wangenmuskeln arbeiteten.

»Wen meinen?« sagte Antigonos. »Geiseln in Familie von Marcus Atilius, gegen Wohlergehen von diesem hier?«

Der Händler legte die Hände flach auf den Tisch. »Genau so dies. Frau und Fraubrüder grimmend, weil Regulus Mann Vater Schwager nicht heimkommt. Geiseln foltern und töten getan.«

Das rötliche Gesicht des Römers wurde aschfahl. Die Finger krallten sich in die Lehnen seines Scherenstuhls. Eine kostbare Einlegearbeit aus Elfenbein knirschte und fiel zu Boden, aus der linken Lehne. Regulus nahm es nicht wahr. »Das kann nicht sein. Es ist – das ist nicht römisch!«

»Doch, doch – römisch wie Bruch von Vertrag.«

Hamilkar hob eine Hand; sein Gesicht war sehr ernst. »Ob es stimmt oder nicht, das können wir nicht sagen. Die Nachricht ist jedenfalls

schlimm. Ich muß es dem Rat mitteilen. Wir haben Mittel, es genau herauszufinden.«

Regulus stand auf; er keuchte fast. »Ich will an den Senat schreiben«,
sagte er mit kaum hörbarer Stimme. »Wenn ihr« – er wandte sich an
Hamilkar – »über Mittelsmänner nachfragt, soll mein Schreiben mitgenommen werden.« Er neigte knapp den Kopf und winkte seinen beiden
Wächtern.

Als er gegangen war, erschien Kshyqti wieder. Dem Etrusker gelang es
nach und nach, durch Anekdoten und Geschichten von seinen Reisen die
Stimmung ein wenig zu bessern. Als sie gegen Mitternacht aufbrachen,
fragte Antigonos, bereits auf der Treppe:

»Ah, wie geht es eigentlich *yama*?«

Hamilkar legte den Arm um Kshyqtis Schultern; Kshyqti lächelte.

»Gut – aber *yama* kratzt.«

Trotz der frühen Abendstunde war der Speiseraum des Versammlungs-
hauses der Weinhändler voll; Antigonos hatte sich einen Platz und ein
Tischchen in Nähe des Podiums freihalten lassen und folgte der Darbietung mit Staunen. Er erinnerte sich an etliche Tänze und Gesänge, aber
das hier war etwas völlig Neues.

Einer der Männer war dunkelhäutig und hatte unangenehm weiche
Gesichtszüge; Antigonos hielt ihn für einen kuschitischen Eunuchen,
vielleicht auch einen Trogodyten vom Ufer des Arabischen Meers südlich
Berenike. Er beherrschte eine Vielzahl rhythmischer Instrumente, und
zwar meisterlich. Die gegen den Rhythmus bewegten Rasseln irritierten
Antigonos ein wenig; von den übrigen Geräten fielen ihm besonders
zwei auf: eine dünne, beidseitig mit dunklem Fell bespannte Trommel
mit klirrenden Metallplättchen im Rahmen, und eine über einem halbgefüllten gläsernen Wassergefäß angebrachte Bronzeschale, die der Mann
mit einem feuchten Lederläppchen rieb, in das ein Stein gewickelt war.

Der andere Mann war älter und grauhaarig; er mochte Hellene oder
Makedone sein und trug wie der Kuschite einen gelben Chiton. Er hatte
eine Sammlung von Blasinstrumenten – Syrinx, doppelröhrigen Aulos,
mehrere Einrohr-Flöten unterschiedlicher Tonhöhen aus Metall –, sang
bisweilen eine verzierte Begleitstimme und tauschte mit der Sängerin
einige Male Instrumente aus, Flöte gegen Kithara, mitten im Stück, ohne
den Rhythmus zu verlieren.

Die Ägypterin war unglaublich. Sie mochte um die zwanzig Jahre alt sein, vielleicht etwas älter. Über die Stirn lief eine furchtbare gezackte Narbe; das schwarze Haar war kurz, wie eine zweite Haut. Sie war fast olivfarbig; die Augen hatte sie nicht geschminkt, aber die Wangen mit Ocker- und Kalklinien in verwirrenden Mustern gestriemt. Im linken Nasenflügel steckte ein goldener Ring, der breite Mund war grellgelb. Antigonos konnte sich kaum losreißen von der bannenden Häßlichkeit des Gesichts, das in einem Moment zur kalten Maske erstarrte, im nächsten mystische Verzückung, innige Freundschaft oder malmende Begehrlichkeit ausdrückte. Die Nägel an Fingern und Zehen waren schwarz lackiert, besetzt mit winzigen Silberteilchen, die im Licht der Fackeln und Öllampen glitzerten. Der schlanke, schlangenartig biegsame Körper wurde durch das durchsichtige ägyptische Priestergewand aus dünnem Leinen enthüllt. Sie tanzte, spielte Kithara und Lyra, bei einigen ruhigen Stücken ohne Worte auch ein einsaitiges Instrument ohne Namen, mit hohlem, unten offenem Holzkörper und langem dünnen Steg.

Und sie sang. Die Stimme kreischte und streichelte, wimmerte und gellte, knurrte und gurrte, voll und sicher in den tiefen Tönen, eisig und genau in den Höhen. Die Stücke waren Antigonos meist gleichzeitig vertraut und fremd. Teile eines getragenen ägyptischen Hymnos wandelten sich von Anrufung und Preis zur Verspottung der Götter, durch den harten beschleunigenden Rhythmus, das Kieksen und Blubbern des feuchten Lappens auf der Bronzescheibe und die kreiselnden Beckenbewegungen der Ägypterin. Bekannte hellenische Lieder – die weitgereisten punischen Kaufleute im Saal hatten keine Schwierigkeiten, den Wörtern zu folgen – änderten ihr Wesen völlig, wenn die Musiker die ursprünglichen Melodien etwa durch klagende Weisen aus den thrakischen Bergen ersetzten. Ein betont elegantes, fein gedrechseltes Liebeslied eines unbekannten Hellenen löste brüllendes Gelächter aus – die Ägypterin sang es mit einem grobschlächtigen lateinischen Akzent, und die Musiker verloren immer wieder den Takt.

Das vorletzte Lied vor der Pause wahrte Melodie und Rhythmus der ursprünglichen Fassung, aber Sapphos Verse waren sehr geschickt ins Punische übertragen. Die Ägypterin heftete die dunklen Augen auf Antigonos, der fast vor ihr saß.

Glücklich gilt, Unsterblichen gleich, der Mann mir,
der dir dort so dicht gegenüber sitzt und
deine süße Stimme vernimmt, zugleich dein
reizendes Lachen

hören darf. Wahrhaftig, das peinigt in der
Brust mein Herz zu flatternden Schlägen. Sehe
ich dich nämlich flüchtig nur an, so stocken
jäh mir die Worte,

mehr noch, meine Zunge zerbirst, ein zartes
Flackern rieselt unter der Haut entlang mir,
meine Augen können nicht sehen, dumpf nur
dröhnen die Ohren,

Schweiß rinnt mir in Strömen herab, ein Zittern
packt von Kopf zu Fuß mich …

Antigonos genoß die dramatische Darstellung, hob nur leicht eine Braue und den linken Mundwinkel. Als die Musiker vor dem letzten Stück Plätze und Instrumente wechselten und sich flüsternd berieten, winkte er einer Schanksklavin und ließ sich eine Silberplatte mit drei Bechern voll von syrischem Wein bringen. Aus Brot formte er einen kleinen Phallos, den er an den mittleren Becher lehnte.

Später war ihm diese Kneterei ein wenig unheimlich. Dabei war das nächste Stück zu Beginn nicht zu erkennen – ein alter hellenischer Erntegesang, Hymnos an das göttlich Fruchtbare. Aber die Musik war anders. Er hatte von arabischen Karawanenmännern, ein paar Tagereisen hinter Petra, eine ähnliche Melodie gehört, ein drängendes, gieriges Schreien nach Wasser, ein Flehen an die Götter, daß die nächste Quelle im gnadenlosen Sand reich und labend sein möge. Die Ägypterin spielte dumpf das einsaitige Instrument, der alte Mann eine Metallflöte, der Eunuch ließ einen Knochen über das Fell der Trommel huschen und kullern. Lange, lange steigerte sich die Musik, bis endlich die Ägypterin die hellenischen Wörter schrie, mit endlosen arabischen Trillern und Gleittönen und Knacklauten tief in der Kehle.

Stimmt an das Lied, stimmt an,
schafft weiten Raum dem Gott!
Es will ja doch die Gottheit
dick angeschwollen, aufgereckt,
durch eure Mitte wandeln, wandeln.

Die Gegensätze von Worten, Musik und Vortrag waren so gewaltig, daß die unbehaglich beeindruckten Zuhörer die Pause fast erleichtert begrüßten. Antigonos stand auf und ging mit seiner Platte zum Podium, wo er dem Eunuchen und dem alten Mann je einen Becher gab und dann der Sängerin das ganze Tablett reichte, mit dem letzten Becher und der Kneterei.

»Zum Dank für große Kunst und zur Stärkung für viele weitere Dinge«, sagte er.

Sie setzte sich auf den Schemel, das Tablett auf den Knien, betrachtete die Gaben und lachte. Dann biß sie die Spitze der Brotskulptur ab, hob den Becher, neigte den Kopf vor Antigonos und trank.

Als er zu seinem Platz zurückging, spürte er die dunklen Augen im Rücken. Während der Pause und im zweiten Teil der Darbietung suchten sie ihn immer wieder.

Unter einer Falte des Ledervorhangs fiel ein Lichtstrahl ins Gemach, malte den Ziegel blaßrot. Antigonos streifte die Decke ab, stand behutsam auf und zog den Vorhang beiseite. Früher Morgen; die Straßen, drei Stockwerke unter dem Gästegeschoß des Hauses, waren still, die Herbstluft frisch, aber noch nicht schneidend. Der leichte Nordwind brachte eine Verheißung von Meer und Ferne. Eine feine Dunstschicht lag über Bucht und Meer; Licht sickerte herab wie durch eine Kristallschale voll vom Saft frischer Zitronen. Die Umrisse der Hügel von Kap Kamart hoben sich über die weißen flachen Dächer.

›Gerade erst zurückgekommen und schon wieder dieses Ziehen in der Brust‹, dachte Antigonos. Er wandte sich zurück in den Raum. Der Duft schwerer Essenzen, der Geruch von ledernem Lager und Wolldecken, von Schweiß und den Dünsten der Liebe vermengten sich mit der Frische und wurden einen Moment schärfer, deutlicher, ehe die Zersetzung begann.

Er blickte zum Bett. Die dunklen Augen waren geöffnet, blinzelten zum Fenster, betrachteten ihn; dann hüllte die Ägypterin sich bis zum Hals in die Decke.

Antigonos hockte sich auf den Rand des Lagers. Das Gesicht, nach drei Stunden Schlaf und ohne Farbstriemen, war weicher, immer noch fesselnd und abstoßend, zugleich aber seltsam zerbrechlich.

»Dies ist über alle Maßen wunderbar«, sagte er halblaut, auf Punisch. »Die Stasis des Loderns« – versonnen, auf Hellenisch. Er beugte sich vor, folgte mit den Fingerspitzen der Narbe über die ganze Stirn, berührte die linke Wange. Sie drehte den Kopf und preßte die Lippen in die Handfläche.

»Die Narbe«, sagte er. Er zwinkerte und wechselte zum Ägyptischen. »Woher, Tochter der uralten Götter, hast du diese Narbe?«

Sie hob die Brauen. Die Stirnrunzeln, mehrfach von der Narbe durchquert, waren drei Kielwasser in Ufernähe, zertrennt von bläulich schillernden Fischen. »Eine böse Geschwulst, die geöffnet und entfernt werden mußte. Wieso sprichst du meine Sprache?«

»Ich habe fast zwei Jahre in Alexandreia verbracht, und die Bewohner von Rhakotis waren mir lieber als die anmaßenden Makedonen.« Er lächelte. »Wir hatten keine Zeit für Worte, in der Nacht. Ich bin Antigonos. Wie heißt du?«

»Isis.« Sie kicherte.

Er schüttelte langsam den Kopf. »Ich will keine schlechten Scherze machen, über die Heimkehr in den Schoß der Großen Mutter oder derlei, aber es war göttlich.«

Ihre Rechte kam unter der Decke hervor. Der schlanke Zeigefinger strich über seine gerade Nase, die Lippen, den schwarzen Bart, glitt tiefer und spielte mit dem Haar auf seiner Brust. »Wir singen hier noch etwas mehr als einen Mond. Treiben deine Geschäfte, was sie auch sein mögen, dich in dieser Zeit fort?«

»Meine Geschäfte zwingen mich, in Qart Hadasht zu bleiben.«

Sie war das einzige Kind eines Wahrsagers aus Kanopos, am westlichsten Mündungsarm des Nils, Stadt der Laster und Vergnügungen, mit Alexandreia durch einen zehn Meilen langen Kanal verbunden. Ihre Mutter war bei der Geburt gestorben. Isis hatte sich die letzten zehn Jahre – sie war fünfundzwanzig – durch die halbe Oikumene getanzt und gesungen, mit wechselnden Musikern wechselnde Musik gemacht, Sängern gelauscht und Lieder gelernt.

Sie redeten immer noch, als draußen die Stadt längst erwacht war und Stimmen, das Knarren von Wagenrädern, die Schreie der Verkäufer zu ihnen empordrangen. Antigonos zog sich an und küßte die Ägypterin.

»Die Geschäfte«, sagte er.

Sie gähnte, rekelte sich auf dem Lager und schloß die Augen halb. »Stehst du immer so früh auf?«

»Man muß die Zeit nutzen.«

Es war eine gute Zeit, dieser Mond zwischen Herbst und Winter. Antigonos arbeitete hart, um alle Fäden wieder in die Hände zu bekommen. Abgesehen von der Bank und Isis sah er wenige Leute. Hamilkar war mit Daniel in den Süden gereist, um den neuen Verwalter einzuweisen und selbst nach dem Rechten zu sehen. Kassandros führte das alte Einfuhr-Ausfuhr-Geschäft von Aristeides ordentlich, aber ohne große neue Einfälle; Arsinoë und die beiden Kinder waren ins Haus zurückgekehrt, während Argiope bei der Mutter auf dem Land blieb. Die alte Frau wollte nicht mehr nach Qart Hadasht kommen; Antigonos besuchte sie einmal – vier Tage ohne Isis – auf dem Landgut an der Küste, abseits der Straße nach Ityke, wo er erfuhr, daß die sechzehnjährige Argiope sich im Frühjahr mit dem Sohn eines Nachbarn vermählen würde. Bald nach diesem Besuch fand ein zweitägiges Fest statt, Bostars Vermählung mit der Tochter eines wohlhabenden Gemüsebauern, und Antigonos haßte alle Teilnehmenden, weil er wieder zwei Tage und Nächte von Isis getrennt war.

Nach dem Ende der Auftritte blieben Isis und ihre Musiker noch ein paar Tage in Qart Hadasht, bis die Karawane, mit der sie nach Ägypten reisen wollten, bereit war.

In einer der letzten bittersüßen Nächte, die sie in dem Zimmer des Händlerhauses verbrachten, lagen sie aneinandergeklammert im Dunkel. Die Ekstase aus Gier, Sanftheit und Schwermut hatte sich entladen und war zu sanftem Pulsieren geworden. Antigonos fühlte, daß die Wange, die an der seinen lag, feucht wurde. Ohne sich zu bewegen sagte er leise, mit rauher Stimme:

»Ein weißes, geräumiges Haus am Südende der Bucht von Qart Hadasht. Ich kann es kaufen; es steht seit kurzem leer. Der Garten ist groß, mit Gemüse, wildem Wein und Zypressen. Es gibt einen Teich darin, und vor dem Haus ist der Strand, mit einem Bootssteg.«

Aus dem warmen Mund neben seinem Ohr kam ein Seufzen, dann die Antwort, wie aus unendlicher Ferne. »Ein reicher Mond, in dem die Blume Glück höher sproß, als die Hellenengötter thronen. Was du eben sagtest, hat die Knospe zur blendenden Blüte gemacht. Soll man die Blume abschneiden, um sie zu bewahren? In einer weißen geräumigen

Vase und ohne Musik wird sie verwelken. Ich kann dir niemals genug danken, aber in einigen Jahren, wenn wir einander dann noch kennen, wirst du mich verstehen.« Ihre Nägel bohrten sich in seinen Rücken, und als sie plötzlich zum uralten Ägyptisch der Riten und Anrufungen überging, war es, als ob etwas Unsichtbares, nicht einmal zu Ahnendes den Raum um Antigonos mit eisiger, furchterregender Anwesenheit füllte.

»O ihr Götter, die ihr Herzen packt und das ganze Herz herausreißt – deren Hände das Herz eines Menschen neu bilden gemäß dem, was er getan hat – habt Erbarmen und vergebet ihm jetzt. Heil euch, ihr Herren der immerwährenden Zeit und Ewigkeit! Reißet mein Herz nicht von mir mit euren Fingern! Denn dies mein Herz ist das Herz des großen Gottes, dessen Worte in seinen Gliedern sind und der freien Lauf läßt seinem Herzen, das in ihm ist. Ich habe ihm die Herzensglut gewähret zur Stunde des Breitgesichtigen Gottes und in Hemen'aw Opferkuchen dargeboten. Möge mir dies mein ganzes Herz nicht entrissen werden. Ich bin es, der es dir anvertraut, und flehe inbrünstig zu deinem ganzen Herzen . . .« Sie schluchzte und brach ab.

Antigonos schob sie von sich, legte die Hände an ihre Brüste und küßte ihren Nabel. »Warum rufst du die alten Todesgötter an?« flüsterte er. Seine Stimme gehorchte ihm kaum.

Isis lag starr unter ihm, ihr Körper wie ausgeglühte Schlacke. »Ist denn nicht Abschied wie der Tod?«

An einem späten Nachmittag im Winter, lange nach der Abreise der Karawane, besuchte Hamilkar Antigonos in der Bank. Es gab Geschäftliches zu bereden, aber der Punier hatte andere Dinge auf dem Herzen. Er wirkte fröhlich – heiterer, als Antigonos ihn je gesehen hatte.

»Eine schlechte und zwei gute Neuigkeiten, o mein Freund. Welche möchtest du zuerst hören?«

»Zuerst die schlechte, dann die bessere, dann die beste.« Antigonos lächelte und goß Wein in zwei Becher.

Hamilkar wartete, bis sie den ersten Schluck getrunken hatten. »Wie du willst«, sagte er dann. Sein Gesicht verdüsterte sich einen Moment. »Heute früh ist ein Kurierboot von Adherbal gekommen, mit Nachrichten und einem Brief aus Rom an Marcus Atilius Regulus.«

»Und?«

Hamilkar verzog den Mund. »Diese Wahnsinnigen«, sagte er leise. »Wir haben ihre Flotten versenkt und ihren Vormarsch auf Sizilien zum

Stehen gebracht. Sie haben Hunger, viele Römer sind gefallen und ertrunken, und wir haben ihnen ein großes Angebot gemacht. Friede; Rückkehr zu den Grenzen des Kriegsanfangs; Anerkennung der römischen Hoheit über das östliche Sizilien; Lieferung von Weizen und anderen Dingen, ohne Zahlung; ferner fünfhundert Silbertalente für den Wiederaufbau – und als großmütige Entschädigung für Verluste in einem Krieg, den sie durch Vertragsbruch begonnen haben.«

Antigonos hob den Becher. »Auf den Sieg«, sagte er leise. »Sie haben abgelehnt, nicht wahr?«

»Sie haben abgelehnt. Und Verwandte von Regulus haben tatsächlich drei vornehme Punier, die sie als persönliche Geiseln hielten, gefoltert und getötet.«

»Welcher Wahnsinn. Warum? Was soll es denn bewirken? Ein Opfer für die römischen Kriegsgötter?«

Hamilkar hob die Schultern. »Ich weiß es nicht. Ich weiß auch nicht, was Marcus Atilius dazu sagen wird. Er ist dumm und stur, aber er ist ein Ehrenmann. Und das ...«

»Weiß er es schon?«

»Ein Bote des Rats ist heute mittag zu ihm gegangen.«

Antigonos seufzte. »Da du eben guter Laune warst, müssen die beiden anderen Nachrichten wirklich sehr bemerkenswert sein.«

Hamilkars Züge entspannten sich. »Ja. Wir haben die Kornsäcke eingewickelt und sauber verpackt.« Er grinste. »Heute war die Beratung über die verschiedenen neuen Strategien, über die Strategen, über den Vorschlag des Rats, wen die Versammlung der Vollbürger zu Suffeten für das neue Jahr wählen soll. Da Rom keinen Frieden will, muß ja ein neuer Stratege für den Sizilischen Krieg bestimmt werden.« Er richtete sich im Sessel auf. »Du sprichst gerade mit ihm.«

Antigonos sprang auf, lief um den Tisch und umarmte Hamilkar. »Endlich! So viele Narren, dann gute Männer, die abberufen werden, und jetzt schließlich der beste! Sie hätten dich schon vor zehn Jahren wählen sollen!«

Hamilkar wehrte ab. »Damals war ich zu jung – mit zweiundzwanzig kann man nicht oberster Feldherr sein. Aber wir haben sie fein eingewickelt!«

Antigonos setzte sich wieder. »Wie denn?«

Hamilkar strahlte. »Zuerst haben wir den Kürzungen bei der Flotte endgültig zugestimmt – obwohl es Unsinn ist. Das hat sie verwirrt. Dann haben wir Hanno vorgeschlagen, als Stratege für die Befriedung des Hinterlands. Das hat sie noch mehr verwirrt. Schließlich haben wir zwei von ihren wichtigsten Leuten, Bityas und Mago, für die Wahl der neuen Suffeten vorgeschlagen. Das hat ihnen den Rest gegeben. Sie waren so durcheinander und begeistert, daß sie bei der Bestimmung des neuen Strategen uns die Wahl überlassen haben.«

»Ich finde, ihr habt ihnen aber sehr viele Dinge eingeräumt. Ist das nicht leichtsinnig? Hanno ins Hinterland . . .«

Hamilkar hob die Brauen. »Damit ist er ein paar Monde des Jahres nicht in Qart Hadasht – entschieden ein Gewinn. Die Suffeten werden das Recht ein bißchen zu ihren Gunsten verbiegen, aber sie können nicht viel Unheil anrichten. Und ich kann auf Sizilien die wirren Verhältnisse ordnen und vielleicht dafür sorgen, daß die Römer im nächsten Jahr einen Frieden vorziehen.«

Antigonos trank auf Hamilkars Gesundheit. »Und was ist die beste aller Nachrichten? Sie muß ja gewaltig sein.«

Hamilkar beugte sich vor. Nun strahlte nicht nur sein Mund, sondern auch seine Augen. »Nach acht Jahren«, sagte er leise, »ist Kshyqti wieder schwanger. Auf *yama*!« Er hob den Becher.

Am nächsten Morgen erfuhr Antigonos vom Hafenmeister, daß Marcus Atilius Regulus einem seiner Bewacher das Schwert entrissen und sich hineingestürzt hatte.

Heil, Wohlstand, Friede des Gemüts und Heftigkeit des Fleisches sowie Ausweitung des Handels – o Antigonos: Dank für deinen Bericht, der mich lange Freuden des Lachens durchleiden ließ. Die Bank des Ptolemaios räumt der Sandbank für Geschäfte in, mit oder durch Ägypten einen Spielraum von eintausend Talenten in Silber ein; Guthaben und Schulden zu den üblichen Zinsen. Da du an seltenen Dingen Vergnügen hast, will ich dir mitteilen, was ich besser verschwiege; aber es wird mich hoffentlich begeistern zu sehen, was du mit unedlen Kenntnissen zu erreichen vermagst.

Bei einem Stamm der Maken wird ein ehemaliger Alexandriner namens Lysandros festgehalten. Er ist ein alter Mann und zuletzt arg von der Unbill des Schicksals gezaust. In Alexandreia nannte man ihn Die Nase. Er ist einer der größten Duftmischer, Meister in der Erprobung und Zusammenstellung köstlicher Essenzen, hat neuartige Pressen und Sudtöpfe für empfindliche Blütenblätter entwickelt. Und er hat Alexandreia verlassen, da in Ägypten alles dem König gehört und jedes Gewerbe nur mit königlicher Erlaubnis und königlicher Beteiligung ausgeübt werden darf.

Als seine Geschäfte gewaltige Ausmaße annahmen, ebenso der Gewinn für die königliche Kasse, beschloß Lysandros, sich dem Blutegel zu entziehen. In einer Herbstnacht verließ er Alexandreia, fuhr nach Rhodos, von dort nach Kreta, Kythera und Naxos, bis er schließlich auf Delos gute Bedingungen für seine Arbeit fand. Daß er von dort nichts zu uns ausführen durfte, störte ihn kaum, denn in Athen zahlt man eine halbe Mine Silber und mehr für ein einziges Fläschchen seiner Duftwässer, und er hat nur zwei Hundertstel Zoll zu entrichten – nicht vier Zehntel Königssteuer wie bei uns. Aber nach etlichen guten Jahren kamen zwei Stürme und ein Erdbeben. Ein Sturm versenkte nicht weit von Kap Sounion zahlreiche Schiffe; eines von ihnen trug Lysandros' Erzeugnisse eines ganzen Jahres, für einen großen Abnehmer und Händler in Athen, ein zweites sollte fast sein gesamtes Gold und Silber nach Epidauros bringen, zur Bank eines Freundes. Der andere Sturm schickte ein

Schiff auf den Meeresgrund, das teure, seltene Blüten und Kräuter geladen hatte und nach Delos unterwegs war. Das Beben schließlich war gering, aber Lysandros' Haus und Werkstätten lagen im betroffenen Teil von Delos.

Nach geziemenden Anfällen von Verzweiflung suchte Lysandros die Dinge wieder in Gang zu bringen. Etwa vor einem Jahr reiste der alte Duftmischer nach Kyrene und von dort über Land zu dem Maken-Stamm, von dem er das mit Gold aufgewogene Silphion bezieht. Aber die letzte Lieferung, im Sturm versunken, war noch nicht völlig bezahlt, und nun sitzt Lysandros in einem gut bewachten Zelt, drei Tagereisen südlich von Philainon, während der Makenfürst darauf wartet, daß einer von Lysandros' Freunden oder Handelspartnern fünf Talente Gold zahlt – Lösegeld und Schuldentilgung.

Möge es nützen, o Antigonos. Gedeihen und Wohlstand der Sandbank. Und Förderung aller Geschäfte.

3. ISIS

Nach zwanzig Tagen einer Fortbewegung, die der Steuermann Masta-nabal Küstenschleicherei nannte, erreichten sie im Scheitel der großen östlichen Bucht die Grenze zwischen Kyrene, Ägypten und dem puni-schen Herrschaftsbereich: Philainon Bomoi. Vor mehr als zweieinhalb Jahrhunderten hatten hier punische Truppen die Krieger des Dorieus aufgerieben, als der Spartaner nicht mehr mit dem Gebiet um Kyrene zufrieden war, sondern Teile des punischen Libyen erobern wollte.

Der Ort war weniger eine Stadt als ein vorgeschobener Beobachtungs-posten, Grenzfestung gegen Kyrene und Ägypten, Durchgangslager für Karawanen. Die Städte östlich von Sabrata, die alten libyphönikischen Gründungen Huejat – für die Hellenen Heoa –, Lepqy, Aspy, Maqom Hadasht, genossen gegen Tribut punischen Schutz und innere Unab-hängigkeit; sie erhoben Hafenzölle, durften jedoch Karawanen nicht behelligen. Für Qart Hadasht waren die Grenzgebiete und die Bezie-hungen zu den nomadischen Maken, Augilen, Garamanten und Nasa-monen des Hinterlands zu wichtig, um sie ungeschützt zu lassen, und zu schwierig, um dort unmittelbare Herrschaft auszuüben. Diese freie Grenzgegend endete erst in Sabrata; dort trug die Zollerhebung Qart Hadasht den Gegenwert von zwei Talenten Silber am Tag ein.

Antigonos wollte, gestützt auf einen Brief des neuen Strategen Hamil-kar, einen Teil der punischen Besatzung von Philainon in die Steppe füh-ren und den alten Duftmeister Lysandros bei den Maken auslösen, so oder so. Westlich von Qart Hadasht hatte die Sandbank ein Werkstatt-gelände gekauft, am Ufer des Sees von Tynes. Der Hellene glaubte nicht, daß der alte Duftmischer, der eine großartige Geldanlage werden konnte, lieber in makischer Gefangenschaft bleiben als die guten Bedin-gungen annehmen würde, die Antigonos zu bieten hatte.

Der punische Befehlshaber der kleinen Festung Philainon gab Antigo-nos fünfzig numidische Reiter, fünfzig gätulische Bogenschützen und fünfzig iberische Fußkämpfer mit – fast die Hälfte der Garnison von Philainon. Hamilkars Schreiben öffnete alle Tore.

Nach den Herbstregen war die Steppe grün. Im Morgengrauen wateten die Pferde und Fußsoldaten durch ein Meer von Schafen und Rindern. Das Lager, in einer Senke zwischen Hügeln um einen Brunnen angelegt, bestand aus etwa zweihundert Zelten. Einige verschlafene Maken tauchten auf, Gestalten mit wüsten Bärten, in wüstenfarbigen weiten Umhängen, bewaffnet mit Speeren und Wurfkeulen. Die Truppen entfalteten sich von Norden her zu einem Halbkreis vor dem Lager. Antigonos ging allein und ohne Waffen zu den Zelten, mit einem punischen Unterführer und einem Packpferd, das zwei Talente in Goldmünzen und die Einzelteile einer Waage trug.

Die Unterredung im Zelt des Häuptlings, mit dem Punier als Dolmetscher, war äußerst höflich und feierlich. Sie tranken heißen Kräutersud, aßen warmes Fladenbrot und reichten einander Salz, das Antigonos mitgebracht hatte.

»Qart Hadasht ist beglückt über die Freundschaft eures Volkes«, sagte Antigonos. »In diesen würdelosen Zeiten, angesichts der Unberechenbarkeit des Herrschers in Ägypten, läßt es die Väter der Stadt ruhiger schlafen, daß ein großer und ehrenhafter Held wie du die Grenzen und den Handel und die Menschen behütet.«

Der Make kratzte sich den struppigen Bart und knurrte ein paar Sätze.

»Er meint«, sagte der punische Unterführer, »Qart Hadasht hätte diese Botschaft auch übermitteln können, ohne hundertfünfzig bewaffnete Sendboten auszuschicken.«

Antigonos lächelte. »Zum Zeichen der Freundschaft zwischen deinem vortrefflichen Volk, o Fürst, und der Stadt Qart Hadasht haben wir dir goldene Münzen mitgebracht, zwei Talente. Es sind punische, hellenische und ägyptische Münzen, überall verwendbar.«

Das Gesicht des Fürsten hellte sich auf.

»Er findet«, sagte der Punier, »keinen Makel an deinen Ausführungen und nimmt die Münzen huldvoll entgegen.«

Antigonos hob die Hand. »Wir erbitten dafür nur eine geringe Gunst, die der Größe des fürstlichen Gemüts als kaum wahrnehmbar winzig erscheinen wird.«

»Er sagt, sein Gemüt sei etwa so groß und weich wie der Kotkiesel eines Steppenhasen.«

Antigonos grinste und baute die Waage auf. In die eine Schale legte er Beutel mit Münzen, in die andere ein bleiernes Talentgewicht. Es war eine große Waage, die notfalls auch einen ganzen Mann hätte wiegen können. »Ein Talent in Gold. Der Fürst mag sich von der Güte der Münzen überzeugen.«

Der Make öffnete mehrere Beutel, nahm Schekel und Drachmen heraus, biß hinein, knurrte und legte sie zurück.

»Ich sah« – Antigonos grinste noch immer – »auf einem Karren, unter einer Zeltbahn, Gefäße liegen, wie sie gewöhnlich verwendet werden, um die aus Stengeln und Wurzeln des Silphions gewonnene Milch aufzubewahren. Daneben lagen Ballen, die vermutlich Stengel und Blätter der Pflanze enthalten.«

»Er sagt, die Sehkraft deiner Augen ließe sich nur durch Ausreißen verbessern.«

»Üblicherweise sind acht Ballen und drei Amphoren die Gegenleistung für ein Talent in Gold. Allerdings erscheinen mir die Ballen ein wenig kleiner als sonst; wir wollen jedoch mit einem so guten Freund nicht handeln. Der Fürst wird zweifellos erfreut sein zu hören, daß wir auf genaues Auswiegen und die dafür notwendigen zahlreichen Stunden seiner Gastfreundschaft verzichten und bereit sind, uns mit acht Ballen, drei Amphoren und dem Karren, vor den wir sogar eigene Pferde spannen wollen, zu bescheiden.«

»Er erzählt jetzt etwas von einer Quelle, deren heiterer Anblick darüber hinwegtäuscht, daß das Wasser nicht zu trinken ist und außerdem von Blutegeln wimmelt.«

Antigonos nahm das Gewicht fort und legte die übrigen Beutel in die andere Schale, bis die Waage ausgeglichen war. »Das zweite Talent sei dein, o Fürst, für weitere acht Ballen und drei kleine Amphoren. Da man einander unter lieben Freunden jedoch vertrauen soll, wollen wir das Silphion jetzt nicht mitnehmen und auch gar nicht erfahren, ob genug davon vorhanden wäre.« Antigonos streckte die Linke aus und zeigte den Ring mit dem grünen Stein, in den das Zeichen der Bank geschnitten war. »Im späten Frühjahr wird ein Abgesandter kommen, der den gleichen Ring trägt. Ihm sei dann das Silphion zu übergeben. In den kommenden Jahren wollen wir unsere Freundschaft und Dankbarkeit dem Fürsten und seinem Volk gegenüber jedoch noch viel deutlicher bekunden. Zweimal in jedem der nächsten fünf Jahre soll der Fürst eineinhalb Talente Gold für ein Talent Silphion erhalten.«

Der Make runzelte die Stirn und redete mindestens zehn Atemzüge lang sehr schnell.

»Er sagt zusammengefaßt etwa, man soll den Schwanz eines Skorpions erst küssen, wenn man den Rest des Tiers zwischen rauhen Steinen zermalmt hat.« Der Punier grinste.

»Er braucht meinen Schwanz überhaupt nicht zu küssen. Nicht übersetzen. Und nicht nur, o Fürst, werden wir so aus Zuneigung und Dankbarkeit fünfzehn Talente Gold für zehn Talente Silphion zahlen, nein, wir wollen dich auch noch von einer großen Bürde befreien.«

»Bei fünf Talenten, sagt er, fällt ihm der alte Hellene ein, der ihm diesen Betrag schuldet. Er will den Mann aber nur herausgeben, wenn die fünf Talente sofort bezahlt werden. Nicht in zehn Raten.«

»Es würde einen sehr schlechten Eindruck auf die Welt machen, wenn Leute, die mit dem Fürsten Brot und Salz gegessen haben, in seinem Zelt einen Unfall erlitten.«

»Dieser verlauste Nomade«, sagte der Punier halblaut, »verweist darauf, daß es unser Salz war, nicht seines.«

»Salz ist Salz. Der Fürst mag nun, da es ihm so gefällt, in seiner unauslotbaren Güte die Habseligkeiten seines hellenischen Gastes auf das Packpferd schaffen lassen und den alten Mann mit Worten des Bedauerns verabschieden.«

Antigonos stand auf.

Der Make blieb sitzen, blinzelte und legte die Hand auf den Griff des krummen Dolchs, der in seinem Gürtel steckte.

»Er weigert sich – kurz gesagt.« Die Rede des Nomaden war erheblich länger gewesen.

Antigonos seufzte. Als er wieder sprach, zuckte der Häuptling kaum merklich zusammen; die bisher sanfte Stimme des jungen Händlers hatte einen metallischen Unterton bekommen.

»Sag ihm, daß die hundertfünfzig anderen Boten noch eine andere Botschaft aus Qart Hadasht haben, die nicht unbedingt ausgerichtet werden muß. Sie ist herber als die Grüße, die ich ihm übermittelt habe.«

Der Punier übersetzte. Der Make knurrte wieder etwas und blieb noch immer sitzen.

»Die Eleganz deiner Anspielungen, o Antigonos, hat ihn beeindruckt, aber er will es genau wissen. Was ist die andere Botschaft?«

»Wie viele Köpfe hat sein Volk?«

»Er sagt tausend. Ich halte es für übertrieben, aber...«

»Das spielt keine Rolle.« Antigonos bückte sich, starrte den Maken an und deutete dabei auf die großen Waagschalen. »Diese Schalen, überfüllt mit Gold, fassen etwa soviel rote Flüssigkeit wie der Körper eines Menschen. Die andere Botschaft ist eher ein Auftrag und eine Bitte. Der Fürst möge, ermuntert durch eiserne Schwertspitzen, scharfen Auges zusehen, wie das Gold aus den Schalen entfernt wird. Danach soll er – dies die Bitte aus Qart Hadasht – bezeugen, daß die eine Schale fünfhundertmal, die andere vierhundertneunundneunzigmal mit roter Flüssigkeit redlich gefüllt wird; erst dann soll mit edlem Fürstenblut die Waage endgültig ausgeglichen werden.«

In seiner Eile, das Lager und die Gefangenschaft zu verlassen, rutschte Lysandros vom Packpferd und landete auf dem Gesicht. Wucht und Umfang seiner Flüche erschienen Antigonos übertrieben, auch als der alte Mann einen Zahn hochhielt. Erst bei größerer Nähe begriff der junge Händler den Schaden.

Lysandros sperrte den Mund auf und fuchtelte mit dem ausgebrochenen Zahn. »Der vorletzte«, knurrte er. Ein einsamer Augenzahn hing noch im oberen Gaumen. »Was soll ich jetzt essen?«

Antigonos betrachtete nachdenklich den Mann, dessentwegen er gekommen war. Die Finger, die den Zahn hielten, waren fleckig, verätzt und verfärbt. Die gerühmte Nase, unter der Antigonos sich ein gewaltiges Gerät vorgestellt hatte, war kaum mehr als eine winzige Erhebung zwischen den Furchen des Gesichts, mit noch winzigeren und dazu verstrüppten Nasenlöchern. Die Ohren des Duftmeisters waren dafür riesig, Henkel einer großen Amphore.

»Es gibt gute Ärzte in Karchedon«, sagte Antigonos. »Sie können dir neue Zähne einsetzen – aus Holz, aus Bronze, aus Elfenbein, wenn dich danach gelüstet. Oder aus dem Mund eines Toten.«

Lysandros spuckte aus, kletterte behutsam auf das Pferd und kniff die Augen zusammen. »Karchedon, was? Aha. Freigekauft und neu versklavt. Pah.«

»Nein – ich habe Vorschläge für eine Partnerschaft. Eine Werkstatt neben einer Glasmacherei, Fläschchen nach deinem Wunsch, andere Dinge. Und« – er grinste – »wir werden dir eine eiserne Fleischmühle bauen.«

»Punische Pampe schlürfen – dieses Gemenge aus Mehl, Käse und Honig. Bah. – Wie war das, mit dieser Partnerschaft?«

Lysandros nahm das Angebot an: ein gemeinsames Unternehmen, an dem die Bank mit sechs Zehnteln beteiligt war. Seine Einlage sollte aus seinen Kenntnissen und Fähigkeiten bestehen. Nach sechs Jahren, wenn die letzte Silphionlieferung gegen die letzte Schuldenrate aufgerechnet werden konnte, würde man neu verhandeln, wobei beide Seiten der anderen die Möglichkeit einräumten, auszubezahlen oder sich ausbezahlen zu lassen – oder zu verlängern.

In Philainon ging Lysandros an Bord des Schiffes; es sollte ihn, das Silphion und genaue Anweisungen an Bostar nach Qart Hadasht bringen. Antigonos langweilte sich einige Tage im Ort. Es gab ein Wirtshaus, mit Fundamenten und Gewölbe aus behauenen Steinen, einem Schankraum mit Ziegelwänden, darüber, aus Holz und Lehm, einem großen Schlafraum für Gäste, die den alten Pritschen und kribbelnden Decken zu trotzen gedachten. Außerdem eine Art Hafen, bestehend aus einer gemauerten Mole und ein paar baufälligen Schuppen, in denen man Schiffe hätte ausbessern können, wenn es Schiffe oder Handwerker gegeben hätte. Der punische Hafenmeister war die meiste Zeit betrunken. Der Rest des Orts, begründet auf den Gebeinen eines punischen Brüderpaars, das sich dort vor langer Zeit zur Rettung der Heimat geopfert hatte, bestand aus Holz- und Lehmhütten; es gab ein paar Fischer, die in morschen Kähnen knapp außer Rufweite vom Strand dösten, und ein paar Bauern, Viehhirten und Silphion-Sammler. Alle anderen waren untätig und warteten auf das Frühjahr, den Wiederbeginn der Küstenschiffahrt, die erste Karawane.

Die punische Grenzfestung lag östlich des Orts auf einem kleinen Hügel, gesichert durch Wall, Graben, zweiten Wall und Palisaden. Antigonos, der die hundertfünfzig Soldaten seiner Unternehmung mit je zwei Schekeln entlohnt hatte – das entsprach in Qart Hadasht dem Lohn eines Hafenarbeiters für acht Tage –, betrank sich drei Nächte hintereinander im Wirtshaus mit den Offizieren und verbrachte die vierte Nacht mit der dicken, sehr hellhäutigen Schanksklavin, die nicht keuchte, ächzte oder kreischte, sondern schniefte. Am nächsten Tag wurde er von allen Offizieren, einzeln und grinsend, befragt, ob sie wieder dabei geschnieft habe. Am sechsten Tag, als er schon fast entschlossen war, den langen Weg allein zu wagen, traf eine kleine Winterkarawane ein.

Der Tempel des Amun nahm das Gold entgegen, ohne neue Orakelsprüche. Antigonos, beinahe erleichtert, reiste mit den anderen weiter nach Ägypten, wo sie bei Erreichen der ersten Grenzfestung – theoretisch gehörte bereits die Wüste gleich östlich von Philainon zum Reich der Lagiden – einen Tetradrachmon für jede Person zu zahlen hatten.

»Die neueste Erfindung«, sagte einer der Händler. Er spuckte aus – vorsichtshalber erst, nachdem sie hundert Schritte jenseits der Posten waren. »Nicht nur Waren – jetzt muß man sich schon selber verzollen, um einreisen zu dürfen. Pah. Demnächst wird der König oder sein Dioiketes persönlich an der Grenze stehen, jedes Haar jedes Reisenden zählen und einen Obolos dafür verlangen, damit das königliche Wollmonopol nicht unterlaufen wird.«

Südlich des Moeris-Sees, in Shedet/Krokodeilonpolis, trennte Antigonos sich von den Händlern und reiste zum Nil, dann über Memphis, Merimda und Naukratis nach Alexandreia. Die Fahrt auf dem alten heiligen Fluß mußte immer wieder unterbrochen werden, weil jeder Posten jedes Dorfhafens in jedem Gau die Fahrterlaubnis des Kapitäns, die Zulassungsnummer des Schiffs und den Reisepapyros jedes einzelnen Fahrgasts sehen wollte. Antigonos tauchte wieder im alten Gefühl von Beklemmung, Ersticken und ohnmächtigem Haß unter. Der Flußschiffer, ein mittelalter Ägypter, dem die linke Ohrmuschel und der Mittelfinger der rechten Hand fehlten, erkundigte sich nach anderen Ländern. Antigonos berichtete von Qart Hadasht; um dem Heimweh zu entgehen, kam er dann auf das noch fernere Indien.

»Dort ist es also, wie du siehst, fast wie hier«, sagte er schließlich. »Der Herrscher hat seine Augen überall, die Steuern und Zölle sind ein Würgegriff, und die Menschen sind hier wie dort in Klassen eingeteilt.«

Der Schiffer wedelte Fliegen aus seiner Ohrhöhle. »Ja und nein. Wenn ich dich richtig verstanden habe, gibt es doch zwei große Unterschiede.«

»Welche?«

»Der indische Herrscher läßt mit dem Geld, das er eintreibt, Straßen bauen und Krankenhäuser und Unterkünfte für Arme und Waisen. Unser Tyrann steckt alles in die eigene Tasche; nichts davon kommt in anderer Form zum Volk zurück.«

»Das stimmt. Und was ist der zweite Unterschied?«

»Wenn man – du tust es nicht, wie du sagst, aber andere wohl – wenn man an ein Weiterleben oder Wiedergeborenwerden glaubt, ist es ein Trost, daß man bei anständigem Leben in eine höhere Klasse geboren werden kann. Hier nützt dir nichts – auch ein heiliger Ägypter wird nie zum Makedonen.«

Antigonos hörte die Bitterkeit, sah aber im entspannten Gesicht des Schiffers nichts, was ihr entsprochen hätte. »Du liebst die Makedonen, ja?«

Der Schiffer deutete nach links. Weit vom Ufer entfernt, von Bäumen umstanden und kaum zu erkennen, standen helle Gebäude. »Siehst du den Tempel? Es ist ein Ort der Zuflucht. Auch ein Mörder kann dorthin fliehen, und niemand darf ihn anrühren. Aber es gibt eine Ausnahme.«

»Ich weiß – Perser.« Die Nachfahren des alten Herrschervolks, unter dem Ägypten furchtbar gelitten hatte, waren noch immer verhaßt. Sie waren ausgenommen von der Möglichkeit, in Tempeln Zuflucht zu suchen. Antigonos erinnerte sich an einen Fall: Ein Makedone hatte Schulden gemacht und wollte sich der Begleichung durch Flucht entziehen, worauf seine ebenfalls makedonischen Gläubiger ihn als halbblütigen Perser bezeichneten. Der Tempel lieferte ihn aus.

»Ja, die Perser und ihre Nachfahren. Weißt du, was geschieht, wenn wir wieder selbst Herren unseres eigenen Landes sind? Wir werden Bannkreise um unsere Tempel ziehen; kein Makedone darf eine heilige Stätte auch nur von weitem durch Blicke besudeln. Eher soll meine Tochter von einem Perser geschlachtet als von einem Makedonen gestreichelt werden.«

Fast zwei Jahre hatte Antigonos in Alexandreia zugebracht, danach war er drei Jahre gereist, als Karawanenhelfer mit ein wenig eigenem Geld, später als sehr junger Händler. Nach der Rückkehr aus Indien war er in Alexandreia nur noch ein paar Monde geblieben, vor der Heimfahrt nach Qart Hadasht. Er fand die Stadt kaum verändert – größer, reicher, aber nicht angenehmer. Sein erster Gang führte zum Haus der punischen Händler, eine Straße entfernt vom ummauerten inneren Teil des westlichen Hafens. Es gab dort Platz für ihn, Unterkunft und die Aussicht, ein paar alte Bekannte wiederzutreffen.

Am Kibotos-Becken sah es aus wie vor Jahren – Schiffe, Arbeiter, Ladebäume. Der Blick auf den großen Westhafen, Eunostos, den Hafen der freudigen Wiederkehr, löste ein Schwirren in seinem Kopf aus – mit dieser Wasserfläche vor Augen hatte er gelernt, gebrochene Zahlen zu berechnen: altägyptische Rechenkunst, der manischen Geometrie der Hellenen so überlegen wie die Klinge dem Ried. Aber der alte Bettler, der ihn dieses Rechnen und dazu die Feinheiten der ägyptischen Sprache gelehrt hatte, war nicht mehr zu finden. Er hatte im Westen der Stadt, nördlich der Nekropolis, in einem Sandloch am Strand gehaust und jeden Tag damit begonnen, daß er das Große Grüne bat, nicht seinen Palast zu überspülen. Der »Palast« war noch da, auch der Blick auf Meer und Eunostos hatte sich nicht verändert, aber niemand wußte etwas von dem alten Mann.

Es war früher Nachmittag, als Antigonos den östlichen Hafen erreichte, den Königshafen. Kurz vor dem Palastviertel bog er ab, ging durch Hintergassen nach Süden, dann auf der siebzig Schritt breiten, ostwestlich verlaufenden Prachtstraße zum gewaltigen Marmorblock der lagidischen Staatsbank. Er fragte nach dem Oikonomos Phrynichos und wurde von einem Büttel in klirrender Rüstung durch einen Säulensaal geführt, eine Marmortreppe hinauf, einen langen Gang entlang, an dessen Wänden kostbare Teppiche hingen; eine weitere Treppe, noch ein Gang, endlich die Gemächer des Aufsehers für den Handel mit der westlichen Oikumene.

Phrynichos war etwa vierzig Jahre alt, hatte krauses Haar und trug nur einen schlichten Chiton und Sandalen. Von den oft aufdringlich putz- und schmucksüchtigen großen Händlern und Bankherren Alexandreias unterschied er sich noch in einer anderen Hinsicht: Seine Eltern waren aus Athen gekommen, und ein Hellene mußte sehr tüchtig sein, um in der fast ausschließlich makedonischen Führungsschicht des Reichs eine so wichtige Stellung erringen zu können.

Antigonos zeigte seinen Siegelring und erinnerte an ein Schreiben, mit dem er im späten Herbst sein Kommen angekündigt und bestimmte Fragen gestellt hatte.

»Ah, Antigonos aus Karchedon, von der Sandbank mit dem netten Symbol.« Der Hellene deutete auf einen Scherenstuhl und ging zur Wand neben der Tür, zog ohne lang suchen zu müssen eine Rolle aus dem überfüllten Regal und setzte sich hinter seinen Arbeitstisch. Rechts und links davon standen Kohlebecken, die den Raum wärmten und räucherten.

»Alles vorbereitet. Ich hatte mir unter dem Herrn einer Bank in Karchedon allerdings einen – eh, älteren Mann vorgestellt.«

Antigonos lehnte sich gegen das weiche Leder. »Das geht vielen so. Selbst in Karchedon, wo man mit dem Leben früher beginnt.«

Der Bankmann überflog den Inhalt der Rolle. »Das habe ich schon gehört, ja. Mit dreizehn oder vierzehn, nicht wahr?«

»Reiche alte Familien, die ihre Kinder von Priestern erziehen lassen, haben es nicht so eilig, aber im allgemeinen ist die punische Erziehung mit Lesen, Schreiben und ein wenig Rechnen abgeschlossen. Und natürlich gute Ratschläge.«

Phrynichos blickte auf. »Ich habe Erkundigungen eingeholt – verständlich, hoffe ich, angesichts der Summen, um die es geht. Nun möchte ich mir selbst noch ein wenig mehr Klarheit über dich und deine Ziele verschaffen. Die Auskünfte sind gut, aber deine Bank gibt es erst seit zwei, nein, zweieinhalb Jahren, und es ist zu früh, um zwischen einem vom Glück verfolgten Spieler und einem zuverlässigen Handelsherrn zu unterscheiden.«

»Ich habe damit gerechnet. Was willst du wissen?«

Phrynichos lächelte. »Nichts – nicht ich als der Mensch Phrynichos, sondern die Verwaltung des Reichs und die oberste Aufsicht der Banken. Du weißt ja . . .«

»›Keiner darf tun was er will, denn alles ist zum besten geregelt. Jeder Mensch hat seinen Platz, den er nur mit besonderer Erlaubnis oder auf Anweisung verlassen darf.‹ Ich kenne die Regeln.«

»Und du willst einen Platz verlassen, den deine Väter hier eingerichtet haben, und einen anderen einnehmen. Deshalb die Fragen.«

Antigonos verschränkte die Arme vor der Brust. Knapp gab er Auskunft über seine Erziehung, seine Zeit als Gehilfe des Handelsherrn Amyntas in Alexandreia, die Reise nach Indien, Taprobane, Arabien, die Zeit in Qart Hadasht, die Aufteilung des Vermögens, die neuen Geschäfte der Bank.

Phrynichos machte kaum Notizen, lauschte aufmerksam, stellte einige sehr genaue Zwischenfragen und sagte schließlich: »Gut, ich glaube, wir können zur Sache kommen. Alles ist zu verantworten. Du willst also Amyntas ruinieren?«

Antigonos lachte. »Ich will nicht Amyntas ruinieren, nein. Ich habe ihn damals als bösartigen, habgierigen, anmaßenden Makedonen kennengelernt, und er hat mich nicht so behandelt, wie man den Sohn des Mannes behandeln sollte, dem mehr als das halbe Geschäft gehört. Ich halte ihn für einen schlechten Partner und möchte deshalb die Verbindungen zwischen ihm und der Bank, die das Vermögen meines Vaters übernommen hat, möglichst schnell und gründlich beenden. Sollte dies Amyntas ruinieren, wäre das eine Nebenwirkung, die nicht beabsichtigt ist, mich aber mit einer gewissen Schadenfreude erfüllt.«

Phrynichos grinste, wurde aber sofort wieder ernst. »In Alexandreia gilt es als unklug, sich gegen einen oder mehrere Makedonen zu stellen.«

»Du bist Hellene.«

»Ich bin Hellene. Ich weiß, wovon ich rede.«

»Kann es dir schaden, die von mir gewünschten Änderungen vorzunehmen?«

Phrynichos hob die linke Braue. »Mir? Ich bin in diesem Fall die Bank des Königs.«

Antigonos schloß einen Moment die Augen. »Seit ich damals in Alexandreia war, habe ich das Ziel, mir eine Stellung zu verschaffen, in der ich nicht mehr abhängig bin von den Launen solcher Leute wie Amyntas. Kann ich, nach Meinung des Bankherrn Phrynichos, in Alexandreia frech sein?«

Phrynichos zwinkerte. »Nicht gegenüber dem Herrscher, dem Dioiketes oder der königlichen Bank. Aber jedem einzelnen makedonischen Handelsherrn gegenüber – ja.«

»Gut. Also zur Sache.«

Die Verhandlung dauerte eine Stunde. Antigonos schätzte den Wert seiner Beteiligung an den verschiedenen Geschäften des Makedonen Amyntas auf achthundert Talente Silber. Phrynichos ließ von einem Diener einige Rollen aus dem Archiv holen; in Alexandreia wurde, wie es im Hafen hieß, »jeder Furz aufgezeichnet, einschließlich seiner Stärke, Richtung, Ausdehnung, der Umstände seines Entstehens und der Gewänder, durch die er dringen muß, um die Welt zu erfreuen.« Den Unterlagen zufolge betrug der augenblickliche Wert – Aristeides (oder die Sandbank; oder Antigonos) besaß siebenundfünfzig Hundertstel von Amyntas' Geschäften, Gebäuden, Schiffen, Ladungen, Sklaven … – achthundertvierundvierzig Talente, siebenundzwanzig Minen, vierzehn Drachmen und drei Obolen. Die Bank übernahm alle Forderungen an Amyntas, notfalls bis zu Zwangseintreibung oder Beschlagnahmung, wofür sie etwas mehr als ein Zehntel des Betrags beanspruchte. Antigonos erhielt eine Gutschrift von siebenhundertfünfzig Talenten Silber, zu verzinsen mit dreieinhalb Hundertsteln im Jahr, oder auszuzahlen nach Wunsch der Sandbank.

Phrynichos rief vier Schreiber herein, die insgesamt acht Ausfertigungen machten. Zum letzten Teil des Geschäfts mußte ein anderer Bankmann zugezogen werden, zuständig für Grundstücke im Besitz oder in der Verwaltung der königlichen Bank. Antigonos kaufte ein zwei Stadien breites und ein Stadion tiefes Stück am Strand von Eleusis. Die östliche Vorstadt entwickelte sich zum Viertel der Reichen, mit Parks und Palästen; der Bodenpreis dort würde sich nach Ansicht der Bankleute innerhalb von fünf Jahren verzehnfachen.

Leise summend wanderte Antigonos zum Geschäftshaus des Amyntas, zwischen Prachtstraße und Heptastadion, dem Damm zur Insel Pharos, der die beiden Häfen voneinander trennte. Der fette Makedone trank Wein und ließ sich von einer dunkelhäutigen Sklavin massieren. Antigonos nickte ihm nur zu, als man ihn vorgelassen hatte. Er genoß es, auf den Händler hinabzublicken.

Natürlich machte der Makedone Geschäfte mit allen, unabhängig von ihrer Herkunft; außerhalb der Arbeit verkehrte er jedoch fast ausschließlich mit Makedonen, ungern mit Hellenen, widerstrebend mit Phönikern oder Puniern, gar nicht mit Juden, Thrakern, Babyloniern oder derlei; und wenn er einen Ägypter sah, schloß er die Augen. Er pflegte ein Riechfläschchen bei sich zu tragen, mit einem Gemisch aus zerstoßenen Gewürzen und Kräutern. Daran roch er, wenn der Ägypter ihn verlassen hatte – manchmal auch vorher. Antigonos erinnerte sich sehr deutlich, daß Amyntas oft mit ihm nur über das Riechfläschchen hinweg gesprochen hatte – damals.

Nun zog Antigonos die für Amyntas bestimmte Ausfertigung der Bankvereinbarung aus dem Gürtel.

»Wo ist dein Riechfläschchen, o großer Handelsherr?«

Amyntas, immer noch auf dem Bauch, unter den Händen der Sklavin, deutete auf den Haufen kostbarer Gewänder. Mit spitzen Fingern suchte Antigonos darin nach dem Riechbehälter, entstöpselte ihn, goß den Inhalt auf den Boden und ließ das Fläschchen fallen. Es zersprang in tausend Splitter. Dann hielt er dem sprachlosen Makedonen den besiegelten Bankpapyros hin, nickte lächelnd und ging.

Die Hochstimmung verflog in der Abenddämmerung, als Antigonos durch die wirren Gassen von Rhakotis schlenderte. Das alte Fischerdorf der Ägypter, am Kanal, der den Mareotis-See mit dem Hafen Eunostos verband, mit den kleinen Fischbuden und den düsteren verwinkelten Tavernen, den winzigen überquellenden Häusern der Armen und den belebtesten aller Begegnungsstätten, den Brunnen und Zisternen, dies Rhakotis barg tausend Erinnerungen an Menschen und Dinge und Vorgänge. Der erste Rausch von Wein, der erste Schwindel des Messers und der erste Taumel des Fleischs – Antigonos dachte mit Wärme an die junge Witwe des ertrunkenen Fischers, die ihn so viel gelehrt hatte. Fast ohne es zu wollen ging er zu ihrem Haus.

Er fand es nicht; er konnte es nicht mehr finden. Die Makedonen hatten begonnen, den alten ägyptischen Stadtteil zu heilen und zu bessern, wie sie es nannten – im Osten von Rhakotis waren Häuser und Gassen verschwunden für breite helle saubere Straßen, gepflastert, die einander in rechten Winkeln schnitten, und gesichtslose weiße Käfige, Mietblocks, verwaltet von Sklaven der jeweiligen Besitzer.

Noch immer zornig und betrübt ließ er sich am folgenden Morgen von einem ägyptischen Fuhrmann zum Kanalhafen bringen. Vor einer Uferschänke bildete eine Vielzahl von Bäumen und Sträuchern eine Laube; dort saß er und trank warmes ägyptisches Bier, bis das Boot nach Kanopos ablegte.

Es war leicht, Isis zu finden; fast jeder der zahllosen Gaukler, Musiker, Tänzer und von anderen Darbietungen lebende Bewohner der Stadt des Vergnügens kannte die Sängerin. Noch leichter war es, ohne ein Wort in ihre Arme zu sinken. Sie lebte in einem kleinen Holzhaus, etwas außerhalb des Orts, am Rand eines Palmenwäldchens, an der Mündung des kanopischen Nilarms. Das Haus bestand aus einem einzigen Raum. Draußen zerrte ein später Winterwind an den Palmen und trieb die Gischt der Brecher über den Strand. Drinnen gab es die Wärme der eisernen Kochstelle und die Hitze des Lagers.

Abends begleitete Antigonos Isis zu ihrem Auftritt. Sie hatte noch immer die gleichen Musiker, aber es gab Neuheiten bei der Darbietung. Vor allem ein Lied eines unbekannten hellenischen Dichters fesselte Antigonos, der nie viel über den Tod nachgedacht hatte. Der Schlußvers jeder Strophe löste immer wieder Gejohle und laute freiwillige Meldungen im Publikum aus, aber die Herbheit in Isis' Stimme bedrückte Antigonos, und die schrille klagende Metallflöte des alten Mannes drang ihm ins Mark und ließ seine Nackenhaare sich sträuben.

Frühling und Sommer und Winter sahst du, das ist überall so;
untergetaucht ist die Sonne, die Nacht läßt Grenzen verschwimmen.
Such doch nicht qualvoll den Ursprung der Sonne, die Heimat des Wassers,
sondern bemüh dich um Geld, dir Salböl und Kränze zu kaufen.
Blas mir die Flöte!

Hätte ich doch drei selbsttätig fließende Quellen von Honig,
Milchquellen fünf und Weinquellen zehn, vom Salböl ein Dutzend,
zwei mit Wasser, drei andere noch von eisiger Kälte;
hätte ich einen Jungen neben dem Quell und ein Mädchen!
Blas mir die Flöte!

Lydiens Flöte gehört mir und Lydiens Spiel auf der Lyra,
Phrygiens Erzhalm dazu; dumpf dröhnt die Trommel von Rindsfell.
Dazu möchte ich singen, solange ich lebe; und sterb ich,
legt mir die Flöte ans Haupt und legt mir zu Füßen die Lyra.

Blas mir die Flöte!

Wenn du Tote erblickst, an schweigenden Gräbern vorbeigehst,
siehst du im Spiegel dich selbst; so bangte vor Zeiten der Tote.
Leihgabe nur ist die Zeit, und gnadenlos, wer dir das Leben
auslieh; will er es zurück von dir, so gib es, in Tränen.

Blas mir die Flöte!

Xerxes, der König, teilte mit Zeus, so prahlte er, alles:
Einsam durchschnitt er, auf einem Schifflein, die Fluten von Lemnos.
Reichtümer hortete Midas, dreimal so große Kinyras:
Aber ein Obolos nur, und Charon verschifft dich zum Hades.

Blas mir die Flöte!

Es war ein Taumelmond, in dem nur das Lager und die Lieder wieder-kehrten. Alles andere wurde später in Antigonos' Erinnerung zum Wirbel verschiedener Lichter, Gesichter, Bilder und zerfetzter Eindrücke. Ein Teich am Rand dieses reißenden Stroms war der große Serapis-Tempel, in dem Antigonos und Isis lange mit einem Priester sprachen und stritten.

»Wie soll ich dies als heilig betrachten?« sagte der junge Hellene. »Stiere, einem Gott namens Apis geweiht, werden geschlachtet und dabei durch magisches Gemurmel von Priestern verwandelt zum wie-dergeborenen Osiris. Osiris-Apis wird durch einen falschen Zungen-schlag zu Serapis; dann kommt ein Makedone namens Ptolemaios, der über Ägypter und Hellenen und Makedonen herrschen will, gibt dem Götterbild etwas von Zeus und Pluton, den Bart und Kerberos. Und die-ses Gemenge aus Rindvieh, Köter und Greis soll ich anbeten, obwohl ich weiß, daß ein König es erdacht hat, um seine zahlreichen Völker zusam-menzubinden?«

»Alles Göttliche ist heilig – das Äußere ist nur die Form, in der es sich einem Mittler offenbart, sei dieser nun Priester, König oder ungläubiger Händler. Dein Gott hat mehrere Formen: Menschen und Münzen. Du weißt nur noch nicht, wie der heilige Kern beschaffen ist, und dieser ist unteilbar.« Der alte Priester, ein Makedone, lächelte.

Antigonos lächelte ebenfalls; er klopfte gegen die Marmorschale, die verfärbt war vom Stierblut der Jahrzehnte. »Mein Gott ist die Welt – Marmor, bevor er zur Schale geformt wird; Menschen, bevor sie zu Gläubigen verformt werden; das gewaltige Meer, bevor es zu einer Art Unterrock des Poseidon verkümmert.«

Isis zeigte ihm die Grotte des Großen Grünen – Reste einer alten Tempelanlage unter dem Meer, von einfallsreichen Baumeistern wiederhergestellt und mit einem Gewölbe aus grünlichem Glas versehen. Und Isis zeigte ihm alles, was Kanopos den Alexandrinern bieten konnte – den schwarzen Bändiger, der seinen Kopf in den Rachen des Löwen legte; den Gaukler, der Stelzen an die Füße gebunden hatte, auf einem Brett stand, unter dem eine hölzerne Rolle lag, und der hoch oben mit fünf Glaskugeln spielte, oder fünf Holzkeulen, oder fünf Münzen; die prächtigen Marmorbäder, in denen die Reinigung nur Vorbereitung war für das, was Lustknaben und Mädchen boten; das Labyrinth mit Fackeln und gebogenen Metallspiegeln an den Wänden; den Mann, der eine lebende Giftschlange verschluckte, bis nur der Kopf zwischen seinen Zähnen zu sehen war, und der diesen dann abbiß; die tausend Schänken und Garküchen und Theater und Musiksäle. Als plötzlich der Frühling einsetzte, mieteten sie ein Boot und fuhren zwei lange Tage zwischen den Schilfinseln des Nils umher, bis die Sonnenstrahlen die Mücken weckten.

Einmal fuhren sie nach Alexandreia, wo Antigonos sich nach Schiffen erkundigte und mit einem Kapitän einig wurde, der bald nach Apollonia bei Kyrene auslaufen und, wenn Wind und Wellen es erlaubten, bis Sabrata weitersegeln wollte. In der Hafentaverne, einem riesigen Raum mit groben Tischen und Schemeln, von Qualm und Fett verfärbten Balken, blakenden Öllichtern und Fackeln saßen sie mit einem Mann am Tisch, der etwa fünfunddreißig Jahre zählte und sich über die Kapitäne des Meers, der Wüste und der Karawanenwege beklagte. Sein Name war Eratosthenes. Er schien ein wenig ungesund; die gelbliche Haut wirkte durch den schwarzen Bart noch kränklicher. Die Finger der Linken waren krumm wie Raubvogelklauen, die der Rechten von Tinte verschmiert. Es war kein besonders kalter Tag, aber Eratosthenes trug hohe Lederstiefel und mehrere Wollröcke übereinander. Er trank heißes Gerstenbier.

Der Kapitän, ein stämmiger Kyprer namens Molo, musterte ihn abschätzig. »Die Klage gilt auch andersrum. Das Nichtwissen der Schreibenden, die Lücken der Gelehrten...« Er fuhr sich über die Knollennase und zog die Mundwinkel herab.

Isis kicherte. »Eher zuviel als zuwenig. So habe ich es jedenfalls bei meinen Reisen gefunden. Zahllose Dinge, die von Gelehrten aufgezeichnet wurden, gibt es nicht und hat es nie gegeben.«

Eratosthenes blickte bekümmert drein. »Zuviel von dem, was nicht stimmt, und zuwenig von dem, was tatsächlich ist. Ich weiß, ich weiß. Aber es ist nicht allein unsere Schuld – nicht allein die der Gelehrten. Es ist auch die Schuld der Reisenden, die falsche Auskünfte geben.«

Antigonos spielte mit seinem Weinbecher. »Als Junge im Hafen von Karchedon habe ich tolle Geschichten von Matrosen gehört. Ich habe keine Silbe davon geglaubt, aber ähnliche Geschichten etwa bei Herodotos gefunden.«

Eratosthenes seufzte. »Ja, ja, ja. Die Abhängigkeit von der Wahrheitsliebe des Berichtenden, das ist ein Problem. Aristoteles hat viele Gebiete bereist – ich glaube, seine Ausführungen über die Verfassung von Karchedon, die du ja wohl beurteilen kannst, sind nicht falsch.«

Antigonos wiegte den Kopf. »Falsch nicht, sie sind nur ein wenig zu ... heiter. Karchedons Verfassung ist, wie Aristoteles sie beschreibt; aber nicht so gut, wie er aus seiner eigenen Beschreibung ableitet. Das heißt, die Tatsachen stimmen, aber ihre Bewertung ist zu günstig.«

»Trotzdem – es stimmt. Auch Herodotos ist weit gereist, und das, was er über die besuchten Gegenden schreibt, stimmt – aber er hat sich auch Lügen erzählen lassen über Gegenden, in denen er nicht war.«

Der Kapitän zuckte mit den Achseln. Isis stützte die Ellbogen auf den Tisch und räusperte sich.

»Meinst du Dinge wie die persischen Fettsteißschafe, deren Schwänze von den Hirten auf Bretter gebunden werden, Bretter mit Rollen darunter, weil die Tiere sich sonst nicht bewegen können?«

Eratosthenes neigte den Kopf. »Eine gebildete Frau. Ja, solche Geschichten meine ich.«

Molo knurrte etwas Unverständliches. Dann sagte er: »Aber das ist es doch gerade, Herr. Geschichten, die kein Bauer oder Matrose glauben würde, einfach weil sein solider und zweifellos enger Kopf sie nicht hinnehmen will. Aber einem gebildeten Stadtmenschen, einem Gelehrten der Bibliothek von Alexandreia zum Beispiel, kann man fast alles erzählen, weil er sich auf seinen unbeschränkten Verstand zuviel einbildet.«

»Je mehr einer weiß, desto leichtgläubiger ist er? Meinst du das?« Eratosthenes blickte beinahe entsetzt.

Antigonos lachte. »In gewisser Weise meint Molo das, denke ich. Aber du vergißt ein paar wichtige Dinge, Eratosthenes. Weite Reisen geschehen selten aus Neugier oder Wissensdurst. Händler suchen neue Märkte und neue Waren; Krieger wollen neues Land erobern. Händler, die etwas Neues gefunden haben, geben die Kenntnisse vielleicht ihrem Sohn weiter oder einem Handelsfreund, aber nicht anderen Händlern oder Gelehrten, die es dann aufschreiben und allen zugänglich machen würden. Und Krieger, die ein paar Lehmhütten in einem fremden Land erobert haben, machen eine gewaltige Festung daraus, damit man sie bewundert.«

»Wenn du dies und das wissen willst«, sagte Molo, »dann sieh doch selber nach, statt mit deinem Arsch auf einem dicken Kissen zu kleben. Warum soll ich deine Arbeit für dich erledigen? Ich habe anderes zu tun.« Er grinste.

»Ich habe gehört«, sagte Antigonos, »als Junge, in Karchedon, wie ein punischer Händler einem anderen sagte: Wenn du einen bestimmten Hafen an der Westküste Galliens erreichen willst, brauchst du elf Tage anständigen Süd- oder Südwestwind und mußt in der neunten Nacht den Himmelswagen vom Bug zum siebten Ruderloch der linken Schiffsseite wandern lassen. Der Kapitän, der dies hört, weiß dann genau Bescheid.«

Molo klopfte auf den Tisch. »So ist es; ja, das stimmt. Aber du, o Gelehrter, willst vermutlich wissen, wieviel das in Schritten, Stadien, Parasangen oder Meilen macht. Und das auszurechnen hat kein Kapitän Zeit oder Lust.«

»Und ein Wüstenführer«, sagte Isis, »der Karawanen von Wasserstelle zu Wasserstelle leitet, bringt sich selbst um sein Brot, wenn er sein Wissen den Kartenmachern weitergibt.«

»Außerdem haben Karawanenherren und Kapitäne keine Zeit; ihr Anliegen ist das Geschäft. Die einfachen Matrosen hatten während der Fahrt zuviel zu tun, und ihnen fehlt das Wissen; sie sind diejenigen, die hinterher wilde Geschichten erzählen über einbeinige Bewohner einer Insel, auf der Milch aus den Brunnen quillt – weil sie nichts anderes zu erzählen haben.« Antigonos zögerte einen Moment. »Der Herrscher Indiens, Ashoka, besitzt dank seiner Gesandten genaue Karten von Syrien und Ägypten – aber die sind für ihn und seine hohen Beamten, nicht für indische Kaufleute. Ich habe wunderbar genaue Land- und Küstenkarten gesehen, bei Kapitänen und Karawanenleuten, aber diese Karten kommen niemals in eine Bibliothek.«

»Wissen denen, die es nutzen können«, knurrte der Kyprer.

»Ah, ah.« Eratosthenes verzog das Gesicht, als litte er Schmerzen. »Und die unfruchtbaren Früchte der Philosophen, erzeugt durch Reden und Auf-und-ab-Gehen in Wandelhallen, werden auf Papyros, Pergament oder Stein der Zukunft weitergegeben. Wie man über mich lachen wird, in einigen Jahrhunderten!« Er war schon ein wenig betrunken.

»Ich habe Philosophen gelesen«, sagte Antigonos leise, »und – nichts gegen dich als Person, o Eratosthenes – ich habe sie nie geschätzt. Reden über das Leben an sich, ausgeheckt von Seßhaften, die niemals das Leben geschmeckt haben – jene Dinge, über die Britannier, Punier und Inder einig sind, während ihre Denker und Priester allenthalben andersartige Erklärungen für gleiche Erscheinungen suchen. Das Beilager im stinkenden Händlerviertel oder am Strand unter den erhabenen Sternen; die Offenbarungen des ersten Regentropfens, den der Mund nach langer Dürre auffängt; das Gefühl reinen kühlen Wassers zwischen den Zehen, nach langem Wandern in Staub und Hitze; die Vorzüge der Pferdegattungen oder Schiffstypen; die Ränke der Paläste, Tavernen und Höhlen; die Verblüffung des Lebens und die Bekräftigung des Todes. Ich bin betrunken. Aber was ist besser: das Rascheln von Papyros oder der Wind, der im Segel singt; trockene Gedanken oder Blut, Wein und Samen?«

Molo grinste, Isis kicherte, Eratosthenes betrachtete den Hellenen aus Qart Hadasht mit verwunderten Augen.

»Bist du Händler oder Dichter, junger Mann?« Dann seufzte er. »Ah, das Leben und der Tod und die Tinte. Sag, junger Freund, hast du gelebt? Ich sehe die Frau an deiner Seite; kluge Ägypterin, er hat gelebt, nicht wahr? Aber hat er schon – getötet?«

Er beugte sich vor; sein Gesichtsausdruck war beinahe gierig. Von der Fackel an der Wand löste sich ein flackernder Span und fiel zischend in Molos Becher. Der Kyprer runzelte die Stirn und fischte ihn heraus.

Isis betrachtete Antigonos. Der Blick fragte nicht; etwas wie Abwehr lag darin.

Antigonos legte die Hände flach auf den Tisch. Er dachte an die Wegelagerer auf Taprobane, die die kleine Reisegruppe überfallen hatten. Vier waren es gewesen. Einen hatte der chinesische Seidenhändler erdolcht, den zweiten hatte der riesige Schwarze, der für ein punisches Handelshaus arbeitete, erwürgt. Den dritten hatte Antigonos mit dem kurzen Schwert getötet, den vierten bis zur Höhle der Bande verfolgt und dort nach kurzem Kampf ebenfalls erstochen. Er dachte an den kurzen bitteren Rausch; und an die sechs Beutel mit Perlen, die zur Grundlage der Bank geworden waren. »Ja.«

»Ja? Nur ›ja‹?« Eratosthenes schien enttäuscht.

Der Kyprer wandte sich um und röhrte »Wein!« Dann ließ er eine seiner Fäuste auf den Tisch fallen. »Ja, und warum nicht? Was ist denn daran so bedeutend? Es wäre bald kein Platz mehr auf der Welt.«

Später erinnerte Antigonos sich oft an die seltsame Zurückhaltung, die Isis während dieses einen Mondes gezeigt hatte, sobald es um das Sterben, das Töten, das Getötetwerden ging. Er hatte die Knoten in der Brust, auf dem Rücken, an der Innenseite der Schenkel gefühlt, aber da Isis nicht davon sprach, hatte er auch nichts dazu gesagt; bis es zu spät war, noch viel zu sagen.

Auf der Rückreise nach Qart Hadasht holte ihn das indische Sumpffieber ein. Vier Tage verbrachte er in der stickigen Kammer unter dem Achterdeck des Frachters, von Fieberbildern geplagt und mehr notdürftig als hilfreich versorgt. Jemand stellte ein Kupferbecken mit Weihrauch neben sein Lager, um die Fliegen und das Fieber zu vertreiben. Antigonos stürzte in eine nicht abreißende Reihe scheußlicher Träume, in denen Augen ihn betrachteten, beglotzten, aufsaugten, zerstückelten. Das rote Auge des Melqart, voll von einer fernen gelassenen Drohung; ein Auge von Isis, bittere Schwärze des Abschieds; das milde Auge des Gotamo, Stifters der sanften Lehre, zu der sich Indiens Herrscher Ashoka nach dem Gemetzel an Hunderttausenden in Kalinga bekehrt hatte, aber das Auge weinte; das Auge eines Winddämons, im Segel des Frachters gefangen, voll abgründiger Bosheit; die Augen der Königsschlange mit geblähtem Nacken, wogend; die Augen der tausend schrecklichen Götterstatuen im Verbotenen Tempel bei Pa'alipotra; die alle Kraft aussaugenden Augen eines Magiers in Charax; die brechenden Augen des sterbenden Räubers in Taprobane; der Sphingenblick des Fürsten der Rabenburg vor Kane. Dazwischen, in weniger scheußlichen Träumen, die langen Augen der chinesischen Händlerstochter, die Katzenaugen des Hermaphroditen im Tempel von Memphis, die schwarzgeschminkten Augen der Hetäre in Tadmor, und immer wieder die Augen von Isis. In einer halbwachen Phase bat Antigonos den Kapitän, die Weihrauchschale zu entfernen. All die Träume, die sämtlich mit Abstufungen des schweren Geruchs verbunden waren, endeten. Danach schlief er leichter; das Schiff stampfte, das volle Segel knatterte – Salz und knirschendes, atmendes Holz: Antigonos träumte sich zurück auf den arabischen Segler, Indien und Taprobane im Rücken, getrieben von den Schwingen des mächtigen Vor-Regen-Winds.

Qart Hadasht brodelte von Gerüchten und Neuigkeiten. Hanno »der Große« war mit einem gewaltigen Aufgebot an Elefanten, Reitern und Fußkämpfern – darunter Spartaner, Iberer, Kelten und Numider – ins Hinterland aufgebrochen, um ruhmvolle Schlachten gegen drei oder vier Dörfer verzweifelter libyscher Bauern zu gewinnen. Er ließ sich Zeit; seine Botschaften an den Rat und das Volk berichteten von grausamen, verschlagenen Gegnern und schwierigstem Gelände. Da seine Mittelsmänner gleichzeitig prächtige Gelage für die Stadtbewohner veranstalteten – an einem Tag wurden auf der Agora hundert Ochsen, vierhundert Wildschweine, tausend Hammel und mindestens fünftausend Hühner gemeuchelt; dazu gab es Wein und Milch in Kaskaden –, lachten nur die Punier und Metöken, die das Hinterland kannten.

Und Hamilkar hatte sich innerhalb von kaum zwei Monden einen Beinamen errungen: *baraq*, »Blitz«. Ohne neue Truppen – alle neu angeworbenen Söldner waren bei Hanno – und fast ohne Nachschub hatte er die Kämpfe früher begonnen als sonst üblich; der Krieg ging ins achtzehnte Jahr, und die Römer rechneten nicht damit, daß ein punischer Stratege neue Wege beschreiten könnte. Hamilkar *baraq* war für sie nicht zu berechnen. Er brach den Stellungskrieg auf, überrannte vorgeschobene römische Befestigungen, brachte allein durch seine Anwesenheit und sein Beispiel einen Haufen libyscher Fußsoldaten, die von Römern zurückgeschlagen worden waren, wieder zum Stehen und verwandelte die heillose Flucht in einen fast mühelosen Sieg gegen die allzu eilig nachsetzende Legion. Bisher war das Gemenge unterschiedlich bewaffneter Söldner aus vielen Völkern niemals imstande gewesen, den massierten, einheitlich ausgebildeten und ausgerüsteten Legionen zu widerstehen; Hamilkar nutzte erstmals die Vorzüge der Verschiedenartigkeit, paßte sich den Gegebenheiten von Wetter und Gelände an, rechnete mit bestimmten Zügen der Gegenseite und kam ihnen zuvor. Er setzte Späher ein – was fast alle seine Vorgänger unterlassen hatten –, vor allem Elymer. Die Einheimischen konnten sich überall einigermaßen frei bewegen, kannten sich aus, hatten Verwandte und Freunde in Dörfern und Städten, die im römisch besetzten Gebiet lagen, und sie waren gute Freunde der Punier. In den Jahrhunderten ihrer Herrschaft hatten diese nie die Sitten der Elymer verletzt oder sich in die inneren Belange von Städten eingemischt. Als eine Legion und Verbände von verbündeten Hilfstruppen, zusammen fast fünfzehntausend Mann, aus einem rückwärtigen, stark befestigten Winterlager ausrückten, um in der Nähe von Eryx bedrohte Stellungen zu sichern, schickte Hamilkar numidische Reiter los, die die Marschierenden belästigten. Gleichzeitig zog er mit iberischen Schwertkämpfern und balliarischen Schleuderern über einen abseitigen Höhenrücken, eroberte und plünderte das nur schwach verteidigte Winterlager, brannte es nieder und griff am nächsten Tag, nach einem nächtlichen Gewaltmarsch, die von den Numidern verwirrten, lang auseinandergezogenen römischen Marschkolonnen von der Flanke an, in unübersichtlichem Gelände.

Aber die zehntausend Fußsoldaten und dreitausend Reiter, die er von Qart Hadasht als Verstärkung anforderte, um bis zum Ende des Sommers die Römer aus Sizilien zu vertreiben, kamen nicht; Hanno zog mit mehr als vierzigtausend Kämpfern gegen libysche Bauern und konnte keinen Mann entbehren.

Anders als der Rat der Stadt und vor allem Hanno und seine Parteigänger war der Nauarch Adherbal ein vernünftiger Mann; er gab Hamilkar, was er geben konnte. Als die Römer sich in besser zu verteidigende Stellungen zurückzogen und den Westteil Siziliens völlig räumten, reichten Hamilkars Kräfte nicht aus für eine sinnvolle Fortsetzung der Angriffe. Während seine Unterführer die gewonnenen Gebiete zu sichern versuchten und Adherbal mit einem Teil der Flotte die Schiffe von Syrakosai beschäftigte, fiel der »Blitz«, den die Römer auf Sizilien wähnten, mit den übrigen punischen Schiffen über römische Nachschubsegler her, verwüstete ungeschützte Häfen an der italischen Küste, brannte nicht weit von Rom Getreidefelder nieder und plünderte Vorratslager an den Straßen nach Süden.

In den ersten Jahren des Kriegs hatte Hamilkar als sehr junger Mann eine Pentere befehligt, dann sechs, dann vierundzwanzig; er hatte Söldner auf Klumyusa, in Iberien und bei den Numidern geworben; als unfähige Strategen Qart Hadasht unmittelbar in Gefahr brachten und die Hilfe des Spartaners Xanthippos brauchten, um Regulus zu besiegen, hatte Hamilkar einen Teil der Reiterei geleitet und in der entscheidenden Schlacht die entscheidende Umgehung gewagt. Antigonos wußte, daß Hamilkar – vermutlich als einziger – die wichtigen Schriften der hellenischen Strategen und Taktiker, vor allem die von König Pyrrhos, gelesen und immer wieder das Vorgehen der Römer studiert hatte, und er war nicht überrascht, als er eines Abends im Bad einen greisen Grundherrn von der Partei der »Alten« mit einem anderen Punier Hamilkar loben und verdammen hörte.

»Der Blitz schlägt überall ein; wer von uns soll ihn später in der Hand halten können?«

Der zweite Punier, fett und kahl, wälzte sich im warmen Wasser und prustete wie ein Flußpferd. »Wir haben es ja gewußt. Man hätte ihn niemals nach Sizilien gehen lassen sollen.«

»Andererseits ... wollen wir verlieren?« Der Greis setzte sich auf und wischte sich das Gesicht.

»Nun ja, hier ein bißchen verlieren, dort ein bißchen gewinnen, was soll's? Libyen ist wichtiger als Sizilien.«

Antigonos behielt seine Meinung für sich, wenn er sich auch fast die Zunge abbeißen mußte. Er brauchte die Punier nicht zu fürchten, dazu war die Bank längst zu stark, aber er kannte die »Alten« und wußte, daß es vollkommen sinnlos war, mit ihnen zu reden.

Am nächsten Tag besuchte er Kshyqti, die kurz vor der Niederkunft stand. Sie hörte seinen Bericht an und breitete die Arme aus. Die Sonne hing schon tief, sie saßen auf der östlichen Terrasse, und Kshyqtis Bauch fing die letzten Strahlen ab, die über die Dachkante fielen. Der Schatten des Kegels, der bald ein Mensch sein würde, fesselte Antigonos.

»Wir wissen es doch alle, und Hamilkar hat es immer wieder gesagt – sie würden lieber verlieren als den ›Neuen‹ zustimmen.«

»Nur – Rom ist nicht Syrakosai. Es wird keinen Frieden geben mit einer Rückkehr zu den alten Grenzen und Bedingungen.«

Kshyqti klopfte mit der rechten Hand seitlich an ihre Wölbung. »Komm raus«, sagte sie halblaut, »Geschenk eines fremden Gottes. Wenn doch irgendein hiesiger oder fremder Gott diesen Krieg schnell beenden könnte. Was auch immer dies hier wird, Junge oder Mädchen, es sollte im Frieden und mit seinem Vater aufwachsen.«

Antigonos kniete vor Kshyqti, legte seine Hände auf die ihren; zwei Tränen rollten ihre Wangen hinab. »Wenn ich nur irgendwie helfen könnte ...«

Sie lächelte mühsam. »Du hast soviel für uns getan, Freund – du und *yama*. Besuch uns öfter, wenn du etwas tun willst. Psallo ist ein alter Griesgram, und hin und wieder braucht man einen freundlichen Mann im Haus. Die Mädchen freuen sich immer, wenn du kommst.«

Salambua und Sapanibal waren kurz nach Antigonos' Eintreffen von dem alten Hellenen, der beide unterrichtete, zu abendlicher Lektüre irgendeines Philosophen gerufen worden.

»Ich werde euch besuchen, so oft ich kann. Du weißt, die Bank läßt mir nicht immer so viel Zeit – vor allem jetzt, wo Bostar mehr an den Bauch seiner Frau als ans Geschäft denkt.« Er grinste.

Kshyqti legte den Kopf auf die Seite. »Und du – wie steht es eigentlich mit dir und Frauenbäuchen?«

Antigonos lachte. »Ich mag Frauenbäuche – warum?«

»Wie alt bist du jetzt? Einundzwanzig?«

»Noch, ja. Du meinst, ich sollte es dir und Hamilkar und Bostar nachmachen?«

»Warum nicht? Willst du warten, bis du ein Greis bist?«

»Nein. Aber es hat noch Zeit. Außerdem gibt es nicht so viele Frauen, die ich gern als Mütter meiner Kinder sähe.«

»Und deine Ägypterin?«

Antigonos nickte langsam. »Ja, meine Ägypterin. Sie ist in Alexandreia und singt.«

»Mein Punier ist in Sizilien und siegt.« Kshyqti lächelte ein wenig boshaft. »Wir beiden armen Metöken in Qart Hadasht...«

Antigonos hob die Schultern. »Warte noch ein paar Tage, Herrin des Hauses – es gibt gewisse Gepflogenheiten in Qart Hadasht. Schlechte Strategen werden gekreuzigt, gute Strategen werden abberufen – vielleicht siehst du Hamilkar bald wieder.«

»Wenn nicht«, sagte sie leise, »dann fahre ich im Winter mit den Kindern hinüber nach Lilybaion. Aber du, Freund und Bote des Gottes, der *yama* geschickt hat – wirst du dich um das Kind kümmern, wenn Hamilkar fortbleibt? Damit es nicht nur Sklaven und Frauen um sich hat?«

»Ich werde mich um das Kind kümmern, Herrin – wie um einen kleinen Bruder oder eine kleine Schwester.«

Sie lächelte. »Dann ist es gut. Dann kann es jetzt wirklich kommen.«

Zehn Tage später wurde ein Junge geboren, und da der Name des Gottes, dem *yama* durch Opferung gehörte, unbekannt war, benannte Kshyqti den Jungen – wie Hamilkar es gewünscht hatte – *Khenu Baal,* Gunst des Baal. Der zeremonielle phönikische Name wurde im abgeschliffenen Punisch von Qart Hadasht zu Hannibal, und es war auch der Name von Hamilkars Vater.

Bald danach wurde Bostar Vater eines Sohnes, den er – mit einem Zwinkern zum roten Auge des Melqart im Symbol der Bank – *Bod Melqart* nannte, Sklave des Melqart: Bomilkar.

Antigonos fand beide Neuankömmlinge niedlich und bezweifelte tagelang die Klugheit seines Beschlusses, mit einer Vaterschaft noch ein wenig zu warten. Es gab jedoch so viele andere Dinge zu erledigen. Nach den großen Flotten waren auch die letzten kleinen römischen Schiffsverbände, die den Handel gestört hatten, versenkt worden; damit nahm der Seehandel westlich der Linie Sizilien–Sardinien–Kyrnos einen gewaltigen Aufschwung, und die Sandbank machte große Geschäfte. Im Herbst erschien – nach mehr als zehnjähriger Abwesenheit – der älteste Bruder, Attalos, zu einem überraschenden Besuch. Er war sichtlich stolz auf den »kleinen« Antigonos und dessen Unternehmungen; vor allem, da sie es ihm ermöglichten, seinen Erbteil nach und nach abzuziehen, ohne die Familie zu schädigen. Attalos hatte im Hinterland von Massalia Versuche mit Wein und Wolle (von Schafen einer persischen Züchtung) angestellt und brauchte Geld; er schien aus dem Handel, wie er ihn bisher betrieben hatte, aussteigen und seßhaft werden zu wollen.

Zu Beginn des Winters endeten die kriegerischen Unternehmungen. Hanno war längst wieder in der Stadt, mit einem Teil seiner Truppen; die übrigen lagen in Winterquartieren des Hinterlands, aus dem Gerüchte über Plünderungen, Brandschatzung, Vergewaltigungen und alle erdenklichen Grausamkeiten kamen – aber in den Gebieten, die Hanno bisher heimgesucht hatte, herrschte Ruhe. Mehr interessierte den Rat nicht.

Dann erschien auch Hamilkar. Er hatte, soweit es mit seinen geringen Mitteln möglich war, die eroberten Stellungen für den Winter gesichert. Die Suffeten, oberste Richter und jeweils ein Jahr lang theoretisch Lenker der Geschicke von Qart Hadasht, beriefen die Versammlung der Vollbürger für den übernächsten Tag ein. Alle erwachsenen Punier, die ein Haus oder ein Geschäft oder Vermögen besaßen, sollten die neuen Suffeten wählen und über die Taten der Strategen urteilen.

Am Vorabend besuchte Antigonos den Palast in der Megara. Er war verblüfft über die Zartheit, mit der Hamilkars Pranken den winzigen Sohn hielten. Der »Blitz« – aus dem *baraq* war im Sprachengewirr der Stadt längst Barkas geworden – wirkte entspannt, fast glücklich. Später, nach dem Essen, begannen die langen Erzählungen. Gegen Mitternacht, kurz bevor Antigonos aufbrach, fragte Hamilkar nach der Stimmung und der Lage in der Stadt.

»Die Stimmung ist gut«, sagte Antigonos. »Die Lage auch – seit die See wieder frei ist, fließt genug Gold. Aber ob gute Stimmung und gute Lage reichen, um deine Pläne zu befördern, weiß ich nicht. Ich mißtraue deinen Leuten, Punier, genauso wie meinen. Wenn die italischen Hellenen vernünftig gewesen wären, hätten sie sich zusammengetan und Roms Geiern die Flügel gestutzt, als es noch möglich war. Wenn deine Leute vernünftig wären, hätten sie schon vor mehr als zehn Jahren genug Geld bereitgestellt, und der Krieg wäre siegreich beendet worden.«

Hamilkar grunzte. »Ah, bah, wir werden sehen. Wir haben ein paar Überlegungen angestellt, und bei der Versammlung wird Hanno sich ein bißchen wundern.«

Antigonos verzog das Gesicht. »Du solltest damit rechnen, daß er auch ein paar Überlegungen angestellt hat. Und er ist schon länger wieder hier als du. Ich weiß nicht, was deine Partei vorbereitet hat, aber Hanno wird auch nicht mit leeren Händen kommen. Er läßt sich nicht jedes Jahr so fein einwickeln wie im letzten Winter.«

Genau so geschah es. Antigonos, als Metöke von allen politischen Vorgängen ausgeschlossen, verfolgte die Versammlung aus einer an der Agora liegenden Wohnung; dort lebte seine derzeitige Nachtgefährtin, eine Elymerin, Witwe eines punischen Offiziers. Tausende drängten sich auf dem Platz. Vor allen Häusern und in Reihen zwischen den Leuten standen Tische, die Antigonos ebenso mißtrauisch machten wie die vorbereiteten Holzstöße, Roste und Bratspieße.

Die Versammlung begann mit den zähen Rechenschaftsberichten der Suffeten und der Wahl ihrer Nachfolger, ebenfalls von den »Alten«. Das Volk war längst gelangweilt und unruhig, als man endlich zu den Strategen kam.

Himilko, einer der »Neuen«, hielt eine kurze Rede über die vortrefflichen Leistungen Hamilkars im Sizilischen Krieg und die großartigen Möglichkeiten, die sich dort böten, wenn die Versammlung den Rat beauftragen wollte, Verstärkungen zu genehmigen. Es gab mehr Zustimmung und Johlen als Gemurre.

Antigonos summte leise vor sich hin. Zumindest war der Zug geschickt – die Volksversammlung war leichter zu beeinflussen als die festgelegten Ratsparteien; eine Empfehlung der Versammlung, mehr Mittel zu bewilligen, mußte nicht befolgt werden, wöge aber schwer.

Hamilkar ergriff das Wort. Seine mächtige Gestalt überragte alle anderen auf der Erhöhung vor dem Ratsgebäude und wurde noch hervorgehoben durch den metallbesetzten, glitzernden Lederpanzer über dem Chiton und den purpurfarbenen Umhang des Strategen. Die volle tiefe Stimme drang überall hin.

»Ich will gleich zum Kern kommen, da ihr schon so lange ausgeharrt habt. Bisher gab es in Qart Hadasht den Brauch, schlechte oder unglückliche Strategen zu kreuzigen und gute oder zu erfolgreiche Strategen abzuberufen.« Gekicher, ein paar Pfiffe, hier und dort wurde getuschelt oder getrampelt. Eine zweite Gestalt stand plötzlich neben Hamilkar; Hanno. Er war fast ebenso groß wie der sizilische Stratege, allerdings wesentlich schmächtiger. Hanno trug einen langen, goldbesetzten Wollrock, unter dem sich der pralle Bauch abzeichnete.

Hamilkar warf ihm – soweit Antigonos aus der Entfernung die Bewegungen wahrnehmen oder deuten konnte – einen Blick zu; dann fuhr er fort. »Nun haben wir ein gutes Jahr gehabt. Was Sizilien angeht, so will ich nichts mehr dazu sagen; die wichtigsten Dinge habt ihr bereits von Himilko gehört, und was dort mit mehr Truppen und mehr Nachschub getan werden kann, hoffe ich, im nächsten Jahr zeigen zu können. Aber wir wollen auch Hanno den Großen nicht vergessen, der, vielleicht mit etwas mehr Gewalt als unbedingt nötig, den Frieden in Libyen zurückzubringen beginnt. Wir beide haben Erfolg gehabt und Glück, zum Ruhm unserer Götter und unserer Stadt, und es erschiene mir töricht, den Oberbefehl in Libyen und in Sizilien neu zu vergeben.«

Als das zustimmende Gemurmel ausrieselte, beugte Antigonos sich gespannt vor. Hanno hatte den rechten Arm gehoben. Seine Stimme war heller als die von Hamilkar und fast ein wenig schneidend, trug aber genauso weit.

»Ich danke dem Blitz für die freundlichen Worte. Wie ihr alle, so bin auch ich stolz auf das, was er für uns in Sizilien vollbringt. Und wieder einmal zeigt es sich, daß ein großer Stratege große Ziele erreichen kann, auch ohne über große Mittel zu verfügen. Ich möchte daher noch weiter gehen als Hamilkar. Ich bitte die Versammlung um Beifall für einen Vorschlag, der uns viel ersparen kann. Bis zum Ende des Kriegs – wenn nicht große unvorhersehbare Dinge über uns kommen, was die Götter verhüten mögen – bis zum Ende des Kriegs, sage ich, sollen die Dinge so bleiben wie sie jetzt sind: Adherbal für die Flotte, Hamilkar für Sizilien, Hanno für Libyen.«

Angesichts der offenbaren Einigkeit der Strategen brach auf dem Platz Jubel aus. Antigonos schüttelte den Kopf und sagte halblaut, mehr zu sich selbst als zu der neben ihm stehenden Frau: »Was hat dieses gerissene Schwein vor? Das ist doch ein wichtiger Teil dessen, was Hamilkar immer haben wollte.«

Hanno hob wieder den rechten Arm; gleichzeitig legte er die linke Hand auf Hamilkars Schulter.

»Da ihr den Vorschlag billigt, wollen wir ihn dem Rat unterbreiten; ich bin sicher, daß der Rat die Weisheit der Bürger preisen und ihr folgen wird. Und nun, da alle wichtigen Dinge beredet sind, wollen wir das Jahr feiern.«

Er klatschte in die Hände. Mehrere Fanfaren ertönten. Aus dem Tor des Ratsgebäudes traten illyrische und iberische Söldner mit einigen Dutzend zerlumpten Gestalten: Gefangenen aus dem libyschen Krieg. Eine zweite Gruppe von Soldaten brachte mannshohe Pflöcke, unter die Bretter genagelt waren, außerdem Bogen und gefüllte Köcher. Andere Männer – Schanksklaven – schleppten Weinamphoren zu den Tischen um die Agora; aus dem Eingang einer Garküche wurde ein ganzes gebratenes Rind getragen. An mehreren Stellen loderten Bratfeuer auf.

Es war nicht mehr möglich, auch nur ein einziges Wort an die Versammlung zu richten. Antigonos blickte zur Erhöhung vor dem Ratsgebäude; Hamilkar war verschwunden. Der Stratege wußte, wann er verloren hatte. Die Volksversammlung würde sich auf Hannos Kosten den Bauch vollschlagen, auf sein Wohl trinken und als Krönung des Fests Pfeile auf libysche Bauern abschießen, die das Pech gehabt hatten, sich gefangennehmen zu lassen. Hanno würde weiter mit fünfmal mehr Truppen, als er je einsetzen konnte, das Hinterland bluten lassen, und Hamilkar würde keinen einzigen zusätzlichen Mann bekommen. Und der Vorbehalt »falls nicht große unvorhersehbare Dinge über uns kommen« erlaubte es Hannos Leuten notfalls sogar, im nächsten Jahr mit irgendeiner erfundenen Anklage Hamilkar abberufen zu lassen.

Antigonos hatte mehrfach an Isis geschrieben, ohne Antwort zu erhalten. Die Bank ließ ihn nicht reisen. Der Elymerin folgten mehrere Töchter hellenischer Metöken, eine Punierin, eine in Karchedon gestrandete attische Hetäre. Im Frühjahr, als die Geschäfte übersichtlicher geworden waren und er eine Reise nach Alexandreia ins Auge faßte, brach der nächste hellenische Bruderkrieg los – zum dritten Mal Ägypten gegen

Syrien. Nach dem Tod von Ptolemaios Philadelphos, der fast vierzig Jahre Ägypten beherrscht und ausgesaugt hatte, war Ptolemaios Euergetes auf den Thron gekommen; fast gleichzeitig starb der Herrscher des seleukidischen Reichs, der zweite Antiochos, der zuletzt mit Berenike vermählt gewesen war, der Schwester des Euergetes. Als der neue Herrscher, Seleukos Kallinikos, sie und ihren kleinen Sohn enterbte, rief sie den königlichen Bruder zu Hilfe, der sofort Heer und Flotte ausschickte. Hellenische Inselstaaten, die mit den Seleukiden verbündet waren, griffen auf See ein und blockierten einige Monde lang Alexandreia. Als diese Gefahr beseitigt war, begann bereits der nächste Winter; außerdem hatte der seleukidische Gegenstoß Unruhen in Ägypten ausgelöst.

Hanno verheerte Libyen; nach Antigonos' Ansicht zerstörte er mehr, als nach der gewaltsamen Befriedung in zehn Jahren wieder aufgebaut werden konnte, aber seine Beliebtheit in Qart Hadasht wuchs. Seinen größten Triumph konnte er feiern, als er die nur von Bauern und eilig bewaffneten Bürgern verteidigte numidische Stadt Thiouest, die die Hellenen Hekatontapylos nannten, belagerte, eroberte und bis auf die Grundmauern zerstörte. Alle Bewohner wurden getötet.

Hamilkar setzte mit unzureichenden Kräften seine blitzartigen Angriffe und Rückzüge auf Sizilien fort. Die verkleinerte Flotte konnte nicht verhindern, daß die Römer mehrere neue Legionen über die Meerenge zwischen Italien und Sizilien brachten. Sie gingen nun umsichtiger vor und drängten Hamilkar langsam zurück in den Westen der Insel. Kshyqti war mit Dienern, den Mädchen und Hannibal nach Lilybaion gefahren; Antigonos sah lange Zeit nichts von ihnen, da sie auch im nächsten Winter nicht nach Qart Hadasht zurückkehrten.

Die Strategen wurden abermals bestätigt – in Hamilkars Fall sogar in Abwesenheit; Hanno, ganz Großmut und Heimatliebe, sorgte dafür, daß ganze viertausend Mann zusätzlich nach Sizilien geschickt wurden – viel zu wenig. Die Flotte wurde noch immer nicht wieder ausgebaut.

Im nächsten Sommer, als Hannibal zwei Jahre alt wurde, erreichte Antigonos ein Schreiben aus Lilybaion. Es lautete: »Gepriesen sei der Gott von *yama,* gepriesen unser Freund Antigonos. Es grüßen Hamilkar, Kshyqti, Salambua, Sapanibal, Hannibal und Hasdrubal.«

Im folgenden Frühjahr – er hatte den zweiten Sohn noch immer nicht gesehen – konnte Antigonos endlich nach Alexandreia reisen, fast drei Jahre, nachdem er Isis verlassen hatte.

Das Holzhaus am Strand stand nicht mehr. Er mußte lange suchen und fragen, bis er schließlich von einem zahnlosen Bettler durch ein Gewirr von Gassen in den schäbigsten Teil von Kanopos geführt wurde, dorthin, wo die alten verbrauchten Tänzer, Sänger und Gaukler lebten. In einem kaum eingerichteten Zimmer unter dem Dach fand er Isis.

Das Gesicht schien unverändert, aber die Stimme klang, als müsse sich der Schall über glimmende Kohlen ins Freie quälen. Sie trug einen weiten Umhang, und sie weinte, als Antigonos eintrat.

»Warum hast du nicht geantwortet?« Er war erschüttert über die Veränderungen, die er zu ahnen begann. Der ehemals schlanke Körper schien den Raum unter dem Umhang auszufüllen.

»Was hätte ich dir schreiben sollen? Das hier?« Sie deutete auf den Raum, auf das schäbige Lager, auf sich.

»Ich hätte dir wenigstens Geld schicken können«, sagte er leise. »Und wenn ich gewußt hätte ... ich wäre sofort selbst gekommen, Krieg oder nicht Krieg.«

Sie hob die Schultern, langsam, als ob ihr die Bewegung Schmerzen bereitete.

Antigonos rümpfte die Nase. »Was riecht denn hier so?«

Isis schloß die Augen. »Flöte und Lyra«, murmelte sie. »›Dazu möchte ich singen, solange ich lebe; und sterb ich, legt mir die Flöte ans Haupt und legt mir zu Füßen die Lyra‹. Beide sind verkauft, und diese Stimme – und das ...« Sie öffnete den Umhang.

Antigonos kämpfte das Würgen nieder. Er dachte an den schlanken Leib, die Tage und Nächte der Liebe, erinnerte sich plötzlich mit furchtbarer Deutlichkeit an die kleinen Knoten, die er vergessen hatte, und betrachtete die entsetzlichen Schwellungen, Beulen und Schwären. Sanft zog er den Umhang zu und küßte den zuckenden Mund der Ägypterin.

Sie schlug die Augen auf; sie waren trocken. »Alle Tränen sind geweint«, sagte sie rauh. »Komm.«

Ratlos folgte er ihr aus dem Zimmer, die Treppe hinab, in die nächsttiefere Wohnung. Eine verschmutzte alte Frau warf ihnen nur einen Blick zu, machte sich dann wieder an der Feuerstelle zu schaffen. Isis ging ins Nebenzimmer. Auf dem Boden hockte ein Junge, nackt, ungewaschen, unterernährt.

»Zwei Jahre und vier Monde«, sagte sie. »Memnon habe ich ihn genannt.« Dann schwankte sie und hielt sich an der Wand fest.

* * *

Die tote Geliebte blieb ein schmerzhaft gleißendes Licht; die tote Mutter wurde zu einer dämmerigen Erinnerung. Memnon wurde kräftiger, sprach mehr und lebte sich in Qart Hadasht ein. Die Familie nahm ihn auf; Antigonos war häufiger im alten Haus im Viertel der Metöken, und Arsinoë kümmerte sich liebevoll um den Sohn ihres Bruders. Fast die Hälfte des Jahres, vor allem die Zeit der ärgsten Sommerhitze, brachte Memnon jedoch auf dem Land zu, im kleinen Gutshaus an der Küste, wo er mit Antiopes Kindern spielen, in der Bucht baden, Felder und Wälder durchstreifen und die Tiere der Nachbarhöfe besuchen konnte. Vor allem gab es dort Apama, die den unerwarteten Enkel aus der Fremde, dessen Mutter sie nie gesehen hatte, besonders ins Herz schloß.

Als Memnon dreieinhalb Jahre alt war, Antigonos sein fünfundzwanzigstes Jahr vollendete und der Krieg sein zweiundzwanzigstes begann, meldeten Händler und Hamilkars Vertrauensleute, daß wohlhabende Bürger Roms der Stadt Geld für den Bau einer neuen Flotte liehen, gegen das Versprechen, nach einem Sieg die Anleihe verzinst zurückzuerhalten. Der Rat von Qart Hadasht nahm die Meldungen nicht ernst – Rom war am Ende, der Krieg auf Sizilien eingeschlafen, die punische Restflotte beherrschte das Meer. Wozu also die Aufregung?

Im Herbst starb in Lilybaion Kshyqti bei der Geburt des dritten Sohns, Mago. Antigonos trauerte; Qart Hadasht träumte; Rom baute die Flotte, hob noch einmal neue Truppen aus, vernichtete die punischen Schiffe, die die Meerenge von Messana bewachten, und brachte gewaltige Verstärkungen nach Sizilien. Zu Beginn des Kriegs hatten die Römer punische Trieren nachgebaut – diesmal die beste Waffe von Qart Hadasht: Vorlage für den Flottenbau war eine vor Jahren erbeutete Pentere. Über zweihundert Kriegsschiffe, weit mehr als fünfhundert Lastsegler und sieben Legionen, fast vierzigtausend Mann neuer Truppen, die zu den zehn Legionen auf Sizilien hinzukamen – Hamilkar verfügte nicht einmal über ein Drittel dieser Stärke, vielleicht fünfundzwanzigtausend iberische, balliarische, illyrische, ligurische, gallische, libysche, numidische und hellenische Krieger. Dreißig Schiffe lagen im Hafen von Qart Hadasht, fünf schützten die Säulen des Melqart, weitere sechs die Seewege zwischen Libyen und Sardonien. Der Westen Siziliens war völlig ungeschützt, und der römische Konsul Gaius Lutatius Catulus hatte keine Mühe, bei seinem überraschenden Vorstoß im späten Sommer den Hafen von Drepana zu besetzen und die wichtigste Stadt, Lilybaion, zu blockieren. Sieben Jahre nach den großen Seesiegen, nach der Vernichtung aller römischen Flotten rächten sich nun die Versäumnisse.

Das Boot, das die schlimme Nachricht von der Belagerung der Festung Drepana gebracht hatte, war abends gekommen. Die ganze Stadt summte, und auch in der Bank gab es zunächst nur ein Thema. Bostar war besonders entsetzt.

»Was regst du dich auf?« sagte Antigonos kalt. »Du wirst dich vielleicht erinnern, daß ich genau diese Entwicklung vorhergesagt habe – vor sechs Jahren.«

Bostar rieb sich die Augen; er schien kaum geschlafen zu haben. »Ja, ich weiß, aber du brauchst nicht darauf herumzureiten. Außerdem – so schlimm, wie du damals gesagt hast, ist es ja noch nicht.«

»Noch nicht, aber es wird kommen; verlaß dich auf die Kornsäcke.«

Bostar kratzte sich den Bart. »Du hast von Niederlage geredet. Ich bin sicher, daß jetzt wieder eine Flotte gebaut wird.«

»Und was wird dann geschehen, deiner geschätzten Meinung nach?«

Bostar beugte sich vor; er stützte sich mit den Ellenbogen auf den Tisch. »Na, was wohl? Die Überlegenheit unserer Seeleute...«

Antigonos unterbrach ihn. »...ist eine alte Geschichte und ohne Bedeutung für die Gegenwart. Qart Hadasht muß eine Flotte bauen – ohne Flotte kein Nachschub für Hamilkars Truppen, ohne Nachschub Niederlage auf dem Land. Aber: Wer soll die Flotte bemannen? Sieben Jahre lang habt ihr versäumt, die Leute auszubilden und mit Schiffen, mit Segeln, mit Katapulten, mit Rudern arbeiten zu lassen. Ihr habt genug gute Kapitäne und Steuerleute – auf Handelsschiffen. Meinst du, ein guter Handelskapitän kann plötzlich eine Pentere befehligen? Die Flotte wird so untüchtig sein wie die ersten Flotten der Römer es waren, und sie wird genauso schnell von den Römern versenkt werden, wie zu Beginn des Kriegs die römischen Flotten von uns. – Und jetzt laß mich arbeiten.«

Im Spätherbst kam Hamilkar Barkas selbst nach Qart Hadasht. Er brachte seine Kinder in den Palast und verhandelte mit dem Rat. Hanno der Große, seit der blutigen Befriedung Libyens einziger Kopf der »Alten«, leistete sich einige Gesten – er stimmte der Entsendung neuer Truppen nach Sizilien zu; die von Hamilkar selbst geleisteten Zahlungen an angeworbene Truppen wurden vom Rat gebilligt und aus dem Staatsschatz ersetzt.

Antigonos schnaubte, als er von den Beschlüssen hörte. Die kleine

Werft, die die Sandbank vor Jahren verkauft hatte, lieferte Fertigteile zum Flottenbau; sie gehörte jetzt einem Punier, der mit Hannos jüngster Schwester vermählt war. Die größten Waffenschmieden von Qart Hadasht gehörten Hannos Bruder. Und Hanno ließ sich nachträglich alle möglichen Aufwendungen aus der Zeit seiner libyschen Feldzüge erstatten – mit dem Hinweis auf Hamilkar und dessen Kosten.

Als Gegenleistung verlangte Hanno nur zwei Dinge: Die Verlängerung seiner Zuständigkeit als Stratege von Libyen und für die Flotte die Benennung eines Nauarchen aus den Reihen der »Alten«. Hamilkar, der den erfahrenen Adherbal haben wollte, mußte zähneknirschend zustimmen. Den Befehl über die Flotte erhielt ein Vertrauter Hannos, der ebenfalls Hanno hieß.

ANTIGONOS KARCHEDONIOS, HERR DER SANDBANK, KARCHEDON,
AN PHRYNICHOS, OIKONOMOS FÜR WESTHANDEL, KÖNIGLICHE BANK,
ALEXANDREIA BEI ÄGYPTEN

Gruß, Heil und Fruchtbarkeit zuvor – o Phrynichos: Wegen des Grund-
stücks am feinen Strand von Eleusis habe ich noch keine endgültigen
Beschlüsse gefaßt. Wäre es nicht trefflich, die Paläste der Makedonen
ringsum durch Errichtung einer Lagerhalle oder eines Sammelplatzes
für Dung weiter hervorzuheben? Aber letzteres ist wohl wenig sinnvoll,
da du mir schreibst, es werde ein Netz von unterirdisch verlegten Röhren
geben, zur Beseitigung menschlichen Dungs. Laß doch das Grundstück
an dieses Netz anschließen; desgleichen an den unterirdischen Kanal,
der Eleusis und Alexandreia mit Trinkwasser aus dem Nil versorgen soll.
In naher Zukunft gedenke ich, nach Alexandreia zu kommen und mit
Baumeistern über die Errichtung eines Hauses zu sprechen.

In diesem trüben Winter bewegen mich jedoch andere Gedanken.
Auch als rechtloser, wiewohl reicher Metöke bin ich sehr ein Punier, wie
du weißt. Die Hoffnung, daß die hellenische Oikumene in Sorge um die
eigene Zukunft Karchedon gegen Rom helfen möge, hegte ich nie wirklich. Denn ich bin kein Träumer. Der Traum, daß der Rat von Karchedon
nach den Triumphen zur See die Flotte stark genug halte, den Sieg zu
erringen, mußte an jedem neuen Tag und mit jedem neuen Erwachen
enden. Dies war zu erwarten. Die Erwartung, Karchedon werde dem
großen Strategen Hamilkar genug Geld und Truppen gewähren, den
Krieg zu Lande siegreich zu beenden, war angesichts der Dummheit des
Menschengeschlechts leichtfertig und trügerisch. Zudem konnte sie nie
gewiß sein. Die Gewißheit hingegen, daß Karchedons ungeübte neue
Flotte im Frühjahr in die Vernichtung segeln und den Krieg beenden
wird, unterscheidet sich durch Faßbarkeit von den zuvor erwähnten
Phantomen und trennt mich von den Herren des Rats, die, aufgeschreckt
aus langem bösartigen Schlummer, den leichtfertig verspielten Sieg und
die unausweichliche Niederlage noch immer nicht für zwei Seiten jener
Münze halten mögen, die ihnen der Triumph in diesem schrecklichsten
aller Kriege nicht wert war.

Dafür wird Karchedon mit vielen Münzen zu zahlen haben. Verlust an
Land, zumindest auf Sizilien, und Einbußen des Handels sind ebenso
gewiß wie hohe Forderungen Roms. So bitte ich dich denn, o Phryni-

chos, den Boden zu bereiten, wie es dir möglich ist und sinnvoll erscheint. Nach der Niederlage wird der Rat von Karchedon abermals, dessen bin ich gewiß, eine Gesandtschaft an deinen königlichen Herrn schicken und um eine Anleihe ersuchen. Vor acht Jahren wurde dies abgelehnt; solange der Krieg währte, wollte Ptolemaios unparteiisch bleiben. Nach dem Ende des Kriegs wäre diese Haltung nicht länger nötig, da es Rom gleichgültig sein kann, woher Karchedon das Silber nimmt, die Forderungen zu bezahlen. Ich fürchte aber, daß der alte Haß der Hellenen auf die Punier auch die königliche Bank von vorteilhaften Geldanlagen abhalten könnte. Vorteilhaft insofern, als Karchedon auch nach der Niederlage Zinsen und Tilgung wird bezahlen können, was Rom nicht einmal vor dem Sieg zu tun vermochte. Laß es, sofern möglich, ins Ohr des makedonischen Pharaonen sickern, o Phrynichos, daß ein Guthaben in Karchedon sicherer ist als die Freundschaft Roms, daß die heutigen Punier nicht jene sind, die vor dreihundert Jahren die Hellenen bekriegten, und daß Makedonen keine Hellenen sind. Mein Haupt zu deinen Füßen – Antigonos.

4. HANNO

Nach einer halben Stunde warf Hasdrubal den Bogen weg und spuckte aus. »Das macht keinen Spaß, bei diesem Wind.« Er blickte zum Himmel, über den Frühlingsböen Wolkenfetzen jagten, schnitt eine Grimasse und schnallte den Unterarmschutz ab.

Antigonos legte einen letzten Pfeil auf. Der Schild, den sie an eine verkrüppelte Palme gebunden hatten, war fast unversehrt. »Wenigstens einmal«, knurrte Antigonos. Er zog die Sehne bis fast zur rechten Schulter. Der Pfeil jaulte davon, schien sich in die Schildmitte bohren zu wollen. Plötzlich begann er zu flattern: Ein Windstoß traf die Befiederung, der Schaft aus Zedernholz streifte den Schildrand, die Eisenspitze bohrte sich rechts hinter der Palme in den Sand.

»Na gut.« Antigonos löste die Sehne. »Ich gebe auf.« Er berührte eine Stelle oberhalb der ledernen Griffumwicklung. Eines der Hornplättchen, die das Holz versteiften und die Spannung erhöhten, begann sich zu lösen.

Hasdrubal winkte dem Sklaven, der am Wagen lehnte. »Einsammeln. – Speere? Ah, das hat auch keinen Sinn.«

Antigonos rieb sich die rechte Schulter. »Nein. Laß uns einen Schluck Wasser trinken und reiten; alles andere ist heute zwecklos.«

Sie gingen zum Wagen. Hasdrubal nahm die Lederflasche, entstöpselte sie und reichte sie dem Hellenen. Aus dem Wasser der seichten Bucht peitschte der Wind Schaum; es gab sogar kleine Wellen, die am Ufer verrieselten.

»Du kannst zurückfahren«, sagte Hasdrubal. Der Sklave, der den Schild und einen Köcher zum Wagen brachte, nickte. »Außerdem – wozu diese Kampfübungen, jetzt, da der Krieg vorbei und verloren ist?« Der junge Punier grinste.

»Damit du für deine feuerhaarige Freundin in Form bleibst«, sagte Antigonos. »Und damit ich nicht zu fett werde.«

»Wohl wahr. Komm.« Hasdrubal rückte den Gürtel über seinem weißen Chiton zurecht, schwang sich auf den nackten Rücken des numidischen Hengstes und ergriff den Zügel. Er wartete, bis Antigonos bereit war; dann hieb er dem Tier die Sandalen in die Flanken.

Er war erst neunzehn, Sohn einer der reichsten und angesehensten Familien der Stadt, und trotz seiner Jugend bereits einer der wichtigsten Männer von Qart Hadasht. Ein halbes Jahr hatte er als Unterführer der Reiterei bei Hamilkar auf Sizilien verbracht, die Innen- und Außenseite der Dinge begriffen und war dabei, der kluge und gerissene Kopf zu werden, den die »Neuen« so dringend brauchten. Zumindest solange Hamilkar sich nicht ausschließlich um Intrigen kümmern konnte. Vor drei Jahren hatten plündernde Numider das Landhaus überfallen, in dem Hasdrubals Eltern den Sommer verbrachten. Seitdem verwaltete und vermehrte er – mit Hilfe von Antigonos und der Sandbank – als einzige Waise das ungeheure Vermögen der alten Händlerfamilie und bemühte sich, die oft wirren Strähnen der »Neuen« zu einem zähen Strang zu verflechten.

Antigonos hatte ihn zunächst abgelehnt – »Hasdrubal der Schöne« war einfach zu gewinnend, mit seinem trotz des feinen schwarzen Bartes fast mädchenhaften Gesicht, den anmutigen Bewegungen, dem Knabenkörper. All dies, zusammen mit Reichtum und Einfluß, hatte die Skepsis des Hellenen geweckt, der jedem schönen Schein so sehr mißtraute, daß er dazu neigte, alles sichtbar Erfreuliche für scheußlich zu halten. Überdies hatte er keinen Hang zu Knabenliebe – aber Hasdrubal teilte das Lager mit einer üppigen rothaarigen Keltin; was weichliche Anmut zu sein schien, war sehnige Geschmeidigkeit, und hinter dem lieblich-harmlosen Gesicht arbeitete ein klarer, scharfer Verstand.

Sie galoppierten den Strand entlang, dann nach Süden, durch die Felder und Gärten. Als sie sich dem Ufer des Sees von Tynes näherten, ließen sie die Pferde in Schritt fallen und ritten nebeneinander.

Vor ihnen lagen die Gärten und Gebäude des »Dorfs der Handwerker«, das Antigonos in den vergangenen fünf Jahren eingerichtet hatte. Plötzlich streckte Hasdrubal die Hand aus.

»Das da muß weg, nebenbei.«

Antigonos zuckte zusammen. Nach den Anstrengungen des Morgens hatte er zu dösen begonnen, gefördert durch die Bewegungen seines Pferdes, eines hellbraunen Paßgängers.

»Was?«

»Dein Dorf.«

Antigonos warf dem Punier einen schrägen Blick zu. »Du denkst ja schon wieder. Was brütest du diesmal aus?«

Hasdrubal lachte. »Ich sorge mich um deine Zukunft – und die meines Geldes, Freund. Was meinst du denn, was geschieht, sobald alles wieder einigermaßen im Lot ist?«

Antigonos zuckte mit den Schultern. »Ich habe selbst schon ein paar Überlegungen angestellt, aber ich weiß nicht, worauf du hinauswillst.«

Hasdrubal nickte langsam. »Ich schätze, deine Überlegungen gehen in dieselbe Richtung. Was hast du mit diesem Iberer ausgehandelt?«

Antigonos kniff die Augen zusammen. »Woher weißt du denn das schon wieder?«

»Man muß alles wissen, was in Qart Hadasht vorgeht, wenn man nicht plötzlich morgens wachwerden und überrascht auf ein Messer im Bauch starren will. Manche nennen es Klugheit oder Vorsicht; andere sagen: ›Warum kratzest du dich, wo es noch gar nicht jucket?‹ Ich kratze mich lieber zu früh.«

»Das bleibt aber unter uns«, sagte Antigonos halblaut, obwohl niemand in der Nähe war. Dann berichtete er über seine Verhandlungen mit dem Fürsten der Kontestaner, eines großen Volks an der iberischen Südostküste. Der Hauptort, Mastia, lag an einer Bucht, die einen der besten natürlichen Häfen dieser Weltgegend bildete. Die Punier unterhielten dort seit langem eine Handelsniederlassung und warben Söldner an. Urdabil hatte nach all den Jahren einmal selbst Qart Hadasht sehen wollen und im Herbst viertausend Krieger begleitet, die wegen des Kriegsendes nicht mehr zum Einsatz gekommen waren.

»Wir haben uns darauf geeinigt, daß gute Handwerker für sein Volk und seine Hauptstadt ein Gewinn wären. Sein Sohn, Mandunis, war bei Hamilkar. Er ist jetzt mit fünfhundert Kriegern aus Sizilien zurückgekommen und haust in der Isthmos-Mauer. Wenn nichts mehr dazwischenkommt, werden die Männer zusammen mit ein paar reisewilligen Handwerkerfamilien bald nach Iberien aufbrechen. Vielleicht wird es eine richtige kleine Pflanzstadt; die Bank hat an der Bucht von Mastia Boden gekauft. Es sind aber noch nicht alle Einzelheiten geklärt.«

Hasdrubal beugte sich seitlich vor und klopfte auf Antigonos' Oberschenkel. »Wir denken das gleiche, wie ich sehe. Das ist gut. Ich mag diese vorsichtige Herzlichkeit, die sich in den letzten Monden zwischen uns entwickelt hat.«

Antigonos gluckste. »Nachdem wir durch gemeinsame Waffenspiele zu Herzlichkeit gekommen sind, sollten wir vielleicht die Vorsicht langsam ein wenig abbauen.«

Hasdrubal lächelte.»Gut. Wann wollen wir trinken?«

»Bald – bis wir schielen. Aber sag mir, was in deinem allzu hübschen Kopf vorgeht, dies Dorf betreffend.«

Sie hatten den äußeren Gebäudering fast erreicht. Hasdrubal zügelte sein Reittier.»Die ›Alten‹ sind im Moment stärker. Sie werden versuchen, alles wieder auf die alten Wege zurückzubringen – billige Rohstoffe in barbarischen Ländern kaufen, billige Erzeugnisse dorthin liefern, kein Wettbewerb mit den Hellenen, keine Reibungspunkte mit Rom. Deine Erfolge, Metöke, und deine Verbindungen zu den ›Neuen‹ machen dich besonders abscheulich. Und deine guten Handwerker mit ihren hervorragenden Erzeugnissen passen nicht in die alten Vorstellungen. Du machst etwas Neues, du bist Metöke, du hast Erfolg – drei gute Gründe für die ›Alten‹, dir Knochensplitter in die Suppe zu spucken, sobald sie können.«

Antigonos betrachtete die hellen Häuser unter dem schaumigen Himmel und kaute auf der Unterlippe.»Ich weiß nicht, ob sie mit dem, was ich plane, glücklicher sein werden.«

Lysandros' Begeisterung kannte Grenzen.»In meinem Alter? Übers Meer? Iberien? Diesen Nirgend-Ort hier aufgeben? Und vorsichtig vorfühlen, ohne dem Dorfrat wirklich etwas zu sagen?« Er schnaubte. Dann knurrte er:»Aber du bist der Herr. Zu sechs Zehnteln.«

»Deine makischen Schulden sind bezahlt. Wenn du willst, können wir neu verhandeln. Oder die Zusammenarbeit lösen. Das gilt auch für die anderen – niemand *muß* reisen. Es wird neue Werkstätten in der Stadt geben für die, die bleiben.«

Der alte Mann fuhr sich mit der Rechten über den kahlen Schädel, seufzte, kratzte sich den dünnen verfärbten Bart und bleckte die zahnlosen Gaumen.»Ah, was soll es? Ich bin ein alter Mann, Antigonos. Die Augen lassen nach, die Beine sind steif und wankelmütig. Fast acht Jahrzehnte. Wenn ich noch einmal reisen und etwas Neues sehen will, muß ich mich beeilen. Du hast mich immer anständig behandelt, und ich habe nie besser und mit mehr Lust gearbeitet als in den letzten Jahren.« Er klopfte an die große Bronzeschale, in der eine winzige Pfütze Duftwasser schwappte.»Du willst also meine Düfte nicht mehr haben? Hier, in Karchedon?«

»Doch – wenn du hierbleiben willst. Wenn nicht, hoffe ich, jemanden zu finden, der wenigstens halb so gut ist wie du und deine Arbeit fortführen kann. In einer anderen Werkstatt.«

Lysandros lehnte sich gegen das Gestell mit Näpfen, Töpfen und Tiegeln und verschränkte die Arme. Er blickte sich in dem hellen sauberen Raum um, in dem zwei junge Männer geheimnisvolle Dinge taten. Einer hantierte an einem kleinen Preßtrog. Neben ihm stand ein flaches Gefäß mit hochgebogenen Rändern. Es enthielt eine duftende Flüssigkeit, in der Blütenblätter trieben. Der andere stand an einem Eisenofen und rührte mit Holzlöffeln in brodelnden Töpfen. Vor den offenen, durch einen kleinen Dachvorsprung geschützten Fenstern lag der See von Tynes unter dem grauen Frühlingshimmel.

»Darüber ließe sich reden«, sagte der Duftmeister. »Komm. Laß uns Wein trinken und essen. Dabei läßt sich besser verhandeln.«

Sie verließen die Werkstatt und überquerten den Platz der Feinen Hände, an dem viele Gebäude lagen. Auch die Taverne am See gehörte zum Dorf, war hell und gut belüftet: ein fünfseitiges Haus mit drei weißen Wänden und zwei überdachten Uferterrassen. Tische, Stühle, Bänke, Tragbalken und die Umrandung der Kochstellen, alles war aus hellem Holz, geglättet und mit Wachs und Harz behandelt.

Zu dieser späten Vormittagsstunde herrschte noch kaum Betrieb. Antigonos nahm eine Platte mit Nüssen, Lauch und Artischockenherzen, in säuerlicher Tunke und belegt mit Streifen scharf gebratener Kalbsleber; Lysandros erhielt einen großen Napf mit Linsenbrei und magerem Bratenfleisch, durch die eiserne Mühle gedreht. Beide tranken heißen Würzwein; Antigonos verdünnte den seinen mit warmem Wasser.

Obst, Gemüse und Fleisch kamen aus den Gärten, Weiden und Ställen des Dorfs, in dem weit über zweitausend Menschen lebten und arbeiteten. Der Betrieb kostete täglich etwa ein halbes Talent – achtzehnhundert Schekel – an Löhnen, Material, Ausbesserung, Versorgung. Aber der Reingewinn betrug fast zweieinhalb Talente am Tag. Nur wenige Dinge des täglichen Bedarfs mußten gekauft werden – Salz und Öl, zum Beispiel; alles andere lieferten die Felder und Ställe. Fast zwei Drittel ihrer Erträge konnte auf den Märkten von Qart Hadasht abgesetzt werden, weil das Dorf nicht alles verbrauchte. Weizen, Wein, Oliven, Feigen, Granatäpfel, Pflaumen, Nüsse, Datteln, Lauch, Kohl, Artischokken, Knoblauch, Erbsen und Linsen gab es fast ganzjährig; Schafe, Ziegen, Rinder, Hühner und Tauben – dazu seit zwei Jahren eine kleine Pferdezucht – warfen gute Gewinne ab, denn Qart Hadasht hatte immer Hunger, und Reittiere brauchte nicht nur das Heer.

Antigonos zahlte gut – zu gut, nach Meinung vieler Händler und Großherren. Die Löhne entsprachen allgemein dem, was in der Stadt die Zünfte verlangten, lagen aber tatsächlich noch darüber, denn es gab etliche Besonderheiten. Das Wasser der Brunnen und Zisternen war kostenlos, die Preise für Erzeugnisse der Felder und Ställe niedrig; für die Nutzung der Wohnhäuser und der Garküche behielt die Verwaltung ein Sechstel der Löhne ein, während in Qart Hadasht die Miete etwa ein Drittel der Einkünfte eines gelernten Arbeiters fraß. Zu den Besonderheiten gehörten auch die zwei Lehrer und drei Ärzte (ein Punier, ein Perser, ein Athener) des Dorfs; die aus einem Zwölftel der Reingewinne gespeiste Fürsorge für Alte, Kranke oder nach dem Tod eines Mitarbeiters mittellos gewordene Angehörige; die Tatsache, daß Sklaven ihrem Können und ihren Fertigkeiten entsprechend eingesetzt und bezahlt wurden wie die anderen (Hilfsarbeiter eindreiviertel bis zwei Schekel, Arbeiter dreieinhalb bis vier, Meister fünfeinviertel bis sechs Schekel in der Woche) – die Hälfte des Lohns wurde einbehalten und mit dem Kaufpreis verrechnet; der Sklave war frei, sobald er elf Zehntel seines Preises erarbeitet hatte –; und anständige Verträge mit den Meistern, die entweder bezahlte Mitarbeiter oder freie Teilhaber sein konnten, wobei die Bank sechs Zehntel des Geschäfts hielt.

»Als du mich damals bei den Maken freigekauft hast«, sagte Lysandros undeutlich, mit halbvollem Mund, »hatte ich niemals mit diesem hier gerechnet. Es ist eine – eine glückliche Insel.«

Antigonos hob den Becher. »Auf jede Gottheit, die den Gewinn mehrt und die Menschen nicht mindert. Aber mach nicht den Fehler, mich für einen weichherzigen Philanthropen zu halten, o Meister der Düfte.«

Lysandros kicherte. »Ich halte dich, wenn du erlaubst, für was ich will. Ich sehe nur, daß fast alle hier zufrieden sind und ihr Bestes tun. Und daß kaum einer versucht, dich zu betrügen.«

»Kommen wir zu deinen Düften zurück.«

»Ja, meine Düfte.« Lysandros starrte auf den Löffel, als ob er nie einen gesehen hätte. »Noch ein gutes Ergebnis dieses Dorfs, übrigens. Der Perser ist ein großer Kräuterkenner; ohne ihn wäre ich nie auf den Gedanken gekommen, auch Heilmittel zu brauen.« Er führte den Löffel endlich zum Mund.

Antigonos seufzte. »Sehr schön, und deine Zufriedenheit ist mir keineswegs unangenehm. Aber was hat der persische Arzt mit unserem Geschäft zu tun?«

Es gab viele derartige gegenseitige Befruchtungen. Goldschläger und Goldschmiede, die fast unter einem Dach arbeiteten, konnten besser die Bedürfnisse des anderen berücksichtigen; die Hersteller von Duftwasserfläschchen lernten neue Formen bei den Verfertigern von Alabastergefäßen; Elfenbeinschnitzer und Steinmetze entdeckten ungeahnte Gemeinsamkeiten. Eine Numiderin, die Straußenfedern zu Kopfputz, Fächern und ganzen Prunkgewändern verarbeitete, hatte einige Kniffe von den Flechtern gelernt, die punische und balliarische Gräser, Binsen und Schilfrohre zu Körben, Truhen und Möbeln machten. Teppich- und Netzknüpfer, Weber, Seiler und Segelmacher tauschten Kenntnisse und Werkzeuge aus; es hatte sich sogar ein Ausschuß von Meistern gebildet – ihm gehörten Lederwerker ebenso an wie Töpfer, Hersteller von Masken und Büsten, Feinschnitzer von Elfenbein, Straußeneiern, Karneol und Jaspis, Erzgießer, Schmiede und Schreiner –, der Neuerungen erörterte. Das hatte eine Reihe verbesserter Werkzeuge ergeben, die selbst Handelsware wurden.

»Viel.« Lysandros setzte den Napf an den Mund, schlürfte den Breirest. »Sehr viel. Es ist so, o Antigonos, daß ich hier alles gefunden habe, was ich für den Rest meiner Jahre brauche. Beste Arbeit, gute Helfer, Zusammenarbeit, ein Ruderboot für diesen Binnensee, Wein und Gespräche. Wie ich sagte: ein Nirgend-Ort. Aber wer weiß – vielleicht ist es, wie du sagst; vielleicht ist es an der Bucht von Mastia noch besser. Es ist jedenfalls ein aufregender Gedanke, und ich werde ihn lange bedenken müssen, ehe ich ja oder nein sage. Aber was Düfte in Karchedon angeht, falls ich fortgehe...«

»Ja?«

»Vor drei Jahren hast du mir zur Hilfe eine Sklavin geschickt.«

»Nicht ich. Die Verwaltung.«

»Unwichtig. Sie ist schwarz. Damals war sie siebzehn, und nach ein paar Tagen habe ich festgestellt, daß sie für Arbeiten wie Putzen und Aufräumen zu schade ist. Sie hat eine Zunge und eine Nase...« Er schloß die Augen und sog Luft durch seine winzigen Nasenlöcher. »In all den Jahrzehnten habe ich nie jemanden gefunden, der mir wirklich helfen konnte. Aber sie... Natürlich fehlt ihr noch die Erfahrung, aber bald wird sie besser sein, als ich je war. Ihr Name ist Tsuniro.«

Der von Hamilkar und Lutatius Catulus ausgehandelte Vertrag war von Rom noch einmal verschärft worden. Qart Hadasht mußte ganz Sizilien und alle Inseln zwischen Italien und Sizilien räumen; beide verpflichteten sich, die Bündnispartner des anderen nicht zu behelligen und nicht im Gebiet der anderen Seite Truppen zu werben – nie wieder konnten italische oder sikeliotische Söldner für Qart Hadasht kämpfen. An Kriegsentschädigung waren sofort eintausend Talente zu zahlen, innerhalb von zehn Jahren in gleichen Raten weitere zweitausendzweihundert. Alle gefangenen Römer mußten sofort ohne Lösegeld freigelassen werden; für den Abzug der punischen Truppen aus Sizilien dagegen waren acht Schekel je Kämpfer zu bezahlen.

»Diese Silberberge!« Bostar ächzte und raufte sich die Haare. »Wieviel Mann wird Hamilkar noch haben – dreißigtausend? Das wären allein . . .« Er rechnete.

Antigonos knurrte: »Sechsundsechzig Talente. Wann willst du endlich versuchen, wie die alten Ägypter zu rechnen, statt mit den Fingern und ein paar Tonperlen?«

Bostar ging im Raum auf und ab. Der ohnehin schmächtige Punier wirkte noch dünner; er war eben erst von einem langwierigen Darmfieber genesen. Die Haut unter dem schwarzen Haupt- und Barthaar war fahlgelb.

»Ah, es gibt andere Dinge . . . Dreitausendzweihundert Talente – ich müßte mich eintausendfünfhundertmal auf die andere Schale der Waage stellen. Grauenhaft. Wer soll das bezahlen?«

»Du nicht.«

Bostar blieb stehen. »Es scheint dich nicht sehr zu berühren, wie? Blöder Hellene.«

»Punischer Lehmkopf. Ziegenschänder.« Gegen seinen Willen mußte Antigonos grinsen; die alten Beschimpfungen aus ihrer Kindheit gaben ihm einen Teil der verlorenen Laune zurück. »Habe ich dir mal erzählt, wie ich in Takape syrischen Wein verzollen mußte?«

»Was hat das damit zu tun?«

»Viel. Ich habe dreiunddreißig *shiqlu* Zoll bezahlt, beim Hafenmeister. In dessen amtlicher Liste wurde aus dem Syrer rhodischer Wein, verzollt mit neunzehn *shiqlu*. Und im Archiv hier in Qart Hadasht hatte sich die Anzahl der Amphoren vermindert; die Zolleinnahme betrug nur noch acht *shiqlu*. Was meinst du, wie es in anderen Bereichen aussieht? Und was, glaubst du, sind die dreitausendzweihundertsechsundsechzig

Talente Silber, verglichen mit dem, was der Stadt von den eigenen Amtsleuten und Ratsherren geraubt wird? Was etwa Hanno der angeblich Große in den letzten fünf Jahren gestohlen hat?«

»Pssst. Hanno hat überall Ohren.« Bostar legte den Finger auf den Mund.

»Wenn er ein Ohr in meine Bank steckt«, sagte Antigonos, »wird es ihm bald fehlen. Ich schneide es ab.« Er sprach nicht besonders laut, aber auch nicht leise; der Vorhang zwischen dem Arbeitsraum und dem Saal der Mitarbeiter war nicht völlig zugezogen.

Als Antigonos und Bostar am Abend die Bank zur Stadt hin verließen und absperrten, stand ein einachsiger Wagen auf der Straße. Die beiden Pferde waren fast weiß und unübersehbar teuer; die obere Wagenkante war vergoldet. Zwei Männer warteten neben dem Gefährt; beide trugen über der langen weißen Tunika einen Brustpanzer aus Leder, besetzt mit Silberscheiben, und am Gurt ein Schwert. Es waren junge Punier. Der Fahrer des Wagens, ein numidischer Sklave, blickte starr geradeaus, auf die Pferde.

»Wer von euch ist der Metöke Antigonos?« sagte einer der beiden Punier.

»Wer will das wissen?« sagte Bostar.

»Wir sind beauftragt, Antigonos zu einem Gastmahl zu laden. Hanno der Große begehrt seine Anwesenheit.«

Bostar zuckte kaum merklich zusammen. »Vielleicht hat Antigonos schon etwas anderes vor.«

Der Punier lächelte. »Das wäre unklug; ihm würde einiges . . . entgehen.«

Antigonos räusperte sich und trat vor. »Das wäre bedauerlich. Ich bin Antigonos. Wünscht euer Herr mich sofort zu sehen, oder kann ich mich für das Gastmahl geziemend umkleiden?«

Der Punier deutete auf den Wagen. »Nicht nötig. Es ist ein kleines Mahl; nichts, was prächtige Gewänder verlangt.«

Antigonos stieg auf den Wagen und zog Bostar hinterher.

»Halt, so nicht, nur einer.« Der Punier, der bisher geschwiegen hatte, lockerte sein Schwert.

»Lebst du gern?« knurrte Antigonos auf Numidisch. Plötzlich hatte er den krummen ägyptischen Dolch in der Hand, den er immer im Gürtel trug. »Dann fahr los!«

Der Numider schnalzte und ruckte an den Zügeln. Die Bewaffneten liefen ein paar Schritte hinterher, blieben dann stehen und sahen dem Wagen nach. Antigonos hielt sich an der vergoldeten Kante fest, blickte zurück und rief: »Keine Sorge, ich kenne den Weg.«

In Nähe der Agora war die Straße belebter; sie mußten langsamer fahren. Schließlich ging es nur noch im Schritt, hinter einem mit Amphoren beladenen Ochsenkarren her, der zwei Wassereseln folgte.

Antigonos berührte den Numider an der Schulter und streckte die Hand nach dem Zügel aus. »Ist Hanno in seinem Stadthaus? Gut. Steig ab, ich fahre weiter. Keine Sorge, ich werde deinem Herrn sagen, daß mein Messer dich verjagt hat.«

Der Numider sprang ab. Bostar murmelte etwas und schaute nach vorn. Die Straße verengte sich zwischen zwei hohen verwitterten Häusern, die einander ab dem dritten Stockwerk zuneigten; dahinter öffnete sich der Töpfermarkt. Endlich konnten sie an dem Ochsenkarren und den Eseln vorbei.

»Was hast du eigentlich vor?«

Antigonos lenkte den Wagen knapp an einem Turm großer Schalen und Teller vorüber. »Ich will Hanno besuchen.«

»Du bist wahnsinnig.«

»Nein, neugierig. Ich wollte ihn immer schon mal kennenlernen, aber die edlen alten Punier geben sich ja nicht mit einem Metöken ab, auch wenn er Bankherr ist.«

»Blöder Hellene. Was soll ich mit deiner Leiche machen?«

Antigonos grinste. »Zerstückeln und versteigern. Ich setz dich an der Agora ab. Kannst du ein paar Dinge erledigen?«

Bostar seufzte. »Natürlich, Herr. Und zwar?«

»Einen Boten zu Kassandros und Memnon, daß ich spät komme. Und du, bevor du zu Weib und Kindern heimgehst, besuchst Hasdrubal.«

»Ah, du bist also doch nicht völlig verrückt.«

»Sag ihm, wo ich bin. Und er soll sich Gedanken über eine Palastwache machen. Plötzlich ist mir so, als ob Hamilkars Kinder sehr gut hundert Hopliten gebrauchen könnten.«

Bostar hüstelte. »Eh, was hältst du von Vorzeichen?«

»Nichts. Warum?«

Der Punier deutete auf eine Wand. Kurz vor Sonnenuntergang war die breite Straße schattig. Rechts saßen, hinter Zerrschirmen aus grünem Molkeglas, seltsame Männer auf der Terrasse einer Taverne: verformte Fratzen, zerfließende Gestalten. Durch das Glas sah Antigonos einen riesigen Becher, der zu einem winzigen flachen Schädel gehoben wurde. Turbane waren Berge erdrückender Bleiwolken; ein Spitzkegel aus rosa gefärbtem Filz wucherte zu einer Nadel, die den Himmel aufbohren konnte, und schrumpfte bei der nächsten Kopfbewegung des Trinkers zu einem bösen Klecks. Tische schienen zu schweben und spreizten verdrehte und verquollene Beine seitlich ab. Hinter einem marktplatzgroßen Tablett, beladen mit schrägen Türmen, wölbten sich zwei Lippenwülste; der Rest des schwarzen Schanksklaven war ein zuckendes Schwänzchen im grünlichen Glas. Über der Taverne, über dem Schatten, zeichnete die sinkende Sonne das Dach des gegenüberstehenden Hauses ab. Die beiden obersten Fenster, noch von Sonne beschienen, waren wie blinde Augen; in das linke bohrte sich der schwertförmige Schatten eines auf dem anderen Haus ragenden Wäscheständers.

Antigonos kicherte und ließ die Pferde wieder antraben. Vor ihnen lag das Tor der inneren Mauer, die Byrsa, Ratsviertel und alte Stadt umgab. »Was für ein Vorzeichen? Meinst du den Schatten oder die Verzerrungen?«

»Das Schwert im Auge des Melqart.« Bostar versuchte, seiner Stimme einen finsteren Klang zu geben.

»Er wird es fortzwinkern. Los, runter. Und vergiß nichts.«

Das Stadthaus Hannos des Großen lag am Rand der Byrsa unterhalb des Eshmun-Tempels. Um das Gelände zog sich eine dicke, doppelt mannshohe Mauer; das Tor war mit Eisen beschlagen und von zwei Bewaffneten bewacht. Sie erkannten Wagen und Pferde und zogen sofort die Schwerter.

»Wo . . .?«

Antigonos stieg ab und warf dem linken Posten den Zügel zu. »Sie sind heruntergefallen und kommen zu Fuß nach. Bewegung kann nicht schaden. Ich bin Antigonos. Hanno harret meiner in Ungeduld.«

Einer der Posten pfiff schrill. Das angelehnte Tor wurde geöffnet; ein weiterer Bewaffneter – ebenfalls Punier – reckte den Kopf heraus. Nach kurzem Wortwechsel mit den anderen führte er Antigonos hinein.

Hinter der Mauer lag ein kleiner Park; unter den Zypressen ästen zwei Gazellen. Das weiße, dreigeschossige Gebäude mochte eine Fläche von hundertmal hundert Schritt bedecken. Die oberen Stockwerke wichen ein wenig zurück; die untere Außenwand hatte keine Fenster, und die Terrasse darüber war durch eine Brustwehr mit Zinnen gesichert.

Hinter einer weiteren eisenbeschlagenen Tür erstreckte sich ein Gang mit Ziegelboden. Rechts und links lagen Gesinderäume; aus einem drangen Männerstimmen und das Klirren von Waffen.

»Hanno scheint sich bedroht zu fühlen«, sagte Antigonos.

Der Bewaffnete grunzte, sagte aber nichts. Der Gang endete an einem Innenhof mit Zisterne und Viehtrögen; es roch nach Pferden. Durch einen weiteren Gang kamen sie zum nächsten Hofraum, der mit bunten Steinen ausgelegt und von Beeten gesäumt war. Aus einem verzierten Marmorbrunnen rieselte Wasser und sammelte sich in Rinnen, die zu den Beeten führten, vorbei an breiten Steinbänken unter weißen Baldachinen mit beschnitzten Trägern aus schwarzem Holz.

Eine Treppe aus grünem Marmor führte zum ersten Stock. Durch einen Gang, dessen Boden aus fleischfarbenem glatten Stein bestand und an dessen Wänden dunkelrote Teppiche hingen, brachte der Posten Antigonos zu einer Galerie. Im Hof darunter loderte ein Feuer; der Geruch von harzigem Holz und gebratenem Fleisch vermengte sich mit dem scharfer Gewürze, mit Weindunst und schweren Duftstoffen.

Eisenfäuste an den Wänden hielten flackernde Fackeln, deren Licht die zunehmende Dämmerung vertiefte. Junge schwarze Sklavinnen, nackt und schweißüberströmt, schleppten große Bronzeplatten mit Fleisch aus dem Hof herauf. Die Balustraden aus Ebenholz, mit geschnitzten Elfenbeinranken als Verstrebungen, waren zu beiden Seiten der Treppenöffnung mit silbernen Daimonenfratzen gekrönt, in deren Augenhöhlen Smaragde Licht erbrachen. Ein Lochgestell neben dem Ende des Gangs, gegenüber der Treppe, barg sieben spitzbödige Weinamphoren ägyptischer Herkunft.

Rechts und links der Gangmündung standen je drei Liegen aus Zedernholz und balliarischem Schilf, mit kostbaren Einlegearbeiten aus Elfenbein. Die Polster waren bedeckt von Leopardenfellen und schweren, golddurchwirkten Wollstoffen. Auf der linken Seite war eine Liege frei.

Hanno lag rechts in der Mitte. Er trug eine Tunika aus chinesischer Seide, die das Zwanzigfache ihres Gewichts in Gold gekostet haben mußte. Der Purpurrand war mit einer Goldborte verziert. Die Füße verschwanden unter einem Leopardenpelz. An allen Fingern – die Nägel waren spitz zugefeilt – trug er goldene Ringe mit grünen, weinroten und tiefblauen Steinen; ebenso in beiden Ohren. Eine Hand lag auf dem Bauch, einem Hügel unter Seide. Mit dem anderen Arm stützte er den unbedeckten Kopf. Das schwarze Haar war halblang und gelockt, der Bart ausrasiert, die Brauen zu schmalen Strichen gezupft. Die feine gerade Nase und der volle Mund hätten einer attischen Apollon-Skulptur gehören können, nicht aber die Augen, die das Gesicht beherrschten: Schlangenaugen, wie aus äthiopischem Obsidian.

»Ah, der Herr der Sandbank. Es freut mich, daß du meiner Einladung nachgekommen bist, o Antigonos.« Die Hand hob sich vom Bauch und deutete auf die freie Liege.

Antigonos neigte leicht den Kopf. »Wer könnte eine Einladung des großen Hanno ausschlagen?« sagte er halblaut. »Ich danke für die unverdiente Ehre. Meine Eile, dein Antlitz zu schauen, o Fürst der Punier, war so groß, daß ich nicht einmal geziemende Kleidung anlegen konnte.« Er zupfte an seiner schlichten Leinentunika. »Außerdem sind deine beiden Boten und der Fahrer vom Wagen gefallen, wegen der Eile meines Aufbruchs.«

Hanno hob eine der schmalen Brauen. »Ach ja? Nun, sie werden sich nicht genug festgehalten haben.«

Antigonos klopfte auf die Lederscheide, aus der der Griff des Krummdolchs ragte. »So ist es. – Herr, ich bin entzückt. Dein Haus ist über alle Maßen prachtvoll, und die Ehre, die du mir und meinem Duftmeister Lysandros angedeihen läßt, würde ich gern dem Volk bekanntmachen.« Er schnüffelte. »›Schwarzes Rosenlicht der östlichen Nächte‹, nicht wahr? Wie würde es dir gefallen zu lesen: ›Auch Hanno der Große hüllt sich in unsere Düfte‹?«

Einer der anderen Gäste bewegte sich unruhig. »Mäßige dich, Metöke. So redet man nicht mit dem Strategen von Libyen.«

Antigonos blickte in die Runde; er spitzte den Mund. »Die ruhmreichen Herren der edlen Partei«, sagte er spöttisch. »Seid mir gegrüßt. Ich denke aber, daß es nur dem Herrn des Hauses zukommt, einen Gast zu tadeln – nicht denen, die seinen Speichel lecken und sein Erbrochenes zu Honig verherrlichen.«

Auf der Fahrt zu Hannos Festung hatte Antigonos die Möglichkeiten erwogen, Hannos Beweggründe berechnet. Natürlich gab es ein Ohr in der Bank; das stand fest. Aber Hanno hatte offenbar auf eine Möglichkeit gewartet, ein Gespräch mit einer stummen Drohung zu verbinden – ohne Hinweis auf das Ohr, aber deutlich damit verknüpft. Nach dem Ende des römischen Kriegs kam nun die große Auseinandersetzung in Qart Hadasht – »Alte« gegen »Neue«, Hanno gegen Hamilkar. Es konnte nur um Klärung der Zugehörigkeit gehen, vielleicht um den Versuch, die Neigungen eines nicht unwichtigen Metöken, der mit Hamilkar befreundet war, zu erforschen, ihn durch Lockungen, Bestechung oder Drohungen zum Abfall zu bewegen.

Und Antigonos hatte das Gewicht seiner Bank, seines Vermögens, des Vermögens von Hamilkar, aller Verbindungen und aller Möglichkeiten berechnet und gefunden, daß alles zusammen zu schwer wog; zu schwer sogar für Hanno den Großen. Und auch für die anderen in der Runde, die führenden Männer der »Alten« – Boshmun, den großen Landbesitzer; Mago den »Stinker«, Herr über die Hälfte der punischen Purpurfertigung; Bokhammon, den obersten Verwalter der Steinbrüche jenseits der Bucht und außerdem Reeder; und Mula, Schatzkämmerer von Qart Hadasht und Besitzer von Werften in Gadir, Tingis und Igilgili.

Er setzte sich auf die freie Liege. Eine der Sklavinnen brachte ihm Wein und eine Platte mit Obst und seltsam geformten Bratenstücken. Als sie sich umdrehte und ging, sah er die frischen Striemen der Peitsche auf ihrem Rücken.

Hanno hob den Becher. »Reden wir nicht über Honig und Düfte. Trinken wir auf die Götter und ihre Gnade: daß sie lange über Qart Hadasht liege.«

Antigonos hatte keine Einwände gegen den Spruch und trank mit.

»Ich hoffe, die Einladung kam nicht ungelegen«, sagte Hanno. Die Schlangenaugen richteten sich auf Antigonos' Nase. »Man erwartet dich nirgendwo, oder?«

Antigonos lächelte kühl. »Es gibt dringende Dinge mit Hasdrubal dem Schönen zu besprechen. Er wird mich suchen, wenn ich nicht bis Mitternacht bei ihm bin.«

»Ah ja, Hasdrubal. Ein interessanter junger Mann. Sind deine Interessen, was ihn betrifft, rein geschäftlich? Ihr Hellenen liebt ja die Schönheit der Jünglinge besonders.«

»Ich bin in Qart Hadasht aufgewachsen und frei von zweifelhaften Neigungen«, sagte Antigonos. »Mich gelüstet weder nach Jünglingen noch danach, Sklavinnen zu peitschen.«

Hanno lachte. Er stopfte sich einen Brocken Fleisch in den Mund und sagte undeutlich: »Wie erfreulich, endlich einmal mit einem Mann zu reden, dem die Umwege der Höflichkeit nichts bedeuten.«

»Das kommt auf die Gefilde an, die an diesen Umwegen liegen. Manche laden zum Verweilen und Betrachten ein; andere sind einfach widerwärtig.«

Boshmun, links neben Hanno, kicherte. »Wollt ihr das nicht lieber gleich mit Schwertern austragen, ehe die Zungen schartig werden?« Er war der älteste in der Runde. Die Gier nach Macht, Einfluß und Reichtum hatte sich bei ihm offenbar so weit gesättigt und gesetzt, daß auf seinem inneren Acker wieder Raum für das Pflänzchen Witz war.

»Ich finde es angenehmer, mit großen Herren zu plaudern, als ihnen oder ihren Handlangern ein Schwert in den Leib zu rammen«, sagte Antigonos. »Obwohl ein wenig Praxis nach all dem Üben nicht schaden könnte.«

»Man soll sein Leben nicht mit Dummheiten vergeuden.« Hanno machte eine wischende Handbewegung. »Es gibt wichtigere Dinge. Die schlimme Lage der Stadt, zum Beispiel, und die damit verbundenen Sorgen.«

Antigonos stellte den halbleeren Becher auf den Boden. »Ich bin gerührt, daß du, Herr, die Sorgen so vieler Punier und Metöken teilst. Wir haben bereits Überlegungen angestellt, wie die riesigen Lasten der Zahlungen an Rom verteilt und bewältigt werden können.«

Hanno beugte sich im Sitzen vor. »So, habt ihr? Und? Welche Möglichkeit seht ihr?«

Antigonos schloß einen Moment die Augen. »Ein ernsthaftes Angebot.« Er öffnete die Augen wieder und blickte in die beiden Obsidianpunkte. »Wir alle, ›Alte‹ und ›Neue‹, Punier und Metöken, stecken zusammen in dieser Klemme. Es geht zunächst um dreitausendzweihundert Talente. Wenn ihr die Hälfte aus euren eigenen Börsen hinlegt, tun wir die andere Hälfte dazu.«

Alle schwiegen und starrten Antigonos an. Schließlich sagte Bokhammon: »Soll ich mir beide Beine abschneiden? Hanno, was sagst du?«

Hanno hatte die Augen zusammengekniffen. »Junger Mann, sprich weiter. Was kommt danach?«

Antigonos holte tief Luft. »Zusammenarbeit der ›Alten‹ und ›Neuen‹, ohne Rücksicht auf persönliche Interessen. Rom wird erst Ruhe geben, wenn eine der beiden Städte nicht mehr ist – Rom oder Qart Hadasht. Der nächste Krieg ist nur eine Frage des Wann, nicht des Ob. Um ihn bestehen zu können, müssen viele Dinge geändert werden.«

Hanno kaute auf der Unterlippe; die Augenschlitze wurden noch schmaler. »Ich höre.«

»Ein Ende der Bereicherung einzelner Männer aus öffentlichem Geld. Als du, großer Hanno, Aufseher der Zolleinnahmen des Südens warst, habe ich in Takape einmal dreiunddreißig *shiqlu* Zoll für syrischen Wein bezahlt. Davon sind acht *shiqlu* in den Rollen verzeichnet und in Qart Hadasht angekommen.«

»Ich lausche noch immer.«

»Ende der Knechtung des Hinterlands. Qart Hadasht muß, wie Rom, ein Land werden und darf nicht länger nur eine Stadt bleiben. Libyer und Numider werden zu Bundesgenossen mit gleichen Rechten in einem von Qart Hadasht geführten Land. Die Einnahmen des Staats bestehen bisher aus Tributen der Städte und Dörfer und Abgaben der Bauern, außerdem aus dem Zollaufkommen. Tribute und Abgaben werden gesenkt auf ein Zehntel; dafür zahlt jeder Bewohner von Qart Hadasht ebenfalls ein Zehntel an den Staat.«

Hanno nickte langsam. »Die alten Familien zahlen Steuer, wie? Weiter – oder bist du fertig?«

»Nein; es gibt noch mehr. Ratsmitglieder werden nicht mehr auf Lebenszeit, sondern für eine bestimmte Frist gewählt – sagen wir fünf Jahre. Ebenso die hundertvier Richter, die Fünf-Herren und andere. Sie schulden der Versammlung Rechenschaft über ihre Amtsführung. Es wird genügend Geld für eine dauerhafte schlagkräftige Flotte bereitgestellt, und es wird ein ständiges Heer eingerichtet und ausgebildet. In beiden Fällen richtet sich die Stärke nach der jeweiligen Stärke Roms. Nauarch der Flotte und Stratege des Heers werden von der Versammlung und den Offizieren bestimmt, ebenfalls auf fünf Jahre, und sie werden aus Männern gewählt, deren Fähigkeiten bekannter und wichtiger sind als deren Parteibindung.«

Niemand bewegte sich. Antigonos verschränkte die Arme vor der Brust und betrachtete Hanno. Das Gesicht des Puniers war eine Maske.

»Sind das die Forderungen der ›Neuen‹?« sagte Hanno schließlich.

»Nein. Es sind die Überlegungen eines Metöken, denen die ›Neuen‹ vielleicht zustimmen werden, wenn die ›Alten‹ sich nicht der Zukunft verschließen.«

»Du verlangst den Umsturz«, sagte Mula. Seine Mundwinkel zogen sich herab. »Die Entwertung aller Dinge – die Entrechtung der Großen – die Verschneidung der Stadt!«

»Es gibt eine kurze Antwort auf deine Vorschläge«, knurrte Bokhammon. »Das Kreuz.«

Hanno hob die rechte Hand. Die Steine glitzerten. »Ruhe, Freunde. Wir wollen nichts überstürzen. Er ist jetzt hier, aber Hasdrubal erwartet ihn. Und wir wollen doch die Auseinandersetzungen des Friedens nicht mit einer leichtfertigen Tat beginnen, die uns mehr kosten würde, als sie einbringt.« Er legte einen Finger an die Nase. Dann wandte er sich an einen Diener, der wie herbeigewünscht aus dem Gang erschien. »Man soll das Salzwasserbecken vorbereiten. – Antigonos, es war sehr interessant, mit dir zu plaudern. Deine Vorschläge sind, was Mula sagte, und verdienen, was Bokhammon vorschlägt. Sie wären das Ende all dessen, was Qart Hadasht groß gemacht hat. Das Ende all dessen, wofür wir eintreten. Und sie beruhen auf einer falschen Annahme. Rom ist nicht anders als Syrakosai oder Alexandreia, nur im Augenblick ein wenig mächtiger. Auch Rom will Handel und Friede. Und wenn der Friede nur um einen sehr teuren Preis zu haben ist – wir werden zahlen. Kein Preis ist zu hoch für ungestörten Handel und Ruhe im Land.«

Antigonos nickte. Müde sagte er: »Also Friede um jeden Preis – auch um den des eigenen Untergangs?«

Hanno winkte ab und stand auf. »Wer redet von Untergang? Man wird sich mit Rom einrichten. Aber komm, ich möchte dir und den anderen etwas zeigen.«

Antigonos folgte dem Punier; die anderen vier »Alten« hielten Abstand.

»Ah, etwas hätte ich beinahe vergessen«, sagte Antigonos, als sie einen Gang durchschritten, der zu einer weiteren Galerie führte. »Zieh dein Ohr aus meiner Bank zurück.«

Hanno blickte über die Schulter und grinste. »Und wenn ich es nicht tue?«

»Schneide ich es ab und werfe es dir über die Mauer.«

Hanno blieb stehen, noch immer auf dem Gang. »Das sollte man bedenken«, sagte er langsam. »Es steht in Zusammenhang mit dem, was du gleich sehen wirst. Es kommt immer wieder vor, daß jemand jemandes Mißfallen erregt.«

Antigonos lächelte kalt. »Ein normaler geschäftlicher Vorgang.«

»Den manche gern ausschalten. Die Stadt ist voller Messer, und die Messer können sich auch gegen Verwandte dessen richten, der einem mißfällt. Dein Sohn heißt Memnon, nicht wahr?«

Antigonos hob die Schultern. »Die Stadt ist überhaupt voller Menschen, großer Hanno. Viele Tausende Metöken, zum Beispiel. Wie leicht kann sich einer bei der Zusammensetzung eines Duftwassers irren und Gift hineinmischen? Es gibt gute Taucher im Hafen – wie sollte ich sie davon abhalten, nachts unter Wasser bestimmte Schiffe aufzusuchen und Löcher zu bohren? Wer weiß denn, von welchem Haus, an dem deine Sänfte vorbeigetragen wird, ein Felsbrocken stürzt? Hellenische Kaufleute in Korinthos, Athen, Alexandreia oder Massalia könnten plötzlich beschließen, keine Geschäfte mehr mit dir zu machen. Und welcher Gott soll verhindern, daß ein böser Mensch einem Leibwächter soviel Gold gibt, daß er das Schwert gegen seinen bisherigen Herrn richtet?«

Hanno runzelte die Stirn. »An dem, was du sagst, sind viele Dinge bedenkenswert. Wenn zwei Leute über die gleiche Anzahl von Pfeilen verfügen, sollten sie sie besser gleich im Köcher lassen.«

»So etwa.«

Hanno wandte sich ab und ging zur Galerie. Seine Stimme war leise und überscharf. »Vorläufig Friede zu deinem und meinem Preis, Metöke. Es gibt da aber noch etwas. Dies ist das erste Mal, daß ein bloßer Hellene mich zwingt, ihn als meinesgleichen zu behandeln. Dafür werde ich dich bis an dein Ende hassen. Und ich will dir zwei Dinge zeigen, die dein hellenisches Herz betrüben werden. Aber du wirst erst gehen, wenn du sie zu Ende betrachtet hast.« Er murmelte ein paar Wörter zur Seite.

Antigonos' Nackenhaare sträubten sich, und sein Herz klopfte. Als er hinter dem Punier auf die Galerie trat, stellten sich zwei von Hannos Leibwachen neben ihm auf; ihre Schwertspitzen berührten sich kurz vor Antigonos' Kehle. Neben ihnen standen zwei stämmige Punier mit leeren Gesichtern. Sie hielten einen nackten schwarzen Sklaven fest. Kinn und Oberkörper des Mannes waren blutverkrustet, der Mund wie im Schmerz zusammengepreßt, die Augen geschlossen. Wenn die beiden ihn nicht gestützt hätten, wäre er zusammengebrochen. Ein dritter Punier stand ein wenig seitlich hinter ihnen; er hielt eine brennende Fakkel in der Hand. Der Duft salzigen Meerwassers füllte die Luft.

»Dieser hier«, sagte Hanno, »hat heute nachmittag zu laut gesprochen – Dinge, die mir mißfielen. Er hat mich gestört, als ich ein wenig schlummerte und von Qart Hadasht und seiner künftigen und alten Größe träumte. Du verstehst, Metöke?«

»Ich verstehe«, sagte Antigonos mit zusammengebissenen Zähnen.

»Gut, gut. Wir haben ihm die Möglichkeit genommen, solche Dummheiten zu wiederholen. Schade, daß du nichts von deinem Teller gegessen hast; seine Zunge war dabei. Gebraten.« Er hob die Hand.

Einer der Punier riß den Kopf des Schwarzen zurück, der andere hielt ihm die Nase zu. Als der Mann den Mund aufsperrte, leuchtete der dritte Punier mit der Fackel. Antigonos blickte in den verstümmelten, roten Rachen und schloß die Augen. Er schwankte. Die Schwertspitzen berührten seine Kehle.

»Tu mir doch den Gefallen, die Augen zu öffnen«, sagte Hanno. »Nachdem er nun ein stummer Freund des Hauses ist, möchte ich ihn mit anderen stummen Freunden bekannt machen.«

Der Mann stieß gurgelnde Geräusche aus und versuchte sich zu befreien. Die beiden kräftigen Punier packten ihn, hoben ihn hoch und stießen ihn über das Geländer.

Unten, von Fackeln erhellt, war ein wassergefülltes Becken, das fast den ganzen Hofraum einnahm. Der Sklave schlug in der Luft um sich, klatschte ins Wasser, tauchte unter. Das Wasser schien aufzukochen. Die Leiber großer Fische zerrissen die Oberfläche.

»Ah, die Muränen sind hungrig«, sagte Hanno. »Das trifft sich gut.«

Der Kopf des Sklaven erschien noch einmal über Wasser. Er stieß einen langen, gurgelnden Schrei aus, den schlimmsten Laut, den Antigonos je gehört hatte. Die Schwertspitzen klirrten leise. Im Flackerlicht färbte sich das Becken; roter Schaum trieb gegen die Umrandung.

»Nun zu etwas anderem. Komm, Metöke. Zurück zu den gemütlichen Liegen.« Hanno ging wieder voraus. Die beiden Wachen blieben neben Antigonos; einer der stämmigen punischen Henker stieß ihn in den Gang.

Antigonos zitterte; sein Körper war eine eiskalte Masse fremder Glieder und Muskeln. Benommen ließ er sich auf die Liege sinken. Die Schwerter blieben vor seinem Hals. Fast unbewußt sah er, daß Boshmuns Gesicht verzerrt und blaß war. Bokhammon, Mago und Mula unterhielten sich halblaut; jemand lachte.

Hanno klatschte in die Hände. Zwei weitere Punier brachten einen hellhäutigen Mann herbei. Man hatte ihm die Beine zusammengebunden und die Hände auf den Rücken gefesselt. Ein Ledergürtel lag auf den Wangen und unter dem Kinn, die halboffene Schnalle auf dem Schädel. Der Mann trug einen ledernen Lendenschurz. Er schien nicht mißhandelt worden zu sein, aber die Augen flackerten.

Die Sklavin mit den frischen Peitschenstriemen brachte Hanno ein Becken mit glühenden Kohlen und eine Zange. Die Augen des Gefangenen öffneten sich weit.

»Auch dieser hat zuviel geredet«, sagte Hanno. »Gut hinschauen, Metöke; ich möchte nicht, daß du etwas versäumst oder später vergißt. Es wird dir eine Lehre sein und deinen Stolz ein wenig mindern.«

Antigonos würgte und schluckte. Die Demütigung und die Grausamkeiten, die er betrachten mußte, lähmten seinen Geist und machten seinen Körper krank. »Treib es nicht zu weit, Punier«, stieß er hervor. »Es gibt für alles eine Grenze.«

Hanno lächelte. Eine zweite Sklavin brachte ein gläsernes Becken.

»Eine winzige Schlange aus dem tiefen Süden Libyens«, sagte Hanno. Er deutete in das Gefäß. »Sie ist sehr giftig, und im Moment schläft sie. Sie hat den Tag zwischen Eiswasserschalen im Keller verbracht. Es wird etwa ein Fünftel einer Stunde dauern, bis sie wieder erwacht und sich an ihr Gift erinnert. Los!«

Der Gefangene schrie auf. Jemand stieß ihm ein Messer zwischen die Zähne, zwang ihn, den Mund zu öffnen. Ein anderer stopfte ihm die kleine Schlange hinein. Der Gürtel wurde stramm zugezogen, die Schnalle geschlossen. Der Mann konnte nicht schreien. Er stieß hohe Quieklaute durch die Nase aus. Die Augen traten aus den Höhlen, die Kehle arbeitete, der Hals weitete sich und zog sich zusammen, immer wieder. Er zitterte, zuckte vor und seitwärts und zurück, versuchte hochzuspringen. Zwei Punier hielten ihn fest.

»Interessant«, sagte Hanno. Er klang fast versonnen. »Ob die Schlange noch im Mund ist? Im Hals? Oder im Magen? Ach, es gibt so viel Wissenswertes. Natürlich könnte man ihm auch die Lippen zusammennähen, aber das wäre eine unnötige Grausamkeit, nicht wahr, Metöke?«

Antigonos' Geist kehrte zu ihm zurück. Er empfand Ekel, Entsetzen, Mitleid, Abscheu und Haß. Sein Körper war noch immer eiskalt, aber er gehorchte wieder.

»Was hat dieser bedauernswerte Mann getan?« sagte er heiser.

»Ein Sikeliot – Hellene wie du, Metöke. Er hat mir ein paar unbedeutende Dienste erwiesen, aber gestern sah man ihn, wie er sich mit einem der Leute des schönen Hasdrubal unterhielt. Wie gesagt – zuviel geredet hat er, nicht wahr, Dymas? Und noch etwas – er hat sich mit dieser Sklavin hier vergnügt, die mir gehört. Sie hat ihre Strafe schon erhalten – nicht arg, nur ein wenig. Wir wollen sie ja noch ein Weilchen verwenden. Aber Dymas muß viel lernen.«

Hanno ergriff die Zange und nahm eine glühende Kohle aus dem Becken. Ein Punier steckte den Zeigefinger in den Vorderteil des Schurzes und zog.

»Bald wird die Schlange erwachen«, sagte Hanno. »Bis dahin soll er noch ein wenig für uns tanzen. Schöne hellenische Tänze, Metöke.« Er ließ die Kohle in den Schurz fallen.

In Antigonos' Ohren war nur noch ein Rauschen. Er schnellte von der Liege, stieß die beiden Schwerter beiseite, ergriff einen Wasserkrug und schüttete den Inhalt über den Schurz des Sikelioten. Mit der gleichen Bewegung riß er den krummen Dolch aus der Scheide und zog die Klinge über den Hals des Mannes. Er glaubte und hoffte, einen Schatten von Erleichterung und so etwas wie Dankbarkeit auf die Panik der Augen fallen zu sehen. Eine Blutfontäne spritzte aus der zerschnittenen Schlagader, in Hannos Gesicht, auf seine Seidentunika. Der Sikeliot brach zu Füßen des Puniers zusammen.

Zwischen Hannos Hals und der Klinge war kaum noch ein Fingerbreit Luft, als die Wächter Antigonos wegrissen. Bokhammon und Mago waren aufgesprungen, Mula saß auf seiner Liege und wiegte den Oberkörper vor und zurück, Boshmun hatte das Gesicht mit einem Tuch bedeckt.

Hanno stand da, regungslos, blutverschmiert; um seine vergoldeten Sandalen bildete sich eine rote Pfütze. Er hob den rechten Fuß, berührte den Bauch des Toten und deutete auf die Treppe. »Schafft ihn weg.«

Die Schlangenaugen wandten sich Antigonos zu und musterten das Gesicht des Hellenen, als wäre jeder Zug darin neu und überraschend. »Nicht schlecht, Metöke.« Die Stimme klang eher nachdenklich als zornig.

Antigonos rang nach Luft. Ein harter Arm preßte sich gegen seine Kehle; zwei Fäuste hielten seine Hände auf dem Rücken fest. Seine Schläfen pochten. Er konnte den Kopf kaum bewegen. Am Rand seines Gesichtskreises lagen die beiden Schwerter auf dem Boden, die er nicht hatte fallen hören. Das brachte ihn wieder zur Besinnung. Die Männer mußten die Anweisung erhalten haben, ihn unter keinen Umständen ernsthaft zu verletzen. Er spürte leichte Schmerzen am rechten Unterarm. Offenbar gab es da eine kleine Schnittwunde, vom Wegstoßen der Schwerter.

Der tote Sikeliot wurde von den punischen Henkern weggeschleppt. Schwarze Sklavinnen erschienen mit Holzeimern und

Tüchern, um das Blut aufzuwischen. Antigonos überlegte, was wohl mit der Schlange geschehen würde.

Hanno ließ sich Wein einschenken. Als er den Becher zum Mund hob, war die Hand vollkommen stetig. Dann bückte er sich und hob den blutigen Krummdolch auf. »Ägyptisch, wie?« sagte er. »Laßt ihn los.«

Die Wächter gehorchten. Antigonos streckte sich, massierte nacheinander die Unterarme. Der Schnitt war unwesentlich; er hatte kaum geblutet.

Hanno warf ihm den Dolch vor die Füße und ließ sich auf die Liege sinken. »Du hast ein Schauspiel verkürzt; das war nicht gut. Ich nehme es dir aber nicht übel. Immerhin wissen wir nun, daß du mit dem Messer umgehen kannst.«

Boshmun blickte auf, die Hände vor dem Mund. Sein Gesicht war grünlich angelaufen. Undeutlich sagte er: »Zum nächsten derartigen Schauspiel brauchst du mich nicht zu laden, Hanno. Ich teile hierin durchaus die Ansicht, die der Metöke durch seine Tat ausgedrückt hat.«

Hanno trank einen Schluck; dann hob er die Achseln. »Unbedeutend, mein Freund. – Ich will dich nicht länger von deiner Verabredung mit Hasdrubal fernhalten, Metöke. Ich glaube, wir wissen jetzt, was wir voneinander zu halten haben.«

Antigonos nickte. »Ich erkenne in dir genau jene tierische Finsternis und Grausamkeit, die deine Ahnen in der übrigen Oikumene so verabscheuungswürdig machte. Dumm und sinnlos wie deine Kriegsführung im Hinterland, Schlächter von Libyen.«

Hanno lächelte knapp. »Eine andere Form der Zusammenarbeit mit dir wäre mir vielleicht lieber gewesen; ich fürchte aber, unsere Anliegen sind unvereinbar. Es werden fesselnde Jahre, gegen die ›Neuen‹ und dich. Aber wir sollten die Pfeile im Köcher lassen, Metöke. Du hast recht – jeder kann Meuchelmörder mieten, und warum sollten wir uns das Vergnügen rauben, friedlichere Formen der Auseinandersetzung auszukosten?«

Antigonos hob seinen Dolch auf und steckte ihn in die Scheide. Er neigte den Kopf vor Boshmun, der ihn mit aufgerissenen Augen musterte, bedachte die drei anderen mit einem flüchtigen Blick und wandte sich ab. Einer der Wächter begleitete ihn. Mitten auf dem Weg durch den Park, außer Hörweite von Haus und Tor, murmelte er: »Wohlgetan, Herr.«

Antigonos stolperte durch die Nacht der Byrsa. Alle Kraft hatte ihn verlassen. Er erbrach sich unter einem Baum, und es war, als kröchen Schlangen aus seinem Schlund.

Kurz vor Mitternacht erreichte er irgendwie Hasdrubals Haus in der Nähe der Agora. Vor dem Gebäude, in der Vorhalle und im Hof drängten sich über hundert Bewaffnete. Bei Antigonos' Anblick stieß der junge Punier einen Ruf der Erleichterung aus und nahm den eisernen Helm ab.

»Das Unternehmen braucht nicht stattzufinden. Ich danke euch, Freunde; geht nach Hause. – Aber du siehst aus wie ein verirrter Leichnam.«

Mit zitternden Händen half Antigonos ihm, die Schnallen des Lederpanzers zu öffnen. Hasdrubal legte das Schwert auf einen Tisch. Er blickte besorgt.

»Was ist geschehen?«

Antigonos schüttelte den Kopf. »Wein.«

Hasdrubal ging voran. Antigonos kannte das große Haus, in dem der junge Punier seine Wohn- und Geschäftsräume hatte, aber durch die Schlieren vor seinen Augen wirkte alles fremd.

In dem bequemen Arbeitsraum, den mehrere Öllämpchen aus ägyptischer Keramik erhellten, scheuchte Hasdrubal seine Gefährtin hoch, die auf der breiten Lederliege vor dem Rollenregal eingeschlafen war. Die üppige blaßhäutige Keltin Iona mit dem Feuerhaar rollte die witzige Bildergeschichte zusammen, die sie vor dem Einschlafen gelesen hatte, holte Wasser und Wein, warf Antigonos einen mitleidigen Blick zu und zog sich zurück.

Nach dem dritten Schluck gewannen die Gegenstände im Raum ihre gewohnten Abmessungen und Beziehungen zueinander zurück. Die alten dunklen Truhen waren Truhen, keine aufgehäuften Blutkrusten, das Schwert mitten im Raum wurde wieder zu einer schlanken kuschitischen Skulptur, einer schwarzen Frau aus Ebenholz, die Sessel mit den geschnitzten und elfenbeinbelegten Lehnen waren nicht kauernde Henker, sondern Sitzmöbel.

»So. Besser?«

Antigonos nahm einen weiteren Schluck und begann zu berichten. Hasdrubal lauschte aufmerksam. Er saß auf der anderen Seite des dreibeinigen Tischs, das Kinn auf die rechte Hand gestützt. Die klaren, seltsam grauen Augen gaben Antigonos Halt.

Als Antigonos vom Dolch sprach, klatschte Hasdrubal in die Hände und beugte sich vor. Ein sehr merkwürdiger Ausdruck lag auf dem jungen Gesicht.

»Das hast du gewagt – in Hannos Haus?«

»Ich habe nur mit dem falschen Hals begonnen«, knurrte Antigonos.

Hasdrubal seufzte. »Sie hätten dich halb zerstückelt und morgen früh den Rest gekreuzigt. Und uns hätten sie mit hineingezogen. Ein blutiger Bürgerkrieg. Nein, es ist schon besser so – nicht nur für dich.« Er lächelte flüchtig. »Wir werden sehen müssen, daß wir Hanno auf andere Weise bändigen.«

»Er ist nicht zu bändigen«, sagte Antigonos. »Ich hasse und verabscheue ihn. Aber er ist ein gewaltiger Mann, furchtlos und finster. Er hat nicht einmal gezuckt, als mein Messer vor seiner Kehle war. Ein böser...« Antigonos suchte nach einem passenden Wort.

»Pharao«, sagte Hasdrubal. »Du wirst dich vorsehen müssen. Wir alle werden uns vorsehen müssen.«

Antigonos wiegte den Kopf. »Ich weiß nicht. Wir haben eine Art Waffenstillstand vereinbart, weil beide die gleichen Pfeile im Köcher haben.« Er berichtete vom letzten Gespräch.

Hasdrubal lehnte sich zurück und holte tief Luft. »Du erstaunst mich immer mehr«, sagte er, fast andächtig. »Hanno achtet nur einen Mann, und das ist Hamilkar. Wenn er dich als seinesgleichen behandelt... Übrigens, nur damit du dich nicht falschen Vorstellungen hingibst – für die politischen Vorschläge, die du gemacht hast, würden dich auch viele von den ›Neuen‹ ans Kreuz schlagen wollen. Aber insgesamt ein sehr feines Bündel. Ein Jammer, daß du kein Punier bist.«

»Hanno hat das Wort ›Metöke‹ jedesmal fast ausgespuckt.«

»Du weißt, wie ich es meine. Du könntest morgen nach Hamilkar der zweite Mann der ›Neuen‹ sein – als Punier.«

Antigonos stand auf. »Ich gebe mich damit zufrieden, der Bankier von Hamilkar und dem schönen Hasdrubal zu sein. Grüß deine Feuerfreundin.«

Im Morgengrauen erwachte Antigonos, weil jemand an seiner Schulter rüttelte. Memnon stand neben dem Lager.

»Vater!«

Antigonos richtete sich auf und zwinkerte. Der Junge, dessen Bett im Nebenzimmer stand, hatte eigentlich einen guten Schlaf. Er zitterte, barfuß auf den kalten Ziegeln, und seine Augen waren groß und verängstigt.

Fünfeinhalb Jahre, dachte Antigonos; so schmächtig, so wehrlos, so zerbrechlich. Hannos Anspielungen fielen ihm ein.

»Was ist denn, Memnon?«

»Vater, du hast so schrecklich geschrien.«

Antigonos seufzte und hob die Decke; der Kleine schlüpfte zu ihm und drückte sich bebend an ihn.

»Ah, ein böser Traum, mein Sohn. Schlaf nur.«

Melqarts Gnade und Tanits Gunst. – Dies in vierhundert Ausfertigungen an Ratsherren und Handelsfürsten.

Der Nauarch Hanno und sein Begünstiger Hanno der Große mögen es anders darstellen, aber dies sind die wirklichen Vorgänge: Zu spät wurden vom Rat zu wenig Truppen bewilligt. Die Herrschaft über das Meer wurde durch schielende Sparsamkeit verschleudert; die siegreiche Flotte des Nauarchen Adherbal ließ man verrotten, bis kaum noch ein Fünftel von ihr blieb. Die neue Flotte wurde mit Raben ausgestattet; die Kämpfer, die über diese Brücken römische Schiffe hätten angreifen sollen, wurden gegen Hamilkars und meinen Rat nicht bei der Flotte gelassen, sondern – zu spät zu wenige, zu früh zu viele – im Winter nach Sizilien gebracht. Von den zehntausend ertranken dreitausend in Stürmen; die übrigen siebentausend waren hier während der Kampfpause des Winters nicht nützlich.

Als der Nauarch Hanno im frühen Frühjahr Qart Hadasht verließ, hatte er eine große neue Flotte. Die Flotte hatte einen unerfahrenen Nauarchen, ungeübte Mannschaften, ahnungslose Steuerleute, seekranke Offiziere. Jedes der zweihundert Schiffe hätte wenigstens einhundert Fußkämpfer an Bord haben müssen; römische Schiffe tragen je zweihundert Legionäre. Da der Rat von Qart Hadasht in seiner unerforschlichen Sorge um das Wohl des Staatsschatzes und die Börsen gewisser Ratsherren nicht bereit war, mehr Söldner anzuwerben, lief die Flotte ohne Kämpfer aus. Selbst die leichtfertig im Winter nach Sizilien verbrachten Krieger hätten vielleicht ausgereicht, den Untergang zu vermeiden; aber sie waren nicht an Bord. Nauarch Hanno wollte von den Ägatischen Inseln aus den Landeplatz von Eryx anlaufen, Krieger an Bord nehmen und sich dann der römischen Flotte stellen. Er verzichtete jedoch darauf, Aufklärungsboote vorauszusenden und den Aufenthalt der römischen Schiffe zu ermitteln.

Nicht Baals Zorn oder Melqarts Ungnade, sondern römische Tüchtigkeit und vollständiges Versagen des Nauarchen Hanno trugen uns ein, was wir nun zu tragen haben. Die geübte und mit Kämpfern bemannte

Flotte des Lutatius Catulus ruderte gegen den Wind dem unbesorgten Nauarchen entgegen und vernichtete bei den Ägatischen Inseln alle Hoffnung von Qart Hadasht. Viele Männer, die mit der Zeit hätten groß und gut werden können, starben sinnlos. Einer, der nie groß und gut werden wird, entkam mit wenigen Schiffen, um die Nachricht von der Unbill der Götter und des Wetters nach Qart Hadasht zu bringen. Noch vor zehn Jahren wurde ein unglücklicher Nauarch gekreuzigt; was wird mit einem unfähigen Nauarchen geschehen und mit denen, die ihn förderten?

Hamilkar Barkas hätte mit ein wenig mehr Unterstützung den Sieg pflücken können, den der Rat am sizilischen Baum ungepflückt verfaulen ließ. Hamilkar wird nun den Frieden aushandeln; der Baum ist gefällt. Dreißigtausend Kämpfer, die Blut und Leben einsetzten, haben seit Jahren keinen Sold und kaum Nahrung aus Qart Hadasht bekommen. Ich schicke sie in kleinen Gruppen, damit der Rat Zeit und Mittel finden mag, die Schulden nach und nach zu begleichen. Andere Schulden sind entstanden, die vor dem Ende aller Tage nicht getilgt werden können. Den Rat ersuche ich, die nötigen Mittel sofort und ohne jedes Feilschen zu bewilligen. Die punischen und fremden Handelsherren von Qart Hadasht bitte ich, durch umsichtige Lagerhaltung Sorge zu tragen, daß die Männer, die mit ihrem Blut den Sieg hätten erringen können, wären sie nicht rücklings geknebelt und gefesselt worden, nun wenigstens anständig ernährt und bekleidet werden. Sobald die letzten Kämpfer nach Qart Hadasht eingeschifft sind, werde ich dieses und jedes andere Amt niederlegen.

5. TSUNIRO

Die Augen der feuerköpfigen Keltin waren noch vom Schlaf verquollen; der Fleck an ihrer Unterlippe mochte eine Bißwunde sein. Hasdrubal war hellwach, offenbar bester Laune und hatte seinen Oberkörper bereits geölt. Er begrüßte Antigonos mit einem leichten Hieb in den Magen.

»Autsch. Hart, mein Freund. Du hast gut abgenommen, seit wir regelmäßig üben.«

Antigonos legte Chiton und Sandalen ab und ließ sich von Iona das Ölgefäß reichen. Anders als der junge Punier hatte er eine dichtbehaarte Brust und nach den Übungen immer mit öligen Zöpfchen zu kämpfen.

Hasdrubal stand schon auf den Bastmatten im Hof. »Komm endlich, Metöke. Ich habe einen neuen Griff, von einem ägyptischen Ringer. Beeil dich.«

Antigonos zwinkerte Hasdrubals Gefährtin zu. »Warum soll ich mich beeilen, nur um von dir langgelegt zu werden?«

Sie rangen fast eine Stunde lang. Hasdrubals neuer Griff war gut, eine Verbindung von Ziehen und Drehen. Antigonos wurde mehrfach über die Schulter des Puniers geschleudert, bis es ihm gelang, gewissermaßen im Flug die Beine um den Nacken des anderen zu klemmen und ihn mitzureißen. Die rothaarige Gespielin sah zu, grinste, sagte »Pfui« und murmelte etwas über schöne Frauenverächter.

Ein Küchensklave brachte drei Becher heißen Kräutersuds; Iona setzte sich zu den erschöpften Ringern auf die Matte. Nachdem sie sich gestärkt hatten, streiften sie die Gewänder über und legten Metallpanzer an. Iona zog die Schnallen fest und reichte ihnen die Bronzehelme mit Nasen- und Wangenschutz. Antigonos und Hasdrubal droschen eine Weile mit langen Hoplitenschwertern aufeinander ein; danach wechselten sie zu den kürzeren iberischen Stichwaffen.

Ein Stallsklave erschien mit dem Wagen, vor dem zwei nervöse Pferde tänzelten. Iona holte Tücher, einen Korb mit Brot und kaltem Fleisch sowie einen verstöpselten Krug und setzte sich zu Antigonos auf den hinteren Rand des Wagens. Hasdrubal lenkte des Gefährt nach Osten, zu einem kleinen Tor in der Mauer an der Bucht. Die Posten ließen sie hindurch. Hasdrubal warf ihnen ein paar Münzen zu, damit sie sich um die Pferde kümmerten.

Zwischen den Felsen am Fuß der Mauer zogen sie sich aus. Als Iona ihre Kleider – auch sie trug nur einen kurzen Chiton und einen Schurz – zu denen der Männer warf, ertönten von der Mauerkrone Rufe und schrille Pfiffe. Sie lächelte, kletterte auf einen im Wasser liegenden Felsen, wandte sich der Mauer zu, breitete die Arme aus und sprang mit einer eleganten, wiewohl leicht übertriebenen Bewegung rücklings ins Meer.

Hasdrubal steckte zwei Finger in den Mund und pfiff. Antigonos watete ins Wasser; als er hinüberblickte, sah er den jungen Punier grinsen.

Sonnenlicht tanzte über das warme grünliche Wasser. Das Meer war glatt, bis auf einige Kräuselwellen. Draußen in der Bucht dümpelten Fischerboote. Um Kap Qart Hadasht kroch ein Frachter mit schlaffem Segel, getrieben von trägen langen Rudern. Der Himmel war tiefblau und wolkenlos. Jenseits der Bucht glitzerten unter dem Zwei-Hörner-Berg helle Häuser, und an diesem Tag wirkte selbst die graue Ufermauer licht.

Hasdrubal und Iona balgten sich weit voraus. Antigonos folgte langsamer und ein wenig nachdenklich. Die Vertrautheit zwischen der Keltin und dem Punier... Er dachte an die Frauen, die sein Lager geteilt hatten, aber Vertrautheit, Vertrauen, Innigkeit irgendeiner Form hatte es nur einmal gegeben. Und Isis war seit Jahren im Reich der Schatten.

Als sie später, abgetrocknet und angekleidet, zwischen den Felsen hockten, verdünnten Wein tranken und Brot und Fleisch aßen, kam Hasdrubal noch einmal auf Hanno zurück und auf Antigonos' großen Plan. Von der Mauer konnte keiner sie hören, und bei ihnen war nur Iona, aber trotzdem wechselte der Punier die Sprache. Iona verstand kein Numidisch; sie blickte aufs Meer hinaus, und Antigonos dachte flüchtig, daß er Vertrauen und Vertrautheit überschätzt haben mochte. Andererseits war die Sache so gefährlich, daß es für Leib und Leben der Keltin besser war, wenn sie nicht zuviel wußte.

»Ich weiß inzwischen«, sagte Hasdrubal leise, »wem ich die ersten Gerüchte einflüstern werde. Daß du dir Hamilkars und meine Gunst verscherzt hast, du weißt schon. Außerdem denke ich über einen zusätzlichen Haken nach; ich weiß aber nicht, ob man alles noch komplizierter machen muß.«

»Wenn es ein schöner Haken ist...«

»Oh, er ist wunderschön – aber hängt vom Rat und von den Söldnern und von der Unordnung der Dinge ab.« Hasdrubal lachte.

»Sag mir nichts; ich möchte mich gern überraschen lassen.«

Der Punier streckte die Hand nach Iona aus. Auf Punisch sagte er: »Wenn dein Plan gelingt, mit meinem Haken oder ohne ihn, werden wir uns so furchtbar betrinken, daß wir am Ende Iona für einen Fisch, Hamilkar für einen Römer und Hanno für groß halten.«

Die Möglichkeit, Hanno den Großen zu zwicken, beflügelte Antigonos, verhalf ihm zu glänzenden Einfällen und ließ ihn in der eigenen Seele Abgründe der Schäbigkeit entdecken. Er begann, Boden im libyschen Hinterland zu kaufen, darunter ein wertloses sandiges Seitental am mittleren Bagradas – als er es mit einem kundigen ägyptischen Mitarbeiter besuchte, stellte dieser fest, daß es sich um Quarzsand handelte und schlug die Errichtung einer großen Glasbrennerei vor. Von Demetrios und der Staatsbank in Kyrene ließ er sich gewaltige Schulden bestätigen, die er nicht hatte, und sorgte dafür, daß eine der drei Ausfertigungen mit den Forderungen der Bank in die falschen Hände geriet. Er schickte Boten aus und ließ vier Karawanen mit Silphion, kostbaren Steinen, Fellen, Elfenbein, Straußeneiern, Straußenfedern und ägyptischen Alabastergefäßen zu einer entlegenen Oase südlich von Sabrata ziehen, wo sie angeblich von Garamanten überfallen wurden. Er wies einige Kapitäne an, halbwegs sinnvolle Geschäfte am Okeanos zu tätigen, zwischen Liksh und den Glücklichen Inseln, und die Schiffe bis zum späten Herbst südlich von Tingis zu halten; ein Mittelsmann meldete aus Gadir, die Schiffe seien gesunken. Er knüpfte vorsichtig sein Netz und stellte über Karawanenmänner und kleine Grundbesitzer Verbindungen zu einem großen Grundherren her, der einem von Hannos Vermögensverwaltern verpflichtet war. Zwischendurch beriet er sich immer wieder mit Hasdrubal, und viele dieser Beratungen endeten mit krampfartigen Lachanfällen.

Ansonsten gab es in Qart Hadasht nicht viel zu lachen. Die ungelösten Probleme mit den Söldnern wurden immer bedrohlicher, Überfälle und andere Gewalttaten häuften sich, und immer noch waren nicht alle Söldner angekommen. Hamilkar, der den Befehl niedergelegt hatte, hielt sich jenseits von Lilybaion auf und feilschte mit den Römern um Zeit.

Antigonos traf gewisse Vorkehrungen. Zu ihnen gehörte, daß er Memnon in Bostars Haus unterbrachte, was Memnon und Bomilkar begrüßten. Bostar wohnte innerhalb der Byrsamauern, die von der Stadtwache gehütet wurden. Noch ohne recht zu wissen, was werden sollte, kaufte Antigonos einen ganzen Häuserblock in der Nähe des Tynes-Tors – zu einem Preis, für den er ein Jahr zuvor höchstens ein Haus bekommen hätte. Die Gebäude standen leer, da die Bewohner es vorgezogen hatten, in die Vorstädte zu ziehen; neue Mieter fanden sich unmittelbar neben den Truppenunterkünften nicht. Antigonos überlegte einige Tage; dann suchte er die Iberer in ihren Mauerquartieren auf und verhandelte mit dem Fürstensohn Mandunis.

An einem drückend heißen Tag gegen Sommermitte fuhren Antigonos und Hasdrubal hinaus in die Megara. Sie nahmen Memnon und Bomilkar mit. Ein Vertrauter Hamilkars, ein junger Offizier namens Qarthalo, hatte eine Gruppe iberischer Söldner von Sizilien zum Kothon gebracht und sollte auf Hamilkars Anweisung hin bis auf weiteres im Landpalast wohnen. Es gab tausend Dinge zu bereden, und Antigonos machte sich ohnehin Vorwürfe, daß er sein Versprechen gegenüber Kshyqti, sich um die Kinder zu kümmern, so selten einlösen konnte.

Die aneinandergebauten Häuser waren voll, fast zu voll. Zu den über hundert Sklaven und Arbeitern in Haus, Gärten und Werkstätten kamen noch die fünfzig iberischen und zwanzig numidischen Wächter, die Hasdrubal ausgesucht und eingewiesen hatte.

Die Kinder des Barkas lebten geschützt – und einsam. Es gab ein paar Sklavenkinder, mit denen die drei Jungen spielen konnten; der ganze restliche Haushalt bestand aus Erwachsenen. Die siebzehnjährige Salambua hatte längst die Rolle des weiblichen Haushauptes übernehmen müssen. Die zwei Jahre jüngere Sapanibal half, so gut sie konnte, vor allem bei der Erziehung der jüngeren Brüder. Psallo, so lange Hamilkars Sklave und Freund, war in dessen Abwesenheit Herr des Hauses, aber vieles konnte er nicht erledigen – punische Geschäftspartner und Handwerker ließen sich nicht von einem elymischen Sklaven befehligen. Die Jahre hatten ihn nicht milder gemacht; seine Zunge troff noch immer von Gift. Mit den Kindern ging er dagegen seltsam liebevoll um.

Hasdrubal saß mit Memnon hinten auf dem Wagen. Antigonos lenkte und bemühte sich, die tausend Fragen von Bomilkar zu beantworten. Bostars Sohn wollte alles über den Wagen wissen, die Verspeichung, die Federung, die Verarbeitung der verschiedenen Holzarten, die Verzierung der Wagenkanten, die Möglichkeiten, Leder weich oder hart zu machen, Gerb- und Färbeverfahren, die Herkunft der Fasern, aus denen Seilmacher die nichtledernen Zügelteile hergestellt hatten, die Qualität und Rasse der beiden Pferde. Memnon interessierte sich für andere Dinge; Hasdrubal war – wie Antigonos mit halbem Ohr hörte – sehr beschlagen, was Pflanzen und Bäume anging.

Langsam ratterten sie über die Ziegelstraße. Der dichter bewohnte Vorort nördlich der Byrsa lag bereits hinter ihnen; sie fuhren zwischen den großen Häusern entlang. Die meisten waren von Hecken oder Steinwällen umgeben. Durch die immergrünen Gewächse schimmerten die Gebäude weiß im Nachmittagslicht.

»Das sind junge Zedern. Echte.« Hasdrubal deutete auf zwei Gruppen von Bäumen, die eine gepflasterte Einfahrt umstanden. »Das Haus von Bodbal dem Reeder; er hat die Schößlinge vor Jahren aus Tyros bringen lassen.«

Der Blick wurde freier. Jenseits des Gartens von Bodbal begannen die einsamen Landhäuser, die großen Nutzgärten und Felder, mit ihren wie zum Abmarsch angetretenen Ölbäumen und Weinstöcken. Die Straße wand sich zwischen Obstbäumen und Bewässerungskanälen. Bomilkars Neugier war für den Moment gestillt; er schwieg und blickte zu den nördlichen Hügeln. Etwas wie Sehnsucht lag auf seinem Gesicht. Bostar, der seßhafteste aller Punier, hatte einen Sohn gezeugt, der eher für die Weite des Meers und die Aufsicht über Schiffsteile geschaffen war als für das Zählen von Münzen und die Enge eines Bankraums. Der milde Nordwind war voll Salz.

Mago trug nur ein bräunliches Hemd und raste quiekend durch die Säulenhalle. Er saß auf einem Holztopf mit Rädern und erreichte unglaubliche Geschwindigkeiten. Eine fette Libyerin sorgte dafür, daß er nicht auf Treppen oder in Schächte geriet. Der Zweijährige, dessen Geburt Kshyqtis Schoß und Leben erschöpft hatte, schien alle Kraft des Kosmos zu besitzen. Der vierjährige Hasdrubal dagegen war freundlich und still, fast verträumt. Er hielt sich meistens in den Ställen und Gärten auf.

Hannibal sprach inzwischen leidlich Hellenisch. Die dunklen Augen strahlten, als er Antigonos sah. Er legte kurz die Arme um den Hals des Hellenen, dann zerrte er ihn mit sich, um ihm seine neuesten Schnitzereien zu zeigen: kleine Krieger, bunt bemalt, mit fantastischen Waffen und Rüstungen, und drei wunderbar genau getroffene Kriegselefanten mit Türmen für die Bogenschützen und verbogenen Nähnadeln als Stoßmesser auf den Zähnen. Memnon und Bomilkar stürzten sich sofort darauf; als Antigonos den Raum verließ, tobte eine blutige Schlacht.

Salambua und Sapanibal nahmen an der Besprechung teil. Die Töchter des Strategen waren spätestens seit Sizilien daran gewöhnt, wie ihre Mutter zu sie berührenden Entscheidungen hinzugezogen zu werden. Beide trugen einfache Leinentuniken mit breiten, bestickten Hüftschärpen, Sandalen und Armreife aus Elfenbein, dazu Sapanibal eine Goldspange auf der linken Schulter und Salambua ein dünnes Goldkettchen am Hals – sie sahen aus wie schlichte junge Punierinnen, nicht wie die Töchter eines der reichsten und mächtigsten Männer von Qart Hadasht.

Auf dem schweren Tisch aus dunkel gebeiztem Holz standen Krüge mit Wein, Fruchtsäften und Wasser. Sapanibal brachte ein Tablett mit süßem Gebäck. Zwei senkrechte Reihen farbiger Glasscheiben – hellrot, hellblau, hellgrün und hellgelb – neben dem mit Schweinsblase bespannten Fenster sorgten für ein seltsames Zwielicht. Antigonos ertappte sich dabei, daß er die beiden jungen Frauen, die ihm »kleine Schwestern« waren, mit gänzlich unbrüderlichen Augen betrachtete – die beherrschten, fließenden Bewegungen, die schlanken Beine, die feingeschnittenen ovalen Gesichter mit Kshyqtis Backenknochen und dunklen Augen, die geschwungenen Brauen unter dem schwarzen Kraushaar. Er unterdrückte einen Seufzer und beschloß, sich in den nächsten Nächten weniger mit Papierarbeit und bloßem Erholungsschlaf zu befassen.

Qarthalo mochte fünfundzwanzig Jahre alt sein, war groß und sehnig, hatte ein herbes Gesicht und klare, kluge Augen. Er zupfte an seinem weißen Chiton, als er sich nach der Begrüßung auf den riedbezogenen Stuhl am Kopfende setzte.

»Womit fangen wir an?« sagte er.

Hasdrubal goß Wein und Wasser in fünf Becher, füllte seinen mit Fruchtsaft und blickte Psallo an. »Herr des Hauses, gibt es wichtige Probleme?«

Der alte Elymer rümpfte die Nase. »Alle Probleme sind wichtig, sonst wären sie keine. Aber es gibt nichts wirklich Wesentliches zu bereden. Die Jungen gedeihen besser, als man es von hellenisch beeinflußten Puniern annehmen sollte. Ich wäre allerdings dafür, daß Qarthalo zur Vermeidung von Problemen beiträgt.«

Der Offizier kratzte sich den schwarzen Bart. »Hamilkar hat mich auf deine Redeweise vorbereitet.« Er grinste. »Trotzdem weiß ich nicht, worauf du hinauswillst.«

»Aber ich.« Salambua lächelte; ihre Zähne blitzten. »Psallo ist dafür, daß du, o Gast-Herr und Freund unseres Vaters, während deines Aufenthaltes eine Gefährtin haben solltest, um allzu große Nähe zu Pani und mir zu vermeiden.«

Hasdrubal lehnte sich in seinem Scherenstuhl zurück und faltete die Hände hinter dem Kopf. Er blickte zwischen den Schwestern hin und her. »Ah ja. Ja. Nun?«

Qarthalo verneigte sich im Sitzen vor Salambua. »Tochter des Fürsten, dies ist bereits vorbereitet. Es war auch Hamilkars Anweisung.«

Antigonos räusperte sich. »Gibt es weitere Anweisungen, die wir kennen sollten?«

Qarthalo legte die Hände um seinen Becher. »Ja. Der Sold. Dreißigtausend Mann, die seit Jahren die versprochene Löhnung nicht erhalten haben. Es wäre das Sinnvollste gewesen, sie in Lilybaion zu entlohnen und dann gleich in ihre jeweilige Heimat zu bringen. Aber der Rat hat keine Münzen geschickt und auch kein münzbares Metall. Deshalb…«

Hasdrubal schloß die Augen. »Ich weiß«, sagte er fast gequält. »Wir haben es nicht durchsetzen können. Zuerst müssen die Silberberge für Rom gehortet und verschifft werden, dann dies, dann jenes, und ganz zum Schluß vielleicht einmal die Männer, die für uns Fleisch und Blut geopfert haben.«

Qarthalo trank einen Schluck und wischte sich mit dem Unterarm den Mund. »So ist es. Deshalb zögert Hamilkar alles hinaus, deshalb die kleinen Trupps aus Lilybaion.«

»Zwei Überlegungen«, sagte Salambua. »Wie ich meinen Vater kenne. Erstens ist es für den Rat weniger schmerzlich, nach und nach kleine Summen zu bezahlen als einen großen Betrag auf einmal. Zweitens rechnet Hamilkar nicht mit ewigem Frieden zwischen uns und Rom und will die Männer behalten, die unter ihm gekämpft haben und von ihm ausgebildet worden sind.«

Hasdrubal nickte langsam. »Das mag sein. Es wäre auch sinnvoll. Aber…« Er breitete die Arme aus.

Qarthalo blinzelte. »Genau. ›Aber‹.« Er beugte sich vor und stützte die Ellenbogen auf den Tisch. »Es gibt zwei wichtige Punkte, und ohne sie, sagt Hamilkar und glaube ich, ist die Zukunft finster.«

Sapanibal hob den rechten Zeigefinger. »Der Rat und die Hundertvier«, sagte sie halblaut. »Und Libyen. Nicht wahr? Das waren immer die Punkte, um die seine Gedanken kreisten.«

Qarthalo legte das Kinn auf die verschränkten Hände. »So ist es, ja.«

Hasdrubal betrachtete Sapanibal sehr aufmerksam. »Könntest du das erläutern?«

Die junge Frau lächelte ihm zu. »Natürlich. Alles, was in Qart Hadasht geändert werden muß, bedarf der Zustimmung des Rats und des Gerichtshofs der Hundertvier.«

»Vergiß die Tattergreise nicht«, knurrte Psallo.

»Die Dreißig Ältesten sind die wirkliche Macht«, sagte Hasdrubal. »Aber sie gehören dem Rat an. Weiter, Pani.«

Sapanibal warf ihm einen etwas überraschten Blick zu. »Wie du meinst. Mitgliedschaft in Rat und Gericht ist lebenslang; sie endet mit dem Tod; die Nachfolger werden ernannt. Die ›Alten‹ haben die Mehrheit. Man müßte die Verfassung der Stadt ändern – Rat und Richter werden von der Volksversammlung gewählt, für eine bestimmte Zeit, und können notfalls abgesetzt werden. Erst *dann*« – sie klopfte auf den Tisch – »kann die Umgestaltung Libyens beginnen.«

Hasdrubal seufzte und blickte Antigonos an. »Was du Hanno vorgeschlagen hast, nicht wahr? Offenbar kennst du dich doch besser in Hamilkars Kopf aus als ich.«

Antigonos zuckte mit den Schultern. »Wer auch immer sich darin auskennt... Aber es stimmt natürlich. In Rom und bei den römischen Bundesgenossen ist jeder Mann waffenpflichtig. Ich schätze, daß Rom im Krieg fast dreihunderttausend Mann verloren hat – und trotzdem können sie uns in die Knie zwingen. Sie haben so viele waffenfähige Männer wie Qart Hadasht Einwohner – Männer, Frauen, Kinder, Greise, Sklaven, Metöken, alle zusammen. Deshalb Libyen.«

Psallo hüstelte. »Ich muß ausnahmsweise mal etwas Freundliches sagen. Die Punier sind abgrundtief dumm.«

Hasdrubal lachte laut; Qarthalo grinste.

»Wenn das freundlich war«, sagte Antigonos, »dann bleib bitte mir gegenüber bei deinen unfreundlichen Anwürfen.«

Psallo zerrte an seinem rechten Ohrläppchen. »Ah bah. Ich war ja noch nicht fertig. Qart Hadasht hat fast nirgendwo Land erobert. Ein

Stützpunkt, ein Tempel, eine Lagerhalle, ein Hafen – fertig. Wir Elymer konnten unter punischer Herrschaft unsere alten Sitten und Einrichtungen beibehalten, unsere Sprache sprechen, unseren Geschäften nachgehen. Diese freundliche Dummheit der Punier muß enden. Ihr werdet den nächsten Kampf gegen Rom nur dann überstehen, wenn ihr so unfreundlich werdet wie die Römer – ihr müßt Land wirklich erobern, an euch binden, die Bevölkerung zum Waffendienst zwingen, alles mit punischen Straßen und punischen Brunnen und punischen Beamten durchsetzen. Erst dann werdet ihr genug Land und Männer haben.«

Hasdrubal und Qarthalo wechselten Blicke. Der Führer der »Neuen« legte die Hände flach auf den Tisch. »Ich fürchte, diese Boote laufen immer wieder auf dieselbe Klippe – im Rat haben die ›Alten‹ lebenslänglich die Mehrheit.«

»Und um diesen bedauerlichen Zustand kommen wir nicht herum.« Qarthalo schaute alle der Reihe nach an; dann grinste er. »Aber Hamilkar schlägt etwas vor.«

»Ah.« Hasdrubal richtete sich auf. »Und zwar?«

»Nach dem Krieg in Libyen sind viele Besitzungen verwüstet und im Wert gefallen. Hamilkar meint, wenn wir nun alle, so gut wir können, libysches Land kaufen, dann können wir zumindest die Teile Libyens, die uns gehören, so umgestalten, wie wir es für sinnvoll halten. Andere Gebiete werden dann früher oder später zwangsläufig folgen – Tatsachen schaffen ihre eigenen Gesetze.«

Hasdrubal schwieg; er betrachtete Sapanibal, auf deren Gesicht das bunte Glas einen seltsam grünlichen Schimmer legte. »Geld«, sagte er leise. »Viel Geld.«

Antigonos stand auf und ging im Raum auf und ab. »Viel Geld, das stimmt. Die Bodenpreise sind gefallen; und ich kaufe längst Land. Aber« – er wandte sich den anderen zu, die ihn aufmerksam beobachteten – »was glaubt ihr denn, wie lange uns jemand Land verkauft, sobald die ›Alten‹ begreifen, in welche Richtung alles geht?«

In das Schweigen hinein sagte Salambua: »Ihr vergeßt etwas.« Ihre Stimme klang hart.

»Sprich.« Antigonos blieb vor ihr stehen, mit verschränkten Armen, die Hüfte an der Tischkante.

»Ihr vergeßt die Kämpfer. Was, wenn der Rat sich nicht bald entschließt, wie sie zu bezahlen sind? Wieviel sind es insgesamt, und wieviel haben sie zu bekommen?«

Qarthalo kniff die Brauen zusammen. »An die dreißigtausend«, murmelte er. »Einige sind länger dabei, einige kürzer, aber ich schätze, wenn wir für jeden drei Jahre ansetzen, haben wir eine gute Mitte. Hundert *shiqlu* im Jahr.«

Antigonos überschlug die Summe und sog Luft zwischen den Zähnen hindurch. »Neun Millionen *shiqlu*«, sagte er leise. »Zweitausendfünfhundert Talente Silber. Fast noch einmal das, was Rom haben will.«

»Seht ihr?« Sapanibals helle Stimme war schneidend. »Und ihr glaubt, der Rat bezahlt? Wovon denn? Nicht einmal Hanno hat so viel.«

Psallo kicherte mit gebleckten Zähnen. Sie waren schadhaft und verfärbt. »Vielleicht fragst du deinen Numiderprinzen, ob seine Leute sich mit weniger zufrieden geben.« Er blickte Salambua an.

Sapanibal setzte ein gequältes Lächeln auf; Salambua runzelte die Stirn und winkte ab.

Hasdrubal musterte Psallo und schüttelte den Kopf. »Kein guter Vorschlag. Und Salambua ist alt genug; du brauchst uns nichts über Numider oder sonst wen zu erzählen, alter Mann.«

Psallo schob die Unterlippe vor. »Ich finde doch.«

Hasdrubal stand auf. »Das führt zu nichts. Wir sollten ein paar Tage über alles nachdenken und uns dann erneut beraten. Ich will sehen, was im Rat auszurichten ist.«

Als sie aufbrechen wollten, waren Memnon und Bomilkar nirgends zu finden. Aus dem Park nördlich der Gebäude hörte man Geschrei und Gewieher. Antigonos und Hasdrubal gingen durch das Haus zur Nordterrasse, wo sie Salambua trafen, von der sie sich längst verabschiedet hatten.

Memnon, Bomilkar und der kleine Hasdrubal tanzten und johlten unter den Bäumen. An einem Stamm hing eine Strohpuppe. Ein junger Numider, der zwischen dem Baum und den drei Jungen stand, blickte eben herüber und warf eine Kußhand. Antigonos schüttelte verwirrt den Kopf; als er zur Seite sah, schlug Salambua die Augen nieder und wandte sich ab.

»Wo ist Hannibal?« Antigonos schaute Hasdrubal an, der die Stirn gerunzelt hatte.

»Da. Dieser kleine Finsterling!« Hasdrubal streckte die Hand aus.

Unter den Bäumen tauchte ein dunkelbraunes Pferd auf, in vollem Galopp. Es schien weder Decke noch Zügel zu tragen. Hannibal klebte förmlich auf dem Rücken des Tiers. Er lenkte es nur mit den Beinen; in den Händen hielt er einen Bogen, über der Schulter, stramm festgebunden und unbeweglich, hing der Köcher. Im Galopp richtete der Junge sich halb auf, zog mit einer unfaßlich schnellen Bewegung einen Pfeil heraus, setzte ihn auf die Sehne, spannte und schoß. Hundert Schritte weiter durchschlug der Pfeil die Brust der Strohpuppe.

Auf der Heimfahrt schwiegen sie. Memnon und Bomilkar waren müde; sie hockten auf dem Boden und dösten, an den Rand des Wagenkorbs gelehnt. Irgendwann sagte Hasdrubal halblaut:
»Ich werde die Bewachung des Hauses ändern.«
Antigonos starrte in die schnell hereinbrechende Dunkelheit. »Wieviel Numider sind dabei?«
»Zwanzig. Fußsoldaten sind ebenso gut. Ich glaube, ich nehme noch ein paar Iberer. Was Hamilkar mit seinen Kindern macht, ist seine Sache, aber ich glaube, man sollte nicht unbedingt ...«
Antigonos schnalzte und bewegte die Zügel; die Pferde trabten schneller. »Du hast recht. Sollte man nicht unbedingt.«

Die großen Fenster waren mit durchscheinenden Stoffen verhängt; sie ließen Licht einsickern und hielten Luft fern. Zwei große Feuer und fünf Kohlebecken erhitzten den Werkraum, zusätzlich zur Sommerglut. Lysandros hockte auf einer Tischkante, hatte die Augen zusammengekniffen und schaute zur anderen Seite des Gangs, wo die Negerin gebückt stand und in einer Schale rührte. Vielleicht war es auch ein Tiegel; Antigonos streifte den Aufbau – ein Metallgerüst, darauf der Napf, darunter ein starker Docht mit großer Flamme in einer Ölschale – kurz mit dem Blick; dann richtete die junge Frau sich auf.
Sie war dunkelbraun, fast schwarz; schlank und trotzdem fleischig. Das schwarze Kraushaar war etwa einen halben Finger lang und machte den Kopf zur flauschigen Kugel. Um den langen Hals lag eine Kette aus winzigen Elfenbeinfiguren. Zwei rechtwinklig miteinander vernähte weiße Stoffstreifen bedeckten diagonal Brüste und Schulterblätter. Um die Lenden hatte sie einen Leinenstreifen geschlungen, der die Oberschenkel freiließ und weit unterhalb des Nabels begann. Sie stand barfuß auf den Ziegeln des heißen Raums. Als Antigonos näherkam, sah er, daß die Zehennägel grellgrün gefärbt waren. Grellgrüne Tupfer glitzerten auch in den schwarzen Augen, in denen seine Blicke versanken. Es war,

als hätten sie einander schon immer gekannt. Einen Moment wurden seine Knie weich; sein Unterleib pulsierte und dehnte sich. Er holte tief Luft.

»Ah, der Herr der Sandbank. Antigonos, das ist Tsuniro.«

Die junge Frau sank in die Knie, neigte den Kopf und streckte ihm die Hände entgegen, die Handflächen aufwärts. Sie waren hell und von tiefen schwarzen Linien gefurcht. »Deine Sklavin, Herr.« Ihre Bewegungen waren die einer großen Katze, die Stimme warm und rauh.

Antigonos räusperte sich und berührte ihre rechte Schulter. Schwarze Seide. »Steh auf.«

Sie war vielleicht zwei Fingerbreit größer als er, weit über sechs Fuß. Er mied die Augen, sah die überraschend schmale Nase, den breiten, aber nicht wulstigen Mund, die Stammeszeichen – Punkte und Schnitte – auf Stirn und Backenknochen. Dann blinzelte er, nickte Lysandros zu und legte die beiden Papyrosrollen der Verwaltung auf den Tisch.

»Wieviel hat Lysandros dir schon gesagt?«

»Nicht viel. Nur daß er reisen wird und du trotzdem weiter in Qart Hadasht Düfte mischen lassen willst.«

»Eine lange Seereise. Bin ich dazu zu alt? Nein, bin ich nicht. Es ist ein verlockender Gedanke – den Tod an einer unbekannten Küste zu verbringen.« Lysandros wackelte mit dem Kopf.

»Es wird aber sehr anstrengend sein.«

»Das Leben ist anstrengend, nur der Tod ist Muße, und der Schlaf ein Vorgeschmack. Ich war immer gern wach.«

Antigonos entrollte die Listen und überflog sie. »Gut. Nun wollen wir sehen, ob Tsuniro halb so gut ist, wie Lysandros sagt. Verbinde ihr die Augen, alter Freund.«

Lysandros begann, den Kopf der jungen Frau mit einem weißen Leinenstreifen zu umwickeln. Antigonos legte die Rollen beiseite und ging zu einem der Regale. Aus den Töpfen und Kistchen nahm er ein Rosenblatt, einige Sesamkörner, ein Blättchen Silphion und andere Dinge, schob sie in der rechten Handfläche zusammen und ging zu den beiden zurück. Er hob die Hand vor Tsuniros Nase.

»Herr«, sagte sie lächelnd, »nimm das Silphion fort; es überdeckt alles andere.«

Verblüfft gehorchte er. Die Augenumwicklung war fest; sie konnte unmöglich etwas sehen.

»Was riechst du jetzt?«

Sie schnupperte, bewegte den Kopf auf und nieder über seiner Hand. »Ein paar Sesamkörner, die schon zu lange liegen. Ein frisches Rosenblatt, das du beim Herausnehmen ein wenig geritzt hast. Lavendel. Narde. Zwei Pfefferkörner; an einem kleben zwei oder drei Stäubchen Kinnamon. Ein Span Zedernholz. Ein Klümpchen Harz... von einer epeirotischen Kiefer. Ein uraltes trockenes Herzblatt von einer Artischocke. Eine sehr mürbe Dattel.«

Antigonos pfiff leise. Lysandros strahlte, sichtlich stolz.

»Habe ich es nicht gesagt«, murmelte er. »Sie ist besser als alle anderen Helfer und Schüler, die ich je hatte.«

Tsuniro streckte die Zungenspitze heraus. »Wenn du, Herr, diese Dinge von deiner Hand entfernst, kann ich dir noch mehr sagen. Wenn du es hören willst.«

Antigonos entleerte seine Hand über dem Tisch, wischte die Handfläche mit einem herumliegenden Tuch ab und wandte sich der Frau zu. Sie bewegte den Kopf seitwärts, ging kurz in die Knie, blähte die Nasenflügel, richtete sich wieder auf.

»Herr – dein letztes heißes Bad ist drei Tage her; seitdem hast du dich nur flüchtig gewaschen. Auch deine Gewänder trägst du seit diesem Bad. Halt noch einmal die Hand hoch. Ja. Am – ist es die Rechte? Gut. Am Zeigefinger ist eingetrocknete Tinte; vermutlich von gestern. Gestern bist du in der Nähe einer Gerberei gewesen; oder nah an einem Gerberwagen vorbeigegangen.«

Lysandros blickte ihn fragend an; Antigonos nickte langsam und ungläubig.

»Gestern morgen hast du Metall berührt, ein Messer oder Schwert, und ein wenig Blut ist geflossen. Vor ein paar Stunden« – sie beugte sich vor, schnupperte vor seinem Gesicht – »hast du Wein getrunken; rhodischen Wein, zur Hälfte mit Wasser vermischt.« Dann kicherte sie. »Deine Körperbehaarung ist stark und dunkel. Dein Glied ist unbeschnitten – und erregt, Herr, was mich ehrt. Seit du diese Gewänder trägst, hast du weder bei einer Frau gelegen noch Fisch gegessen noch ein Pferd geritten. Ah – Hammeltalg, vielleicht eine Kerze? Und Honig, Fladenbrot in Honig getunkt. Außerdem...«

»Halt, hör auf. Es ist gut. Bind sie los.«

Grinsend wickelte Lysandros das Band ab; Antigonos lehnte am Tisch und sah zu. Er war beinahe erschüttert. Tsuniro schüttelte mit einer Kopfbewegung die letzte Leinenschlinge ab; ihre Augen blitzten.

»Gut«, sagte Antigonos matt. »Unbegreiflich und unglaublich gut. Daß du Düfte mischen kannst, will ich Lysandros gern glauben. Kannst du sonst noch etwas? Vielleicht Gedanken lesen?«

Sie lächelte. »Nein, Herr. Aber wichtiger als die Nase ist meine Zunge.« Sie ließ die Spitze sehen.

Lysandros schloß die Augen. »Sie kann, wenn sie mit offenem Mund schnuppert, mehr erkennen als ich in meiner besten Zeit mit der Nase. Vor ein paar Tagen hat ein Trottel von Helfer dreiunddreißig verschiedene Duftwasserteilchen zusammengeschüttet. Der Duft war wunderbar, aber er hatte vergessen, was da vermengt war. Sie hat zwei oder drei Tropfen auf die Zunge genommen und uns dann alles gesagt.«

»Es gibt noch mehr Möglichkeiten«, sagte Tsuniro, fast beiläufig. »Manche Krankheiten erkennt meine Zunge, wenn sie die Haut eines Menschen berührt. Andere schmecke ich aus dem Blut. Und wieder andere verrät der Samen. Auch, was ein Mann in den letzten zehn Tagen gegessen und getrunken hat.«

Lysandros hob eine Braue. »Ah«, sagte er. »Oh.«

Antigonos stieß sich vom Tisch ab. »Eine interessante Probe.«

Tsuniro blickte in sein Gesicht. »Du bist der Herr – die Sklavin hat zu gehorchen.«

Antigonos schüttelte den Kopf. Er nahm die Rollen und hielt sie hoch. »Da du drei Jahre als Hilfsmeisterin gearbeitet hast und nur als Sklavin bezahlt wurdest, ist alles anders. Die fünf Minen, die du vor Jahren gekostet hast, sind längst eingelöst. Wir schulden dir sogar etwas – sechsundvierzig *shiqlu*. Ich werde die Verwaltung entsprechend anweisen. Du bist frei.«

Sie blickte einen Moment verwirrt, dann atmete sie tief und hob die Arme. »Frei? Frei. Frei!« Sie klatschte in die Hände und schien tanzen zu wollen.

»Es stellt sich also die Frage – mag die freie Tsuniro weiterhin in Qart Hadasht Düfte mischen? Und wenn ja, zu welchen Bedingungen?«

»Es kommt alles so schnell. Vielleicht. Ich weiß nicht. Wo denn?«

Antigonos rollte die Listen zusammen. »Komm morgen abend bei Sonnenuntergang zum Tynes-Tor. Ich erwarte dich. Ein paar Häuser ganz in der Nähe; dort sollen Wohnungen und Werkstätten eingerichtet werden.«

Die Iberer unter dem Befehl des Fürstensohns Mandunis hatten von Antigonos einen Teil der Summe erhalten, die Qart Hadasht ihnen für den Krieg schuldete. Nun lärmten sie in den Häusern. Fünfhundert kontestanische Fußkämpfer, zehn Kampfgruppen; zu ihrem Troß gehörten an die zweihundert Frauen, mindestens fünfhundert Kinder sowie eine unbestimmte Anzahl Dirnen. All diese Menschen, mit ihren Habseligkeiten, Kleidungsstücken, Vorratssäcken, Stroh- und Schilfmatratzen, mit allen Waffen und ein paar Pferden für die Führer waren in den Block nahe dem Tynes-Tor gezogen. Sie würden nicht nur die Häuser vor anderen Söldnern schützen, sondern auch ein wenig ausbauen und einrichten. Es waren Söhne von Fischern, Jägern und Bauern unter ihnen; aber Mandunis konnte auch etliche Handwerker einsetzen. Später würden sie mit den erwarteten Auswanderern nach Iberien segeln und dort freundliche Worte sagen. Antigonos hielt es für ein gutes Geschäft.

Er schaute kurz in einige der Höfe. Bauholz und Brennholz waren geliefert worden, ebenso die Hammel und Ochsen und Hühner, die er bestellt hatte. Er wechselte ein paar Worte mit Mandunis, der Weinschläuche in einen Kellerraum schaffen ließ und den Unterführern scharfe Anweisungen erteilte.

Die Häuser waren solide, wenn auch heruntergekommen. Alle verfügten über Kellergewölbe. Die Grundmauern aus schweren Quadern trugen vier bis fünf Geschosse; die beiden unteren waren aus kleineren behauenen Steinen gemauert, die oberen Stockwerke aus Ziegeln. Die großen Innenhöfe, mit unregelmäßigen Bruchsteinen gepflastert, besaßen sämtlich Zisternen, einige sogar ummauerte Tiefbrunnen.

Antigonos deutete auf einige Männer, die an groben Holzböcken hantierten und mit der Verfertigung von Möbeln begonnen hatten. »Brauchen sie noch etwas?«

Mandunis hob die Schultern. »Mehr Werkzeug. Äxte, Sägen, Hämmer. Nägel. Seile. Derlei.«

»Gut; ich sorge dafür. Gib mir zehn kundige Leute mit, die etwas tragen können.«

In einer Nebenstraße, der Gasse der Eisenwerker, deckten sich die Iberer mit allem ein, was sie brauchten. Antigonos bezahlte – er würde es von der Summe abziehen, die Mandunis und seine Leute noch zu bekommen hatten. Der Königssohn kümmerte sich um die Verteilung der Handwerker und Werkstoffe auf die einzelnen Höfe; während er

Anweisungen gab, schleppten andere kräftige Männer ein breites Bett – Holzrahmen mit Lederbezug –, Decken, einen Tisch, drei Stühle, mehrere Schilfmatten, eine Amphore mit syrischem Wein und ein paar poröse Krüge mit frischem Brunnenwasser in die Wohnung, die Antigonos für sich vorgesehen hatte: die oberste Eckwohnung des Hauses, das unmittelbar hinter dem Tynes-Tor stand. Das Dach lag noch einige Mannslängen unterhalb der Zinnen von Tor und Isthmos-Mauer. Von der Terrasse konnte man die Seemauer überblicken und die Riedfelder und kleinen Fischerboote auf dem See von Tynes betrachten. Vier große Räume – zwei zum Innenhof, zwei zur Seemauer –, ein langer Flur und der kurze Verbindungsgang zu Galerie und Treppe; Antigonos war zufrieden. Die Kahlheit der Zimmer ließe sich ändern, und irgendwie erschien es ihm in der augenblicklichen Lage sinnvoll, selbst in einem dieser Häuser zu wohnen.

Als er das Badehaus verließ, war der Nachmittag schon vorgerückt. Antigonos betrat die Garküche eines der letzten »Mäster von Götterfraß«. Die Gehege hinter dem Haus hallten von Gekläff. Antigonos aß Hunderücken in einer Kruste aus Honig, Käse und dünnem Teig.

Tsuniro wartete bereits am Tynes-Tor. Sie trug einen grauen Umhang und Schuhe aus durchbrochenem Leder. Ihre Augen glitzerten.

Im überfüllten Hof des ersten Hauses erläuterte Antigonos, wie er sich nach dem Abzug der Iberer die Werkstätten vorstellte. Sie stellte ein paar kluge Fragen, beobachtete die Gestalten, die im Zwielicht an den lodernden Bratfeuern standen, und sagte schließlich halblaut:

»Gut. Ich sehe, du hast an vieles gedacht. Oder sogar an alles?«

Antigonos lächelte, nahm ihre Hand und ging zur Treppe. »An alles. Natürlich.«

Als sie oben angekommen waren, zog er aus der Tasche seiner weiten Tunika ein Ölfläschchen und eine kleine Lampe, eine Schachtel mit Zunder – Leinwandfetzen und Laub –, einen Stahlstift und einen Feuerstein.

»Fast alles«, sagte Tsuniro.

»Alles.« Antigonos, mit vollen Händen, drückte die Schulter gegen die Tür und trat ein. Ein wenig Dämmerlicht kam noch durch die Fenster der Seeseite. Er ging zum Tisch, leerte seine Hände und drehte sich um. Von der Tür hörte er das Knirschen des Riegels.

Tsuniro kam aus dem kurzen Gang, blieb an der Ecke stehen und sah ihn an. »Alles?«

Antigonos nickte und deutete auf das zweite Zimmer der Seeseite. »Alles.« Er löste den Gürtel der oberen Tunika.

Tsuniro zog ihren Umhang über den Kopf, streifte die Schuhe ab, machte einen Schritt, ließ den Umhang fallen. Drei Schritte weiter hatte sie die verschlungene Lendenschärpe gelöst, die sich auf dem Boden wie eine Schlange kringelte. Antigonos' Sandalen, seine Tunika, der Chiton. Der Gürtel mit dem ägyptischen Dolch klirrte zu Boden. Vor dem Eingang des Schlafraums warf Antigonos den Leibschurz hin und blickte zurück.

»Ariadne war hier«, sagte er.

Tsuniro stand auf der Kleiderspur im Gang; sie hielt ihr Brustgewand in der Hand, den vernähten Doppelring. »Hat der Minotauros auch an das Bett gedacht?«

Er streckte die Hand aus und zog sie ins Zimmer. Halb gehend, halb in der Umarmung verloren sie das Gleichgewicht, taumelten, landeten verwickelt auf dem Bett. Tsuniro hockte oberhalb seines Kopfs, beugte sich vor, berührte mit der Zungenspitze seine Brustwarzen. Antigonos verdrehte den Kopf, biß ihr sanft in die Wade und glitt mit den Händen die Innenseiten ihrer Oberschenkel hinauf. Sie steckte die Zunge in seinen Nabel und grub die Finger in seine pelzige Bauchbehaarung. »Ein Dschungel.«

Antigonos kicherte. »Noch so einer.«

Tsuniro hob den Kopf. Halblaut und mit unterdrücktem Lachen sagte sie: »In meiner Heimat erzählt man dem jungen Jäger, der ins Leben aufbricht, eine Geschichte. Darin geht es um eine salzige Quelle mitten im Dschungel, und aus ihr soll der Jäger zuerst trinken und später seinen Speer hineintunken. Zur Kräftigung der Lebensfreude.«

»Eine gute Geschichte«, sagte Antigonos. »Und was erzählt man den Jägerinnen?«

»Ah. Paß auf.«

Irgendwann sagte sie, er sei gesund, habe aber in letzter Zeit zuviel Fleisch gegessen, nicht genug Obst und Gemüse. Antigonos machte Licht, goß den halben Inhalt eines Wasserkrugs aus dem Fenster und füllte das Gefäß mit Wein auf. Sie tranken beide aus dem Krug – der Minotauros hatte die Becher vergessen.

Tsuniro war die Tochter eines Jägerfürsten aus den Wäldern jenseits des Gyr. Der Stamm gehörte zu einem großen Volk. Andere Gruppen bewohnten Städte an Flüssen, betrieben Ackerbau und Handel, wieder andere waren wandernde Viehzüchter in der Steppe. Mit zwölf Jahren war sie zusammen mit anderen Frauen und Kindern in der Nähe eines Bachs am Waldrand von Garamanten überfallen und verschleppt worden. Es folgten die üblichen Wege der Erniedrigung: Garamantendörfer; drei punische Handelsmittler, die ein Tauschlager in einer Oase betrieben und alles miteinander teilten; ein hellenischer Offizier (aus Kyrene), der mit seinen Reitern kleinere Händlerzüge geleitete – von ihm lernte sie hellenische Sprache, Schrift und Göttergeschichten; ein ägyptischer Kräutersammler im Grenzland zwischen Kyrene, Qart Hadasht und dem Reich der Ptolemaier; ein großer Sklavenhändler, der sie mit anderen nach Sabrata brachte. Von dort gelangte sie mit einem weiteren Sklavenzug nach Qart Hadasht und in den Besitz der Bank.

»Und jetzt? Du bist frei.«

Sie trank Wasser und Wein, setzte den Krug ab und blickte nachdenklich in die Flamme des Öllichts. »Ich weiß es nicht. Nach so langer Zeit... Was ist das, frei? Sind Vögel frei von den Fesseln des Himmels? Fliegen sie jedes Jahr zum selben Nistplatz, weil sie wollen oder weil sie müssen?«

Antigonos rieb den Hinterkopf an der Wand und zog die Decke höher. »Frei? Wahrscheinlich heißt das nur, daß man zwischen mehreren Dingen wählen kann – aber auch wählen *muß*. Ich kann arbeiten oder verhungern, also muß ich arbeiten. Wenn ich mehrere Arten von Arbeit erledigen kann, kann ich wählen. Wenn ich ein freier Goldschläger bin, der nur Goldschlagen kann, habe ich keine Wahl.«

Sie reichte ihm den Krug. »Was ist dann meine Freiheit? Außer, daß ich nicht mehr Sklavin bin. Irgendwann muß ich sterben, bis dahin muß ich leben; ich muß entweder hierbleiben oder fortgehen; ich muß Düfte schmecken und mischen, weil ich sonst unglücklich wäre. Nur die Götter sind frei.«

Antigonos stieß ein kurzes häßliches Lachen aus. »Die Götter? Welche? Die deines Volks, die zugelassen haben, daß du verschleppt wurdest? Die der Garamanten? Die der Hellenen? Zeus, der nach menschlichem Beschluß donnern muß, ob er will oder nicht? Der punische Baal, der vielleicht lieber Melonen äße, aber lange Zeit mit Kindern gefüttert wurde? Nicht einmal der römische Kriegsgott ist frei – seine Lust und ihre Erfüllung hängen von den Beschlüssen des Senats ab.«

»Und Aphrodite von uns«, sagte sie traurig. »In uns war etwas, woher auch immer, das geweckt wurde, als wir uns gestern begegnet sind. Dies hier war köstlich, aber es mußte geschehen. Wie ein Erdbeben oder Regen. Unsere Wahl war nur dieser Raum, dieses Bett, statt eines Kornfelds oder des Bootsstegs.«

»Da ist es jetzt zu kalt.« Antigonos lächelte, stellte den Krug auf den Boden, beugte sich vor und berührte Tsuniros Brüste. Sie blinzelte, sagte »Huh!«, blieb aber an die Wand gelehnt sitzen, bis Antigonos die Decke von ihren Beinen hob.

»Aber es nicht zu wiederholen«, sagte er leise, »oder es genauso zu machen, oder anders, in vielen weiteren Nächten, die Wahl haben wir.«

Sie glitt auf die Liege; das Leder quietschte unter ihrer Ferse. Dann legte sie die Arme um Antigonos' Hals und zog ihn zu sich herab. »Haben wir die wirklich?«

Gegen Mitternacht flackerte nicht weit vom Fuß der Treppe noch immer ein Feuer. Frauen kreischten, Männerstimmen brüllten Warnungen oder Aufmunterndes, aber die Kämpfer schienen nichts zu hören. Einer der beiden Iberer wandte der Treppe den Rücken zu; das Gesicht des anderen, vom Feuer unruhig erhellt, war gezeichnet. Blut sickerte aus dem Mundwinkel; ein Auge war geschwollen. Geduckt standen sie einander gegenüber, die kurzen iberischen Stichschwerter in den Händen. Jäh taute das gefrorene Bild auf; die Waffen klirrten, die Körper verschwammen, zuckten hierhin und dorthin.

»Bleib hier«, knurrte Antigonos. Er sprang die letzten Stufen hinunter. Tsuniro klammerte sich an das Geländer. Mit drei langen Sätzen erreichte er die Kämpfenden, rammte dem ersten aus dem Sprung heraus die Faust an den Hals, daß er zur Seite geschleudert wurde, duckte sich, tauchte unter dem brusthohen Schwertstich des anderen weg und prallte mit dem Schädel in die Magengrube des Iberers. Das Schwert flog zur Seite, der Mann brach zusammen, krümmte sich am Boden, rang nach Luft; endlich übergab er sich wimmernd und keuchend. Der erste lag ein paar Schritte entfernt, offenbar bewußtlos.

Antigonos sprang auf, fuhr herum und ging mit kurzen Schritten zu den Schaulustigen am Feuer. Seine Schläfen pochten. Er suchte nach iberischen Wörtern.

»Mein Dach«, sagte er heiser. Er beschrieb einen weiten hohen Bogen mit dem rechten Arm. »Ihr euch töten, dann ausgehen vor Mauer. Wo Scharführer?«

Jemand deutete auf eine Gestalt, die sich schwankend von einem Holzstapel erhob. Anders als die beiden Kämpfer, die nur kurze Unterleibsröcke getragen hatten, war der Mann vollständig bekleidet, mit Brustschutz, Helm und hellem Umhang; und er war vollständig betrunken. Er stierte Antigonos an.

»Unterführer?«

Als der Mann nickte, schlug Antigonos zu. Der Hieb war im Ansatz selbst für einen Nüchternen kaum zu sehen. Die flache Hand klatschte gegen die Wange des Iberers. Der unbefestigte topfartige Bronzehelm schepperte auf die Steine. Mit Ohrfeigen trieb Antigonos den Unterführer vor sich her, zur Zisterne. Der Mann kreiselte, fiel aber wunderbarerweise nicht um.

Neben der Zisterne stand eine Reihe von Eimern, Kübeln und Bottichen. Einige enthielten – soweit Antigonos es im schwachen Licht des entfernten Feuers sehen konnte – sauberes Wasser, andere Urin und Kot. Er drängte den Iberer zu den Kübeln, packte ihn am Nacken und tauchte ihn mit dem Kopf in einen Koteimer, riß ihn wieder hoch, stieß ihn ins stinkende nasse Gelb des nächsten Behälters. Gurgelnd und krächzend kam der Mann hoch; plötzlich hatte er ein Messer in der Hand, das im Gürtel gesteckt haben mußte. Antigonos' Handkante traf den Unterarm, das Messer flog irgendwohin. Das Knie des Hellenen zuckte hoch, traf die Weichteile des Unterführers; der Mann sackte vornüber. Antigonos richtete ihn auf und schleuderte ihn gegen die Hauswand, wo er langsam zu Boden sank.

Der Hellene bückte sich nach einem Wassereimer und bemerkte plötzlich, daß sich hinter ihm ein Halbkreis stummer Männer und Frauen gebildet hatte. Einen Moment zögerte er – ein falscher Schritt, ein falsches Wort ... Dann wandte er sich dem Unterführer zu und klatschte ihm den Inhalt des Wassereimers ins Gesicht. Ein weiterer Eimer. Umhang, Brustpanzer, Chiton, alles war besudelt, aber der Kopf war wieder sauber. Antigonos ergriff den Mann an den Schultern, zog ihn hoch und lehnte ihn an die Wand. Die Pupillen zuckten noch immer, richteten sich aber beinahe auf das Gesicht des Hellenen. Unter der glasigen Schicht waren die Augen voll von Staunen und Wut.

»Hör zu, Unterführer. Deine Leute hier. Wenn noch einmal in mein Haus Schwertkampf, dann du Trichter in Mund und voll Pisse, verstehen? Hinterher peitschen bis Knochen nackt. Das ohne Mandunis, nur wir. Klar?«

Als er sich abwandte, öffnete sich hinter ihm der Halbkreis. Einige der Frauen lächelten, ein Mann nickte, mehrere iberische Krieger standen stramm und schlugen die rechte Faust an die Brust.

Tsuniro schwieg, bis sie auf der Straße waren. Vor einer Taverne, aus der flackerndes Fackellicht ins Freie fiel, blieb sie stehen, hielt Antigonos fest und sah ihm ins Gesicht.

»Herr der Bank, Erfinder des Dorfs der Handwerker – bist du auch Krieger?«

Er lächelte müde. »Vor allem bin ich schläfrig und habe Hunger. Komm. Im Haus der Weinhändler gibt es spätes Essen und ein Bett.«

»Für mich? Lassen sie eine Schwarze ein?«

»Warum nicht? Und wenn nicht...« Er hob die Schultern und spuckte aus. »Wenn nicht, kaufe ich die Zunft, schicke den Wirt zu den Garamanten und lasse das Haus abreißen. Ich halte es für besser, diese Nacht nicht bei den Iberern zu sein. Die sollen das zuerst einmal untereinander ausmachen.«

Ihre Schritte hallten von den Häusern an der Großen Straße wider. Hinter vielen halbverhängten Fenstern war noch Licht. Zwei Männer der Stadtwache, mit Speeren und Fackeln, standen unter einem Baum; ein dritter kam mit einem Handkarren herbei. Vom dicksten Ast baumelte der Leichnam eines dicken Mannes. Ein dunkler Vogel flatterte krächzend auf, als einer der Wächter die Fackel zum Gesicht des Toten hob.

Wo die Große Straße sich zum Platz der Schwarzen Göttin öffnete, drängten sich Menschen. Sie waren bedrückend still. Eine einzige Stimme wimmerte schrill und unausgesetzt. Zu Füßen der alten schwarzen Tanitsäule lagen zwei hellhäutige Frauen; Fackeln beleuchteten die Gesichter der Umstehenden, die ein paar Wächtern Platz machten, und die Blutlachen. Eine ältere Frau kauerte neben den beiden Leichen; sie schaukelte vor und zurück, hatte den Kopf verhüllt und stieß diesen furchtbaren Ton aus.

»Punierinnen«, sagte einer der Wächter. Er rammte seinen Speer in einen Spalt zwischen zwei Straßenziegeln. »Bisher haben die Söldner sich mit Sklavinnen begnügt, aber...«

Antigonos tastete nach Tsuniros Hand. »Weg hier«, sagte er leise. Sie gingen über den Platz. Am Brunnen soffen streunende Hunde aus einer Pfütze; Katzen kreischten von vorspringenden Dächern.

»Es wird immer schlimmer, nicht wahr?«

»Es ist noch harmlos. Die Herren des Rats werden wahrscheinlich erst dann erwachen, wenn alle dreißigtausend durch die Stadt rasen. Bisher, das sind nur einzelne.«

»Noch einmal – als du die Iberer gebändigt hast, was war das? Kalte Absicht, tolle Dummheit? Bist du auch Krieger?«

»Ich übe bisweilen ein wenig, um nicht sinnlos fett zu werden. Und ich mußte sie trennen. Wer weiß, was sonst alles geschehen wäre?«

»Es war also keine freie Entscheidung.«

Antigonos hob ihre Hand an seine Lippen. Plötzlich erinnerte er sich der langen Gespräche mit einem indischen Weisen, vor mehr als zehn Jahren. »Wir alle sind auf das Rad gebunden«, sagte er.

Sie drückte seine Hand. »Ein Feuerrad, besetzt mit Dornen? Ein Rad der Lust, mit Zunge und Geschlecht?«

»Wie können wir die Seite wählen, wenn wir nicht wissen, wie die Münze fällt?«

Der Bote blieb lange fort. Als er endlich zurückkam, schien er sehr verblüfft.

»Herr, die Nachricht mußte warten, da Herr Hasdrubal erst eben aus dem Rat gekommen ist.«

Antigonos legte das Schreibrohr fort und warf einen Blick auf die letzte Zahl. Alles in allem, einschließlich der Schiffskosten und des Solds für Kontestaner, lagen die Ausgaben weit unter dem Gewinn, nicht zuletzt dank Hannos Hilfe. Es würden etwa neunhundert Talente Silber bleiben – zu gleichen Teilen für Hamilkar, für Hasdrubal und für die Bank. Antigonos war bester Laune, hatte schon den halben Nachmittag Bostar durch gelegentliches Kichern ohne Erklärung empört und war in diesem Moment sicher, daß seine Stimmung sich noch bessern würde.

»Und was hat er gesagt?«

»Nur dies, Herr.« Der junge Bankbote breitete die Arme aus. »›Wir müssen trinken, bis wir Hamilkar für *zwei* Römer halten. Wenn er‹ – das bist du, Herr – ›wenn er nicht bei Sonnenuntergang hier erscheint, lasse ich ihn holen und durch die Straßen schleifen.‹ Das waren Hasdrubals Worte.«

Antigonos nickte. »Es ist gut. Du kannst gehen.«

Als sich der Vorhang hinter dem jungen Mann geschlossen hatte, stand Bostar auf, kam hinter seinem Tisch hervor, durchquerte den Raum und legte die Hand an Antigonos' Stirn. »Nein, er ist nicht krank«, sagte er halbblau. »Er muß also doch wahnsinnig sein. Warum, o blödester aller Metöken, grinsest du? Dein Maul ist so breit, daß eine Pentere quer darin ankern könnte.«

»Ich werde es dir sagen, und du wirst kreischen und mir die Füße küssen...«

Bostar blickte fast besorgt. »Ich kenne viele Wahnsinnige, aber du übertriffst alles.«

Antigonos wischte sich die Lachtränen fort und wurde ernst. »Hör zu, mein alter Freund, vorher noch etwas anderes. Am Ende der Geschichte wird dir einleuchten, daß gewisse Dinge sich nicht vermeiden lassen. Du kannst die Bank eine Weile nach deinem Geschmack leiten.«

»Was ist das nun wieder?«

»Sitz still. Gieß dir Wein ein. Und halt dich fest.«

Hasdrubal begrüßte Tsuniro mit einem Kuß auf die Wange. Vor vier Tagen hatten er und Iona die nach dem Aufbruch der Iberer endlich eingerichtete Wohnung am Tynes-Tor besucht und Antigonos' dunkle Gefährtin angenommen.

»Komm setz dich, wo du magst – oder leg dich gleich hin.« Sein Gesicht war gerötet, die Augen funkelten. Iona nahm Tsuniros Arm und zog sie zu einer der beiden breiten Lagerstätten aus aufgetürmten Teppichen und Kissen. Zahllose große und kleine Öllampen erhellten den Raum; in allen Ecken und unter den Fenstern standen Kohlebecken. Der niedrige Tisch zwischen den Lagern war überladen mit Gebäck, Fleischplatten, Gemüsetellern, Früchten, Näpfen und Schüsseln. Auf der kostbaren uralten Truhe standen fünf große Krüge.

»Das da«, sagte Hasdrubal glucksend, »ist das mindeste.« Er deutete auf die Truhe. »Im ersten Krug ist Wein, syrischer, zur Hälfte mit Wasser vermischt. Im letzten nur Syrer. In den drei Krügen dazwischen nimmt das Wasser immer mehr ab. Keiner von uns wird dieses Haus verlassen, solange noch ein Tropfen in einem Krug ist.«

»Nun sag schon.«

Hasdrubal stieß einen schrillen Schrei aus, schlug Antigonos auf die Schultern, daß es krachte, packte ihn an den Ohren, küßte ihn auf den Mund, ließ ihn los, ergriff seine Hände und zerrte ihn in einem wilden Tanz durch den Raum. Schließlich ließ er ihn so los, daß der Hellene kopfüber zwischen die beiden Frauen purzelte. Dann machte der

Punier einen Luftsprung, warf sich auf den Boden, wälzte sich herum und biß in den Teppich.

Antigonos, die Füße an Tsuniros Schulter, den Kopf zwischen Ionas Knien, ließ lange Jauler durch die Nase hören, gluckste immer wieder, rutschte langsam bäuchlings vom Lager, kroch zu Hasdrubal und trommelte auf seinem Rücken herum.

Tsuniro hatte die Ellenbogen auf die Knie gestützt, den Kopf auf die gefalteten Hände, betrachtete das Trommeln und die Zuckungen, blickte Iona an. »Wie trennt man tolle Hunde?« sagte sie. »Kaltes Wasser?«

Iona hob die Schultern. »Ich weiß nicht. Ich wäre schon zufrieden, wenn sie endlich mit diesem Gekreische aufhörten. Weißt du, was mit ihnen los ist?« Sie stand auf, ging zur Truhe und goß vier Becher voll, aus dem ersten Krug.

Hasdrubal, tränenüberströmt, setzte sich mühsam aufrecht und streckte die Hand aus. Iona gab ihm einen Becher. Er leerte ihn auf einen Zug, glucksend, begann wieder zu lachen, verschluckte sich und sprühte roten Regen über Antigonos.

»Metöke«, ächzte er. »Fang du an. Ich glaube, ich kann nicht mehr. Wir müssen es erzählen – sonst platze ich.«

Antigonos kroch zur Truhe, ergriff einen Becher, schien sich daran festzuhalten und kam langsam auf die Füße. Mit Storchenschritten ging er zum Lager der Frauen, verneigte sich, reichte den Becher Tsuniro, kehrte zurück zur Truhe, prustete und nahm den vierten Becher. Dann sah er, daß Hasdrubal auf dem Rücken lag und leise keckerte; mit zwei Schritten war er bei ihm und ließ sich rittlings auf den Brustkorb des Puniers plumpsen.

»Es war einmal«, sagte er.

»Uh«, brachte Hasdrubal hervor.

»Ein Arschloch mit Goldsaum.«

»Ah.«

»Und die Knaben Hasdrubal ...«

»Uh.«

»... und Antigonos ...«

»Ah.«

»... scheueten sich nimmer ...«

»Hah.«

»... hurtigen Fingers den Goldsaum zu erkunden.«

Hasdrubal stieß ihn fort und richtete sich halb auf. »Widerliche Arbeit. Es mußte aber sein.«

Iona und Tsuniro sahen einander an, schüttelten die Köpfe und tranken.

»Und wie sie«, sagte Antigonos, »da so wühlten und zupften und porkelten und kniffen ...«

»... fanden sie ein paar lose Goldfäden im Saum und dachten lange darüber nach, wie man ihn aufriffeln könnte. Mach weiter, Hellene, ich muß trinken. Außerdem gehört der erste Teil der Geschichte sowieso dir.«

»Das ist keine Geschichte«, sagte Tsuniro. »Das ist eine wirre Abfolge bräunlicher Bilder. Dummes Gerede.«

Hasdrubal kicherte. »Das stimmt. Aber was zählt ist, wie es hinten endet. Häh. Es ist uns nämlich gelungen, ohne große Beschmutzung der eigenen Finger den Goldsaum aufzuriffeln und zu Münzen für uns zu machen. Im Moment ist Hanno nur noch Arsch, und ziemlich wund. Zweifellos wird er bald neues Gold scheißen, aber – ah, Freund, ist es nicht wunderbar?«

Sie grölten, trommelten und kreischten wieder. Schließlich krochen sie erschöpft auf das zweite Teppichlager.

»Sprich, o Antigonos, Sohn des Aristeides. Ei wie denn nun füglich, o Herr der glotzenden Bank, begannst du des hurtigen Spieles Verwicklung zu knüpfen?« Er blickte zu den Frauen. »Es ist nämlich so, daß er angefangen hat; ich kenne nicht alles, was er sich hat einfallen lassen, und ich habe noch ein paar Überraschungen für ihn.« Er stand auf, packte den Krug, goß für Iona und Tsuniro nach, füllte Antigonos' Becher und den seinen auf und stellte den Krug auf den Boden, dort, wo die beiden Lager zusammenstießen.

»Laßt uns ein wenig näherrücken, o ihr klugen und schönen Frauen«, sagte er. »Damit diese elende Rennerei nach dem Krug aufhört.«

Als alle in Krugnähe auf den Teppichbergen lagen oder saßen, räusperte sich Antigonos. Er war noch immer heiser von den Ausbrüchen.

»Tja, wo soll ich anfangen? Es gab gewisse Meinungsverschiedenheiten zwischen Hanno dem Großen und mir. Da er ein mächtiger Mann ist, habe ich mir überlegt, an welcher Stelle er mir bei Fortsetzung der Feindseligkeiten schaden könnte. Er wird keine Räuber mieten, um Karawanen der Bank zu überfallen; die Bank selbst ist kaum angreifbar. Er kann vielleicht Mörder losschicken, um mich oder Freunde oder Verwandte zu töten, aber dagegen lassen sich gewisse Vorkehrungen treffen. Nein, die einzige Stelle, an der er wirklich zuschlagen und Lücken für weitere Angriffe schaffen konnte, war das Handwerkerdorf.«

Iona runzelte die Stirn. »Wieso ausgerechnet das Dorf?«

»Das kann ich dir sagen.« Tsuniro richtete sich halb auf und stützte sich auf einen Ellenbogen. »Der Rat von Qart Hadasht hätte die Arbeit des Dorfs durch tausend Erlasse behindern können; Hanno hätte vielleicht Mitarbeiter – ob Handwerker, Sklaven oder Angehörige – unter Druck gesetzt. Viele Dinge wären da möglich gewesen.«

»Deshalb war meine erste Überlegung, das Dorf aus Hannos Reichweite zu entfernen; alles andere ergab sich eigentlich daraus.«

Er begann zu berichten, wie er Erkundigungen angestellt, Boten ausgesandt, Aufträge erteilt und Beziehungen genutzt hatte. »So. Nun kennt ihr die – wie soll ich sagen, das Knüpfen und Auslegen der Netze? Ja, nennen wir es so. Es bleibt das Hineinlocken und Zusammenziehen. – Vor ein paar Tagen ist eine Lastenflotte nach Iberien aufgebrochen, ins Land der Kontestaner. An der Bucht von Mastia entsteht ein neues Handwerkerdorf.«

»Also ist das Dorf hier aufgelöst? Sind alle fort?«

Tsuniro legte die Hand auf Ionas Arm. »Nein – nur fast. Ein paar bleiben hier.«

»Tsuniro zum Beispiel«, sagte Antigonos. Er lächelte sie an. »Sie wird in dem Haus am Tynes-Tor Düfte mischen. Und mein Dasein zu einem Leben machen.«

Tsuniro warf ihm eine Kußhand zu.

Hasdrubal beugte sich vor und füllte die Becher; dann drehte er den leeren Krug um, stand ächzend auf und holte den zweiten, in dem mehr Wein und weniger Wasser war. »Sprich weiter, Herr der Bank.«

»Ja. Nun beginnt das Gewebe von Lügen. Die wichtigsten Leute der ›Alten‹ um Hanno wußten, daß ich viel Geld für Land ausgegeben habe. Dann ließ ich das Gerücht verbreiten, vier Karawanen der Bank seien von Garamanten überfallen worden; ein furchtbarer Verlust, da sie auch bei der Bank versichert waren. Außerdem habe ich viele Schiffe in einem Sturm verloren – sie fahren zwischen Liksh und den Glücklichen Inseln herum, aber für Hannos Leute sind sie gesunken. Ein Freund aus Kyrene war so nett, mir ein paar Schreiben zu schicken, aus denen hervorgeht, daß ich der Staatsbank von Kyrene furchtbare Mengen Geld schulde. Eines dieser Schreiben, ich weiß nicht wie, ist in die Hände von Hannos Leuten geraten.« Antigonos kicherte leise und trank.

»Du bist ein Schurke«, sagte Iona. »Ich muß mir sehr überlegen, ob ich mit dir und Hasdrubal noch länger Wein trinken kann.« Sie trank.

»Ein Karawanenherr, der schon lange ein größeres eigenes Warenlager in oder bei Qart Hadasht besitzen möchte, hat einem punischen Großherren gegenüber erwähnt, daß ich dringend Geld brauche und bereit bin, ihm den Boden da draußen, das Dorf, die Häuser und die Gärten, zu verkaufen. Allerdings wäre der Preis für ihn leider unerschwinglich. Ein anderer Handelsherr, aus Sikka, hat angedeutet, er werde bald vor den Toren von Qart Hadasht Grund und Häuser haben und dann mit Hanno abrechnen – Hanno hat während des Libyschen Kriegs Ländereien verwüsten lassen, die diesem Mann aus Sikka gehören. Jetzt kam der schwierigste Teil.«

»Ich finde das alles schon schwierig genug«, sagte Hasdrubal. Er grinste. »Aber mach weiter, Freund meines Herzens.«

»Es mußte dafür gesorgt werden, daß Hanno erfährt, daß er mich direkt schädigen kann, ohne sich die Finger schmutzig zu machen. Er durfte aber nicht zuviel wissen. Einer seiner Leute hat ihm eingeflüstert, es gebe da eine Möglichkeit, aber Hanno solle sich besser heraushalten, um nicht vielleicht im Rat über seine eigenen Interessen abstimmen zu müssen. Und damit Antigonos nur ja nicht erfährt, daß Hanno hinter allem steckt, weil die Bank sonst sicher nicht verkaufen würde. Es würde aber zweitausend Talente kosten. Hanno hat ihm zugehört, zugestimmt und eine Obergrenze von elfhundert Talenten gezogen. Es müsse sicher sein, daß die Bank und Antigonos wirklich furchtbaren Schaden erlitten.«

»Was hat das Dorf gekostet? Für dich, als du es eingerichtet hast?«

»Etwas mehr als zweihundert Talente. Und es hat viel abgeworfen. – In den beiden letzten Tagen sind die Verhandlungen zu Ende geführt worden. Von Mittelsmännern, die beide davon überzeugt waren, die Auftraggeber der anderen Seite wüßten eigentlich von nichts. Wir sind jammernd immer billiger geworden. Und heute früh hat ein Vermittler eines Beauftragten eines Helfers eines Verwalters von Hanno elfhundert Talente bezahlt – für ein Dorf, das ich verschenken könnte, weil es mehr als genug Gewinn gebracht hat.«

Hasdrubal hob den Becher. »Lasset uns denn feierlich trinken«, sagte er glucksend. »Auf den Goldsaum, der nicht mehr ist.«

Iona schüttelte den Kopf. Sie trank mit, sagte dann aber: »Moment mal, ich verstehe nicht ganz. Hanno hat also das Dorf gekauft. Wieso ist damit sein Goldsaum, von welchem Teil auch immer, entfernt?«

Antigonos deutete auf Hasdrubal. »Ich fürchte, ich weiß ungefähr, was jetzt kommt. Aber dieser da soll es selbst erzählen.«

Hasdrubal machte ein tiefernstes Gesicht. »Wie viele Mitglieder des Rats wissen, ist Antigonos wegen seiner allzu neuartigen Ansichten bei Hamilkar und mir in Ungnade gefallen. Ich ringe und fechte gelegentlich noch mit ihm, aber die politischen und geschäftlichen Beziehungen sind beendet. Daß wir unser Geld aus seiner Bank abziehen wollen, ist einer der Gründe für seinen verzweifelten Geldbedarf. Da die Ratsherren von unserer Ungnade wissen, waren sie nicht sehr überrascht, als einige unserer Leute in Ausschußsitzungen gewisse Vorschläge machten, die für Antigonos und die Bank unerfreulich sind. Wir haben ja fast dreißigtausend Söldner in der Stadt; die Isthmosmauer ist überfüllt. Man muß nach Möglichkeiten suchen, einige anderswo unterzubringen.«

Er schwieg, trank, zwinkerte, gluckste. Plötzlich begann er zu lachen, bis ihm die Tränen über die Wangen rannen.

»Was ist daran so witzig?« sagte Iona.

»Nur dieses. O ihr Götter, es gibt wenige gute Tage, und dies ist einer der allerbesten. Als ich heute früh wußte, daß Hannos Mittler eben mit dem Bezahlen anfing, habe ich einen unserer Ratsherren gebeten, die Frage der Unterbringung der Söldner endgültig zu klären. Es ging mühelos durch, mit Hannos Stimme, was das Beste daran ist. Wir haben es ganz schnell gemacht. Einer von Hannos Leuten wurde grün und weiß und blau im Gesicht, konnte aber nicht mehr eingreifen. Hanno hat elfhundert Talente für das Dorf bezahlt, ohne zu wissen, daß es um das Dorf ging. Dieses Dorf, o Freunde, das offenbar noch immer Antigonos gehört, wurde heute mittag durch Beschluß des Rats von Qart Hadasht beschlagnahmt und wird zur Unterbringung von Söldnern verwendet.«

Viel später, gegen Ende des vierten Krugs, hob Hasdrubal den Kopf von Ionas Knien, rülpste und starrte mit roten Augen zu Antigonos herüber. Der Hellene saß auf dem Boden, den Rücken an den Teppichhaufen gelehnt; Tsuniro, mit untereinandergeschlagenen Beinen, hatte die Hände von hinten um seinen Hals gelegt.

»Som ... Sommer isti bääste Reisezeit«, sagte der Punier.

Antigonos nickte sehr vorsichtig und nuschelte etwas. Tsuniro, die kaum weniger getrunken hatte, konnte noch übersetzen.

»Schwinge«, sagte sie. »Mole. Hups.«

Hasdrubal blinzelte. »Etwa inwiefern?«

Antigonos hob den Becher und riß sich zusammen. »Die Nacht ist voller Dolche«, sagte er mit der übersauberen Aussprache des Trunkenen und Betrunkenen. »Die *Schwinge des Westwinds* wartet an der Außenmole. Memo, Memnon an Bord. Hiram ... guter alter Hiram.« Seine Augen irrten ab. Er holte tief Luft. »Bringt uns weit weg von Hanno, der alte Hiram. Hiramastia, Hiramtingis, Hiramgadir. Hiram. Weg.«

BOSTAR SOHN DES BOMILKAR, VERWALTER DER SANDBANK,

AN ANTIGONOS SOHN DES ARISTEIDES,

AN BORD DER *SCHWINGE DES WESTWINDS,*

IN MASTIA, TINGIS ODER GADIR – DREIFACH

Gruß zuvor, Freund und Herr – o Tiggo: Von den Geschäften ist nicht viel zu berichten; die Bank ist ein Beiboot aus bestem Holz und mit guter Besatzung und wird mit dem großen Schiff sinken, das wurmstichig ist und leck. Du weißt, wie die Würmer heißen und wer die Lecks von innen gebohrt hat.

Gutes und Schlechtes von nahen Menschen, vor dem Üblen von der Stadt: Deine Mutter Apama ist friedlich gestorben; ihre letzten Worte waren dunkel – »dies noch erleben zu dürfen«. Psallo starb höhnend, wie zu erwarten, aber ebenfalls friedlich im Bett. Ein gnädiges Geschick, das bald viele vergebens ersehnen werden. Argiope und die Kinder haben das Landhaus rechtzeitig verlassen; es ist eng in der Stadt. Bomilkar grüßt Memnon.

Von Hanno dem Verminderten hast du nichts zu befürchten, o metökischer Schuft und Ziegenschänder. Er erschien schnaubend in der Bank, mit vier Wachen, und fragte nach dir; ich habe ihm gesagt, wenn er ein Guthaben begründen oder eine Anleihe machen wolle, solle er ohne Bewaffnete wiederkommen. Er hat aber nicht erneut vorgesprochen.

Aus diesem Grund: Libyen brennt, und Hanno, der alles in Brand gesteckt hat, soll es nun als Stratege von Libyen löschen. Als die Zustände in der Stadt unerträglich wurden und der Rat immer noch keinen Entschluß fand, forderte man die Söldner auf, wegen der besseren Luft und Versorgung nach Sikka zu gehen – tausend Stadien entfernt. Die Krieger ließen sich überreden, auch durch die Goldmünze, die jeder als Abschlag erhielt; sie wollten jedoch ihre Frauen und Kinder in der Stadt lassen. Man hätte sie wohl auch dazu bringen können, ohne Waffen aufzubrechen und leichter zu marschieren. Aber der Rat nahm weder die Angehörigen als Geiseln, noch dachte man an die Waffen. Als sie nun in Sikka waren, brodelte bereits der Unmut in ihnen, wie man hörte; denn sie hatten die reichen Landgüter gesehen und bezweifelten sehr, daß Qart Hadasht an Geldmangel leidet. Nun wollte Hanno Ruhm auf sein Haupt laden, indem er Stadt und Land rettet, und so zog er los, um mit den Söldnern zu verhandeln. Er spricht aber nur Punisch und Hellenisch sowie, glaube ich, neuerdings Latein; also konnte er nicht mit den hundert verschiedenen Völkern des Heeres reden, sondern nur mit ihren Anführern, und auch dies nur über Dolmetscher.

Der Marsch nach Sikka war auch in zweiter Hinsicht ein Fehler. Die libyschen Kämpfer des sizilischen Kriegs konnten ihre Familien und Verwandten sehen, die im Land leben, und hörten von ihnen, was Hanno – und Qart Hadasht – in den vergangenen Jahren in Libyen angerichtet hat. Als nun ausgerechnet Hanno zu ihnen kam, sagten sie sich, wie ich vermute, daß jede mit ihm getroffene Abmachung nur solange gilt, bis er wieder freie Hand hat, das Land erneut in Blut zu tauchen. Außerdem hat er ihnen, nachdem sie eben erst die satten Güter gesehen hatten, traurige Dinge über den leeren Staatsschatz von Qart Hadasht erzählt. Die Verhandlungen wurden abgebrochen; Hanno kehrte zurück in die Stadt.

Und nun sind die Söldner auch wieder hier – jedenfalls fast. Sie haben sich in Tynes festgesetzt und lassen ihre Schwerter klirren, daß der Rat es bis hierher hört. Die Kornsäcke werden zahlen müssen, o Tiggo – nur woher sie das Geld nehmen wollen, weiß ich nicht. Alexandreia hat sich geweigert, uns etwas zu leihen. Woher es kommt, ist unwichtig – dreißigtausend Bewaffnete vor den Mauern sind ein überzeugender Zahlungsgrund. Sie sind einige Male bis zur Isthmos-Mauer gekommen, um uns an dies und jenes zu erinnern. Das Dorf, das du Hanno verkauft hast, wurde gestern von ihnen dem Erdboden angeglichen; ich kann aber nicht darüber lachen, oder doch nur matt. Inzwischen haben sie die Forderungen erhöht – nicht nur den rückständigen Sold, der ihnen ja wirklich zusteht, sondern auch Ersatz für im Krieg verlorene Pferde und Nachzahlungen für Brotgetreide, das ihnen zugestanden hätte, das sie aber nicht bekommen haben. Allerdings hat Qart Hadasht die Pferde gestellt; und für das Getreide wollen sie nicht die jetzigen Preise, sondern den Höchstpreis zu Kriegszeiten ansetzen. Sie weigern sich, noch einmal mit Hanno zu verhandeln; sie wollen Giskon, der sie kennt und gut behandelt hat.

Hamilkar kennt sie auch, aber angeblich sind sie ihm gram, weil er sich nicht mehr um sie kümmert. Ich sehe das anders – die Anführer der Söldner wissen sehr gut, daß Hamilkar jeden Mann im Heer kennt, jede Sprache spricht und von allen verehrt und gefürchtet wird. Das wäre das Ende der Anführer.

Aber den besten Scherz hebe ich mir bis zum Schluß auf. Du erinnerst dich, daß Hannos Leute im Rat Hamilkar Geld bewilligt haben für Zahlungen, die er auf Sizilien aus der eigenen Tasche an seine Kämpfer geleistet hat. Jetzt haben sie herausgefunden, daß dieses bewilligte Geld nicht nach Sizilien, sondern in unsere Bank geflossen ist – von wo Hamilkar ursprünglich sein eigenes Geld geholt hatte, um die Männer zu bezahlen. Sie zerren ihn nun vor den Gerichtshof der Hundertvier und klagen ihn an, sich im Krieg auf Kosten der Stadt bereichert zu haben. Nun wird ja deine Bank, o mein Herr Tiggo, nicht so nachlässig geführt wie gewisse andere Einrichtungen, und natürlich habe ich alle Listen greifbar und kann beweisen, daß Hamilkar mehr Geld aus der eigenen Tasche bezahlte, als er später vom Rat zurückerhielt. Aber Hasdrubal will meine Listen noch nicht haben; er will die Anklage. Sie sollen Hamilkar mit Schmutz bewerfen und sich dabei in Hitze reden und fein entblößen. Dann, und erst dann, wird Hasdrubal meine Listen nehmen und diese Schweine abstechen – wenn sie nicht mehr sagen können, es sei alles ein Versehen gewesen. Er ist klug, unser schöner Freund. Und wenn es noch drei oder vier Männer wie Hamilkar und Hasdrubal gäbe, wäre meine Besorgnis wegen der Söldner nicht so groß. Jedenfalls kannst du in Frieden reisen; Hanno ist im Moment wirklich zu sehr mit anderen Dingen beschäftigt. Tanits Gunst! Bostar.

6. YLAN MATHO NARAVAS

Ein Bote des Hafenmeisters händigte Antigonos das Schreiben aus, als sie nachmittags im Hafen von Tingis anlegten. Sie hatten sich lange in Mastia aufgehalten, wo das neue Dorf zu gedeihen begann. In Malaka und zuletzt in Kalpe an der nördlichen Säule des Melqart waren Gerüchte umgegangen, denen Bostars Schreiben nun festen Kern und schlimme Umrisse gab.

In Kalpe hatten sie einen weiteren Tag durch Sturm verloren. Das Kurierboot, das neben ihnen lag, schien versucht zu haben, dem Sturm zu trotzen. Der Mast fehlte; zerbrochene Ruder lagen auf dem Kai.

Memnon streunte durch den Hafen; er hatte sich verdrückt, während Tsuniro und Antigonos lasen. Auf dem Kai verhandelte der alte Kapitän Hiram mit ein paar Tingitanern in schmutzigen Gewändern. Steuermann Mastanabal überwachte die Reinigung und das Auffüllen der Wasserbehälter. Die Spätherbstsonne stand schon tief im Westen; das brakkige Wasser des Hafenbeckens glich morschem Holz mit einem zerbröckelnden Überzug aus Bronze. Es stank nach fauligem Fisch, Abfällen und menschlichen Exkrementen. Über die grauen Quader des Kais rumpelte ein Ochsenkarren, beladen mit Weinamphoren für die *Schwinge des Westwinds*. Der alte Wein wurde langsam zu Essig. Außer der *Schwinge* und dem Kurierboot lagen acht weitere Schiffe im Hafen. Der bauchige Frachter auf der anderen Seite lud Handmühlen aus den Steinbrüchen südlich von Tingis und Kupferbarren aus dem Hinterland.

Tsuniro legte die Wange an seine und streichelte seinen Hals. »O Tiggo«, sagte sie leise. Dann richtete sie sich auf, seufzte und ging zur Bordwand.

Antigonos starrte einen Moment blind auf den Papyros. Er rollte ihn zusammen, legte ihn auf den kleinen Tisch, schob seinen Klappstuhl aus Holz und Segeltuch zurück, stand ganz langsam auf und stieg mit Beinen, die aus der Vorzeit stammen mochten, die Treppe vom Achterdeck hinab. Mühsam richtete er seine Gedanken auf die unmittelbaren Notwendigkeiten.

Nachdem er Hiram einige neue Anweisungen gegeben hatte, kletterte er an Bord des Kurierboots. Es sah scheußlich aus. Der Mast war nicht abgebrochen, sondern aus dem Deck herausgerissen worden; zerfetzte Plankenenden, geborstene Verstrebungen, blutverschmierte Holzsplitter und zerfaserte Stricke lagen überall herum. Erschöpfte Männer der Besatzung und Zimmerleute aus Tingis arbeiteten fast wütend an der Beseitigung der Schäden. Einer der Matrosen ließ den Hammer fallen, steckte den gequetschten Daumen in den Mund und stieß eine Verfluchung aus. Sie galt dem Kapitän, der offenbar noch am selben Abend wieder auslaufen wollte.

Antigonos fand den Punier im Heckraum, über eine Rolle gebeugt, den Schreibhalm in der Hand und Furchen auf der Stirn.

»Antigonos von der Sandbank. Du bist der Herr des Schiffs?«

Der Mann blickte auf. Er war kaum älter als Antigonos; aus den Zügen des Gesichts waren Erschöpfung, Sorge und die Last der Verantwortung zu lesen. Er fuhr sich mit der Rechten durchs wirre dunkle Haar, zupfte an einem der Ringe im rechten Ohr und stand auf.

»Ja, Herr der Sandbank. Und in Eile bin ich auch.«

Antigonos deutete mit dem Daumen hinter sich. »Ich hörte, du willst noch heute wieder auslaufen?«

Der Punier nickte. Mit zusammengebissenen Zähnen sagte er: »Notfalls ohne Mast – nur mit Rudern und halbgeflickten Planken. Wir müssen nach Gadir.«

»Ist deine Anwesenheit unbedingt erforderlich? Die *Schwinge des Westwinds* hat eben frischen Wein bekommen. Und ich erhielt einen Brief aus Qart Hadasht, zu dem ich dich gern etwas fragen würde.«

Der Punier zögerte; dann zuckte er mit den Schultern. »Ein Becher Wein, warum nicht? Diese Liste mit den Schäden kann warten.«

Als sie auf dem Achterdeck der *Schwinge* Platz genommen hatten und die Becher gefüllt waren, deutete Antigonos auf Bostars Briefrolle.

»Dies hier hat einige Tage auf uns warten müssen. Ich lese, daß Qart Hadasht so gut wie belagert wird und Herr Giskon zu den Söldnern nach Tynes gehen soll, um neu zu verhandeln. Es klingt alles nicht sehr hoffnungsvoll. Gibt es Neueres?«

Der Punier lachte gepreßt, hob den Becher vor Tsuniro, dann vor Antigonos, trank und wischte sich den Mund. »Ich weiß nicht, ob das Neuere dir gefallen wird, Herr der Bank.«

»Antigonos; laß das ›Herr‹.«

»Hanno ist mein Name – ich kann nicht dafür; im Augenblick gibt es bessere Namen.«

Tsuniro schnalzte. »Ist er gestürzt?«

»Nein – dazu ist sein Geld zu kräftig. Er ist Stratege und betreibt die Rüstung des Kriegs.«

Antigonos schloß die Augen. »Dann ist es also so weit gekommen...«

Hanno nickte langsam. »Noch viel weiter, Herr – Antigonos.« Er lehnte sich zurück und berichtete.

Giskon hatte im Hafen ein Schiff mit Geld beladen lassen und war durch den kleinen Kanal in der Landzunge gefahren, über den See von Tynes. Einige Ratsherren begleiteten ihn. Nach längeren Verhandlungen begann Giskon mit der Auszahlung des rückständigen Soldes und der Vergütung für gestorbene Pferde; die Frage des Brotgetreides schob er hinaus. Er hatte bereits Teile der anderen Völkerschaften ausgezahlt, als die Libyer sich empörten, da sie noch nichts bekommen hatten und meinten, ihnen stünde es zu, als erste entlohnt zu werden. Natürlich war es Giskons Absicht gewesen, genau dies zu erreichen – einen Teil der Söldner von den anderen zu trennen, einen Keil zwischen sie zu treiben. Er sagte sehr kühl, entweder sollten sie sich gedulden, bis sie an der Reihe seien, oder sie sollten sich von ihrem selbstgewählten »Strategen«, einem Libyer namens Matho, bezahlen lassen.

»Sehr klug – und sehr tapfer.« Tsuniro schüttelte den Kopf. »In dieser Lage, umgeben von meuternden Söldnern...«

Hanno seufzte. »Ja. Ein guter und gerechter Mann, Giskon; er wollte ja von vornherein, daß die Abmachungen mit den Söldnern eingehalten werden. Sicher war er über die Meuterei und die maßlosen neuen Forderungen nicht empörter als über die Kornsäcke im Rat. Aber er hatte mit einem nicht gerechnet, er konnte mit einem nicht rechnen.«

»Und das wäre?« Antigonos richtete sich auf.

»Bei allen Barbaren, sogar bei den Römern, sind Gesandte heilig – aber die Libyer haben Giskon und die anderen Ratsherren niedergeschlagen, gefesselt und in Tynes in ein sicheres Gefängnis geworfen.«

Nach längerem Schweigen sagte Antigonos, wie abwehrend: »Nein. Die Unverletzlichkeit von Gesandten... Es sind schon große Kriege aus geringerem Anlaß geführt worden. Aber... man hätte mit so etwas rechnen müssen, nicht wahr? Gerade seitens der Libyer. Sie müssen doch längst gewußt haben, daß es für sie keinen Weg zurück gibt.

Sobald die anderen Söldner fort sind, muß die Rache von Qart Hadasht furchtbar werden.«

Hanno breitete die Arme aus. »Nicht nur für die Libyer und ihren Anführer, diesen Matho – auch für andere. Vor allem die Italier; ihr Kopf ist ein gewisser Spendius. Sie können doch gar nicht heimkehren – sie haben gegen Rom gekämpft, und ihre Heimatstädte sind jetzt sämtlich Roms Verbündete. Und die Gallier unter diesem, wie heißt er, Audarido ...«

»Wie sieht es denn nun aus? In Qart Hadasht und in Libyen?«

Hanno ergriff den Becher und starrte hinein. »Krieg«, sagte er leise. »Ein furchtbarer Krieg, der noch nicht begonnen hat, der aber nicht abzuwenden ist. Für die Stadt selbst schlimmer als der lange Römische Krieg. Viele Dinge kommen zusammen ...«

Die Söldner hatten sofort Boten an alle Städte und Dörfer des libyschen Hinterlands geschickt. Mehr als Boten war nicht nötig – im Krieg hatte Qart Hadasht die Tribute der Städte verdoppelt und die Abgaben der Bauern bis zur Hälfte aller Ernten hochgetrieben.

»Zu den dreißigtausend Söldnern sind fast siebzigtausend Libyer gestoßen«, sagte der Punier mit spröder Stimme. »Die Dörfer haben alles Geld geschickt, das sie besitzen; die Frauen haben ihren Schmuck geopfert. Matho und Spendius verfügen über große Mittel; sie haben begonnen, eigene Münzen zu prägen und ihre Leute zu bezahlen. Nur zwei Städte stehen nicht zu ihnen, Ityke und Hipu. Sie werden belagert – ebenso wie Qart Hadasht. Gute Kämpfer, von Hamilkar ausgebildet und von den Römern unbesiegt, dazu mehr als doppelt so viele Libyer. Bis zum Frühjahr werden auch sie alle bewaffnet und eingeübt sein.«

Antigonos fuhr sich mit der Hand über die Augen. »Und was hat Qart Hadasht noch?«

Der Punier lachte. »Nichts. Ein paar hundert Söldner, die nicht übergelaufen sind und noch in der Mauer waren. Hanno bewaffnet Freiwillige – Punier; er läßt die Schiffe instandsetzen und hat Werber ausgeschickt, um neue Söldner zu mieten. Dies ist meine Aufgabe – ich muß so schnell es geht nach Gadir: Silber und Krieger für Qart Hadasht. Wir sind wehrlos, Herr Antigonos. Als Regulus landete, besaßen wir noch immer mehr Kämpfer als er; Agathokles war ein ungefährlicher und freundlicher Besucher. Beide, Römer wie Syrakosier, haben wenigstens während des Kriegs die Grundregeln geachtet, keine Gesandten entehrt. Wie furchtbar soll dieser Krieg werden – unmittelbar vor den Mauern der

Stadt, ohne Verbündete, ohne Geld, ohne Kämpfer, gegen Söldner, die gefrevelt haben und nichts mehr verlieren können ... Und das ist noch nicht das Schlimmste.«

»Sag es. Sag es, damit wir wissen, was wir zu tun haben.« Antigonos tastete nach Tsuniros Hand.

»Römische Kaufleute haben das Geld der Söldner angenommen und Schiffe mit Getreide und anderen Dingen geschickt – zu den Söldnern, die Hipu belagern. Unsere Flotte hat sie abgefangen und nach Qart Hadasht gebracht. Fünfhundert römische Bürger... Am Tag, bevor ich auslief, ist eine römische Gesandtschaft eingetroffen. Sie drohen mit Krieg – und die Söldner haben ihnen einen Vertrag angeboten: gegen Qart Hadasht.«

Antigonos war zutiefst niedergeschlagen. Er starrte die Amphore an, füllte seinen Becher mit Wein, ohne Wasser beizumischen, seufzte ein paarmal und setzte das Gefäß an die Lippen.

Tsuniro streckte die Hand, nahm den Becher und goß den Inhalt zurück in die Amphore. »Nichts da, Herz meines Herzens.«

Er blickte verwundert auf. Ihre Augen trafen sich. Beide wußten, was der andere dachte.

»Offenbar bin ich doch Punier«, murmelte Antigonos.

»Laß die Stadt untergehen – wenn sie sich nicht rettet, hat sie es nicht verdient. Ich werde dir diese Nacht beweisen, daß auch ohne Wein und Qart Hadasht das Leben wüst und sanft ist.« Sie ergriff seine Hand. »Aber nur, wenn du jetzt sofort mit mir ins Badehaus da drüben gehst. Nach all den Tagen an Bord ... Wenn nicht, das verspreche ich dir, rühre ich dich bis zum Ende der Fahrt nicht einmal mit den Zehen an. Du beleidigst meine Nase, meine Zunge und noch einiges andere.«

Krüge, Körbe, Amphoren und Säcke wurden an Bord gebracht – gesalzener Thunfisch, Früchte in Öl, Dörrobst, eingelegtes Fleisch, Getreide, mehr Wein. Ein Karren mit steinernen Handmühlen stand auf dem Kai.

Hiram riß die Augen auf, als er Antigonos' Frage hörte. »Bin ich ein punischer Seefahrer oder ein römischer Plattfuß vom Land? Angst! Pah!« Er spuckte aus. »O mein Herr Tiggo, ich habe diese Strecke viele Male zurückgelegt und weiß, wie ich fahren muß, welche Sterne wichtig sind und welche Winde bei welcher Strömung. Noch ist Herbst, und er ist mild. Wenn wir jetzt aufbrechen, können wir es schaffen. Wir werden dann sogar guten Wind für die Rückfahrt haben. Aber ungefährlich ist es nicht.«

Antigonos klopfte ihm auf die Schulter. »Mastanabal wird das anders sehen«, sagte er mit mattem Grinsen.

»Hah. Mastanabal sieht das genauso. Er sagt nur immer das Gegenteil von dem, was ich meine. Das ergibt zusammen einen brauchbaren Kurs.« Hiram kratzte sich den Bart. Dann verschwand sein Lächeln. »Sag mir, Herr, warum du, warum jetzt, warum dorthin?«

Antigonos schloß die Augen. »Weil ich möglichst weit fort sein will, wenn Qart Hadasht fällt. – Laß noch ein wenig Raum. In Gadir laden wir Eisen. Die Britannier haben davon sehr wenig.«

Einen halben Tag, nachdem sie den großen Hafen der Insel Vektis erreicht hatten, brach der erste wirkliche Wintersturm los. Memnon, der sich den Norden kälter vorgestellt hatte und enttäuscht gewesen war, stapfte begeistert durch den Schnee, stemmte sich gegen den Wind und trug seine dicken Felle wie eine goldene Rüstung. Mastanabal geisterte als weißer Umriß an Bord der *Schwinge des Westwinds* herum, besorgt um Schiff und Ladung. Hiram ließ sich mit britannischem Bier vollaufen und würfelte mit massaliotischen Händlern. Die Hellenen aus dem Süden Galliens verfluchten den Sturm, der sie im Hafen festhielt, priesen ihn, weil er andere Händler von der gallischen Nordküste daran hinderte, ihre Geschäfte zu schädigen, verleumdeten die Einheimischen und versuchten, Hiram auszuhorchen. Der alte Punier gewann beim Würfeln und erfand unglaubliche Sternbilder und Windrichtungen, denen er seit Gadir gefolgt sei. Außerdem, knurrte er irgendwann, helfe es den Hellenen doch sowieso nicht, da die Flotte von Qart Hadasht niemanden die Säulen des Melqart passieren lasse.

Die Hafentaverne, gebaut aus Lehm und Holz, ruhte auf einem in die Grundfelsen gehauenen Gewölbe. Über dem geschwärzten, nach Feuer, Fisch, Fett, Bier und Tran stinkenden Schankraum gab es eine Reihe kleiner Zimmer mit Strohsäcken und groben Tonschüsseln. Das Schindeldach war mit Steinen beschwert; der jaulende Wind zerrte daran und drang durch die Ritzen des ledergefütterten Holzladens, der das Fenster verschließen sollte.

Antigonos und Tsuniro nutzten Memnons Abwesenheit. Der Hellene nestelte an seinen Fellen, schob die röhrenartigen Beinkleider zu den Knien hinab und zog einen stechenden Halm aus dem Strohsack.

Tsuniro stieg aus ihrem pelzigen Beingewand. Das helle Seehundfell, das sie von den Lenden aufwärts weiterhin verhüllte, hob sich im Licht der Talgkerze von der dunklen Haut fast wie ein zweiter, leicht gescheckter Körper ab.

Antigonos lehnte sich zurück und streckte die Hand aus. »O langbeinige Lust«, sagte er. »O die Nacktheit des Südens. Immerhin«, setzte er grinsend hinzu, »werden wir Sterne sehen – unsere bisher nördlichsten. Komm, Herz meines Herzens, es ist äußerst dringlich.«

»Ich sehe es.« Tsuniro hockte sich auf ihn und ließ ihr Becken kreiseln. Als Antigonos stöhnte, beugte sie sich vor und biß ihn sanft in die Nase.

»Neben den Dschungelreden«, sagte sie keuchend, »und den Flußreden, und denen vom Schilf, und den anderen, die du kennst, gibt es, bei uns, noch viele, weitere, Reden. Pferde, reden, zum, Beispiel.«

»Ahhhh. Pfeeerde?«

»Laß – mich – dich – schaumig – reiten – *Lieb* – STER.«

Antigonos zog vorsichtig Erkundigungen ein. Von einem der kleinen, dunkelhaarigen Britannier des Orts erfuhr er, was er wissen wollte. Als der Sturm abflaute, lief die *Schwinge des Westwinds* aus, segelte nach Norden und erreichte die breite Gezeitenmündung. Dort, wo weniger oft fremde Händler anlegten als an der Insel Vektis, waren bessere Tauschgeschäfte möglich.

Tsuniro und Memnon blieben an Bord. Antigonos überließ ihnen und Hiram den Handel. Mit einem britannischen Führer und ein paar Packpferden, die Eisen, Münzbeutel und Vorräte trugen, ritt er einige Tage nach Nordwesten. In der Nähe des großen Kreises der Tanzenden Steine lebte der Schmied Ylan. Der mittelalte, breitschultrige Mann musterte den Fremden, begutachtete das Eisen und runzelte schließlich die Stirn.

»Sechs Schwerter von der Güte, die du rühmen hörtest?«

Antigonos hörte die fremden Wörter, die ihn an nichts erinnerten, was er bisher je vernommen hatte. Als der Führer die Frage in schlechtes Hellenisch übersetzt hatte, streckte Antigonos den rechten Arm aus.

»Etwa so lang«, sagte er. »Von den Fingerspitzen bis eine Handbreit über dem Ellenbogen. Und so breit.« Er spreizte Daumen und Zeigefinger weit auseinander.

»Ah«, sagte der Führer. »Das iberisch etwa?«

Als Antigonos nickte, übersetzte er. Der Schmied kratzte sich den Kopf, stand auf, ging zur anderen Seite des riesigen Raums, in dem er aß und arbeitete, stieß einen Blasebalg beiseite und holte unter ein paar leeren Säcken eine Waage hervor. Antigonos betrachtete die geschwärzten Balken, die kalte Feuerstelle am Amboß, den kleinen Hügel Schnee, der durch den Rauchabzug gefallen war. Das Feuer der Kochstelle reichte kaum aus, den Schnee von den Stiefeln des Hellenen zu schmelzen; dennoch schien der Schmied nicht zu frieren. Er trug eine lederne Hose und einen Überwurf aus Schafwolle, der die Unterarme bloß ließ.

»Er wissen wollen, wie heißen Leute, was tun, wie stehen zu du.«

»Muß er das wissen? Na gut. Drei sind Söhne eines guten Freundes. Er heißt Hamilkar; die Söhne sind Hannibal, Hasdrubal und Mago. Eines für den Sohn Bomilkar meines Freundes Bostar. Eines für meinen Sohn Memnon. Und eines für mich.«

Der Führer übersetzte. Ylan grunzte mehrmals und stellte die Waage vor Antigonos' Füße. In die eine Schale legte er einen schweren Stein. Dann deutete er auf die andere.

»So viel Gold«, flüsterte der Führer.

Antigonos verließ das Haus des Schmieds, ging zu seinem Pferd und überlegte, ob ihm die Geschenke wirklich ein Talent in Gold wert waren. So schwer schätzte er den Stein. Er seufzte, nahm die Beutel aus dem Reisesack, blickte sich um. Hinter der Schmiede stand ein kleineres Haus mit einem Garten und einem winzigen Stall, vermutlich für Gänse oder anderes Geflügel. Eine alte Frau schloß eben den Laden eines Fensters. Der ganze Rest der Landschaft war öde – eine leicht gewellte Ebene, aus der nur die Tanzenden Steine ragten.

Leise vor sich hin fluchend ging er zurück in die Schmiede. Er füllte die Schale, bis die Waage ausgeglichen war.

Der Führer blickte blaß auf die ungeheure Menge Goldmünzen. ›Wahrscheinlich‹, dachte Antigonos, ›könnte ich damit auch seinen König und das halbe Land kaufen‹.

Der Schmied beachtete die Waage nicht weiter. Er griff nach einem Überwurf und sagte etwas; dann stampfte er zur Tür.

»Er jetzt Götter fragen, ob annehmen Gold und machen iberisches Schwerter.«

Antigonos hob die Hände, ächzte und folgte den beiden Britanniern. Ylan ging voraus, unausgesetzt leise murmelnd. Er näherte sich den verschneiten Tanzenden Steinen. Als Antigonos den Kreis betreten wollte, hielt der Führer ihn zurück.

»Das nur Priester dürfen«, flüsterte er.

Der Schmied, der offenbar auch Priester war, ging langsam mehrmals durch die Lücken zwischen bestimmten riesigen Steinen. Einmal blieb er stehen, als ob er lauschen wollte. Dann verließ er den Kreis und stapfte zurück zur Schmiede, ohne ein Wort zu sagen.

Als Antigonos, den der ungewohnte Schnee behinderte, die Halle erreichte, kniete der Mann neben der Waage. Er nahm die Münzen heraus, zählte sie unfaßbar schnell und türmte sie zu sechs gleichgroßen Häufchen. Er deutete auf einen von Antigonos' Beuteln.

Der Hellene, nun völlig verwirrt, reichte dem Schmied das Ledersäckchen. Ein Häufchen und die Hälfte eines zweiten verschwand darin. Dann richtete der Mann sich auf und knurrte etwas.

»Er sagen, du kommen wann wollen – nächste Jahr oder spätiger. Schwert für ältesten Sohn von Mann was trägt fremd Fell ist nicht bezahlen. Sohn zu groß für Gold, Schwert was für dich nur halb bezahlen, weil nicht für dich – ist für dunkelfarbig Sohn von dir, was Fürst.«

Antigonos riß die Augen auf. Sein Unterkiefer fiel herab, und er spürte nicht einmal, wie sehr seine Beine zitterten. Ylan warf ihm den Beutel zu.

Im Hafen von Vektis, wo das Wetter die Leute in den Häusern gehalten hatte und man außerdem an Fremde gewöhnt war, hatte sich die milde Neugier ertragen lassen. Die freundlich eindeutigen Kommentare der Massalioten über Körperformen köstlicher Raubtiere aus Libyen waren noch mit einem Lächeln hinnehmbar gewesen. In dem kleinen Hüttendorf am oberen Ende der Gezeitenmündung dagegen wurde es schnell sehr lästig. Die Britannier starrten, die Britannierinnen knurrten, die Kinder wollten immer wieder Tsuniros Haut anfassen. Glücklicherweise endete die ungewöhnliche Kälte; der Schnee schmolz, und über Land und Meer legte sich wieder der milde feuchte Winter, der im Süden Britanniens üblich war. Hiram sagte, man könne jetzt segeln – das Schiff sei ausgebessert, soweit nötig, und im späten Winter werde es schwieriger sein, da dann die Stürme begönnen.

Das Schiff war voll; sie hatten vor allem Tierfelle und grobe Schnitzereien eingetauscht, die eine seltsame fremde Anmut besaßen. Antigonos schätzte, daß sich im Süden für diese Ladung doppelt soviel erlösen ließ, wie die mitgebrachten Güter wert gewesen waren – falls es in punischen Städten noch Abnehmer gab.

Am letzten Abend lud der Dorfälteste zu einem Abschiedsmahl. Es gab Fisch, Wild, Brot und Bier. Später, als ein Teil der Besatzung der

Schwinge des Westwinds auf Hirams Befehl das Fest bereits verlassen hatte und Memnon in seinem abgetrennten Teil des Heckraums schlief, tranken der Älteste, Tsuniro, Antigonos und Mastanabal den »Kräutersud von Lebewohl und Wiederkehr«, wie der Britannier es nannte. Die enge Hütte stank nach Fisch, Fleischresten, schalem Bier, Schweiß und schlecht verarbeiteten Tierfellen. Die rauhen Tische und Stühle schienen einen scharfen Dunst auszuhauchen, den Tsuniro halblaut als »Atem billiger Eichendirnen« bezeichnete. Der böige Nachtwind drückte immer wieder Rauchschwaden durch den Kamin zurück, die den Innenraum füllten und in Augen und Kehlen bissen.

Im Licht der harzigen Fackeln sah das Kräutergebräu nicht sehr anregend aus. Mastanabal schnupperte, zwinkerte und stand auf.

»Noch nicht trinken«, sagte er. »Ich hole etwas, was das Lebewohl versüßen und die Wiederkehr befördern wird.«

Er verschwand. Der Älteste blickte zur Tür, die sich schloß, dann richtete er die Augen auf Antigonos. »Ihr wiederkommen?«

Antigonos nickte. »Ich habe bei Ylan Schwerter bestellt und mit Gold bezahlt. Irgendwann – vielleicht in zwei Jahren, vielleicht später, will ich sie abholen.«

Der Älteste kniff die Augen zusammen. »Ich gehört – von Mann was mit dir geritten. Du groß – Ylan nicht machen Waffe für viele.«

Antigonos hatte keinem von den seltsamen Einzelheiten und Reden des Schmieds erzählt. Tsuniro warf ihm einen schnellen Blick zu; sie spürte, daß etwas vorgefallen war, worüber Antigonos nicht oder noch nicht reden wollte.

»Außerdem hat es uns hier gefallen«, sagte der Hellene. »Und ich wollte immer schon noch viel weiter in den Norden. Dorthin, wo Eis auf dem Wasser treibt und weiße Bären durch die weiße Nacht brüllen.«

Der Älteste wiegte den Kopf. »Das weit – sehr weit. Furchtbar sehr weit. Kommen Sommer, dann hier besser; dann auch vielleicht furchtbar weit Norden fahren schaffen können du.«

Mastanabal kam zurück. Er hielt ein Gewürzfläschchen in der Hand. »So ist das besser«, sagte er, als er sich setzte. Er streute Kinnamon in die Sudnäpfe.

Als sie auf Lebewohl und Wiederkehr tranken, schloß Antigonos die Augen. Kinnamon und irgendein Kraut in der Brühe kamen zusammen und schleuderten ihn sechzehn Jahre in die Vergangenheit, in einen strahlenden Morgen. Als Regulus in Aspy gelandet war und die Küste verheerte, schickte – mit Hamilkars Rat und Hilfe – Aristeides seinen Sohn in Begleitung zweier Numider fort, durch die Berge nach Süden, fern von der unsicheren Küstenstraße. Die Numider sollten Antigonos nach Takape bringen, am westlichen Busen des libyschen Golfs. Von dort würden Karawanen ihn nach Alexandreia mitnehmen. An einem Morgen kamen sie aus den Bergen; die riesige Schale der Steppe lag unter silbrigem Dunst. Gazellen ästen zwischen Baumgruppen. An der Quelle lag der Kadaver eines Bocks, halb zerfleischt und umgeben von den Spuren einer großen Katze. In der Ferne brüllte ein Löwe die Sonne herauf. Die Numider schlugen Feuer und erhitzten Wasser, warfen Kräuter hinein und streuten Kinnamon darüber. Ein ungeheurer Morgen für den Zwölfjährigen aus der großen Stadt Karchedon, in der Erinnerung nicht einmal dadurch beeinträchtigt, daß kurz vor Takape die Numider nachts mit allen Pferden verschwanden. Während er nun den britannischen Sud schlürfte, spürte er, daß sein Herz sich zusammenzog: Sorge und Sehnsucht.

Auf dem Weg zur kleinen aufgeschütteten Mole blieben Antigonos und Tsuniro ein wenig zurück. Mastanabal hatte bereits den Steg erreicht. Tsuniro legte den Arm um Antigonos' Hüfte. »Du hast an den Süden gedacht, nicht wahr? Kinnamon und Kräuter.«

»Was kann ich vor dir verbergen, Geliebte?«

Sie seufzte. »Vieles. Es war bestimmt, daß wir ein Fleisch werden. In den wenigen Monden seither sind wir mehr ein Gedanke geworden, als ich es je für möglich gehalten hätte. Und ich liebe dich. Aber...«

Sie schwieg und starrte hinauf zum Himmel; durch ein Loch in den Wolken waren die schwachen nördlichen Sterne zu sehen. Das Wasser der Bucht war rastlos. Von der *Schwinge des Westwinds* kam das Knirschen von Holz, in das sich Geräusche der kleinen Fischerboote mischten.

»Für mich ist bereits der Himmel über Qart Hadasht arm. Und auch mich haben Kräuter und Gewürze träumen lassen. Die Wälder, der große Fluß und die Steppe. Die brodelnden Kessel am Abend, und die Tänze und Gerüche meines Volks. Heißer Schlick, der auf dem Rücken des Flußpferds trocknet. Das Rascheln der harten Gräser – der scharfe Dunst des Leoparden in der weichen Nachtluft – all dies.«

Sie standen auf der Mole. Antigonos legte die Arme um Tsuniro. Etwas preßte ihm die Kehle zusammen. Rauh sagte er: »Du reißt mir das Herz aus dem Leib.«

Sie streifte seine Wange mit den Lippen. »O Liebster. Laß uns ein Kind haben. Denn wisse: Auch mein Herz börste. Mit dir und deinem Kind wäre es leichter, es an seinem Platz in der Brust zu lassen.«

Das Wetter schlug wieder um, aber mit dem Schnee kam eisiger Nordostwind, der die *Schwinge* schnell nach Westen segeln ließ. In der vierten Nacht nach dem Aufbruch wurde der Wind zu einem kleinen Sturm. Das Schiff tanzte und rollte. Tsuniro und Antigonos, hin und her geworfen und fast erstickt unter den dicken Pelzen des Lagers, genossen die überraschende Vielfalt neuartiger Bewegungen. Später lagen sie, munter ermattet, im knirschenden wogenden Dunkel des engen Raums und unterhielten sich leise. Aus der abgeteilten rechten Hälfte drangen Memnons ruhige Atemzüge durch die dünne Holzwand, in unregelmäßigen Abständen übertönt von Mastanabals gurgelndem Schnarchen. Hiram wachte; hin und wieder trampelte er, um sich aufzuwärmen, oder ging ein paar Schritte über ihren Köpfen.

Plötzlich drehte Tsuniro sich auf die Seite, kroch mit den Lippen Antigonos' Hals hinauf, knabberte an seinem Ohrläppchen und flüsterte: »Ich wollte nichts sagen – bis ich sicher bin.«

»Sicher wessen?«

»Vorgestern hätte ich beginnen müssen zu bluten. Die Nacht in der Taverne von Vektis.«

Antigonos zog sie noch näher an sich und küßte sie. »Es wäre wunderbar«, sagte er halblaut. »Hoffentlich ist es nicht nur eine Verspätung.«

Als Tsuniro eingeschlafen war, rang er noch immer mit sich. Die Worte des Schmieds wurden zu einer düsteren Drohung. Wo sollte ein dunkelfarbiger Sohn Fürst werden – wenn nicht tief im Süden Libyens? Irgendwelche Mächte, die sich seinem Verstand entzogen, schienen all dies bereits beschlossen zu haben. Er bezweifelte, daß er Unausweichliches durch Schweigen verhindern konnte, beschloß aber, es nicht durch Reden zu fördern. In dieser Nacht träumte er von tanzenden Steinen und blutigen Schwertern.

Am Morgen sprang der Wind um; er war wärmer und kam von Westen. Zwei Tage kämpfte die *Schwinge* mit Wind und Wellen; dann ließ Hiram wenden. »Es ist sinnlos«, sagte er. Die Erschöpfung hatte tiefe Rinnen in sein Gesicht gerissen. »Vollkommen sinnlos, Herr Tiggo.«

Antigonos betrachtete die müden Männer; auch er und Tsuniro waren erschöpft, denn in den letzten beiden Tagen hatte niemand schlafen können. Zu stark waren Wind und Wogen, zu wüst die Bewegungen des Schiffs.

»Ja, mein Freund. Ich weiß. Wir werden den Winter in Vektis verbringen.«

Im mittleren Frühjahr erreichten sie Gadir. Nachdem sie Wasser und Vorräte aufgefrischt hatten, schlossen sie sich einer großen Flotte an: Hundert Schiffe, die fast achttausend iberische Söldner nach Qart Hadasht bringen sollte. Enge und Gestank an Bord der Schiffe waren entsetzlich. Die Segler waren kaum größer als die *Schwinge des Westwinds,* die mit Kapitän, Steuermann und fünfzehn Matrosen vollbesetzt, mit Tsuniro, Memnon und Antigonos übervoll war. Entsprechend langsam kam die Flotte voran; spätestens jeden dritten Tag mußte ein Hafen angelaufen werden, um Wasser und Vorräte zu ergänzen und den Männern ein paar Stunden Platz für Bewegung zu verschaffen.

Dennoch fiel die mit leichter Fracht und verhältnismäßig wenigen Menschen beladene *Schwinge* immer weiter zurück: Sie zog Wasser. Im großen Hafen von Rusadir, in Siga, in Qartenna und Igilgili verloren sie Tage mit Teilausbesserungen. In Khullu ließ Hiram noch einmal ein paar schwammige Planken ersetzen.

»O mein Herr Tiggo«, sagte er, als er den Laderaum erneut untersucht hatte. »Dies ist das Ende der Fahrt. Mit den neuen Planken können wir umkehren, nach Igilgili. In den großen Werften dort wird man die *Schwinge* wieder neu machen – fast neu.«

»Wie lange?«

»Fünfzehn, zwanzig Tage – vielleicht mehr. Die Ladung muß gelöscht, das Schiff ins Dock gebracht, das Dock geleert werden. Erst dann läßt sich alles wirklich ausbessern. Wir werden einen neuen Bronzebeschlag brauchen.«

Antigonos kaute auf der Unterlippe. Im Hafen von Khullu lagen ein paar Fischer und kleinere Frachter. In den Tavernen hieß es, das Land sei ruhig – noch. Wie die anderen punischen und libyphönikischen Städte der Küste war auch Khullu stark befestigt. Im Herbst hatte der punische Kommandant mit der Bewaffnung und Ausbildung einer freiwilligen Bürgerwehr begonnen. Fünf punische Offiziere, hundert mauretanische Bogenschützen und hundertfünfzig iberische Fußkämpfer konnten ohne Hilfe der Einheimischen nicht hoffen, den Ort zu halten, wenn die Kämpfe sich weiter von Qart Hadasht ausdehnen sollten.

»Warte. Ich will zwei Dinge mit Tsuniro und Memnon bereden.« Antigonos ließ den Kapitän am Fuß des Mastes zurück und stieg aufs Achterdeck.

Noch am selben Nachmittag liefen zwei Schiffe aus. Hiram hatte zehn Männer aus Khullu angeheuert; sie sollten helfen, die *Schwinge* gegen den Westwind nach Igilgili zu rudern. Tsuniro und Memnon würden in Igilgili im Haus eines Geschäftsfreundes bleiben. Der Abschied war kurz und schwer.

»Herr meines Herzens – mußt du . . .?« Tsuniro hielt ihn an den Ohren gefaßt. Memnon blickte mit großen Augen zwischen beiden hin und her. Antigonos nahm den Sohn auf die Arme.

»Es heißt, die Söldner belagern Hipu jetzt auch von der See. Flotten können sich durchkämpfen, aber niemand hier will mit einem kleinen Boot die Fahrt jenseits von Tabraq wagen. Ich werde versuchen, von dort zu reiten. Ich kenne die Wege – auch nachts.«

Tsuniro legte die Hand an die Wölbung ihres Bauchs. »Ich kann nicht mehr reiten«, sagte sie leise. »Aber muß es denn sein, Liebster?«

»Ich halte die Ungewißheit nicht länger aus. Ich bin dort geboren. Ich hasse viele und liebe einige. Noch ist Qart Hadasht nicht völlig verloren. In der Stadt kann ich vielleicht etwas tun – mit Geld, mit Einfällen, mit Beziehungen. Wenn es sein muß, mit Bogen und Schwert. *Hier* kann ich nur warten und verrückt werden. Wenn Qart Hadasht fällt, fällt jede Stadt an dieser Küste – auch Igilgili, auch Rusadir. Alle. Hiram wird euch dann nach Mastia bringen, zum Dorf und zu Lysandros.«

Am Morgen des dritten Tages griff eine numidische Streife ihn auf. Die Reiter trugen weite weiße Gewänder, Speere und Schwerter. Ihre schnellen kleinen Pferde gehorchten jedem Schenkeldruck und Zuruf.

»Du Punier«, sagte der Führer des Trupps, ein graubärtiger Mann mit einer furchtbaren Narbe auf der Stirn. Sein Punisch war hart und brüchig. »Du Punier mitkommen; Fürst dich sehen und fragen. Dann . . .« Er fuhr sich mit dem Zeigefinger über die Kehle.

»Ich bin kein Punier, o Freund der Nachtfreuden und Herr der Zelte«, sagte Antigonos auf Numidisch. »Ich bin ein armer verirrter Kaufmann – Hellene.«

»Der Fürst wird entscheiden, was du bist.« Der Graubärtige grinste flüchtig. »Und davon hängt ab, was du sein wirst – toter Punier oder verirrter Hellene. Komm.«

Das Lager bestand aus etwa zwei Dutzend Zelten; Antigonos schätzte die Zahl der Krieger entsprechend auf über zweihundert. Die Pferde grasten auf den fetten Äckern und Weiden eines alten punischen Guts, und die geschwärzten Ruinen des Hauptgebäudes reckten flehend verstümmelte Arme aus Balken und Mauerresten in den hellblauen Frühlingshimmel.

Der Fürst musterte Antigonos. Er war noch jung, vielleicht zwanzig Jahre. Das von einem feinen schwarzen Bart umrahmte Gesicht war offen und freundlich, aber die Augen blickten hart. Antigonos empfand eine starke Sympathie für den Mann; er erinnerte ihn ein wenig an Hasdrubal. Unter anderen Umständen, sagte er sich, könnte es ein guter Tag mit guten Gesprächen sein.

Der Streifenführer reichte dem Fürsten Antigonos' Schwert und den Dolch, beide in ihren Scheiden. »Herr Naravas – er sagt, er ist ein verirrter hellenischer Kaufmann. Ich glaube, er ist ein punischer Spion.«

Naravas nahm die Waffen entgegen, bedeutete Antigonos, abzusteigen und wies auf das Feuer, das zwischen Gebäuderesten loderte. »Verirrte Kaufherren soll man bewirten«, sagte er mit einem boshaften Lächeln. »Und punische Spione sollen gesättigt dieses Leben verlassen. – Es ist gut; ihr könnt gehen.«

Der Fürst wies auf Lederdecken, die um das Feuer lagen. Als sie saßen, ließ er Antigonos von einem hellhäutigen Diener Kräuterbrühe und kaltes Fleisch bringen.

»Du siehst nicht unbedingt aus wie ein Punier«, sagte er dann. Seine Stimme war voll, angenehm und klang, als ob der Numider öfter mit gebildeten Gästen denn mit rauhen Kriegern spräche. »Aber das heißt nichts.« Übergangslos wechselte er ins Punische, das er akzentfrei sprach. »Da du durch diese Gegend reitest, wirst du zweifellos des Punischen mächtig sein.«

»Natürlich – welcher Kaufmann, der durch Libyen reitet, könnte auf die Kenntnis dieser Zunge verzichten?« Antigonos schlürfte vorsichtig den kochendheißen Sud.

Der Fürst runzelte die Stirn. »Nun zum Hellenen.« Er wandte sich dem hellhäutigen Diener zu. »Kleomenes, sprich mit ihm«, sagte er auf Numidisch.

Der Diener neigte den Kopf. »Wie du befiehlst, Herr. – Hellene, sagst du, Fremder? Dann sprich ein paar Worte, um mich zu überzeugen.«

Antigonos kniff die Augen zusammen. »O Kleomenes, wenn ich nicht nur diese wenigen Wörter von *dir* gehört hätte, könnte ich vielleicht besser sagen, wo du gelebt hast, ehe es dich hierhin verschlug. Sikeliot, möchte ich meinen – aus dem Westen der Insel. Herakleia, Selinus?«

Der Diener lächelte. »Akragas, Herr – aber seit die Römer meine Heimat vernichtet und die Bewohner niedergemetzelt haben, hört man nur wenige Akragantiner sprechen. Aber du – ich kann deine Heimat noch nicht nennen.«

Antigonos lachte. Vom neutralen Handelshellenisch des Westens ging er zum kehligen, makedonisch-ägyptisch geprägten Dialekt des Hafens von Alexandreia über. »Würde es dir die Sache erleichtern, wenn ich eine Weile *so* redete – oder wie ein kleiner Eseltreiber aus Kyrene?«

Naravas beugte sich vor. Ungeduldig sagte er: »Ich höre, daß er Hellenisch spricht – spricht er es gut, Kleomenes?«

»Ja, Herr – sehr gut, viele verschiedene Formen davon. Er ist zweifellos ein weitgereister hellenischer Kaufmann.«

Naravas nickte. Seine Blicke suchten nach irgendetwas in Antigonos' Gesicht. Er betrachtete die Waffen, zog sie halb aus der Scheide. Plötzlich lachte er.

»Es ist gut, Kleomenes; laß uns allein. – Ein ägyptischer Dolch, ein punisches Schwert. Mehrere Sorten Hellenisch, gutes Numidisch, Punisch wie aus der Hafengegend von Qart Hadasht. Wenn mir nicht eben eingefallen wäre, wo ich dich gesehen habe, wäre ich wirklich ratlos.«

Antigonos stockte der Atem. Er fühlte bereits die Klinge an der Kehle. »Wo hast du mich gesehen, Fürst der Reiter – oder glaubst, mich gesehen zu haben?«

Naravas legte die Waffen beiseite, außer Reichweite für Antigonos. Er verschränkte die Arme vor der Brust. »Du bist Antigonos, Sohn des Aristeides, Herr der Sandbank und Freund von Hamilkar und Hasdrubal.«

Antigonos musterte das Gesicht des jungen Fürsten; er mußte ihn gesehen haben, aber er konnte diese Züge nicht einordnen. »Wo, Fürst Naravas, hast du mich gesehen – da es offenbar zwecklos ist, will ich nicht leugnen, daß ich Antigonos bin, aber laß mich wenigstens nicht mit ungestillter Neugier sterben.«

Der Numider lächelte beinahe traurig. »Im Garten, im Park von Hamilkars Haus.«

Antigonos nickte, zögerte, räusperte sich. »Und du, o Naravas, der Hannibal das Reiten und Schießen mit dem Bogen lehrte, den Hamilkars Tochter Salambua liebt – du willst Qart Hadasht vernichten, Hannibal die Gedärme herausreißen und hören, wie Salambua schreit, wenn sie von Barbaren geschändet und ermordet wird?«

Der Numider fuhr auf; seine Hand krampfte sich um den Griff des Dolchs in seinem Gürtel. »Hüte deine Zunge – Metöke!«

Antigonos war ganz kühl; der Händler sah das Geschäft, die Möglichkeit des Feilschens. »Und du, Numider, hüte dein Schwert. Hast du nicht Salz gegessen in Hamilkars Haus?«

Naravas schwieg. Die Hände fingerten aneinander, am Dolch, an den Fransen der Sitzecke. Die Augen durchsuchten das Feuer.

»Und meinst du denn«, sagte Antigonos leise und scharf, »daß ein paar wahnsinnige Söldner, mit oder ohne Hilfe von dir, die gewaltigste Mauer erstürmen können, die es irgendwo unter dem Himmel gibt? Eine Mauer, die nicht einmal Agathokles und Regulus auch nur anzurühren wagten? Meinst du denn, Fürst von ein paar Reitern, daß Qart Hadasht wehrlos ist? Willst du deine Knochen und die deiner Männer als wirren Haufen in der Ebene von Tynes liegen lassen, nachdem ein geschickter punischer Henker dir bei lebendigem Leibe die Haut abgezogen hat, Stückchen um Stückchen?«

Naravas sah auf; sein Blick war nachdenklich. Er verbohrte sich in Antigonos' Augen. »Qart Hadasht hat kaum Waffen und keine Männer. Die Waffen sind von den Belagerern erbeutet worden, fast alle Männer aus der großen Mauer stehen jetzt gegen die Punier. Hannos Fehler.«

Antigonos hob eine Braue, ohne die Augen des Numiders loszulassen. »Du bist in Qart Hadasht gewesen – lange, wie ich deiner Stimme anhöre. Du hast die Stadt gesehen. Was glaubst du, wie viele Waffen die guten punischen Waffenschmiede angefertigt haben, seit Hanno seine Fehler machte? Die Vorräte an Eisen, Kupfer und Zinn sind gewaltig. Glaubst du denn, wenn es um alles geht, werden nicht hunderttausend Punierinnen die Haare opfern, um Bogen zu bespannen? Meinst du, ein Haus von Qart Hadasht behält einen Eisentopf zurück oder einen Kupferring, solange Schwerter und Pfeilspitzen geschmiedet werden müssen? Und, o armer Naravas, bildest du dir ein, daß unter den sechshunderttausend Menschen, die hinter den Mauern leben, nicht wenigstens fünfzigtausend Männer sind, die lieber kämpfen als im Bett erstochen werden wollen?«

Naravas senkte den Blick. Antigonos war überzeugt davon, daß sich in Qart Hadasht, dem satten reichen Qart Hadasht, keine fünftausend brauchbare Kämpfer finden würden, aber er setzte nach.

»Und selbst wenn es gelänge, die Mauer zu erstürmen und die Kämpfer zu besiegen – wie viele von euch wären dann noch übrig, um fünfzigtausend Häuser zu nehmen, eines nach dem anderen, verteidigt von Frauen, Kindern und den übrigen Männern, die ohnehin sterben müssen und noch ein paar Feinde mitnehmen werden?«

Naravas seufzte und fuhr sich mit der Hand über die Augen. »Sie haben keine Führer. Und können Punier wirklich kämpfen?«

»Haben sie euch nicht seit Jahrhunderten immer wieder gezeigt, daß sie die Stärkeren sind? Hast du nicht überlegt, wie viele Schiffe aus Iberien und Gallien, aus Hellas und von jenseits der Säulen des Melqart im Winter in den Hafen eingelaufen sein können? Ich selbst habe eine Flotte mit achttausend iberischen Kämpfern gesehen.«

Naravas schüttelte trotzig den Kopf. »Es bleibt dabei – sie sind wehrlos, solange sie keinen Kopf haben, der die kämpfenden Gliedmaßen lenkt. Nein, Hellene – ganz Libyen hat sich erhoben, um mit den Söldnern des großen Kriegs Qart Hadasht zu plündern und zu vernichten. Vieles an dem, was du sagst, läßt mich zögern. Aber mein Volk und ich werden nicht abseits bleiben, wenn die Reichtümer und die künftige Macht verteilt werden. Und« – er holte tief Luft – »wenn wir als erste in der Stadt wären, könnte es gelingen, Salambua und Hannibal ...«

»Auch der Bruder ist in deinem Herzen?«

Naravas nickte; für einen Moment leuchteten seine Augen. »Er wird einer der größten Fürsten unter den Männern werden – wenn er lebt.«

»Und du glaubst, der Sohn des Mannes, der Rom getrotzt hat, wird Freundschaft empfinden für einen, der sein Salz verrät und Hamilkars Stadt zerstört? Die Tochter des großen Strategen soll sich in das Bett des Mannes schmiegen, der ihr Haus und ihre Heimatstadt niederbrennt?«

Der junge Numider schlug die Hände vors Gesicht. »Hamilkar«, murmelte er. »Ihn habe ich immer bewundert. Ich wollte unter ihm kämpfen, aber der Krieg war zu Ende, ehe ich nach Sizilien gelangen konnte. Wenn Qart Hadasht doch nur *ihm* den Befehl überließe ...«

Antigonos streckte die Hände aus und drehte die Handflächen nach oben. »Schau her, Numider«, sagte er scharf, im Tonfall eines punischen Offiziers. Naravas zuckte zusammen und blickte auf die leeren Handflächen.

»Du siehst nichts, nicht wahr? Dies ist Qart Hadashts beste Waffe – unsichtbar und tödlich.« Er ballte die Fäuste. »Sie wird dich und alle anderen zerquetschen und zermalmen. Es ist die Furcht, kleiner numidischer Reiter – die Furcht vor dem uralten mächtigen Qart Hadasht, das euch so lange beherrscht hat. Und die Furcht vor einem Namen. Dem Namen eines Mannes. Wenn es ans Sterben geht, Numider, denk an meine Worte. Lange bevor der erste von euch die große Isthmos-Mauer berührt, wird Qart Hadasht sich dem Befehl dieses einen Mannes unterstellen. Die Punier waren nicht wahnsinnig genug, ihm den Befehl im römischen Krieg vorzuenthalten – und du armer Fürst von wilden Reitern auf struppigen Pferden glaubst, sie wären so wahnsinnig, in der Stunde der äußersten Not lieber zu sterben, als Hamilkar den Blitz auf euch loszulassen und euch zu zerschmettern? Seid ihr denn größer als Rom?«

Im Feuer knisterte und knackte das Holz. Kehlige Stimmen drangen von jenseits der versengten Mauer zu ihnen. Pferde schnaubten und wieherten.

Naravas schwieg lange. Endlich blickte er auf. Sein Gesicht war entspannt. »Wir reiten«, rief er zu den Mauerresten hinüber. Jemand auf der anderen Seite gab den Befehl weiter. Naravas erhob sich, streckte die Hand aus und zog Antigonos auf die Beine.

»Wenn wenn wenn«, sagte er. »Wenn Hamilkar den Befehl erhält und siegt, werden meine zweitausend Reiter und ich an seiner Seite sein. Nicht für Qart Hadasht, Hellene – für den Blitz! Wenn nicht, werde ich versuchen, im brennenden Qart Hadasht der erste zu sein, der den Palast in der Megara erreicht, um ihn zu schützen. Du hast eine gefährliche Zunge, Hellene. Und du bist ein tapferer Mann. Das Messer sitzt an deiner Kehle – aber du hast kein Wort über dich verloren. Ich achte das und werde es bewahren. Du reitest mit.«

Naravas war der jüngere Bruder des Königs der Massyler, Gya. Von diesem war er mit zweitausend Reitern ausgeschickt worden, um die Lage zu erkunden und dann zu entscheiden, was für die östlichen Numider das Beste sei. Gya selbst hütete mit seiner Hauptmacht das Land und die Herden; die Nachbarn im Westen, die Masaesyler südlich der punischen Küstenstadt Siga, neigten nach Naravas' Auskunft dazu, offene Türen in einem vorübergehend verlassenen Haus als Aufforderung zum Einzug zu betrachten.

Zu Antigonos Verblüffung ritten sie nach Südwesten, fort von Qart

Hadasht, den Söldnern und den belagerten Städten Ityke und Hipu. Abends überquerten sie eine Straße. Die Gegend schien nicht unter dem Krieg gelitten zu haben; es gab weder zerstörte Gehöfte noch niedergebrannte Felder. Der Hellene vermutete, daß sie nicht weit im Westen der Stadt Vaga waren, an der Straße von Qart Hadasht und Tynes ins Land der Massyler. Das blaugraue Band des Bagradas war am südlichen Horizont zu erkennen.

Sie folgten einem kleinen Nebenfluß. Der Boden stieg an, wurde steinig. Bei Sonnenuntergang erreichten sie einen grünen Talkessel, in dem viele Zelte standen.

»Unser Hauptlager«, sagte Naravas.

Antigonos nickte müde. Er hatte die letzte Nacht auf dem Rücken des Pferds verbracht und nun fast den ganzen Tag – abgesehen von der Zeit am Feuer. Das Reittier war erschöpft und stolperte immer häufiger.

»Dies hier ist gut zu verteidigen«, sagte Naravas, als sie vor seinem Zelt am Feuer saßen. »Morgen reiten wir den Bagradas abwärts.«

Antigonos gähnte und trank einen Schluck von dem kalten sauberen Bachwasser. »Wohin, Fürst der Numider?«

»Bisher haben wir das Hinterland erforscht. Alles, was wir gesehen haben, waren Dörfer, Felder und Städte, die die Söldner unterstützen. Ein paar verbrannte punische Güter, aber das Land blüht. Nun wollen wir sehen, wie es mit Ityke und Hipu steht – und Qart Hadasht. Ob nach der großen Niederlage, die Hanno erlitten hat, deine Voraussage in Erfüllung geht.«

Antigonos spürte etwas wie eine eisige Hand in seinem Gedärm. Mühsam beherrschte er seine Gesichtsmuskeln. Zum Glück blickte Naravas eben in eine andere Richtung.

»Ich habe flüchtig davon gehört, Naravas. Daß Hanno große Fehler begangen hat. Weißt du Einzelheiten?«

Der Massyler nahm einen kleinen Stock, stocherte damit im Feuer herum. »Ja. Aber wieso weißt du nicht … Natürlich. Du bist ja, wie du sagtest, vor ein paar Tagen erst im Hafen von Tabraq gelandet.«

›Und so eilig‹, dachte Antigonos, ›daß ich nicht einmal nachgefragt habe.‹

Naravas grunzte. »Ein Narr – Hanno. Er ist losgezogen, mit mindestens hundert Elefanten und an die zehntausend Mann. Dazu allem Kriegsgerät von Qart Hadasht – so heißt es. Er hat den Leichtsinn der Söldner bei Tynes ausgenutzt. Sie hatten die Pässe nicht besetzt, am Rand des Isthmos. Mit den Elefanten voran ist er über sie hergefallen, hat ihr Lager überrollt und sie förmlich umgerannt. Sie haben sich, soweit sie noch laufen konnten, auf die Hügel und Berge ringsum geflüchtet.«

Antigonos nickte ins flackernde Zwielicht. »Und dann hat er wahrscheinlich an seinen libyschen Pächterkrieg gedacht.«

Naravas kicherte. »Genau dies. Libysche Bauern rennen drei Tage lang, wenn sie einmal damit angefangen haben. Also hat Hanno kehrtgemacht und ist zurück nach Qart Hadasht – wohl um seinen kostbaren Leib zu pflegen. Und die geflohenen Krieger haben sein ungeschütztes Lager überfallen, die Truppen und die Elefanten zersprengt und alles Kriegsgerät erbeutet.«

»Hamilkars Schule«, sagte Antigonos. »Sie haben von ihm in Sizilien gelernt, sich zurückzuziehen und sofort wieder anzugreifen. Aber sie müssen auch ein wenig geschlafen haben.«

Naravas gluckste. Mit dem Stock hieb er sprühende Funken aus dem Feuer. »So ist es, Herr der Sandbank. Sie hätten das punische Heer vernichten können. Hanno hat es in den nächsten Tagen wieder eingesammelt und dabei viermal versäumt, die Söldner anzugreifen.«

Nach längerem Schweigen sagte Antigonos: »Fürst der Massyler, die Augen sind schwer. Ich weiß nicht, warum du einem gefangenen Hellenen die Freundschaft deines Zeltes bietest, aber ich nehme sie gern an. Und bald. Sag mir nur eines – was hast du vor? Mit dir, mit deinen Männern, mit mir?«

»Meine Männer bleiben hier – bis auf einen kleinen Trupp. Wir werden reiten und sehen, wie die Dinge sind; danach will ich entscheiden, wie mein königlicher Bruder es angeordnet hat. Du reitest mit. Wenn es zum Kampf kommt, erhältst du deine Waffen zurück. Dann wirst du leben oder sterben – wie die Götter es bestimmen.«

»Du weißt, daß ich nicht gegen Qart Hadasht kämpfen werde.«

Naravas nickte. Seine Zähne glitzerten, als er Antigonos anschaute. »Ich weiß, Freund Hamilkars. Wenn wir *gegen* Qart Hadasht reiten sollten, werden deine Hände gebunden. Auch mit gebundenen Händen kann man sterben.«

Die hundert Reiter hatten kein Feuer gemacht und keine Zelte aufgeschlagen. Einige schliefen; andere saßen an Bäume gelehnt, aßen kaltes Fleisch, Brot oder Früchte und unterhielten sich leise. Der bewaldete Kamm am Nordufer des Bagradas, vielleicht zehn Meilen oberhalb der

Mündung, erlaubte den Massylern einen weiten Blick in alle Richtungen. Zur Mündung hin fiel die Anhöhe schnell ab. Weit im Norden glommen die Feuer des Belagerungsheers um Ityke. Das Nordufer des Bagradas war von einer Feuerkette gezeichnet – die Posten der Söldner. Jenseits des breiten, tiefen Flusses, in der Ebene, erhellten Tausende Feuer die Nacht. Hin und wieder hörte man die Trompetenstöße von Elefanten.

Antigonos war eben eingeschlafen, als Pferdegetrappel ihn weckte. Naravas und seine zehn Begleiter kamen zurück. Der junge Numider gab halblaut ein paar Anweisungen; dann kam er zu dem Baum, unter dem Antigonos und Kleomenes saßen.

»Seltsam.« Er deutete auf den Fluß und die Ebene am anderen Ufer. »Ich habe mit Spendius und Audarido gesprochen.« Er klickte mit der Zunge. »Sie bieten uns mehr Land, Beteiligung an der Beute, Herrschaft über die punischen Städte an unserer Küste. Lauter große Versprechungen. Aber...« Er starrte weiter zum Bagradas hinab und schüttelte den Kopf.

»Was ist so seltsam?« fragte Antigonos. »Die Feuer, der Fluß, die Elefanten?«

Naravas lehnte sich an den Baum und streckte die Hand aus. Kleomenes reichte ihm eine Lederflasche. Der Massyler trank. »Nein«, sagte er dann. »Oder doch, ja. Matho belagert Hipu. Spendius belagert Ityke. Audarido hat den Befehl in Tynes. Es gibt ein großes Lager weiter flußauf – Libyer und ein paar sikeliotische Söldner, die hierhin und dahin geschickt werden können, je nachdem, wo man sie braucht. Spendius hat an der Mündung, wo die einzige Brücke ist, eine befestigte Stadt bauen lassen – dort liegen über zehntausend Mann. Als die Punier am Nachmittag in der Ebene drüben erschienen sind, ist der Italier von Ityke hierher gekommen. Alle Furten sind bewacht. Und, wie gesagt, die Brücke – kein Punier wird den Bagradas überschreiten können. Trotzdem sind sie da, in der Ebene. Was wollen sie?«

Antigonos hob die Schultern. »Hoffen und warten – das einzige, was sie tun können. Leute aus der Belagerung von Ityke abziehen, vielleicht auch von Tynes her.«

»Ja, ja«, sagte Naravas unwirsch. »Aber das ist nicht so seltsam. Das Heer der Punier – das eigentliche Heer unter Hanno liegt noch immer vor Tynes, sagt Audarido. Die Söldner in Tynes belagern Qart Hadasht, und Hanno belagert Tynes – als eine Art vorgeschobene Mauer. Und nun frage ich mich, wer ist das da drüben?«

»Vielleicht erfährst du es morgen«, sagte Antigonos. »Denk an meine Worte.«

Naravas schnaubte. »Ich denke an alles mögliche. Wir werden sehen. Jetzt sollten wir ruhen – solange wir können.«

Laute, erregte Stimmen rissen Antigonos aus dem Schlaf. Er setzte sich auf. Überall liefen Massyler herum und starrten zum Fluß hinunter. Antigonos rieb sich die Augen, sprang auf und suchte Naravas.

Der Fürst stand neben einem der vordersten Bäume des Kammwalds. Er hatte seinen bronzebesetzten Lederpanzer angelegt. Erst jetzt bemerkte der Hellene, daß auch die übrigen Numider Rüstung, Speer und Schwert trugen.

»Dieser schwarze Daimon«, murmelte Naravas, als Antigonos neben ihn trat. »Dieser großartige finstere listige Daimon!«

Auf der Ebene jenseits des Bagradas standen Zelte. Die tausend Feuer waren niedergebrannt. Vier Elefanten mit Türmen und je zwei oder drei Bogenschützen waren zu sehen, sonst nichts und niemand.

Die Söldnerposten auf dem Nordufer waren verschwunden. Von der Mündung näherte sich ein Heer. Elefanten bildeten die Spitze – mindestens sechzig. Die Strahlen der Morgensonne blitzten auf den scharfen Klingen, mit denen die Stoßzähne verlängert waren. Die roten Tücher unter den Schützentürmen schienen unheilvoll zu lodern. Das breite Ufer unterhalb des Kamms war noch leer.

Hinter den Elefanten folgten, soweit Antigonos es sehen konnte, Reiter und Leichtbewaffnete – Schleuderer und Speerwerfer. In der weiten Ebene zwischen Ityke und der Mündung stieg Staub auf – zweifach.

»Wie hat er das nur gemacht?« sagte Naravas. »Wie kann er das nur gemacht haben?«

Numider kamen zwischen den Bäumen herbeigeritten und sprangen vor Naravas ab.

»Herr«, sagte einer keuchend, »es ist Hamilkar der Blitz. Ich kenne ihn – ich habe ihn gesehen. Hinter den Elefanten sind Reiter und leichte Fußtruppen, dahinter die Schweren. Hamilkar ist bei ihnen – zu Pferd.«

»Wie hat er das geschafft?« schrie Naravas. Er packte den nächststehenden seiner Kundschafter am Gewand und schüttelte ihn. »Wie, Mann?«

»Wind aus dem Land, Herr«, sagte einer der Massyler. »Die ganze Nacht. Bei diesem Wind scheint die Mündung des Flusses zu versanden –

der Wind treibt das Meer zurück, und die Mündung ist breit und flach. Während alles auf die Feuer in der Ebene geachtet hat, und die Elefanten, die manchmal brüllen, ist Hamilkar in der Nacht mit allen anderen durch die Mündung gewatet und dann flußaufwärts, an der Brückenfestung vorbei.«

Naravas strahlte. »Ah, er ist ein Daimon! Wer außer ihm ... Weiter! Was ist dort drüben?« Er deutete auf die Staubwolken.

Das Ufer unterhalb des Kamms füllte sich; ein paar Reiter galoppierten dem punischen Heer entgegen, hielten dann an. Hinter ihnen, die meisten im Laufschritt, kamen die Fußkämpfer aus dem oberen Lager, schwerbewaffnete Sikelioten und Libyer. Signaltrompeten schrillten, zerschnitten das Gebrüll der Männer.

»Wir stehen hier gut«, sagte Antigonos spöttisch. Er berührte den Arm des jungen Fürsten. »Denk an meine Worte.«

Naravas kratzte sich den Bart. »Wir werden sehen. – Was ist da in der Ebene?«

Ein weiterer Reiter kam heran, sprang ab und taumelte zu seinem Herrn. »Die Krieger aus der Brückenstadt«, keuchte er. »Und Spendius mit vielen tausend vom Ring um Ityke.«

»Wieviel hat Hamilkar?«

»Vielleicht zehn Tausendschaften«, sagte einer der Kundschafter. Er spuckte aus. »Zu wenig.«

Naravas kniff die Augen zusammen und starrte Antigonos an. »Das kann nicht einmal er schaffen«, sagte er leise. »Sie haben viermal so viele.«

Die Libyer und Sikelioten unter dem Befehl von Audarido hatten angehalten. Sie bildeten eine Phalanx – dort, wo das Ufertal zwischen Bagradas und Waldkamm sich verbreiterte. Antigonos hatte bisher, wenn er »Söldner« hörte, an wirre Horden gedacht. Mit wachsendem Entsetzen verfolgte er die übersichtliche, schnelle Gliederung der Truppen. Die wenigen Reiter schienen eher Melder als Kämpfer zu sein; sie hielten sich an den Flanken auf. Immer wieder kam einer von ihnen zurück zu der kleinen Gruppe Berittener, die vielleicht fünfhundert Schritt von Naravas und Antigonos entfernt am Hang warteten. Einer von ihnen mußte Audarido sein. Signalbläser waren dabei.

Zwei große Truppenkörper, einer näher zum Waldrand, der andere unmittelbar am Flußufer. Jeweils etwa hundertfünfzig Mann im Glied, vierzig Reihen tief – zwölftausend schwerbewaffnete und keineswegs unordentliche Kämpfer. Zwischen den beiden Blöcken war ein Freiraum von etwa fünfzig Schritt Breite gelassen – für Meldereiter, für neue Entfaltungen, vielleicht auch als Gasse für die Elefanten. Zwischen der Spitze von Hamilkars Marschsäule und der Doppelphalanx der Söldner mochten noch zweihundert Schritt liegen.

Einer der Reiter am Hang hob den Arm – Audarido. Ein grelles Trompetensignal. Die Phalanx rückte vor, im Schritt, im Schnellschritt, im Lauf. Die Elefanten schienen zu zögern; plötzlich brach die Reihe auf, die großen Tiere machten kehrt und stürzten sich auf die hinter ihnen in loser Formation folgenden Reiter.

Naravas krampfte die Finger in Antigonos' Schulter. »Nein, nein, nein«, sagte er immer wieder. »So schlecht *können* sie doch nicht gezähmt sein!«

Die punische Reiterei, von den eigenen Elefanten zersprengt, löste sich auf, machte kehrt und prallte auf die Schleuderer und Speerwerfer. Staub, Geschrei, Durcheinander – viel mehr war vom Kamm aus nun nicht zu sehen. Naravas zerrte an seinem Bart, riß das Hauptgewand herunter und raufte sich die Haare. Eine dünne Reihe – wahrscheinlich die Leichtbewaffneten des in Auflösung begriffenen punischen Heers – entfernte sich schnell vom Fluß, floh in die Ebene.

»Das war dies«, sagte Naravas dumpf. Er zog sein Obergewand wieder zurecht, bedeckte das Haupt, wand das bestickte Tuch um die Schläfen und legte eine Hand auf Antigonos' Schulter. »O deine klugen Worte, Freund – aber nicht einmal Hamilkar kann mit schlechten Truppen gegen große Übermacht siegen. Das ist der Untergang von Qart Hadasht.« Er wies dorthin, wo flußabwärts die beiden großen Staubwolken sich vereinigt hatten – Söldner aus dem Belagerungsring um Ityke und die Besatzung der Stadt an der Brücke. »Das Ende, Metöke.«

Antigonos beschirmte die Augen mit der Rechten und blickte auf die Ebene, das Getümmel, den Fluß. Am Südufer standen immer noch die vier Elefanten mit ihren Turmbesatzungen. Ruhig. Konnten sie so gelassen zusehen, wie Hamilkars fast vierfach unterlegene Truppen aufgerieben wurden? Warum flohen sie nicht?

Der Wind wehte noch immer aus den Bergen des libyschen Hinterlands, strich über Fluß und Kamm, dämpfte den Lärm der Schlacht am Bagradas. Ein dumpfes Gemenge von Geschrei, Waffengeklirr, wiehernden Pferden, Zehntausenden von Füßen, das kein Ohr auflösen oder auch nur insgesamt aufnehmen konnte. Antigonos schloß die Augen. Die zweite Landschlacht, der er beiwohnte, und ebenso unentwirrbar wie die erste, damals, vor dreizehn oder vierzehn Jahren, als die Krieger des Königs Ashoka ein Heer von Aufständischen niederrangen und in den großen Fluß hetzten.

»Hah!«

Er öffnete die Augen wieder. Naravas deutete auf den Osthang des Waldrückens. Wo er langsam zur Ebene absank, kroch eine Schlange parallel zum Fluß. Der Massyler tanzte auf der Stelle. »Was macht er jetzt? Das sind Hamilkars Schleuderer – doch nicht geflohen. Aber...« Er kniff die Augen zusammen.

Die Schlange löste sich zu einzelnen Köpfen und Kopfgruppen auf, die keine Körper zu haben schienen. Das hohe Hartgras und die Sträucher am Hang wogten.

Meldereiter galoppierten zu den Berittenen um Audarido. Die winzigen, weit entfernten Gestalten gestikulierten hektisch. Einer warf die Hände in die Luft. Die Signalbläser ritten ein paar Schritte vor.

»Das hört keiner«, knurrte Naravas, als die Trompeten quäkten, vom Wind verweht.

Zwei Numider erschienen unter den Bäumen. Sie blieben auf den schnaufenden Pferden hocken.

»Fürst«, rief der erste; sein Atem kam stoßweise. »Die Punier...« Er rang nach Luft.

Die Phalanx der Söldner hatte sich längst aufgelöst. Die massierten Truppenkörper drangen immer schneller vor, wie im Sog der flüchtenden Elefanten, Reiter und Schleuderer. Je schneller und wilder und siegessicherer sie stürmten, umso weniger konnten die Glieder und Reihen geschlossen bleiben.

»Was ist mit den Puniern?« schrie Naravas.

»Sie sind nicht... geflohen.« Der zweite Reiter keuchte ebenfalls. »Das war von hier nicht zu sehen, Herr. Nur von der Seite. Die schweren Fußkämpfer...« Er ächzte.

Der zweite Massyler übernahm. Er atmete nicht mehr so schnell. »Zwei Marschgruppen, hinter den Schleuderern. Jede aus zwei Blöcken. Die Leute von Spendius dahinter, greifen an. Die Elefanten hier vorn drehen um, fliehen. Die Reiter werden zersprengt – zwei Gruppen. Eine Gruppe jagt weg vom Fluß, mit den Schleuderern. Die andere mit den Elefanten durch die Lücke zwischen den schweren Puniern. Kaum sind sie durch, schwenken die Marschgruppen in Linie. Eine schaut nach hinten, die andere nach vorn...«

Naravas unterbrach ihn mit einer Handbewegung. »Das halte ich nicht aus. Komm.« Er zog Antigonos zu den Pferden. Sie galoppierten durch den lichten Wald, den Nordhang des Kamms hinab, dann nach Osten. Als sie einen kleinen Hügel erreichten, der ihnen Überblick gab, sahen sie das Ende. Und das Gemetzel.

Hamilkar hatte im frühen Morgen die Mündung des Bagradas verlassen. Die von Itykes Belagerung abgestellten Truppen und die Besatzung der Brückenfestung, vermutlich aus dem Schlaf gerissen, zogen hinter seinen Einheiten her. Mit den Libyern und Sikelioten, die ihm flußabwärts entgegenkamen, nahmen sie ihn in die Zange – eine vierfach überlegene Zange, aus der es kein Entkommen gab. Wie es schien.

Die heillose Flucht der Elefanten, die zersprengten punischen Reiter, die zur Seite rennenden Leichtbewaffneten – alles war geplant. Nun bildeten die Schleuderer eine Linie, die den Kamm in die Ebene verlängerte und einen Ausbruch der Söldner des Audarido, eine Flucht weg vom Fluß, eine Vereinigung mit der nördlichen Flanke von Spendius' Kriegern verhinderte. Die Elefanten waren durch eine Lücke zwischen den vier Marschgruppen der schweren punischen Fußkämpfer gerast und mit voller Wucht auf die noch nicht ganz formierten Verfolger geprallt. Eine Hälfte der Reiterei folgte den Elefanten, schwenkte nach Norden, schwenkte erneut und drängte die Truppen des Spendius immer näher zum Fluß. Die andere Hälfte der Reiter jagte flußaufwärts, unterhalb der Schleuderer-Linie, und griff Audaridos aufgelöste Phalanx in der Flanke an. Zwei große Heere, beide in Auflösung und an den Flanken bedrängt, trafen auf die schweren Fußkämpfer Hamilkars, die nach dem Durchstürmen der Elefanten und der Reiter zwei feste Linien gebildet hatten – nach Osten, gegen die von den Elefanten schon halb zertrümmerten Kämpfer unter Spendius, nach Westen gegen die in voller Auflösung anstürmenden Libyer und Sikelioten des Galliers Audarido. Und nun machten die in die Ebene am Fluß gestürmten Elefanten kehrt und fielen mit gellenden Trompetenstößen über Spendius' Nachhut her.

Antigonos ließ den Zügel sinken und entspannte sich. Naravas' Schwertspitze berührte seine Kehle. Der Massyler mußte geahnt haben, was Antigonos plante.

»Ts ts ts! Du willst uns doch jetzt nicht verlassen, Metöke?« Naravas grinste. »Bleib noch ein wenig. Es gibt hier nichts mehr zu sehen – nur noch das Ende.«

Antigonos seufzte. Hamilkar war vermutlich dort vorn, so nah und doch unerreichbar. Die Gefangenschaft war nicht so schnell zu beenden.

»Und nun, Fürst der Numider?«

Naravas zuckte mit den Schultern. »Wir warten noch ein wenig. Es wird kein Wunder geben – für die Söldner.«

Noch bevor die Sonne im Mittag stand, war die Schlacht beendet. Punische Reiter und Elefanten jagten Flüchtende über die Ebene. Größere Trupps zogen sich in einer Art halber Ordnung zurück – nach Ityke, wo die Belagerer Wälle aufgeworfen hatten, hinter denen sie sich gegen Verfolger wehren konnten; zur Brückenfestung; und zum Libyerlager flußaufwärts.

Die nächsten Nächte verbrachten die Massyler in einem abgelegenen Waldstück. Antigonos war immer unter Bewachung. Naravas hatte offenbar die Absicht, vor seiner großen Entscheidung das Land, die Wege, Städte, Brücken, Wasserstellen und möglichen Lagerplätze für ein Reiterheer gründlich und umsichtig zu erkunden. Hamilkars Sieg am Bagradas reichte noch nicht, den Fürsten zu einem endgültigen Beschluß zu bewegen.

»Es sind immer noch zu viele, und so einen Fehler machen sie kein zweites Mal – nehme ich an«, sagte er am dritten Abend nach der Schlacht. Seine Reiter hatten Versprengte aufgegriffen und befragt, waren auch mehrmals nahe am Bagradas gewesen. Naravas hatte sich mittags noch einmal mit Spendius und Audarido getroffen.

»Die beiden wollten mir erzählen, es wäre alles gar nicht so schlimm gewesen«, sagte er. »Aber es war ziemlich böse für die Söldner und die Libyer. Sechstausend Tote, an die dreitausend dürfte Hamilkar gefangen haben – und er hat nachgesetzt. Noch am selben Nachmittag hat er die Festung an der Brücke genommen. Die Punier können sich jetzt wieder halbwegs frei bewegen.«

Antigonos forschte im Gesicht des jungen Massylers nach Antworten auf ungestellte Fragen. Schließlich sagte er: »Was hindert dich denn nun noch daran, zu Hamilkar zu gehen?«

Naravas lächelte, aber es war ein Lächeln ohne Freude. »Die Libyer haben neue Verstärkungen zusammengezogen, die bald zu Spendius und Audarido stoßen werden. Auch nach dieser Schlacht sind sie immer noch weit überlegen – die Libyer nicht einmal eingerechnet. Hipu und Ityke werden weiter belagert; Hamilkar hat nicht genug Truppen, um dagegen wirklich vorzugehen. Und bei Tynes sitzt noch immer Hanno mit der Hälfte des punischen Heers und rührt sich nicht. Verlaß dich darauf, Herr der Sandbank – das Spiel ist noch nicht zu Ende.«

»Außerdem«, sagte er eine Weile später, »kommt es ein wenig auf Zeit und Gelegenheit an.«

Eine seltsam stumme Freundschaft entwickelte sich. Der Herr der Sandbank war natürlich kein gewöhnlicher Gefangener; und Naravas war offenbar der geborene Kriegerführer. Seine Männer schienen ihm blind zu vertrauen und ihn zu lieben. Aber er trug schwer an der Bürde, die sein Bruder und König ihm mitgegeben hatte. Antigonos begriff den Zwiespalt und versuchte nicht, weitere – ihn selbst kaum überzeugende – Reden über die Unverletzlichkeit von Qart Hadasht zu halten. Sie teilten das Zelt und die Dienste des wortkargen Kleomenes, und sie ritten zusammen. Antigonos konnte nur hoffen, daß der junge Massylerfürst beim Abwägen der für ihn und sein Volk bedeutenden Entscheidungen die Einwände und Prophezeiungen gewichtig finden würde.

Als die Sommermitte vorüber war, begann Antigonos zu verzweifeln. Er hatte heilige Eide schwören müssen, nicht zu fliehen, und konnte sich im Rahmen des jeweiligen Lagers oder der Reitergruppe ziemlich frei bewegen. Es gab aber keine Möglichkeit festzustellen, ob Tsuniro und Memnon heil nach Qart Hadasht gekommen waren, und auch nicht die geringste Aussicht, ihnen oder sonst jemandem mitzuteilen, daß er noch lebte. Aus der Lage, soweit er sie sah, ließen sich Rückschlüsse ziehen, die ihm aber nicht allzu sehr halfen.

Offenbar hatte sich der kleine Zwischenfall mit römischen Händlern und die römische Drohung nicht zu einem neuen Krieg gegen Rom entwickelt – in der augenblicklichen Lage hätten die Punier keine Truppen nach Sizilien oder gar Italien schicken können, und zweifellos wären die Römer in Libyen gelandet. Davon hätte aber Naravas sicher gehört. Es gab keine fremden Händler im Land, die Söldner ernährten sich – wie die Massyler – von dem, was sie finden, jagen, kaufen oder stehlen konnten. Daraus ließ sich ableiten, daß die Flotte von Qart Hadasht die Küsten beherrschte. Und alle gemeldeten Bewegungen beschränkten sich auf den Raum zwischen Hinterland, Hipu, Ityke und Tynes – offenbar hielten die Städte der Ostküste wie Hadrymes, Thapsos und Ruspino der punischen Hauptstadt die Treue.

Ebenso schien festzustehen, daß Hanno nicht abgesetzt war, sondern daß die Punier über zwei gleichberechtigte Strategen verfügten. Mit allen Nachteilen. Hannos Heer sperrte den Isthmos und beobachtete Tynes, statt etwas zu unternehmen; damit fiel ein großer Teil der geringen punischen Kräfte für jeden sinnvollen Einsatz aus.

Das zweite Heer unter Hamilkar zog durch die Ebene am Bagradas, nahm ein paar kleinere abgefallene Orte, beschlagnahmte die Ernten und suchte die Gelegenheit, den Söldnern eine weitere Niederlage zuzufügen. Aber Matho, der nach Audaridos und Spendius' Schlappe den Oberbefehl übernommen hatte, war vorsichtiger. Er blieb bei Hipu, leitete die Belagerung der punischen Stadt und kümmerte sich um das alte libyphönikische Ityke. Seine ehemaligen Mitaufrührer, jetzigen Untergebenen Spendius und Audarido hatte er angewiesen, sich vor Hamilkars Elefanten und Reitern zu hüten, nicht in die Ebene zu gehen, das Heer von den Bergen aus zu beobachten und erst anzugreifen, wenn sich eine gute Gelegenheit bot. Als sie kam, war Naravas bereit.

Es war schon später Sommer. Die einander belauernden Heere hielten sich immer noch in der Nähe des Bagradas auf, kaum einen Tagesritt vom Hauptlager der Massyler entfernt.

Naravas war die letzten Tage ungewöhnlich ruhig gewesen. Plötzlich schien er einen Entschluß zu fassen. Nachdem er vier Stunden fast regungslos auf einem Stein gehockt hatte, sprang er auf, winkte einige seiner Leute herbei und gab Anweisungen. Sie schlugen die Fäuste auf die Brust, liefen zu ihren Pferden und jagten davon.

Naravas kam zu Antigonos, der vor dem Zelt saß und seinen arg mitgenommenen Chiton flickte. Kleomenes hatte ihm Nadel und Faden geliehen.

»Manchmal muß man die Dinge beschleunigen«, sagte der Numider. Sein Gesicht war blaß unter der Bräune.

»Was willst du beschleunigen, o Fürst?«

Naravas ging unruhig auf und ab. Alle Bedächtigkeit und Grübelei der letzten Tage war fort. »Spendius und Audarido sitzen auf einem Bergrücken.« Er rieb sich die Hände. »Heute früh kam ein Bote von ihnen – sie fordern uns auf, mit ihnen in die Schlacht zu ziehen. Offenbar wissen sie, daß meine Leute in der Nähe sind. Ohne uns, sagt der Bote, wollen sie es nicht wagen – wegen der punischen Reiterei und der Elefanten. Sie haben ja kaum Pferdkämpfer. Aber...« Er starrte Antigonos an. Dann lächelte er verzerrt. »Fünfzehntausend frische Libyer unter Zarzas stoßen morgen zu ihnen. Vielleicht übermorgen. Mit ihnen und uns, sagen sie, kann man auch Hamilkar vernichten. Er hat immer noch kaum mehr als Zehntausend.«

Antigonos bewegte sich unbehaglich. Etwas Kaltes schien seinen Rücken hinabzurieseln. »Und nun?« sagte er schwach.

»Wir reiten – morgen. Die anderen stoßen unterwegs zu uns.«

Boten kamen und gingen. Erst kurz vor Mitternacht kehrte Ruhe ein. Naravas kam steifbeinig zum Zelt, das er noch immer mit Antigonos und Kleomenes teilte.

»Sie sitzen in der Falle«, sagte er. Sein Gesicht war ausdruckslos. »Zehntausend Punier und Hamilkar. Sie haben am Fluß ein Lager mit Wällen. Vor ihnen liegen Zarzas' Libyer – fünfzehntausend. Spendius und Audarido sitzen mit etwa neuntausend Söldnern über ihnen auf dem Berg und werden morgen früh hinabsteigen. Wir auch.«

Antigonos öffnete den Mund, schloß ihn wieder. Alles was er sagen konnte hatte er längst gesagt; stumm reckte er Naravas die Hände hin. »Binden«, sagte er leise.

Naravas schüttelte den Kopf. »Das kann bis morgen warten. Schlafen.« Er drehte sich auf die Seite.

Antigonos war sicher, nicht schlafen zu können. Als er erwachte, wußte er nicht, was ihn mehr verblüffte – daß er geschlafen hatte, oder daß Naravas vor ihm kniete. Auf den Handflächen des jungen Massylers lagen der ägyptische Dolch und das punische Schwert.

»Ohne Nahrung im Magen kämpft es sich besser.« Naravas lächelte. »Wasser und ein wenig Wein – mehr nicht. Wir wollen ja nicht im Getümmel absteigen und das Gesäß entblößen.«

Kleomenes reichte Antigonos einen Becher. Das Gemisch war warm. Naravas kniete noch immer.

Antigonos betrachtete seine Waffen, die Augen des Massylers, das Gesicht. »Du weißt, gegen wen ich die Waffe hebe«, sagte er heiser. Naravas nickte.

Antigonos ließ das kurze Schwert auf den Händen des Fürsten liegen, nahm die Dolchscheide, zog die ägyptische Waffe heraus und führte die scharfe Klinge leicht über seinen linken Unterarm. Aus dem Schnitt quoll ein wenig Blut. Dann legte er den blanken Dolch in die Rechte des Massylers und nahm das Schwert.

Naravas strahlte. Er schob den Ärmel hoch, schnitt sich mit Antigonos' Dolch, nahm den linken Arm des Hellenen in die Rechte und streckte seinen linken Arm aus. Nachdem jeder vom Blut des anderen getrunken hatte, umarmten sie einander.

Die Sonne stand noch nicht sehr hoch. Im Lager der Punier war es ruhig: Bewegung, aber kaum Lärm. Die Libyer hatten ihr unbefestigtes Lager bereits verlassen und formierten sich zur Schlacht. Ihre rechte Flanke berührte tief gestaffelt den Fluß. Ein Teil der erfahrenen Kämpfer von Spendius und Audarido befanden sich schon in der Ebene, die übrigen am Hang.

Naravas besprach sich mit seinen Unterführern; es gab keine Widerworte. Dann ritt er langsam vor, gefolgt von hundert weißgekleideten Reitern. Antigonos fühlte sich sehr seltsam an diesem Morgen seiner ersten wirklichen Schlacht, in einem fremden Gewand.

Etwa zweihundert Schritt vor dem mit Holz verstärkten Erdwall des punischen Lagers hielt Naravas an. Er winkte Antigonos und einen graubärtigen Massyler zu sich.

»Bruder meines Vaters«, sagte er. »Bitte um eine Unterredung.«

Der Graubärtige legte knapp die Hand an die Lippen und trieb sein Pferd vorwärts. Der Morgen war windstill. Hundert Schritt vor dem Wall legte der Numider die Hände an den Mund. Antigonos glaubte zu hören: »Naravas, jüngerer Fürst der Massyler, begehrt ein Gespräch mit Hamilkar dem Blitz«, aber Naravas' Vaterbruder war zu weit fort, und in den Ohren des Hellenen rauschte es.

Ein Teil des Verhaus wurde geöffnet. Zwanzig Schwerbewaffnete kamen aus dem Lager, blieben stehen; in den von ihnen gebildeten Halbkreis trat Hamilkar Barkas. Er trug einen schlichten Kesselhelm, zu stumpf, als daß die Sonne sich in ihm hätte spiegeln können. Um die Schultern lag das Fell eines Leoparden; über dem Chiton saß der metallbesetzte Lederpanzer. Der riesige, breitschultrige Mann trat ein paar Schritte vor, zog das Schwert aus der Scheide und reichte es einem seiner Fußkämpfer.

Der alte Numider beruhigte sein tänzelndes Pferd und gab Naravas ein Zeichen. Der junge Fürst winkte Antigonos und ritt vor. Als sie den alten Massyler erreichten, stieg Naravas ab, warf dem Vaterbruder die Zügel zu, reichte ihm seinen Speer und ging zum punischen Lager. Über die Schulter sagte er: »Mitkommen, Blutsbruder – aber verbirg dein Gesicht und bleib ein wenig zurück.«

Fünf Schritte vor Hamilkar hielt er an. Antigonos, etwa zehn Schritte hinter ihm, hatte einen Zipfel des langen Kopftuchs über Mund und Nase gezogen. Nun, aus der Nähe, sah er, daß der Blitz das graue Fell des *yama* unter dem Panzer trug.

Hamilkar musterte den jungen Mann. »Du hast Mut, Naravas Sohn des Masyas und Bruder des Gya«, sagte er. Die tiefe volle Stimme klang gelassen. »Neuerdings sind ja Gesandte nicht mehr besonders heilig. Warum willst du mit mir reden?«

Naravas richtete sich noch ein wenig höher auf. »Als ich nach Sizilien wollte«, sagte er laut, »um unter deinem Befehl zu kämpfen, ging der Krieg zu Ende. In diesem neuen Krieg will ich nicht zu spät kommen – aber auch nicht zu früh.«

»Ich höre deine Worte. Wenn du jetzt kommst, kommst du im allerbesten Augenblick. Was forderst du – was bringst du?«

Naravas wies über seine Schulter zurück. »Zweitausend Speere der Massyler.« Er zögerte. »Für deine Freundschaft.«

Hamilkar schüttelte langsam den Kopf. Unendliches Mißtrauen schwang in seiner Stimme mit. »Nichts sonst, Numider? Spendius wird dir halb Qart Hadasht versprechen.«

»Er hat mir halb Qart Hadasht versprochen«, sagte Naravas scharf. Er wandte sich um und winkte Antigonos zu sich. »Vielleicht glaubst du diesem hier.«

Antigonos blickte sich gleichsam über die Schulter. Er sah und spürte sich auf fremden Beinen die wenigen Schritte gehen, bemerkte, wie eine fremde Hand den Tuchzipfel fortzog und hörte eine fremde Stimme sagen: »Diener des Melqart – er hat mein Blut getrunken und ich das seine.«

Hamilkar riß die Augen auf, und der Anblick eines fassungslosen Hamilkar Barkas brachte Antigonos wieder mit sich zusammen.

»Tiggo! Kleiner Schuft! Freund! Nie habe ich jemanden so gern gesehen wie jetzt dich. Es stimmt also? Aber wieso bist du… Ah, das muß warten. Blut getrunken, sagst du?«

Antigonos legte die Hand auf Naravas Schulter und schob den Fürsten vorwärts. Hamilkar blickte zwischen den beiden hin und her.

»Freund und Freund meines Vaters«, sagte Antigonos. »Habe ich dich je belogen?«

Hamilkar grinste plötzlich und streckte die Rechte aus. »Mich nicht.«

Antigonos umklammerte einen Moment das Handgelenk des großen Puniers; dann legte er die Hand auf Naravas' Arm. »Dieser hier verehrt dich. Deshalb, Diener des Melqart. Und ich kann ihn doch nicht allein in die Schlacht ziehen lassen – Salambua würde es mir vermutlich übelnehmen.«

Hamilkar hob die Brauen. »Ah – *du* bist das? Ich hörte von einem edlen Numider.«

Naravas nickte; er schien auf etwas zu warten.

Hamilkar legte die Linke auf den Chiton, über seinem Gemächt; mit der Rechten deutete er in den Himmel. »Bei deinen Göttern, Massyler«, sagte er, »und bei dem Glied, das Salambua zeugte: Meine Freundschaft und meine Tochter – wenn wir diesen Tag überleben.« Er legte die Hände auf Naravas' Schultern.

Der junge Fürst erwiderte die Geste. »Es ist...«, sagte er; dann gellten die Signalhörner im punischen Lager.

»Später«, murmelte Hamilkar. »Mein Befehl – Freund?«

»Dein Befehl, Stratege.«

»Warte, bis die Schlacht begonnen hat; dann komm mit deinen Reitern am Fuß des Bergs entlang und nimm die Flanke und den Rücken der Söldner.«

Naravas hob die Hand und ging zu seinem Pferd zurück.

»Ein Wort noch, Tiggo«, sagte Hamilkar leise. »Irgendwann wirst du mir erzählen, wie du das gemacht hast. Ich nehme die Massyler als Geschenk von dir.«

Antigonos neigte lächelnd den Kopf. »Ich muß dir doch auch mal etwas schenken.«

Hamilkar runzelte die Stirn und blickte über die Schulter zurück. Offenbar hatte er längst genaue Befehle gegeben; die punischen Truppen zogen aus dem Lager.

»Im Lager ist es ein wenig sicherer für Hellenen«, sagte Hamilkar.

Antigonos schlug das Gewand zurück; der Blitz sah das Schwert und holte tief Luft.

»Noch ein Geschenk, Tiggo? Du bist außerhalb des Schlachtfelds wichtiger.«

Antigonos legte die Faust an die Brust. Er wußte: Wenn er noch vier Augenblicke bliebe, würde er nicht mehr aufbrechen können. Wortlos drehte er sich um und ging zu Naravas und dem wartenden Pferd.

Naravas ritt an der Spitze, umgeben von Männern aus seiner engsten Sippe. Als er sich umwandte und die lockeren Reihen musterte, sah er, daß Antigonos schräg hinter ihm ritt.

»Bruder – Herr der Sandbank, dein Platz ist nicht bei den Schwertern!« Antigonos versuchte ein Lächeln. »Wenn es mir noch oft gesagt wird, glaube ich es am Ende.«

Sie ritten langsam, fast gemächlich den Hang entlang, ein wenig über der Ebene. Ein paar Reiter galoppierten ihnen entgegen.

»Spendius entbietet seine Grüße, Fürst der Massyler«, sagte der erste.

»Freude und Dank. Du möchtest, sagen Spendius und Audarido, wenn es dir gefällt, die Mitte der punischen Reihe angreifen – von hinten. Wir wollen sie in zwei Teile spalten und vernichten.«

»Ein schlichter und nicht besonders überzeugender Plan«, sagte Naravas kalt. »Entbietet euren Herren meine Grüße. Spendius mag sich erinnern, daß ich gesagt habe, wir werden kommen – aber ich habe nicht gesagt, zu wem.« Er hob den Speer. »Die Feldzeichen!«

Zwei Männer seiner Sippe entrollten die an Speerschäften befestigten glitzernden Tücher. Sie zeigten Palmen und Speerspitzen. »Für Qart Hadasht – für Hamilkar Barkas!« schrie Naravas. Die zweitausend Massyler nahmen den Schrei auf und reckten die Speere.

Einen Moment saßen die Boten der Söldner wie erstarrt auf ihren Pferden. Dann rissen sie die Tiere herum und jagten davon.

»Weiter!« Naravas trabte an.

Die Schlacht hatte begonnen. Schon jetzt war zu sehen, daß ein Teil der Libyer auf dem rechten Flügel kaum ins Treffen eingreifen konnte – Hamilkar hatte sie durch einen ganz einfachen Zug kaltgestellt. Die punische Reihe war immer weiter zurückgewichen, bis sie sich mit der linken Flanke an der flußabgewandten Seite des eigenen Lagers befand. Hinter den Wällen und Verhauen saßen wahrscheinlich Schleuderer, Speerwerfer und Bogenschützen. Die Libyer, die am Fluß vorrückten, konnten entweder versuchen, das Lager zu stürmen – schwierig, blutig und für die Schlacht zunächst bedeutungslos. Sie konnten zusehen, wie die anderen kämpften, ohne selbst einzugreifen. Oder sie konnten in aller Eile in die Mitte oder auf den anderen Flügel verlegt werden – was Zeit und Kraft kostete, die übrigen Truppen beengen und beeinträchtigen mußte und den Puniern die Möglichkeit gab, dann die Leichtbewaffneten aus dem Lager in die nackte Flanke des Gegners stürmen zu lassen.

Die Elefanten rissen Lücken, quirlende Verwerfungen, zeugten Stru-

del in der Mitte der libyschen Schlachtreihe. Stoßkeile schwerer Fußkämpfer folgten. Die punische Reiterei versuchte neben den Elefanten
durchzubrechen. Noch hielten die libyschen Reihen.

Die Entscheidung würde jedoch in der Mitte und auf dem rechten
punischen Flügel fallen. Hier standen Teile der Libyer und die erprobten
Söldner des Römischen Kriegs Hamilkars schwerem Fußvolk gegenüber, und die Punier waren kaum halb so viele und sicher nicht kampf-
kräftiger als die in langen Jahren von Hamilkar ausgebildeten Aufrührer.
Der Flügel wich unter dem Druck der Kelten, Halbhellenen, Iberer, Italier und Sikelioten langsam zurück.

Ein Angriff der zweitausend Massyler auf Seiten der Söldner zu diesem Zeitpunkt wäre der Todesstoß für Hamilkars Heer, und ob sie für
ihn die Schlacht wirklich wenden konnten, erschien Antigonos zweifelhaft. Aber das waren seine letzten klaren Gedanken.

Die Numider hatten einen Punkt genau oberhalb der Schlachtreihen
erreicht. Naravas hob den Speer, stieß einen langen schrillen Schrei aus
und galoppierte los.

Die leichtgepanzerten, leichtbewaffneten Numider waren keine Stoß-
reiterei, die wie makedonische Kataphrakten eine gegnerische Reihe zertrümmern konnte. Sie konnten belästigen, verwirren, wie Sturmwirbel
um die feindlichen Truppen rasen, mit den Speeren zustoßen, sich
zurückziehen, neu angreifen. Sie schienen auf den Pferden zu kleben.
Antigonos stürzte beim Anprall von seinem Reittier, kam irgendwie auf
die Füße, hatte das kurze breite Schwert in der Hand.

Alles weitere war ein Kreiseln sich auflösender, wieder verwachsen-
der, wechselnder Bilder. Er hielt das Schwert, aber nicht er, *es* kämpfte,
hieb und stach, parierte, wich aus, taumelte, fing sich, duckte und
tauchte, stürzte, stand. Ein aufgerissener Mund; Blut aus einem Arm-
stummel; Hände drückten Gedärm in den zerschlitzten Bauch zurück;
abgebrochener Speerschaft im Rücken eines Liegenden; zuckende Klingen; Staub. Kein Geräusch, nur das malmende Pulsen und Pochen der
Brandung im Ohr. Und als einzig halbbewußte Empfindung eine unermeßliche, unersättliche Gier zu töten.

»Sieht aus wie ein Schlag mit der flachen Klinge. Wenn das alles wäre...
Bleib ein bißchen liegen. Weiter.« Der punische Wundarzt, von Kopf bis
Fuß blutbespritzt, wandte sich ab. Ein schwarzer Helfer wickelte Lei-
nenstreifen um Antigonos' Kopf.

Schreie und Stöhnen von Verwundeten drangen durch die dumpfe schwärende Schmerzhaube, die den Platz des Schädels eingenommen hatte. Die Sonne, irgendwo links und schon tief, durchsetzte die Luft mit unerträglichem Glanz. Zu Weißglut erhitztes Gold sickerte in seine Augen.

Als er das nächste Mal erwachte, flackerten Feuer in der Ebene. Mühsam richtete er sich auf; sein Kopf war wieder ein Kopf, zum Überlaufen voll von schwappendem Blei und Brandrädern. Er schloß die Augen, atmete mehrmals tief und versuchte zu blinzeln. Die Rundtänze kamen zum Stillstand.

Halb von den Feuern erhellt schaukelten nicht weit die großen Elefanten an ihren Pflöcken. Vor und zurück, vor und zurück. Die Vorderbeine waren zusammengekettet. Es waren große Tiere aus den Steppen tief im Süden Libyens, wahrscheinlich mit Schiffen aus einem der Häfen im Osten nach Qart Hadasht gebracht und dort ausgebildet. Die kleineren Elefanten aus den numidischen und gätulischen Wäldern konnten keine Türme tragen und wurden von den punischen Heeren häufiger verwendet, mit verlängerten Stoßzähnen und einem Speerreiter. Aber die Wege nach Numidien waren versperrt. Weißgekleidete Gestalten huschten durch die Elefantenreihen, brachten Futter, schleppten Wassereimer, reinigten die verschmierten Klingen auf den Zähnen und streiften die Scheiden darüber. Punier, aber man nannte sie Inder, wie die Pfleger und Abrichter, die als erste vor Jahrzehnten indische Kampfelefanten in Syrien und Ägypten gelenkt hatten.

›So ein Irrsinn. Die Schlacht ist vorbei, ich sitze hier, weiß nicht, was geworden ist, und mein Kopf denkt über Elefanten nach.‹ Antigonos wandte sich an den Mann, der zu seiner Rechten lag. Er hatte lange furchtbar gestöhnt und schwieg nun. Vielleicht wußte er etwas. Aber der Körper, den der Hellene berührte, war kalt und steif.

Beim vierten Versuch gelang es ihm, aufzustehen und auf den Beinen zu bleiben. Einer der »Inder« ließ ihn frisches Wasser aus einer Lederflasche trinken. Halb taumelnd, halb gehend versuchte Antigonos, sich in der Ebene zurechtzufinden.

Er war mit anderen Verwundeten zum Wall des punischen Lagers gebracht worden. Wo die Schlachtreihe die Befestigung berührt hatte, türmten sich nun Schwerter, Rüstungen, Speere, Helme, Gürtel, Scheiden, Messer, Bogen. Aus dem von den verstreuten Feuern eher vertieften Dunkel tauchten immer wieder Kämpfer auf, die noch mehr Kriegsgerät zu den Stapeln, Pyramiden und Haufen brachten. Ein langer, niedriger Hügel, der am Tag noch nicht dagewesen war, zeichnete sich undeutlich in der Mitte der Ebene ab. Als Antigonos dorthin schlurfte, fing ihn im letzten Moment ein Mann ab. Vor ihm gähnte eine tiefe Grube.

Antigonos schleppte sich fort, zunächst ziellos, dann dorthin, wo der Fluß sein mußte. Das Prasseln der Feuer, ein durchdringendes und alles überlagerndes Tosen von tausend leisen Gesprächen; der Geruch von Wein und verbranntem Fleisch, der Geruch, metallisch und dennoch widerlich weich, von geronnenem Blut und zerhackten Körpern, die einen halben Tag in sengender Sonne gelegen hatten. Zurufe, das Stöhnen von Verwundeten, Wimmern, Schreie. Antigonos war mit den Numidern nüchtern in den Kampf geritten und hatte nur ein paar Schluck Wasser getrunken, aber irgendwann übergab er sich keuchend, keuchend pumpte er mehr aus sich heraus, als in ihm sein konnte. Ein anderer Wundarzt, oder der erste? Er beugte sich über einen Körper, der sich wand und dumpfes Jaulen ausstieß. »Mut, Freund«, sagte der Arzt halblaut; er legte eine Hand auf die Stirn des Mannes. »Frauen leiden mehr, wenn sie gebären. Schließ die Augen. Es wird gleich ein bißchen wehtun, aber dann geht es dir besser.« Der Helfer des Arztes stieß dem Krieger einen langen glimmenden Dolch ins Herz. Gätulier und Balliaren durchstreiften noch immer mit Messern die Nacht, schleppten leichtverwundete Söldner und Libyer zum punischen Wall und zerschlitzten die Kehlen der Schwerverletzten. Sie brachten Waffen, Ringe, Münzen und Rüstungsteile zu Sammelstellen. Ein Trupp schwerer punischer Reiterei, junge Männer aus den ärmeren Schichten von Qart Hadasht, kam von einer Streife zurück; sie trieben zwei oder drei Dutzend torkelnder, entkräfteter Flüchtlinge zu den Pferchen, in denen die Gefangenen kauerten.

Jemand packte Antigonos an der Schulter. »Komm, Freund meines Herrn.« Es war Kleomenes. Der Akragantiner schob und zog Antigonos zwischen den Feuern und Männern und Tieren und Leichen zu einem Zelt. Posten mit Fackeln standen neben dem offenen Eingang. Unterführer kamen heraus, wahrscheinlich von einer Beratung. Sie redeten leise miteinander, entfernten sich in die Nacht.

Kleomenes deutete zwischen die Posten. Antigonos nickte, atmete mehrmals tief durch und ging auf weichen Beinen ins Zelt.

Hamilkar stand mit verschränkten Armen neben dem kleinen Feuer im Inneren. Er sah aus, als ob er in Blut gebadet hätte. Naravas, mit bespritztem und zerfetztem Gewand, hockte auf einem Schemel, umrahmt von Öllichtern, und blickte zu dem punischen Strategen auf. Er hielt den Kopf schief und schien von einer wichtigen Sache zu berichten, verstummte aber, als Antigonos erschien.

Beide starrten ihn an wie einen Geist. »Tiggo«, sagte Hamilkar. Er streckte die Rechte aus und deutete auf den Kopf des Hellenen.

»Ah, nichts. Ein Hieb mit der flachen Klinge, ein paar Kratzer.« Antigonos faßte vorsichtig nach den Leinenbinden; sie waren verkrustet. Mit schwachem Grinsen sagte er: »Aber ihr könntet euch auch mal waschen – du vor allem, Diener des Melqart.«

»Heute eher Knecht des Baal.« Hamilkar schüttelte den Kopf und legte die Hände auf Antigonos' Schultern. »Laß dich anschauen, metökischer Bankherr. Sie sagen, du hast gewütet wie Achilleus selbst.«

Bilderfetzen trieben über Antigonos' Hirn – wie Schlieren an der Oberfläche einer brodelnden Suppe, die zu dünn ist, als daß das Fett Augen bilden könnte. »Ich weiß nichts«, sagte er halblaut. »Ich erinnere mich an Gesichter und Arme und Bäuche.«

Naravas tastete nach etwas neben dem Schemel, fand es und stand auf. »Dein ägyptischer Dolch.« Er hielt ihn Antigonos hin. »Dein Gürtel war ein zerstückeltes Netzwerk. Alles lag unter dir. Man hat dich zum Wall getragen, aber plötzlich warst du fort.« Dann grinste er. »Ah, noch etwas. Dein Schwert ist zerbrochen, Freund und Bruder.«

Antigonos schüttelte sich. »Ich erinnere mich«, sagte er schwach, »daß ich damit weiter gehackt habe.«

Naravas hielt ihm eine fast armlange Scheide hin; Hamilkar zog das Schwert halb heraus. Es war ein Stück bester spartanischer Schmiedekunst. Die Parierstange war ein Schiff, Bug und Heck aufwärts gekrümmt, der Griff eingelegt mit Perlmutter und kühlem Elfenbein, der Knauf ein roter Edelstein.

»Es gehörte einem guten Mann.« Hamilkar kniff die Augen zusammen. »Metiochos. Er war der Führer einer Hundertschaft. Lakedaimonische Hopliten, Tiggo. Dieses Schwert hat am Eryx zahllose Römer gefressen. Heute war dein Arm stärker; und deine zerbrochene Klinge.«

Da Antigonos noch immer nicht zugriff, beugte Naravas das Knie, senkte den Kopf und hielt die Waffe hoch wie eine Opfergabe. »Nimm es, Herr der Sandbank – von zwei Freunden und einem Bruder.«

Antigonos berührte die Schulter des Massylers. Er nahm das kostbare

Geschenk, bückte sich und legte es neben den Dolch. »Was ist geschehen?« sagte er mühsam.

»Die Elefanten und die Numider.« Hamilkar legte den Arm um seine Schulter. »Ohne diese beiden – ohne euch – säßen nun Zarzas, Spendius und Audarido hier und könnten um meine Gebeine würfeln. Die Elefanten und unsere schweren Reiter haben den libyschen Angriff zerbrochen, dann haben die Schleuderer und Bogenschützen ihn zur Flucht gemacht. Trotzdem – wir waren zu wenige und hätten alles verloren, ohne euren Angriff im besten Moment.«

»Die punische Reihe hat bereits gewankt, Bruder.« Naravas ging zu seinem Schemel, setzte sich jedoch nicht. »Als die Söldner schon den Sieg schmecken konnten, haben wir ihre Flanke aufgerollt. Aber es war schwer – schlimme Arbeit.«

»Zehntausend von ihnen und fast zweitausend von uns«, sagte Hamilkar düster. »Morgen werden sie zusammen im Boden ruhen. Fast fünftausend Gefangene, der Rest zerstreut. Leider sind Zarzas, Spendius und Audarido entkommen. Und viele Verwundete, die die nächste Sonne nicht mehr sehen werden.«

»Aber wir haben beide Lager genommen – Vorräte, Gold, Waffen.« Naravas grinste; dann erstarrte sein Gesicht in einer Grimasse. »Was ist, Antigonos? Du taumelst.«

Hamilkar stützte ihn. Der Hellene schüttelte langsam den Kopf; seine Stimme klang beinahe verträumt.

»Es ist leer«, sagte er leise. »Leer und entsetzt und furchtbar müde. Gräßlich – ist der Triumph immer so, Hamilkar?«

Der Punier seufzte. »Jede Schlacht ist anders, Tiggo, und jede Schlacht ist das Grauen. Der Sieg ist ein kurzer Jubel, ein Aufschrei, das Zwinkern aller Götter – und dann langes krankes Würgen. Nur eines ist noch gräßlicher als der Sieg: die Niederlage.«

Naravas blickte den großen Punier fassungslos und voller Staunen an. Antigonos ließ sich auf eine Decke sinken.

»Aber am schlimmsten ist«, sagte Hamilkar unendlich müde und gequält, »und auch du wirst es spüren, Tiggo: daß die Gier nicht mehr einschläft.«

Antigonos schlug die Hände vors Gesicht.

Die Latrinen stanken in den Morgen: zwei lange Gräben, an der Biegung unterhalb des Lagers parallel zum Fluß gegraben und oben mit verkeilten

236

Holzplatten geschlossen. Wenn man sie entfernte, würde der Fluß alles fluten und wegspülen. Antigonos wünschte sich weit weg und fragte sich dabei, was sein Körper eigentlich ausscheiden wollte. Er hatte noch immer nichts gegessen.

Hamilkar sprach mit den Gefangenen, ging von Gruppe zu Gruppe, von Pferch zu Pferch, redete Punisch, Libysch, Iberisch, Latein, Hellenisch, Balliarisch, Sandaliotisch, Südgallisch. Alles Vergangene sei vergessen, sagte er – die großen Verdienste der Kämpfer im Römischen Krieg ebenso wie die seither begangenen Frevel und Schandtaten. »Ihr kennt mich«, schloß er jede seiner Reden. »Diesmal bürge ich persönlich für den Sold und die Einhaltung der Abmachungen. Qart Hadasht ist mächtig und wird sich nicht vor Matho, Spendius, Zarzas und Audarido beugen. Ihr könnt wählen – für oder gegen Qart Hadasht, Karchedon, Neapolis, Karthago; für oder gegen Hamilkar Barkas; für oder gegen euer Leben. Wer nicht will, der kann gehen, denn ich habe keine Verwendung für Gefangene und bin kein Schlächter, der Gefangene tötet. Geht heim – aber kommt nie zurück. Wer will, kann mit mir ziehen, Gold und Ruhm und Ehre und den Sieg haben. Aber wer jetzt geht und sich wieder den Aufrührern anschließt, der hat nichts mehr vom Leben zu erwarten. Ein zweites Mal gibt es keinen freien Abzug. Beim nächsten Kampf werden alle, die heute freikommen und sich wieder den Aufrührern anschließen, verstümmelt, gekreuzigt, von Elefanten zertrampelt. Dafür habt ihr mein Wort.«

Im Lauf des Tages meldeten sich fast viertausend Gefangene, die in punische Dienste treten oder zu Hamilkar zurückkehren wollten. Die übrigen, nicht ganz tausend, vor allem Libyer, wurden am Nachmittag freigelassen und waffenlos, aber mit ein wenig Mundvorrat fortgeschickt.

Antigonos suchte vergeblich nach einem bekannten Gesicht in den Reihen der punischen Reiter. Schließlich, abends, wandte er sich doch an Hamilkar.

»Weißt du irgendwas über Tsuniro und Memnon?«

Hamilkar stutzte; dann lächelte er. »Ah – du kannst ja nichts von ihnen wissen. Stimmt. Sie sind gut in Qart Hadasht angekommen. Und inzwischen – der Sommer geht zu Ende; wahrscheinlich bist du bereits wieder Vater.«

Gruß, Gesundheit und Wachstum, den Genuß deiner Gemahlin und Freude ob der Kinder – o mein Bruder: Die durch den Tod unserer Mutter gerissene Lücke hat sich geschlossen. Dein Neffe Ariston zählt nun fünfzehn Monde. Er ist schwarz wie seine Mutter Zouneirō, die du nicht kennst, und munter wie tausend Bilchmäuse im Sommer. Dieser Munterkeit bedürfen wir dringlichst, denn an Fröhlichem herrscht Mangel, dieser jedoch im Überfluß.

Sei zunächst gewiß: Karchedon wankt, aber Karchedon wird nicht stürzen – noch nicht. Die Nachrichten, auf die du dich berufst, entstellen die Dinge; daher hier das, was wirklich geschah.

Nach dem großen Sieg des Barkas in der Ebene sprach sich in den Reihen der Söldner seine Milde herum, und viele gedachten, ihren alten Lehrmeister und Strategen wieder aufzusuchen. Die Anführer – es sind die Libyer Mathōs und Zarzas, der Italier Spendios und der Kelte Autaritos – erwogen, jegliche Aussöhnung auf immer zu vereiteln, und verfielen auf den ärgsten Frevel. Die Heiligkeit der Gesandten, die Würde der Gefangenen mißachtend nahmen sie den Ratsherren Giskon und siebenhundert weitere Karchedonier, die im Gefängnis zu Tynes wider alles Recht festgehalten wurden, hackten ihnen die Hände ab, schnitten Nasen und Ohren der Unglücklichen ab, zerbrachen ihnen die Beine und warfen sie in einen Graben, wo sie elend umkamen. Ein punischer Herold, der die Leichen erbat, wurde abgewiesen; hinfort, sagten die Ruchlosen, werde man jeden Herold oder Gesandten töten. Dies war der schwarze Tag, der alle Aussöhnung verhindert.

Vermittlung und Aussöhnung war der Auftrag einer römischen Gesandtschaft, aber die Beauftragten des Senats schauderten und brachen alle Gespräche mit den Söldnern ab, als sie Zeugen des Frevels wurden. Nicht, als ob Rom niemals Frevel begangen hätte – der Bruch der alten Freundschaft mit Karchedon und die Auslöschung friedlicher Bürger in Akragas sind nur einige. Aber selbst für Rom scheint es Grenzen zu geben. Mathōs hatte Boten an die Söldner der punischen Festungen in Sardo und Kyrnos geschickt und sie aufgefordert, sich der Erhebung anzuschließen. Sie taten dies, töteten im sardischen Sulkoi ihren Strategen Bostar und baten Rom um Beistand, boten dem Senat gar beide Inseln an. Rom lehnte ab.

Nicht nur dies. Nachdem die Mißverständnisse wegen einiger Kaufleute bereinigt, diese freigelassen und sogar die letzten punischen Kriegsgefangenen aus Sizilien heimgeschickt waren, setzte Rom gewisse Teile des zwischen Gaios Loutatios und Hamilkar geschlossenen Vertrags aus und ließ Karchedon sikeliotische Söldner werben. Gleichzeitig gewährte Roms alter Bundesgenosse des Kriegs, Hieron von Syrakosai, Karchedon eine große Anleihe und lieferte Getreide.

Freundschaft zwischen Rom und Karchedon – so schrie Hanno der Große; er habe es ja immer gesagt. Es brachte ihm nach seinen unglaublichen Tölpeleien im Krieg wieder Ansehen und Macht. Andere, zu denen ich gehöre, sehen die Dinge weniger fröhlich. Hieron sitzt zwischen Rom und Karchedon; ihm kann nichts daran liegen, Karchedon untergehen und Rom über alle Maßen erstarken zu sehen – deshalb Geld und Getreide. Und Rom kann ein von Krieg und Aufständen geschwächtes Karchedon besser berechnen als eine neue große Macht im Norden Libyens, die alle Städte und Dörfer, Libyer und Numider und Libyphoiniker sowie die überlebenden Punier zusammenfassen würde. Deshalb Roms plötzliche Freundschaft und Verläßlichkeit – sage ich.

Aber so gut – halbwegs gut – jenes Jahr endete, so furchtbar wurde das neue Jahr, das nun zu Ende geht. Karchedon sandte eine Flotte, Sardo und Kyrnos zurückzugewinnen. Sie stand unter dem Befehl des Nauarchen Hanno, der bei den Aigatischen Inseln den römischen Krieg verlor. In Sulkoi erhielt er, was er bereits in Karchedon verdient hätte – seine Truppen, ebenfalls Söldner, schlossen sich den anderen an und schlugen ihn ans Kreuz. Dann sandten sie abermals Botschafter nach Rom und boten die Inseln an. Rom lehnte erneut ab und lieferte nun selbst Getreide an Karchedon.

Aber Roms Milde hob Hannos des Großen Ansehen, wie erwähnt, und Hanno der Große, immer noch Stratege, war nun wieder stark genug, sich allen Anweisungen Hamilkars zu widersetzen. O mein Bruder: Zwei punische Heere verbrachten das ganze Jahr tatenlos, weil die Befehle des einen Strategen immer die des anderen aufhoben. Keine Schlacht wurde geschlagen; lediglich die Numider von Hamilkars Schwiegersohn Naraouas behelligten die Söldner ein wenig. Im übrigen konnten Mathōs und Zarzas Tausende weiterer Libyer sammeln. Ihre

Heere sind nun wieder so stark wie vor den beiden siegreichen Schlachten des Barkas.

So gingen Sardo und Kyrnos verloren; so ging das Jahr verloren. Im Herbst vernichtete ein Sturm die Lastenflotte, die iberische Kämpfer, Waffen, Silber und Nahrungsmittel nach Karchedon bringen sollte. Nach dieser letzten der schwarzen Botschaften des Jahres ließen Hippo Akra und Ityke alle Hoffnung fahren, meuchelten ihre punischen Garnisonen und öffneten den Belagerern die Tore. Karchedon steht allein.

Aber noch steht Karchedon. Der Rat, von Hasdrubal getrieben und der finsteren Spiele überdrüssig, ließ die Krieger und Unterstrategen der Heere wählen, wen sie als ersten Befehlshaber behalten wollen – Hanno oder Hamilkar. Das Ergebnis kann niemanden verwundern. Hanno mußte den Befehl niederlegen; sein Nachfolger, Hamilkar unterstellt, wurde Hannibal, Parteigänger Hannos.

Nun haben Mathōs, Spendios, Autaritos und Zarzas mit der Belagerung von Karchedon selbst begonnen – der letzten freien Stadt. Aber Hamilkar, Hannibal und Naraouas ihrerseits belagern die Belagerer und schneiden ihren Nachschub ab, während Karchedon von Rom und Syrakosai versorgt wird. Der trübe Winter ist heller, als der schwarze Sommer des schwarzen Jahres war.

Ich weiß nicht, o Attalos, ob es Karchedon gelingen wird, Sardo und Kyrnos zurückzugewinnen. Die Sardonier haben sich, wie du vermutlich weißt, im Herbst gegen die Söldner erhoben und sie verjagt – nach Rom. Zur Zeit haben die Inseln keinen fremden Herren. Du weißt, daß bereits unser Vater Aristeides dort Lager gehalten hat; heute besitzt die Sandbank sie, desgleichen Äcker und zwei Bergwerke. Sollte es dir von Massalia aus, und sei es mit Hilfe anderer massaliotischer Händler, möglich sein, in dieser wirren Lage einen Rest der Besitzungen oder Besitztümer in Sardo und Kyrnos zu retten, so sei die Hälfte dein. Den Gegenwert der anderen Hälfte solltest du in Massalia bei der Niederlassung der königlichen Bank von Alexandreia hinterlegen. Sollte es nicht möglich sein, oder sollte dir die Gefahr zu groß erscheinen, wird es unsere brüderliche Zuneigung nicht mindern.

7. SÄULEN DES MELQART

Hasdrubal erschien mitten in einem reichen Frühlingsguß. Der Wagen fuhr in den Hof und hielt vor Tsuniros Duftküche; der Punier sprang aus dem überdachten Gefährt und raste die Treppe hinauf. Bis er das fünfte Stockwerk erreicht hatte, war er völlig durchnäßt. Antigonos führte ihn durch den mit Ebenholz verkleideten Wanddurchbruch in die ehemalige Nebenwohnung, wo er ein Bad hatte einrichten lassen. Es wurde von einem Wassertank auf dem Dach gespeist. Hasdrubal breitete seine nassen Gewänder über den Rand der Holzwanne, rieb sich mit einem großen Wolltuch ab und stieg in Schurz und Chiton, die Antigonos bereitgelegt hatte.

Während des Abendessens – es gab Brot, gesalzenen Thunfisch, Oliven, Früchte, Wasser und Wein – prasselte der Regen munter weiter. Manchmal war es schwierig, mehr als Wortfetzen zu verstehen. Danach brachte die Amme Ariston zu Bett; Memnon verschwand, um mit heißen Ohren die von Xenophon geschilderten Abenteuer und Mühen hellenischer Söldner weiterzulesen; Hasdrubal, Antigonos und Tsuniro nutzten das Ende des Regens, trugen Stühle und einen Tisch auf die Terrasse an der Seemauer und tranken Wein. Die frische Abendluft war köstlich wie junger durchgeseihter Most. Nachtfischer stakten mit ihren Kähnen durchs ufernahe Schilf des Tynes-Sees; ein Sperber, später ein paar Mauersegler beobachteten den Wachwechsel auf der Seemauer. Als es dunkel wurde, rissen die Wolken auf, der fast volle Mond tauchte alles in blasses Licht. Fledermäuse zuckten durch den Himmel.

Hasdrubal faßte die jüngsten Vorgänge im Rat zusammen. »Es ist nichts dabei, was Hamilkar unbedingt wissen muß, aber er wird wie üblich alles wissen wollen.« Der Lenker der Barkiden spielte mit dem schweren Silberbecher. »Hanno hat seine Finger wieder in die Staatsgeschäfte gesteckt – seine Verbindungen und sein Geld sind einfach zu wichtig. Ich glaube, er kann noch so viele Schlappen erleiden und Fehler machen ... Jedenfalls betreibt er mit Macht den Bau einer neuen Flotte.«

Antigonos setzte seinen Becher so hart auf den Tisch, daß der Wein herausspritzte. »Zuerst läßt er eine gute Flotte verrotten und hilft, den Krieg gegen Rom zu verlieren. Jetzt will er eine bauen – wozu, bei allen Auswürfen seiner räudigen Götter?«

Hasdrubal hüstelte. »Wozu wohl? Rom liefert Weizen, Hieron auch, dicke Freundschaft allerseits – also besteht keine Gefahr, daß jemand eine Flotte mißbrauchen könnte. Deshalb will Hanno eine haben. Und vor allem eines: Sardonien.«

Tsuniro verschränkte die Hände hinter dem Kopf. »Sardonien ist doch verloren. Will er...?«

»Genau das. Sizilien hat ihn nicht weiter interessiert; da hatte er keine Geschäfte. Aber in Sardonien gehört ihm Verschiedenes. Deshalb. Erst als Rom zum zweiten Mal die Angebote der Söldner abgelehnt hat, was die Inseln angeht, hat er mit seinem neuesten Spiel begonnen. – Aber das ist wirklich alles, was erwähnenswert ist.«

Hamilkar, der neue zweite Stratege Hannibal und Naravas hatten durch Überfälle, Angriffe und vor allem die Abschnürung allen Nachschubs die Söldner vor Qart Hadasht in eine verzweifelte Lage gebracht. Schließlich brachen Spendius, Audarido und der Libyer Zarzas die Belagerung ab. Immer noch hielt Matho die Städte Ityke, Hipu und Tynes; die drei anderen Führer zogen mit ihren fast fünfzigtausend Kriegern durchs Land, gehetzt von Naravas' Reitern. Hannibal blockierte Tynes, mit einem Teil der punischen Truppen. Während das kleinere der beiden punischen Heere so auch jede Möglichkeit für Matho unterband, den anderen zu Hilfe zu kommen, trieben Naravas und Hamilkar mit den Reitern, Elefanten und dem größeren Heer die Söldner immer wieder in die Enge, lockten sie nach Südosten, aus den fruchtbaren Ebenen des Kernlands in die Berge und Trockengebiete diesseits der Küste und der Byssatis. Spendius, Audarido und Zarzas hatten mehr als die doppelte Anzahl von Kämpfern, aber die Furcht vor Hamilkar und seinen Feldherrnkünsten war so groß, daß sie sich nicht auf eine neue Schlacht einließen. Dem großen Punier gelang es wieder und wieder, Hinterhalte zu legen, kleine Trupps von der Hauptmacht des Feindes zu trennen und zu vernichten, fast ohne eigene Verluste, und den Gegner in immer ungünstigeres Gelände zu ziehen, weit entfernt von Matho.

»Der Nachschub ist seit gestern unterwegs; ich reite morgen früh. Ich glaube, ich werde Hamilkar neben Münzen und Vorräten und den Nachrichten über Hanno noch etwas mitbringen.«

Hasdrubal goß sich Wein nach. »Was denn?«

Antigonos zupfte an seinem rechten Ohrläppchen. »Ich sage es ungern – Gerüchte.«

Tsuniro kicherte halblaut. »Endlich mal etwas wirklich Interessantes – und du sagst es ungern. Welche Art von Gerüchten, o Gefäß meiner Freuden?«

»Meinst du das Geschwätz über Hamilkar und mich?« Hasdrubal zog die Mundwinkel nach unten.

»Eben dieses – *schöner* Hasdrubal.«

Der Punier winkte ab. »Es braucht ihn nicht zu interessieren. Selbst wenn es wichtig wäre – und selbst wenn es wahr wäre: Es wäre ein schwieriges Beilager. Er ist ja dauernd unterwegs.«

»Ah.« Tsuniro betrachtete das Gesicht des jungen Puniers. »Solche schäbigen Gerüchte... Immerhin, wenn ich ein Mann mit derartigen Neigungen wäre, oder, was das angeht, eine ungebundene Frau... Hmmm.« Sie nickte und lächelte.

Hasdrubal verneigte sich im Sitzen. »Es ehrt mich, schwarze Göttin der metökischen Nächte. Sollte Tiggo deiner je überdrüssig werden, oder du seiner...«

Antigonos hob seinen Becher. »Auf euch beide. Aber im Ernst, Hasdrubal – ich glaube, du verkennst die Lage. Wenn Hanno will, daß die ganze Stadt etwas glaubt, dann wird er Wege finden, diesen Glauben zu verbreiten. ›Der Führer unserer Truppen und der Lenker der Barkiden stecken es einander unter einer Decke‹, oder so. Was, glaubst du, werden die Ratsherren sagen, auch deine Leute, wenn die Kinder in den Straßen singen ›Hasdrubal lutscht Hamilkar‹?«

»Dann kann ich immer noch alle Frauen seit Iona als Zeugen in den Rat bitten.«

»Weißt du Neues über Iona?«

»Nicht viel, Tsuniro. Sie läuft immer noch diesem ägyptischen Mystiker hinterher. Die Orgien zur massenhaften Einswerdung mit dem Göttlichen finden zur Zeit auf Melite statt, glaube ich.« Hasdrubals Gesicht war unbewegt, aber in seiner Stimme lag Bitterkeit. »Wahrscheinlich ziehen sie demnächst nach Delphi oder gründen ein serapisches Freudenhaus in Pelusion.«

Tsuniro räusperte sich. »Liebt Sapanibal dich noch immer?«

Hasdrubal zuckte zusammen. »Wer was wen, bitte?«

»Du klingst nicht sehr überzeugend.« Antigonos grinste. »Ein Treffer, vorzügliches Weib.«

Hasdrubal betrachtete sehr eindringlich seine Finger. »Kann sein. Aber ... na ja. Hmm.«

»Du sagst es.« Tsuniro streckte ihm die Zunge heraus. »Tiggo hat Salambua und Naravas zusammengebracht – soll er jetzt auch noch die Schwester verkuppeln?«

Hasdrubal raufte sich die Haare. »Ah. Uh. Sie ist ein liebes Mädchen. Und sehr scharfsinnig. Aber ich, ich ...«

»Zu jung, noch ein bißchen rumtoben, wie? Mann, mit vierundzwanzig kannst du doch ...«

»Dreiundzwanzig, bitte sehr. Noch.« Hasdrubal grinste schwach. »Außerdem – ah, was soll's?«

Nach zwei Tagen hatte der kleine Trupp Berittener die langsame Nachschubkarawane eingeholt. Viertausend iberische Fußkämpfer von Hannibals Heer begleiteten das kostbare Gut – Brotgetreide, unendlich langsames Schlachtvieh, zweitausend Ziegenbälge voll Wein, Gewürze, Salzfisch, Dörrobst und vor allem Gold und Silber, Sold für fast ein Jahr. Ordnung und Haltung der Kämpfer waren erbärmlich; Antigonos begann Hamilkars Zweifel an Hannibals Fähigkeiten zu teilen.

Nach sieben quälend langen Tagen erreichten sie Hamilkars Lager. Antigonos war mehr als froh, die Verantwortung für hundertmal zwanzigtausend Schekel abgeben zu können. Vierzehn Iberer waren in den vergangenen Tagen ans Kreuz geschlagen, weit über hundert ausgepeitscht worden – wegen nächtlicher Münzdiebstähle, wegen Plünderungen in Dörfern, wegen Vergewaltigungen und Mordes. Zwei oder drei gute punische Offiziere, die eigentlich nur zur Bedeckung der Karawane mitgeritten waren, hatten zusammen mit Antigonos versucht, ein wenig Ordnung in die Truppe zu bringen, ohne Unterstützung durch Hannibals Unterführer und bei nur halbherziger Mitwirkung der iberischen Scharlenker.

Sie kamen fast genau von Norden, gegen den südlichen Abendwind. Antigonos ritt mit an der Spitze der langen Karawane, die sich über die steinige Hochebene wand. Einige tausend Schritte vor ihnen ragten schartige Felsen auf, und von dort brachte der Wind einen grauenhaften Gestank.

»Rotes Auge des Melqart!« Antigonos hielt sich die Nase zu. »Was ist denn das?«

Einer der Punier hob die Schultern. »Die größte aller Latrinen«, sagte er beinahe gleichmütig. »Dazu tausend in der Sonne verwesende Elefanten, Schweinedung, Hundekotze und verquollene Gedärme von Kotfressern. So ähnlich riecht es jedenfalls. Schau zum Himmel, Herr der Sandbank.«

Hoch über dem sägengleichen Felsensaum kreisten schwarze Punkte: Legionen von Geiern. Bisweilen stürzten ganze Klumpen von ihnen sich auf Etwas hinter den Felsen.

Numidische Reiter kamen dem langen Zug entgegen und leiteten ihn nach Westen. »Ostwind scheint seltener zu sein«, sagte der Punier.

Hamilkars Lager war mit Wällen und Verhauen gesichert; es lag unter der steilen Felswand. Der Gestank war hier ein wenig erträglicher. Leitern und Treppen, in den Stein gehauen, führten auf die Säge-Felsen hinauf. Vor dem Abendhimmel wanderten dort oben Posten hin und her.

Hamilkar spuckte aus, als er die Iberer gesehen hatte. »Dieser Versager«, knurrte er. »Komm mit, Tiggo – im Zelt riecht es besser.«

»Was ist denn dieser Gestank, bei allem, was Götternasen heilig sein mag?«

»Später, später.« Hamilkar brachte ihn zum Zelt innerhalb des Lagers, wies zwei Sklaven an, Antigonos jeden Wunsch zu erfüllen, noch bevor er ihn geäußert habe, und verschwand wieder, um sich der Karawane und der Iberer anzunehmen.

Antigonos streckte sich kurze Zeit auf den einfachen Decken im Zelt aus. Einer der Sklaven – ein Augiler mit aufgetürmten Haaren und Ockerstreifen im Gesicht – brachte ihm Wein, kaum verdünnt. »Wenig Wasser, Herr – waschen verboten.« Er hob die Schultern.

Bald übertönte Geschrei und das Gebrüll von Eseln den üblichen Lagerlärm, der wie das Rauschen einer Brandung über allem lag und nur noch wahrgenommen wurde, wenn man darauf achten wollte. Antigonos verließ das Zelt und ging zwischen den Backöfen und Holzstapeln umher. Hunderte von Hamilkars Kriegern hockten in einem engen Kreis und mahlten Korn. Die Öfen waren grob aufgetürmte Steinhaufen und eine ungeheure Annehmlichkeit – das Heer, das seit dem Ende der Belagerung von Qart Hadasht immer marschiert war, hatte lange genug Körner, in Wasser und Wein gequollen, einfach so gegessen. Öfen konnten nur errichtet werden, wenn es ein festes Lager für mehrere Tage gab.

Außerhalb des Walls, zwischen den Wachfeuern, drängten sich einige hundert Esel. Kämpfer schleppten die Krüge und Schläuche, die die Tiere gebracht hatten, zu einer Stelle neben dem westlichen Lagertor, wo tiefe Löcher in die steinige Erde gehackt waren. Dort blieb das Wasser auch während des heißen Tages kühl. Von einem Posten erfuhr Antigonos, daß es einen ganzen Tagesmarsch entfernt aus einem kleinen Fluß geholt wurde. Natürlich durfte es nur zum Trinken und Kochen verwendet werden – vielleicht noch zum Reinigen von Wunden. Außerhalb des Lagers war die Frühjahrsnacht über dem steinigen Hochland eisig; im Lager stank es nach vielen tausend ungewaschenen Männern, nach Pferden, Eseln und Elefanten, Abfällen und schlecht zubereiteten Speisen. Die Latrinen lagen im Südosten, große Gruben mit Balkenaufbauten; der Wind, der das Entsetzen von jenseits der schroffen Felsen herbeiwehte, verteilte die Latrinendünste mit allem anderen über Land, aber nicht über das Lager.

»Die Fliegen sind unser schlimmster Gegner«, sagte Hamilkar, spät in der Nacht, als er endlich zur Ruhe kam. Der Blitz stank; er teilte in allem die Mühen seiner Männer. Auch für den Feldherrn gab es kein Waschwasser. Langsam schälte er sich aus dem Lederpanzer, hielt einen Zipfel des *yama*-Fells an seine Nase und stöhnte leise.

»Was ist das dort hinter den Felsen?«

Hamilkar ließ sich auf die Decken sinken. Zwischen ihm und Antigonos standen zwei trübe Öllichter und ein Weinkrug.

Hamilkar streckte die Rechte aus, mit leerer Handfläche. »Spendius – Audarido – Zarzas.« Bei jedem Namen tippte er mit dem linken Zeigefinger in die Handfläche. Dann ballte er die Hand langsam, ganz langsam zur Faust.

»Das weiß ich – ich habe einen Posten gefragt.« Antigonos betrachtete die Faust des Puniers. »Aber warum stinkt es dort so unsäglich?«

Hamilkar schloß die Augen. »Weil es eng ist. Und sehr voll.«

Es war ein steiniges Tal im steinigen Hochland. Mit klugen Zügen hatten Hamilkar und Naravas das Heer der Aufrührer in diesen Engpaß gelockt und getrieben. Elefanten und schweres Fußvolk sperrten den Ausgang, Reiter und schweres Fußvolk sperrten den Eingang, Fußkämpfer besetzten die Felswände ringsum. Es war die vollkommene Falle, noch vollkommener dadurch, daß Hamilkar mit Elefanten, Haken und Hebeln riesige Blöcke bewegen ließ und schließlich jeden nur denkbaren Ausgang befestigte. Auch an den Seiten wurden die steilen Wände noch unzugänglicher gemacht; Tag und Nacht wachten Hamilkars Kämpfer.

Fünfzigtausend Libyer, Iberer, Kelten, Sikelioten, Italier, mit vielleicht tausend Gefangenen und an die zehntausend Sklaven, mit etlichen hundert Pferden und zahlreichen Karrenochsen. Für die ersten Tage hatten sie Nahrung und Wasser.

»Sie haben Brunnen gegraben«, sagte Hamilkar mit flacher Stimme. »Aber, so weit wir das beobachten konnten, ohne großen Nutzen. Vielleicht könnte man hundert oder zweihundert Leute mit dem versorgen, was an einem Tag in den Dingern nachsickert, mehr nicht. Wir haben ja hier draußen auch gegraben; es macht uns kein Vergnügen, jeden Tropfen so weit herholen zu müssen. In der Erde ist nicht genug.«

»Wie lange...?«

»Noch? Zwei, drei Tage. Schon? Zwanzig Tage. Nur Steine. Kein Baum, kein Strauch, kein Gras. Zuerst haben sie die Vorräte aufgezehrt. Dann haben sie die Tiere geschlachtet. Das war am fünften Tag. Aber außer den Karren haben sie nichts, um Feuer zu machen – sie mußten alles schnell essen, roh, bevor es in der Tageshitze verfault.«

»Und dann?«

Hamilkar winkte ab. »Was wohl?«

Antigonos starrte ihn mit aufgerissenen Augen an. »Du meinst...?«

»Ja. Zuerst die Gefangenen. Dann, am dreizehnten Tag, die Sklaven. Tiggo – geschlachtet und gefressen. Roh, ohne Feuer. Und seit zwei Tagen würfeln sie – die einfachen Krieger. Die Führer natürlich nicht. Sie trinken Blut, verdünnt mit dem wenigen Wasser aus dem Brunnen.«

Antigonos sank auf die Decken und blickte in die Dunkelheit unter dem Zeltdach. Sein Magen tanzte gebläht durch den Bauch.

»Alle Abscheulichkeiten des Krieges«, sagte Hamilkar leise. »Brand, Mord, Schändung, Raub, derlei gibt es in jedem Krieg. Mit der Abschlachtung von Giskon und den anderen Gesandten haben sie die Götter und alle Übereinkünfte gelästert. Mit dem, was in den vergangenen Tagen in diesem Tal der Säge geschehen ist, haben sie die letzten Gemeinsamkeiten mit Menschen aufgegeben. Sie sind nicht einmal Tiere. Nur Gefäße des Grauens. Aller Abschaum der Erde. Ekel Ekel Ekel.«

»Sie können sich nicht ergeben«, sagte Antigonos heiser. »Sie wissen, was sie getan haben. Selbst wenn... wer von ihnen kann in sein Dorf oder seine Stadt zurück, Menschen ansehen, mit Frauen schlafen, zu Göttern beten?«

Hamilkar machte Geräusche tief in der Kehle. »Ah, und wenn sie sich ergäben – Tiggo, was soll ich in dieser Steinwüste mit fünfzigtausend

Gefangenen? Soll ich sie, die alles geschändet haben, was zwischen uns und dem Schwarzen Nichts steht, von meinen Männern füttern und tränken lassen? Das Böse in die Welt ziehen lassen, damit es alles verseucht?«

Antigonos stützte sich auf einen Ellenbogen. »Vor allem solltest du schlafen.«

Hamilkar lachte hohl. »Das wäre die erste Nacht seit vielen. Schlaf du, wenn du kannst.«

Als er unruhig erwachte, war Hamilkar fort. Durch den Luftabzug im Zeltdach schien helles Licht.

Draußen reichte der Augiler ihm kleiiges Brot, ein Stückchen Salzfisch und einen Becher Wasser. Antigonos aß widerwillig ein paar Bissen, trank, bat um einen Schluck Wein, aber selbst danach war der widerliche Geschmack noch im Mund.

Im Lager herrschte milde Erregung. Immer mehr Männer, voll bewaffnet, kletterten die Leitern und Treppen der gezackten Felsen hinauf. Reiter erhielten Anweisungen, schwangen sich auf die Pferde und galoppierten fort. Am Nordende des Tals der Säge marschierten Schwerbewaffnete auf.

Antigonos verspürte keinerlei Neugier, nur Leere. Trotzdem wandte er sich an einen punischen Offizier. »Was gibt es?«

»Sie wollen verhandeln – Spendius und die anderen sind am Ausgang.«

Antigonos rang mit sich; schließlich ging er langsam los. ›In tausend Jahren‹ dachte er, ›wenn Rom und Qart Hadasht und Athen und Alexandreia untergegangen sind, werden die Menschen noch immer von diesem Entsetzen, diesem unsagbaren Ekel reden.‹ Etwas zwang ihn, die Verantwortlichen für diesen furchtbarsten Frevel seit Bestehen der Welt zu betrachten. Er fühlte sich sehr elend; Brot und Fisch waren Bleiklumpen in seinem Magen.

Sie sahen erschöpft aus, aber nicht ausgehungert oder verdurstet. Sie waren verdreckt; die Bärte, Schöpfe und Kleider starrten vor Schmutz. Spendius war lang, sehnig, fast hellhaarig, mit dem Gesicht eines Sperbers – eines Raubvogels, der einem Adler gegenüber berechnete Demut an den Tag legt. Der kleinere stämmige Dunkelhaarige mußte Audarido aus Gallien sein; ein Muskel unter seinem linken Auge zuckte regelmäßig. Der Libyer Zarzas war kaum erkennbar; um den Kopf trug er ein blutbeflecktes Tuch, dessen Ende herabhing wie der Flügel eines geköpften Huhns und das halbe Gesicht verdeckte. Einen Schritt hinter den drei Führern standen weitere sieben – drei Libyer, ein Iberer, ein Sikeliot, ein Ägypter und ein Gallier, dem Aussehen und der Rüstung nach. Die Männer trugen keine Waffen; sie standen zwischen den Felsen, mit denen Hamilkars Leute den Talausgang versperrt hatten. Hinter ihnen, noch in Bogenschußweite, drängten sich zahllose Eingeschlossene. Antigonos konnte nicht einmal Gesichter erkennen, aus dieser Entfernung, aber er bildete sich ein, verkrustetes Blut in Mundwinkeln und auf Kinnspitzen wahrzunehmen. Es war windstill; dennoch schien wie überkochende Milch das Böse aus dem Tal zu schwappen – Kadaver, der Kot und die klebrigen Dünste von Fünfzigtausend. In Gedanken verbesserte er sich: Es waren keine fünfzigtausend Männer mehr. Ein Würgen stieg ihm in die Kehle, ein ätzender Ball aus Schlangengalle, der immer wieder hochkam, so oft er auch schlucken mochte. Seine Zunge war eine wimmelnde Schwäre.

Die Punier hatten ihn bis zu Hamilkar durchgelassen; sie wußten, wer er war. Durch das Klirren seiner Ohren hörte er die Stimme des Barkas.

»Dies sind meine Bedingungen. Nehmt sie oder nehmt sie nicht. Zehn Geiseln, die *ich* aussuche. Alle anderen können einzeln die Schlucht verlassen, unbewaffnet, mit erhobenen Händen und nur mit dem Chiton oder einem Untergewand bekleidet.«

Spendius, Audarido und Zarzas berieten flüsternd. Der Italier beendete das Gespräch mit einer brüsken Handbewegung. »Wir haben keine Wahl«, sagte er. Die Stimme war metallisch, das Punische klang fremd. Er wandte sich an Hamilkar. »Wir müssen annehmen, Barkas.«

Hamilkar stand hoch aufgerichtet da. Er hatte die Hauptmacht des Feindes, der seit drei Jahren das Land verheerte und die Stadt fast zum Untergang gebracht hatte, in die Falle getrieben und zur bedingungslosen Aufgabe gezwungen. Sein Gesicht unter dem Kesselhelm zeigte nur zweierlei: Ekel und Müdigkeit. Er bleckte die Zähne in einer Art Grinsen.

»Die zehn Geiseln seid ihr.« Er deutete auf die Anführer. »Nehmt sie fest.«

Die Führer, die damit offenbar nicht gerechnet hatten, obwohl sie kaum etwas anderes erwarten durften, standen einen Moment regungslos. Bis sie sich aus der Erstarrung lösten, waren sie bereits von Hamilkars Männern umringt. Sie wurden gefesselt und zwischen den Blöcken hindurchgezerrt.

Das Tal der Säge schien zu bersten. Die Eingeschlossenen konnten noch nichts von den Bedingungen wissen; sie sahen nur, daß ihre Führer – ihre unverletzlichen Gesandten – gefesselt wurden. In wenigen Momenten hatte die Nachricht das ganze Tal durchlaufen. Die Eingeschlossenen, seit vielen Tagen unter Durst, Hunger, Hitze, Angst, furchtbarem Druck von außen, schrecklicher Enge und schließlich ihren eigenen namenlosen Verbrechen leidend, fühlten sich im Verrat verraten, in der Ruchlosigkeit entehrt. Sie schrien, tobten, griffen zu den Waffen, stürzten sich zwischen die Felsen.

Gätulische Bogenschützen, neben dem Talausgang und in halber Höhe darüber, zogen die Sehnen. Pfeile sirrten durch die stickige Luft. Balliaren, hinter den Felsen, wirbelten ihre schwarzen Bastschleudern. Sie warfen schneller und genauer, als die Gätulier schießen konnten. Die ersten Reihen der Anstürmenden wurden niedergemäht; über die Leichen und die Körper der Verwundeten drängten Libyer und Söldner nach. Mit der Linken stieß Hamilkar Antigonos beiseite; Männer seiner Leibgarde – Punier – deckten den Hellenen, die Gefangenen und den Feldherrn. Mit der Rechten riß Hamilkar das Schwert aus der Scheide und reckte es hoch.

Ein Wall von Verletzten und Leichen türmte sich zwischen den Felsen – schwarze zuckende Rampe für die Eingeschlossenen. Immer mehr stürmten heraus und trafen auf die tiefe Phalanx der schwerbewaffneten Iberer. Hamilkar hatte die undisziplinierten Kämpfer des anderen Strategen in Stellung gebracht. An den Seiten und hinter ihnen standen zuverlässige Kerntruppen.

Antigonos stolperte fort vom Talausgang. Aus dem Kessel drang Sturm, der weiter anschwoll; ein Geräuschgemenge, für das es keinen Namen gab. Wut, Angst und Tod; Schreie, dumpfes Jaulen, Gekreisch und Gebrüll, Mord und Untergang, durchsetzt von metallischen Fasern des Klirrens: ein hörbarer Teppich aus klumpigem Blut, das schwarze Malmen des Hades. Tausende versuchten, die gesperrten Ausgänge freizukämpfen, ohne jede Aussicht. Andere Tausende würden die steilen Felswände ersteigen; oben warteten Speere und Schwerter. Am Ende, nach dem Ende, die Elefanten, hundert Elefanten mit langen Messern auf den Stoßzähnen, mit breiten weichen schweren Füßen, durchs Tal getrieben und wieder zurück. Danach die Geier.

Die zehn Gefangenen wurden ins Lager gebracht. Antigonos lehnte sich keuchend an einen Pfosten. Langsam glitt er zu Boden, schloß die Augen und wünschte sich ans andere Ende der Zeit.

Die Nächte mit Tsuniro stellten ihn wieder her; am vierten Morgen erwachte er nach traumlosem und ungestörten Schlaf. Die übervolle Stadt erfüllte ihn länger mit Unbehagen; immer wieder erinnerte sie ihn an den Talkessel im Hinterland. Solange Libyer und Söldner unter Matho nicht nur Ityke und Hipu, sondern auch Tynes hielten und den Isthmos sperren konnten, lebten fast alle Bewohner des Umlands hinter den unbezwinglichen Mauern. Tagsüber wurde auf den Feldern und in den Gärten des Isthmos gearbeitet, aber nachts schlief man ruhiger in Qart Hadasht. Wenngleich der andere Stratege Hannibal Tynes wieder belagerte.

Hamilkar und Naravas nahmen Städte, öffneten Wege, drängten die Söldner immer weiter zurück, bis kaum zwei Monate nach der Vernichtung des großen Heers nahezu das gesamte Land wieder unter punischer Herrschaft war.

Die Enge hatte ihre guten Seiten. Auf den größeren Plätzen wurden Holzhütten errichtet, sogar zwischen den feinen Häusern der Megara zelteten Landleute. Nach und nach bestimmten sie und ihre Vertreter einen Teil der Ratsverhandlungen mit; selbst die »Alten« um Hanno begannen zu begreifen, daß die Bewohner des Isthmos und die der entlegeneren punischen Gebiete Libyens leichter zu lenken waren, wenn man ihnen mehr Freiheiten einräumte. Nach dem großen Entsetzen der ersten Zeiten des Libyschen Kriegs, wie er inzwischen genannt wurde, hatte Qart Hadasht nur Rache gewollt; neuerdings steuerte sogar Hanno einen anderen Kurs. Gründliche Rache, Feuer und Schwert nach dem Ende der letzten Söldner, schien immer weniger durchführbar – gerade die »Alten«, die eher von den Erträgen ihrer riesigen Landgüter als vom Fernhandel lebten, wurden immer milder. Der Krieg, der noch nicht beendet war, hatte furchtbare Opfer und Verluste verlangt; die geschmolzene Landbevölkerung noch weiter zu vermindern, durch Strafzüge und Hinrichtungen, käme einer Verstümmelung von Qart Hadasht und einem Abriß der eigenen Grundmauern gleich. So weit wie die Barkiden, die in Ausschüssen eine Umwandlung einzelner Güter in große Herstellungsgemeinschaften erörterten, die libyschen Pächter zu freien Bauern machen und die Güter mit Sklaven bewirtschaften wollten, gingen die »Alten« nicht. Immerhin war aber auch den Männern um

Hanno klar, daß die Wiederholung der Katastrophe nur vermeidbar war, wenn die Libyer nie wieder Grund hatten, die Stadt zu hassen und ihre Zerstörung zu wünschen.

Die Sperrung des Hinterlands führte, zusammen mit Roms Freundschaft und der Hilfe von Syrakosai, zu einer ungeheuren Ausweitung des Seehandels, der bisher größtenteils zwischen der Stadt und dem punischen Westen der Oikumene abgewickelt worden war. Immer mehr Schiffe aus Alexandreia, Laodikeia, Rhodos, Athen und Kreta liefen Qart Hadasht an, und die guten Handwerker aus dem Häuserblock am Tynes-Tor, die den Wettbewerb mit hellenischen Fertigern nicht zu scheuen brauchten, verdienten besonders gut – mit ihnen die Sandbank. Tsuniros Düfte ergötzten die feinen Nasen im Osten der Oikumene. Mit der Bemerkung »Man weiß ja nie, was noch kommt – für die Stadt und für dich und mich« zahlte Tsuniro vertragsgemäß vier Zehntel ihrer Reinerträge an die Bank, bestritt die Hälfte der gemeinsamen Haushaltskosten und steckte den halben Rest in neue Instrumente, bessere Tiegel und verfeinerte Öfen; die Bank übernahm vier Zehntel dieser Kosten. Was mit ihrem sonstigen Geld geschah, sagte Tsuniro keinem. Antigonos vermutete, daß sie irgendwo einen Schatz hortete oder vergrub, kümmerte sich aber nicht weiter darum.

Im Frühsommer übergab Hamilkar die zehn Gefangenen und (wieder) die Belagerung von Tynes vorübergehend dem anderen Strategen und kam in die Stadt, um seine jüngere Tochter Sapanibal mit Hasdrubal dem Schönen zu vermählen. Eines der vielen Feste, an denen Antigonos nicht teilnehmen konnte; er hatte, ehe er davon erfuhr, endlich seine längst geplante Fahrt nach Alexandreia festgesetzt und bei Phrynichos angekündigt.

Die Reise war erholsam und frei von Schwierigkeiten. Bei einer langen Fahrt nilaufwärts, bis jenseits der großen Pyramiden, murmelte Tsuniro mehrmals ihr Heimweh nach den Sternen des Südens in die Nacht und in Antigonos' Brusthaar. Memnon plagten wirre Erinnerungen an seine Mutter und an Plätze und Häuser in Kanopos; nach gründlicher Besichtigung schwanden die Schemen der Vergangenheit.

Tsuniro machte gute Geschäfte mit ihren Düften. Antigonos führte lange Gespräche mit Phrynichos, der ihm einen Athener namens Aristarchos empfahl. Antigonos zog weitere Erkundigungen ein, prüfte den Mann und machte ihn schließlich zu seinem Mittler in Alexandreia. Ariston verwüstete die Strände der Lagidenhauptstadt und freundete sich mit sämtlichen herrenlosen Hunden, der Hälfte aller Katzen, drei zahnlosen Krokodilen eines toten Nilarmes, zwei Briefträgern in Rhakotis und einem uralten Strategen des Ptolemaios an, der seine Tage im Tierpark verbrachte. Zwei Baumeister erhielten die Anweisung, am Strand von Eleusis ein Haus nach den Wünschen von Antigonos zu errichten und alle weiteren Befehle, Geld und Tadel von Aristarchos entgegenzunehmen.

Es wurde Herbst, bis sie sich Qart Hadasht wieder näherten. Drei Tage vor dem Einlaufen in den Kothon starb der greise Hiram; seine Leiche wurde, mit Steinen beschwert, ins Meer geworfen. Antigonos machte Mastanabal zum Kapitän und bat ihn, selbst einen guten Steuermann zu suchen.

Fast gleichzeitig mit der *Schwinge des Westwinds* erreichte eine römische Gesandtschaft Qart Hadasht. Antigonos sah die vier Schiffe vor der Außenmole, dachte sich jedoch nichts Schlimmes.

In der Stadt erfuhren sie von den Rückschlägen und neuen Katastrophen. Der Stratege Hannibal hatte vor Tynes die zehn Gefangenen kreuzigen lassen, ohne Hamilkars Billigung. Als Audarido, Spendius, Zarzas und die anderen elend verreckt waren und die Punier des kleineren Belagerungsheers darauf warteten, daß Matho und seine Leute aufgäben, machte der Libyer einen Ausfall, nahm Hannibal gefangen, tötete viele und zersprengte die übrigen aus Hannibals Heer und ließ den zweiten Strategen von Qart Hadasht an das Kreuz binden, an dem Spendius gehangen hatte. Sie schnitten dem Punier die Zehen ab, die Ohren und die Nase und ließen ihn am Kreuz sterben. Hamilkar war zu weit entfernt, um einzugreifen.

Hasdrubal trieb den Rat zu einer unerwarteten Entscheidung. Der Führer der Barkiden begriff, daß der Sieg schnell errungen werden mußte und daß die »Alten« nur dann wirklich in eine wie auch immer geartete neue Ordnung eingebunden werden konnten, wenn sie Anteil am Sieg und an seinen Folgen hatten. Einstimmig bat der Rat von Qart Hadasht Hamilkar und Hanno den Großen, gemeinsam, ohne Zerwürfnisse, nur im hohen Dienst der Stadt den Libyschen Krieg zu beenden. Dieses eine Mal war Hanno zu bedingungsloser Zusammenarbeit bereit – weil es Hasdrubal gelang, die zur Rückeroberung Sardoniens angeworbenen Truppen durch den Rat für die Beendigung des Libyschen Kriegs abstellen zu lassen. Hanno und Hamilkar schnürten Tynes ein, brachten Matho dazu, die Stadt am Isthmos zu verlassen und zwangen ihn zu einer Feldschlacht, zu der der Libyer alle verfügbaren Kämpfer auch aus Ityke und Hipu hinzuzog. Hamilkars Kunst siegte erneut über den zahlenmäßig stärkeren Gegner; Matho wurde gefangen, Ityke und Hipu ergaben sich nach kurzer Belagerung – der Libysche Krieg ging zu Ende, nach drei Jahren und vier Monden; nicht der längste, aber der furchtbarste, gnadenloseste und grauenhafteste Krieg, der bis dahin je ausgefochten worden war.

Matho und seine wichtigsten Offiziere starben auf der Agora von Qart Hadasht; das punische Volk nahm gründlich Rache. Die Barkiden beteiligten sich nicht an dem grausamen Schauspiel; Matho hatte die Götter beleidigt, die Menschen geschändet, zahl- und namenlose Greuel auf sich geladen – aber die Schuldigen des Libyschen Kriegs hingen nicht an den Kreuzen auf der Agora, sondern saßen im Rat der Stadt. Junge Punier warfen Lanzen auf einige der Gekreuzigten, andere schossen Pfeile auf sie ab. Man brach ihnen die Beine, verstümmelte sie, wie sie es mit Gefangenen und Gesandten getan hatten, verbrannte sie, löschte das Feuer wieder, ehe die Aufrührer starben, folterte sie mit weniger Kunst als Einfallsreichtum. Matho blieb den geschickten Händen und Werkzeugen der Henker vorbehalten; er starb drei Tage lang. Ihm wurden lange Splitter unter die Nägel der Finger und Zehen getrieben; zwei Tage spielte der Henker daran herum, ehe er sie anzündete. Man zwang den Libyer, Hundekot zu essen und Schweinejauche zu trinken. Er wurde vom Kreuz genommen, man streute ihm Salz auf die Unterseite der Füße und ließ Ziegen lange daran lecken; danach zog man ihm die Haut von den Sohlen. Die erste Nacht verbrachte er gefesselt auf Nägeln und Glasscherben. Am zweiten Tag durchtrennte der Henker ihm mit einer stumpfen Säge die Sehnen der Kniekehlen und schnitt mit einem Holzmesser Streifen aus der Kopfhaut, von den Schulterblättern, vom Bauch und der Innenseite der Oberschenkel. In die Wunden goß er Essig; dann legte er den Libyer in die pralle Sonne. Abends wurde Matho kastriert; man hielt ihm die Nase zu, bis er den Mund aufsperrte, und stopfte ihm das Abgeschnittene hinein. Große Stücke der Gesäßhaut wurden entfernt. Die zweite Nacht saß er, an einen Pfahl gefesselt, auf Sand und Salz. Am dritten Tag schälten sie sein Glied und die Lippen; mit einem kleinen Hammer und einem scharfen Meißel öffnete der oberste Henker ihm die Backen- und Schneidezähne und füllte ihm den Mund abwechselnd mit kaltem und heißem Wasser. Sie trieben Nägel durch die empfindlichsten Stellen der Handgelenke, ohne die Adern zu verletzen, rissen ihm in berechneten Abständen die Nägel von Zehen und Fingern, zogen breite Streifen Haut von seinem Bauch, streuten Körner darüber, ließen sie von Hühner aufpicken, zerschlitzten seine Brustwarzen und schnitten Fransen aus seiner Zunge. Bei Sonnenuntergang und in Anwesenheit von Hanno dem Großen öffnete der Henker die Bauchdecke des Libyers, der längst nur noch kreischendes Fleisch war, zündete die Splitter an, durchtrennte einen Darm, trieb die schartige Spitze eines Holzpflocks hinein und wickelte auf.

Matho starb vor Mitternacht. Die römische Gesandtschaft beobachtete alles. Antigonos blieb in der Bank, abends im Haus am Tynes-Tor, konnte aber nicht verhindern, daß immer wieder bruchstückhafte Schilderungen ihn erreichten.

Am Morgen nach Mathos Tod brach etwas über Qart Hadasht herein, was der Hellene bei all seinem Unglauben als Rache der Götter bezeichnete. Nach dreitägigem Abwarten goß die römische Gesandtschaft das Füllhorn von Roms Freundschaft und Vertragstreue über den Rat und die Agora.

»Sardonien und Kyrnos«, sagte der Leiter der Abgesandten des Senats, »sind ohne Herren. Zweimal in den vergangenen Jahren haben abgefallene Söldner Karthagos dem Senat die beiden Inseln angeboten – zweimal hat der Senat abgelehnt. Rom nimmt keine Geschenke von Treulosen. Die Inseln sind aber näher an Italien als an Libyen, und eine Fortdauer oder Neuerrichtung karthagischer Herrschaft wäre eine unerträgliche Bedrohung. Senat und Volk von Rom haben daher beschlossen, die Inseln zu besetzen und nach geziemender Befriedung und Übergangszeit zu Provinzen zu machen. Die im Hafen von Karthago liegende Flotte, die zur Rückeroberung der Inseln bereitgestellten Söldner sind daher eine direkte Bedrohung Roms und somit ein Bruch des Vertrages über Frieden und Freundschaft. Senat und Volk von Rom verkünden daher: Sardinien und Corsica gehören Rom; Karthago verzichtet für immer auf alle Versuche, die Inseln wieder zu besetzen oder neu zu erobern oder von Rom zu trennen; für den Bruch des Vertrags, die scheinbar gegen die Inseln, tatsächlich gegen Rom gerichtete Rüstung und die punische Treulosigkeit entrichtet Karthago eine Strafsumme von eintausendzweihundert Talenten Silber und gelobt Frieden. – Dies, oder Krieg.«

Keine dreieinhalb Jahre nach der sizilischen Niederlage und am Ende des erbarmungslosen Kriegs gegen die Söldner und die Libyer war Qart Hadasht vollkommen außerstande, sich auf einen neuen Waffengang mit dem übermächtigen Rom einzulassen. Die Ratssitzung auf der Agora und die römische Drohung waren öffentlich. Die abenteuerliche Wortverdreherei der römischen Gesandtschaft, mit der eigene Vertragstreue, punischer Vertragsbruch und römische Rechtfertigung belegt werden sollten, überzeugte niemanden, aber Qart Hadasht mußte sich der Gewalt beugen.

Einige Hundertschaften iberischer und illyrischer Fußkämpfer verhinderten Übergriffe gegen die Römer. Fassungslosigkeit und Erbitterung beherrschten Rat und Stadt. Jemand – oder mehrere; wer weiß, wie Gerüchte und Witze entstehen – brachte eine Bemerkung in Umlauf:

»Wenn ein guter Freund mit deiner Frau schläft, deine Kinder erdolcht, dein Geld stiehlt und dir mit dem Schwert die Schulter tätschelt – das ist römische Freundschaft.«

Die Barkiden bemühten sich, aus der schlimmen Lage für sich und die Stadt herauszuholen, was nur möglich war. Zwei Tage nach der römischen Erpressung trafen sich die Führer der Partei in Hasdrubals Haus. Antigonos wurde gebeten, sich ebenfalls einzustellen.

Als der Bote die Bank verlassen hatte, starrte Bostar seinen alten Freund lange und nachdenklich an. »Was mögen sie beraten wollen – gibt es denn im Moment etwas zu beraten?« Er nahm vier Schreibhalme aus dem Straußenei und spielte damit. »Ob die Barkiden so wahnsinnig sind, daß sie...?«

»Es wird nicht gegen Rom gehen.« Antigonos rieb sich die Augen. »Rom hat eine Flotte, die viermal so groß ist wie Hannos Aufgebot zur Rückeroberung der Inseln. Und Rom hat in wenigen Tagen zwanzig Legionen unter Waffen, wenn es sein muß – hunderttausend Mann und mehr. Was sind die zehntausend von Hanno und die fünfzehntausend, über die Hamilkar noch verfügt?«

»Aber worum mag es denn gehen? Ich fürchte mich ein wenig vor eurer Beratung.«

»Ich weiß es nicht. Vielleicht werden sie beschließen, daß das, was Rom Qart Hadasht zufügt, ein gerechter Ausgleich für das ist, was die Punier mit Matho gemacht haben.«

Bostar kniff die Augen zusammen und überlegte. »Nebenbei«, sagte er; seine Stimme klang zerstreut – »müssen wir uns überlegen, ob wir weiter mit den Römern handeln. Aber das ist es nicht; mir geht was durch den Kopf.«

»Wir handeln weiter. Was geht durch deinen Kopf, Freund?«

»Hasdrubal und Hamilkar könnten einiges versuchen«, sagte Bostar gedehnt. »Hanno ist nie so schwach gewesen wie jetzt. Seine Fehler in Libyen, sein Versagen im Krieg, sein Festhalten an der Freundschaft mit Rom – und jetzt das . . .«

»Ich werde es bedenken.«

Er war nicht der einzige, der es bedachte. Am Nachmittag fand Antigonos im Haus des »Schönen« neben Hasdrubal, Hamilkar und Naravas vier Ratsmitglieder der Barkiden – Bodbal, Bomilkar, Himilko und Adherbal, alle in den Vierzigern, Händler und Reeder – und, zu seiner Überraschung, den neunjährigen Hannibal. Bei der Beratung in Hasdrubals großem Arbeitsraum saß der Junge zwischen seinem Vater und Naravas, verfolgte die erregten Auseinandersetzungen mit einem bisweilen leicht spöttischen Lächeln und schwieg. Antigonos zwinkerte ihm zur Begrüßung zu; Hannibal winkte.

Der Hellene kam ein wenig spät; die Verhandlungen hatten längst begonnen.

»Keine Zeit zu verlieren«, sagte Bodbal eben, sehr energisch. »Wir müssen es *jetzt* tun; noch sind die Truppen da. Bald wird der Rat sie entlassen, fürchte ich.«

Naravas hob die Hand. »Ich zweifle nicht an deinen Ausführungen, edler Bodbal«, sagte er. Seine Mundwinkel zuckten. »Auch nicht daran, daß die von Hanno für Sardonien angeworbenen Söldner im Zweifel Hamilkar dem Blitz gehorchen werden. Aber seid ihr euch über die Folgen im klaren – *alle* Folgen?«

Adherbal sprang auf und lief im Raum herum. »Wir *müssen* Libyen und die Stadt zu einer neuen Einheit machen.« Er schrie beinahe. »Wir *müssen* zu einem reichen weiten Land werden – die reiche alte Stadt allein *kann* sich nicht gegen Rom behaupten! Was wird dein Volk zu solchen Änderungen sagen, Numider?«

Naravas hob beide Hände, mit abgespreizten Fingern. »Das hängt von vielen Dingen ab. Du mußt wissen, Punier: Massyler sind Reiter und Hirten, keine Stadtmenschen. Wir brauchen Land und Luft, wir ziehen umher. Wir haben nie Tribute an Qart Hadasht entrichtet. Wenn ihr gut bezahlt, stellen wir Krieger, gute Reiter – wenn nicht, bleiben wir in unseren Steppen und Wäldern.«

Hasdrubal stützte das Kinn auf die Hände. »Auch das haben wir zu bedenken. Es wird nicht nur Widerstand im Rat und in der Stadt geben.«

Antigonos räusperte sich. »Der zu spät gekommene Metöke bittet die edlen punischen Herren um Aufklärung.«

Hasdrubal grinse. »Herr der Sandbank – sprich.«

»Wenn ich die Bruchstücke, die ich gehört habe, richtig zusammensetze, ergibt sich eine Vase mit großen Rissen, aus denen der Saft eurer Pläne rinnt; er versickert im Sand.«

Hannibal kicherte leise. Naravas nickte; Hamilkar verzog keine Miene. Die vier Händler und Ratsherren schienen verblüfft. »Wie meinst du das?«

»Ihr redet von Eile, von der Frage, wem die Söldner gehorchen werden, von der Vereinigung der Stadt mit dem Land. Da selbst ein geschwächter Hanno und seine Leute dabei nicht mitspielen werden, kann es nur um eines gehen. Ihr wollt mit Gewalt die Macht übernehmen.«

Adherbal klopfte auf den Tisch. »Richtig, Herr der Bank. Es ist die einzige Möglichkeit, die Dinge zu tun, die unbedingt getan werden müssen.«

Antigonos nickte. »Wenn man sie tun *will*. Ich bin offenbar von Verschwörern umgeben. Hat sich denn das Haupt der neuen Ordnung schon zu den Vorschlägen geäußert?« Er blickte Hamilkar an.

Der große Punier trug Chiton, Lederpanzer und Kesselhelm, aber kein Schwert. Unter dem Panzer war *yama* zu erkennen; das Fell bedeckte die Schultern und die Brust.

»Ich habe bisher gelauscht«, sagte Hamilkar.

»Und was ist deine Meinung?«

»Ich lausche weiter. Ich warte auf die Worte, die mich überzeugen. Bisher« – er entblößte die Zähne – »habe ich sie nicht gehört.«

»Dann will ich sie sagen.« Antigonos stand auf und verschränkte die Arme vor der Brust. »Ich bin kein Punier, aber ich bin hier geboren und wurde eingeladen. Also darf ich wohl reden.«

Hasdrubal winkte ab. »Geschenkt, Tiggo – wir hören.«

»Es gibt Dinge, die getan werden müssen – darin stimme ich euch zu. Aber andere Dinge müssen zerstört werden, um die Ziele zu erreichen. Und wenn die Zerstörung größer ist als das Ziel, lohnt sich der Weg nicht.« Er blickte in die ernsten Gesichter. »Nach diesem furchtbaren Krieg werden die Libyer jede Veränderung mit Haß und Mißtrauen betrachten – wie alles, was aus der Stadt kommt. Die Verbindung von Stadt und Land, Puniern, Libyern und Libyphönikern zu etwas Neuem läßt sich nicht anordnen – sie muß langsam wachsen, behutsam über Jahrzehnte gelenkt werden. Und ein gewaltsamer Umsturz in Qart Hadasht? Ihr werdet die alten, uralten Einrichtungen zerstören müssen – den Rat, das Gericht der Hundertvier, den Rat der Ältesten, die Suffeten. Die Oberpriester der einzelnen Tempel... Sie alle haben Fehler gemacht – Menschen machen Fehler; nur Götter sind unfehlbar in ihrer grausamen Sinnlosigkeit. Aber trotz aller Fehler haben sie die Stadt fast sechshundert Jahre gelenkt, groß gemacht, bewahrt.« Er ging zum Fenster, schaute einen Moment in den Hof, in dem über hundert schwerbewaffnete Fußkämpfer saßen und standen, drehte sich dann wieder zu den anderen um.

»Das Ziel ist gut. Aber ein Umsturz wird es nicht erreichen. Nur Geduld; lange, zähe Planung; die Fähigkeit, Rückschläge einzustecken und nicht den Mut zu verlieren – nur das kann zum Ziel führen. Und: Ein Umsturz löst den nächsten aus. Die Geschichte der hellenischen Städte ist voll von Beispielen. Wenn ihr euch heute gegen die alte Ordnung der Dinge stellt, statt sie langsam zu überwinden – wer soll morgen einen anderen daran hindern, euch durch Umsturz zu beseitigen?«

In das Schweigen hinein sagte Hannibals helle Jungenstimme: »Mein Vater hat drei Jahre Qart Hadasht gegen Söldner verteidigt. Soll er es jetzt mit Söldnern erobern?«

»Tiggo und Hannibal haben das gesagt, was mich überzeugt.« Hamilkar stand auf, legte eine Hand auf Hannibals Schulter und nickte Antigonos zu. »Fast hatte ich gehofft«, sagte er leise, »daß jemand einen Grund fände, der mich von der anderen Möglichkeit überzeugt. Freunde, wir werden im Rat hart kämpfen. Hanno war nie so schwach wie heute...«

»...deshalb hockt er auch mehr im Tempel als im Rat.« Hasdrubal grinste.

»Dazu kommen wir noch.« Hamilkar drückte Hannibals Schulter; der Junge lächelte spöttisch, und Antigonos hob die Brauen.

»Was brütet ihr denn da noch aus?«

»O Tiggo, einen netten Scherz. Hanno ist Oberpriester des Baal, wie du weißt. Er hat sich seit zwei Tagen in die finsteren Gemäuer verzogen und grübelt vermutlich. Wir werden ihm noch eine kleine Freude bereiten, nicht wahr, mein Sohn?«

Hannibal nickte. Für einen Neunjährigen, fand Antigonos, war das Lächeln sehr höhnisch.

»Aber dazu später. Zuerst geht es um die Dinge, die wir im Rat durchsetzen müssen.«

»Änderungen in Libyen – die meisten ›Alten‹ sind auch dafür, wenigstens ein paar Schritte in eine neue Richtung zu gehen.« Hasdrubal blickte die vier Ratsherren und Händler an. »Was noch?«

Adherbal, der sich längst wieder gesetzt hatte, faltete die Hände und knurrte leise. »Ah, bah, was noch? Die Söldner, nehme ich an.«

»Sie müssen bezahlt und behalten werden, richtig. Wir brauchen sie – für etwas Neues.« Hamilkar kaute auf der Unterlippe. »Und wir müssen dafür sorgen, daß wir sie in der Hand behalten.«

»Was ist denn dieses Neue?«

Hamilkars Blick bohrte sich in Antigonos' Augen. »Wie geht es deinem Dorf, Tiggo?«

Einen Moment starrte der Hellene ihn verblüfft und ratlos an; dann begriff er, was Barkas plante. Die Kühnheit und Reichweite des Vorhabens raubte ihm den Atem.

»Noch heute«, sagte Antigonos heiser, »schicke ich Boten. Ich weiß aber nicht, was der König davon halten wird. Alle Verbindungen, alle Kenntnisse, alle Möglichkeiten stehen dir zur Verfügung.«

Hamilkar verneigte sich. »Irgendwann einmal, Tiggo, muß ich mir etwas ausdenken, um dir für all deine Geschenke zu danken. Was den König angeht, der ist alt; sein Sohn spielt mit.« Er lächelte. »Du weißt ja: Es gibt keine nutzlosen Kenntnisse, und auch in den letzten Jahren habe ich meine Kundschafter überall gehabt. Man muß vorbereitet sein . . .«

Hasdrubal schüttelte den Kopf. »Könntet ihr so gut sein uns zu sagen, worüber ihr redet? Es klingt ja wichtig, aber ich verstehe nichts.«

»Da wir Libyen nicht so einfach nehmen können«, sagte Hamilkar halblaut, »weil zuviel davon den Kornsäcken gehört, müssen wir etwas anderes nehmen. Etwas, das Hanno und seine Leute nicht stört – etwas, das uns stark genug macht, um nicht vor Rom kuschen zu müssen – etwas, das weit weg von Rom ist und den Senat nicht interessiert.«

Sie starrten ihn verwirrt an. »Wovon redest du, Barkas?« sagte Bodbal schließlich.

»Iberien.«

Der Hellene konnte und wollte sie nicht begleiten. Baals Tempel erfüllte ihn mit dumpfer Furcht und scharfer Abneigung, und nur Punier hatten Zutritt. Über die genauen Worte des Eids gab es zahlreiche Vermutungen; Hannibal sagte nichts, Hasdrubal winkte bei Fragen ab, und Hamilkar erklärte lediglich, der Junge habe geschworen, auch in der Ferne Qart Hadasht treu zu sein und niemals ein Freund Roms zu werden.

Tsuniro fand den Schlüssel. »Das ist doch ganz einfach. Wieso siehst du es nicht?«

Antigonos rollte sich auf die Seite. Das klare Mondlicht am Frühwinterhimmel floß durch das unverhangene Fenster, brachte köstliche Kühle, die den Ruch der Körper und der Liebe fortspülte, und überflutete Tsuniros Schwärze.

»Sag es, Gebieterin meiner Lust – matt bin ich und dumm.«

Sie ließ die Zähne blitzen. »Hanno ist Baal-Priester. Hannibal heißt ›Gunst des Baal‹. Der Junge hat also beinahe die Pflicht, wenn überhaupt einen Eid, dann einen in Baals Namen zu schwören. Hanno würde vermutlich lieber alles andere tun, muß aber sein Amt ausüben, auch dem Sohn des Barkas gegenüber. Er wird mit den Zähnen geknirscht haben. Und – du sagst, es waren zwei oder drei wichtige Ratsherren der ›Alten‹ und der Barkiden dabei? Ah, ein kluger Mann, Hamilkar – indem er seinen Sohn diesen Eid schwören läßt, gibt er den Ratsherren gleichzeitig das heilige Versprechen, in Iberien nichts zu tun, was der Stadt schadet.« Sie kicherte. »Und daß Roms Freund Hanno den Eid beaufsichtigt, in dem Hannibal schwört, nie ein Freund Roms zu sein, gefällt mir besonders.«

Tatsächlich schien die Zeremonie im finsteren Baal-Tempel einiges an Widerständen beseitigt zu haben. In den Ratssitzungen der folgenden Tage kamen erstaunliche Beschlüsse zustande. Einige waren Beiträge zur Aussöhnung; so wurden die Tribute der Städte und Dörfer wie auch die Abgaben der libyschen Pächter abgesenkt auf den uralten Zehnten. Ferner durften ab sofort nichtpunische Handelsschiffe nicht nur Qart Hadasht anlaufen, sondern auch andere libyphönikische und punische Häfen.

Der wichtigste Beschluß kam jedoch beinahe einem Umsturz gleich; Hasdrubal setzte ihn durch, und Antigonos fragte sich, ob er zustandegekommen wäre, wenn Hannibal nicht vor Baal in Hannos Anwesenheit seinen Eid geleistet hätte.

Bisher hatte Qart Hadasht in Friedenszeiten nur kleine Truppenverbände unterhalten – eine Art Stadtwache, Garnisonen in Grenzstädten, geringe Schutztruppen für entlegene Handelsstützpunkte. Erst im Kriegsfall wurden größere Mengen Söldner angeworben. Ähnlich stand es mit der Flotte, die im Frieden eben ausreichte, die Meerenge an den Säulen des Melqart und die wichtigsten Häfen zu sichern. Im Frieden unterstanden die Truppen und Schiffe den jeweiligen Ortskommandanten und Großkapitänen, die dem Rat von Qart Hadasht verantwortlich waren. Erst im Kriegsfall wurden mehr Schiffe gebaut, für die Flotte ein Nauarch, für das Land ein Stratege bestimmt – vom Rat beziehungsweise von den Dreißig Ältesten des Rats, der Gerusia.

Alle wußten, daß die auf rücksichtslose Ausdehnung angelehnte römische Raubzugs- und Erpressungspolitik eine Fortsetzung der alten Verfahren unmöglich machte. Spätestens der erzwungene Verzicht auf Sardonien und Kyrnos und die erzwungene Zahlung weiterer eintausendzweihundert Talente hatte auch den »Alten« bewiesen, daß Roms ständige Flotte und Roms jederzeit einsetzbare Legionen eine punische Flotte und ein punisches Heer unabdingbar machten. Man hatte nur noch keinen überzeugenden Weg gefunden, Heer und Flotte, Stratege und Nauarch einzurichten, die Zuständigkeiten und Größen festzulegen, die Ratsaufsicht zu umreißen.

Hasdrubal drückte eine Lösung durch, die nicht nur sinnvoll und überraschend, sondern schlicht unerhört war und deren Folgen den Ratsherren erst nach und nach klar wurden. Die Abstimmung des Heers, das sich vor einem Jahr gegen Hanno und für Hamilkar entschieden hatte, wurde zum Grundsatz erhoben. Hamilkar Barkas wurde zum »Strategen von Libyen und Iberien« ernannt; seine Amtsführung war nicht vom Rat, sondern von der Versammlung der Vollbürger zu beurteilen – was ihn fast zu einem dritten Suffeten machte. Er konnte zurücktreten oder sterben, aber abgesetzt werden nur von der Volksversammlung wegen Unfähigkeit oder Mißbrauchs. Der Nachfolger würde von den Soldaten und Offizieren des Heers gewählt – die Volksversammlung hatte die Wahl zu bestätigen oder abzulehnen, aber der Rat war nicht mehr zuständig. Wechselnde Abgesandte des Rats der Ältesten sollten den Strategen begleiten und beraten und die Bindung zwischen ihm und der Stadt sichern. Ein ständiges Heer von zwanzigtausend Fußkämpfern, fünftausend Reitern und hundert Elefanten wurde beschlossen. Die Flotte sollte immer etwa die Hälfte der römischen Flottenstärke haben und wurde zunächst auf fünfzig Trieren, vierzig Penteren und zweihundert Lastschiffe angesetzt; der von den Offizieren zu wählende Nauarch würde im Kriegsfall dem Strategen unterstellt.

Fast noch unerhörter war der Beschluß zum Staatsschatz. Um die Bezahlung von Heer und Flotte zu sichern und die Tilgung der Schulden zu gewährleisten, verpflichteten sich die ausnahmslos reichen Mitglieder des Rats und des Gerichtshofs der Hundertvier sowie die sechshundert nächstreichen Punier, »Nachrücker« für den Rat, insgesamt zweitausendfünfhundert Talente aus der eigenen Tasche als einmalige Abgabe zu zahlen – etwas mehr als zweieinhalb Talente für jeden.

Im Frühjahr brach Hamilkar auf. Er nahm seine Söhne mit; Hasdrubal und Sapanibal begleiteten ihn. Der Lenker der Barkiden übergab die politischen Geschäfte Himilko, würde sich aber von Iberien aus weiter mit dem Rat befassen. Der Blitz hatte neue Offiziere ernannt und achttausend Fußkämpfer, zweitausend Reiter und zwanzig Elefanten in Qart Hadasht und den wichtigsten libyschen Festungen zurückgelassen.

Antigonos ritt mit dem langen Zug bis ins Land der Massyler, wo er Salambua besuchte, deren kleiner Sohn Baalyaton den Zelt-Hofstaat des Königs Gya beherrschte und mit Gyas Sohn und Kronprinz, dem einjährigen Masinissa spielte. Mit Naravas' Hilfe erreichte Antigonos einige gute Handelsabsprachen wie geringeren Wegezoll für Karawanen der Sandbank. Hamilkars Heer zog weiter. Bei den Säulen des Melqart sollte es von Libyen nach Iberien übersetzen und das größte Abenteuer der punischen Geschichte beginnen. Antigonos versprach, sich bald selbst in Iberien blicken zu lassen und beim Aufbau von Handel, Handwerk und Banken Rat zu geben.

»Mit den neuen Bedingungen können wir gut leben«, sagte Bostar bei der ersten Unterredung in der Bank, nach Antigonos' Rückkehr. Er fischte ein von einer Papyrosrolle gerissenes Stück aus dem Gewühl auf seinem Arbeitstisch. »Die ersten Zahlen aus Hadrymes. Letztes Jahr haben sie aus Seehandel, Fischfang und allem anderen zusammen zweihundertvierzig Talente eingenommen – davon drei Zehntel Abgabe an Qart Hadasht, also zweiundsiebzig. Seit Beginn der Schiffahrt nach dem Winter haben sie schon dreihundert Talente eingenommen, durch den neuen Freihandel. Im Sommer wird es bekanntlich immer besser;

es werden dieses Jahr mindestens tausenddreihundert Talente sein. Ein Zehntel für Qart Hadasht – macht hundertdreißig. Woran man sieht, o Tiggo, daß die ägyptische Rechenkunst von den Umständen abhängt.«

Antigonos lächelte. »Wie meinst du das?«

»Wenn man die Abgaben senkt und den Handel befreit, sind drei Zehntel etwas mehr als halb soviel wie ein Zehntel.« Bostar lachte. Dann beugte er sich vor, ernster. »Wir müssen uns natürlich auf die neuen Gegebenheiten einstellen.«

Antigonos nickte. »Ja. Ich nehme an, ähnliche Zahlen werden bald auch aus den anderen Städten vorliegen. Wir sollten wohl daran denken, Zweigbanken in Hipu und Hadrymes einzurichten – für den Anfang. Oder?«

Bostar warf ihm zwei Papyrosrollen zu. »Blöder Hellene«, sagte er, »Ziegenschänder – was meinst du denn, was ich in deiner Abwesenheit getan habe!«

* * *

Drei Jahre vergingen, ehe Antigonos nach Iberien reisen konnte. Im ersten Jahr gab es zuviel zu tun, im Jahr danach Schwierigkeiten in Alexandreia, ausgelöst durch einen Bruderkrieg im Reich der Seleukiden. Antiochos Hierax, Regent jenseits der Tauros-Berge im Namen seines Bruders Seleukos Kallinikos, setzte die sinnlosen Schlächtereien unter Hellenen fort. Im Jahr nach dem Ende des Punisch-Römischen Kriegs hatte Antiochos sich mit kleineren Fürsten und den asiatischen Kelten verbündet; vor allem diese Galater waren im folgenden Jahr, als der Söldnerkrieg in Libyen begann, entscheidend für den Sieg über das Heer des Seleukos gewesen. Weiter im Osten, in Baktrien, nutzte der seleukidische Satrap Diodotos den Krieg zwischen den Brüdern aus, Baktrien vom Seleukidenreich zu lösen und damit die Landverbindungen nach Indien durch seine Aufsicht unsicher zu machen. Und nun, zwei Jahre nach dem Ende des Libyschen Kriegs, war es Antiochos Hierax gelungen, ein Bündnis mit Ägypten zu schließen und Ptolemaios zum Angriff zu bewegen. Als der dritte Ptolemaios vor Damaskos stand, erließ er die Anweisung, alle fremden Geschäfte und Banken in Alexandreia zu beschlagnahmen, falls es zwischen diesen und dem Reich der Seleukiden Verbindungen gab. Antigonos hatte abzuwägen. Seine Sympathien waren bei Seleukos, der sein Volk nicht so blutsaugerisch ausbeutete wie der Herrscher Ägyptens; aber Alexandreia war wichtiger für den Handel, als Laodikeia oder Europos es in absehbarer Zeit sein konnten. Also reiste er nach Alexandreia, um dort zu retten, was er retten konnte.

Im dritten Jahr nach Hamilkars Fortgang brach der numidische Aufstand los. Mit iberischen, libyschen und balliarischen Kämpfern schickte Hamilkar seinen Schwiegersohn gegen die Numider. Hasdrubal schlug den Aufstand schnell nieder, wobei Gya und Naravas zu Hilfe kamen. Geschickt und tüchtig wie immer regelte Hasdrubal die Besetzung und Lenkung der befriedeten Gebiete neu: Iberische Truppen wurden in die wichtigsten Städte und Festungen gelegt; numidische Reiter neu angeworben und nach Iberien geschickt; die rebellischen Fürsten wurden nicht bestraft, sondern hatten lediglich Geiseln zu stellen und Wohlverhalten zu geloben. Die Geiseln, und dies war das Entscheidende, wurden mit dem größten Teil der libyschen Fußkämpfer nach Iberien gebracht – nicht mehr als politische Geiseln von Qart Hadasht, sondern als persönliche Geiseln des Strategen Hamilkar. Mit den restlichen Libyern und einigen weiteren Numidern zog Hasdrubal im späten Herbst über Land nach Qart Hadasht, wo die Numider in die Unterkünfte an der Mauer gelegt wurden.

Die entlassenen Libyer, die unter Hamilkar den iberischen Süden erobert, sich mit Ruhm bedeckt und reichen Sold in Silber erhalten hatten, waren Hasdrubals beste Boten. Als er Unterführer ausschickte, um in den Dörfern des Hinterlands Truppen anzuwerben, hatten die Geschichten sich längst herumgesprochen. Mehr kräftige libysche Bauernsöhne meldeten sich, als er zunächst überhaupt mitnehmen konnte. Und einige hundert Entlassene wollten neu eintreten. Hasdrubal und seine Leute wählten aus; Antigonos machte sich persönlich das Vergnügen, einen Zug von Karren mit Silbermünzen zu den Sammelplätzen im Hinterland zu bringen.

»Geschickt, geschickt«, sagte Bostar, nachdem Antigonos seinen Bericht beendet hatte. Sie saßen auf der Terrasse des Hauses nahe dem Tynes-Tor. Tsuniro mischte in der Werkstatt Düfte, Ariston schlief, und Memnon trieb sich mit anderen Zwölfjährigen irgendwo am Seeufer herum. Die Ruhe war ungewöhnlich.

»Er ist sehr geschickt, ja; er hatte auch einen guten Lehrmeister. Auf Hamilkar.« Antigonos hob den Lederbecher.

»Libyer erobern Iberien, Iberer sichern Numidien, Numider werden auf Qart Hadasht und Iberien verteilt, damit sie zuhause keinen Unfug machen. Sehr fein.«

Bostar lehnte sich zurück; der alte Scherenstuhl knackte und knirschte.

»Sag mal«, begann Antigonos. »Diesen Sommer...«

Bostar hustete. »Wohin willst du diesmal reisen?«

Antigonos lachte. »Ziegenschänder. Punischer Lehmkopf. Wohin wohl? Nach Iberien und Britannien.«

Aus dem Schatten des Hauses trat eine schlanke Gestalt und kniete neben Antigonos' Sessel nieder.

»Vater!« Memnons Augen, die Augen von Isis, flehten.

Antigonos verzog den Mund. »Seit wann bist du da? Hast du gelauscht?«

»Eben erst, Vater. Seit du ›Ziegenschänder‹ gesagt hast.« Memnon warf Bostar einen Verschwörerblick zu.

Der Punier zwinkerte. »Kleiner Schuft, du. Und jetzt...?«

»Jetzt will er mitkommen, auf die große Reise«, sagte Antigonos. »Und das kommt natürlich überhaupt nicht in Frage. Mit zwölf Jahren...«

»...ist ein gewisser blöder Hellene, dessen Name nichts zur Sache tut, von seinem Vater nach Alexandreia geschickt worden.«

Antigonos richtete sich auf und starrte Bostar an. »Ah. Ausgerechnet du fällst mir in den Rücken. Pah.«

Bostar grinste. »Bisweilen sollte man greise Freunde daran erinnern, daß sie auch einmal Säuglinge waren.«

Antigonos kratzte sich am Kopf, blickte zwischen Bostar und Memnon hin und her und grinste plötzlich ebenfalls. Er legte die Hand auf den Kopf des knienden Jungen. »Na schön. Wenn Tsuniro nichts dagegen hat.«

Memnon strahlte.

»Und du, Ziegenschänder«, sagte Antigonos, »hast einen Sohn, der nicht so ein punischer Stadthocker werden sollte wie sein Vater.«

Bostar verschluckte sich an Wein, würgte, hustete und setzte den Becher fast neben die Tischkante; Memnon sprang und fing ihn auf.

»Was? Du niederträchtiger, übelriechender, unbeschnittener metökischer...«

Antigonos hob die Hand. »Langsam; verdirb mir nicht diesen meinen reinherzigen Sohn, der derlei furchtbare Ausdrücke nicht kennt.«

Bostar hatte die Augen zusammengekniffen. »Ist das dein Ernst?«

»Mit Bomilkar? Ja. Er hängt doch jeden Tag am Hafen herum und möchte am liebsten jedes Schiff einzeln auseinandernehmen, damit es nicht ohne ihn fährt.«

Bostar seufzte. »Woher hat der Junge das nur? Aber du hast recht. Hm. Das will beredet sein. Mit seiner Mutter, zum Beispiel. Vielleicht wäre es gar nicht schlecht. So eine Reise mit dir und Memnon . . .«

»Wer reist hier wohin?« Tsuniro erschien auf der Terrasse. Sie trug einen breiten Stoffstreifen um die Brust und einen kleinen weißen Lendenschurz. Ihre Haut, tiefbraunes Elfenbein, glitzerte von Schweiß und dem Niederschlag verkochter Duftwässer. Sie roch unbeschreiblich.

»Nein«, sagte Antigonos. »Nein, nicht auch noch das.«

Memnon und Bomilkar vertrugen sich bestens; nach zwei Tagen waren sie die tatkräftigsten Mitglieder der Besatzung. Ariston hatte sich zu einem quirligen, unwiderstehlichen Querkopf entwickelt. Der Sechsjährige tyrannisierte das ganze Schiff, und seine Untertanen liebten ihn. Antigonos verbrachte lange Stunden mit dem Jungen, erzählte ihm wilde Geschichten, erfand zusammen mit dem »schwarzen Daimon«, wie Ariston an Bord hieß, neue fantastische Fortsetzungen alter Abenteuererzählungen; zusammen bevölkerten sie den Kosmos mit hellroten Meeresungeheuern, achtköpfigen Drachen, fliegenden Schlangen, riesigen Zwergen und kaum noch sichtbaren Schrumpfriesen. Sie malten und schnitzten, schwammen an flauen Tagen oder ließen sich prustend und quiekend, weniger lautstark begleitet von Tsuniro, Memnon und Bomilkar, bei guter Fahrt an Seilen durchs Wasser schleppen. Tsuniro schien manchmal rastlos und in sich gekehrt, winkte aber bei halb gestellten Fragen ab. Insgesamt war es eine ersprießliche Reise. Auch das Verhältnis zwischen Antigonos und dem zwölfjährigen Memnon, das unter Schwankungen des schnell reifenden Sohns gelitten hatte, wurde wieder besser und fast innig. Antigonos genoß die glühenden Nächte mit Tsuniro, die warmen Tage mit allen und sagte sich, daß er nie so glücklich gewesen war.

Nach den ersten Tagen legte sich die Seekrankheit des Fahrgastes. Anfangs hatte Sosylos mit grünem Gesicht über der Bordwand gehangen oder ächzend und murrend auf einer Pritsche gelegen. Er war zweiundzwanzig, ein Ausbund an Gelehrsamkeit, dabei aber – bis auf seine Seeschwäche – körperlich in bester Verfassung, anders als die meisten Papyrosfresser. Der blonde Spartaner machte aus der Not eine Tugend, indem er seinen flaumigen Bart, der ihm viel Spott eingetragen hatte, einfach rasierte. Das glatte junge Gesicht stand in seltsamem Widerspruch zu den schweren weisen Reden, die er führte, sobald er wieder zusammenhängend sprechen konnte. Auf dem Achterdeck setzten Antigonos, Tsuniro und Mastanabal den Spartaner unter Wein, bis die Gelehrsamkeit ertrank und die Rede menschlich wurde.

»Iberien schwankt nicht, oder?« sagte Sosylos lange nach Mitternacht. Dann rülpste er und lächelte Tsuniro an; er schielte mit verschwimmenden Augen eher um sie herum als in ihr Gesicht. »Ich hab genug vom Meer. Thalassa Thalassa, bäh.«

»O Tiggo«, sagte Mastanabal. »Diese papyroslutschende Sandratte soll die barkidischen Löwen lehren? Ei oh.« Er zerrte an seinem grauen Bart und schüttelte grinsend den Kopf. »Sie werden ihn ins Wasser werfen.«

»Er hat ein bißchen Pech gehabt«, sagte Antigonos. »Man darf es ihm nicht übelnehmen.«

»Pech?« Sosylos beugte sich vor und reckte den kreisenden Zeigefinger. »Pech, was? Deine Verwandtschaft in Korinthos hat mich über Land geschickt. Vor Mykene hat ein Pferd mich abgeworfen, gegen einen Baum. In Argos bin ich von Betrunkenen verprügelt worden. Zwischen Argos und Megalopolis sind zwei Karren unter mir zusammengebrochen. In Sparta hat meine Sippe mich beschimpft und beinahe ausgestoßen, weil ich zu einem Punier reisen wollte. In Gytheion war ich so betrunken, daß ich beim Besteigen des Schiffs vom Steg ins dreckige Hafenwasser gefallen bin. Brrr. Dann war ich sehr lange schrecklich seekrank, und im kyrenischen Hafen Apollonia gab es nur ein Schiff, das über das furchtbare Meer nach Melite wollte. Auch so eins mit diesem roten Glotzauge auf dem Segel.« Er deutete ins Zentrum des Nachthimmels. »Statt nach Karchedon hat man mich von Melite auf diese öde Insel Lopadusa gebracht, wo ich den Schlickwürmern und Maulwürfen die unsterblichen Verse von Aischylos und Homeros vortragen durfte. Dann weiter nach Hadrymes, mitten durch einen entsetzlichen Sturm. Und jetzt hocke ich hier mit einem graubärtigen punischen Seeräuber, einer schwarzen Göttin, die ich nicht anbeten darf, weil sie nur auf die Einflüsterungen eines schäbigen Händlers hört, der Metöke in Karchedon ist, zwei unehrerbietigen Knaben, die mein Wissen verlachen, und einem kleinen schwarzen Daimon. Ah. Und du nennst es Pech! Was, o

Herr der Bank mit dem schlüpfrigen Symbol, würdest du dann als grauenhafte Katastrophe ansehen?«

Antigonos lachte. »Zwei Tage in Gesellschaft eines nüchternen Sosylos von Sparta ohne die Möglichkeit, seinen Vorträgen zu entrinnen.«

Sosylos stand mühevoll auf und stützte sich auf die Bordwand. »Zwei Tage? Herr der Münzen, du weißt nicht, was du sagst. Bisher habe ich dich mit Platon verschont, diesem geschwätzigen Verfasser mißglückter Satiren, wie Gorgias sagte, als er den nach ihm benannten Dialog gelesen hatte. Meinst du, du könntest Platon auch nur zwei Stunden ertragen? Ich nicht!«

Es war eine klare, warme, windstille Nacht; das Schiff lag in einer kleinen Bucht östlich von Tabraq. Trotzdem schien es im Sturm zu schlingern und zu stampfen, wenn man die Bewegungen betrachtete, mit denen Sosylos sich vom Achterdeck zum Mast begab, unter dem er auf seinen Decken zusammenbrach. Schon bei den drei oder vier letzten Schritten hatte er aufrecht geschnarcht. Memnon und Bomilkar schliefen lautlos.

Mastanabal ließ sich von seinem Schemel einfach auf die Planken gleiten und wickelte sich in die Decke, die unter dem Griff des Steuerruders lag.

»Eine schöne Nacht«, murmelte Tsuniro, als Antigonos den Vorhang der Heckkammer zuzog. Aristons regelmäßige Atemzüge drangen durch die dünne Verschalung aus dem kleineren Teil des Raums. »Es fehlt nur die Vollendung.« Sie schob Antigonos' Chiton hoch und zupfte an seinem Schurz.

»Zuviel Wein, Fürstin der Nacht«, sagte Antigonos leise. Er legte die Arme um ihren Hals.

Sie biß in sein Ohrläppchen und kicherte. »Mal sehen.«

Die Säulen des Herakles oder Melqart waren wie immer beeindruckend; vor allem für Sosylos und Tsuniro, die sie noch nie gesehen hatten. Memnon und Bomilkar fanden, Felsen seien Felsen, und hängten sich über die Bordwand, um Delphine zu beobachten.

Die alte punische Tochterstadt Sepqy mußte angelaufen werden. Antigonos mochte den Inselhafen nicht, der bis auf einen alten Tempel und ein paar Tavernen nichts zu bieten hatte. Aber hier und auf der Nordseite der Meerenge lagen die Penteren, die die Wasserstraße hüteten, und wer sie durchfahren wollte, mußte sich von einem der punischen Kommandanten prüfen lassen.

Die Überfahrt warf Sosylos wieder um zahllose Tage unbeschwerter Seefahrt zurück. Die Winde und Strömungen zwischen Meer und Okeanos ließen das Schiff tanzen, und der Spartaner verfärbte sich.

Kalpe, unter der nördlichen Säule des Melqart, einem seltsam geformten Kegelberg, wirkte noch verschlafener als Sepqy. Der alte Hafen, ein paar Lagerhäuser und Wohngebäude, dazu Werkstätten und Gärten, mehr war nicht von der alten Bedeutung des Orts geblieben, seit Hamilkar zwei Jahre zuvor das nördlich der Bucht gelegene iberische Fischerdorf Eya zur Stadt Qart Eya und zur Festung hatte ausbauen lassen.

Der starke Westwind flaute in der Nacht ab. Mastanabal und sein Steuermann Baqranis, ein ruhiger Libyphöniker aus Ityke, wurden gleichzeitig wach, weckten die übrigen und ließen das Schiff um das Vorgebirge rudern. In der Meerenge, lange vor Erreichen des südlichsten Punkts von Iberien, gerieten sie in einen warmen südlichen Wind aus den Bergen Libyens, der das quergestellte Segel füllte und sie gut voranbrachte.

Zwei Tage später liefen sie bei strahlender Nachmittagssonne in die Bucht von Gadir ein. Das Kupferdach des uralten Melqart-Tempels am Südende der langen Insel glitzerte grünlich. Im Hafen an der Nordostspitze sah Antigonos ein Schiff, das ihm fast verschüttete sehnsüchtige Erinnerungen zurückbrachte: einen der sechzig Schritte langen, fünfzehn Schritte breiten, hochbordigen zweimastigen Frachter, die mit verschwiegenen Kapitänen und eingeschworenen Mannschaften Zinn, Bernstein und Pelze aus dem Norden, Gold und Elfenbein aus dem Süden und noch mehr Gold, Schnitzereien und seltsame Gewürze aus dem fernen Westen jenseits des Okeanos holten. Er seufzte.

Neben ihm seufzte auch Sosylos. »›O Tartessos, gleißendes Gold im Sinken der Sonne‹; wenn ich nur noch wüßte, wie es weitergeht«, sagte er.

»Egal wie es weitergeht – Tartessos, oder was von Tarshish übrig ist, liegt eine Tagesreise nördlich, zwischen den beiden Mündungen des Großen Flusses, den die Turdetaner Baits oder Tarshish nennen.«

Sosylos runzelte die Stirn und blickte sehr verblüfft. »Ich dachte, Tartessos sei hier, gegenüber von Gadir.«

»Ist es nicht. Nur aus der Ferne wirken zwei Städte, zwischen denen eine Tagesreise zu Schiff liegt, wie eine.«

»Da du soviel weißt, kannst du mir sicher auch sagen, was es mit

Kolaios von Samos, König Arganthonios von Tartessos und allem anderen auf sich hat.«

Tsuniro trat zu ihnen und stützte sich auf Antigonos' Schultern. Sie schwieg und blickte zu den weißen Häusern.

»Kann ich, o Sosylos von Sparta. Tarshish war die Hauptstadt eines großen Reichs, das sich über die Südküste Iberiens und das Hinterland erstreckte. Silber und Kupfer aus den iberischen Bergen, Zinn und Bernstein aus dem fernen Norden, alles kam in Tarshish zusammen. Das alte Gadir, gegründet von Seefahrern aus Tyros, konnte immer nur einen winzigen Teil des Handels an sich ziehen. Vor vielen Jahrhunderten, als Tyros mächtig war, kamen mehr Seefahrer und Krieger nach Gadir und sorgten vorübergehend dafür, daß Tarshish kleiner wurde. Zur Zeit der assyrischen Herrscher verlor Tyros nicht nur fast die Seele, sondern auch die Herrschaft über die alten Pflanzstädte im Westen, und Tarshish blühte wieder auf, unter einem starken König. Dieser Arganthonios nutzte den Niedergang von Tyros, um mit den Hellenen zu handeln – von Massalia bis Samos. Dann erstarkte Karchedon, drängte die Hellenen aus dem westlichen Teil des Meeres zurück, besetzte Gadir und zerstörte Tarshish. So einfach. Es ist vielleicht zweieinhalb Jahrhunderte her, oder etwas mehr. Die Ruinen der Königsstadt liegen unter dem Schlamm, den der große Fluß aus dem Hinterland zum Okeanos bringt. An der Mündung gibt es heute ein Fischerdorf; es heißt Tarshish und hält sich für bedeutend.«

Gadirs weiße Häuser, die lichten luftigen Innenhöfe mit ihren Brunnen, die mächtigen Wälle und großen Werften, die gefüllten Lager, in denen alles umgeschlagen wurde, was Iberien und die Länder und Inseln des Okeanos liefern konnten, die weite blaue Bucht, die grünen Ufer – der Traum im Westen. Antigonos war ein wenig verärgert über Sosylos und sich selbst, daß er eine lange Rede gehalten hatte, statt stumm das Wiedersehen zu genießen, alles in sich aufzusaugen. Tsuniro spürte es; sie blies ihm in den Nacken und fuhr mit einem scharfen Fingernagel seine Wirbelsäule hinab. Dabei summte sie leise.

Nicht ganz hundert Meilen oberhalb der Mündung des Baits, in einer fruchtbaren feuchten Ebene, war einer der neuen Mittelpunkte des wachsenden Reichs entstanden. Da die Gegend von Kaninchen wimmelte, hatte Hamilkar den Ort Qart Ispany genannt, Stadt der Kaninchen; in dem Zungengemisch der Punier, Numider, Libyer, Turdetaner und anderen Völker war daraus sehr bald Ispali oder Hispali geworden; in der Bezeichnung des Landesteils hatte sich das *n* jedoch erhalten: Ispanien wurde allmählich zum Namen für das südliche Iberien. Es würde, schätzte Antigonos, Jahrzehnte dauern, bis die Archive der Stadt Qart Hadasht darauf verzichteten, weiter die Bezeichnung Tarshish zu verwenden.

Hasdrubal war übermüdet; die Ausarbeitung der Pläne, das Zusammenknüpfen der Stränge, der Straßenbau, das Anlegen kleiner Festungen und Stützpunkte im Land, die wirtschaftliche Erschließung, der Ausgleich zwischen Wünschen und Möglichem, die Erfordernisse der Verwaltung und die Bestrebungen der oft kampflos, manchmal nach blutigen Schlachten eingegliederten Stämme rieben den Punier auf. Und noch etwas.

»Ach, du weißt es ja noch nicht. Pani ist tot.«

Antigonos legte die Hände auf die sackenden Schultern von Hamilkars Schwiegersohn. »Sie war doch so jung«, sagte er leise und erschüttert. »O Hasdrubal, ich will dir nichts vom Trost der Götter erzählen, an die wir beide nicht glauben. Es tut mir leid.«

Hasdrubals graues Gesicht wurde noch eine Schattierung düsterer. »Sie war zerbrechlicher, als sie wirkte«, murmelte er. »Zwei frühe Fehlgeburten, Tiggo. Und dann, als ich auf dem Rückweg von Qart Hadasht hierher war, eine volle Schwangerschaft – aber das Kind war tot, und Pani ist verblutet.«

Antigonos dachte an die schnelle, kluge, freundliche, hübsche Tochter des Barkas, die er nie mehr sehen würde. Der frische iberische Wein schmeckte schal, und die Dünste des weitläufigen Holzhauses, in dem Hasdrubal das neue Reich zu verwalten versuchte, drohten ihn zu ersticken.

»Hoffentlich kommt Hasdrubal bald«, sagte der Punier plötzlich. Etwas mehr Feuer glomm in den müden Augen. »Ich kann Hilfe wirklich brauchen.«

»Wieso Hasdrubal?«

»Hamilkar will, daß seine Söhne alles lernen. Mago ist bei ihm im Lager. Hannibal war bis vor einem halben Jahr bei mir, um die Verwaltung zu begreifen; in meiner Abwesenheit hat er sich sehr gut gehalten. Jetzt hat sein Vater ihn mit einem kleinen Händlertrupp, natürlich als Kundschafter, tief ins Land geschickt. Sie sollen Berge überqueren,

Flüsse erforschen und die Nordküste erreichen. Und mit möglichst vielen Kenntnissen auf allen verwendbaren Gebieten zurückkommen.«

»Gefährlich.« Antigonos ging zum Fenster, blickte auf die lehmige Hauptstraße von Ispali hinaus und atmete die schwüle Luft des Flußlands. »Da oben, im Norden, gibt es doch noch Menschenfresser – habe ich gehört.«

»Hannibal ist sehnig.« Hasdrubal lachte; für Sekunden waren Müdigkeit und Trauer getilgt, und der junge Punier aus Qart Hadasht blickte Antigonos wieder an. »Außerdem – alles Gerüchte und Märchen, wahrscheinlich. Angeblich putzen die sich auch mit der eigenen Pisse die Zähne. – Wo ist dein wunderschönes finsteres Weib? Ich hatte mich so gefreut, sie wiederzusehen.«

»Sie ist mit Memnon, Ariston und Bomilkar in Gadir geblieben, im Hafen oder auf der *Schwinge.* Sie meinte, wenn wir länger blieben, wäre sie mitgekommen, aber nur schnell mit dem Flußschiff ins Land und gleich wieder zurück, da will sie sich lieber sonnen.«

Hasdrubal gluckste. »Hoffentlich verdirbt sie sich nicht die Tönung der Haut. Du willst also bald wieder fort?«

Antigonos nickte. »Alles, was ich abliefern wollte, ist abgeliefert – Waren in Gadir, Münzen hier bei dir, ebenso Grüße und Empfehlungen des Rats und der Lehrer für die Löwensöhne. Wir wollen in den Norden segeln. Ich habe vor Jahren in Britannien Schwerter gekauft; die will ich abholen.«

Hasdrubal nickte und streckte die Hand aus. »Schwerter in Britannien bestellt; so so. Fieber hast du nicht. Bei dir weiß man nie.«

Antigonos lachte. »Bei dir auch nicht, edler Punier. Wann rechnest du mit Hasdrubals Eintreffen?«

»Er sollte eigentlich schon hier sein. Wenn er halb so gut ist wie sein Bruder, werde ich bald wieder ein bißchen länger als drei Stunden schlafen können.«

»Wo steckt Hamilkar denn?«

Hasdrubal deutete auf die grobe, mit vielen weißen Flecken versehene Karte des südlichen Iberien; sie bestand aus mehreren nebeneinander an die Holzwand geklebten Papyrosstreifen. Er klopfte mit dem Zeigefinger auf eine Stelle weiter im Osten. Bis Ispali floß der Baits ostwestlich, ab hier nach Süden. Der Punkt, auf den Hasdrubals Finger wies, lag am Strom.

»Karduba«, sagte er. »Das Hauptlager. Von da aus können sie die Silberberge und die Quellgebiete packen.«

»Wie heißt der Ort?«

Hasdrubal schnalzte. »Ich fange auch schon an, mir diese verwaschene Aussprache hier anzugewöhnen. Qart Iuba – Karduba. Im letzten Sommer gab es da eine wüste Schlacht. Ein Numider, Iuba, Vetter von Naravas, hat sie mit seinen Reitern entschieden und ist dabei gefallen. Hamilkar hat den Ort nach ihm benannt. Aber überhaupt – Reiter.« Er strahlte. »Du solltest das neue Heer sehen. Man muß es sehen, um es zu glauben.«

»Ein neues Heer? Kriegt ihr denn mehr Geld vom Rat?«

Hasdrubal zwinkerte. »Nein, aber wir haben schon ein wenig mehr Silber aus den alten Bergwerken geholt, als wir dem Rat erzählen. Wir beginnen, eigene Münzen zu prägen – nur für die Truppe. Aber Hamilkar erfüllt sich einen alten Traum. Hundert verschiedene Völker, mit ihren guten und schlechten Kampfgewohnheiten – aber eine einheitliche Bewaffnung, die gleiche Ausbildung, die gleichen Signale und Übungen. Im Augenblick spielt er mit einer schweren iberischen Reiterei herum – iberische Kataphrakten.«

»Kann ich mir kaum vorstellen – aber beim nächsten Besuch werde ich sie sehen, hoffe ich.«

Antigonos wußte selbst keinen Grund, aber eine seltsame Unruhe drängte ihn, möglichst bald nach Gadir zurückzukehren. Fünfzehn Tage, nachdem er den alten Hafen verlassen hatte, erreichte er ihn wieder – elf Tage zu spät.

An der Haltung von Memnon und Bomilkar, die auf dem Achterdeck der *Schwinge des Westwinds* standen und ihm entgegenblickten, sah Antigonos, daß etwas nicht so war, wie es sein sollte. Er kletterte über die Bordwand. Memnon kam die schmale Treppe herunter.

»Was ist los? Wo sind die anderen?«

Memnon blieb vor seinem Vater stehen. Die dunklen Augen waren trüb; einen gespenstischen Moment blickte Isis den Hellenen an. Memnon ergriff Antigonos' Rechte, zog sie an seinen Mund und schloß die Augen. »Ich ... es tut mir unendlich leid, Vater. Komm.« Er zog ihn zum Heckraum.

Antigonos spürte nichts; keine Kälte, keine Besorgnis, keine Furcht, nur eine Art Lähmung der Seele. Die Beine gehorchten. Er ließ sich auf dem breiten Bett nieder. Etwas in ihm bemerkte, flüchtig, daß Tsuniros Sachen fehlten.

»Zwei Tage«, sagte Memnon mit brüchiger Stimme, »nachdem du weg warst, ist ein Schiff gekommen – ein Zweimaster. Von einer Stadt weit im Süden – an der Mündung des Gyr oder Ny-Gher oder so. Es war bei den Glücklichen Inseln, dann weiter an der Küste, Kerne, Thymiatherion, Liksh, Zilis, Tingis, dann Gadir. Der Kapitän war Punier, der Steuermann schwarz, mit den gleichen Zeichen im Gesicht wie Mu ... Tsuniro. Die Besatzung halb schwarz und halb weiß. Sie haben Gold gebracht, Gewürze, Elfenbein, Felle. Und zwei Elefanten. Tsuniro hat lange mit ihm geredet. Das Schiff hat Eisen und Werkzeug geladen. Tsuniro ... sie ist einen Tag und eine Nacht im Heckraum gewesen. Hier. Sie hat uns fortgeschickt. Einmal ... einmal war ich kurz an Bord; da habe ich gehört, daß sie schrecklich geschluchzt hat. O Vater.«

Antigonos sagte nichts. Er starrte mit brennenden Augen zu seinem großen Sohn hinauf.

»Dann ... dann ist das Schiff ausgelaufen. Mit ihr. Sie hat nichts gesagt. Sie hat mich umarmt und geweint. Dann hat sie Ariston genommen. Er war ganz fröhlich, hat irgendwas über einen kleinen Ausflug erzählt.« Eine Träne kullerte langsam über die Wangen des Jungen. Er hob den flachen, gemaserten Stein vom Tisch und hielt ein abgerissenes Papyrosstück hoch.

»Nur das hier.«

Antigonos nahm das Stück. Ein paar hellenische Zeichen standen darauf. *Mein Herz birst. Ich liebe dich. Leb wohl.* Antigonos ließ den Papyros sinken und drehte das Gesicht zur Wand.

ANTIGONOS SOHN DES ARISTEIDES,
AN BORD DER *SCHWINGE DES WESTWINDS* IM HAFEN VEKTIS,
AN HAMILKAR DEN BARKAS, STRATEGE VON LIBYEN UND IBERIEN,
IN QART IUBA ODER ISPALI AM BAITS;
MIT HÄNDLERN ÜBER MASSALIA, ZAKANTHA, MASTIA

Gruß, Freundschaft, Verehrung, Diener des Melqart, Beschützer der Schwachen – o Blitz: Dies mit einem lederumwickelten Ballen, Händlern aus Massalia übergeben, die morgen diesen britannischen Inselhafen verlassen. Die letzten vor dem Winter, so sagt man; sie werden über Land in den Süden reisen und sagen, es sei keine Schwierigkeit, dir dies weiterzusenden. Die *Schwinge* ist nicht seetüchtig; bis die Ausbesserungen an Rumpf und Mast abgeschlossen sind, wird der Winter uns umfangen. Der Ballen enthält ein Fell, das dich im Winter wärmen soll. Erinnerst du dich an die Geschichten von einem weißen Bären in Alexandreia, o Freund? Der Pelz stammt von einem solchen Tier. Es ist wild, einsam und furchtbar, also steht das Fell einzig dir zu. Memnon, Bomilkar und ich haben es mit Speer und Schwert getötet – möge dir im Sterben die Brust einer Sklavin und der weiche Pfühl vergönnt sein.

Es war ein milder Sommer und ein weicher Herbst. Wir fuhren die östliche Küste der großen Insel Britannien hinauf, immer nach Norden. Wir sahen Felsen und Buchten, legten in Häfen an und handelten mit Menschen, deren Zunge unsere Begleiter aus dem britannischen Süden nicht verstanden. Am nördlichsten Ende Britanniens liegen einige Inseln in Sichtweite der Küste; hier fuhren wir westlich, wie der Wind es erlaubte, bis wir zu einem sturmumtosten Vorgebirge kamen, in dessen Nähe, wie wir von Eingeborenen hörten, deren Sprache wir inzwischen bruchstückweise verstanden, der Eingang zur Unterwelt liegen soll. Sie berichteten auch, daß in den Zeiten, da die Urgroßväter der Urgroßväter ihrer Urgroßväter noch nicht geboren waren, ein Fremder mit Namen Addis oder Oddis hinabgestiegen sei.

Von Homeros zu einem anderen Hellenen, dem Massalioten Pytheas, mit dessen Großnichte sich meines Vaters Bruder vermählte – wie du weißt. Frischer Wind ließ uns nach Norden segeln, über das offene Meer. Nach guter Fahrt erreichten wir am Abend des vierten Tags eine Insel. Ich nehme an, daß es sich bei ihr um die Insel Berrike des Pytheas handelt. Sie ist nicht bewohnt. In den folgenden Tagen fanden wir, daß nördlich und nordöstlich weitere Inseln liegen, alle gleichermaßen öde und großartig.

Von dieser Gruppe, die ich Berrike nennen will, trieb guter Wind uns sechs Tage nach Nordwesten. Hier fanden wir ein großes unbewohntes Land mit guten Buchten. Die Bäche sind warm und bergen erstaunliche und trefflich schmackhafte Fische. Wir fanden auch heiße Springquellen und sahen Feuerberge, die ihre Glut ins Meer ergossen. Um herauszufinden, ob nicht doch Menschen dieses Land bewohnen, mit denen man Handel treiben kann, segelten wir, die Küste zur Linken, nach Norden, bis die Küste endete. Wir folgen ihr nach Westen, doch endete sie abermals. Eine glückliche Fügung von Winden und Strömungen ließ uns abermals sieben Tage nach Nordwesten segeln. Ich glaube nicht, daß je Menschen unserer Länder so weit im Norden waren. Wir durchquerten einen warmen Strom; dann erblickten wir treibendes Eis. Mastanabal wollte umkehren, aber du weißt, wie sehr mich seit Alexandreia die Suche nach weißen Bären erregt.

Schließlich erreichten wir eine steile weiße eisige Küste. Es gibt dort kleine grüne Buchten, die ich nicht im Winter besuchen möchte. Seltsame Menschen leben dort, mit breiten flachen Gesichtern und Augen, ähnlich denen der chinesischen Händler – ich habe dir davon berichtet, und von Taprobane. Diese Menschen leben von Fisch und der Jagd auf Seehunde; es ist bei ihnen üblich, Gästen in der Nacht die Frau oder Tochter in den Arm zu legen.

Es gelang uns, durch Zeichen und Knurren verständlich zu machen, daß wir weiße Bären suchten. Sie hüllten uns in Pelze, banden uns große Fächer aus Holz und Knochen unter die Füße und führten uns landeinwärts, in Eis und Schnee. Dort, o Hamilkar, erlegten wir das Tier, dessen Fell deine Winter wärmen möge.

Das Land ist unwirtlich; Handel ist nicht möglich. Wir dankten unseren breitgesichtigen Gastgebern, die sich *init* oder so ähnlich nennen, was vermutlich Menschen heißt, und lichteten den Anker. Die warme Strömung aus dem Westen trieb uns nach Nordosten, wo wir immer tiefer in Felder aus treibendem Eis gerieten und bereits verzweifelten, bis endlich Nordwind einsetzte. Er schnitt ins Mark, trieb uns aber rasch nach Süden. Bald erreichten wir wieder jenes Land der heißen Quellen und Feuerberge. Diesmal fuhren wir die westliche Küste entlang nach Süden. Ich glaube, dies Land, in Wahrheit eine menschenleere Insel, ist das Thule des Pytheas.

Nun sind wir wieder im Hafen der Insel Vektis. Bald werden die Winterstürme einsetzen und uns daran hindern, vor dem Frühjahr die Westküste Galliens entlang nach Süden zu segeln. Es ist meine zweite Überwinterung hier – wie du weißt. Sie ist voll düsterer Gedanken, und in den Winternächten wird Erinnerung an jenen anderen Winter sie mit Schwärze füllen. Es wird nicht die Schwärze von Tsuniros Haut sein, auch nicht die von Aristons Augen.

Andere Geschenke werde ich bringen, im Frühjahr oder Sommer. Unvergleichliche Geschenke für deine Löwensöhne, o Blitz. Der Schmied Ylan wollte die Klingen der unglaublichen Schwerter noch einmal schärfen, deshalb kann ich die kostbaren Waffen nicht mit dem Fell schicken – ich zweifle auch, ob ich es getan hätte. Denn ein Verlust des Fells wäre betrüblich und nur durch eine erneute Reise törichten Leichtsinns zu beheben; ein Verlust der Schwerter hingegen – etwa durch begierige Massalioten – wäre Frevel an den Göttern und Menschen. Nie gab es solche Schwerter, Hamilkar. Ein Schmetterling setzte sich auf die Klinge der Waffe, die für Hannibal bestimmt ist, und er fiel in zwei Teilen zu Boden. Wie wird es sein, wenn Ylan sie abermals geschärft hat? Du solltest deine Waffenschmiede anweisen, Gänse zu halten, Barkas, denn so hat Ylan die Waffen gemacht: Das Eisen wurde geschmiedet, geläutert, gehärtet – und zu winzigen Spänen gefeilt. Diese Späne streute Ylan in das Futter für seine Gänse. Etwas ist in den Mägen oder Gedärmen dieser Tiere, was die winzigen Eisenteile abermals läutert. Aus dem Gänsemist holte er im Feuer das Eisen heraus, schmolz und fügte es zusammen, härtete und schmiedete – und feilte erneut. Dreimal sind die Waffen in winzigen Teilchen durch die Mägen der Gänse gegangen. (Ansonsten mag ich diese Tiere nicht; zur Unzeit haben sie einmal die Römer geweckt.) Es ist über alle Maßen wunderbar – du wirst es sehen, Hamilkar, und deine Söhne werden jubeln.

Wenn deine vielen Kundschafter etwas Bestimmtes aus dem Süden Libyens hören – sag es mir nicht, Freund. Noch nicht. Das geborstene Herz, das sich im Hafen von Gadir ertränken wollte, muß noch lange heilen und verträgt keine neuen Nachrichten. Sieg, Zuwachs, Reichtum und Gelingen – Tiggo.

8. BARKAS

Die Jahre des Friedens brachten Wohlstand, eine Ausweitung des Handels, Beruhigung der Verhältnisse in Libyen und Numidien. Und eine allmähliche Wieder-Zunahme von Hannos Einfluß. Für die Weltlage war es ohne Bedeutung, da in dieser Zeit des Blühens die Gegensätze zwischen Barkiden und »Alten« immer geringer wurden. Hannos Mißtrauen gegenüber dem barkidischen »Abenteuer« in Iberien teilten die übrigen Ratsherren nicht mehr – seit Hamilkar die Schwarzen Berge nördlich des Baits erobert hatte und neue Minen vier bis fünf Talente reinen Silbers am Tag förderten. Im fünften Jahr nach dem Ende des Libyschen Kriegs lieferte Iberien fast sechshundert Talente Silber nach Qart Hadasht, außerdem Kupfer, Holz, Felle und Edelsteine. Die eroberten Gebiete entwickelten sich zum großen Markt für die punische Fertigung, und die Barkiden unterhielten sich, ihr Heer und die Verwaltung selbst.

Bostar hütete und mehrte den Besitz der Bank; Antigonos reiste viel, knüpfte Verbindungen, suchte und fand neue Waren und Märkte. In jenem fünften Jahr nach dem Ende des Libyschen, dem achten nach dem Schluß des Römischen Kriegs zog er mit einer Karawane an den Gyr, brachte Elfenbein, Straußeneier und fünfzig halbgezähmte Steppenelefanten zurück nach Qart Hadasht, fand aber keine Spur von Tsuniro und Ariston. Im gleichen Jahr verlor der dritte Ptolemaios die alte Stadt Damaskos und ihr Umland an Seleukos Kallinikos. Im Reich der Seleukiden ging der Bruderkrieg weiter, bis nach Persien und Baktrien. Antigonos schob eine Reise über Land nach Indien auf. Statt dessen besuchte er Hellas, ohne in den Wirren der Kriege zwischen Makedonen und verschiedenen hellenischen Städtebünden umzukommen. Zu seinem Bedauern war es den Römern gelungen, einen zweijährigen Kelteneinfall aus Norditalien zu überstehen; von Hellas fuhr er nach Brundusium, reiste über Land nach Rom, fand die Stadt öde, zechte zwei Nächte lang mit punischen Kaufleuten aus Iberien, deren zweites Anliegen das Sammeln von Nachrichten für Hamilkar war, und kehrte nach Qart Hadasht zurück.

Im nächsten Jahr begleitete er Memnon nach Alexandreia. Er unterstellte ihn der sanften und weit auszulegenden Aufsicht von Aristarchos. Isis' Sohn war nun vierzehn und wollte Arzt werden. Die Akademien von Alexandreia waren die besten, und sie hatten die besten Möglichkeiten der Forschung – Ptolemaios stellte ihnen zum Tode verurteilte Verbrecher zur Verfügung. Antigonos wollte nichts Genaues wissen, trennte sich schweren Herzens von seinem Sohn und reiste den Nil aufwärts, über Theben hinaus. Im Haus einer kuschitischen Sklavenhändlerin fand er eine uralte Tontafel, auf der ein Kapitän Yehaumilk in Phönikisch von seinen Vorbereitungen zu einer Puntfahrt berichtete. Sieben erschöpfende Nächte verbrachte er auf dem dicken Teppichlager der Kuschitin. Sie war schwarz und schlüpfrig, aber statt die Erinnerungen an Tsuniro zu tilgen, weckte sie sie zu unerträglichem Glanz. Am Morgen des achten Tags gürtete Antigonos das Schwert, das Ariston hätte tragen sollen, und zog mit einer Karawane von Eselmännern westwärts durch die Wüste. Auch diesmal fand er in den Städten und Dörfern am Gyr, in den Steppen und Wäldern keine Spur von Tsuniro und Ariston.

Im nächsten Frühling, zehn Jahre nach dem Ende des Römischen Kriegs, besuchte er Naravas und Salambua, ritt durch die Berge nach Igilgili und fuhr übers offene Meer zum Handwerkerdorf bei Mastia. Die sichelförmige Bucht ragte mit den beiden Kaps ins Meer hinein. Vor der östlichen Spitze lag, noch in der Bucht und nicht ganz eine Meile vom Land, eine große Insel. Antigonos dachte an Gadir, das sardonische Sulqy, das versunkene sizilische Motye und so viele andere punische Inselstädte und fragte sich, ob Hasdrubal oder Hamilkar schon gründliche Überlegungen hinsichtlich ihrer künftigen Hauptstadt angestellt hatten.

Hamilkars Feldlager bei Baitstulo – genannt Bastulo – am oberen Baits erreichte er beinahe gleichzeitig mit einer Gesandtschaft des römischen Senats. Massalia, Roms Bundesgenosse, unterhielt an der iberischen Ostküste Emporien und war um die Sicherheit dieser Handelsstützpunkte besorgt. Hamilkar beruhigte die Senatoren: Er habe keinesfalls die Absicht, römische Bundesgenossen oder deren Häfen zu behelligen; er wünsche Friede, Handel und Entwicklung; seine Unternehmungen in Iberien seien so fern von Rom und auch von Massalia, daß sie keine Bedrohung darstellen könnten; sein einziges Ziel sei es, einen Ersatz für die im und nach dem Krieg verlorenen punischen

Gebiete zu schaffen – auch, damit Qart Hadasht im laufenden Jahr die letzte, zehnte Rate der Kriegsentschädigung an Rom zahlen könne.

Es gab viele Menschen und Dinge, die Antigonos nicht sah. Hasdrubal der Schöne hatte sich mit einer iberischen Fürstentochter vermählt, hielt sich in ihrer Heimat auf und sicherte die Eroberungen durch Politik. Hannibal war weit fort; der Sechzehnjährige ritt im fernen Westen gegen die Lusitaner, die die alte punische Stadt Olont belagerten. Hasdrubal, inzwischen vierzehn, war mit Sosylos in Gadir und quälte sich durch Archive. Der zwölfjährige Mago, Hamilkar zufolge »zu jung zu anmaßend«, diente als einfacher Offiziersbursche und künftiger Hoplit bei einem Trupp schwerer libyscher Fußkämpfer nahe Karduba.

Das folgende Jahr trug Antigonos einen neuen Beinamen ein, »libyschster aller punischen Hellenen«, weil er abermals tief in den Süden reiste, über den Gyr hinaus in Gebiete, in denen die riesigen menschenähnlichen Fellwesen heimisch waren, die zweieinhalb Jahrhunderte zuvor Hanno der Seefahrer *gorilla* genannt hatte. Tsuniro und Ariston blieben unauffindbar.

Im Winter hörte man von den Einzelheiten des Kriegs zwischen dem Seleukidenherrscher und den Parthern; außerdem brachten punische und hellenische Kaufleute Nachrichten aus Illyrien. Zwischen dem Reich der Königin Teuta und Rom wurde ein Waffengang immer wahrscheinlicher. Illyrische Piraten verseuchten das Meer, und der Senat schickte eine Gesandtschaft mit scharfen Forderungen. Weiter im Osten führte der makedonische König Demetrios gleichzeitig zwei Winterkriege: gegen hellenische Städtebünde im Süden, gegen die Dardaner im Norden. In Qart Hadasht, der größten, schönsten und reichsten Stadt der Oikumene, genoß man den milden Winter und den Frieden.

Im zwölften Frühjahr nach dem Ende des Punisch-Römischen Kriegs wurden in Rom die Tore des Janustempels wieder geöffnet. Ein Gesandter war auf der Heimreise aus Illyrien ermordet worden; Rom erklärte der Königin Teuta den Krieg.

Antigonos rüstete die neue, bequemere *Schwinge des Westwinds* besser aus und ging an Bord. Kapitän Mastanabal und der achtzehnjährige Steuermann Bomilkar, Sohn Bostars, nahmen Kurs auf Mastia. Antigonos wollte Hamilkar und seine Söhne besuchen. Er kam gerade rechtzeitig, um den großen Strategen sterben zu sehen.

Hasdrubal der Schöne deutete auf einen Punkt der großen Karte. »Hier ungefähr, zwischen den Oretanern und den Vettonen. Die Oretaner sind zweifelhafte Verbündete, die Vettonen zweifellos Feinde. Gute Reiter und Kämpfer, Nomaden. Sie greifen immer wieder oretanische Dörfer an, und wenn wir nicht unser Gesicht verlieren wollen, müssen wir die Verbündeten schützen.«

Antigonos mühte sich zum wiederholten Mal, sich die wirre Beschaffenheit Iberiens einzuprägen. Nördlich von Karduba, fast parallel zum großen Fluß Baits, zogen sich die Schwarzen Berge mit ihren Wäldern und Silbergruben von Osten nach Westen. Ein großer Teil des zerklüfteten Lands nördlich der Berge gehörte zum Gebiet der Oretaner, das sich südöstlich bis fast zur Küste des Meers nahe dem Land der Kontestaner um Mastia erstreckte. Im Nordwesten saßen die Vettonen, von diesseits des Taggo bis jenseits des Dourios. Flüsse, Wälder, Ebenen, Hochebenen, steile Gebirge, schroffe Schluchten; Antigonos versuchte, sich die Kriegführung im Herzen Iberiens vorzustellen.

Hasdrubal rieb sich die Augen. »Soviel zu tun«, sagte er leise. »Auch ohne diese sinnlosen Gefechte im Norden.«

Antigonos wandte der Karte den Rücken und musterte das fahle Gesicht des Puniers, der wie ein alternder Zwerg hinter den Rollen, Stapeln und Türmen seines Tischs hockte. »Du solltest Pause machen.«

Hasdrubal runzelte die Stirn, sog die Oberlippe zwischen die Zähne und blickte von einem Papyrosberg zum anderen. »Pause? Hab ich irgendwann schon mal gehört. Was ist das? Kann man es essen? Beißt es, wenn man es umarmt? Oder was?«

»Es zwickt, wenn man es unbeachtet läßt, und streichelt dich, wenn du ihm Aufmerksamkeit schenkst.«

»Interessantes Tier. Klingt gut.« Hasdrubal gähnte, stand auf und reckte sich. »Vielleicht hast du recht – trotzdem: zuviel.«

»Hast du keine Helfer?«

»Doch, aber nicht genug. Und nicht genug gute, seit Hasdrubal Barkas wieder bei Hamilkar ist. Er war wirklich gut. Und der dritte gute Hasdrubal, ein grauhaariger Mann von der Versorgung, sehr gut – er wirbt gerade bei den Numidern und Gätuliern neue Kämpfer an.« Der Punier schloß einen Moment die Augen. »Zwanzig Jahre Friede, zwanzig Jahre ausgiebige Planung und Verwaltung, geleitet von den drei Hasdrubals – und dieses Iberien wäre ein Paradies. Komm, ich will dir etwas zeigen.«

Die Wälle sicherten ein Gebiet von etwa dreitausend mal zweitausend

Schritten am Nordufer des Baits. Die Zelte und Holzhäuser von vor ein paar Jahren waren verschwunden; Karduba wurde zur Stadt. Wie Linien auf einem Spielbrett liefen gepflasterte Straßen von Ost nach West, von Süd nach Nord. Oberhalb des kleinen Flußhafens hatte man mit dem Bau einer Steinbrücke über den breiten, flachen Strom begonnen. In den weißgeschlämmten Häusern aus Stein und Ziegeln lebten und arbeiteten inzwischen fast zehntausend Menschen, weitere Tausende in vorortähnlichen Dörfern. Die festen Truppenunterkünfte konnten über zwanzigtausend Kämpfer aufnehmen, mit ihren Waffen und Schmieden und Versorgungseinrichtungen und Tieren. Es gab Grundwasserbrunnen und Zisternen. Bewässerungskanäle durchzogen die Felder und Gärten außerhalb der Stadt. Die Steinstraße, die eines Tages von Karduba über Ispali bis nach Gadir führen sollte, begann am Südufer, am Kopf der unfertigen Brücke. Die riesige Baustelle wimmelte von Menschen. Handwerker, Sklaven und kriegsgefangene Iberer turnten in den Gerüsten herum. Flache Kähne brachten Quader, nach Angaben der Baumeister behauen, aus einem flußnahen Steinbruch weiter im Osten. Halbnackte schwitzende Männer hievten eben einen Block aus einem der Schiffe. Antigonos sah, daß die Rücken kaum gezeichnet waren; die Aufseher schienen die Peitschen sparsam einzusetzen.

Sie kletterten durch das Gewirr von Stangen, Rollen, Stricken und Werkzeug zurück ans Ufer. Hasdrubal wechselte ein paar Worte mit einem Ägypter, der den Sockel eines Pfeilers verstärken wollte.

»Qart Eya, Ispali, Qart Iuba – meine dritte Stadt«, sagte der Punier, als sie durch das Osttor zu den Truppenunterkünften gingen. Er grinste. »Städtebauer wollte ich eigentlich nicht werden, aber was sein muß... Übrigens ist das hoffentlich nicht meine letzte. Wir brauchen eine feste Hauptstadt.«

Antigonos beobachtete eine Gruppe von Schleuderern, die aus hundert Schritt Entfernung Gefäße auf einem Holzgerüst zertrümmerten.

»Außerdem braucht ihr gute Töpfer, schätzungsweise.«

»Was? Ach so, ja. Das auch.«

»Hast du schon überlegt, wo du gern die Hauptstadt einrichten würdest?«

Hasdrubal blieb stehen und legte eine Hand auf Antigonos' Schulter. »Unter uns – ja«, sagte er halblaut. »Mastia wäre traumhaft, mit der großen Bucht, dem fruchtbaren Hinterland, der Insel, die man mühelos zur Festung ausbauen könnte. Nicht zuletzt mit den Handwerkern und

Händlern deines Dorfs, Tiggo. Aber so weit sind wir noch nicht. Das Land nördlich und westlich der Säulen des Melqart ist gut erschlossen, mit Festungen und den ersten Straßen und verläßlichen Bündnisvölkern. Aber zwischen hier und Mastia liegt noch zuviel feindliche Wildnis. Dein alter Freund Mandunis ist jetzt König der Kontestaner, und er hätte nichts dagegen, wenn wir Mastia ausbauten. Übrigens – danke dafür. Ich fürchte, das ist wieder eines deiner Geschenke, gewollt oder ungewollt.«

Antigonos lächelte. »Kein Grund zum Dank; ich habe ihn damals aus Eigennutz gut behandelt. Aber es hat natürlich keinen Zweck, eine Hauptstadt an der Ostküste zu bauen, wenn nur der Westen erschlossen ist.«

Sie betraten ein dreistöckiges Gebäude am Rand der »Festung«, wie Hasdrubal die Truppenstadt nannte. »Mein Ausweichquartier«, sagte der Punier. »Hier laufen die Fäden des Kriegs und der Aufklärung zusammen.«

Im Erdgeschoß arbeiteten zwei Dutzend Schreiber; die Räume waren voll von Regalen und Rollen. »Hauptsächlich Versorgung. Komm nach oben.« Hasdrubal zog Antigonos die breite Steintreppe hinauf. Im ersten Stockwerk klatschte er die flache Hand gegen eine eisenbeschlagene Tür.

Ein Punier öffnete. Hasdrubal nickte ihm zu und durchquerte drei Räume, in denen weitere Schreiber, ausschließlich Punier, beschäftigt waren; sie blickten kaum auf. Der vierte Raum war durch eine schwere Holztür von den übrigen getrennt. Er enthielt überquellende Papyrosregale, drei übertürmte Tische, ein breites Lederbett und mehrere Scherenstühle. Aus einem kleinen Schrank nahm Hasdrubal zwei Krüge – Wein und Wasser – und zwei schlichte Lederbecher.

»Hier sind die wichtigeren Dinge«, sagte er, als sie an einem der Tische saßen.

Antigonos nippte von dem Gemisch in seinem Becher. »Deshalb die Punier?«

Hasdrubal faltete die Hände hinter dem Kopf und lehnte sich zurück. »Ja. Ich weiß nicht, wie viele von ihnen Hannos Leute sind. Trotzdem – du weißt ja, daß man keinem trauen kann, aber immer noch besser ein punischer Spitzel und Hannos Finger in meinem Geschäft als...« Er schwieg.

Antigonos stand auf und ging zum Fenster, das mit einem ins Mauerwerk eingelassenen Eisengitter gesichert war. Das Gebrüll, das er gehört hatte, kam von einem Ausbilder; auf dem großen ebenen Platz fochten zwei Hundertschaften Fußkämpfer mit kurzen Holzschwertern und lederbespannten Schilden gegeneinander. Vor den Werkstätten an der anderen Seite standen Männer und schauten zu.

»Als was?«

Hasdrubal gluckste. »Du würdest dich wundern.«

»Ich wundere mich gern.«

»Na gut. Also: Wir haben bisher vier Spitzel aus Massalia festgenommen, die wahrscheinlich außerdem für Rom arbeiten. Dann zwei Leute, die Hieron von Syrakosai mit Berichten versorgen sollten, fünf Spione des Ptolemaios, drei seleukidische Spitzel, einen Athener, zwei aus Pergamon, einen Kreter, der für die Parther arbeitet, und zwei arabisch-makedonische Mischlinge, die für den Maurya-Herrscher spioniert haben. Sie waren übrigens nicht die einzigen; der erste war ein nordindischer Grieche, der als Elefantenpfleger herkam.«

Antigonos rüttelte an der Vergitterung. Sie war fest und stark. »Und was geschieht mit ihnen?«

»Sie werden zu nützlichen Arbeiten eingesetzt, wo sie keinen Unsinn anrichten können – unter Aufsicht in den Gärten, zum Beispiel. Und irgendwann, wenn es sich lohnt, werden sie ausgetauscht.«

»Das heißt ...?« Er wandte sich um.

Hasdrubal hatte die Sandalen abgestreift und die Füße auf den Tisch gelegt. »Natürlich. Es ist, wie soll ich sagen, eine Gepflogenheit zwischen den Völkern. Es gibt keine unnützen Kenntnisse.« Er lachte kurz. »Allerdings auch nicht viele nützliche. Wir kennen, mit dem unvermeidlichen Zeitverlust, die neuesten Straßenbaupläne des indischen Königs. Manchmal hört einer unserer Leute in Baktrien etwas von einem Sarten, der dort Pferde zureitet, was der Sarte von einem Karawanenmann aus Byzantion gehört hat, was diesem ein illyrischer Händler mitgeteilt hat über Gespräche zwischen römischen Centurionen am Ostufer des Illyrischen Meers.« Mit dem Kinn deutete er auf ein Regal links neben der Tür. »Wenn es dich interessiert – im dritten Fach von oben sind Berichte über die Sitzungen des römischen Senats, mit Einzelheiten der Kriegsplanung gegen die Illyrer. Und eine sehr wichtige Zusammenfassung der römischen Pläne in Oberitalien. Sobald die Auseinandersetzung mit Königin Teuta beendet ist, sind die norditalischen Kelten an der Reihe. Siedlungen und Straßen sind schon geplant. Sie sind gründlich, die Römer. Und völlig hemmungslos, was die Rechte oder Pläne anderer Völker angeht.«

»Wie weit reicht dieses Netz von Kundschaftern? Wie zuverlässig arbeitet es? Und – haben die Römer etwas Ähnliches?«

Hasdrubal streckte die Arme aus und drehte die Handflächen nach oben. »Wie weit es reicht? Ziemlich weit.« Er grinste. »Ich könnte dir zum Beispiel sagen, mit welchen wichtigen Fürsten und Händlern du im tiefen Süden Libyens geredet hast. Oder welche romfreundlichen massaliotischen Kaufleute im letzten Herbst Geschäfte in Britannien gemacht haben. Welche Pässe zwischen Baktrien und Indien im Herbst von Räubern beherrscht wurden. Welcher arabische Kapitän den ägyptischen Geheimdienst mit Nachrichten aus Südindien und Taprobane versorgt. Wieviele Kamele zur Zeit zwischen Koptos am Nil und Berenike am Arabischen Meer eingesetzt werden. Was die dortigen Goldminen jeden Tag fördern.«

Etwas in Hasdrubals Augen machte Antigonos mißtrauisch. »Da ist etwas, was du nicht sagst«, murmelte er. »Und es hat mit mir zu tun, nicht wahr?«

Hasdrubal seufzte. »Es gibt gewisse Kenntnisse, die du nicht haben wolltest – wie du Hamilkar vor Jahren geschrieben hast. Er hat mich damals angewiesen, diesen deinen Wunsch zu achten.«

»Dieser Wunsch«, sagte Antigonos heiser, »besteht nicht mehr. Wie du wissen solltest.«

»Ich weiß, o mein Freund Tiggo – sonst wärst du nicht so oft so tief in den Süden gereist.«

Antigonos wartete. Hasdrubal verzog den Mund, stand auf und ging zu einem Regal. Er nahm nacheinander mehrere Papyrosrollen heraus, entrollte sie, legte sie wieder fort. Schließlich hielt er eine hoch.

»Was willst du wissen?«

»Zuerst: Wie zuverlässig ist das Netz, wie sicher sind die Berichte, wer hat das Netz eingerichtet?«

»Es ist zuverlässig, und die meisten Berichte sind sehr genau. Hamilkar hat vor zwanzig Jahren damit begonnen, und ich habe es ausgebaut.«

Antigonos schloß die Augen. »Eine Probe«, sagte er leise. »Vor der Südküste Arabiens liegt eine felsige Insel. Sie hütet den Hafen, den die Indiensegler anlaufen müssen. Wie heißt die Insel, wie heißt ihr Herrscher, woher stammt er?«

Hasdrubal legte die Rolle weg, zuckte mit den Schultern, ging zu einem anderen Regal und suchte. Antigonos wartete voller Spannung. Der Herrscher der Rabenburg war anonym, immer; man nannte ihn

»Blutiger Herr der Masken«. Einem Gerücht zufolge sollte der derzeitige Fürst der arabischen Seeräuber Sproß eines Herrscherhauses sein – schwarzer Kuschit, Sabäer, Pharaonenabkömmling. Schon der Name der Felseninsel und die Bezeichnung des Piratenfürsten waren nur denen bekannt, die jene entlegenen Gegenden bereist hatten.

»Hier.« Hasdrubal hielt eine Rolle hoch. »Eine Gegend, mit der ich mich nie befaßt habe. Aber alles ist da. Der neueste Bericht ist vor einem halben Jahr eingegangen. Hier heißt es, daß der Herr der Rabenburg, gemeinhin ›Blutiger Herr der Masken‹ genannt, Verbindungen mit den Parthern aufgenommen hat. Er führt die Seeräuber und selbsternannten Seehandels-Hüter seit sieben Jahren, entstammt einer Verbindung zwischen einer jüdischen Fürstentochter aus den Küstenbergen nördlich von Saba und dem Nachfahren eines persischen Provinzstatthalters von Südarabien. Sein Name ist Sha'amar.«

Antigonos starrte den Punier an, völlig fassungslos. »Das ... das ist unglaublich. Wenn ihr ... wenn du *das* weißt, dann glaube ich deinem Kundschafternetz alles.«

Hasdrubal legte die Rolle wieder ins Fach. »Das wäre leichtfertig; man muß sieben und wägen. Aber immerhin.«

»Was weißt du von Tsuniro und Ariston?« Als er die Namen aussprach, stieg ihm wieder jenes bittere Würgen in die Kehle. Die Frau, die er über die Welt geliebt hatte, mit Inbrunst und Ekstase und fast einer Art Frömmigkeit; der witzige feurige schwarze Daimon von Sohn – die jahrealte Wunde war längst noch nicht vernarbt. Es hätte so viele Möglichkeiten gegeben, Heimweh nach dem schwarzen Süden zu stillen – Reisen, sogar wechselndes Wohnen, ein halbes Jahr Qart Hadasht, ein halbes Jahr Südlibyen. Aber so – warum warum warum. Das Herz hämmerte in seinen Schläfen, während er Hasdrubal zusah, der die andere Rolle überflog.

»Die Tatsachen«, sagte der Punier. Er blickte seinen alten Freund nicht an; die Stimme war kühl und geschäftlich. »Sie haben Gadir mit der *Küste des Hellen Goldes* verlassen. Von den Glücklichen Inseln fuhren sie mit einem kleineren Frachter weiter nach Süden, bis Qart Hanno an der Mündung des Gher. ›Die Frau‹, so heißt es hier, ›war krank, eine Krankheit des Gemüts. Sie verriet keinem, woher sie kam. In wachen Momenten suchte sie nach fernen Verwandten und fand einen alten schwarzen Händler und Karawanenmann, den sie Onkel nannte. Ehe die Karawane aufbrechen konnte, starb sie. Der Junge ritt mit dem alten

287

Händler ins Innere Libyens.‹ Ein anderer Bericht, etwa ein Jahr später, spricht von Verhandlungen zwischen einem Waldfürsten und einer ptolemaischen Gesandtschaft. Der Fürst, heißt es, war bisher ohne leiblichen Erben gewesen und hat einen Jungen mit dem seltsamen Namen Ariston angenommen, den er als Sohn seiner lange verschollenen Tochter bezeichnet.«

Antigonos schwieg. Hasdrubal rollte den Papyros zusammen. »Daran hat sich nichts geändert. Der Fürst im Wald und sein angenommener Sohn leben.« Er legte die Rolle ins Regal; dann kam er zu Antigonos und legte ihm beide Hände auf die Schultern.

»Sie ist an gebrochenem Herzen gestorben, Freund. Du und sie, ihr wart eins; ihr habt das höchste Glück genossen und dafür den höchsten Preis gezahlt. Es war ein Heimwehtaumel, Tiggo – ein Rausch, der den Verstand ausschaltete. Reiß dich zusammen, Metöke.« Er bohrte die kräftigen Finger in Antigonos' Schultern. Dann ließ er ihn los und ging zu seinem Stuhl zurück.

»Noch zwei Dinge«, sagte er, als er sich setzte. »Tsuniros Vermögen – wenn du mehr darüber wissen willst, wende dich an Rab Baalyaton.«

»Den Hohen Priester des Reshef-Tempels?« Seine eigene Stimme klang fremd und heiser; Antigonos hörte sich aus der Ferne durch einen rauschenden Schleier sprechen.

»Ja. Du hast wahrscheinlich alle Banken und Karawanenherren befragt – aber Baalyaton ist nicht so abwegig. Ein zuverlässiger Mann; der Tempel bezieht Rauschkraut, Würzholz und Elfenbein aus dem Süden.«

»Ja.«

Hasdrubal räusperte sich. »Ariston . . . Sollen wir ihn entführen?«

Antigonos tastete sich zu seinem Sitz, ließ sich hineinfallen und umklammerte mit beiden Händen den Weinbecher. Er bemerkte kaum, daß Hasdrubal ihn auffüllte, ohne Wasser. »Nein. Er war doch so klein . . . Er wird mich längst vergessen haben. Mit welchem Recht kann ich ihn aus seiner neuen Welt reißen?«

Seine Augen brannten. Er preßte die Lider zusammen und trank. Er hörte Hasdrubal mit Papyros hantieren, hörte das Schreibried kratzen. Irgendwo draußen krächzte ein Vogel, übertönte für einen Moment das Gebrüll des Ausbilders. Pferdehufe trappelten über den Platz; ein Tier wieherte. Das Summen der Fliegen und Mücken wurde unerträglich laut. Dann knackte der Stuhl unter ihm und riß ihn aus der Erstarrung.

»Wie lange reitet man, um zu Hamilkar zu kommen?« Er öffnete die Augen und stellte den leeren Becher ab.

Hasdrubal legte das Schreibried an die Nase. »Zehn, zwölf Tage. Wann willst du reisen?«

»Bald. Morgen. Ist der Weg gefährlich?«

Hasdrubal legte den Halm auf den Tisch und stützte das Kinn auf die Hände. »Zum Teil. Du solltest ... ah, was soll's? Ich komme mit. Es gibt sowieso ein paar Dinge zu besprechen, und hier ist alles so hoffnungslos verwickelt, daß es sich ruhig einen Mond ohne mich weiter verwirren mag.«

Antigonos stand auf und bemühte sich um ein Lächeln. »Ich nehme an, die wichtigsten Kundschafter berichten nur dir und Hamilkar – nicht deinen punischen Schreibern, stimmt's?«

Hasdrubal bleckte die Zähne. »Wir wollen doch nicht, daß Hanno der Große schlecht schläft, weil er zuviel erfährt – etwa, daß wir Abschriften seiner Briefe an römische Händler und Senatoren haben. Oder was genau in den einzelnen Teilen Iberiens geschieht. Du hast recht, mein Freund. Genau darum geht es. Es sind ein paar Dinge aufgelaufen, die ich mit Hamilkar besprechen muß. Und zwar bald.«

»Wann?«

Hasdrubal klackte mit der Zunge. »Übermorgen früh können wir aufbrechen. Was wirst du bis dahin tun? Du bist natürlich mein Gast.«

Antigonos zögerte. »Ich würde gern ein wenig mehr über eure neuen Truppen erfahren – wenn du mich nicht für einen Spitzel hältst.«

Hasdrubal lachte. »Ich gebe dir einen jungen Reiterführer mit. Maharbal. Übrigens ein guter Freund von Hannibal. Er wird dir alles zeigen.«

Der schlanke, sehnige Punier war noch jung, kaum mehr als zwanzig Jahre. Er befehligte die tausend Mann starke Truppe iberischer Kataphrakten von Karduba. Die schweren gepanzerten Reiter seien Hamilkars liebstes Spielzeug, sagte Maharbal. Er führte den Hellenen durch die Ställe, Schmieden und Lederwerkstätten und erläuterte die Neuerungen. Der junge Punier war der vierte Sohn eines kleineren Reeders; er schien eine gute Bildung genossen zu haben und befleißigte sich Antigonos gegenüber einer gemessenen Ironie. Erst später begriff der Hellene, daß Maharbal in ihm den Freund Hamilkars, Hasdrubals und Hannibals sah, achtete und vielleicht ein wenig fürchtete.

»Die iberischen Züchtungen sind größer und stärker als die kleinen

Numiderpferde. Deshalb können sie mehr tragen. Ich glaube, das war der erste wichtige Punkt bei Hamilkars Überlegungen.« Auf der Weide hinter den Ställen grasten numidische und iberische Pferde, und der Unterschied war auf den ersten Blick zu erkennen. Die Reittiere der Kataphrakten waren im Rist fast drei Handbreiten höher; sie wirkten kräftiger und besser entwickelt als die leichten schnellen Pferde aus den libyschen Steppen.

»Du weißt, wie Numider kämpfen?«

Antigonos nickte. Der Angriff mit Naravas' Reitern würde zu den letzten Erinnerungen gehören, die er je vergäße.

»Sie sind die Plänkler der Reiterei, wenn man so will – die Iberer entsprechen den schweren Hopliten.« Maharbal berührte mit dem Fuß einen dem Pferderücken angepaßten breiten Bogen aus lederbespanntem Holz. »Das wird über die Reitdecke gelegt und unter dem Bauch festgeschnallt. Die Reiter können sich mit der Hand festhalten oder mit dem Knie dagegen stemmen. Deshalb können sie nicht nur Speere werfen, wie die Numider, sondern schwere Rammlanzen benutzen und sogar Schwerter. Außerdem tragen die Tiere mehr. Reiter mit metallbesetzten Lederrüstungen und Helmen wären für Numiderpferde zu schwer.«

»Woher kommen die Männer?«

»Aus allen iberischen Reitervölkern – Vettonen, Vakkäer, Oretaner, Karpesier, Lusitaner, Arevaker, was du willst. Manche sind aus Gegenden, in denen wir noch gar nicht waren – Hamilkars Ruhm und die Aussicht auf guten Sold, natürlich.«

Staunend, bisweilen ungläubig wanderte Antigonos an der Seite des Puniers durch die Stadt der Kämpfer. Alles, was die hellenischen Strategen und Taktiker ersonnen und ausgetüftelt hatten, war hier verwirklicht worden; zum Teil hatte Hamilkar es verbessert oder ergänzt, und er hatte neue Möglichkeiten der Ausbildung und Verwendung seiner aus tausend Völkern stammenden Leute entwickelt. Dies hier war nicht mehr zu vergleichen mit den zusammengewürfelten Söldnerhaufen des Römischen Kriegs; es war eine harmonische Vielfalt besonderer Fähigkeiten, mit einheitlicher Bewaffnung, einheitlicher Ausbildung, einheitlichen Befehlen und Signalen. Was hier entstand, ließ alle hellenischen und makedonischen Heere weit hinter sich und übertraf noch die furchtbaren Legionen Roms. Kleine bewegliche Einheiten, befehligt von Unterführern, die im Gefecht einen gefallenen Offizier ersetzen

konnten; fein abgestimmte Formen des Zusammenwirkens unterschiedlicher Truppengattungen; auf dem großen Übungsfeld sah er, wie
auf ein Hornsignal hin leichte iberische Fußkämpfer, schwere libysche
Hopliten, balliarische Schleuderer, lusitanische Speerwerfer, gätulische
und kappadokische Bogenschützen innerhalb weniger Augenblicke aus
einem buntscheckigen quirlenden Haufen zu einem massierten Stoßkeil
wurden, bei weiteren Signalen schwenkten, sich fächerförmig entfalteten, eine Linie bildeten. Kleine Waldelefanten mit langen Messern auf
den Stoßzähnen, geritten von je zwei Speerkämpfern, stürmten von vorn
auf die Linie zu. Blitzschnell löste die Formation sich auf; die Elefanten
rannten durch die Gassen zwischen kleinen Gruppen von Kämpfern, die
unmittelbar darauf eine Phalanx bildeten. Die großen Steppenelefanten
folgten, etwa zwei Dutzend, mit blutroten Decken, langen Zahnmessern
und den Türmen, in denen drei bis vier Bogenschützen saßen; dazu der
Lenker im Nacken. Die Phalanx riß auf, die Tiere stürmten ins Leere;
hinter ihnen anreitende Kataphrakten trafen auf geschlossene Vierecksformationen, die von Speeren, Lanzen, Schwertern und Schilden
starrten. Maharbals Augen leuchteten.
    Er führte Antigonos durch die Werkstätten und Arbeitsräume der
anderen Einheiten und Versorgungsteile. Zeltmacher, Köche, Küchensklaven und Helfer, die im Feld aus Steinen und Scherben innerhalb von
Augenblicken eine Truppenküche erstellen konnten; Bäcker, Schlach-
ter, Gärtner; Lagermeister, die alle Mittel kannten, um Mehl oder
Getreide länger genießbar zu halten; Holz-, Eisen- und Lederwerker;
Waffenschmiede; Bogenbauer, Pfeilschnitzer, Speermacher; Karren-
bauer, Seiler, Zimmerleute – hellenische Wundärzte, pflanzenkundige
Gallier, punische Arzneimischer, Krankenpfleger, Tierpfleger. Antigonos lauschte einer Unterweisung für Aufklärer, die auf die Vorzüge,
Nachteile und Gefahren bestimmter Geländearten unter bestimmten
Umständen hingewiesen wurden; er sah einem Trupp von angehenden
Belagerern zu, die zuerst über Widder, Türme, Unterhöhlungen,
bewegliche Rampen, aber auch über Abwehrmöglichkeiten dagegen
redeten und kurz vor Sonnenuntergang zu einem Waldstück marschierten, wo ein Teil mit behelfsmäßigen Mitteln ein schweres Katapult baute,
während die übrigen mit Händen, Schwertern und Speeren ein Marsch-
lager errichteten, mit Wall und Graben.
    »Das hier ist etwas Neues«, sagte er, als sie abends mit einigen puni-
schen und iberischen Unterführern und Reitern am Feuer saßen, über

dem ein halber Ochse gebraten wurde. »Ihr wißt, daß ihr etwas Neues seid?«

Maharbal nickte nur; einer seiner iberischen Reiter grinste. »Neu und gut – je besser der Sold, desto schärfer die Lanze.« Sie sprachen Iberisch.

»Das auch.« Antigonos betrachtete die Gesichter im flackernden Licht. Zischend troff Fett ins Feuer; aus dem Busch- und Schilfwerk beteiligten sich Myriaden Zikaden an der Unterhaltung. Der abnehmende Halbmond hing am Horizont, und der kleine Bach, der in den Baits mündete, rauschte durch sein Steinbett. »Aber es gibt noch etwas anderes.«

»Was ist das?«

»Ich habe in den letzten Stunden das übliche Gemurre gehört, aber keine wirkliche Unzufriedenheit. Brüllende Ausbilder, aber alle ohne Peitschen und Stöcke. Edle punische Offiziere ohne jede Überheblichkeit. Krieger, die genau wissen, was sie tun und warum sie es so und nicht anders tun.«

»Und die, wenn sie sterben, genauso tot sein werden wie alle anderen«, sagte Maharbal. »Aber du hast recht, Herr Antigonos. Und wir wissen es, sobald wir darüber nachdenken. Es sind genug alte Kämpfer hier, die im Libyschen Krieg gegen die Söldner waren, einige auch im Krieg auf Sizilien. Sie sagen es uns immer wieder.«

Ein Punier sagte: »Wir sind eine scharfe Waffe. Hamilkar hat uns geschmiedet. Das ist alles.«

»Gegen wen wird er diese Waffe einsetzen?«

»Als nächstes gegen die Vettonen«, sagte Maharbal. »Woran denkst du?«

»Ich denke an eure Elefantenübungen heute nachmittag. Wer könnte gegen euch Elefanten einsetzen? Die Vettonen sicher nicht.«

»Ah, man weiß es nie.«

Hasdrubal war am nächsten Abend ein wenig genauer. Der Speiseraum seines Hauses war von Fackeln und Lampen erhellt. Hasdrubals Frau, die iberische Fürstentochter Titayu, hatte sich bereits zurückgezogen – sehr früh. Sie würde nicht mitreiten, und Hasdrubal lehnte im Türbogen, auf dem Weg zum großen Abschied.

»Du löschst alle Lampen, ja?« sagte er. »Ach so, und was deine Frage angeht – diese Waffe ist sehr zahlreich, aber Hanno weiß das nicht genau; er würde sonst zetern. Vergiß also bitte die Zahl. Es sind fast sechzigtausend Mann. Und was das Ziel angeht, das ist Iberien, sonst nichts.«

»Was ist mit Rom?«

Hasdrubal schüttelte erstaunt den Kopf. »Unsinn. Rom ist ein vertragsbrüchiges Räubernest mit dem Hang, alle Nachbarn zu überfallen. Wir sind so weit weg von Italien, daß wir keine Bedrohung für Rom darstellen. Und wir wollen nur so stark sein, daß Rom uns nicht überfallen kann.«

»Hanno sieht das anders«, sagte Antigonos langsam. »Er sagt, die Barkiden rüsten in Iberien zum Rachekrieg gegen Rom.«

Hasdrubal nickte. »Ich weiß, was er sagt, aber er weiß, daß es nicht stimmt. Keiner von uns liebt die Römer; das wäre zuviel verlangt. Der Vertragsbruch, der Krieg, der harte Friede, dann nach dem Söldnerkrieg die Erpressung mit dem Raub Sardoniens. Nein, wahrlich – keinerlei Liebe. Aber Rachekrieg? Alle lausigen Götter sämtlicher Priesterschaften! Wozu denn? All das hier, die Möglichkeiten, die in Iberien stecken, die Zukunft von Qart Hadasht aufs Spiel setzen wegen – eines Gefühls wie Haß oder Liebe?« Er grinste und stieß sich von der Wand ab. »Wobei mir die Lust ausgeht, weiter über Rache zu reden. Ich habe Besseres zu tun. Schlaf gut, Tiggo.«

So kurz vor dem Ziel hatten sie nachmittags länger gerastet und waren dann die Nacht hindurch geritten. Antigonos war bei Hasdrubal an der Spitze des langen Zugs. Zweihundertfünfzig schwere Reiter und siebenhundert libysche Hopliten deckten die Karren und Packtiere mit Getreide, Obst, Salzfleisch und Wein. Im Morgengrau hoben sich die Hügel aus der Hochsteppe; feine Dunstschleier verhüllten die Bergzüge am Horizont.

Hamilkars Lager befand sich in einem Tal, durch das ein kleiner Fluß rieselte. Die Posten hatten den Zug längst entdeckt, als freundlich eingestuft und keinen Alarm gegeben. Als Hasdrubal und Antigonos um die Felsen am Taleingang ritten, begrüßt von den Männern der letzten Wachtschicht, sprangen die Schläfer der ersten Nachtwachen auf. Bei ihnen war Hannibal; er hatte wie die anderen auf dem nackten Boden geschlafen, nur in seinen graurotten Mantel gehüllt. Die Zähne blitzten in dem braunen Gesicht mit dem schwarzen Bart, als er das britannische Schwert zog und es grüßend vor Hasdrubal und Antigonos hob. »Weckt den Alten«, sagte er lächelnd. »Wir sehen uns später.«

Sie ritten weiter. Überall regten sich die Schläfer. Das Zelt in der Lagermitte wurde jäh geöffnet; die mächtige Gestalt des Strategen von

Libyen und Iberien erschien. Um die Schultern hing das Fell des weißen Bären; ansonsten war Hamilkar nackt. Die eisgraue pelzige Körperbehaarung wirkte wie ein Teil des Bärenfells, und das gewaltige Glied schien eher Nahkampfwaffe zu sein als Werkzeug der Liebe. Hamilkar umarmte die beiden und röhrte Befehle; dann kleidete er sich eilig an.

Soldaten brachten Klapptische, Schemel, heißen Würzwein, Fladenbrot und kalten Braten. Andere Männer kümmerten sich um die Pferde. Am Taleingang herrschte geordnetes Durcheinander; die Vorräte wurden gesichtet, verteilt oder neu verpackt. Die Truppen aus Karduba schlugen Zelte in der Ebene auf, da das Tal zu eng für alle war.

»Wo sind deine Söhne, Diener des Melqart?«

Hamilkar wischte sich den Mund, setzte den Becher ab und warf Antigonos einen mißbilligenden Blick zu. »Auf einem Feldzug gibt es keine Söhne, Tiggo – nur Krieger. Dies ist der Platz der Führer. Mago ist bei den libyschen Fußkämpfern. Hasdrubal bei den Elefanten, eine halbe Stunde westlich von hier, in einem anderen Tal. Und Hannibal kümmert sich um eure Karawane.«

Hasdrubal rammte das Messer in die Tischplatte. »Wo sind denn all deine Leute? Auf wieviel Täler hast du sie verteilt?«

»Vier.« Hamilkar grinste. »Die Vettonen beobachten uns wahrscheinlich; so haben sie mehr Mühe mit dem Zählen. Und die Täler hier sind wirklich zu eng für alle. Wir marschieren getrennt. Dabei behindern wir uns auch weniger.«

Nach dem Frühstück begann die Beratung zwischen dem Strategen und seinem Stellvertreter. Hasdrubal erwähnte römische Kaufleute, die weit im Norden gesehen worden waren, zwischen dem großen Strom Iberos und den Pyrenäen. Hamilkar zuckte mit den Schultern.

»Das Land gehört nur denen, die es bewohnen. Sollen die Römer doch handeln. Solange sie keine Legionen schicken . . .«

Antigonos ließ die beiden zurück und wanderte durchs Lager. Am Taleingang fand er Hannibal. Der Achtzehnjährige schien jeden einzelnen Kämpfer zu kennen, redete sie mit Namen an, gab kurze klare Anweisungen, denen die Männer sofort folgten. Er war unausgesetzt in Bewegung; als ob der sehnige Körper des jungen Mannes nicht alle Energie bergen könne.

Draußen in der Ebene flackerten Feuer zwischen den Zelten. Die müden Leute aus Karduba standen oder hockten herum. Ein libyscher Hoplit, den Rücken an einem Stapel Marschgepäck, saß auf dem Boden und betrachtete seinen rechten Fuß. Er war geschwollen und schwärzlich verfärbt. Mit den Daumennägeln versuchte der Mann, einen Dorn aus der Ferse zu drücken.

Hannibal blieb vor ihm stehen und schüttelte den Kopf. »Dummer alter Fofo«, sagte er auf Libysch. »Die Truppe ist so schnell wie der langsamste, und kein Hoplit ist besser als seine Füße.«

Der Libyer – er mochte dreißig Jahre alt sein – blinzelte verlegen zu Hannibal auf. »Hab ich schon mal gehört, Fürst der Reiter«, sagte er. »Aber es ist doch nur eine kleine Schwellung.«

Hannibal streckte die Hand aus. »Wenn dir einmal der Arsch abfällt, wirst du sagen, es war ja nur ein kleiner Furz.« Ohne sichtbare Anstrengung zog er den schweren Mann hoch. Die umstehenden Libyer lachten. Hannibal deutete auf zwei von ihnen.

»Gulsa, Maharo – ihr beide bringt ihn zu den Ärzten.«

Die Männer faßten ihren Kameraden unter; auf einem Bein hüpfend und leise fluchend entfernte er sich zwischen ihnen.

In Karduba hatte Hasdrubal gesagt, Hamilkar habe den besten Reiterführer, den je ein Stratege hatte. Im langgezogenen Lager sah Antigonos, daß Hannibal weit mehr war als das. Er sprach zu allen in ihren Sprachen, und die Männer gehorchten dem Jüngeren aufs Wort, oft auf den Blick. Die mürrischen Gesichter marschmüder Fußkämpfer hellten sich auf, wenn Hannibal in ihre Nähe kam. Lob, Tadel, hier ein grober, dort ein feinerer Witz, immer traf er den richtigen Ton, und wenn er die Stimme kaum merklich hob, bewegte sich um ihn her alles im Laufschritt. Antigonos, der nie ein Geführter gewesen war, spürte die Kraft und Magie, und obwohl er nicht zu Grübeleien neigte, fragte er sich, was es sein mochte, das Pyrrhos, Alexandros, Hamilkar und diesen kaum achtzehnjährigen Sohn des Barkas über alle anderen hob. Gegen Mittag bat ein Soldat ihn, zum Essen ins Zelt des Strategen zu kommen. Antigonos nickte Hannibal zu und ging. Der junge Punier stand bei einer Gruppe von Kundschaftern, aß mit ihnen gequollenes Getreide, trank Wasser und fragte sie aus.

Melder entfernten sich von Hamilkars Zelt, als der Hellene die Lagermitte erreichte. Sie schwangen sich auf Pferde und ritten fort. Hamilkar und Hasdrubal hatten ihre Gespräche beendet; sie saßen vor dem Zelt. Auf dem Klapptisch standen Gefäße und Näpfe mit Wasser, Wein, Bohnen, Brot und Fleisch.

»Na, habt ihr große Dinge beschlossen?«

Hamilkar schwenkte die zweizinkige Gabel und deutete auf den freien Schemel. Mit vollem Mund sagte er: »Setzen. Essen. Wir brechen heute abend auf.«

Hasdrubal spuckte ein Knorpelstück über seine linke Schulter. »Nicht alle – keine Sorge, Tiggo. Wir ruhen uns noch ein bißchen aus.«

Hamilkar blickte auf den letzten Meldereiter, der eben das Lager verließ. »Es sei denn, du wolltest sofort zurück nach Karduba oder wohin auch immer.«

»Nein. Ich bin nicht in Eile. Außerdem« – er grinste schwach – »gibt es hier einen Fluß, den ich unbedingt sehen will. Tiggo am Taggo, das muß sein.«

Hamilkar lachte. »Verstehe ich. Dann kommst du nach. Ich ziehe mit den schnellsten ausgeruhten Leuten. Ihr seid das zweite Treffen, sozusagen.«

Halblaut erläuterte er den Plan. Wie die Kundschafter gemeldet hatten, sammelten die Vettonen ihre Krieger einen halben Tagesmarsch nördlich des Taggo. Es mochten etwa fünfzehntausend Mann sein. Mit einem nächtlichen Gewaltmarsch wollte Hamilkar vor Morgengrauen eine bestimmte Taggo-Furt erreichen und notdürftig befestigen, für den Fall eines Rückzugs. Das konnten zweihundert Leute erledigen.

»Mit den anderen wollen wir den Vettonen einen Frühstücksbesuch machen.«

Der Plan sah drei Überraschungen vor. Erstens den Nachtmarsch und den Angriff zu einem unerwarteten Zeitpunkt; zweitens den Einsatz der vierzig mitgeführten Elefanten gegen die berittenen Nomaden; drittens den Kampf gepanzerter Vierecksformationen der schweren Fußkämpfer gegen die undisziplinierten Reiterhorden.

»Wir haben in jedem Fall zu wenig Kataphrakten für einen reinen Reiterkampf«, sagte Hamilkar nach dem Essen, als sie sich im Zelt über die sehr genaue Karte beugten. »Und ich will diesen Unsinn schnell beenden – ohne unsere Bundesgenossen.« Er deutete auf eine Stelle weiter östlich. »Hier haben die Oretaner sich gesammelt. Es wird noch Tage dauern, bis sie zu uns stoßen; außerdem ist es besser, wenn wir ihnen zeigen, daß wir derlei Kleinigkeiten ohne ihre Hilfe erledigen können. Die tausend Mann, die ihr mitgebracht habt, machen es möglich.« Er blickte auf, in Hasdrubals Gesicht. »Ein schneller harter Schlag sollte uns hier endlich Ruhe bringen, damit wir uns um die wichtigeren Dinge kümmern können.«

»Die wüsten Kriege des Friedens«, sagte Hasdrubal mit einer Grimasse. »Straßen, Kornspeicher, Städte. Es wäre nicht schlecht, Barkas.«

In der Abenddämmerung zog Hamilkar los. Aus den vier Marschlagern hatte er zweitausend leichte und viertausend schwere Fußkämpfer, tausend Bogenschützen und Schleuderer sowie fünfhundert numidische Reiter zusammengezogen, dazu die Elefanten. Hannibal brach ebenfalls auf; er sollte mit achthundert schweren Reitern weiter östlich, fast an der Grenze des Oretanerlands, nach Norden ziehen, eine andere Taggo-Furt nehmen und am Vormittag ebenfalls »zum Frühstück« erscheinen. Mit den restlichen Truppen – etwa dreitausend Mann gemischter Fußkämpfer und Plänkler – sowie dem Troß wollte Hasdrubal gegen Mitternacht aufbrechen und die von Hamilkar benutzte Furt gegen Mittag erreichen.

Nach vier Stunden beinahe gemütlichen Marschs über die wellige Hochsteppe machten sie kurz Rast. Antigonos war abgestiegen, lehnte an einem Felsen und trank aus der Lederflasche. Hasdrubal ritt den haltenden Zug entlang und kümmerte sich um die Leute. Aus der aufgehenden Sonne kamen drei Reiter, in gestrecktem Galopp. Antigonos, weit vorn, sah sie als erster, steckte zwei Finger in den Mund und pfiff. Hasdrubal, zu weit entfernt, hörte nichts, aber die Soldaten gaben den Alarm weiter.

Es waren drei von Hannibals Kataphrakten. Was sie zu melden hatten, ließ sich in zwei Wörter fassen: Verrat, Hinterhalt.

»Die Oretaner«, sagte keuchend der Älteste. »Sie sind aufgebrochen – nicht mit uns, sondern mit den Vettonen gegen uns. Verräter bei unseren Kundschaftern.«

Hasdrubal fragte schnell und genau. Hannibals Reiter waren mit der Nachhut des oretanischen Heeres zusammengestoßen; die Hauptmacht mußte bereits nördlich des Taggo stehen und würde Hamilkars Truppen in die Flanke fallen. Da die Oretaner zwischen Hannibals und Hamilkars Verbänden nach Westen zogen, war es fraglich, ob ausgeschickte Boten den Barkas noch vor dem Unheil warnen konnten; außerdem war der vorgesehene Ritt von Hannibals Reiterei unmöglich geworden.

»Hannibal wird versuchen, sich zur Furt durchzuschlagen«, sagte der Panzerreiter. Er fragte mit den Augen.

Hasdrubal wandte sich zu den Unterführern, die neben und hinter ihm standen. »Kleinste Bedeckung für den Troß«, sagte er. »Alle anderen sofort los, zum Taggo. Ihr kennt die Richtung. Wir kommen nach.« Er warf einen Blick zum roten Osthimmel. »Kurz vor Mittag – mit Glück«, murmelte er so leise, daß nur Antigonos es hören konnte. »Könnt ihr noch reiten?«

Die drei Kataphrakten nickten. Die Pferde waren erschöpft, die Männer ebenso, aber sie würden reiten.

»Holt euch frische Pferde – vom Troß. Zieht die Panzer aus, dann seid ihr schneller.« Hasdrubal überlegte. »Ihr könnt an den Zwischenlagern Pferde wechseln, oder die Botschaft weitergeben und andere reiten lassen. Maharbal ist am Nordhang der Schwarzen Berge. Er soll sofort alle verfügbaren Truppen zusammenziehen und aufbrechen, notfalls in mehreren Gruppen. Klar?« Er beugte sich vor und streckte die Rechte aus; die Reiter legten ihre Hände darauf.

In den Zwischenlagern, immer zwei Tagesmärsche voneinander entfernt, befanden sich Kranke, Vorräte für den Rückmarsch und jeweils ein paar Mann zur Sicherung. Mehr als bestenfalls zweihundert Kämpfer waren von dort nicht zu holen, und die größeren Festungen lagen über das südliche Iberien verstreut. Antigonos berührte den Griff des britannischen Schwerts, das für Ariston bestimmt gewesen war. Hasdrubal, Hamilkar und Hannibal verfügten über etwa elftausend Mann; die Vettonen und Oretaner mußten mindestens dreißigtausend Krieger ins Feld schicken können. Mit viel Glück mochte Maharbal nach Ablauf eines Mondes, vielleicht auch ein wenig früher, weitere fünftausend Kämpfer in die Hochsteppen am Taggo bringen, ein paar versprengte Überlebende einsammeln und die Gräber schmücken.

Hasdrubal blickte den drei Reitern nach, die zum Troß ritten, um halbwegs ausgeruhte Packpferde auszusuchen, dann schaute er nach Norden, wo der Eilmarsch kleiner Gruppen mit ihren Unterführern begonnen hatte. »Willst du zurück?« sagte er, ohne Antigonos anzusehen.

Der Hellene lachte gepreßt. »Wohin, Friedensfürst? Der Tod ist immer hinter deinem Rücken. Vorwärts.«

Später, als Zeit zum Reden und Denken war, stellten sie fest, daß Hamilkars schneller Vorstoß das einzig Gute gewesen war. Sein Angriff hatte die Vettonen nicht überrascht, war jedoch für die Feinde zu früh erfolgt, als die Oretaner noch ein paar Stunden entfernt waren. Aber alles andere schlug fehl. Der Verrat einiger Kundschafter hatte die Vettonen vorbereitet. Als die Elefanten angriffen, loderten überall Brände auf. Die

Vettonen warteten hinter einer Phalanx von Ochsenkarren, auf denen Holzstöße ragten, die schnell entzündet wurden. Die großen Tiere aus den libyschen Steppen stockten, scheuten, brachen zur Seite aus, verfolgt von vettonischen Reitern, die Fackeln und Speere warfen. Es war nur der Kunst und Ausdauer der »Inder« zu verdanken, daß die Elefanten ziellos durch die Ebene tobten, statt kehrtzumachen und über Hamilkars Formationen herzufallen. Die gestaffelten Vierecke hielten stand, brachen die ersten Wellen der angreifenden Reiter, wurden dann aber unerbittlich zurückgedrängt. Einige Zeit konnten die Schleuderer und Bogenschützen die Flanken sichern und die Nomaden auf Abstand halten. Sie zielten auf die Pferde.

Hamilkar war überall; daß der schnelle erzwungene Rückzug nicht zur kopflosen Flucht wurde, lag allein an seiner Gegenwart. Aber es gab längst keine Formationen mehr, als Hasdrubal und Antigonos mit ihren abgehetzten Leuten das steinige Südufer des Taggo erreichten. Jenseits des Flusses hatte sich alles zu einem wogenden verbissenen Kampf Mann gegen Mann aufgelöst. Die meisten Vettonen hatten ihre Pferde verloren oder waren abgestiegen und kämpften zu Fuß. Hamilkar saß auf seinem dunkelbraunen iberischen Hengst, mitten im dichtesten Getümmel, hieb um sich, riß das Pferd auf die Hinterbeine, ließ es auskeilen und sich drehen. Neben ihm, ebenso groß und massig wie sein Vater, drosch Mago wie ein Rasender um sich. Die gute Ausbildung, die Härte und Ausdauer der barkidischen Truppen machte die zahlenmäßige Überlegenheit der Vettonen beinahe wett, aber sie wurden immer näher an den Fluß gedrückt, ohne die Möglichkeit eines geordneten Rückzugs aufs Südufer.

Dort hatten Hamilkars Leute ein rechteckiges Lager eingerichtet. Die Erdwälle waren mit Steinen, Stöcken und Speeren verstärkt und boten eine bessere Verteidigungsstellung; zuerst mußten die Männer jedoch durch den Fluß, der nicht sehr breit war, aber neben der Furt tief und überall reißend. Blöcke lagen im Bett des Taggo; unterhalb der Furt bildeten sie eine kleine Stromschnelle, an der das Wasser aufgischtete.

Ein Meldereiter der Kataphrakten galoppierte das Südufer herab, suchte und sah Hasdrubal. Der Punier saß fast reglos auf seinem schwarzen Pferd, unterhalb des umwallten Lagers, und gab Anweisungen. Signalbläser und Unterführer waren bei ihm, liefen weg, kamen zurück. Welche Signale von welchen Truppenteilen gehört wurden, ließ sich nur erraten. Soldaten wateten durch das hüfthohe Wasser der Furt, sprangen von Stein zu Stein über die Stromschnelle, schwammen durch den Fluß ober- und unterhalb. Manche wurden, erschöpft nach dem Eilmarsch, vom Wasser mitgerissen, die meisten gelangten ans andere Ufer und stürzten sich in den Kampf. Andere, die Befehle erhalten oder Signale gehört hatten, lösten sich aus dem Gewirr und kamen zum Südufer: Plänkler, Schleuderer, Bogenschützen, für den Nahkampf weniger geeignet als zur Sicherung des Lagers und des Rückzugs. Eine dritte Riesengestalt, lang und breitschultrig, erschien neben Hamilkar und Mago, das Schwert in beiden Händen, die Arme ausgestreckt, und drehte sich wie ein Kreisel.

Antigonos, der bis dahin unzusammenhängende Einzelheiten gesehen hatte, wie in einem Fiebertraum, wurde wach und riß sich zusammen, als der Kataphrakte ihn beiseitestieß, um zu Hasdrubal zu kommen. Er deutete nach rechts, flußauf.

»Halbe Stunde«, keuchte er. »Hannibal. Er wird einen Keil bilden und in die Vettonen hineinreiten. Aber...« Der Mann rang nach Luft. »Die Oretaner sind knapp dahinter.«

Hasdrubal tätschelte sein schnaubendes Tier. Es war Antigonos unbegreiflich, wie der Punier Ruhe und Übersicht bewahren konnte. Aus dem Nichtbegreifen floß dem Hellenen plötzlich eine seltsame Abgeklärtheit zu. Er beugte sich vor und schrie:

»Gib mir die Elefanten!«

Hasdrubal blickte ihn an, runzelte die Stirn, nickte. Antigonos riß das Pferd herum und jagte nach Westen, flußab, wo die großen verstörten Tiere sich gesammelt hatten. Der sechzehnjährige Hasdrubal Barkas hatte das Wunder geschafft, fast alle Elefanten in der Ebene jenseits des Flusses zusammenzutreiben und durch das Wasser zu bringen. Er war aschgrau vor Erschöpfung und hob knapp die linke Hand, als er Antigonos erkannte.

»Tiggo! Du hier?«

Antigonos erwiderte den Gruß mit der Rechten. »Ich wollte euch beim Sterben zusehen«, sagte er. »Sind die Elefanten noch verwendbar?«

»Begrenzt. Ich will das Ufer mit ihnen sichern.«

»Hannibal ist bald da – drüben. Hinter ihm die Oretaner.«

Hasdrubal begriff sofort; sein Gesicht wurde eine Schattierung fahler. »Die auch noch? Rotes Auge des Melqart!«

»Fluchen kannst du später. Bring die Tiere um das Lager herum und durch den Fluß. Wenn Hannibal vorbei ist, versuch, mit ihnen die Oretaner aufzuhalten.«

Hasdrubal hob die Brauen; dann nickte er. »Hoffnungslos, aber sinnvoll.« Er wandte sich um, um Befehle zu geben, aber Antigonos streckte die Hand aus.

»Halt. Gib mir fünf. Ich hab was anderes vor.«

Sie trieben die Tiere zu höchster Eile, brachten sie um das Lager herum, noch ein paar hundert Schritt flußaufwärts. Hamilkars Sohn winkte Bogenschützen herbei und ritt dann in den Taggo.

Antigonos hatte ein paar Balliaren zusammengebracht. Sie halfen ihm und den Elefantentreibern, Stricke um große Felsblöcke zu winden. Der Fluß war an dieser Stelle schmaler und schneller. Es ging erstaunlich gut. Die Elefanten zogen die Blöcke ins Wasser; die Männer bildeten eine Kette und füllten die übrigen Räume mit kleineren Brocken auf. Oberhalb des Steindamms wuchs ein kleiner Stausee; Wasser rieselte durch Spalten und Lücken im Gestein, trotzdem sank der Fluß sehr schnell. Antigonos ließ die Seile an den Blöcken und erklärte dem balliarischen Unterführer, was weiter zu geschehen hatte. Dann galoppierte er zurück zu Hasdrubal dem Schönen.

Der Libyphöniker Muttines, der Hamilkars Numider befehligte, trieb sein Pferd in den seichteren Fluß, kam ans Südufer, wechselte einige Worte mit Hasdrubal, nickte und ritt zurück. Es schien ihm gelungen zu sein, die meisten Numider aus dem Kampf herauszuziehen.

»Er reitet um die Vettonen herum, behelligt sie ein bißchen und macht Hannibal den Weg frei«, sagte Hasdrubal. Er saß immer noch auf dem Rappen, ganz als ob beide sich keinen Fingerbreit bewegt hätten. »Guter Einfall, Tiggo – dein Damm.« Er wandte sich ab, winkte Unterführer der Bogenschützen und Schleuderer herbei und deutete auf Stellen am Ufer.

Das Eingreifen der mit Antigonos und Hasdrubal Angekommenen hatte die Vettonen kurze Zeit zurückgeworfen und den bedrängten Kämpfern am Nordufer des Taggo den dringend nötigen Raum zum Atmen gebracht. Die ersten Trupps wateten nun durch den schnell fallenden Fluß, erreichten das von Schleuderern, Speerwerfern und Bogenschützen gesicherte Südufer und bildeten hinter den Plänklern Auffangreihen. Die Verwundeten schleppten sich ins Lager.

Jenseits führten die drei Riesen einen Vorstoß an, der weiteren Raum gewinnen sollte. Hamilkars Pferd stand nicht mehr; wie Mago und der Breitschultrige kämpfte der Blitz nun zu Fuß. Weiter rechts war das wütende Trompeten der Elefanten zu hören. Dann schlug der Blitz des ältesten Barkidensohns ein. Zu zwei Keilen formiert galoppierten die schweren Panzerreiter in die Flanke der Vettonen, mit eingelegten Lanzen, rissen zwei furchtbare strudelnde Lücken, brachen durch, machten kehrt; die Keile wurden zu Fächern, zu Halbkreisen, zu kleinen Gruppen, lösten sich wieder, bildeten Vierecke, schwenkten in Linie aus, zersprengten die Vettonen. Einen Moment lang glaubte Antigonos, Hannibal zu sehen, wie er das Schwert hob.

Aber die Nomaden waren zähe Kämpfer. Kaum hatten die Kataphrakten sich gesammelt und abgedreht, um mit den Numidern und Elefanten den Angriff der Oretaner aufzufangen, als die Vettonen wieder gegen Hamilkars Männer anstürmten. Fast drei Viertel waren bereits am Südufer, im Lager oder noch im seichten Fluß. Hamilkar, Mago, der dritte Riese und eine Kleinphalanx libyscher Hopliten deckten den Rückzug der übrigen.

Die Elefanten und vielleicht noch siebenhundert Reiter konnten den Ansturm der Oretaner nur abschwächen und aufsplittern, aber nicht abwenden. Was im einzelnen geschah, war nicht auszumachen, aber die Vettonen spürten als erste die Auswirkungen. Kataphrakten, Numider, röhrende Elefanten und einzelne Oretaner rasten durch sie hindurch. Fast unbedrängt konnten die letzten punischen Kämpfer das Nordufer verlassen, Hamilkar und die beiden anderen Riesen als letzte. Der Blitz kletterte auf einen Felsblock in der Flußmitte. Er blutete aus mehreren leichten Wunden. Sein Lederpanzer war aufgeschlitzt; um Hals und Schultern lag das graue *yama*-Fell. Der Stratege von Libyen und Iberien gab Anweisungen, indem er das Schwert schwenkte. Erst jetzt nahm Antigonos den betäubenden Lärm wahr, den die Trompetenstöße der Elefanten und das gelegentliche Gellen der Signalhörner übertönt hatten.

Mago und der Breitschultrige erreichten die Flußmitte; am Nordufer drängten sich Vettonen, von den Schleuderern und Bogenschützen noch am Übergang gehindert. Hamilkar deutete flußauf; dann glitt er vom Felsen und watete zum Südufer. Speere flogen hinter ihm und den anderen her, fielen ins Wasser und ans Ufer, schienen manchmal im letzten Moment wie durch Zauberei die Flugbahn zu ändern und den Strategen zu verfehlen.

Oberhalb der Furt, die nun fast an der Oberfläche zu sehen war, ritten die ersten Oretaner ins Wasser. Antigonos hob den Schild, den er einem

Gefallenen abgenommen hatte, schwenkte ihn. Der balliarische Unterführer am Damm hatte auf das Zeichen gewartet. Die Elefanten zogen.
Zwei große Blöcke wurden aus dem Damm gerissen, den Rest erledigte
der Druck des aufgestauten Wassers. Die Flutwelle löschte die Oretaner
und ihre Pferde aus, als ob es sie nie gegeben hätte.

Dann begann der quälende, zähflüssige Albtraum. Hamilkar hatte fast
das Südufer erreicht. Ein Felsblock minderte die Wucht der Flutwelle;
das aufschäumende Wasser reichte nur bis an die Oberschenkel des Strategen. Gischt spritzte auf, überschüttete Hamilkar, Mago und den dritten Mann. Immer wieder flogen Vettonenspeere über den Fluß. Antigonos' Herz krampfte sich zusammen. Undeutlich sah er sich mit dem uralten kupferhäutigen Priester jenseits des Okeanos am Altar stehen, der im
trüben Licht des Morgens mattgolden glänzte, und hörte aus unendlicher Ferne die spröde Stimme: *Nie darf gischtendes Wasser das Fell des*
yama *berühren – der Stoff des Lebens hebt den Todesbann auf.* Der Pfeil
eines Gätuliers bohrte sich in die Kehle des Vettonen, der den Speer
geworfen hatte. Die Waffe flog in einem seltsamen Bogen, senkte sich,
drang durch *yama* in Hamilkars Rücken, durchschlug den Körper. Die
Spitze ragte aus der Brust. Hamilkar taumelte, streckte die Arme aus,
hielt sich mit der Linken an Mago fest, tastete mit der Rechten nach der
Speerspitze.

Einen Augenblick lang legte sich Totenstille über beide Ufer; die Flut-
welle war weit flußab, und der Taggo rauschte leiser. Zum ersten Mal seit
Erreichen des Flusses bewegte sich Hasdrubal. Er trieb sein Pferd ins
Wasser, bis jenseits der erstarrten Dreiergruppe, deckte sie gegen weitere
Speere von der anderen Seite, riß das Schwert aus der Scheide, reckte es in
die Luft und schrie: »Barkas!« Seine Stimme gellte weit über den Strom.
Die betäubten, gelähmten, entsetzten Kämpfer schienen zu erwachen,
nahmen den Ruf auf, schrien den Ehrennamen ihres Strategen in die Welt
und gegen den Himmel.

Später begriff Antigonos, daß Hasdrubal sie alle gerettet hatte. Vettonen und Oretaner überquerten den Fluß ober- und unterhalb des Lagers,
aber ihre Angriffe wurden zurückgeschlagen. Nach den schlimmen
Stunden am Fluß hatten die Männer sich wie in einem gemeinsamen
Todestaumel aufgegeben, als der Führer, der Unbesiegte, der Unbesiegbare fiel. Allein der Zauber des Namens riß sie wieder in die Höhe. Ohne
Hasdrubal wäre es zu einem Gemetzel fast ohne Gegenwehr gekommen.

Hamilkar lebte noch, als sie ihn ans Ufer trugen. Hasdrubal ritt das

Ufer hinauf und hinab und feuerte die Männer an, die dem letzten Angriff der Vettonen und Oretaner begegneten. Hasdrubal Barkas hatte abermals das Unglaubliche gewagt und geschafft, die fliehenden Elefanten, von denen viele verwundet waren, aufzuhalten, zu sammeln und schwenken zu lassen. Mit Muttines' Numidern und Hannibals Kataphrakten wüteten sie am Nordufer, bis Vettonen und Oretaner sich trotz aller Überlegenheit zurückzogen, erschöpft und gleichzeitig siegestrunken, nachdem sie die Punier über den Fluß zurückgeworfen und ihres unersetzlichen berühmten Strategen beraubt hatten.

Hamilkars Atem kam in flachen Stößen. Aus der Brust und aus den Mundwinkeln sickerte Blut. Sein Kopf lag in Antigonos' Schoß. Der Breitschultrige kämpfte am Ufer. Mago kniete neben dem sterbenden Vater, bleich und mit starren Zügen, nicht wie ein Vierzehnjähriger, sondern wie ein Greis.

Hamilkar blickte hoch, mit Augen, die sich zu entfernen schienen. Er sah Mago, versuchte zu lächeln, hustete krampfhaft. Mehr Blut kam aus dem Mund. Da der Kampf am Ufer entschieden war, erschien nun auch Hasdrubal der Schöne, drängte sich durch die stummen Reihen und kniete neben Hamilkar nieder. Das Gesicht, unbewegt während der ganzen langen Schlacht, während der kühlen, klugen, rettenden Befehle, war verzerrt; Tränen strömten über die Wangen des Puniers. Er beugte sich vor und ergriff Hamilkars Hand.

»Herr«, sagte er leise; »Freund; Vater.«

Hamilkar bewegte schwach die Hand, deutete auf Hasdrubal. »Du«, sagte er kaum hörbar. Er verdrehte den Kopf, schaute zu Antigonos hoch. »Du *yama*.« Es war nur noch ein Hauchen.

Dann kam das Unbegreifliche, das dem Hellenen Unverständliche, das, was Antigonos trotz seiner Geburt in Karchedon, trotz seines Heimatgefühls unfaßbar bleiben mußte. Dieser Krieger und Herrscher, den Rom als unbesiegbar fürchtete, der nicht an Götter glaubte, der seine Heimatstadt hassen mußte, die ihn so oft verlassen hatte – der stolze Stratege von Libyen und Iberien rief mit der alten Formel die Mutterstadt Tyros an, Urheimat aller Punier, und Tanit, die Lebenspendende.

»Mutter von Qart Hadasht«, sagte er leise aber deutlich, »ich gebe meine Ruder zurück.« Dann bäumte sich der mächtige Leib auf, zuckte und erschlaffte. Hamilkar Barkas war tot.

Bei Sonnenuntergang wurden die Feuer entzündet. Sie brannten im Lager, an beiden Ufern des Taggo und in der weiten Ebene jenseits des Flusses, wo die Vettonen und Oretaner den Sieg feierten.

Mitten im Lager stand das Zelt des Strategen, rechts und links vom Eingang Wachen mit Speeren und Fackeln, neben den Feuern. Vor ihnen ragte der große Holzstoß, auf dem Hamilkars Leiche lag. Einige Schritte entfernt standen zwei Kreuze. Die beiden Kundschafter, die Hannibals Reiter abgefangen hatten, waren ausgepeitscht und entmannt worden. Danach hatte man die Verräter an Kreuze gebunden. Am Morgen, wenn Hamilkars Leichnam verbrannt wurde, würden sie ihn ins Reich der Schatten begleiten, um dort dem verratenen Feldherrn zu dienen.

Im Zelt berieten Hamilkars Söhne, Hasdrubal und die wichtigsten Offiziere. Gegen den Willen des jungen Mago und einiger Punier hatten Hasdrubal und Hannibal Antigonos zugezogen. Das *yama*-Fell lag auf einem Schemel.

»Du sollst es bekommen«, sagte Hasdrubal. »Nimm es, Tiggo. Es kam ja auch von dir.«

Antigonos nickte. Mit schweren Beinen ging er zum Schemel und streckte die Hand aus.

»Nein«, sagte Mago heftig.

»Was willst du?« Hasdrubal hob eine Braue und blickte unwillig auf.

»Wir sind darauf gezeugt worden. Es hat unseren Vater in vielen Kämpfen geschützt. Es gehört uns!«

Antigonos beugte sich über den Schemel. »Es zerfällt jetzt sehr schnell«, sagte er staunend. »Man kann dabei zusehen.«

Das graue Fell zeigte Löcher, die vor wenigen Stunden noch nicht dagewesen waren. Zottel lösten sich, bedeckten bereits den Boden unter dem Schemel. Antigonos nahm *yama* auf.

»Nein!« schrie Mago. »Laß es los – Metöke!«

Etwas klirrte. Hannibal, mit dem Rücken zu seinem Bruder und dem Gesicht zu Antigonos, hatte das Schwert gezogen. Die wunderbare britannische Klinge war dunkel von verkrustetem Blut. Die Spitze lag an Magos Kehlkopf.

»Du bist wahnsinnig, Bruder«, sagte Hasdrubal Barkas. »Vater hat es so gewollt – wie du selbst sagst. Wir waren ja nicht dabei. Tiggo ist der älteste und beste Freund.«

»Es soll mit ihm brennen«, sagte Antigonos müde. »Ich will nicht

Anlaß zum Streit zwischen den Söhnen des Löwen sein. Außerdem gibt es wichtigere Dinge zu klären.«

Muttines trat einen halben Schritt vor. Das Gesicht des jungen Reiterführers war zerfurcht von Trauer und Erschöpfung. »Richtig. Was wird jetzt?«

Niemand sprach. Antigonos blickte sie der Reihe nach an. Hasdrubal der Schöne, Stellvertreter des Blitzes und Kopf der Barkidenpartei in Qart Hadasht; Hannibal, ältester Sohn und vertrauter Mitarbeiter Hamilkars; Hasdrubal, Mago, Muttines, Bomilkar, Hanno, Giskon; der grimmige breitschultrige Riese Hannibal, den die griechischen Lehrer und Chronisten der Barkiden *monomachos* nannten, den Zweikämpfer; die anderen Offiziere, die das große Zelt füllten.

»Das Heer ernennt den Strategen«, sagte Antigonos. »Die Stadt bestätigt ihn.«

Er wartete. Noch immer regte sich keiner.

»Na gut.« Antigonos seufzte. »Dann muß der Metöke es tun. Hannibal.«

Hamilkars Sohn steckte das Schwert in die Scheide. »Ja, Tiggo?«

»Ruf den neuen Strategen von Libyen und Iberien aus. Und gib ihm Hamilkars Schwert. Es kann nur einer sein.«

Hannibal nickte. Er kam zu Antigonos und nahm das Schwert, das am Schemel lehnte. »Du bist listiger als wir alle«, sagte er leise. »Ich bitte dich, die Freundschaft vom Vater auf den Sohn zu übertragen.«

Antigonos schluckte. »Natürlich, kleiner Bruder. Ich habe es vor achtzehn Jahren schon deiner Mutter versprochen.« Dann setzte er lauter hinzu, so daß auch die anderen es hören konnten: »Du mußt es tun, Hannibal. Sonst werden alle sagen, man habe jemanden übergangen.«

Der Sohn des Barkas lächelte, wandte sich zu den anderen um und hob das Schwert Hamilkars. Er zog es aus der Scheide, faßte die Klinge, beugte ein Knie und streckte Hasdrubal dem Schönen den Griff hin. »Was sind deine Befehle, Stratege von Libyen und Iberien?«

Hasdrubal nahm den Griff, hob das Schwert, berührte die Klinge mit den Lippen. »Bring mir den Kopf von König Aranginos, dem oretanischen Verräter.«

Hannibal stand auf. »Jetzt, Herr?«

Hasdrubal wies mit dem Schwert zum Zeltausgang. »Jetzt, Fürst *aller* Reiter.«

Die Offiziere murmelten beifällig. Hannibal nahm seine Ernennung zum obersten Reiterführer wie selbstverständlich. »Es ist Nacht, sie feiern und sind betrunken«, sagte er. »Und sie halten uns für geschlagen. Hast du genauere Befehle, Herr?«

»Du tust, was zu tun ist.«

Sie verließen das Zelt. Draußen drängten sich die übrigen Offiziere, Unterführer und zahllose Soldaten. Hannibal trat in den Lichtkreis der Fackeln und Feuer. Er hob die Hand.

»Hasdrubal!« schrie er.

Der kluge Punier – an dessen großen Fähigkeiten niemand zweifelte, dem aber die Kämpfer nicht jene bedingungslose Liebe und Verehrung entgegenbrachten wie Hamilkar und fast schon Hannibal – reckte das Schwert, noch bevor jemand Hannibals Schrei hatte aufnehmen können.

»Für Barkas!«

Dann entspannte er sich einen Moment und genoß den Jubel. Als er sich schließlich umdrehte, zwinkerte er Antigonos zu.

Es war ein unmöglicher Auftrag. Die Tiere waren müde, die Männer erschöpft. Sie waren eine Nacht marschiert, hatten den halben Tag gekämpft, den Feldherrn verloren. Mehr als tausend waren gefallen, von den übrigen fast die Hälfte verletzt, viele schwer. Hannibal beriet sich mit den Offizieren, holte Unterführer dazu, sprach mit den Kämpfern und kam kurz vor Mitternacht zurück zum Feldherrnzelt, in dem Hasdrubal mit Offizieren und Schreibern saß und einen Überblick zu bekommen suchte.

»Es geht nicht«, sagte der neue Stratege, ohne aufzublicken. »Ist es das, Hannibal?«

Der junge Barkide, der seit vierzig Stunden nicht geschlafen hatte, rieb sich die Augen. Er starrte einen leeren Stuhl an, als ob ihm schon der Gedanke des Sitzens Furcht einflößte. »Es muß gehen«, sagte er müde.

Antigonos reichte ihm einen Becher mit warmem Wasser, Gewürzen und ein paar Tropfen Wein. Hannibal lächelte knapp und trank.

»Ja. Aber es sind zu wenig Reiter.« Hasdrubal steckte den Schreibhalm hinter das rechte Ohr und kratzte sich den Bart. »Unsere Leute haben vier ruhige Stunden gehabt. Üppig. Morgen wird der Jammer beginnen, die große Niedergeschlagenheit. Und die Iberer drüben werden ihren Sieg pflücken.«

Antigonos lehnte sich an einen der Tragpfosten des großen Zelts. Rückzug. Fünftausend unversehrte Kämpfer, zweitausend schwer, dreitausend leichter Verletzte, Troß und Tiere, verfolgt und gehetzt von den Reitern der Feinde, die der Sieg über den unbesiegbaren Barkas ungeheuer beflügeln mußte. Sich mit unzureichenden Vorräten im engen Flußlager zu verschanzen und auf Entsatz zu warten war die zweite Form sicheren Untergangs. Es blieb nur der unmögliche Angriff.

Hasdrubal, dem die Mühen und Bürden nicht anzusehen waren, stand auf und ging zur hintersten Ecke, wo auf einem Fellberg Hannibals Bruder Hasdrubal schlief. Er rüttelte ihn wach.

»Kannst du noch ein Elefantenwunder wirken, Barkide?«

Der Sechzehnjährige stützte sich auf die Ellenbogen. »Hab ich lange geschlafen? Ach, egal. Was für ein Wunder?«

»Dreiundzwanzig Tiere sind einigermaßen unverletzt.«

»Das weiß ich, Herr.« Hasdrubal Barkas kam schwankend auf die Beine und hielt sich einen Moment am Fackelständer fest. »Ich habe sie selbst gewaschen und gefüttert und gezählt.«

»Ja.«

Hannibal kniff die Augen zusammen. »Eine Stunde vor Sonnenaufgang wäre gut«, sagte er langsam. »Bis dahin können alle anderen ihre Stellungen erreichen.«

Der Stratege warf ihm einen Blick zu und lächelte. »Wir denken das gleiche; sehr gut.« Er nickte mehrmals. »So kann es gehen. Du die Reiter, ich die Fußkämpfer, Hasdrubal die Elefanten.«

Eine Stunde später verließen die Trupps das Lager, auf der flußabgewandten Südseite. Daß Männer, die kaum noch gehen konnten, in die Nacht marschierten, um weit östlich und westlich des Lagers den Fluß zu durchqueren und einen siegestrunkenen Feind anzugreifen, erklärte sich Antigonos nur mit der gründlichen Ausbildung durch Hamilkar, mit Hannibals Zauber und mit Hasdrubals Autorität. Und mit einem Wunder.

Hannibal nahm dreihundert Kataphrakten und dreihundert Numider; sie ritten in einem Bogen flußaufwärts. Hasdrubal der Stratege marschierte mit dreitausendfünfhundert Fußkämpfern flußab, ebenfalls in einem großen Bogen. Eine Stunde vor Morgengrauen besetzten die verbliebenen Bogenschützen und die halbwegs kampffähigen Leichtverletzten das Flußufer. Hasdrubal Barkas ging mit den verwendbaren Elefanten ins Wasser, zusammen mit einigen hundert libyschen Hopliten, die der Stratege ihm zurückgelassen hatte. Die verstreuten Posten der Vettonen und Oretaner gaben Alarm, wurden aber zunächst vom Nordufer des Taggo in die Ebene gedrängt. Gleichzeitig brach Hannibals Reiterei, nach langem Ritt von Norden kommend, über die betrunkenen Schläfer herein. Hasdrubals Fußkämpfer rückten von Westen vor; die rechte Flanke, nah am Fluß, fand kaum Widerstand und schloß das iberische Lager südlich ein. Die Elefanten und Hopliten schwenkten nach rechts, bis sie die Lücke zwischen Hannibals und Hasdrubals Gruppen ausfüllten. Etwa achttausend Iberer entkamen, die gleiche Menge wurde gefangen, fast die doppelte Anzahl niedergehauen.

Unter den Gefangenen war Aranginos, König der Oretaner. Er hatte vor einem Jahr mit Hamilkar und Hasdrubal Brot gebrochen, Salz gegessen und einen Bündniseid geleistet. Hasdrubal ließ ihn auspeitschen und danach von einem Elefanten zertrampeln. Einer der beiden gekreuzigten Kundschafter lebte noch; er wurde an seinen toten Kameraden gefesselt und mit ihm verbrannt, als auch Hamilkars Leichenfeuer loderte.

Gefangen waren auch viele Angehörige der Fürstenfamilien der Vettonen und Oretaner. Die Hälfte von ihnen nahm Hasdrubal später als Geiseln mit in den Süden; die übrigen entließ er mit den anderen Gefangenen, als nach fünfundzwanzig Tagen Maharbal mit Verstärkung eintraf. Die unerwartete Milde des Siegers brachte fast zweitausend Krieger dazu, ins punische Heer einzutreten. Mit Aranginos' jüngerem Bruder, dem neuen König der Oretaner, schloß Hasdrubal einen Bündnisvertrag.

Zehn Tage nach Maharbal kamen weitere Truppen aus dem Süden zum Taggo. Bei ihnen waren die hellenischen Lehrer und Chronisten. Philinos von Akragas, Hamilkars Chronist, beklagte den großen Feldherrn, redete mit tausend Männern und verfaßte anschließend eine ebenso rührende wie falsche Darstellung vom Tod des Blitzes. Antigonos betrank sich ausgiebig mit Sosylos.

Die immer in Iberien anwesenden Beauftragten des Rats der Ältesten von Qart Hadasht nahmen die Wahl Hasdrubals zum neuen Strategen zur Kenntnis und schienen sie zu billigen. Mit der Bestätigung werde es in Qart Hadasht keine Schwierigkeiten geben.

Zwei Monde später, als Hannibal weit im Norden im Gebiet der Salmantiner und Vakkäer kämpfte, erhielt Antigonos ein Schreiben von Bostar, der ihn dringend bat, nach Qart Hadasht heimzukehren. Bostar, zweiter Herr der Sandbank, hatte dem Drängen der barkidischen Partei nachgegeben; wegen seines Reichtums und seiner Stellung stand ihm ein Platz im Rat der Stadt zu. Er könne, schrieb er, nicht mehr als sechzig *shiqlu* aus einer Mine Silber schlagen und nicht mehr als vierundzwanzig Stunden aus einem Tag, und er wolle weder im Rat noch in der Bank schlafen. Mehr als drei Jahre vergingen, bis Antigonos wieder nach Iberien reisen konnte.

Grüße, Heil, Gewinn – alter Freund und kleiner Bruder: Nachrichten über die Gesandtschaft des Senats von Rom werden euch bereits erreicht haben, dank eurer trefflichen Quellen. Ich will euch daher nur ein wenig über die Stimmung berichten, da eure Nachrichter dies ob der vielen Tatsachen vielleicht versäumen. Der Reichtum der Stadt wuchert, der Handel blüht, das Hinterland ist ruhig und offenbar zufrieden mit den neuen Verfahrensweisen; einen neuen libyschen Aufstand braucht niemand zu fürchten. Alle Kriegszahlungen und Schulden sind seit sechs Jahren erledigt; was immer an Unwillen und Mißtrauen dem barkidischen Iberienunternehmen gegenüber gehegt werden mag, gilt nichts angesichts der Silberströme aus euren Bergen, die Qart Hadasht erreichen.

Qart Hadasht in Libyen, sollte ich besser sagen; denn dies ist einer der Punkte, die immer wieder zu Zweifel und Mißfallen anregen. Die hellenischen Metöken sprechen von Nea Polis als eurer Hauptstadt, der Rat – wie Bostar versichert – redet von Qart Hadasht in Iberien. Ein Römer der Gesandtschaft sagt, in Rom heiße es Carthago Nova, und wahrscheinlich findet der Senat, wir sollten hier von Qart Hadashadasht oder so sprechen – ein Gezischel, wie es der gespaltenen Römerzunge zukommt. Neue neue Stadt – kaum wirrer als alles andere, zum Beispiel die Meinungen über deine Münzen, o Hasdrubal. Man nennt dich bereits König von Iberien und fragt sich, wer Stratege von Libyen ist, ob es sich um die gleiche Person handelt, oder ob der Stratege von Iberien bald König von Libyen sein will. Dann starren sie mißbilligend auf deinen Kopf, der wie bei den hellenischen Herrschern die eine Seite eurer Münzen ziert. Aber, sagen andere, er hat den punischen Münzfuß beibehalten; und sie betrachten die Kehrseite der iberischen *shiqlu* mit Roß und Palme, den Zeichen von Qart Hadasht in Libyen. Treue, sagen sie. Nein, sagen die anderen: Ein Zeichen, daß er König auch hier sein will.

Wirr auch die Schaukeleien des Rats; desgleichen die des römischen Senats. Als vor Jahren die Römer sich ob Hamilkars Unternehmens in Iberien besorgten und eine Gesandtschaft zu ihm schickten, verwies er sie an den Rat von Qart Hadasht. Nun sind sie über Hasdrubals Unternehmen besorgt (sie, die das illyrische Reich zermalmt haben und den Krieg gegen die norditalischen Kelten planen!) und schicken eine Gesandtschaft hierher – aber der Rat verweist sie an Hasdrubal. Hanno verflucht die Barkiden dreimal täglich (vor dem Frühstück, nach dem Mittagsmahl, zwischen den beiden Hauptgängen des Abendessens) und bei jeder Ratssitzung, außerdem vermutlich immer, wenn er seine alabasterbesetzte Latrine aufsucht. Euer iberisches Abenteuer solle vom Erdboden verschwinden – aber er schickte Roms Gesandte zu euch weiter. Euer iberischer Unfug habe sofort zu enden – aber er gewinnt am Handel und streicht als Ratsherr seinen Teil eurer Silberlieferungen ein. Euer iberisches Abenteuer gefährde den Frieden – aber da ihr mehr Truppen unterhaltet und in Gadir und dem neuen Qart Hadasht mehr Schiffe baut als seinerzeit für die Stadt ausgehandelt, beginnt er mit dem Abbau der punischen Flotte und halbiert die Stärke der Streitkräfte in Libyen. Er hat die Mehrheit, und so geschieht es, wie er will.

Ähnlich in Rom. Hannos Freunde, die alten Landherren um die Fabier und andere Geschlechter, wollen Roms Sitten und Roms Zucht und Roms Abgeschiedenheit bewahren. Aber sie sind diejenigen, die mit Hanno handeln. Roms »Barkiden«, wenn der Vergleich euch nicht allzu sehr betrübt, sammeln sich um die Sippe der Cornelier; sie wollen Offenheit, Entwicklung und Handel statt Abgeschiedenheit und Landbau, und wie die Fabier die Abgeschiedenheit fördern, indem sie offen mit Feinden wie Hanno verhandeln, suchen die Cornelier die Öffnung zu erreichen, indem sie Abgrenzung betreiben. Die Welt ist ein Tollhaus.

Die Insassen des punischen Tollhausteils, andererseits, bessern sich auf seltsame Weise. Im Römischen Krieg, als die Dinge schlimm standen, und im Libyschen Krieg, als alles kaum schlechter werden konnte, waren sie mit der Lage offenbar so zufrieden, daß sie jede Ausgabe zur Änderung der Dinge scheuten. Heute, da die Stadt in Gold erstickt, murren sie über die Lähmung aller Dinge und verlangen Abenteuer. Seit einiger Zeit gibt es einen anonymen Dichter, der solche Stimmungen wahrnimmt und wiedergibt. Seine Werke tauchen meist in einigen hundert Abschriften gleichzeitig auf. Hanno hat Schaum vor dem Mund, sobald auch nur das Wort Verse genannt wird. Der Dichter zeichnet mit *khmrs brq*, was gemeinhin als Khamras der Blitz gelesen wird. Ich glaube, man sollte es eher als Homeros der Barkide auffassen. Ich lege eine Abschrift seines neuesten Werks bei; einige der Anspielungen sind jedem offensichtlich, andere wohl nur Bewohnern von Qart Hadasht. Vor kurzem lief ein Blatt mit einer Spottzeichnung um: Ein Mitglied des Gerichts der Hundertvier, nackt und feist im kostbaren Richterbad, nimmt Münzen entgegen von einem Mann mit Priestermütze und römischer Toga – Hanno, natürlich. Der Maler wurde ermittelt, man schlug ihm die rechte Hand ab. Hanno, dem nicht nur unsere Sandbank mißfällt, will alle großen Geschäfte wie Banken und Reedereien der Aufsicht des Rats unterstellen und einen staatlichen Aufsichtsrat einführen. Und wußtet ihr, daß er einen Fuß von Matho hat, einbalsamiert? Alles andere – der Hafen zur Welt, der nur noch Brackwasser und Nachtfestung ist, der Reisekarren mit den Skeletten, Hanno der Herrscher und Baalpriester, die allgemeine Lähmung und Erstickung – bedarf keiner Erläuterung.

> *Brackwasser, Fischleichen, modrige Kähne*
> *und bleiche Gesichter, zum Hafen gebeugt.*
> *Tödlich ist es, die Festung der Nacht zu durchstreifen.*
>
> *Der Wehrgang des Schlafs ist besetzt von jenen,*
> *die die Aufsicht der Seelen verwalten.*
> *Längst verließ die Ratte den sinkenden Traum.*
>
> *Im Qualm zwischen Tischen schwimmt der Spitzel.*
> *Ihn wird befragen unfragbar die Ordnung.*
> *In diesem unserem Lande steht alles zum Besten.*
>
> *Der lauschende Wirt locht das Kerbholz im Auftrag;*
> *wir stehen in Kreide, im Brett kein Stein.*
> *Reisekarren am Stadttor sind voller Skelette.*
>
> *Der Mann mit Holzbein ist zahlbar in Raten;*
> *im Hort des Herrschers stapeln sich Zehen.*
> *Öffnet bald die Gliedbank? Der Aufsichtsrat sägt.*
>
> *Mörderhand, Schnüfflerohr, Mund des Gesetzes;*
> *Giftmischer denken Aussatz in Ämtern;*
> *schwer schmiert öliger Wein trotz Vorsicht die Zunge.*
>
> *Der Maler verlor die Hand im Tempel:*
> *Er malte die Göttin himmlisch nackt.*
> *An den Schranken mißlang ihm erwünschte Verhüllung.*
>
> *Einst war das Gute des Tempels die Stille;*
> *heilig ist nun die irdische Ordnung.*
> *Ihr ist der Tempel geweiht, und sie brüllt: Unberührbar.*

Herrenlob lähmt die Zunge des Sängers,
Sklavenlob bricht die Feder des Dichters.
Galle in Wahllatrinen, und wir nur Geschmeiß.

Viele erbrachen sich dieses Gedankens
in den Hafen. Das Schiff ist vertäut.
Eigner und Ämter wollen es nie wieder flott.

Staatspiraten besetzen die Kneipe,
bestechen den Wirt mit dem eigenen Umsatz.
Wir sitzen geplündert und hören: Man will unser Bestes –

unser Bestes: bewegliche Füße.
Unser Bestes: behende Gedanken.
Fürsorglich abzugeben, zu übertragen.

Man hat's genommen. Die Hure zeigt Schamhaar,
du zahlst vorab, davon lädt sie dich ein.
Wein vor dem Stoßen, du kriegst keinen hoch und bist pleite.

Nachts ging sinnlos ein Heiler zum Herrscher:
Wir Siechen bevölkern die Zwielichtkaschemme.
Die Zehen des Arztes werden morgen versteigert.

Und dies ist die Summe aller Stimmungen im Volk, gleich ob Punier oder Metöken: Daß jemand einmal Qart Hadasht, wegen der Lage an der libyschen Küste, mit einem verankerten Schiff verglich, und daß man diesem nun Ruder und Segel nimmt. Reichtum, Menschen, Möglichkeiten – und nichts geschieht. Was ihr in Iberien tut, sollte auch in Libyen geschehen – Aufbruch, Ausdehnung, Zusammenschluß der Punier, Libyer, Numider und Metöken zu einem Großen Neuen, das den unausweichlichen Zusammenprall mit den römischen Räubern überstehen kann. Aber dies geschieht nur durch euch und nur in Iberien. Hier dagegen wird bald alles, was nicht für Hannos Tasche arbeitet, Verbrechen genannt werden. Meine Gedanken sind bei euch; mein Rest wird bald folgen. Tiggo.

9. HASDRUBALS VERTRAG

Manchmal waren Begegnungen nicht zu vermeiden, wenngleich Antigonos wußte, daß auch Hanno sie nicht suchte. Es war nie zu einem weiteren Zusammenstoß gekommen; eisige Höflichkeit, gemildert durch Spott, beherrschte die Begegnungen, wenn Antigonos und Hanno einander – etwa bei großen Handelsbesprechungen – nicht aus dem Weg gehen konnten. Ansonsten steuerten sie seit dem Libyschen Krieg ihre Unternehmen wie Kriegsschiffe, die einander beobachten, aber eine Mindestentfernung nicht unterschreiten. Es gab kaum Reibungspunkte, keine Bereiche unmittelbaren Wettstreits. Als nun wenige Tage vor Antigonos' geplanter Abreise nach Iberien ein Mitarbeiter Hannos den Hellenen bat, sich zu einer Sitzung des Rats einzufinden, war Antigonos sehr überrascht.

Bostar, der den Rat in den letzten Wochen ein wenig vernachlässigt hatte, um Antigonos' Abwesenheit mit ihm besser vorzubereiten, hob nur die Schultern. Er befand sich auf einem langen, immer wieder unterbrochenen Marsch von Fenster zu Fenster. Der alte Arbeitsraum im Erdgeschoß, mit Fenster zum Hafen und Türdurchgang zur Stadthälfte der Bank, war gut gewesen für den schnellen Eingriff in die Geschäfte; aber nach und nach war er zu klein geworden. Der riesige neue Arbeits- und Archivraum nahm fast das ganze zweite Stockwerk ein, mit Fenstern zum Hafen und zur Stadt, mit durchbrochenen Wänden, bunten Ziegelbögen, dicken Teppichen, endlosen Regalen aus hellem Holz, schweren geschnitzten dunklen Truhen, ausladenden Tischen, Scherenstühlen, Ledersesseln, breiten Liegen, Kohlebecken und Metallspiegeln an den Decken, die das Licht von Öllampen und Fackeln vermehrten und auch an finsteren Tagen oder nach Sonnenuntergang Arbeit möglich machten. Bostar las im Gehen; fast sechzig Schritte von der Hafen- zur Stadtseite. Seit mehreren Monden – nach einem Sturz – schmerzte sein Rückgrat, wenn er lange saß. Es war nicht einfach gewesen, alles so umzuräumen, daß er lesend wandern konnte, ohne sich die Beine zu brechen, überall anzustoßen oder große Umwege zu machen.

»Mehr als ein Schulterzucken hast du nicht?«

Bostar knurrte und blickte von der Papyrosrolle auf. Er stand unter einem Bogen aus roten und weißen Ziegeln, besetzt mit Splittern von Achat und Porphyr, zwischen silberbeschichteten Bronzefäusten, die Fackeln hielten. »Was denn noch? Kennst du einen, der über Hanno und seine Einfälle nicht die Schultern zuckt?«

»Schlechte Laune?«

»Rückenschmerzen. Außerdem stelle ich dir gerade alles zusammen, was du im Rat brauchen wirst.«

Antigonos hüstelte. »Du weißt also doch, worum es geht.«

»Worum wird es schon gehen? Du bist Metöke und hast im Rat nichts zu suchen. Wenn man dich trotzdem einlädt, muß es um etwas gehen, was dich betrifft. Der Rat von Qart Hadasht kümmert sich nicht um dein Gemüt oder deine Verdauung – aber dir gehören die Sandbank, eine Flotte, ein Dutzend Karawanen, dazu Bergwerke, Töpfereien, Werkstätten, Schmieden, Glas, was du willst.« Er richtete die Augen wieder auf den Papyros und schritt kräftig aus. Antigonos folgte ihm mit den Blicken. »Also deine Geschäfte. Alle großen punischen Händler, Bankherren und Reeder sitzen im Rat. Du nicht. Aber deine Unternehmen sind die größten. Es wird, schätze ich, um diesen Unfug gehen, den die ›Alten‹ aushecken, um alles in den Griff zu kriegen. Die Aufsicht des Rats über alle Geschäfte.«

Antigonos schnitt eine Grimasse. »Nach welchen Regeln soll denn diese Aufsicht erfolgen?«

Bostar erschien wieder unter dem Bogen, kam zu Antigonos' Schreibtisch und lehnte sich mit der Hüfte an die Kante. »Nach Regeln, die Hanno und seinen Leuten alles erlauben und den anderen möglichst viel verbieten. Ist doch klar.«

»Und was wollt ihr dagegen tun? Himilko, Qarthalo, Adherbal und die übrigen?«

»Die haben, soweit ich weiß, Briefe mit Hasdrubal in Iberien gewechselt und bereiten irgendwas vor. Ich weiß aber nichts Genaues.« Er rümpfte die Nase. »Wahrscheinlich ist es so geheim, daß hinterher nur die Wirkungslosigkeit größer sein kann als die Tuschelei vorher.«

Antigonos lachte. »Dein Rücken muß sehr schlimm sein. Er macht dich zum wahren Menschenfreund.«

Bostar schnaubte. »Wenn es sich lohnte, zu diesem Gesindel freundlich zu sein... Aber bei allem, was die ›Alten‹ in den letzten Monden durchgesetzt haben...«

»Könntest du mal irgendeinen der nächsten zehn bis zwölf Sätze beenden? Damit ein dummer Metöke begreift, was du sagen willst?«

Bostar versuchte ein Lächeln; dann verzerrte sich sein Gesicht, und er drückte den Rücken durch. »Pferdemist und Rattenkacke!« sagte er leise. »Wenn ich doch nur kein Rückgrat hätte!«

»Dann könntest du liebevolle Aufnahme bei Hannos Leuten finden. Weiter.«

»Ja. Unsere Freunde drüben in Mastia – Qart Hadasht in Iberien – haben, sagt Hanno, inzwischen dreißig Trieren und zwanzig Penteren gebaut. In dem feinen neuen Hafen, den Hasdrubal eingerichtet hat. Deshalb können wir hier unsere Flotte halbieren. Sagt Hanno. Und: In Iberien stehen, nach Hannos Quellen, inzwischen über vierzigtausend Kämpfer dauernd unter Waffen.«

Antigonos grinste. »Hannos Quellen sind trüb. Hasdrubal scheint sie immer wieder aufzurühren, damit das Wasser nicht klar wird.«

Bostar nahm seine Wanderung wieder auf. »Deinen Reden entnehme ich, daß es mehr sind. Wie auch immer – Hasdrubal ist Stratege von Libyen und Iberien, und wenn er so viele Krieger hat, sind größere Aufwendungen des Rats von Qart Hadasht zur Sicherung Libyens überflüssig. Sagt Hanno. Soll Hasdrubal als Stratege von Libyen doch alles übernehmen.«

»Ah ja. Aus eigener Tasche, wie? Und was sagt Hanno über Rom?«

Bostar rollte den Papyros zusammen, hielt ihn in der Rechten und fuchtelte damit herum. »Rom ist unser Freund und Handelspartner. Sagt Hanno. Rom hat nur vierzig Kriegsschiffe. Sagt Hanno. Die übrigen hundertsechzig liegen dauernd in irgendwelchen Häfen und zählen nicht.«

»Richtig. Sie würden ja auch im Kriegsfall nicht auslaufen, sondern in den Häfen bleiben. Rotes Auge des Melqart!«

»Eben. Und Rom hat nur vier Legionen, das sind nicht mal fünfundzwanzigtausend Mann. Sagt Hanno.«

»Und vier Legionen Bundesgenossen, die im Verbund mit den römischen Legionen arbeiten. Und waffenfähige Männer für mindestens vierzig Legionen, die im Kriegsfall sofort aufgestellt werden.«

Bostar machte »Ts ts ts.« Er blickte fast angewidert. »Wie kann man nur solche bösen Gedanken denken? Hanno wäre entsetzt. Die Römer sind unsere Freunde! Würde er sagen. O mißtrauischer Metöke! Würde er sagen. Pfui! Würde er ferner sagen.«

»Klar. Freunde, die uns beim kleinsten Zeichen von Schwäche sofort überfallen. Sizilien und Sardonien haben sie schon. Beim nächsten Mal können sie nur Iberien, Libyen und den Rest wollen. Das überstehen wir schon.« Antigonos fletschte die Zähne. »Würde Hanno wohl sagen. Ist eigentlich die Geschichte mit den Tanitpriestern endlich erledigt?«

»Welche? Priester für Hasdrubals Tempel in Mastia? Nein, wieso denn auch? Wenn der Barkide ein eigenes Qart Hadasht mit eigener Flotte und eigenen Tempeln haben will, soll er gefälligst selber Priester spielen. Sagt Hanno; so ungefähr jedenfalls.«

»Wunderbar. Es wird eine bedeutende Ratssitzung. Ich hoffe, keiner von euren Leuten erwartet, daß ich mich besonders gut benehme.«

Bostar blieb stehen, mit dem Rücken zu einem der Hafenfenster. »Im Gegenteil. Es gibt da ein gewisses – nun ja, Herzeleid. Fast alle barkidischen Ratsherren müssen ihm bisweilen aus Höflichkeit und Selbsterhaltung die Füße küssen; dabei würden sie ihm lieber die Beine abbeißen. Keiner von ihnen ist stark genug, sich wirklich mit dem alten Finsterling anzulegen. Ich könnte es, mit deiner...«

»...unserer...«

»...Bank im Rücken. Wir sind sogar für Hanno ein zu dicker Brokken. Aber ich bin, abgesehen von unseren kleinen Geschäften, ein Mann ohne Einfluß, ein kleiner barkidischer Ratsherr. Auf der Welt gibt es viele Männer, die Hanno haßt, aber seit Hamilkars Tod nur zwei, die er fürchtet. Der eine ist weit weg – Hasdrubal. Er kann nicht morgen im Rat reden. Der andere bist du, mein Freund. Deshalb jubelt mein Herz, daß man dich in den Rat geladen hat.«

Die Agora lag im kräftigen Morgenlicht. Es war Markttag; deshalb fand die außerordentliche Ratssitzung nicht im Freien statt. Das Blut von Kälbern, Hammeln und Geflügel bildete braunrote, überkrustete Pfützen, in denen sich Tierkot und Gemüseabfälle türmten. Millionen Fliegen überzogen alles mit einer wimmelnden schwarzen Schicht. Die Fleischverkäufer wedelten diese Kundschaft immer wieder weg, die Obst- und Gemüsehändler hatten geringere Mühe. Möwen und Tauben balgten sich um Reste; Hunde und Katzen streunten über den Platz. Das Gekreisch der Vögel ging unter im Geschrei der Verkäufer und im Gebrüll der Feilschenden.

Das alte Ratsgebäude, hundertfünfzig Schritte breit und fast hundert Schritte tief, war im Zeichen von Friede und Reichtum kürzlich gereinigt und neu gestrichen worden. Es schimmerte gelblich wie matter Bernstein in der Morgensonne; die Dämonenfratzen, Götterstatuen und Darstellungen der langen Stadtgeschichte waren gesäubert und mit tausend Farbschattierungen überzogen. Sie glitzerten und glühten.

Himilko fing Antigonos ab und zog ihn zu einer der Marktschänken. Der Reeder, einer der wichtigsten barkidischen Ratsherren, reichte ihm eine Briefrolle. Sie tranken warmes Gerstenbier. Um sie her drängten sich buntgekleidete Punier. Durch den offenen Eingang blickte Antigonos auf den Markt hinaus. Immer wieder durchquerten weiß oder hellgrau gewandete Ratsherren das Gequirle und betraten das dreistöckige Ratsgebäude.

»Was ist das?«

Himilko schielte über den Rand seines Bierbechers. »Ein Schreiben von Hasdrubal. Kam gestern abend an, mit einem Eilsegler. Du solltest es lesen, bevor wir in die Schlacht ziehen.«

Antigonos runzelte die Stirn und entrollte den Papyros. Er überflog das Schreiben und pfiff dabei leise. Neben der Anweisung, alle wesentlichen Entscheidungen mit dem Bankherrn Antigonos zu bereden, enthielt der Brief weitestreichende Vollmachten für den erwarteten Zusammenstoß mit Hanno. Und: Die Barkiden sollten um jeden Preis durchzusetzen versuchen, daß Antigonos für sich selbst und an Hasdrubals Stelle in der entscheidenden Sitzung reden durfte.

Antigonos rollte das Schreiben zusammen, behielt es jedoch in der Hand, als Himilko die seine ausstreckte. »Du und deine Leute – ihr wißt, was Hasdrubal schreibt?«

Himilko nickte und zog seine Hand zurück.

»Seid ihr denn bereit, einen Metöken reden zu lassen? Für euch?«

Himilko nickte abermals. »Natürlich – es gibt ein paar besonders zähe Punier, aber die meisten von uns kennen dich lange genug, Tiggo. Und wir wissen, daß du der einzige bist, dem Hasdrubal ebenso blind vertraut wie vor ihm Hamilkar.«

»Nun ja – blind...« Antigonos leerte seinen Becher. »Komm, wir werden sehen, welche Katapulte Hanno in Stellung gebracht hat.«

Auf dem Weg über den Markt wurde Antigonos mehrfach angerempelt, da er sich wie ein Schlafwandler bewegte. Zwei Dinge beschäftigten ihn: die Vortrefflichkeit von Hasdrubals Geheimdienst, und der Mangel an Vortrefflichkeit unter den barkidischen Ratsherren. Aber dann sagte er sich, daß die »Alten« nur *einen* Hanno hatten, während mit Hamilkar, Hasdrubal und Hannibal drei überragende Männer auf der Gegenseite standen. Oder auch nicht – Hamilkar war tot, Hannibal wurde gerade erst zweiundzwanzig, und er und Hasdrubal waren weit fort. Trotzdem…

Eine schlanke Gestalt drängelte sich an seine Seite. Der Mann – oder war es eine Frau? – hatte Kopf und Körper mit hellem Leinen umhüllt; vom Gesicht waren nur die Augen zu sehen. Wie selbständig schloß sich Antigonos' Hand um die Papyrosrolle, die die Gestalt ihm reichte. Dann war sie verschwunden. Antigonos behielt den Eindruck der ungeheuer hellen Augen zurück.

Die Rolle fühlte sich an wie zahlreiche kleine Papyrosstückchen, ineinander gewickelt. Auf der obersten der sieben Stufen des Ratsgebäudes rollte Antigonos das Gebinde auf und las. Dann lachte er laut und betrat den Sitzungssaal.

Der weiße Raum, erhellt durch mehrere Dutzend kleiner, hoch angebrachter Fensteröffnungen, war mehr als voll. Auf den steinernen, in sechs Reihen übereinander aufragenden Halbkreisen saßen, standen und hockten nicht nur die dreihundert Mitglieder des Rats; Antigonos erkannte einige Männer, die dem Gerichtshof der Hundertvier angehörten, außerdem die Hohen Priester der meisten Tempel. An den Wänden, teils auf Sockeln auf hellem Marmor, prangten Geschenke tributpflichtiger Städte und Beutestücke aus Kriegen. Hanno, in der vordersten Reihe, wurde von der Spitze eines bronzenen Rammsporns beschattet, der seit zweihundertfünfzig Jahren an der Wand befestigt war; er stammte von einer syrakosaischen Triere, aus den wüsten Kriegen um Sizilien. Ein anderer Hanno hatte sie erbeutet.

Antigonos verneigte sich knapp vor den Suffeten, die beide den »Alten« angehörten. Sie hatten den Vorsitz und thronten auf einer hohen, schwarzen Holzbank vor den steinernen Halbkreisen. Neben ihnen saßen zwölf Schreiber, flankiert von Bütteln der Stadtwache, die als Saaldiener Dienst taten.

Antigonos wechselte einige Worte mit Himilko und Qarthalo, zwinkerte Bostar zu und ging dann dorthin, wo Hanno saß. Er grüßte ihn mit einer Handbewegung und ließ sich zwischen zwei Ratsherren der »Alten« nieder, die ihn verblüfft anstarrten.

Einer der Suffeten beendete das Gemurmel der Überraschung und eröffnete die Sitzung. Er leierte die übliche Anrufung der Götter herunter und erteilte einem der »Alten« das Wort.

Hannos Parteigänger stürzte sich in eine langatmige Erklärung der Notwendigkeit, zum Schutz von Wohlstand und Sicherheit der Stadt und des Landes gewisse Maßnahmen zu treffen. Vor allem die größeren Unternehmen, die mit nichtpunischen Städten, Staaten und Gebieten handelten, sollten beaufsichtigt werden.

»Zu diesem Zweck«, sagte er, halb an Antigonos gewandt, »haben wir den Herrn der gerade hierbei wichtigen Sandbank geladen. Obwohl Antigonos als Metöke keinerlei Rechte im Rat genießt.«

Antigonos verneigte sich im Sitzen. »In meiner Rechtlosigkeit weiß ich mich gut behütet«, sagte er laut. »Bin ich denn nicht umgeben von den fürsorglichen und rechtschaffenen Männern des großen Hanno? Warum sonst hätte ich mich wohl zu ihnen gesetzt?«

Hanno warf ihm einen schrägen Blick zu. »Wir würdigen dein grenzenloses Vertrauen, Metöke.« Er deutete auf den Sprecher.

»Dies soll keineswegs bedeuten«, fuhr der Mann fort, »daß etwa einem der ehrenwerten Geschäftsleute der Stadt unredliche Taten angelastet werden könnten. Weit gefehlt und fern davon. Aber mit der segensreichen Ausweitung des Handels im großen und herrlichen Frieden, den wir seit langem genießen, wachsen natürlich die Möglichkeiten der Handelsherren, alle erdenklichen Dinge zu tun. Darunter auch solche, die vielleicht der Stadt Schaden zufügen könnten. Wenngleich die ehrenwerten Handelsherren derlei sicherlich nicht beabsichtigen.«

»Zweifellos, zweifellos«, sagte Bostar. »Die Handelsherren, deren die meisten der sogenannten barkidischen Partei angehören, danken für diese vertrauensvolle Ehrenerklärung seitens der Grundbesitzer und Amtsherren.«

Leises Gekicher durchzog den Raum; auch bei den »Alten« wurde geschmunzelt.

»Aber nicht immer kann selbst der klügste Handelsherr absehen, ob ein von ihm vereinbartes Geschäft Anliegen der Stadt berührt. Wir schlagen daher die Einrichtung eines Aufsichtsamtes vor, das vor allem die Banken und Fernhandelshäuser beraten soll. Dieses Amt würde den Besitzern und Leitern der betreffenden Unternehmen ausgewählte sachkundige Männer zur Seite stellen, die als eine Art Aufsichtsrat anzusehen wären. Nun wüßten wir gern, wie Antigonos hierüber denkt; da er mit der Sandbank und allen Unter-Unternehmen den größten ins Auswärtige gerichteten Geschäftsbereich vertritt, wäre seine Meinung für uns alle wichtig und erhellend.«

Antigonos hob die Hand. Nach dem Zeichen der Suffeten stand er auf, nickte seinem inzwischen sitzenden Vorredner zu und räusperte sich.

»Ein vorzüglicher Plan«, sagte er lächelnd. »Wenn ich im Rat meine Stimme abgeben dürfte, gäbe ich sie frohen Herzens für diesen Vorschlag.«

Bei den Barkiden sah er verstörte Gesichter; die Leute um Hanno wirkten eher erstaunt.

»Der Vorschlag scheint mir jedoch unvollkommen zu sein. Ich schlage daher eine Ergänzung vor, die ich für sinnvoll und notwendig halte. Die Bankherren und Händler ihrerseits werden einen Ausschuß bilden, dem ab sofort die Aufsicht über die Amtsführung der hohen Vertreter der Stadt und des Landes obliegt.«

Schallendes Gelächter bei den Barkiden, die beifällig mit den Füßen scharrten. Die »Alten« saßen starr.

»Derlei Aufsichtsräte«, fuhr Antigonos unbewegt fort, »sind allerdings nur dann sinnvoll, wenn sie gewisse Mindestmöglichkeiten des Eingreifens haben. Oder auch des Strafens. Man könnte zum Beispiel annehmen, daß einem Steuerpächter, etwa einem Ratsherrn der sogenannten ›Alten‹, gewisse Unredlichkeiten nachgewiesen würden – daß, sagen wir einmal, von hundert *shiqlu,* die er einnimmt, nur fünfzig oder auch nur zwanzig tatsächlich der Stadt Qart Hadasht zugutekommen. In einem solchen Fall müßte der Amtsinhaber die einbehaltenen Summen als sofort zurückzuzahlendes Darlehen betrachten – sagen wir, verzinst mit zehn Hundertsteln. Um weiterer Versuchung zu entgehen, würde er natürlich das Amt abgeben und als Ehrenmann auf seinen Sitz im Rat verzichten.«

Die Barkiden johlten. Einer der Suffeten hieb seinen Gong.

In die nachfolgende Stille sagte Antigonos: »So oder ähnlich. Ein Aufsichtsrat der ›Alten‹ für die Händler, ein Aufsichtsrat der Barkiden für die Amtsleute.«

Hanno blickte zu den Suffeten und stand auf. »Dieser alberne Vorschlag des Metöken ist abgelehnt, was mich betrifft. Erstens ist die Amtsführung aller Amtsherren über jeden Zweifel erhaben. Zweitens wären Unredlichkeiten, selbst wenn es sie geben sollte, häßliche Fehltritte, aber keinesfalls eine Bedrohung für die Sicherheit der Stadt und des Landes.«

Antigonos war stehengeblieben. »Mir ist klar, daß die Mehrheit des

Rats hinter Hanno steht und daß daher der Vorschlag in der Abstimmung unterliegen muß. Ich frage mich nur, weshalb ich, da es so ist, überhaupt in den Rat geladen wurde.«

»Aus Höflichkeit einem wichtigen Handelsherrn gegenüber«, sagte Hanno. »Wenn heute hier Regeln beschlossen werden, die dir nicht gefallen, könntest du aus reiner Rachsucht einigen meiner Freunde wirtschaftlich schaden. Als – vorübergehend – Mitglied des Rats bist du an Beschlüsse gebunden.«

»Demnach habe ich heute hier Sitz und Stimme?«

Die Suffeten zögerten, berieten sich, nickten dann widerstrebend.

»Sehr gut. Als – vorübergehend – Mitglied des Rats der Stadt Qart Hadasht, als gewissermaßen guter Punier darf ich wohl von meinem Erstaunen sprechen. Erstaunen darüber, daß Hanno der Große in dieser Weise um die Sicherheit der Stadt und des Landes besorgt ist.« Antigonos wandte sich den »Alten« zu. »Nachdem er diese Sicherheit im Römischen Krieg untergraben hat, indem er Geld für das Heer und die Flotte blockierte und fähige Befehlshaber wie den Nauarchen Adherbal durch hirnlose Trottel wie seinen Namensvetter Hanno ersetzte. Nachdem er« – Antigonos' Stimme wurde schneidend und war durch den beginnenden Aufruhr zu vernehmen – »im Libyschen Krieg als Stratege lächerlich versagt hat. Nachdem er uns seit Jahren erklärt, die Männer um Hamilkar Barkas und Hasdrubal, die den Untergang der Stadt verhindert haben, seien unsere Totengräber, die römischen Räuber unsere Freunde. Immerhin, er scheint der Besserung fähig.«

Einer der Suffeten betätigte den Gong. »Solche Worte, Metöke, sind hier unüblich. Mäßige deine Zunge.«

Antigonos lächelte kalt und hob Hasdrubals Briefrolle. »Ich spreche jetzt nicht als Metöke«, sagte er, »sondern als Mund und Stimme des Strategen von Libyen und Iberien, Hasdrubal.« Er ging zu den Suffeten und hielt ihnen das Schreiben hin, so daß sie die entsprechende Stelle lesen konnten. Dann rollte er es wieder ein; der Rest war zu wichtig für die falschen Augen.

Hanno beschwichtigte seine Leute. »Das Gerede eines Metöken sollte uns nicht aus der Fassung bringen, Freunde. – Was will Hasdrubal?«

»Zunächst einmal will er, daß zumindest in dieser einen Ratssitzung niemand deine Füße abluscht, Hanno; und daß ein einziges Mal unziemliche und grobe Worte der Wahrheit gesagt werden.«

Hanno verschränkte die Arme vor der Brust und reckte das Kinn vor.

Mit einem Blick gab er den Suffeten zu verstehen, daß er mit dem Metöken allein fertigzuwerden gedachte. Und wer tatsächlich die Ratssitzung leitete.

Antigonos betrachtete seinen Gegenspieler, der darauf wartete, daß es wieder ruhig wurde. Hanno trug eine knielange Seidentunika mit asymmetrischen Purpurstreifen. Um die Schultern hatte er die schwarze Wollschärpe gelegt, deren Bestickung ihn als Hohen Priester des Baal auswies. Der Schädel, der sich zu lichten begann, war von einer runden Filzkappe mit Goldborten bedeckt. Der gestutzte Bart war fast weiß. Antigonos bedachte mit Trauer und einer Art Empörung, daß Hamilkar, im gleichen Jahr geboren wie Hanno, schon fast vier Jahre der Welt fehlte, während der fünfundfünfzigjährige Führer der »Alten« immer noch den Erdboden belastete. Aber er spürte auch die düstere Magie des Mannes, die Kraft und Macht, die er ausstrahlte.

Hanno streckte einen beringten Zeigefinger aus. Der grüne Stein schleuderte einen matten Blitz. »Sprich, Metöke. Worum bittet Hasdrubal?«

Antigonos blickte zu den Barkiden, dann zu den Suffeten. »Keine Bitte, Hanno – ein Befehl des Strategen von Libyen und Iberien. Der vor zwölfeinhalb Jahren ausgehandelte Vertrag ist einzuhalten. Zu deiner Erinnerung: Qart Hadasht billigt die Wahl des Strategen durch das Heer; Qart Hadasht unterhält eine ausreichend abschreckende Flotte; Qart Hadasht bezahlt ein stehendes Heer zum Schutz der Stadt und des Landes. Für diese beiden Aufgaben hat der Rat in den vergangenen zehn Jahren keinen einzigen *shiqlu* punischen Geldes ausgeben müssen – alles konnte mühelos mit den Silberströmen bezahlt werden, die die Barkiden aus Iberien fließen ließen.«

»Zutreffend, Metöke.« Hanno musterte ihn mit seinen Schlangenaugen. Eine Art Lächeln lag um seinen Mund. »Aber die Zeiten haben sich geändert, die Voraussetzungen ebenfalls. Hasdrubal unterhält in Iberien bereits mehr Truppen, als für Iberien und Libyen zusammen vorgesehen waren. Und seine Flotte ist erheblich.«

»Unwichtig, Punier. Zeiten und Voraussetzungen haben sich nur insofern geändert, als heute das Reich in Iberien viel größer ist und mehr Schutz braucht. Libyen und das Meer haben sich nicht verändert. Wenn also Hasdrubal mehr Krieger und mehr Schiffe braucht und selbst bezahlt, um euch einen größeren Markt und mehr Silber zu schenken, ist das eine Sache, die mit dem damaligen Vertrag nichts zu tun hat. Aber ich will nicht mit dir streiten – ich stehe hier für den Strategen und befehle.«

»Dafür«, sagte Hanno scharf, »werde ich dich zermalmen, Metöke, sobald du den Rat verlassen hast.«

Im Saal herrschte gespenstische Stille. Antigonos hob eine Braue. »Versuch es, Hanno.« Er lachte halblaut. »Versuch es. Aber sieh zu, daß dein Körper und deine Geschäfte in Sicherheit sind. Du redest nicht mit einem kleinen punischen Händler, der sich vor deinen Drohungen fürchten muß.«

»Ich rede mit einem armseligen Metöken«, sagte Hanno heftig.

»Soll ich dir wieder ein wertloses Dorf verkaufen, Punier? Oder hättest du lieber fünfzig halbgezähmte Kampfelefanten, die deinen Palast durchstöbern?«

Bei den Barkiden breitete sich Kichern aus; einige »Alte« verbargen ihre Münder. Hanno schwieg; er bemühte sich, Antigonos in den Boden zu starren, aber offenbar war ihm klar, daß er einen schlimmen Fehler gemacht hatte. Die Schlangenaugen überzeugten den Hellenen nicht.

»Du solltest dir überlegen, Punier, mit wem du redest, bevor du den Mund öffnest.« Antigonos legte Milde, herablassende Überraschung und einen Klang von brüderlicher Sorge in seine Stimme. »Aber dieser kleine Fehler mindert natürlich keineswegs deine Größe. Von der übrigens im Moment die ganze Stadt spricht.« Er hob eines der Papyrosstückchen. »Drei feine Zeilen über die Größe an sich, Hanno. Vom größten Dichter der Stadt. Hör zu.

Groß die Zypressen des Hains der Tanit: die Priester im Schatten.
Größer der westliche Wall: Sein Schatten verbirgt alle Kämpfer.
Größter ist Hanno, denn er verfinstert Libyen völlig.

Wie lange wollen sich eigentlich«, rief Antigonos durch das allgemeine Johlen, »die Priester der Tanit von dir vorschreiben lassen, in welcher Stadt und in welchem Tempel sie die Göttin preisen? Wie lange, o ihr edlen Herren des Rats von Qart Hadasht, soll dieser beschränkte Geist bestimmen, ob und wie viele Kämpfer in der Isthmos-Mauer leben und die Stadt schützen?«

Er wartete, bis auch der letzte barkidische Ratsherr wieder still war. Dann hob er den Papyros erneut. »Auch über die Herrlichkeit hat der Dichter nachgedacht. Lauschet, edle Herren, denn es ist wahrlich erhebend und beglückend.

325

Herrlich der Metzger, der mit dem Messer den Bullen verschneidet.
Herrlicher Rom – mit dem Schwert entmannt es die Italioten.
Herrlichst ist Hanno, denn er kastriert sein Volk mit dem Schreibhalm.

Und ihr besudelt eure Finger, indem ihr ihm das Schreibried führt bei seinen Erlassen und gesetzlosen Gesetzen!«

Hanno hatte die Augen geschlossen; er saß reglos im Trubel. Die meisten seiner Parteigenossen lachten, schlugen sich die Schenkel, tauschten halberstickt Bemerkungen aus. Die Barkiden feierten ein Fest. Antigonos blickte sich zu den Suffeten um; einer der beiden hatte Lachtränen in den Augen, der andere bemühte sich, den Schlegel für den Gong zu ergreifen, wobei er sich wand und zuckte.

Seit mehr als zehn Jahren hatte Hanno keinen halbwegs ernstzunehmenden Gegner im Rat gehabt, überlegte Antigonos; für diese Sitzung und vielleicht für zwei oder drei weitere war der Punier erledigt. Aber so konnte es nicht immer gehen. Hasdrubal war fern. Selbst bei dauernder Anwesenheit des barkidischen Führers wäre Hanno auf diese Weise nur einmal zu Fall zu bringen. Er würde wieder aufstehen und beim nächsten Mal andere Pfeile im Köcher haben. Aber es konnte kein nächstes Mal geben – was Antigonos betraf. Er wußte, daß er nie wieder in den Rat gebeten werden würde. Und selbst wenn – *so* würde Hanno sich nicht noch einmal zerfetzen lassen.

Der Punier schien Antigonos' Blick gespürt zu haben; er öffnete die Augen und wandte ihm das Gesicht zu. In den kalten Augen war fast eine Art Wärme – beherrschter Haß. Und Anerkennung. Antigonos seufzte. Ohne jeden Zweifel war Hanno ein großer und furchtbarer Gegner. Diese Größe, diese Fähigkeiten, dieser Kopf, eingesetzt für Karchedons Größe, an Hasdrubals Seite!

Nach und nach wurden die Gongschläge vernehmbar; Ruhe kehrte ein. Nicht weit von Antigonos, der immer noch bei den »Alten« stand, erhob sich der Ratsherr Boshmun.

»Zur Sache, Metöke. Nachdem wir nun ausreichend über die schlechten Verse gelacht haben – was willst du wirklich?«

»Zweierlei. Flotte und Heer bleiben. Und: Es gibt keinen Aufsichtsrat.«

»Du kennst die Stimmenzahlen. Was, wenn wir anders abstimmen als du willst?«

Antigonos nickte. »Damit muß ich rechnen. Nun denn – dies

geschieht, wenn Hannos Herrschaft weiter um sich greift.« Er blickte die »Alten« an, Gesicht um Gesicht. »Im letzten Jahr sind die Unternehmungen der Sandbank und der zugehörigen Geschäfte gut gewesen. Der Umsatz über punische Häfen und Zollstellen auf dem Land betrug neunundzwanzigtausend Talente – ungefähr. Vier Hundertstel Zoll auf Einfuhren und Ausfuhren flossen in den Schatz der Stadt Qart Hadasht; eintausendeinhundertsechzig Talente in Silber. Ich habe nichts dagegen, die Redlichkeit meiner Geschäfte und die aller anderen Handelsherren und Amtsverwalter durch redliche, ungebundene, sachkundige Männer prüfen zu lassen. Aber: Wenn Hannos Plan durchgeführt wird, wenn Hannos Leute ihre Augen und Finger in alles stecken und alles beherrschen, schließe ich die Sandbank und alle anderen Geschäfte und verlege sie. Nach Qart Hadasht in Iberien.«

Er machte eine lange Pause; niemand sprach, niemand hustete. »Ihr kennt mich gut genug um zu wissen, daß ich nicht scherze. Wer zweifelt, mag Hanno fragen.« Antigonos grinste zynisch. »Ferner läßt Hasdrubal euch mitteilen, daß er nicht gewillt ist, derlei Spiele mitzuspielen. Es liefe ja auf König Hanno hinaus, und der Stratege von Libyen und Iberien kennt seine Pflicht – den Schutz der Stadt vor inneren und äußeren Feinden. Deshalb sagt er dies: Wenn Hanno zum ungekrönten König der Stadt gemacht wird, endet der Silberstrom aus Iberien. Iberiens Häfen werden für punische Schiffe gesperrt. Eine Schutztruppe nach Hasdrubals Vorstellungen wird in die Isthmos-Mauer gelegt. Nehmt es oder laßt es.«

Die Sonne stand noch über den Bergen südwestlich der Bucht, als die Hörner ertönten. Antigonos legte die Hand auf den Arm der Damaskenerin. Die Haut war weich, aber darunter lagen harte Muskeln.

»Ich brauche Zeit, mich an deinen Namen zu gewöhnen – Argiope. Eine meiner Schwestern heißt so.«

Die Frau blieb auf der Mauer sitzen. Der verrutschte Chiton endete, wo die Beine begannen. Argiope war sechsunddreißig, sieben Jahre jünger als Antigonos; sie war groß und schlank, aber kräftig. Eine Zufallsbegegnung – der Hellene hatte am späten Vormittag das Dorf seiner Handwerker besucht und Argiope im Laden des neuen Duftmeisters Nearchos getroffen. Die Frau aus dem fernen Damaskos handelte mit Gewächsen, Gewürzen und Genüssen; sie war mit ihrem eigenen Schiff in den Westen gekommen, um das neue Wunder der Oikumene zu betrachten, Karchedon in Iberien, und um Geschäfte zu machen. Sie hatten miteinander geredet, gegessen, wieder geredet und waren aus dem Dorf der Handwerker im Westen der Bucht ins alte kontestanische Mastia gewandert, dann zum neuen großen Hafen der iberischen Stadt, und schließlich hatten sie sich von einem Fischer zur Insel übersetzen lassen, dem Kern von Hasdrubals iberischem Reich. Von dort, wo Argiope saß, am Nordrand des inneren Festungsbereichs, konnte sie die schäumenden Rosengärten überblicken, die fantastischen Wasserspiele, die Tiere in den Gehegen. Zwanzigtausend Menschen lebten und arbeiteten auf der Insel, in deren Mitte der weite Park lag. Im Winter, wenn ein Teil der Truppen in der Festung war, mochten es doppelt so viele sein.

»Zehn Stunden, Antigonos«, sagte sie. Sie lächelte. Das braune Gesicht unter dem kurzen schwarzen Schopf zeigte erste tiefe, angenehm von Leben zeugende Falten; die Zähne waren weiß und vollzählig, soweit sichtbar. »Zehn Stunden, den Namen zu lernen. Wie lange, dich daran zu gewöhnen?«

»Wie lange gibst du mir?«

Sie blickte in seine Augen. »Diesen Abend – und weiter?«

Er ließ die Hand auf ihrem Arm. »Diesen Abend nicht, Herrin der Gewürze. Der Herr der Festung legt Wert auf meine Anwesenheit.«

»Beim großen Festmahl?«

Er zwinkerte. »Ich weiß nicht, welcher Fügung ich es verdanke, aber – ja, er möchte mich sehen. Was andererseits bedauerlich ist.«

»Du kannst die Hand auch auf den Schenkel legen«, sagte Argiope ruhig, als Antigonos' Hand von ihrem Arm glitt, innehielt und wieder zum Arm zurückfand.

»Ich fürchte mich davor.« Antigonos fuhr sich mit der Zunge über die Unterlippe. »Die Erinnerung daran könnte mich den Abend hindurch peinigen und mir die Freude an dem Mahl rauben. Oder zumindest die Aufmerksamkeit, wenn nicht Freude.«

»Aufmerksamkeit? Weshalb? Wegen der Festung? Oder wegen der Punier? Wegen der Römer?«

»Vor allem wegen der Römer.« Sie hatte ihn als einfachen Händler Antigonos hingenommen, aus Karchedon. Er genoß das natürliche Gespräch zwischen Händlerin und Händler, die spöttische Näherung zwischen Frau und Mann; irgendwie wollte er nicht, daß sie zu bald erfuhr, daß er *der* Antigonos war. »Zum Glück sieht man sie selten, aber eine so gewichtige Gesandtschaft darf man sich nicht entgehen lassen.«

Sie drehte sich halb um und deutete auf den Hafen des Ortsteils Mastia. »Die *Hauch der Kypris* liegt dort. Ich werde die Nacht und auch den Morgen an Bord verbringen.«

»Ich werde dich aufsuchen oder, wenn es sehr spät wird, suchen – um mich an deinen Namen zu gewöhnen, Argiope.«

Beim dritten Signal erreichte Antigonos den Festsaal in der Burg. Vor den Wänden standen Statuen und Büsten aus milchigem, rötlichem und grünlichem Marmor. Die Teppiche, die an den Wänden hingen, stammten aus Ägypten, aus Persien, aus dem fernen Indien und aus Qart Hadasht. Die Tische – schwarzes Holz, geschnitzt und mit Elfenbein und Gold eingelegt – waren als unten offenes Rechteck aufgebaut. Durch die Öffnung konnten die Küchendiener auftragen; zehn Schritt entfernt befand sich ein Podium für Darbietungen.

An den Tischen standen schwere lederbezogene Scherenstühle und breite, bequeme Liegen. Die Römer hatten am Ende der linken Reihe platzgenommen, nahe der Öffnung. Sie saßen reglos und mit steinernen Gesichtern. Mit ihren purpurgesäumten Togen glichen sie schlechten Bildwerken.

Hasdrubal trug weiße Seide und einen Lorbeerkranz. Antigonos verschluckte sich beinahe; es gelang ihm jedoch, sein Gesicht zu beherrschen. Hannibal war ebenfalls nicht zu erkennen: ein schwarzlockiger, schwarzbärtiger punischer Apollon in weißem Chiton mit Goldsaum. Die übrigen – Antigonos sah Muttines, Hasdrubal Barkas, Maharbal, etliche hochrangige Punier der Verwaltung – waren leicht mit dem Hofstaat eines seleukidischen Provinzfürsten zu verwechseln. Maharbal hatte sich sogar die Lider gefärbt und blinzelte Antigonos schmachtend an.

Hasdrubal bot wirklich alles auf, was Qart Hadasht in Iberien und das Hinterland liefern konnten – und alles, was seiner Fantasie zu Gebote stand. Zwischen den einzelnen Gängen des Festmahls spielten Musiker auf dem Podium; nackte Tänzerinnen umwirbelten die Gäste, besonders die Römer; Spaßmacher und Schlangenmenschen wechselten sich ab mit Tierbändigern. Antigonos aß und trank zurückhaltend und beobachtete die Senatoren.

Es waren, soweit er wußte, die gleichen Gesandten, die vor wenigen

Monden Qart Hadasht in Libyen aufgesucht hatten. Statt von dort nach Iberien zu reisen, waren sie zunächst nach Rom zurückgekehrt, um die neue Lage zu beraten. Im Norden Italiens hatten sich die Kelten zu einem großen Bündnis zusammengeschlossen – die Kelten, denen Roms nächster Eroberungszug hatte gelten sollen, zogen nun ihrerseits mit einem gewaltigen Heer nach Süden und verwüsteten Gebiete der Römer und ihrer Bundesgenossen. Aber die Horden zerstritten sich immer wieder; den letzten Nachrichten zufolge hatten sie sich in zwei Heersäulen gespalten und damit auch Roms Sorgen halbiert.

Es gab Weine aus Libyen, Ägypten, Rhodos, Lesbos, Syrien und dem Hinterland von Gadir. Saft gepreßter Früchte, mit Wein vermischt und mit Wasser abgestimmt. Säuerlich prickelndes Felsquellwasser aus den iberischen Bergen, in großen versiegelten Krügen nach Qart Hadasht gebracht. Auf den Tischen standen Bronzeschalen mit Wasser zur Reinigung der Hände; daneben Tücher aus Leinen und Flachs. Immer wieder räumten Diener die Schalen und Tücher fort und brachten frische. Vor den Gästen lagen zweizinkige Gabeln aus Gold, mit geschnitzten Elfenbeingriffen, und scharfe Bronzemesser mit Antilopenhorn. Zu Beginn wurden bronzene Platten hereingetragen, belegt mit großen Fladenbroten, übertürmt von Hühnern und Enten, Tauben, halben Gänsen und anderem Geflügel. Danach gab es Fische – Platten mit Aal, Forellen, Karpfen, auf einem besonderen Tisch drei ganze gebratene Thunfische und drei vollständige Schwertfische. Die Fingerschalen wurden mit warmem Rosenwasser gefüllt; ein Dutzend Diener schleppte Platten mit süßem Gebäck herein, geformt wie Menschenköpfe, ägyptische Pyramiden, geringelte Schlangen, Elefanten mit Stoßzähnen aus süßlichen Wurzeln.

Nach kurzer Pause, in der Musiker punische und hellenische Lieder vortrugen, kamen silberne Platten, wieder mit Brotfladen und darauf halbe Gänse, Hasen, Lämmerviertel, Rebhühner. Junge Ibererinnen in durchscheinenden Gewändern überschütteten die Gäste mit Rosenblüten. Die gläsernen, irdenen und ledernen Trinkgefäße wurden entfernt und durch goldene und silberne Pokale ersetzt; jeder Gast erhielt zwei winzige Alabasterkrüge mit verschiedenen Duftwässern. Der besondere Tisch in der Mitte des offenen Rechtecks wurde leergeräumt; dann brachten vier kräftige makedonische Küchensklaven eine schwere vergoldete Silberplatte mit einem ganzen gebratenen Wildschwein. Es lag auf dem Rücken, und der offene Bauch barg allerlei Gemüse und Getier:

Lauch, Zwiebeln, entkernte Granatäpfel, Pflaumen, Drosseln, Krammetsvögel, Wachteln, Eier mit Bohnenbrei, Austern, Muscheln. Man brachte Krüge mit warmer, vergorener, gesüßter Stutenmilch; danach Tonschalen mit aufgebrochenen Krebsen und kunstvoll gekrümmten und gewellten Bronzenadeln als Eßwerkzeuge; aus Elfenbeinstreifen geflochtene Körbe mit süßem und salzigem Gebäck; Platten mit wundersamen Kuchen; Berge von Obst; Ziegenkäse, Rinderkäse, Stutenkäse.

Gegen Mitternacht endete das Mahl. Eine Ehrenwache libyscher Hopliten mit vier punischen Offizieren geleitete die Römer zu ihren Gemächern. Hasdrubal, der ungeheuer viel gegessen und getrunken zu haben schien, ohne im geringsten aufgedunsen oder angeheitert zu wirken, winkte Antigonos zu sich.

»Man hätte ihnen ebensogut gequollene Körner und Wasser geben können«, sagte er. »Sie haben von allem nur genippt. Immerhin, sie werden es begriffen haben.«

Antigonos rülpste schwach. »Es war eine feine Vorführung, Stratege. Wann beginnen die Verhandlungen?«

Hasdrubal gähnte. »Mittags. Am Vormittag gibt es ein kleines Spiel in der Bucht – ein paar Trieren und Penteren. Du wirst bitte ein guter Punier namens Bomilkar sein und dich zu den Gesprächen einfinden. Ich weiß nicht, ob ich deine List benötige, aber es könnte sein.«

»Natürlich, Herr. Darf Bomilkar sich nun zurückziehen?«

Hasdrubal kicherte. »Du hast auch nicht viel gegessen. So eine Vergeudung. Die Sklaven werden die ganze Nacht feiern; ich glaube, fünf Sechstel aller Köstlichkeiten sind noch da.«

»Solange die Vorführung ihren Zweck erfüllt hat . . .«

»Ich glaube, sie hat. Aber wozu deine Zurückhaltung, Freund?«

Antigonos legte die Hand auf Hasdrubals Schulter. »Ich habe eine nächtliche Verabredung.«

»Ah.« Hasdrubal nickte lächelnd. »Die Behendigkeit des Leibes, wie?«

Antigonos verließ die Burg und ging durch die dunklen Gassen hinab zum Außenhafen. Über die schweren Eisentore, die den Kriegshafen sperrten, drang schwaches Fackellicht; er hörte gedämpfte Stimmen.

Die *Schwinge des Westwinds* lag an der Mole. Antigonos ging an Bord, wechselte einige Worte mit Mastanabal, der noch wach war, kleidete sich im Heckraum um, brachte dann mit dem Kapitän das Beiboot zu Wasser und ruderte zur *Hauch der Kypris* hinüber, auf die andere Seite der Bucht.

Argiope erwartete ihn.

»Ihr wißt, daß ich alte Verträge aufkündigen und neue schließen kann.« Hasdrubal sprach Hellenisch.

Der Sprecher der zehn römischen Senatoren, Fabius, legte die Hände flach auf den Tisch. »Wir wissen es«, sagte er. Seine Stimme war dick und ein wenig belegt. Er sprach Hellenisch flüssig, mit lateinischen Brocken. Wie die anderen Römer, wenn sie sich äußerten, sagte auch er »Karthago« statt Karchedon, und Hasdrubal seinerseits streute punische Wörter und Begriffe ein, redete von Qart Hadasht, war aber darauf bedacht, seine neue Hauptstadt immer Neukarthago zu nennen, um Mißverständnisse zu vermeiden.

»Wir wissen es, Hasdrubal; wir erfuhren es in Karthago.«

Antigonos, den Römern vorgestellt als Bomilkar, Kanzler des Steuerwesens und der Archive von Neukarthago, saß neben Hannibal. Der Zweiundzwanzigjährige schwieg während der Verhandlungen. Zwei- oder dreimal nestelte er an der Schulterspange; sie steckte in dem dünnen hellen Chiton – es war warm, und die Römer schwitzten unter ihren Togen. Der zweite Barkidensohn, Hasdrubal, inzwischen zwanzig, wohnte ebenfalls stumm bei; er war längst Hasdrubals des Strategen wichtigster Mitarbeiter bei der politischen Erschließung und Verwaltung Iberiens. Der greise Bodbal, Vertreter der Ältesten von Qart Hadasht, nahm als fünfter Mann auf punischer Seite teil; auch er hielt sich zurück, bestätigte lediglich am Schluß, daß die Mutterstadt in Libyen die einzelnen Punkte des neuen Vertrags vorbehaltlos achten werde, da nichts davon der Verfassung oder den Anliegen der Punier widerspreche.

Antigonos' List, wie Hasdrubal gesagt hatte, wurde nicht benötigt; der Stratege von Libyen und Iberien, der das neue Reich weniger mit dem Schwert als durch ein Netz von Freundschaftsbündnissen gefestigt und erweitert hatte, gewann auch die Römer. Die anfangs herbe Sprache wurde immer verbindlicher, schließlich fast freundlich. Der Tonfall konnte jedoch nicht über die Härte in der Sache hinwegtäuschen.

Roms Forderung lief auf eine Ausdehnung und Aufwertung des alten Vertrags über Einflußbereiche hinaus. Vor vielen Jahrzehnten hatte man ein Vorgebirge unweit von Mastia als Grenzpunkt festgelegt. Nördlich des Kaps sollten Römer und Westhellenen – vor allem Massalioten – Handelsstützpunkte errichten und Häfen anlegen dürfen, südlich die Punier. Hasdrubal erklärte den uralten Vertrag für unwirksam, da die Voraussetzungen nunmehr andere seien.

»Wir haben ihn bis heute eingehalten«, sagte er. »Natürlich; wir sind ja keine Barbaren und Rechtsbrecher. Aber ihr müßt bedenken, daß er zu einer Zeit geschlossen wurde, als Massalia sich ausdehnte, Rom noch nur eine Landmacht war und Qart Hadasht lediglich einige Emporien an der Südküste und im Westen Iberiens besaß. Inzwischen ist Massalia geschrumpft und zum römischen Bundesgenossen geworden; wir haben in Iberien ein Reich errichtet, das auch das Binnenland umfaßt, und Rom ist eine große Seemacht, der die einengenden Vorschriften des alten Vertrags nicht genügen können.«

Die Senatoren gehörten den beiden großen Gruppen an, die sich um die Gestaltung der Zukunft Roms stritten. Fabius und drei weitere Männer zählten zum alten römischen Bauernadel, mißtrauten der See und dem Handel und hätten am liebsten über Entfernungen zu Lande, Grenzbefestigungen und Truppenstärken gesprochen. Zwei Senatoren schwankten, die übrigen vier gehörten zu den Neuerern, die sich der hellenischen Kunst und Philosophie öffnen und Handel treiben wollten – mit unterlegenen, eroberten Gebieten.

Hasdrubals Verhandlungsführung, wie Antigonos bald begriff, beruhte auf der genauen Kenntnis dieser römischen Widersprüche und verfolgte das Ziel, sie zu verstärken und auszunutzen. Während der punische Hellene dem zähen Ringen lauschte, stellte er sich jedoch eine andere Frage: War es wirklich Zufall, daß in Italien in dem Augenblick, da die Römer sich um Iberien zu kümmern begannen, ein Keltenkrieg ausbrach? Und: Warum ritt Hasdrubal plötzlich auf der erpreßten Abtretung Sardoniens herum?

»Es gibt natürlich«, sagte der Stratege sanft, »viele Punier, auch hier, die diesen Raub nicht vergessen haben. Manchmal fällt es schwer, sich an einen Satz des Friedensvertrags zu erinnern, der zwischen Lutatius und Hamilkar ausgehandelt wurde: Unter diesen Bedingungen soll *Freundschaft* sein zwischen Rom und Qart Hadasht ...«

Fabius räusperte sich. »Freundschaft, Hasdrubal, ist der Zustand des Nichtkriegs. Man sollte ihn nicht mit inniger Herzlichkeit verwechseln.«

Hasdrubal betrachtete scheinbar zerstreut die Maserungen der Tischplatte. Kaum zu glauben, daß die Verhandlungen in dem Saal stattfanden, in dem am Vorabend ein Festmahl gefeiert worden war.

»Zweifellos sprichst du wahr, Römer. Wenn es denn eure Freundschaft zu Qart Hadasht nicht minderte, daß ihr uns Sardonien entrissen habt, sollte es auch eure kühle Herzlichkeit nicht mindern, wenn wir uns entschlössen, in einem Moment römischer Schwäche alte Freundschaften auf Sardonien neu zu ... entfachen.«

Fabius kaute eine Weile darauf; seine Wangenmuskeln arbeiteten. »Es wäre ein unfreundliches Handeln«, sagte er schließlich.

Hasdrubal nickte. »Ich sage auch keineswegs, daß es unsere Absicht ist. Ich stelle nur fest, daß die augenblickliche Schwäche Roms, die Beschäftigung mit den keltischen Plünderhorden, uns ähnliche Gedanken nahelegt, wie ihr sie in der größten Schwäche von Qart Hadasht gehegt und durchgeführt habt.«

Er wechselte das Thema, sprach vom Handel, von den Vorzügen für beide Seiten, von Anlaufrechten für römische Schiffe, von Einzelheiten des punischen Zollrechts, kam wieder auf Sardonien zurück. Als Fabius das Gespräch auf Iberien brachte, schwärmte Hasdrubal in einem langen eleganten Monolog von den guten Eigenschaften iberischer Fürsten, der Fruchtbarkeit des Bodens, vom Liebreiz der Frauen und ihrem Einfallsreichtum in der Liebe, bis die harten asketischen Römer auf den Sitzen herumrutschten. Dann tastete er sich zurück zu Einzelheiten des Fernhandels, stellte Fragen über Fragen zum Umsatz großer römischer Handelshäuser, äußerte sich über die Beschaffenheit des Bodens am norditalischen Padus-Strom, pries die Trefflichkeit der von den ptolemaischen Herrschern an der Küste Ägyptens und auf den ihnen gehörigen hellenischen Inseln errichteten Leuchtfeuer.

Antigonos hatte längst den Faden verloren und sehnte eine Ariadne herbei. Hannibal grinste ihm irgendwann hinter vorgehaltener Hand zu; der junge Barkide schien genau zu begreifen, was der Stratege wollte und auf welchem Weg er welches Ziel ansteuerte.

Plötzlich baten die Römer um eine kleine Pause, um miteinander zu beraten. Beim Blick auf ihre beherrschten, aber dennoch unverkennbar bestürzten Gesichter wurde Antigonos klar, welchen Zauber Hasdrubal gewirkt hatte. Die Senatoren waren ratlos. Sie hatten mittelbar eingeräumt, daß die Übernahme Sardoniens gegen jedes Recht verstieß; daß Qart Hadasht Sardonien – wo es kleinere Aufstände gegen die harte römische Besatzung gab – rechtmäßig wieder besetzen dürfte; daß Rom in einer verzweifelten Lage war; daß die Hauptaufgabe der Gesandt-schaft nicht mehr eine Eindämmung der Punier in Iberien war, sondern eine Zusicherung, daß Qart Hadasht stillhalten würde, während Rom sich der Kelten erwehrte. Meisterhaft hatte Hasdrubal immer wieder zwei honigsüße Feststellungen mit einer dritten verknüpft, die einen Widerhaken besaß, und wenn die Römer von den Leckereien naschten, zupfte er sanft an der Leine, bis Fabius schweigend oder knurrend ein-räumte, daß ihm etwas in der Kehle steckte. Und indem Hasdrubal ver-wickelte Einzelheiten der Handelsbeziehungen ansprach, von denen Fabius nichts verstand, brachte er die Römer noch weiter in Verlegen-heit.

Als die Senatoren sich zu ihrer Beratung zurückgezogen hatten, stand Antigonos auf, ging zu Hasdrubal und küßte ihn auf die Stirn. »Trefflich, überaus trefflich, herrlicher Mann«, sagte er.

Hasdrubal kicherte und deutete auf Antigonos' Stuhl. »Setz dich, Bomilkar. Wenn die Herren aus Rom uns beim Schmusen erwischen, ist alles versaut.«

Hasdrubal Barkas hatte das Kinn auf die Fäuste gestützt; die Ellen-bogen bewegten sich quietschend über die glatte Tischplatte. »Unbe-greiflich«, murmelte er. »Und ich dachte, ich hätte von dir schon alles gelernt...«

Hannibal hockte auf der Tischkante, baumelte mit den Beinen und betrachtete seine Zehen. »Welche Grenze schwebt dir vor?«

»Der Iberos. Die Pyrenäen werden sie uns nicht geben. Aber der Ibe-ros wäre schon sehr viel.«

Die Römer kehrten zurück. Fabius' Gesicht war zerknittert und ver-kniffen. Er setzte sich langsam, hüstelte, blickte endlich auf.

Hasdrubal, lächelnd, verdarb ihm die vermutlich gründlich überlegte und ausgetüftelte Eröffnung. »Ich hoffe übrigens, das gestrige Festmahl zu euren Ehren hat euch befriedigt.«

Fabius blinzelte. »Nun ja, natürlich, wieso...?«

Hasdrubal stand auf, ließ sich von Bodbal eine Papyrosrolle reichen, ging auf die andere Seite des Tischs, stand plötzlich zwischen den Römern. Er entrollte eine erbärmlich schlechte, ungenaue Karte, legte sie auf die Tischplatte und stützte sich vertraulich auf Fabius' Schulter.

»Das ist unsere Schwierigkeit«, sagte er dabei. Mit unfaßlicher Geschwindigkeit bezeichnete er Stellen, nannte Namen von Städten, Grenzorten, Fürsten, Stämmen, Völkerbündnissen, Flüssen, Bergen und Landmarken. Man habe dort, sagte er, viele Freunde und leider den einen oder anderen Gegner. Friede und Handel seien die einzigen Ziele. Er kam wieder auf das Festmahl zurück. »Diese Köstlichkeiten, die wir miteinander geteilt haben, sind Früchte des Friedens, Römer. Ich verstehe eure Besorgnisse« – von denen überhaupt noch nicht gesprochen worden war –, »möchte euch aber fragen, ob ihr denn ernsthaft annehmt, einer von uns könnte die Annehmlichkeiten junger Ibererinnen und gestopfter Wildschweine um den blutigen Kampf und das Sterben in lehmigen Gräben eintauschen wollen. Aber sag mir, was tut ihr, wenn etwa keltische Horden eure sabinischen oder etruskischen Bundesgenossen angreifen? Ihr eilt ihnen doch zu Hilfe, nicht wahr?«

Als Fabius dies widerwillig bestätigte, setzte Hasdrubal sich und benahm sich, als säße er jeden Tag mit lieben römischen Freunden am Tisch, um strategische Kniffe auszutauschen. Er zwang Fabius dazu, ihm gute Ratschläge für den leider unausweichlichen Kampf mit den Vakkäern zu geben, und sagte plötzlich, wie in einer jähen Eingebung:

»Von allen nichtpunischen Händlern nehmen wir Zoll, vier Hundertstel des Warenwerts. Ich wäre bereit, im Zeichen der Freundschaft zwischen unseren Völkern römische Händler vom Zoll zu befreien. Zollfrei Getreide zu liefern, zum Beispiel, falls durch den Keltenangriff vorübergehende Knappheit in Rom eintreten sollte. Natürlich« – er kratzte sich den Kopf – »geht das nur, solange wir in Iberien Frieden haben. Die Festlegung unhaltbarer Grenzen würde uns in langwierige blutige Kriege stürzen – vor allem, wenn wir etwa unseren Bundesgenossen nicht helfen könnten, die jenseits solcher Grenzen leben und von gemeinsamen Feinden angegriffen werden. Seid ihr eigentlich mit eurer Unterbringung zufrieden? Zwei Ibererinnen sagten mir, einer von euch habe in der letzten Nacht geklagt, sein Bett sei erwiesenermaßen zu hart für die Liebe, aber zu weich zum Schlafen.«

Die Römer erstarrten und tauschten mißtrauische Blicke aus. Zehn Ehrenmänner, den strengen Sitten Roms verpflichtet und in der Heimat von züchtigen Gattinnen erwartet. Natürlich hatte keiner von ihnen in seinem Gemach eine Ibererin vorgefunden, aber Hasdrubals hingeworfene Behauptung ließ sie einander verdächtigen, und die zur bekannten punischen Sittenlosigkeit passende, wie selbstverständlich angeführte Feststellung, es seien gleich zwei Mädchen gewesen, machte alles nur noch wahrscheinlicher. Antigonos hätte seine linke Hand dafür gegeben, lachen zu dürfen.

»Aber wir müssen über eure Handelsstützpunkte und Bundesgenossen reden.« Hasdrubal beugte sich über die Karte. »Natürlich auch über die massaliotischen Emporien, aber dazu später. Fabius, mein Schreibried – markier doch bitte die römischen Stützpunkte an der iberischen Küste und zeig mir, wo ungefähr eure Bundesgenossen leben. Es gibt gewisse Lücken in unseren Kenntnissen, wie ich einräumen muß.«

Auch Fabius mußte etwas einräumen, zähneknirschend: Es gab keine römischen Bundesgenossen und Stützpunkte in Iberien.

»Ach so? Nun ja, das macht nichts.« Hasdrubal lächelte beinahe liebevoll. »Und die Emporien eurer massaliotischen Freunde sind etwa hier ... und hier, nicht wahr?« Er zeichnete sie selbst ein.

Innerhalb weniger Augenblicke hatte er Fabius, der Händler haßte, zur Billigung oder wenigstens Hinnahme einer Handelsbegünstigung gezwungen, die römische Delegation in Zwietracht und gegenseitigen Argwohn gestürzt, ihnen alle unbenutzten Begründungen für eine Einmischung aus der Hand geschlagen und sie gezwungen, einen Unterschied zwischen römischen und massaliotischen Stützpunkten einzuräumen. Ferner, auf der Karte markiert, hatten die Römer zugegeben, daß auch Massalia lediglich zwei Handelsstützpunkte in Iberien besaß, Rhode und Emporion, und daß beide nördlich des Iberos lagen.

Am Abend war der Vertrag fertig. Die Römer, die gekommen waren, um Hasdrubal auf die Küste südlich des alten Mastia zu begrenzen, die punischen Gebiete im Binnenland für unzulässig zu erklären und sich ein Eingreifen in Iberien vorzubehalten, erhielten Handelsrechte, die sie nicht wollten, außerdem Hasdrubals Zusicherung, sich nicht in Italien einzumischen, was er auch nicht beabsichtigt hatte. Statt ganz Nordostiberien zu römischem und massaliotischem Einflußgebiet zu erklären, räumten sie ein, daß Rom dort keinerlei und Massalia nur zwei Stützpunkte unterhielt. Mit Ausnahme von Rhode und Emporion erklärte Rom somit ganz Iberien zum punischen Einflußgebiet; es wurde lediglich festgelegt, daß Hasdrubal und seine Nachfolger den Iberos nicht mit Waffengewalt überschreiten durften – was gleichzeitig bedeutete, daß Qart Hadasht friedliche Bündnisse nördlich des Iberos eingehen und südlich des Flusses tun und lassen konnte, was den Puniern beliebte.

Der Vertrag wurde auf Latein, Punisch und Hellenisch abgefaßt. Antigonos, in seiner Rolle als Kanzler Bomilkar, konnte die hellenische Niederschrift nicht besorgen. Sosylos von Sparta, der zu diesem Zweck hereingerufen wurde, schrieb verbissen. Nachdem alle zuständigen

Götter beschworen waren und Quintus Fabius Maximus sowie Hasdrubal die drei Ausfertigungen unterzeichnet hatten, zogen sich die Römer zurück, um sich für das feierliche Abschlußmahl umzukleiden. Sosylos schaute hinterher, wandte sich dann an Antigonos und sagte halblaut:

»Ich habe sie immer für dumm, dreist und gewalttätig gehalten. Aber daß ihre Köpfe dermaßen mit Lehm verschmiert sind . . .«

Hasdrubal sagte nichts. Er saß regungslos auf seinem Stuhl, die Arme vor der Brust verschränkt. Antigonos erinnerte sich an den beherrschten Strategen, der am Ufer des Taggo die Reste von Hamilkars Heer gerettet hatte. Als er ihm auf die Schulter klopfte, blickte der Punier auf und zwinkerte. Da sah Antigonos die Erleichterung und das ungläubige Staunen in Hasdrubals Augen.

»Zehn Jahre hast du uns gekauft, Stratege«, sagte Hannibal fast ehrfürchtig. Dann begann er zu lachen.

Hasdrubal schüttelte den Kopf. »Fünf, Junge – wenn wir Glück haben.«

»Was macht das Sorgenkind?« Antigonos hob den Becher. Die *Schwinge des Westwinds* schaukelte kaum merklich; der Landwind von jenseits der Bucht drückte sie dichter an die Mole.

Die Brüder wußten sofort, wen er meinte. Hannibal schwieg und blickte zur Mastspitze hinauf. Hasdrubal lächelte. Er rieb das Gesäß an der Oberkante der Heckwand. Seine fast grauen Augen lächelten nicht mit.

»Äußerlich gleicht er immer mehr unserem Vater«, sagte er ohne besondere Betonung.

»Er muß noch viel lernen.« Hannibal stand auf. »Ich hab zuviel gesessen in den letzten Tagen. – Aber er wird es lernen. Und wenn ich es in seinen dicken Kopf hineinhauen muß.« Er schob den Stuhl zurück und begann auf dem Achterdeck hin und her zu gehen.

Antigonos betrachtete die Brüder. Beide waren groß und schlank, von einer kraftvollen Schlankheit. Aus den sehr ähnlichen ovalen Gesichtern blickten ihn Kshyqti und Hamilkar gleichzeitig an, in unterschiedlicher Mischung. Der volle Mund, die leicht gekrümmte Nase, das kräftige Kinn. Der größte Unterschied war die Farbe der Augen; Hannibals waren schwarz. Antigonos erinnerte sich an den großen, breiten, massigen Mago, der die Gestalt des Vaters geerbt hatte und auch dessen wuchernde Körperbehaarung. Dennoch zweifelte er keinen Moment daran, daß jeder der beiden älteren Brüder Mago notfalls auch mit Gewalt zähmen konnte.

»Seltsam, wie verschieden ihr seid. Aber zum Glück ist das so, wie es ist. Mehr als zwei von eurer Sorte kann kein Reich verkraften.«

Hasdrubal blähte die Wangen und blies Luft aus. »Mehr als einen von Magos Sorte auch nicht. Mißversteh mich nicht, Tiggo – er ist großartig, wenn es zur Sache geht. Seine Leute lieben ihn und folgen ihm blind. Er haut sie immer wieder aus allen Klemmen heraus.«

»In die er sie zuerst selber bringt.« Hannibal wandte ihnen den Rükken, stützte sich auf die vordere Geländerwandung des Achterdecks und blickte über den Bug zur Einfahrt des Kriegshafens. Die Tore waren offen; eine Pentere glitt in die Bucht.

Der Hellene seufzte, lehnte sich zurück und legte die Füße auf den Klapptisch. »Hamilkar war ein Rammbock, ein feines Schwert und ein Philosoph«, sagte er nachdenklich. »Ihr seid feine Schwerter und scharfe Denker. Für Mago ist nur der Rammbock übriggeblieben.«

Hasdrubal kicherte. »Klingt wie eine schlecht durchdachte Verteilung. Stimmt aber, Tiggo. Und er ist nur Punier, ohne mildernde Beimischungen.«

Die Pentere schloß zu den römischen Schiffen auf, drei Trieren. Der Geleitzug formierte sich; von der Burg schrillten Horngrüße. Ein hagerer Mann mit Bussardnase kletterte nicht weit von der *Schwinge* in ein Ruderboot und stieß sich vom Kai ab.

»Was habt ihr jetzt vor?«

Hannibal löste sich von der Wandung. »Weitermachen.« Er lächelte. »Hasdrubal hat uns Zeit gekauft – unbezahlbare Zeit. Wenn wir viel Glück haben, bedeutet das Friede für lange Jahre. Jahrzehnte. In acht bis zehn Jahren ist Iberien nicht mehr angreifbar. Falls nichts Schlimmes geschieht.«

Antigonos fuhr sich mit gespreizten Fingern durch den Bart. »Ein paar Jahre sind die Römer bestimmt mit den Kelten beschäftigt. Danach... Kommt drauf an. Wenn ihr es wirklich schafft, könnte es sein, daß sie Frieden halten. Sonst?« Er zuckte mit den Schultern. »Sonst werden sie auch diesen Vertrag brechen.«

»Wir müssen eben ein bißchen nachhelfen.« Hannibal kniff ein Auge zu.

Antigonos starrte ihn an; dann lachte er plötzlich auf. »Ah. Jetzt verstehe ich. Natürlich. Ich hatte mich auch gewundert...«

Hannibal zog die Mundwinkel abwärts. »Sämtliche norditalischen Kelten gegen Rom, das geht nicht von selbst. Aber sie hören nicht auf Ratschläge. Sie haben sich getrennt und werden früher oder später gegeneinander kämpfen.«

»Wer hat sich das ausgedacht?«

»Er.« Hasdrubal Barkas deutete auf seinen Bruder, der wieder über die Bucht blickte. »Hasdrubal hatte zuerst Bedenken, aber schließlich war er einverstanden. Hannibal ist nach Oberitalien gefahren. Mit einem kretischen Händler.«

»Und?« Antigonos betrachtete Hannibals Rücken.

»Ich habe ihnen nur gesagt, was Rom seit Jahren plant. Unterwerfung der Kelten am Padus, Einrichtung römischer Siedlungen und Lager, Bau von Marschstraßen. Das reichte.«

»Rom wird hier bald dasselbe tun. Punier in Iberien sind auch nicht besser als Römer in keltischen Ländern.«

Hasdrubal hüstelte; Hannibal drehte sich langsam um.

»Du weißt, daß das nicht stimmt, Tiggo«, sagte er ohne Schärfe. »Rom zerschlägt die alten Einrichtungen – wir lassen sie den Stämmen. Rom zwingt alle, Latein zu sprechen – wir lernen iberische Dialekte. Und wenn Rom uns nicht zu irgendeiner Art von Ausdehnung gezwungen hätte, wären wir nicht hier.«

Antigonos hob die Hand, die Innenfläche zu Hannibal gedreht. »Friede, Hannibal.« Er lächelte. »Ich weiß es doch. Ich sage dir nur, was die Römer sagen werden. Und sie werden es nicht nur sagen.«

»Sie können aber zunächst nicht viel tun. Außerdem haben *sie* in Iberien ganz sicher überhaupt nichts zu suchen. Allein die Gesandtschaft, die sich nach unseren Plänen erkundigt und einen Vertrag aushandeln will, ist eine Frechheit. Was geht es Rom an, was wir in Iberien tun? Kümmern wir uns denn um Illyrien?« Hasdrubal zupfte an seiner Nasenspitze und blickte ein wenig verlegen, nach diesem Ausbruch.

»Du hast recht – aber Zetern hilft nicht«, sagte Hannibal. »Wir müssen so schnell wie möglich zwei Ziele erreichen. Iberien so stark und sicher machen, daß es nicht angegriffen werden kann und bei einem Angriff, wenn er trotz allem kommt, nicht zerbricht. Und zweitens die Römer davon überzeugen, daß wir sie nicht bedrohen.«

»Du hast etwas vergessen.«

»Was, Tiggo?«

»Qart Hadasht. Hanno.«
Hannibals Gesicht verfinsterte sich.

Aber Hanno kümmerte sich ein paar Jahre lang fast ausschließlich um
seine Geschäfte. Er schien sich mit dem Strategen Hasdrubal abgefunden
zu haben, mit dem Iberien-Unternehmen, mit dem Strom iberischer
Reichtümer, sogar mit den Barkiden – abgesehen von gelegentlichen Sticheleien im Rat.
　Antigonos war ebenfalls bestens beschäftigt. Ein Versuch, die iberischen Stierbelustigungen – Entwicklungen altkretischer Einflüsse und
ägyptischer Riten – in Qart Hadasht einzuführen, schlug kostspielig
fehl; ansonsten waren die Geschäfte fast zu gut, vor allem dank der friedlichen Ausdehnung des barkidischen Reichs. Hasdrubal der Stratege
und seine drei wichtigsten Leute, Hannibal, Hasdrubal Barkas und Hasdrubal der Graue, festigten und ordneten das Land. Der junge Hasdrubal
entlastete den Strategen in der Verwaltung und Gliederung; und ein Jahr
nach dem Iberos-Vertrag ernannte der Führer der barkidischen Partei
Hannibal zu seinem Unterstrategen. Damit vollzog er etwas, das bereits
vorher stillschweigend gegolten hatte. Hannibal befehligte nun sämtliche Truppen und Schiffe Iberiens, brauchte sie jedoch kaum einzusetzen. Zu seiner Hochzeit mit einer iberischen Prinzessin, die den
Namen Imilke annahm, brachte Antigonos ein besonderes Geschenk:
fünfzig große Steppenelefanten und ein ausgewachsenes indisches
Jungtier.
　Die Herde aus dem Süden Libyens erreichte Qart Hadasht kurz vor
Antigonos' Abreise nach Iberien. Die Tiere wurden von schwarzen Trei-
bern und einigen punischen Händlern gebracht. Sie waren das Geschenk
eines jungen schwarzen Fürsten tief im Süden – Ariston. Das indische
Jungtier stammte aus einem Gehege der seleukidischen Hafenstadt Laodikeia, war von klein auf bestens ausgebildet und kam, wenn man
»Syros« rief.
　Vor der Reise nach Iberien zu Hannibals Vermählung schrieb Antigonos einen langen Brief nach Alexandreia an Memnon, der gelegentlich
bekundet hatte, seine Arbeit als Arzt in der Hauptstadt der Ptolemaier
beginne ihn zu langweilen. Als Antigonos nach Karchedon zurückkehrte, wartete der inzwischen dreiundzwanzigjährige Sohn auf ihn.
Zusammen reisten sie durch die Länder und Wüsten der Garamanten in
den Süden, überschritten den Gyr und hielten sich vier Monde bei Ari-

ston auf, der an der Grenze von Steppe und Dschungel das Fürstentum seines Großvaters übernommen hatte.

Im folgenden Jahr folgte Memnon einer Aufforderung seines alten Freundes Hannibal, der ihm schrieb, in Iberien gebe es zu wenige gute Ärzte. Antigonos rüstete seinen Sohn mit allem aus, was ein Heiler nur benötigen konnte, und ließ ihn von der *Schwinge des Westwinds* nach Qart Hadasht in Iberien bringen. Das Schiff wurde seit dem Tod des alten Mastanabal von Bostars Sohn Bomilkar geleitet, der einer der besten Kapitäne im ganzen Meer geworden und damit zufrieden war, obwohl er auch eine Flotte, ein Handelshaus oder einen Tempel hätte haben können.

In diesen Jahren reiste Antigonos sehr viel, meistens mit der *Schwinge*. Argiope war immer eine angenehme Begegnung; wenn sie einander trafen, verbrachten sie mehrere Nächte und die Tage dazwischen zusammen – auf Kreta, Delos, Rhodos, in Laodikeia, wo Antigonos syrischen Wein und den jungen Elefantenbullen kaufte, in Syrakosai, einmal sogar in Rom. Die Stadt war dank einiger Neubauten ein wenig lichter geworden, aber immer noch öde und schal. Die schönsten Häuser und Tempel waren gründlich ausgeführte Nachbauten dessen, was die Etrusker den Hellenen abgeschaut hatten: Nachahmungen zweiten Grades. Einmal glaubte Antigonos, in einer Gasse am Tiber den bussardnasigen Hageren zu sehen, der am Tag nach dem Abschluß des Iberos-Vertrags über die Bucht von Qart Hadasht in Iberien gerudert war.

Ein anderes Wiedererkennen wurde ihm in Karchedon zuteil. Antigonos war überzeugt davon, daß es dem Menschen nicht erlaubt, gegönnt oder zuträglich sei, mehr als einmal wirklich zu lieben, und daß er mit Isis und Tsuniro die absurden Ungesetze des Kosmos bereits übertreten habe. Daher trennte er sich von seinen Gefährtinnen immer nach wenigen Monden, ehe die gefürchtete tiefere Bindung entstehen konnte. Eine zierliche Punierin mit ungewöhnlich hellen, fast wasserblauen Augen teilte vier Monde lang sein Lager. Sie besaß einen kleinen Buchladen nördlich der Großen Straße, am Rand des Viertels der Färber und Gerber. Antigonos entsann sich der vermummten Gestalt, die ihm vor Jahren die boshaften Hanno-Epigramme in die Hand gedrückt hatte, aber er schwieg darüber. Er genoß die Schweigsamkeit der Frau und ihren lakonischen Witz.

Dann schrieb Memnon ihm, er wolle zu Beginn seines sechsundzwanzigsten Jahrs den vom Vater ererbten schlechten Gewohnheiten entsagen und sich mit einer Ibererin vermählen. Antigonos packte die *Schwinge des Westwinds* voller Geschenke und ging an Bord. Es war vier Jahre nach Abschluß des Iberos-Vertrags, in der zweiten Hälfte des Sommers.

Penteren und Trieren sowie kleinere Küstenboote bildeten eine Art Vorhang vor der Bucht von Qart Hadasht in Iberien. Sie schienen alle Schiffe gründlich zu untersuchen, die den Hafen verließen. Ein Frachter, *Traum von Taras,* hatte den Vorhang passiert und nahm Kurs aufs offene Meer. Auf dem Heck des Tarantiners glaubte Antigonos wieder den Bussardnasigen zu sehen, aber die Schiffe waren zu weit voneinander entfernt. Die *Schwinge des Westwinds,* jedem Kapitän der iberischen Flotte bestens bekannt, wurde nicht angehalten. Antigonos spürte eine Art Finsternis über der Stadt und der Bucht – Finsternis trotz hellen Sonnenscheins. Die *Schwinge* machte am Kai fest, unweit des Kriegshafens, dessen Tore geöffnet waren.

Hasdrubals Leichnam wurde zur Verbrennung vorbereitet. Der Mörder, Diener eines wegen Verrats hingerichteten iberischen Kleinfürsten, hing tot in den Fesseln, die ihn während der zweitägigen Folter am Pfosten im großen Innenhof der Burg gehalten hatten. Auf dem Gesicht des Gemarterten lag ein seltsames, scheußliches, erstarrtes Lächeln.

Gruß und Umarmung, Freund. – Hannos prunkvolles Gezeter ob der
Wahl Hannibals zum neuen Strategen hat sich bis hierhin ausgebreitet,
aber dein feiner Bericht über die Ratssitzung enthielt viele köstliche Einzelheiten; dafür Dank. Minder köstlich ist die Lage in Iberien. Viele der
vom großen Hasdrubal geschlossenen Bündnisse und Freundschaften
waren nicht alt genug, um seinen Tod zu überleben und sich auf den
Nachfolger zu übertragen. Andere Völker Iberiens haben sich erhoben,
um eine Herrschaft abzuschütteln, die sie kaum je gespürt haben. Die
Aufklärer und Wissensbeschaffer haben viele Männer festgenommen,
die mit wirren Botschaften die Geister noch mehr verwirrten – Roms
Freundschaft sei denen sicher, die sich gegen Hannibal erhöben.

Der neue Stratege hat so schnell und hart gehandelt, wie es dem Sohn
Hamilkars zukommt, und so umsichtig, wie man es von Hasdrubals
Nachfolger erwarten durfte. Von der Iberosmündung bis zu den Säulen
des Melqart wurde in den beiden vergangenen Monden ein Netz von
Feuertürmen eingerichtet, die mit Flammen und Spiegeln bei Tag und
Nacht Zeichen und Botschaften übermitteln können. Bald werden sie
auch an der Nordküste Libyens stehen. Ferner ließ Hannibal alle vornehmen Geiseln aus jenen Völkern frei, die zu den alten Bündnissen stehen. Ein Heer unter Hasdrubal zog den Baits hinab nach Westen, um
jenseits von Ispali die Lusitaner zu bestrafen; ein zweites unter Muttines
stößt unweit der iberischen Ostküste nach Norden vor, gegen Basteta-
ner, Lobetaner und Edetaner; das dritte und größte, geleitet von Hannibal selbst (er hat Mago mitgenommen), ist in die Mitte Iberiens gezogen,
wo die großen Völker der Karpesier, Arevaker und Vakkäer sich zusammengeschlossen haben. Auch bei ihnen, so melden die Kundschafter,
befinden sich Gesandte Roms. Trotz aller Verträge brennt nun das Land.

Ernster ist jedoch das schlimme Spiel einer Stadt an der Küste, etwa auf
halbem Weg von Mastia zum Iberos: Zakantha, von den Römern Saguntum genannt. Eine große, stark befestigte Stadt in einem fruchtbaren, reichen Landstrich; die Feigen, die dort gedeihen, werden nur von denen
aus Qart Hadasht selbst übertroffen. Diese Stadt, gegründet und
bewohnt von Iberern, wurde nun plötzlich von Rom zum Bundesgenos-

sen erklärt und erhoben – im Iberos-Vertrag ist davon keine Rede. Ferner handele es sich, behauptet der Senat, um eine hellenische Gründung – Auswanderer aus Zakynthos seien die Stifter der Stadt. Dies überrascht die zakanthischen Iberer selbst am meisten. Es gab dort, entzündet und weiter angefacht durch römische Mittelsmänner, eine Auseinandersetzung zwischen zwei Parteien, deren eine für uns, deren andere für Rom stimmte. Hasdrubal hatte dort Freunde, Hannibal desgleichen. Aber sie wurden aus der Stadt gejagt. Zakantha nimmt nun Flüchtlinge aller gegen die Barkiden kämpfenden Stämme auf, unterstützt sie, versucht andere zum Aufstand anzustacheln. Du siehst, wohin die Dinge treiben, o Bostar. Rom hat nun Bundesgenossen südlich des Iberos; sie sind reich und zahlreich; sie ziehen andere auf ihre und Roms Seite. Durch das Bündnis und die Entsendung von Mittelsmännern hat Rom also auch den Iberos-Vertrag gebrochen – insgeheim, ohne förmliche Worte oder deutliche Taten. Läßt Hannibal nun Zakantha gewähren, wird Iberien nie wieder zur Ruhe kommen; bestraft er die Stadt, müssen die Römer zugunsten ihrer Bundesgenossen eingreifen. Auch Hasdrubal, dessen Angebote von Zakantha abgelehnt wurden, hätte hieran nichts ändern können – allerdings wären ohne seinen Tod die von ihm geschlossenen Bündnisse nicht so schnell zerbrochen. Er war ein großer Mann und erst vierzig Jahre alt, und auch aus der Ferne hat er, wie du besser weißt als ich, die Geschicke der Partei in Qart Hadasht gelenkt. Hannibal ist heute schon ein wenig größer; er ist schneller, erkennt die Dinge noch genauer, begeistert die Menschen noch mehr. Aber Hannibal ist in Iberien aufgewachsen und kann im Spiel um die Macht in Qart Hadasht Hasdrubal nicht ersetzen.

Es liegen schlimme Jahre vor uns, Freund – vielleicht schlimmer, als selbst ein finsteres Gemüt ahnen kann. Ich weiß, daß tausend Dinge zu regeln sind, daß ich heimkehren sollte, aber auch hier geht es um vieles, wenn nicht um alles. Ich versuche, den Zusammenbruch unserer Geschäfte zu verhindern – und du weißt, wieviel sie ausmachen; daneben bemühe ich mich, Hannibals Vertreter Hanno – ein guter Mann trotz des Namens – und die beiden Abgesandten des Rats der Ältesten, Myrkan und Barmokar, ein wenig zu unterstützen. Ich will kommen, sobald ich kann; bis dahin flehe ich dich an, Freund, und befehle dir, Verwalter der Sandbank: Kümmere dich nur zur Hälfte um unsere Geschäfte. Mit der anderen, zur Zeit wichtigeren Hälfte, notfalls mit viel Gold und Silber, suche darauf einzuwirken, daß der beste Mann, wer immer es sei (wie wäre es mit Bomilkar?) die Führung der barkidischen Partei übernimmt, bedingungslos unterstützt von allen anderen. Es muß muß muß einer da sein, der Hanno dem Großen entgegentreten kann, wenn die Lawine zu rutschen beginnt und der Sandsturm losgeht. Du weißt, wer die Lawine losgetreten hat – Rom; und du weißt auch, daß der Senat bereits Sand sammelt, um ihn vor dem Blasebalg aufzutürmen. Mancher mag nun sagen, daß wir uns kratzen, wo es noch nicht juckt; ich beschwöre dich, diesen deutlich zu machen, daß es nur drei Dinge gibt, die uns bleiben. Untergang, wenn Zakantha mit Roms Hilfe wühlen darf; Friede, wenn Qart Hadasht fest bleibt und sich stark macht; Krieg, wenn auch nur ein Ratsherr schwankt und Rom eine Lücke sieht.

10. ZAKANTHA

»Arme Schweine. Wer sich auf Rom verläßt...« Sosylos starrte zu den Zakanthanern hinüber. Es waren die vornehmsten der Überlebenden, vielleicht zwei Dutzend Männer und Frauen, abgekämpft, rauchgeschwärzt, verwundet.

Die Stadt, im achten Mond der Belagerung endlich gefallen, brannte noch immer. Der eisige Nordwestwind trieb dicke Schwaden über die Ebene und zum Hafen. Das Land, längst geplündert und verwüstet, trug nur noch eine Art Frucht, die Zelte und Kriegsgeräte der Punier. Am Kai, an den vier Molen und vor dem Hafen lagen mindestens dreihundert Schiffe. Aasgeier; wie bei jedem begrenzten Krieg hatten sich Händler aus allen Gebieten des Meers eingefunden, um auf die eine oder andere Weise zu verdienen. Vor allem seit Hannibals Ankündigungen; seit jeder wußte, was mit der Stadt und ihren Bewohnern geschehen würde. Alle Reichtümer, alle Waffen, aller bewegliche Besitz sollte an den punischen Staat fallen; die Bewohner würden den Kriegern des Heers ausgeliefert, die Vornehmen, soweit sie nicht gefallen waren, nach Libyen gebracht.

Die neue *Schwinge des Westwinds* schaukelte leicht, als eine Bö sie erfaßte. Die bastgefüllten Säcke knirschten an der Kaimauer. Antigonos gähnte und rieb sich die Augen. Er hatte zwar nicht das Entsetzen, aber dessen Überbleibsel gesehen, zwei Tage lang. Die von Hannibal erbetenen Listen waren fertig. Die Leute des grauhaarigen Versorgungsmeisters Hasdrubal mochten brauchbare Schätzungen abliefern können, aber Hannibal wollte das Gutachten des Freundes und Händlers haben, und Antigonos hatte es schweren Herzens erstellt. Der Spartaner Sosylos, längst nicht mehr Hannibals Lehrer sondern Chronist, war ihm mit Papyros, Tinte und Ried behilflich gewesen.

»Ich verstehe immer noch nicht, warum sie zuerst einen derartigen Wirbel gemacht haben und dann...« Sosylos drehte die Innenfläche seiner linken Hand aufwärts. »Nichts.«

Antigonos hob die Schultern und schwieg. Er blickte wieder hinüber zu den Resten der großen reichen Stadt, dreitausend Schritte vom Hafen entfernt, für die Ewigkeit gebaut und nun größtenteils zerstört. Zum Schluß hatten sich die libyschen und iberischen Kämpfer von Haus zu Haus vorarbeiten müssen. Zakantha, weit südlich des Iberos, war vier Jahre nach Vertragschluß plötzlich von den Römern zum Bundesgenossen erklärt worden. Im Vertrauen auf die mächtigen Waffen der neuen Freunde hatten die Zakanthaner mit Ränken, Listen, Bestechungen, Versprechen versucht, iberische Völker aus dem punischen Verbund zu lösen. Aber Rom schickte lediglich zwei Senatoren, Publius Valerius Flaccus und Quintus Baebius Tamphilus, die Hannibal vor einem Angriff auf Zakantha/Saguntum warnten. Der Stratege verwies auf den Iberos-Vertrag. »Euer Senator Quintus Fabius Maximus hat nicht von Zakantha gesprochen; nach seinen Darlegungen gibt es keine römischen Bundesgenossen südlich des Iberos. Zakantha liegt mehr als sieben Tagesmärsche südlich dieses Flusses. Überdies hat Zakantha Feindseligkeiten uns gegenüber begonnen und bisher nicht beendet; wir haben uns nur mit Worten gewehrt.« Die Römer reisten weiter nach Qart Hadasht; Bostar berichtete ausgiebig über die Verhandlungen im Rat. Es war eher eine Rechtsauslegung denn ein Gespräch gewesen. Im Vertrag zwischen Hamilkar und Lutatius, nach dem Sizilischen Krieg, seien alle beiderseitigen Bundesgenossen unter den Schutz der jeweiligen Vertragspartei gestellt worden, und dies gelte auch für Saguntum, sagten die Römer; eben dies gelte nicht, sagten die Ratsherren von Qart Hadasht, denn Verträge könnten nur zur Zeit des Abschlusses bestehende Bündnisse berühren, und damals sei Zakantha keineswegs römischer Bundesgenosse gewesen. Was, wenn Qart Hadasht plötzlich eine keltische Stadt in Norditalien zum Bundesgenossen erhöbe und den Lutatius-Vertrag auf sie anwendete? Außerdem habe Rom im Iberos-Vertrag alle Gebiete südlich des Flusses preisgegeben. Aber, sagten die Römer, der Iberos-Vertrag sei weder in Rom noch in Karthago von Volk und Rat gebilligt worden. Unsinn, sagten die Punier; anders als beim Lutatius-Vertrag sei eine förmliche Ratifizierung durch Rom und Qart Hadasht nicht vorgesehen gewesen. Ebenso wie die römischen Decemviri unter Fabius sei der Stratege Hasdrubal zu Vertragsabschlüssen bevollmächtigt gewesen, und die jahrelange Einhaltung des Vertrags durch beide Seiten komme einer Ratifizierung gleich.

Aber es ging eigentlich nicht um rechtliche Fragen; als die beiden Römer Qart Hadasht erreichten, hatte Hannibal bereits mit der Belagerung von Zakantha begonnen, und nachdem rechtliche Begründungen nicht haltbar waren, ließen die Römer die Maske fallen, wollten nichts mehr von den Verträgen hören und verlangten schlicht Hannibals Auslieferung. An dieser Stelle der Verhandlungen, wenn es denn Verhandlungen waren, trieb Hanno der Große mehr als die Hälfte seiner eigenen Partei ins Lager der Barkiden, indem er vor den Römern kuschte, Hannibals sofortige Auslieferung beantragte, damit »dieses kleine Feuer nicht einen großen Brand verursacht«, eine Geste der Demut in Form einer Ratsgesandtschaft nach Rom vorschlug und die Rücknahme aller punischen Truppen in Iberien auf eine neue Grenze weit südlich, in Höhe des neuen Qart Hadasht, anregte. Mit wenigen Ausnahmen stimmte der gesamte Rat von Qart Hadasht dagegen, doppelt empört über die römische Anmaßung und Hannos Kriecherei.

Tausendmal hatte Antigonos alles bedacht. Zu Müdigkeit und Entsetzen kam eine immer weiter zunehmende Verwirrung. Sosylos' Geste faßte die Dinge recht gut zusammen. Rom hatte Truppen und Kriegsschiffe sowie ausreichende Bestände an Transportseglern – aber Rom führte Krieg gegen die Illyrer und ließ die zuvor so umständlich aufgebauten Bundesgenossen in Zakantha allein. Zu Beginn der Belagerung hatte Hannibal alles für zwei Monde Maharbal übergeben, um mit eilig zusammengezogenen Truppen im iberischen Binnenland zwei wichtige Völker niederzuwerfen, ehe sie voll zum Abfall gerüstet waren. Seine Kundschafter nahmen massaliotische Spitzel und Aufwiegler fest, deren eigentliche Auftraggeber in Rom saßen. Durch Hannibals unerwartetes Auftauchen wurde das Problem mit den Orissern und Karpesiern beendet, aber ebenso durch das Ausbleiben jeglicher römischen Hilfe.

»Wenn man nur wüßte«, sagte Antigonos mit spröder Stimme, »was Rom wirklich will. War der ganze Wirbel um Zakantha, die Gesandtschaft, der Streit um die Verträge, war das alles nur ein großes Wortgefecht? Ohne Folgen? Dafür war es zuviel. Aber warum haben sie fast neun Monde nichts unternommen, außer Krieg gegen die Illyrer? Wenn sie wirklich einen Fuß nach Iberien setzen wollen – eine bessere Speerspitze als Zakantha, mit Hafen und Hinterland und Festung, können sie nie bekommen. Und davon ist jetzt nichts mehr übrig. Was soll das alles? Es ist wie ein wirrer Traum, aus dem man erwachen möchte, um ihn zu ordnen und zu bedenken.«

Sosylos deutete auf die zahllosen Händlerschiffe. »Die da träumen nicht. Sie werden gute Geschäfte machen.«

Antigonos nickte. Der Meister der Versorgung, Hasdrubal Sohn des

Mula, hatte wie immer alles bestens eingerichtet. Die Truppen hatten ein wenig plündern dürfen, das meiste jedoch abliefern müssen, und was sollten die siebzigtausend Kämpfer mit den etwa vierzigtausend Überlebenden in Zakantha anfangen, die Hannibal ihnen überließ? Hasdrubal hatte vorgeschlagen, sie als Sklaven zu verkaufen und den Erlös an die Truppen zu verteilen.

Rom, Qart Hadasht, das brennende Zakantha, die Händler, die Sklaven, die Toten; all dies bestritt einen verwickelten und undurchschaubaren Rundtanz in Antigonos' müdem Gehirn. Und natürlich Hannibal, den er seit Monden immer nur flüchtig gesehen hatte und dessen weitere Pläne er nicht kannte. Langsam, mühsam stand er auf. Er stützte sich auf den kleinen Tisch. Das Achterdeck unter ihm schien zu bocken.

Sosylos betrachtete ihn mit zusammengekniffenen Augen. »Du siehst plötzlich sehr alt aus, Freund der Barkiden.«

Antigonos lächelte bitter. »Es steht einem Händler auch zu, der in wenigen Monden die fünfzig Jahre vollenden wird. Und die tanzenden Gedanken machen nicht jünger.«

Am folgenden Tag kamen noch mehr Handelsschiffe auf der Reede von Zakantha an. Die umgebaute, erweiterte *Hauch der Kypris* war bei ihnen. Antigonos verbrachte die nächsten Nächte mit Argiope. Sie kaufte einige kleinere Gegenstände aus dem Plündergut, dazu fünf große, schlanke Zakanthanerinnen, die sie für fünfzehn Minen erstand und auf einem großen Sklavenmarkt, vielleicht in Rhodos, für das Doppelte feilbieten würde. Aber sie waren eine Nebensache. Die wichtigere Ware zeigte sie Antigonos am Abend des vierten Tages, als das große Feilschen sich dem Ende näherte und ein Teil der zuletzt über sechshundert großen und kleinen Handelsschiffe wieder abgefahren waren – zurück nach Qart Hadasht, nach Ebyssos, Gadir, dem neuen Qart Hadasht, nach Akragas und Panormos, Syrakosai und Leontinoi, Epiros, Korinthos, Alexandreia, aber auch nach Massalia, Neapolis, Taras und Rhegion.

Unter den hübschen Kleinigkeiten und besseren Kleinodien – eine kyprische Vase aus blauem Glas, durchwoben mit Kupferfäden; Elfenbeinschnitzereien; bemalte iberische Eisenamulette; Silberschmuck – entdeckte Antigonos einen Gegenstand, der ihn zunächst mit Mißtrauen, dann mit Begeisterung erfüllte. Es war eine sitzende Gestalt, etwas mehr als armlang, unförmig, mit Pech bestrichen, unter dem Gips zum Vorschein kam.

»Was ist das?«

Argiope breitete die Arme aus. »Ich weiß es nicht genau. Ein Gipsabdruck irgendeiner Statue. Zwei *shiqlu* habe ich dafür bezahlt. Warum?«

Antigonos kaute auf der Unterlippe. Langsam ließ er sich auf das breite Lager unter dem Achterdeck der *Hauch der Kypris* sinken. »Eigentlich nur so. Meine Händlernase, du verstehst.«

Argiope klappte den Deckel der Truhe zu und setzte sich darauf. Nur die schwarze Figur behielt sie in den Händen. Sie war schwer – schwerer als Gips und Pech zusammen sein konnten. »Was sagt deine Nase?«

Antigonos lächelte und legte den Finger an Argiopes Nasenspitze. »Reden wir als Händler – oder als Nachtgefährten?«

Sie hob die Brauen. »Noch bin ich angezogen.«

»Kann man ändern.« Antigonos öffnete seinen Gürtel, legte ihn ab, wickelte sich aus dem nebelnassen Winterumhang und zog den Chiton aus.

Argiope sah zu, grinste leicht und begann sich zu entkleiden. Die schwarze Figur saß auf den Planken, zwischen den Beinen der Damaskenerin. »Und weiter?«

»Wenn es das ist, was ich kaum zu glauben wage, wäre es ein gutes Geschenk für Hannibal.«

»Sprich – Nachtgefährte.« Sie kam zu ihm, kniete sich auf das Lager und zupfte an seinem Schurz. Er beugte sich vor und berührte mit der Zunge ihre linke Brust. »Manches«, sagte er undeutlich, »wird durch Alter nur kostbarer – du, zum Beispiel. Ich verstehe Männer nicht, die nur junge Mädchen wollen statt Frauen, die gut gelebt haben und in den vielerlei Möglichkeiten des köstlichen Todes auf dem Beilager erfahren sind.«

»Sollte man sein, Mitte der Vierzig«, sagte Argiope. »Aber worauf willst du hinaus, abgesehen von Schmeicheleien und dem Nächstliegenden?«

Antigonos deutete auf die schwarze Figur. »Es gibt auch Leute, die neue Statuen oder Skulpturen den alten vorziehen.«

»Ah.« Sie schwang die Beine über die Lagerkante und starrte die sitzende Pech-Gips-Figur an. »Du meinst, darin steckt etwas Besonderes?«

»Darf ich?« Er zog den alten ägyptischen Dolch aus der Scheide.

Argiope nickte. »Aber behutsam.«

Antigonos begann zu kratzen, zu schneiden, zu bohren. Ein größeres Stück des pechbestrichenen Gipses löste sich, dann noch eines. Schließlich legte Antigonos den Dolch beiseite. Behutsam, fast andächig hob er die schwere Skulptur hoch. Argiope kniete hinter ihm, das Kinn auf seine rechte Schulter gelegt.

»Niemand kann es mit Sicherheit sagen«, murmelte er, »aber dies hier scheint echt zu sein.«

»Erleuchte mich, Nachtgefährte. Und schnell. Gewisse Dinge warten.« Sie legte die Arme von hinten um seine Hüften.

»Der Sitzende Herakles von Gades«, sagte Antigonos leise. »Bronze. Vielleicht hundert Jahre alt – eine der letzten großen Arbeiten des unvergleichlichen Lysippos von Sikyon.«

Argiope streckte die Hände nach dem kostbaren Kunstwerk aus. »Du meinst, es ist wirklich echt?«

»Echt und unbezahlbar. Warum sonst sollte der Besitzer es in Gips und Pech versteckt haben? Schau es dir an, Gespielin des Nachtwinds – die Linien des Körpers, die Muskelstränge, der lange schmale Kopf. So hat nur Lysippos gearbeitet. ›Nicht wie die Menschen sind, sondern wie ich sie sehe.‹ Oder die Götter, in diesem Fall.« Er wiegte den Oberkörper vor und zurück; mit halbgeschlossenen Augen sprach er die alten punischen Zeilen.

> *Liebend geliebt wie der Melqart von Gadir: sehr.*
> *Sorglos im Sitz wie der Melqart von Gadir: immer.*
> *Sterben wie der Melqart von Gadir: nie.*

»Und du willst diesen Gott Hannibal geben?« Argiope setzte die Figur auf den Boden.

»Wenn er mir gehörte – ja.«

»Unbezahlbar, sagst du?«

»Vollkommen unbezahlbar.«

»Dann muß ich ihn dir wohl schenken.« Sie legte die Hand um Antigonos' Nacken, ließ sich aufs Lager sinken und zog ihn mit. »Danach.«

Tage vergingen, bis die Ebene vor der zerstörten Stadt sich wirklich leerte. Mit dem günstigen Nordwestwind des Winters hatten die meisten Händler Reede und Hafen bereits verlassen. Auch Argiope. Antigonos hatte mit ihr warme Wälle gegen die Nacht errichtet; ohne sie brachen die

Dinge und die ungeklärten Fragen wieder über ihn herein. Mehr und mehr fühlte er sich wie ein richtungsloses Stück Treibgut am Rand eines ungeheuerlichen Strudels.

Hannibal schien nie zu schlafen. Er beaufsichtigte die Verteilung des erlösten Geldes an die Truppen, diktierte Briefe an den Rat von Qart Hadasht, an seine Brüder Hasdrubal und Mago im Mündungsgebiet des Baits, wo sie die Turdetaner niederwarfen, schickte Boten zu Wasser und zu Land aus, beriet sich mit den Offizieren und den Männern der Verwaltung, sprach mit Unterführern und einfachen Kämpfern, ließ in den Wäldern hinter Zakantha Bäume fällen und zu den Werften von Qart Hadasht in Iberien bringen, empfing Gesandte und Fürsten iberischer Stämme, sammelte die Nachrichten seiner Kundschafter, verlegte libysche Truppen in Winterlager, die gleichzeitig bestimmte Gebiete überwachten, entließ andere Truppen in deren iberische Heimatländer. Als Antigonos nach einer durchzechten Nacht von Sosylos' Zelt zum Hafen ging, kurz vor Morgengrauen, sah er den Strategen mit einer Gruppe Balliaren an einem Feuer kauern und irgendetwas – Truppenbewegungen? – mit einem Stock in die Erde ritzen, die noch nicht völlig gefroren war. Am späten Vormittag war er mit einem Dutzend numidischer Reiter auf dem Strand, unterwegs nach Norden. Um Mitternacht hockte er auf den Fersen an einem winzigen Feuer und diktierte dem übermüdeten Sosylos einen weiteren Brief an den Rat, in dem er die Punier auf bestimmte Waren und Handelsmöglichkeiten im südlichen Gallien hinwies.

Aus der gewaltigen Beute, dem Verkauf der Überlebenden und der nicht unmittelbar nutzbaren Gegenstände hatte jeder der fast siebzigtausend Kämpfer hundert Schekel erhalten. Die vornehmsten Zakanthaner wurden mit ausgewählten Wertgegenständen nach Qart Hadasht verschifft; Kriegsgerät, Münzen, Münzmetall und den Rest des Verkaufserlöses ließ Hannibal unter starker Bedeckung nach Qart Hadasht in Iberien bringen. Bauern, Viehzüchter, Hirten und Sklaven, von denen nur der kleinere Teil Zuflucht in der Stadt gesucht hatte, kehrten aus den Bergen und dem Hinterland zurück. Auch um sie kümmerte Hannibal sich, stellte Baumeister des Heers zur Planung und Wiederherstellung von Bewässerungskanälen ab, entwarf verbesserte Befestigungsanlagen und ernannte einen jungen Offizier namens Bostar zum Herrn von Zakantha. Mit viertausend Libyern und tausend Numidern sollte er Stadt und Land sichern und wieder bewohnbar machen.

Am Abend vor seinem Aufbruch mit den letzten Truppen ins Winterlager bat der Stratege die Fürsten und Häupter der benachbarten Stämme, die Sprecher der heimgekehrten Bauern, die verbliebenen Offiziere und Verwaltungsleute und die letzten fremden Händler in die notdürftig ausgebesserten Säle der Burg von Zakantha. Offene Bratfeuer, die gleichzeitig wärmten, loderten auf den geborstenen Fliesen der weiten Räume; Fackeln und Öllampen beleuchteten die Tische und die Gäste. Spät in der Nacht saßen als letzte Hannibal und Antigonos mit den Reiterführern Maharbal und Muttines neben einem gemauerten Kamin, in dem harziges Holz knackte und prasselte.

»Ende – der Stadt, der Belagerung, des Jahres und des Fests.« Muttines' Gesicht, zerfurcht von Kämpfen, Plänen und Erschöpfung, wirkte im Flackerlicht zugleich dämonisch und zerbrechlich. Das Gesicht eines achtundzwanzigjährigen Greises. Auch Maharbal war gezeichnet, wie Bostar, der neue Herr der Stadt, der nach einem langen Rundgang zu ihnen kam und sich stöhnend setzte. Einen halben Mond vor Mittwinter waren die Nächte an der iberischen Küste eisig; der Wind aus den verschneiten Bergen des Binnenlands jaulte zwischen den Trümmern der Stadt und drang durch Lücken und Risse in die Säle. Antigonos drückte sich an die hölzerne Rückenlehne seines Stuhls und zog den schweren Wollmantel enger.

»Was jetzt, Stratege?« Muttines hob einen Pokal aus hauchdünnem Glas, hielt ihn vor die Augen und blickte durch das Gefäß und den dunklen Wein. Der Libyphöniker, in Chiton und Brustpanzer, hatte eine Wolldecke über die nackten Beine und ein Leopardenfell um die Schultern gelegt.

Hannibal blickte ins Feuer. Der Punier im grauroten Mantel wirkte als einziger der jungen Krieger so alt, wie er war. Nichts schien ihn vermindert zu haben – nicht die Kämpfe, nicht die Gewaltmärsche ins Hinterland, nicht die Verwundung an der Hüfte, auch nicht Verantwortung, Schlafmangel, Sorgen. Ihm war nur eines anzusehen: Erleichterung.

»Das hängt von vielen Dingen ab. Rom, Qart Hadasht, die Iberer. Tiggo, was sind deine Pläne?«

»Ich muß zurück. Die Bank.« Antigonos stand auf und holte den schweren umwickelten Gegenstand aus der Ecke neben dem Kamin. »Zuvor aber dies, Stratege von Libyen und Iberien.«

Hannibal verschränkte die Arme. »Was ist es, Freund?«

»Eine Erinnerung.« Antigonos entblößte die Zähne zu einer Art

Lächeln. »Es mag dich überraschen, daß diese Mahnung von mir kommt, Hannibal, da du genau weißt, wieviel ich von Göttern halte.«

Hannibal löste die Verschränkung wieder, beugte sich vor, streckte die rechte Hand aus und schnipste mit Daumen und Zeigefinger. »*So* viel. Ich weiß. Weniger als nichts. Und?«

»Die Götter sind eine Erfindung von Menschen, die das Unerklärliche erklären wollen.« Antigonos hielt die verhüllte Skulptur mit beiden Händen hoch. »Zufälle, Absurdität, Regellosigkeit. Dinge, denen auch siegreiche Feldherren unterliegen. Ein verirrter Pfeil, ein stürzender Stein, der Fehltritt eines Pferds – oder Krankheit und Erschöpfung. Du solltest gelegentlich schlafen, Hannibal.«

Maharbal kicherte. »Hannibal braucht keinen Schlaf.« Das Gesicht des Puniers verzerrte sich zu einer Maske geronnener Müdigkeit.

»Ich weiß. Aber die Götter des Schlafs brauchen Hannibal – damit nicht die Summe ihrer Gaben an die Menschheit entwertet wird durch die Mißachtung, die der Stratege ihnen entgegenbringt. Ich will dir einen Gott schenken, Freund und Sohn meines Freundes.« Er wickelte die sitzende Figur aus und reichte sie dem Barkiden.

»Der Sitzende Melqart von Gadir«, sagte Muttines ehrfurchtsvoll. »Und eine wunderschöne Arbeit.«

Maharbal pfiff leise durch die Zähne. Bostar beugte sich vor und deutete mit dem Zeigefinger. »Hellenisch?«

Hannibal hielt die Skulptur auf dem Schoß und folgte mit der Rechten sanft den Linien. »Ein Werk des unsterblichen Lysippos, du Dummkopf«, sagte er halblaut. Er setzte die Bronzefigur auf den Tisch, erhob sich, legte die Hände auf Antigonos' Schultern und blickte ihm in die Augen. »Ich weiß von *yama*, Freund Hamilkars und Kshyqtis. Daß du in der drohenden Niederlage meinem Vater die Reiter des Naravas brachtest. Daß du Hanno in Fallgruben gezerrt hast, damit er keinen Schaden anrichtet. Mir und meinen Brüdern hast du unvergleichliche Schwerter aus dem Norden geschenkt. Im Rat von Qart Hadasht hast du Hanno zerfetzt, als er nach der alleinigen Macht griff. In der Schlacht am Taggo hast du das Wasser gestaut, damit Hamilkar und seine Krieger sich retten konnten. Du hast mir Elefanten geschenkt und deinen Sohn Memnon, der in unserer Hauptstadt die Kranken und Verwundeten pflegt und heilt. Deine Freundschaft schon vor meiner Geburt – und nun der Gott von Gadir.« Er legte seine Wange an die von Antigonos und drückte ihn an sich. Der Hellene spürte die eisenharten Muskeln dieses Körpers, der ein unerschöpfliches Gefäß der Kraft war. Er spürte aber auch das leichte Beben und hörte den trockenen Schluchzlaut, gefolgt von einem lauten Räuspern.

Hannibal löste sich und schüttelte den Kopf. »Wie soll ich dir je danken, Tiggo?«

»Indem du dich gelegentlich ausruhst.« Antigonos grinste. »Außerdem könnte ein heißes Bad nicht schaden. Du stinkst, Stratege.«

»Melqart von Gadir« – Hannibal neigte den Kopf vor der Figur – »möge mir deinen schwarzen Witz erhalten.«

Antigonos setzte sich. »Mir auch. Er ist zur Zeit der einzige Leitstern, der mir noch bleibt.«

Hannibal legte die Hände um die Bronzeskulptur und starrte in die Augen des Gottes. »Wieso?«

Antigonos holte tief Luft. »Ich erinnere mich an einen alten Assyrer, der mir eine Inschrift vorlas. Es ist Jahre her; ich weiß nicht mehr, auf welchen König sie sich bezog. ›Er hat die Mitte der Stadt gefüllt mit Schweigen, auch die Vorstadt und den Hang der Berge; er hat sie wüst gemacht wie ringsum die Ebene.‹ Stratege: Die Nacht fließt über von diesem Schweigen, die Tore sind bewacht. Aber was geschieht am Morgen?«

Das Schweigen wurde fast greifbar. Im Kamin barst ein hohlgebrannter Klotz; das Knacken und die spritzenden Funken machten die Stille noch dichter und drückender.

Antigonos betrachtete Hamilkars Sohn. Auch die Augen von Bostar, Muttines und Maharbal hingen an dem Achtundzwanzigjährigen. Der schlanke kraftvolle Körper schien schmächtig; wie verloren in der eisigen Nacht, dem Schweigen und der Einsamkeit. Einen Moment hatte der Hellene die fantastische Eingebung, daß der junge Stratege mit dem uralten Gott der Städte ringe, mit der unfaßlichen Wucht und Würde all dessen, was der Sitzende Melqart barg, vor über tausend Jahren von den ersten tyrischen Händlern in Gadir errichtet. Dann endete der Kampf; der furchtbare Schatten des Gottes wurde zu schlichter Nacht. Hannibal, der Sieger, blickte auf, und sein Gesicht, seine Augen, sein Lächeln trieben Stollen von Kraft und Wärme durch den erstickenden Berg aus Nacht und Kälte. Mit einer gleitenden, beinahe anmutigen Bewegung kniete Muttines sich plötzlich auf den Boden und berührte mit flach ausgestreckten Händen den Saum von Hannibals Mantel. Als er aufblickte, waren alle Spuren von Müdigkeit aus seinem Gesicht verschwunden. Er sagte nichts; seine Augen glühten.

»Die Nacht ist kalt, aber der Hades ist vielleicht zu heiß, Muttines«, sagte Antigonos. »Fordere Hannibal nicht auf, dich dorthin zu führen – er bringt es am Ende fertig.«

Sie lachten; Muttines setzte sich wieder. Aber der Bann blieb, wurde eher stärker. Hannibal war die Mitte des Raums. Wenn nun ein Stein aus dem Kamin bräche, dachte Antigonos, fiele er nicht zu Boden, sondern zu Hannibal. Wieder fühlte er sich am Rand eines unermeßlichen Strudels, größer als der Okeanos, unüberschaubar und alles zermalmend. »Erklär mir den Strudel des Morgens, Stratege.« Er flüsterte es beinahe.

Hannibal begriff und schüttelte leicht den Kopf. »O Tiggo – er ist nicht zu erklären. Er setzt sich aus zu vielen Dingen zusammen, die schwimmen, ohne es zu wissen; die mitgerissen werden und meinen, sie steuerten alles. Der Niedergang der Etrusker, die Schwäche von Hellas, die Albernheit der Könige des Ostens, die Stärke Roms, getrieben von einer düsteren Wut.« Er machte eine weitausholende Armbewegung. »Dies alles, Iberien, ist nur ein Wall, den mein Vater errichtet hat, damit Qart Hadasht nicht vom Strudel erfaßt und verschlungen wird. Und der Wall hat Lücken. Wir werden zwei Jahre brauchen, um ihn wieder so fest zu machen, wie er vor Hasdrubals Tod war. Aber diese zwei Jahre wird man uns nicht geben.«

Maharbal beugte sich vor. »Was weißt du?«

Hannibal legte die Hände um den Kopf der Bronzefigur, als wollte er dem Gott die Ohren zuhalten. »Seit gestern weiß ich es«, sagte er mit scheinbar ungerührter Stimme. »Rom hat Gesandte nach Qart Hadasht in Libyen geschickt. Der Führer ist Quintus Fabius Maximus, und diesmal gibt es keinen Hasdrubal, der ihm das Gehirn aus dem Kopf reden kann. Nach allem, was unsere Leute in Italien erfahren haben, wird er sich auch nicht auf Gespräche über die Auslegung von Verträgen einlassen. Er wird den Krieg erklären.«

Antigonos ging im Morgengrauen an Bord. Die *Schwinge des Westwinds* verließ die Mole und stach in See. Auf dem breiten Lager unter dem Achterdeck wälzte er sich stundenlang herum, ohne Schlaf zu finden. Die vergangene Nacht mit ihren endlosen verwickelten Gesprächen erschien ihm immer geisterhafter; erst nach und nach begriff er, daß Hannibal bestimmte Dinge absichtlich ausgelassen oder kreisend umschwiegen hatte. So, daß Antigonos sie langsam erschließen konnte; aber die jungen Offiziere, die im Winter und im Frühjahr wichtige Aufgaben zu erfüllen hatten, sollten ihrer Arbeit nachgehen, ohne von den tausend wider-sprüchlichen Überlegungen, Möglichkeiten und Unmöglichkeiten wie von Fallstricken behindert zu werden.

Hannibal hatte einen großen Teil der Beute aus Zakantha und die Vor-nehmsten der eroberten Stadt nach Qart Hadasht in Libyen geschickt; mit der Annahme dieses Tributs würde der punische Rat das Band zwischen Stadt und Stratege unlösbar festschlingen und könnte sich nicht von Hannibals Unternehmungen in Iberien lossagen. Nach kurzem Aufenthalt (»und ein paar heißen Bädern, Tiggo – auch zur Freude von Imilke«) im iberischen Qart Hadasht wollte Hannibal nach Gadir fah-ren, zu Schiff, um ein Gelübde einzulösen. Es war bedeutungslos, daß der Stratege den Kosmos für absurd, die Götter für erfunden und das Leben für einen ewigen Zweikampf zwischen Wille und Fähigkeit des Menschen und Unbill des Zufalls hielt; seine Krieger aus fünfhundert verschiedenen Völkern wollten ihre fünftausend verschiedenen Götter geehrt sehen und ihren Feldherrn von den himmlischen Mächten begün-stigt wissen. Deshalb die Reise zum Melqart von Gadir; deshalb in jedem Lager Hannibals das Zelt mit den zahllosen Statuen, Bildnissen und Amuletten. Melqart, der auch Herakles war, erdacht von trostbedürfti-gen Menschen und geformt von den feinsinnigen Fingern des großen Lysippos, würde in Zukunft einen Ehrenplatz unter ihnen einnehmen.

Hannibals angedeutete Erklärung für Roms Verhalten war ver-blüffend einfach, und je länger Antigonos darüber nachdachte, desto mehr überzeugte sie ihn. Ziel des Senats sei es, die Starken zu schwächen, bis man sie vernichten oder zu willfährigen Vasallen machen und schließ-lich eingliedern konnte, bis Rom die Welt, bis die ganze Oikumene Rom sein würde. Der Iberos-Vertrag hatte beiden Seiten Zeit gebracht; Rom hatte sie genutzt, um in Norditalien und Illyrien vorzugehen, Sizilien zu festigen und die Legionen zu erproben. Die Punier hatten die italischen Kelten gegen Rom aufgewiegelt, Rom die Iberer gegen Qart Hadasht. Nach den Listen des Senats konnten Rom und seine italischen Bundes-genossen – Sabiner, Etrusker, Umbrer, Sarsinaten, Veneter, Cenomanen, Latiner, Samniten, Iapygen, Messapier, Lukaner, Marser, Marruciner, Frentaner, Vestiner – insgesamt an Waffenfähigen siebenhunderttau-send Mann zu Fuß und an die siebzigtausend Reiter aufstellen. Mit ihren über zweihundert Kriegsschiffen beherrschten sie das Meer von Massa-lia bis Sizilien. Sobald der Senat eine Schwäche des Gegners sah und einen halbwegs vertretbaren Grund fand, sie auszunutzen, würden der

Lutatius-Vertrag und der Iberos-Vertrag nicht einmal den Papyros wert sein, auf dem sie standen. Bis hierhin war für Antigonos nichts Neues in Hannibal Überlegungen; verblüffend war allein die Erklärung, weshalb Rom nicht längst angegriffen hatte: Parteiengezänk und Widerstand seitens bündnistreuer Römer. Während des Großen Sizilischen Kriegs hatte es viele römische Bürger gegeben, die den Krieg für unsinnig hielten; erst jahrelange Hetzreden der Rhetoriker und abstruse Greuelgeschichten – etwa, Regulus sei von den Puniern zu Tode gefoltert worden – hatten dem Senat den gnadenlosen Vernichtungskrieg bis zum Ende ermöglicht. Als im Libyschen Krieg Qart Hadasht vor dem Untergang stand, drängten Teile der römischen Bevölkerung ihre Führung dazu, die Punier mit Getreide und anderem zu beliefern und die Angebote der Aufständischen auf Sardonien abzulehnen; erst Brandreden, zwei Jahre lang gehalten, über den Wiederaufstieg den bedrohlichen von Qart Hadasht hatten den Widerstand gebrochen. Bei Beginn der Belagerung von Zakantha hatten wiederum Teile der römischen Bürgerschaft auf einer Achtung des Iberos-Vertrags bestanden und den Frieden zwischen Rom und Qart Hadasht beschworen; erst jetzt, durch tränenreiche Reden über schnöde verratene Verbündete, war es den Rhetoren der Kriegstreiber gelungen, den Vertrag und seine Verpflichtungen ebenso abzuwerten wie die auf dem Papyros bestehende Freundschaft.

Nicht undurchschaubare Berechnungen eines verschlagenen Gegners, sondern innere Widerstände waren Ursache für die seltsamen Schwankungen der letzten Jahre. Zwei Jahre, hatte Hannibal gesagt, brauche er, um den Wall wieder sicher zu machen, aber wahrscheinlich würde Rom ihm diese Jahre nicht geben. Er schien mehrere Möglichkeiten vorauszusehen. Entweder geschah ein Wunder, Roms Gesandte ließen sich auf die geltenden Verträge festlegen, nach denen Zakantha im punischen Einflußbereich lag, und der Friede blieb erhalten; oder Rom erklärte, mit Zakantha als Vorwand, den Krieg. Wenn es zur Kriegserklärung kommen sollte, gab es ebenfalls mehrere Möglichkeiten: Rom beschränkte sich auf Flotteneinsätze und ließ alles nach kurzem Geplänkel einschlafen, weil die Ehre gerettet war – das war die sinnvollste und darum unwahrscheinlichste Möglichkeit. Oder Rom schickte Truppen nach Iberien. Oder Rom griff Qart Hadasht unmittelbar an, in Libyen. Oder beides.

Und das Dilemma des Strategen von Libyen und Iberien war, daß er mit kaum einem Zehntel der Mannschaften, die Rom einsetzen konnte,

Vorkehrungen gegen all diese Möglichkeiten treffen mußte und nicht gleichzeitig treffen konnte. Um Iberien schnell zu sichern, müßte er den letzten Rest des Iberos-Vertrags zerfetzen und den Grenzfluß überschreiten, die dortigen Völker unterwerfen oder zu Bundesgenossen machen und so Rom die Möglichkeit nehmen, ungestört Truppen zu landen. Dazu würde er alle Kräfte brauchen, auch die in Libyen liegenden Truppen. Sicherte er Libyen, mußte er Iberien entblößen. Versuchte er, beide zu sichern, konnte er mit ausgedünnten Truppen wahrscheinlich nicht einmal den Iberos halten. Ließ er in aller Eile noch mehr Schiffe bauen, mußte er, da es keine verfügbaren Mannschaften gab, große Teile seiner Landtruppen aufs Meer schicken. Der große Sizilische oder Römische Krieg, den Hannibals Vater zum bitteren Ende hatte führen müssen, war fern von Qart Hadasht ausgetragen worden. Dieser neue Krieg, wenn er denn ausbrechen sollte, würde auf punischem Boden stattfinden, begleitet von neuen Aufständen in Libyen und Iberien. Sizilien war fest in römischer Hand. Angesichts der römischen Flotte gab es keine Möglichkeit, Truppen dorthin zu schaffen. Italien selbst war vollkommen unangreifbar. Das große und reiche Massalia, Bundesgenosse und im Kriegsfall Stützpunkt der Römer, konnte die Küstenstraßen sperren, und auch jenseits von Massalia genügten auf den schmalen Streifen flachen Landes zwischen Meer und Bergen wenige Legionen, um alles abzuriegeln; außerdem konnten Roms Schiffe überall Truppen an Land setzen.

So blieb nichts, außer der hageren Hoffnung auf Friede und der fetten Wahrscheinlichkeit eines Verteidigungskriegs gegen einen übermächtigen Feind, der Schauplatz, Geschwindigkeit und Art der Auseinandersetzung bestimmen konnte.

»Deshalb Friede um jeden Preis, Metöke.« Hanno lächelte beinahe gütig; fast hätte er die Hand ausgestreckt und Antigonos' Arm getätschelt, den der Hellene eben noch vom Tisch ziehen konnte.

Die *Grotte der säuerlichen Genüsse* lag gleich weit von *tofet* und Hafen entfernt und ein wenig nördlich von beiden, an einem Platz nahe der Großen Straße. Um diese frühe Mittagsstunde war die Schänke spärlich besetzt: vier weitere Tische mit Gästen, insgesamt elf Männer und drei Frauen. Das Licht der Fackeln, die das kühle Gewölbe erhellten, spiegelte sich auf den glatten, mit Harz und Wachs behandelten Holzflächen und in den glasierten Gefäßen. Mit einem Teil seiner Gedanken war

Antigonos bei den Bergen von Kohl, gedünstet in Weinessig, Zwiebelsaft und Limonenscheiben, bei dem sauer eingelegten Lauchgemüse, den Salzfischen, dem von in Salzwasser gekochten Algen eingerahmten, säuerlich marinierten Pferdebraten, dem in Buttermilch ruhenden, mit Zwiebelringen und Gurken belegten Schenkel eines Masthundes und all den anderen Dingen, die Hanno bereits verzehrt oder noch vor sich stehen hatte.

Antigonos beschränkte sich auf Wein mit Kinnamon und warmem Wasser, Fladenbrot und ein wenig kalten ungesäuerten Braten. »Allein der Anblick verursacht mir Sodbrennen«, sagte er mit einer wegwerfenden Handbewegung.

Ein anderer Teil seiner Gedanken war bei den Römern, die sich lange im südlichen Italien und auf Sizilien aufgehalten hatten und erst am Vorabend angekommen waren. Mit dem Rest seines Denkens war er bei Hannibal in Iberien und bei einem Versuch, Hannos Gründe für diese Begegnung zu erraten.

»Sodbrennen? Ah, so geht es mir im Geiste, wenn ich den Namen Hannibal höre.« Hanno fuhr sich mit dem Handrücken über den Mund und tupfte dann einen Speiserest vom Ring an seinem Mittelfinger. Der Stein war tiefblau.

»Ich stimme dir in gewisser Weise zu, was deine Sicht der Ausgangslage des Kriegs angeht – wenn es zu einem Krieg kommt. Aber, großer Hanno, was geschieht, wenn du den Preis für jeglichen Frieden zahlst? An welche Preise denkst du?«

Der Punier lehnte sich einen Moment zurück und schob die Filzkappe zurecht. Der ehemals weiße Bart war kastanienbraun gefärbt. »Das kommt darauf an.«

»Worauf?«

»Welchen Preis unsere römischen Freunde fordern.«

»*Deine* Freunde. Ich suche meine etwas sorgfältiger aus.«

Hanno lachte leise. Er tauchte die Hand in die Schale mit scharf gewürzter Hirse, formte eine Kugel und schob sie in den Mund. »Gleichviel. Reden wir nicht von Freundschaft«, sagte er undeutlich. »Zwischen uns wäre es ein verfehltes Gesprächsthema, glaube ich. Reden wir von Preisen. Von vielen Preisen.«

Antigonos runzelte die Stirn. »Welche vielen Preise?«

»Die Entscheidung, die heute nachmittag beraten wird, betrifft uns alle. Und viele Preise, Metöke. Berge von Silber für einen von vornherein

verlorenen Krieg. Oder ein paar kleine Opfer, die uns, uns allen, besonders dir und mir den Handel und den Gewinn erhalten.«

»Ich glaube nicht, daß es kleine Opfer sein werden.«

Hanno breitete die Arme aus. »Eine Frage des verwendeten Maßes.
Was ist klein, was ist groß?«

»Ich bin kein Eichmeister. Welchen Preis bist du zu zahlen bereit?«

Hanno ergriff den Schwanz einer Essigsardine. »Iberien.« Er steckte
das Tier ganz in den Mund und kaute.

»Iberien? Ganz Iberien?«

Der Punier nickte und schluckte. »Seien wir ehrlich – von Iberien
haben am meisten Gewinn diejenigen gehabt, die nun den Krieg ver-
schulden.«

»Die Römer?« Antigonos bleckte die Zähne.

»Die Barkiden«, sagte Hanno ungerührt. »Wir haben alle mitverdient,
natürlich; aber das iberische Silber diente vor allem dazu, den bestech-
lichen Pöbel auf die Seite von Hasdrubal, Hannibal und dem Ratsherrn
Bomilkar zu ziehen.«

Antigonos lachte. »O großer Hanno – wir beide wissen sehr wohl, daß
die Zustimmung des Volks von milden Gaben abhängt. Ich denke an die
zahlreichen Feste, die du auf der Agora gegeben hast. Wirfst du nun den
Barkiden vor, daß sie dasselbe getan haben wie du?«

»Ich werfe es ihnen nicht vor. Macht, Metöke, kommt nur dem zu, der
sie bezahlen und verwenden kann. Ich habe gezahlt – die Barkiden haben
gezahlt. So weit ist es ein altes und folglich ehrwürdiges Spiel. Aber nun
werden wir alle bezahlen müssen. Die Steine von Saguntum werden auf
unsere Köpfe fallen.«

»Zakantha, Hanno. Es ist keine lateinische Stadt.«

»Ein römischer Bundesgenosse, Metöke. Wir sollten abwägen.«

»Wäge, Punier – ich lausche.«

Hanno nickte und beugte sich vor. Er stützte die Ellenbogen auf den
Tisch und hob die einzelnen Finger der Rechten, während er sprach.
»Erstens: Statt alles durch Krieg zu vernichten und zu verlieren, werden
wir versuchen, uns möglichst viel Handel und Land zu bewahren. Zwei-
tens: Wir bieten Rom an, eine Linie vom Vorgebirge nördlich des alten
Mastia nach Westen zu ziehen. Südlich dieser Linie liegen auch die Sil-
bergruben. Nördlich soll Rom walten. Drittens: Eine Entschädigung in
Höhe der Beute aus Saguntum wird gezahlt – an Rom; der Senat kann die
Stadt, die dann im römischen Teil Iberiens liegt, wieder aufbauen und die

überlebenden Bewohner zurückführen. Viertens: Die Stärke der Truppen in Iberien wird herabgesetzt – sagen wir, auf ein Drittel. Das kann Rom nicht mehr bedrohen. Fünftens: Wir bieten Rom einen neuen Vertrag an – Freundschaft und ein Bündnis. Wir stellen den Römern in Kriegen Truppen und Schiffe zur Verfügung; dafür überlassen sie uns für alle Zeit Libyen.«

Antigonos spielte mit dem Messer; einen Moment lang krampfte sich seine Hand um den Griff. »Brauchst du die zweiten fünf Finger auch, oder bist du fertig, Punier?«

»Fertig.« Hanno lehnte sich zurück und ergriff den Weinpokal.

»Ich erinnere mich, daß deine Vorfahren eine derartige Forderung des Marcus Atilius Regulus abgelehnt haben – Schiffe und so weiter für römische Kriege zu stellen. Du willst also deine Stadt zum Knecht und Vasallen machen?«

Hanno trank und rümpfte die Nase. »Stolz ist eine Sache, Metöke; Gewinn und Überleben eine andere.«

»Mag sein. Ich glaube aber, daß du Rom noch immer falsch einschätzt. Wenn sie Friede und Freundschaft wollten, hätten sie den ersten Krieg nicht anfangen und uns nach dem Söldnerkrieg nicht Sardonien und Kyrnos abpressen müssen. Selbst wenn sie deine Bedingungen annehmen und keine weiteren stellen ... Libyen wäre dann nur sicher, bis sie es sich anders überlegen. Verträge mit Rom sind wie der Versuch, das Antlitz des Windes in eine Münze zu prägen. Oder ein Seil aus Sand zu flechten.«

»Laß die Dichtung beiseite, Metöke.«

»Ach, ich vergaß; bildhafte Vergleiche schmecken dir nicht besonders. Aber abgesehen davon, daß ich es für dumm und feige halte, Rom um etwas zu bitten, was Qart Hadasht gehört und Rom nichts angeht, nämlich Libyen – glaubst du im Ernst, die iberischen Silbergruben halten zu können?«

Hanno hob die Schultern. »Warum nicht?«

»Weil die Grenze in Iberien, die du vorschlägst, nicht zu halten ist. Ein willkürlicher Strich in der Landschaft, nicht gestützt auf Flüsse oder Berge oder Festungen. Außerdem: Selbst wenn man es so machen könnte, würde es sofort zu Unruhen führen. Die Iberer südlich der Grenze erheben sich, und das verkleinerte Heer kann sie nicht mehr zähmen. Ganz Iberien geht verloren, wahrscheinlich springt der Funke auch sofort auf die Numider über, und dann brennt mindestens das westliche

Libyen. Oder, was wahrscheinlicher ist: Rom setzt sich im Norden Iberiens nieder, und spätestens nach drei Jahren begreifen die Iberer des Nordens, daß sie unter punischer Herrschaft leichter und besser und freier gelebt haben. Dann erheben sie sich gegen die Römer, und der Süden wird mit hineingezogen. Statt einen Krieg zu vermeiden, beschwörst du ihn herauf.«

»Es wäre ein anderer – der mit der Räumung Iberiens enden würde.«

Plötzlich begriff Antigonos, daß der zweiundsechzigjährige Führer der »Alten« verzweifelt war; und der Hellene lachte. »Jetzt verstehe ich ... Der Rat hat die zakanthanischen Geiseln angenommen; die Barkiden haben die Beute unter das Volk verteilt. Du weißt, daß du in der Beratung heute nachmittag verlieren wirst. Und jetzt willst du, daß ich die Barkiden zwinge, den römischen Stiefel zu lecken?«

»Du kannst es.« In Hannos Gesicht regte sich nichts. Die Schlangenaugen blickten fest und kalt, aber diesmal war es nur eine Maske.

»Die beiden großen Geldmänner«, sagte Antigonos. »Hanno für die Grundherren, Antigonos für die Händler. Sie feilschen um die Zukunft der Stadt und des Erdkreises. Wenn Qart Hadasht fällt, Hanno, gehört Rom die ganze Oikumene. Oder meinst du, Makedonien kann die Legionen aufhalten? Oder Athen, Pergamon, wer auch immer?«

»Rom will das doch alles gar nicht.«

»Doch, genau das will Rom. Qart Hadasht ist der letzte Wall. Ägypten spielt das Spiel des Senats. Und Syrien? Syrien ist weit; die Seleukiden können sich in die baktrischen Berge zurückziehen. Das ganze Meer, Hanno, alle Länder unter dem römischen Stiefel; ist es das, was du willst?«

Der Punier runzelte die Stirn. »Nein – aber besser dies als untergehen.«

»Der Untergang ist nicht gewiß; die Sklaverei wohl. Nein, Hanno – ich werde die Barkiden nicht drängen, vor Fabius auf dem Bauch zu kriechen. Und du vergißt bei deinen Berechnungen eines. Einen Mann: Hannibal. Und sein Heer. Meinst du denn, selbst wenn deine Wünsche erfüllt werden, nimmt Hannibal alles so einfach hin?«

»Vielleicht wird er es hinnehmen müssen.«

Hanno hatte noch eine Idee, aber davon erfuhr Antigonos erst später. Der Hellene erreichte Bostar und den Führer der barkidischen Partei, den ehemaligen Suffeten Bomilkar, noch vor Beginn der Sitzung des

Rats. Er bat sie, Hanno reden zu lassen, und versicherte ihnen, er werde alle »Alten« in die Arme der Barkiden treiben.

Den Nachmittag verbrachte Antigonos in der Bank. Es gab kaum Kunden; über der Stadt lag eine unsichtbare Bleischicht. Aus seinem Fenster sah er, daß im Hafen kaum gearbeitet wurde; Händler, Stauer und Handwerker saßen in kleinen Gruppen herum und redeten. Alle wußten, was im Ratsgebäude vorging.

Die Wintersonne war bereits gesunken, als Bostar die Bank betrat. Antigonos war unten; er hatte die Mitarbeiter früh nach Hause geschickt, da ohnehin nichts zu erledigen war. Ein Blick in das Gesicht seines alten Freundes genügte. Bostar wirkte grau im Licht der einzigen Lampe.

»Krieg.« Es war keine Frage, sondern eine Feststellung.

Bostar nickte, seufzte, ließ sich auf einen Stuhl fallen. »Krieg, ja. Sie wollten nichts anderes.«

»Wer *sie*?«

»Die Römer. Es war von Anfang an völlig klar.«

»Erzähl.«

»Nicht viel zu erzählen, Tiggo. Sind reingekommen, die Römer, als ob ihnen alles gehört. Die Suffeten haben höflicherweise auch römische Götter angerufen. Dann los.«

Quintus Fabius, Marcus Livius, Lucius Aemilius, Gaius Licinius und Quintus Baebius hintertrieben alle Versuche, in der üblichen freundlich unverbindlichen Weise miteinander zu reden. Fabius erhob sich, nachdem die Götter angerufen und die Sitzung eröffnet war, und fragte lediglich, ob Hannibal Saguntum auf Beschluß und Befehl des Rats von Karthago belagert habe. Bostar gab eine gute Darstellung, indem er die Halsmuskeln blähte, den Kopf dabei zwischen die Schultern zog und das Kinn vorreckte. Antigonos, der den schweren sturen Römer von den Iberos-Verhandlungen kannte, grinste müde.

»Bomilkar hat es dann ganz sauber gemacht. ›Immer mit dem Kopf durch die Wand, Römer, wie?‹ So ungefähr jedenfalls. ›Wollen wir nicht zunächst einmal die Frage erörtern, warum Zakantha belagert und erstürmt wurde, und ob der Vorgang gegen geltendes Recht und geltende Verträge verstößt?‹ Fabius stiert ihn eine Weile stumm an; dann wiederholt er seine Frage: ›Geschah es auf Beschluß und Anweisung des Rats von Karthago?‹ Alles übrigens durcheinander – mal Hellenisch, mal Latein, manchmal sogar Punisch. Baebius hat ihm punische Brocken vorgeflüstert. Bomilkar hat immer nur gelächelt, ganz beherrscht. ›Römer‹, sagt er, ›wozu die Frage? Zwischen dir und Hasdrubal wurde ein Vertrag geschlossen, in dem die Gebiete südlich des Iberos uns überlassen wurden.‹

›Nein.‹

›Nein? Was war denn der Gegenstand des Vertrags?‹

›Hasdrubal hat sich verpflichtet, nicht mit bewaffneter Macht nördlich des Iberos einzugreifen.‹

›Das heißt, daß er es südlich des Iberos durchaus darf.‹

›Es geht hier nicht um den Iberos, sondern um den Angriff auf römische Bundesgenossen.‹

›Von denen im Vertrag keine Rede war.‹

›Aber im Vertrag zwischen Lutatius und Hamilkar, Punier. Darin wurden alle Bundesgenossen beider Seiten unter Schutz gestellt.‹

Daraufhin fängt Bomilkar an zu lachen. ›Damals war aber Zakantha kein römischer Bundesgenosse, Fabius. Verträge gelten immer nur für die Dinge, die zur Zeit des Abschlusses gültig sind. Außerdem kannst du dich nicht auf den einen Vertrag berufen, um den anderen zu verwerfen. Du selbst hast ihn abgeschlossen.‹

Wieder Fabius, nach kurzem Schnaufen: ›Gab es einen Ratsbeschluß über Saguntum?‹

›Unerheblich, Römer. Zakantha liegt südlich des Iberos und hat punische Bundesgenossen angegriffen – die Torboleter zum Beispiel. Deshalb mußte Hannibal handeln, und er hat nach geltendem Recht und in Übereinstimmung mit allen Verträgen gehandelt.‹

›Den Frieden gebrochen!‹

›Wenn euch so sehr am Frieden liegt – warum habt ihr vor sechsundvierzig Jahren das eine Raubgesindel in Rhegion vertilgt, dem anderen in Messana aber geholfen – ohne uns zu fragen, ob wir böse Dinge planen? Warum habt ihr zahlreiche Friedensangebote während des Kriegs abgelehnt? Warum habt ihr mit aufständischen Mördern zusammengearbeitet, um uns Sardonien und Kyrnos zu stehlen? Warum schließt ihr überhaupt Verträge, wenn ihr nie die Absicht habt, sie einzuhalten?‹

Großer Krach, Jubel, Beifall, auch von vielen ›Alten‹. Fabius kaut auf irgendwas herum; dann sagt er:

›Gab es einen Ratsbeschluß über Saguntum?‹

Inzwischen wird das Gelächter immer lauter, wenn er die Frage wiederholt. Bomilkar sieht, daß Hanno etwas sagen will. Du hattest uns ja gewarnt. Also läßt er Hanno reden. O Tiggo, und wie Hanno geredet hat!«

Hanno der Große sprach von Friede und Freundschaft. Einen Ratsbeschluß habe es nicht gegeben, und er sei dafür, Hannibal auszuliefern. An dieser Stelle schlug Fabius ihm fast alles aus der Hand, indem er fragte, ob Hanno denn glaube, Hannibal werde sich ausliefern lassen. Als Hanno daraufhin vorschlug, Qart Hadasht zum Bündnispartner und Kriegshelfer Roms zu machen und andeutete, man könne diese neue Zusammenarbeit mit einem gemeinsamen Angriff auf Hannibal beginnen und hinfort Iberien und Libyen als zweierlei behandeln, barst beinahe das Ratsgebäude.

»Schließlich, als wieder einigermaßen Ruhe herrscht, sagt Bomilkar: ›Da'wir nun so weit sind, können wir wohl aufhören, immer nur von Hannibal und Zakantha und dem Iberos zu reden. Was wollt ihr wirklich?‹

Darauf macht der Römer aus seiner Toga einen Bausch und sagt: ›Hier bringen wir euch Krieg und Frieden. Nehmt, was ihr wollt!‹

Und einer von Hannos Leuten, vor Wut rot im Gesicht wie ein sehr garer Krebs, schreit: ›Gib uns doch, was du entbehren kannst!‹«

Antigonos lachte widerwillig. »Gut. Und? Was konnte Fabius entbehren?«

Bostar rieb sich die Augen. »Eben – Rom kann Friede entbehren. Den wollte Fabius aber nicht geben. Also ist er stehengeblieben und sah ein bißchen dumm aus.«

»Und was dann?«

Bostar zupfte an seiner Nase. »Bomilkar. Sein größter Tag, ohne Zweifel. Er steht da wie eine Statue und sagt: ›Ihr Römer nehmt immer alles, gleich ob es euch gehört oder nicht. Wir dagegen halten uns an Verträge. Qart Hadasht ist kein lateinisches Räubernest. Und von den Römern nehmen wir gar nichts. Ich glaube aber, du und deine Leute in Rom, ihr habt ohnehin längst beschlossen, uns alles zu nehmen und dafür nur das zu geben, was du in deinem Bausch da birgst: Luft. Was willst du uns geben, damit ihr uns auch die Luft nehmen könnt?‹

Daraufhin schüttet Fabius seinen Togabausch aus und sagt: ›Ich gebe euch den Krieg.‹«

Antigonos schwieg einen Moment. »Alles sinnlos.« Seine Stimme war brüchig. »Bomilkar hat es glänzend gemacht, aber es spielt keine Rolle. Ihr hättet sagen können, was immer ihr sagen wollt – selbst der honigzüngige Hasdrubal, wenn er noch lebte, hätte sich die Lippen fransig reden können. Die Kriegserklärung war schon beschlossen, ehe Hannibal mit der Belagerung von Zakantha auch nur begonnen hatte.«

Bostar lehnte sich an die hüfthohe Trennwand zwischen Hafen- und Stadtteil des Bankraums. »Und jetzt, alter Freund?«

Antigonos schloß die Augen. »Jetzt müssen wir abwarten, was die Römer tun. Und hoffen, daß unserem Strategen etwas einfällt.«

Im Hof der neuen verstärkten Burg von Zakantha standen Iberer: edle Geiseln, Faustpfand für das Wohlverhalten benachbarter Stämme. Sie beachteten den Hellenen nicht. Antigonos ging vorbei an den stämmigen libyschen Wachtposten.

Aus den Fenstern des Besprechungsraums konnte man die Küstenebene nördlich der Stadt überblicken. Die Obstbäume blühten, aber zahlreicher als die Blüten waren die Zelte und Feuer, die Karren und Pferche, die Stapel von Kriegsgerät und Vorrat. Eine Reihe von mindestens zwei Dutzend Elefanten, jeder mit einem punischen »Inder« im Nacken, kam von der Tränke am kleinen Fluß zurück.

Antigonos berechnete, was er von Unterführern gehört hatte, zog die Hälfte ab und gab einiges dazu, da er nun erstmals von oben das Land überblicken konnte. Hannibal hatte die iberischen Truppen für den Winter nach Hause geschickt – dreifach klug, denn so brauchte er sie nicht in Lagern und Städten zu ernähren, band sie durch einen Vertrauensbeweis noch enger an sich und konnte sicher sein, daß die Kämpfer des lange stehenden Heers im Frühjahr neue Freiwillige mitbrachten. Insgesamt, so schätzte er, mußten es an die hunderttausend Mann sein, die um Zakantha lagerten.

Nach und nach erschienen alle, die zur Besprechung geladen waren. Hannibal, Hasdrubal und Mago waren lange vor Antigonos in der Burg gewesen, ebenso der Herr von Zakantha, der junge Bostar. Antigonos sah unbekannte oder kaum vertraute Gesichter, aber auch die Reiterführer Muttines, Maharbal und Himilko, den riesigen Hannibal Monomachos, den grauhaarigen Meister der Versorgung, Hasdrubal, die beiden Abgesandten des Rats der Ältesten, Myrkan und Barmokar. Außerdem Sosylos, zwei oder drei andere Hellenen, einen Ägypter, einen Makedonen, mehrere Kelten und Memnon, mit dem er vor zwei Tagen ein ausgiebiges Wiedersehen gefeiert hatte.

Hannibal klatschte in die Hände; das Gemurmel ringsum endete.

»Wir haben nun Klarheit«, sagte der Stratege. Wie so oft trug er nur den hellen Chiton, den bronzebesetzten Brustpanzer aus Leder und einen schlichten Kesselhelm. Das britannische Schwert hing an seinem Gürtel.

»Klarheit hinsichtlich des römischen Vorgehens.« Er deutete auf einen der Hellenen und zwei Kelten. »Das verdanken wir ihnen – sie haben die letzten Nachrichten gebracht.«

Er machte eine Pause und sah alle der Reihe nach an. »Die Konsuln sind Publius Cornelius Scipio und Tiberius Sempronius Longus. Der Cornelier hat Iberien erhalten, Sempronius das, was in Rom *Africa* heißt – Libyen.«

»Fein«, sagte der greise Myrkan in die gespannte Stille. »Als ob ihnen die Welt gehörte und jederzeit zugeteilt werden könnte.«

»Cornelius hat an die dreißigtausend Mann, Römer und Bundesgenossen, und sechzig Schiffe; Sempronius die gleiche Anzahl Kämpfer und hundertzwanzig Schiffe. Ihr versteht?«

Einige murmelten etwas, alle nickten. Zu den Penteren würden Lastsegler kommen, Truppenschiffe; Cornelius würde vermutlich von Rom über Ligurien nach Massalia und weiter nach Iberien ziehen, aber der Hauptstoß sollte sich gegen Qart Hadasht selbst richten. Mit dem größten Teil der Flotte und wahrscheinlich noch mehr Truppen, die Sempronius auf Sizilien ausheben konnte.

»Lilybaion«, sagte Barmokar, der andere Greis. Es klang wie ein Fluch.

Hannibal lächelte. »Ja, Freund – Lilybaion. Wir haben es gebaut und genutzt; wir wissen, wie gut der Hafen und die Festung sind. Und wir wissen, daß man von dort in drei Tagen Qart Hadasht erreicht.«

Hannibal Monomachos reckte die mächtigen Arme. »Wo schlagen wir zu, Stratege? Können wir Libyen erreichen?«

Hannibal schob die Unterlippe vor. »Mit Schnellseglern, ja, aber wir können keine ausreichend große Truppe schnell genug übersetzen, um die Römer zu empfangen. Wir haben, dank der feinsinnigen Sparsamkeit des Rats von Qart Hadasht, nicht genug Schiffe.«

Myrkan hustete, schwieg aber.

»Wo schlagen wir denn zu?« wiederholte der Zweikämpfer.

»Wo willst du zuschlagen?« sagte Hannibal. »Willst du nach Libyen schwimmen? Oder unter dem Meer nach Massalia wandern?«

Hannibal Monomachos kratzte sich den Kopf.

Antigonos' Puls beschleunigte sich; seine Schläfen pochten. ›Jetzt‹, sagte er sich immer wieder. ›Was kommt jetzt? Was hat er vorbereitet?‹ Alle starrten den Strategen an.

Hannibal beugte sich über die große Karte – zahllose Papyrosstreifen, aneinandergeklebt und auf zusammengenähte Tierhäute geleimt. Es war eine sehr genaue Karte des Meers und der umliegenden Länder; Antigonos sah, daß sogar der Umschlaghafen der britannischen Insel Vektis richtig eingezeichnet war. Wie alles andere, soweit er es beurteilen konnte: Flüsse, Stämme, Völker und Städte Iberiens, Berge und Schluchten der numidischen Länder, die keltischen Völker Galliens, der Einflußbereich der Massalioten und darin die begehbaren Küstenstraßen zwischen dem Delta des großen Rhodanos und den südlichen Alpenhängen, die keltischen Völker Norditaliens, die Städte der Ligurer, Bojer und Insubrer, die Festungen der Illyrer jenseits des Illyrischen Meers, die Grenzfesten der Makedonen.

»Hier«, sagte Hannibal. »Und hier.« Er deutete zunächst auf die See zwischen Lilybaion und Qart Hadasht, dann auf die ligurische Küste. »Sempronius rüstet sich in und um Lilybaion. Er läßt sich Zeit und macht es gründlich. Wir können kaum etwas dagegen tun. Rom hat die Flotte. Wenn wir Truppen nach Qart Hadasht schicken wollen, müssen wir tausendmal hin und her fahren, und spätestens beim zweiten Mal wird Sempronius angreifen. Und oben im Norden zieht Cornelius seine Legionen zusammen; er wird sie teils marschieren lassen, teils auf Schiffen nach Westen bringen – irgendwo hierhin, nördlich des Iberos. Nach Iberien.«

»Wenn wir die Schiffe hätten, ein großes Heer nach Qart Hadasht zu bringen!« Myrkan seufzte.

»Dann, Herr und Freund, hätte ich ein anderes Ziel.« Hannibals Augen blitzten. »Dann könnten wir das große Heer auch hierhin bringen.« Er deutete auf die italische Küste.

Nach längerem Schweigen sagte Muttines: »Herr, erhelle uns. Was willst du tun?«

Hasdrubal und Mago blickten einander an; natürlich hatte der Stratege seine Brüder eingeweiht. Alle anderen blickten auf die Karte, auf Hannibal, wieder auf die Karte.

»Wir müssen Libyen und Iberien sichern«, sagte der Stratege. »Vor allem Libyen – unauffällig und ohne Eile. Aus den Häfen im Süden sind Truppen übergesetzt worden, ebenso aus den Häfen im nordwestlichen Libyen bis zu den Säulen des Melqart.« Er zwinkerte Antigonos zu.

»Was ihr Hellenen Metagonien nennt, Tiggo. Und Befehle werden von den Feuertürmen weitergegeben.«

Er zählte auf; Sosylos schrieb. Kämpfer aus Iberien und Nordwestlibyen nach Qart Hadasht, Iberer außerdem nach Nordwestlibyen, einige weitere Libyer nach Iberien. Insgesamt zwölfhundert Reiter und dreizehntausendachthundertfünfzig Fußkämpfer aus Iberien, dazu achthundertsiebzig Balliaren, alle nach Mauretanien und Karchedon. Viertausend mauretanische und gätulische Fußkämpfer ebenfalls nach Karchedon – als Geiseln und Wächter.

»Wir haben Schiffe gebaut – Qart Hadasht braucht sie nötiger als wir, zum Schutz und zur Sicherung des Nachschubs. Der größte Teil unserer iberischen Flotte ist bereits abgesegelt.«

»Und was ist mit Iberien? Und mit den Römern?« sagte Barmokar.

Hannibal wandte sich an seinen Bruder. »Hasdrubal behält die fünfzig Penteren, zwei Tetreten und fünf Trieren, die noch übrig sind – allerdings sind nur die Trieren und zweiunddreißig Penteren bemannt. Die anderen Seeleute sind nach Qart Hadasht unterwegs.«

»Wir werden neue ausbilden.« Hasdrubal klang vollkommen gelassen, als ob es um ein Spiel im Sand des Strandes ginge.

»Außerdem« – Hannibal machte eine Pause – »sind in den südlichen Häfen Kalpe, Qart Eya und Abdarat vierhundertfünfzig libyphönikische und libysche Reiter gelandet, dazu achtzehnhundert Numider. Und elftausendachthundertfünfzig libysche Hopliten, mit erfahrenen alten Unterführern, die schon in Iberien waren. In Mastia befinden sich weitere neue Truppen, Hasdrubal – dreihundert Ligurer, fünfhundert Balliarer. Außerdem einundzwanzig neue Elefanten.«

Sosylos schrieb. Die anderen starrten Hannibal und Hasdrubal an, murmelten, zwei oder drei begannen zu sprechen.

»Und die da draußen? Die zahllosen Kämpfer?« Myrkan wies aus dem nächsten Fenster auf die Ebene. »Und willst du Qart Hadasht mit den genannten Leuten sichern – gegen dreißigtausend Römer oder mehr? Und was heißt, Hasdrubal behält dies und jenes? Behält wo? In Iberien? Was machst denn du selbst, Stratege?«

Alle standen um Hannibal herum, der plötzlich lächelte. »Qart Hadasht«, sagte er langsam, »kann eine lange Belagerung aushalten und selbst Truppen aufstellen – zu denen, die ich geschickt habe. Libyen wird nicht sofort brennen. Hasdrubal kennt von allen Iberien am besten, in Krieg und Frieden, und wird das Land lenken, sichern, schützen und mehren. Er wird weitere Bogenschützen aus Gätulien anwerben, jenseits des Meers, und neue iberische Truppen aufstellen.«

»Und du?« sagte Myrkan, nach langem sprachlosen Schweigen.

»Ich gehe mit euch und den anderen dort auf der Ebene nach Italien.«

Alle redeten wild durcheinander, fuchtelten, schrien. Die dicke tiefe Stimme von Hannibal Monomachos setzte sich schließlich durch.

»Wie?« brüllte er. Er schien den Strategen packen und schütteln zu wollen. »Wie, Mann? Ohne Flotte kannst du nicht übers Meer. Und an Land? Unmöglich, gegen Massalia und die Römer auf den engen Küstenstraßen. Das haben wir doch schon hundertmal besprochen.«

Hannibal nickte, ruhig und mit einem leichten Lächeln. »Haben wir. Aber es gibt nicht nur die Küste.« Er deutete auf Punkte in Gallien und Norditalien. »In diesem Winter waren Kundschafter und Gesandte unterwegs, um noch einmal neueste Dinge zu prüfen und mit Fürsten und Stämmen über Bündnisse und den Durchzug zu verhandeln. Bojer und Insubrer erwarten uns in Norditalien; sie werden Krieger stellen und Nahrung, außerdem Unterkunft. Auch die Völker zwischen Pyrenäen und Rhodanos sind bereit. Danach gibt es wahrscheinlich Probleme, aber sie sind lösbar.«

»Wie?« schrie der Zweikämpfer. »Wie willst du nach Italien kommen? Es gibt doch nur den Landweg und den Seeweg, und beide scheiden aus. Willst du fliegen?«

Niemand lachte. Hannibal betrachtete die Karte, als ob er sie noch nie gesehen hätte. »Es gibt einen zweiten Landweg«, sagte er dann langsam und leise. Er deutete dorthin, wo die Kartenzeichner unten offene Dreiecke aufgetürmt hatten. »Durch die Alpen.«

Sosylos' Schreibried kratzte nicht mehr. Man konnte die Schritte der Posten auf dem Gang hören; in der Ferne wieherte ein Pferd. Der Wind zerrte an den Dachschindeln und jaulte um Vorsprünge. Das dumpfe Dröhnen des windgehetzten Meers vermischte sich mit den winzigen Stimmen und Geräuschen der Zehntausende auf der Ebene. Der Tisch knackte unter der Karte.

Antigonos' Knie wurden weich; er sank auf einen Schemel.

Du magst mich zehnmal für wahnsinnig halten, aber ich bleibe dabei. Bis zum Rhodanos jedenfalls. Ich wollte längst einmal in den Süden Galliens, Massalias Hinterland bereisen, sehen, was es dort zu sehen, zu kaufen, zu tauschen gibt, meinen Bruder Attalos besuchen. Dein Sohn Bomilkar, bester aller Kapitäne, läuft im Morgengrauen aus und nimmt dieses Schreiben mit, dazu einige seltsame Gegenstände, die ich hier nördlich des Iberos gefunden oder gekauft habe. Du wirst sehen, was die groben Schnitzereien wert sind. Dieser neue Ort, den Hannibal zu Ehren des Barkas gegründet und benannt hat, verfügt über einen guten kleinen Hafen und fruchtbares Land. Den Karten und Kundschaftern zufolge sind wir etwa tausend Stadien südlich des besten Passes durch die Pyrenäen.

Von den Kämpfen kann ich nicht viel berichten, da ich sie kaum erlebt habe. Der größte Teil des Heers ebenfalls nicht. Die Ilerkonen, Ilergeten, Laketaner, Laietaner legen Hinterhalte, stellen sich aber nicht zum Kampf – sie wären auch, was du mich nennst: wahnsinnig. Beim Übergang über den Iberos waren wir sehr viele; neunzigtausend Fußkämpfer, zwölftausend Reiter, fünfzig Elefanten, Packtiere, Karren, Ärzte, Pfleger, Schmiede … Mit einem solchen Heer legt sich kein iberisches Volk offen an. Hannibal hält die Hauptmacht in Küstennähe, auf dem Weg nach Norden. Er selbst zieht oft mit kleineren Abteilungen los, um diesen oder jenen Stamm zu beschwichtigen, wie er es nennt. Die Verluste sind erheblich, fallen aber nicht sehr ins Gewicht. Nur etwa die Hälfte des riesigen Heers sind zuverlässige Truppen, die übrigen neue Freiwillige, und die Kämpfe dienen gleichzeitig ihrer Ausbildung und Eingliederung. Bei den Gefechten mit den Ilergeten setzte Hannibal etwa dreitausend Mann Kerntruppen ein, die fast unvermindert blieben, und fünfzehntausend Neue, von denen etwa ein Drittel starb oder verwundet wurde. Auf diese Weise bleiben die zuverlässigen erprobten Kämpfer ihm erhalten, und die übrigen werden hart geprüft.

Der Schweigebefehl für alle, die an der großen Besprechung teilnahmen, gilt noch immer; das wirkliche Ziel und der unglaubliche Weg sind dem Heer nicht bekannt. Ich verlasse mich darauf, daß du die Hinweise in meinem letzten Brief enträtselt und des Rätsels Lösung verschwiegen hast. Erst wenn eine Umkehr nicht mehr möglich ist, wenn durch lange Monde des Marschierens und Kämpfens alle zu einer Einheit geworden sind, wird der Stratege die Truppen einweihen in dies Geheimnis. Der Mond oder die Rückseite des Okeanos wären zur Zeit minder fantastische Ziele. Man weiß jedoch, daß Iberien nördlich des Iberos zu befrieden ist; man weiß auch, daß ein römisches Heer durch Südgallien zieht – es gibt also genug faßbare Marschziele.

Unfaßlich ist die immer neu offenbarte Sorgfalt des Strategen bei der Vorbereitung. Hamilkar pflegte zu sagen, es gebe keine nutzlosen Kenntnisse, Hannibal macht sich sogar das nutzbar, was nicht oder noch nicht zu erkennen ist. Seit mehr als zwei Jahren, vielleicht seit seiner Wahl zum Strategen hat er all dies vorbereitet – nicht, weil er das verzweifelte Unterfangen ersehnte, sondern weil er längst ahnte oder wußte, daß Rom früher oder später genau das tun würde, was es nun tut. Er kennt alle Wege, alle Häfen, alle fruchtbaren Gebiete, die Namen aller Fürsten und Häupter; die Bergpässe und Ausweichstellen; die befestigten Städte und die offenen Dörfer; er weiß, welche Fürsten in Gallien zu welchem Preis Pferde, Getreide, Leder für Schuhwerk oder allgemein Gastfreundschaft gewähren werden. Und er kennt von Kundschaftern, Reisenden, Händlern die genauen Beschreibungen der Wege, die über oder durch das größte und mir noch immer unglaubliche Hindernis führen. Die alten Kämpfer sagen, er sei Hamilkar wiedergeboren, nur noch besser; die hellenischen Schreiber und Chronisten bezeichnen ihn heute schon als größer denn Alexandros. Dieser, wie man sagt, war loderndes Feuer, mitreißende Woge und berauschende Gipfelluft; Hannibal dagegen besitzt außerdem das vierte Element, das dem großen Makedonen fehlte und von dem ich angenommen hätte, daß es mit den drei anderen in dieser höchsten Ausprägung nicht zusammenleben kann: die fruchtbare beherrschte Vernunft der Erdhaftigkeit. Er träumt sich nicht als Gott, denn er glaubt nicht an Götter; und ich gerate ins Schwärmen, während ich doch meinen Witz und meine Kälte bewahren sollte.

Einen schlimmen Moment gab es vor einigen Tagen, als wieder die Schwierigkeiten beraten wurden, die im Zenith des Unterfangens, du weißt, was ich meine, die Ernährung der Truppen bereiten wird. Mago und der Monomachos bemerkten, man solle die Männer beizeiten daran gewöhnen, einander zu essen. Hamilkar hätte wahrscheinlich gebrüllt, aber Hannibals eisige Schärfe war wirksamer. Er sagte, sie könnten sofort damit beginnen; jeder einen Fuß des anderen; und die Knochen sollten sie an Hanno nach Qart Hadasht schicken, der sie neben Mathos Fuß aufbewahren werde.

Müdigkeit und Nacht umfangen mich, alter Freund. Liegt die Dunkelheit noch immer über Qart Hadasht? Hat sie sich vielleicht gelichtet, oder ist es Hanno gelungen, sie weiter zu vertiefen? Hüte die Bank, o Bostar – und kämpfe im Rat.

11. DIE UNTERSEITE DES HIMMELS

»Wir werden jetzt schneller vorankommen, ohne Gepäck und Bummler. Müssen wir aber auch; in zwei Monden beginnt der Herbst.« Hannibal zog den rechten Unterschenkel unter das linke Knie. Er hatte den Helm abgenommen und mit Kieseln gefüllt. Langsam, fast bedächtig, als sei es eine heilige Handlung, Opfer an die Götter des Meers, warf er ein Steinchen nach dem anderen ins Wasser.

Ein Mond nach Mittsommer. Die Kämpfe nördlich des Iberos hatten zu lange gedauert. Der Punier Banno, mit zehntausend Fußkämpfern und tausend Reitern als Kernmacht, dazu kleineren verstreuten Einheiten, sollte nun das Land sichern. Es hatte viele Verletzte und Tote gegeben; außerdem drohten etwa dreitausend Iberer zu verschwinden. Hannibal hatte sie entlassen, dazu weitere siebentausend, die er für unsicher oder ungeeignet hielt. Und als Zeichen, daß er mit der Rückkehr rechnete, hatte er die übrigen Krieger angewiesen, ihr schweres Gepäck bei Banno zurückzulassen und nur mitzunehmen, was sie selbst tragen oder auf den wenigen Packtieren verstauen konnten. Die Elefanten, fünfzigtausend Fußkämpfer und neuntausend Reiter hatten die Pyrenäen überquert und rasteten nun einen Tag in der Ebene und am Strand. Viele schliefen; die übrigen, abgesehen von Posten und Streiftrupps, hatten Waffen und Rüstungen abgelegt, plantschten im seichten Uferwasser oder hockten zwischen den Büschen, aßen und redeten. Die Ausläufer der Berge sperrten Rückweg und Himmel. Es war windstill; das Meer lag blaugrün, gleichmütig und ewig.

»Was hast du gegen den Herbst?« Antigonos rutschte von dem kleinen Felsen, las weitere Kiesel auf und brachte sie dem Strategen.

Hannibal lächelte. »Danke, Tiggo. Im Herbst werden die Pässe in den Bergen unpassierbar; etwa zur Zeit der Tag-und-Nacht-Gleiche, Ende Ulul, beginnt der Schnee.«

»So früh?«

»Alter Schnee. Lawinen. Schneien wird es erst später. Aber es wird sehr kalt.«

Antigonos deutete in die Ebene. »Und all die Männer und Tiere müssen essen. Ich ... mir wird immer noch schwindlig, wenn ich an dein Unternehmen denke. Wann wirst du es ihnen sagen?«

Hannibal runzelte die Stirn. »Wenn wir den Rhodanos hinter uns haben. Sonst wäre der Rückweg zu leicht.«

Antigonos lehnte sich an Hannibals Felsen. »Damit mußt du rechnen, ja. Aber warum dieser Rasttag heute, wenn so wenig Zeit bleibt?«

»Warten auf Nachzügler – in den Bergen sind bestimmt noch Leute unterwegs. Neuordnen der Marschgruppen.« Er kniff die Augen zusammen und starrte auf das Meer hinaus. »Und gestern gab es eine Versammlung keltischer Fürsten in Ruskino. Heute nachmittag oder abend werde ich erfahren, ob sie uns marschieren lassen.«

»Oder nicht.«

Hannibal hob die Schultern. »Das Meer«, sagte er halblaut. »So sitzen und das Meer befragen und denken. Wein trinken. Eintauchen. Ah.«

Antigonos legte die Hand auf Hannibals Rücken. »Wach auf, Stratege. Der Pharao darf nicht vom Großen Grünen träumen; er hat die Seinen zu nähren und den neidischen Göttern zu trotzen.«

»Ich weiß. Trotzdem.« Er schloß die Augen und atmete tief. »Salz«, murmelte er kaum hörbar. »Tang. Das große Wiegen. Weite. Ich hasse die Berge.« Er öffnete die Augen wieder. »Gefängnisse, kalte hohe Kerkerwände. Vor allem die Alpen.« Er grinste, aber die Mundwinkel sackten sofort wieder ab.

Antigonos stand auf. »Ich überlasse dich deiner Seesucht, Freund. Genieß die Ruhe. Fünf Atemzüge; dann wird wieder jemand etwas von dir wollen.«

Hannibal streckte die Hand aus. »Du verläßt uns am Rhodanos?«

»Ja. Bomilkar wird mit der *Schwinge* vor der Mündung kreuzen, mit falschen Segeln – ohne Auge des Melqart.«

»Hoffentlich.«

»Was meinst du?«

»Die Römer. Die römische Flotte. Und die Massalioten. Vielleicht mögen sie keine Gäste.«

Antigonos rümpfte die Nase. »Die Römer mögen überhaupt nichts und niemanden.«

»Und danach?«

»Ich weiß noch nicht. Qart Hadasht; wahrscheinlich aber zuerst *dein* neues Qart Hadasht. Warum?«

Hannibal zögerte. »Imilke und Hamilkar«, sagte er dann. »Wenn es wirklich den ganz großen Krieg gibt...«

Antigonos seufzte. »Du hast es doch selbst versucht.«

»Ja, aber sie wollte nicht. Sie wollte ja sogar mit – auf dieses wahnsinnige Unternehmen.«

Imilke hielt sich, soweit Antigonos wußte, mit dem zweijährigen Sohn abwechselnd – wenn Hannibal dort war – in Qart Hadasht/Mastia oder bei ihren Verwandten im Quellgebiet des Baits auf. Sie war nicht dazu bereit gewesen, nach Qart Hadasht in Libyen zu reisen, wo sie kaum jemanden kannte.

»Vielleicht ändert sie ihre Meinung«, sagte Antigonos schneidend, »wenn du erst unter einer Lawine liegst. Oder wenn der Cornelier in Iberien erscheint. Ich will es versuchen.«

»Versprochen?«

»Natürlich, Hannibal. Habe ich je...?«

»Nein. Natürlich hast du nie. Oder immer.« Er grinste.

Boten kamen und gingen; am Morgen brach das riesige Heer auf. Die neuen Marschreihen verwirrten viele, so auch Antigonos; Hannibal ließ die erprobten langgedienten Soldaten im vorderen Teil des Zugs gehen, bis auf einige hundert Libyer, die zusammen mit Reitern die Flanken der Nachhut schützten. Aber diese Nachhut neuer iberischer Kämpfer war hinten so gut wie offen. Am Abend fehlten bereits etliche. Der graue Meister der Versorgung nahm die Dinge gelassen.

»Man muß abwägen, Tiggo. Von zwei schlechten Möglichkeiten die weniger schmerzliche nehmen.«

In der Ebene flackerten Feuer. Hasdrubal und Antigonos saßen am Ufer des kleinen Flusses, den das Heer am Morgen überschreiten mußte. Auf dem jenseitigen Ufer lagerte ein Teil der Numider; die Umrisse grasender Pferde zeichneten sich vor den Feuern ab.

»Welche Möglichkeiten, Hasdrubal?«

»In fünf Jahren, oder sogar in drei Jahren, hätten wir die doppelte Menge erprobter Kämpfer mitnehmen können – und müßten sie alle ernähren. Ein paar gute Leute sind bei Banno geblieben, das war nicht anders möglich. Wir haben immer noch fast ein Viertel Neulinge dabei, die erst allmählich verstehen, worauf sie sich eingelassen haben. Irgendwann werden sie uns verlassen. Hier können sie noch zurück, nach Iberien, und wir brauchen weniger Vorräte auf dem... dem langen

Marsch. Wenn wir erst am Ziel sind, könnten sie nur zum Feind überlaufen. Besser, sie gehen jetzt.«

Am Abend des folgenden Tags sollte das Heer Illiberis erreichen, eine kleine Stadt der südlichen Gallier; das Volk nannte sich Sordonen. Dort war ein Treffen zwischen Hannibal und den Fürsten der Tektosager, Arekomikier, Baitirenser, Konsuraner, Helvier und Sordonen vorgesehen. Hannibals Kundschafter durchzogen bereits die Gebiete am Rhodanos und suchten herauszufinden, wie die mit den Massalioten nicht gerade befreundeten Hellenen der Stadt Theline sich verhalten würden. Aber wichtiger war, was in Illiberis geschah; ob das Heer friedlich weitermarschieren konnte, aus Begeisterung oder gegen Bezahlung von den Bewohnern des Landes versorgt, oder ob weitere Zeit durch Kämpfe und Verpflegungszüge verlorenging, hing allein von Hannibal und seinem Verhandlungsgeschick ab.

Die Tore von Illiberis standen offen; ein gutes Zeichen. Hannibal wies seine Offiziere an, dafür zu sorgen, daß dennoch keiner die Stadt betrat – ein Zeichen der Höflichkeit. Dann ritt er mit wenigen Begleitern zur Verhandlung.

Antigonos verbrachte den Abend mit seinem Sohn und einem Krug Wein bei den Elefanten. Memnon war schweigsam und müde; bei der ungeheuren Menge von Kämpfern gab es am Ende eines Marschtags fast soviel zu tun wie nach einem Gefecht – verstauchte Knöchel, Dornen, Entzündungen, kranke Mägen, Gesäßschwierigkeiten bei den Reitern, Arm- und Beinbrüche nach Stürzen, auch kleinere Verletzungen nach Streitereien.

»Ungefähr hundert bis hundertfünfzig Abgänge am Tag«, sagte er. »Zurück nach Iberien. Verstärkung für Banno. Wir haben keine Karren und können Verwundete oder Kranke nicht ewig schleppen. Woher hast du den Wein, Vater?«

Antigonos deutete in den westlichen Nachthimmel. »Ein Gespräch mit ein paar gallischen Händlern, heute früh.« Er betrachtete das früh gekerbte Gesicht des Achtundzwanzigjährigen, dachte an Isis, dann an Tsuniro und verfluchte die Nacht.

Der Führer der »Inder« kauerte sich an ihr Feuer, ein ägyptischer Pfleger mittleren Alters. Er trug nur einen schmutzigen Schurz und ein längst nicht mehr weißes Band um die Stirn. Als Antigonos den Krug hob, zog der Mann grinsend einen Lederbecher aus den Falten seines Hüftgewands.

»Was machen deine Lieblinge?«

Der Ägypter verneigte sich kauernd, hob den Becher vor Antigonos, trank und schmatzte. »Ah. Gut. Beides, Wein und Große Freunde.«

Die Tiere waren still. Undeutlich sah man sie an ihren Pflöcken schaukeln. Der eigenartige Geruch überlagerte sogar den Duft harzigen Holzes aus dem Feuer.

»Gut, daß nicht Große aus Libyen«, sagte der »Inder«.

Memnon blickte den Pfleger an; das Flackerlicht des Feuers schien aus seinen Augen zu spritzen. Antigonos dachte wieder an Isis.

»Warum, o fürsorglicher Hüter der Elefanten?« sagte der junge Arzt auf Ägyptisch.

»Hannibal ist klug – wie wir wissen.« Der Mann war hörbar erfreut, nicht weiter Punisch sprechen zu müssen. »Die großen Tiere aus den libyschen Steppen sind gut gegen Iberer. Und sehr gut gegen Numider. Aber sehr schlecht, fürchte ich, für Bergland im Norden oder nasse Gebiete. Außerdem – *noch* ein Geruch.«

Die kleineren Elefanten aus den Wald- und Bergländern des punischen Libyen, aus Numidien und Gätulien waren schon lange mit den Pferden vertraut und umgekehrt. Aristons großartiges Geschenk, die mächtigen Steppenelefanten mit ihrer Schulterhöhe von fast zwölf Fuß, rochen anders und hatten durch ihre Größe und Ausdünstung selbst jene Pferde erschreckt, die daran gewöhnt waren, mit den kleineren Elefanten in die Schlacht zu ziehen. Die Verwirrung, die sie in den eigenen Reihen auslösten, war fast größer als die Wirkung auf iberische Feinde. Hannibal hatte sie nach Qart Hadasht in Libyen geschickt. Mit leichtem Bedauern zweifellos; wie die indischen Elefanten, die fast zehn Fuß hoch wurden, hätten die libyschen Großtiere Sitzkörbe mit Bogenschützen in den Kampf tragen können. Allerdings war Antigonos eher skeptisch, was den Einsatz von Elefanten gegen römische Legionen betraf. Die einzige Aufgabe, die ihnen gegenüber den harten, ausdauernden, gut ausgebildeten Bürgerkriegern Italiens sinnvollerweise zukam, war die Bildung von Stoßkeilen zum Aufbrechen starrer Linien. Und der Versuch, mit ihnen römische Pferde zu erschrecken und die feindliche Reiterei auszuschalten. Aber beides konnten die von einem »Inder« und einem Speer- oder Pfeilwerfer gerittenen kleinen Elefanten ebensogut. Nicht einmal acht Fuß hoch – aber für italische Pferde würden sie grauenhafte Ungeheuer sein, und mit den scharfen Messern auf den Stoßzähnen mochten sie auch die Legionen erschrecken.

»Wie geht es Hannibals besonderem Freund?«

Der Ägypter lächelte. »Syros? Gut, gut. Ah, ich vergaß – du hast ihn dem Strategen geschenkt, nicht wahr? Wenn es zwei oder mehr wären, gäbe es sicher Schwierigkeiten. Aber mit dem einen indischen Tier kommen die libyschen gut zurecht. Sogar die Pferde.« Er kicherte. »Er hat ja so kleine Ohren. Neulich hat ein numidischer Hengst versucht, daran zu knabbern. Mich erstaunt immer wieder, daß er mit dem einen Finger am Rüssel genauso geschickt ist wie die libyschen Elefanten mit ihren zweien.«

Als der Pfleger sie verlassen hatte, beugte Memnon sich plötzlich vor. »Vater.« Er flüsterte. »Wie lange willst du mitreiten?«

Antigonos blickte in die Augen seines Sohns. »Ich weiß nicht. Eigentlich bis zum Rhodanos; aber Hannibal scheint es für fraglich zu halten, ob Bomilkar wirklich auf mich warten kann. Wegen der Römer und der Massalioten. Warum?«

Memnon legte seine Wange an die von Antigonos. »Darum. Es ist gut, dich oft zu sehen.«

Hannibal handelte den friedlichen Durchzug aus; wie eine unermeßliche Raupe fraß sich das Heer durch die fruchtbare Landschaft Galliens. Entscheidend war gewesen, daß der Punier den Fürsten hatte glaubhaft machen können, daß er keineswegs beabsichtigte, gallisches Land zu erobern, sondern daß der Gegner Rom war. Und Rom war nicht nur mit dem ungeliebten Massalia verbündet; Rom hatte die norditalischen Verwandten der gallischen Kelten geknechtet, entrechtet, niedergemetzelt. Die Verbindungen zwischen den Völkern waren gut und fast innig; mehrere gallische Fürsten waren in Italien gewesen, viele hatten Besucher von dort empfangen. Es gab Verwandtschaften durch Heirat – und da die Küste von den hellenischen Städten Massalia, Athenopolis, Antipolis und Nikaia verseucht und weiter östlich von den nichtkeltischen Ligurern besiedelt war, führten die Verbindungswege über die Alpen; man hatte viele wichtige Gedanken erörtert – wie Hannibal sagte.

Dreiundzwanzig Tage nach Überschreiten der Pyrenäen erreichte der lange Zug den Rhodanos – etwa einen Mond vor der herbstlichen Tag-und-Nacht-Gleiche. Fast einen Mond mehr als vorgesehen hatten zwischen Iberos und Pyrenäen die Kämpfe und Befestigungen verschlungen, mindestens drei Tage der Umweg vom Pyrenäenpaß nach Illiberis – ostwärts zum Meer und dann nach Norden, statt gleich nordnordöstlich.

Am Rhodanos kam es zur nächsten Verzögerung. Hannibal schien alles ruhig hinzunehmen; die Offiziere, die das Ziel des langen Marschs kannten und ungefähr wußten, wieviel Zeit noch blieb, rangen mit sich und diesem Wissen. Solange die Truppen nicht eingeweiht waren, konnte man sie nicht zur Eile antreiben. Es war ohnehin schwierig genug. Nicht für die Reiter; sie konnten das, was sie für sich und ihre Tiere brauchten, in zwei zusammengebundenen Säcken oder Schläuchen über die Pferderücken hängen. Karren hätten die Marschgeschwindigkeit unerträglich verringert; die nicht sehr zahlreichen Packtiere trugen vor allem das Werkzeug der Waffenschmiede, Kriegsbaumeister und Handwerker, Arzneien und Verbandszeug, schließlich kleine Mengen an Dauernahrungsmitteln – getrocknete Weinbeeren, Salzfleisch, Dörrfisch. Alles andere schleppten die Fußkämpfer, neben ihren Rüstungen, Kleidern und Waffen: Dolch, Schwert, Schild und Lanze die Hopliten, Speerbündel, Bögen, Köcher, Schleudern und Steine die verschiedenen Leichtbewaffneten. Große wasserdichte Lederbeutel mit Flickzeug, Ersatzkleidung, Amuletten, Erinnerungsstücken und Nahrung für zwei oder drei Tage – ungemahlenes Getreide, Früchte, frisches Bratfleisch, die lederne Wasserflasche. Auf die Hundertschaften aufgeteilt hatten sie außerdem all das zu tragen, was für Marsch, Lager und Kampf nötig war: Getreidemühlen, Hacken, Schaufeln, Töpfe, jeder Mann zwei Palisaden, eine Zeltbahn und Pflöcke. Zahlreiche Vierergruppen trugen Geflügel in Käfigen aus Lanzen und Weidengeflecht; etliche Hundertschaften trieben Hammel und Rinder.

Vier Tagesmärsche oberhalb der Mündung des Rhodanos, eineinhalb Tagesmärsche nördlich der hellenischen Pflanzstadt Theline, bei der sich der große Fluß teilte, hatte man übersetzen wollen. Als die Voraustrupps das Ufer erreichten, fanden sie das Ostufer des Rhodanos von Galliern besetzt. Maharbal, der die Vorhut befehligte, schickte Unterhändler auf einem Floß über den breiten, wasserreichen Strom.

»Uolker«, sagte er bei der abendlichen Beratung. »Sie treiben Handel mit Massalia und wollen uns nicht übersetzen lassen.«

Antigonos war lange durchs Lager gewandert, um sich nach dem Ritt die Beine zu vertreten. In dem Gewimmel aus Menschen, Zelten, Feuern, Waffenstapeln, Vorratshaufen, brüllenden Ochsen, blökenden Schafen, Geschrei, Gezeter und Gewieher, den Blutlachen und

Gedärmbergen an den Schlachtplätzen, wo ein Teil der mitgeführten Herden zum Braten vorbereitet wurde, hatte er sich verlaufen und kam erst jetzt zum Feldherrnfeuer.

Hannibal saß auf dem Boden; auf den Knien hielt er irgendeine von Sosylos zusammengestellte Liste. Der Spartaner kniete hinter ihm. »Mago. Itubal. Gulussa. Ihr nehmt je zweihundert Reiter und dreihundert Libyer. Mago flußab, Itubal nach Nordwesten, Gulussa flußauf. Bestes Benehmen, bitte; das gilt für alle. Feinde auf der anderen Seite genügen völlig. Ich brauche alles, und zwar wirklich *alles*, was in den Dörfern an Booten, Kähnen, Flößen, Schiffen, Baumaterial zu haben ist. Bezahlt oder leiht, versprecht was ihr wollt, solange wir es halten können. Aber bringt es her.«

»Wie willst du denn übersetzen?« Mago, den Rücken an einem Gepäckstapel, starrte seinen Bruder an.

»Ich weiß es noch nicht. Aber wir müssen rüber – wie ihr wißt.«

»Und die Elefanten?«

Hannibal blinzelte ins Feuer. »Ah, Tiggo. Tja, die Elefanten. Für die muß uns etwas einfallen. Wann willst du uns verlassen?«

Antigonos zögerte. Er dachte an das Lager, an die Männer, die Tiere, den breiten Strom und die Feinde am anderen Ufer. »Ich glaube, wenn alles drüben ist. Das muß ich sehen. Ich schätze, ein derartiges Schauspiel bietet sich so bald nicht wieder.«

Außer Sicht der Uolker, hinter Zelten und Uferbäumen, begannen die Handwerker und die Kämpfer am folgenden Nachmittag, als die ersten Hölzer eintrafen, mit dem Bau von Kähnen und der Aushöhlung von Einbäumen. Hannibal schickte noch einmal Unterhändler über den Fluß, versprach den Uolkern Gold und Silber – vergebens. Den ganzen Tag kamen Nachzügler im Lager an. Am zweiten Tag der erzwungenen, von den Männern begrüßten Rast fand eine Musterung statt. Sie ergab, daß das Heer noch aus etwa neununddreißigtausend Fußkämpfern und nicht ganz neuntausend Reitern bestand.

Hanno, der Sohn des ehemaligen Suffeten Bomilkar, brach am Abend des dritten Tages auf, nach Norden. Gulussas Reiter hatten das Flußufer erforscht und von den Anwohnern Einzelheiten über die Gegend weiter flußauf erfahren. Hannibal gab genaue Anweisungen, und Hanno grinste unausgesetzt, während er sie entgegennahm.

Am vierten Tag wurden die gekauften Boote und die gebauten Kähne und Einbäume von flußaufwärts und flußabwärts sowie aus den versteckten Werkstätten ans Ufer gebracht; die Uolker rückten unter Geschrei und Schlachtgesängen aus und stellen sich am Ostufer des Rhodanos auf. Aber nichts geschah. Hin und wieder kletterten Iberer und Libyer in einige Boote, ruderten zur Flußmitte und machten kehrt; die Strömung trieb sie bis weit unterhalb des eigenen Lagers. Während die übrigen Truppen schliefen, brachten von Fackelträgern begleitete Iberer die Kähne und Boote zwei bis drei Stadien weiter den Fluß hinauf, beobachtet von den Uolkern, die in dieser Nacht wenig Ruhe fanden.

Am Morgen des fünften Tages ließ Hannibal alle Fahrzeuge bemannen: Lanzenreiter in die größeren Boote, an deren Hecks die Zügel von Pferden befestigt waren, um die Tiere schwimmend mitzuziehen; Fußkämpfer in die kleinen Kähne und Einbäume. Die übernächtigten Uolker liefen am anderen Ufer wieder zusammen, schwenkten die Waffen, grölten unverständliche Gesänge und forderten Hannibals Truppen auf, doch endlich zur Sache zu kommen.

Nördlich der Uolkerlager stieg eine dünne Rauchsäule in den silberblauen Morgenhimmel, riß ab, stieg erneut, riß wieder ab und verfärbte sich dann, als ob jemand nasses Holz nachgelegt hätte. Hannibal stieg in ein großes Boot, hob das Schwert und deutete aufs Ostufer. Vielleicht sagte er etwas, aber das war nicht zu hören. Der Fluß rauschte. Jenseits brüllten, schrien, sangen, trampelten und fuchtelten die Uolker, schlugen Schilde und Schwerter aneinander. Wiehernde Pferde schwammen, weil sie gezogen wurden, hinter Hannibals Booten her; Ruderer kämpften rhythmisch brüllend gegen die Strömung. In den Booten und Kähnen mochten etwa viertausend Kämpfer sitzen und stehen; die Masse des punischen Heers drängte sich am Ufer und feuerte die Männer in den Fahrzeugen an. Antigonos war auf eine Weide geklettert, umklammerte mit den Beinen einen Ast und hielt sich die Ohren zu.

Hanno brachte mit dreitausend Libyern und tausend iberischen Kataphrakten einen nächtlichen Gewaltmarsch flußaufwärts hinter sich. Zweihundert Stadien nördlich der Lager setzten sie über den Fluß. Das andere Ufer war hier nicht mehr bewacht. In der Mitte des Stroms lag eine breite Insel. Die Männer bauten Flöße; viele schwammen einfach über die beiden Flußteile, indem sie sich an Schläuche oder Holzbündel klammerten. Nach der nötigen Ruhe marschierten sie am vierten Tag flußab. Dann gaben sie das vereinbarte Rauchzeichen.

Die Uolker wurden vollkommen überrascht. Das erste Boot, mit

Hannibal im Bug, war noch dreißig Schritte vom Ufer entfernt, als Hannos Reiter mit je einem aufgesessenen Fußkämpfer von hinten in die dicht am Ufer stehenden gallischen Krieger jagten. Die nachfolgenden Libyer besetzten gleichzeitig das Lager, während Hannibals Landungstruppen die Umfassung vollendeten.

Der Meister der Versorgung ordnete, wie Hannibal befohlen hatte, die nächste Phase des Übergangs. Noch ehe die Uolker – soweit sie den Zangenangriff überlebt hatten – sämtlich geflohen waren, begannen die Vorbereitungen für die Verschiffung der Lasten. Hasdrubal ließ zunächst die leichten, dann die schwereren Gepäckstücke am Ufer stapeln und die übriggebliebenen Herdentiere in kleine Gruppen teilen. In einer Atempause stand er mit zerfurchter Stirn und grimmig herabgezogenen Mundwinkeln am Ufer und starrte auf das abflauende Kampfgetümmel. Hannibal war nicht zu sehen und steckte wahrscheinlich im dichtesten Knäuel.

»Das muß aufhören«, sagte Hasdrubal, als Antigonos ihn am Ellenbogen berührte.

»Was? Kämpfe?«

Der grauhaarige Punier schüttelte heftig den Kopf. »Ach was, Unsinn. Das wäre ein Traum. Nein, daß der Stratege mitmischt.«

»Er wird müssen. Es gibt immer Lagen, in denen die Leute nur ihm folgen.«

Hasdrubal spuckte ins Uferwasser. »Schon richtig, Tiggo. Heute war das so, und das läßt sich nie vermeiden. Aber... wenn wir erst drüben sind – am Ziel, meine ich, nicht über den Fluß –, dann ist er der einzige, der überhaupt etwas bewegen oder zusammenhalten kann. Hier könnten wir, wenn ihn ein Kelte erwischt, immer noch umkehren, aber in... Er ist der beste Kämpfer, den ich je gesehen habe; und ich habe auch Hamilkar gekannt. Aber – er ist nicht zu ersetzen. Er *darf* nicht einfach so ins Gemenge gehen!«

»Sag es ihm.«

Hasdrubal verzog das Gesicht. »Hast du schon mal versucht, einen Sandsturm zu beschwichtigen oder einem Wasserfall gut zuzureden?«

Bis zum Abend war das Heer übergesetzt und hatte am Ostufer des Rhodanos ein neues Lager errichtet. Nur einige Sicherungsgruppen blieben am Westufer, zusammen mit den »Indern« und den siebenunddreißig Elefanten.

Ihre Verschiffung nahm fast den ganzen nächsten Tag in Anspruch. Kleine Reitertrupps brachen in verschiedene Richtungen auf, um die Gegend zu erkunden und die abziehenden Uolker zu beobachten, aber der größte Teil des Heers ruhte, und viele verfolgten mit Spannung und bissigen Bemerkungen das umständliche Übersetzen der großen Tiere.

Nachdem die Handwerker und Krieger Flöße gebaut hatten, die genau zusammenpaßten, banden sie zwei davon mit starken Tauen aneinander und befestigten sie, etwa fünfzig Fuß breit, am Ufer. Mit diesen verbanden sie an der Außenseite andere, so daß der Bau als Brücke in den Fluß ragte. Die Seite gegen die Strömung sicherten sie vom Land her durch Taue, die sie an den Uferbäumen befestigten, damit nicht alles von der Strömung abgetrieben wurde. Nachdem sie die ganze in den Fluß vorgetriebene Brücke etwa zweihundert Fuß lang gefertigt hatten, legten sie an die letzten Flöße zwei weitere, besonders haltbar gebaut und untereinander ganz fest, mit den anderen aber so verbunden, daß die Stricke leicht gekappt werden konnten. An diese banden sie Seile, mit denen Boote sie schleppen und die Tiere ans andere Ufer setzen sollten. Danach brachten sie eine Masse Erde auf die Flöße, bis sie durch das Aufschütten eine ebene, mit der vom Lande zur Übergangsstelle führenden Straße gleichhohe und gleichfarbige Fläche geschaffen hatten. Da die Tiere den »Indern« bis zum Wasser gehorchten, aber durchaus nicht dazu gebracht werden konnten, ins Wasser hineinzugehen, führten sie sie über diesen Damm, zwei Elefantenkühe voran, weil diesen die anderen ohne weiteres folgten. Als sie die Tiere bis auf die letzten Flöße gebracht hatten, hieben sie die Taue durch, mit denen sie an den anderen befestigt waren, zogen mit den Booten die Seile an und rissen schnell die Flöße mit den Elefanten vom Damm weg. Die Tiere gerieten in Unruhe, drehten sich hin und her und suchten einen Ausweg; da sie sich aber überall vom Strom umgeben sahen, gaben sie es auf und blieben auf ihrem Fleck. Indem immer zwei Flöße an die anderen gefügt wurden, gelang es, die meisten Tiere hinüberzubringen. Einige stürzten sich mitten auf der Fahrt in den Fluß. Ihre Führer kamen sämtlich um, während die Elefanten gerettet wurden, dank ihrer Stärke und der Größe ihrer Rüssel, die sie über Wasser hielten, so daß sie atmen konnten. Dabei mußten sie das längste Stück unter Wasser hoch aufgerichtet gehen.

Zwei wichtige Nachrichten erreichten im Verlauf des Tages das Lager. Ein numidischer Spähtrupp nach Osten war einem Bojerzug begegnet; Magilos, der Fürst dieses norditalischen Keltenvolks, hatte zusammen mit einigen Verwandten und Ratgebern die Alpen überquert, um Hannibal entgegenzureisen. Die zweite Nachricht war vielleicht wichtiger, aber weniger angenehm: Publius Cornelius Scipio und sein Heer, verstärkt von Massalioten und einigen hundert romfreundlichen Kelten der Gegend, befanden sich vier Tagesmärsche entfernt an der östlichen Rhodanosmündung.

»Nach dem, was wir erfahren konnten, Herr, meint der Römer, wir sind noch in den Pyrenäen.« Subas, Führer des numidischen Aufklärungstrupps nach Süden, grinste.

Hannibal blieb ernst und streifte Antigonos mit einem skeptischen Blick. Dann starrte er ins Feuer. Die Nacht war warm und überladen von Mücken und Zikaden. Auf dem kleinen Hügel, etwa drei Stadien östlich des Flusses, waren die Geräusche des großen Lagers deutlich, wenn auch gedämpft zu hören.

»Und ich hatte angenommen, er ist noch in Ligurien. Tiggo, ich fürchte, dein Schiff wartet nicht auf dich.«

Antigonos zuckte mit den Schultern. »Ich werde mich schon durchschlagen. Aber das Heer…«

Mago zog das Schwert halb aus der Scheide, betrachtete das Glitzern des Feuers auf der britannischen Klinge, stieß es wieder zurück. »Früher oder später müssen wir mit ihnen aneinandergeraten – warum nicht jetzt?«

Hannibal Monomachos nickte; die anderen Offiziere waren offenbar unsicher. Maharbal kratzte sich den Bart. Hasdrubal der Graue blickte wie immer mißtrauisch. Muttines, als Libyphöniker den Puniern gegenüber meistens sehr zurückhaltend, hing an Hannibals Gesicht wie an dem eines sich alsbald offenbarenden Gottes. Qarthalo und Budun redeten leise miteinander; Qarthalo hatte Buduns Oberarm gepackt, als ob er ihn von etwas überzeugen wollte.

»Die Meinungen sind geteilt, Stratege«, sagte Antigonos. »Wenn ich das richtig sehe.«

»Offenbar.«

Mago blickte Antigonos fast freundlich an. »In einer Sache allerdings nicht, Metöke«, sagte er. »Dein Abschied…«

Antigonos nickte. »Ich weiß, Junge. Du freust dich, wenn ich verschwinde. Und du hast ganz recht, was die Ungeteiltheit der Meinungen hierüber angeht. Außer dir sieht das keiner so eng.«

Der Meister der Versorgung grinste; Maharbal kicherte leise. Die anderen schwiegen.

»Hört mit diesem Unsinn auf; es gibt wichtigere Dinge.« Hannibal warf Mago einen Blick zu; der Jüngere senkte den Kopf. »Publius ist ein kluger Mann. Sehr umsichtig. Er wird sich nicht so leicht in eine Falle locken lassen wie die Gallier hier.«

Maharbal und Muttines berieten sich flüsternd. »Herr«, sagte der Libyphöniker zögernd, »wenn ich ...« Er verstummte.

Hannibal lächelte ihn an. »Sprich, Freund.«

»Ich bin dagegen. Wir sollten sehen, daß wir möglichst bald mit soviel Leuten wie möglich in Italien auftauchen. Wenn ich deine Pläne richtig kenne.«

Hannibal starrte wieder ins Feuer. »Ich finde auch – aber wir wissen noch nicht genug. Morgen kommen die Bojer, oder noch diese Nacht; die können uns mehr über Norditalien sagen. Und wir brauchen genauere Kenntnisse, was den Cornelier angeht.« Er blickte auf. »Maharbal – zehn Gruppen Numider. Du bleibst hier, Qarthalo und Himilko auch; euch brauch ich morgen, um den Männern das Ziel zu erklären. Euch alle. Was hältst du von Hasdrubal, dem Sohn des Byryqt?«

Maharbal zupfte an seinem rechten Ohrläppchen und blies die Wangen auf. »Er ist jung. Zehn Gruppen? Könnte gehen.«

Hannibal stand auf; es war eine federnde, kraftvolle Bewegung. »Zehn Gruppen also. Such du sie aus, Maharbal. Und schick mir Hasdrubal her – in einer halben Stunde, etwa. Bis dahin laßt uns allein, Tiggo und mich.«

Er kam zu Antigonos, der neben einem größeren Stein saß, und legte ihm die Hände auf die Schultern. »Freund – reichen dir fünfhundert numidische Reiter als Geleit? Damals hast du Hamilkar zweitausend gebracht, mit Naravas. Willst du zweitausend?«

Antigonos wartete, bis die anderen in der Dunkelheit verschwunden waren. »Aber nicht nur meinetwegen, oder?«

»Sie sollen noch etwas über die Römer herauskriegen – wo sie genau sind, wie viele, mit welchem Ziel. Wenn möglich. Das Übliche – Posten oder Streifen schnappen. Ich nehme nur an, daß es dir nicht unangenehm ist ...«

»Keineswegs. Ich werde versuchen, zu meinem Bruder Attalos nach Massalia zu kommen. Von dort wird sich irgendeine Möglichkeit ergeben.«

Hannibal kniete neben ihm nieder. »Brauchst du noch etwas für den Ritt?«

Antigonos schüttelte den Kopf. »Es sei denn, du wolltest mir unbedingt etwas mitgeben – Grüße oder Botschaften.«

»Nichts – abgesehen von dem, was du auch gesehen hast.«

Antigonos tippte ihm mit dem Finger vor die Brust. »Du willst mir doch nicht sagen, du weißt, was ich beobachtet habe?«

Hannibal lächelte. »Der Stratege muß alles wissen.«

»Aber du hattest doch so viele andere Dinge . . .«

Hannibal rieb sich die Augen. »Ja, natürlich, aber . . . Hast du alle Handelsmöglichkeiten bedacht? Welche Früchte wachsen, wie die Städte und Dörfer im Süden Galliens heißen, wie sie befestigt sind, welche Straßen wohin führen, welche Waren mit Gewinn getauscht werden können?«

Antigonos dachte an die steinernen Häuser der Städte, die schweren Steinmauern, die Dörfer mit Lehm- und Holzwällen, das grüne fruchtbare Land, Obst und tausend Ackerfrüchte, Wein und Öl, die Schnitzereien und Schmiedearbeiten, die er gesehen hatte, die Nachrichten über Bergwerke und Erzadern im Hinterland, die Straße, die nördlich der Pyrenäen durch Flußtäler bis zur Mündung des Garynos führte, mit einem großen Hafen am Okeanos; er dachte an die hundert Völker, ihre Namen, ihre Kopfzahlen, ihre Waffen, die kräftigen schweren Pferde, die Verbindungen einzelner Stämme zu den Massalioten, zu oberitalischen Kelten, zu iberischen Völkern, ihre Vorlieben und Abneigungen, ihre Bereitwilligkeit, eher mit den fernen Puniern als mit den bedrohlich nahen Massalioten und Römern zu handeln. Dann dachte er an die Verhandlungen, an die Schwierigkeiten der Versorgung und der Marschordnung, an die tausend Dinge, die der Stratege in jeder Minute aller Stunden aller Tage und jeder Nacht bedenken mußte. Und bei alledem hatte Hannibal auch noch Früchte und Handelsaussichten bemerkt und erwogen.

»Ich werde in Qart Hadasht von dem Land und den Stämmen reden«, sagte der Hellene heiser. »Und vom klügsten und umsichtigsten aller Strategen.«

Hannibal lachte leise. »Sag ihnen nicht, daß der Stratege schwankt und zweifelt. Und verzweifelt.« Gesicht und Stimme waren ruhig und beherrscht wie immer, aber Antigonos spürte den tödlichen Ernst.

»Als dein Vater neunundzwanzig Jahre alt war, versuchte der Stratege Hasdrubal, Panormos zurückzuerobern; man hat ihn später gepfählt. Hamilkar, der Pläne, Kenntnisse und Möglichkeiten hatte, wurde vom Krieg ferngehalten und durfte nichts unternehmen. Als ich neunundzwanzig war, tobte der Libysche Krieg, und es war das Jahr, in dem Hamilkar wieder nichts tun konnte, weil Hanno der andere Stratege war und alles lähmte – das Jahr, in dem Ityke und Hipu zu den Söldnern überliefen.«

Hannibal ergriff beide Hände des Hellenen.»Ich danke dir wieder einmal, Freund. Die Pfählung oder das Kreuz stehen vielleicht auch am Ende meines Wegs. Aber immerhin ist hier kein Hanno, der mich lähmen kann. Mir graut allerdings vor dem, was er in Qart Hadasht anrichten mag.«

Antigonos blinzelte zu den Sternen.»Hanno ist so alt, wie Hamilkar heute wäre. Nur die Götter, die es nicht gibt, wissen, warum sie den Bären schlachten und die Schlange leben lassen. Aber Hanno ist nicht allein in Qart Hadasht; es gibt andere – Bomilkar, Bostar.«

»Er ist jenseits der Sechzig, nicht wahr? Vielleicht...«

Antigonos nickte langsam. »Vielleicht. Man könnte auch ein wenig nachhelfen.«

»Nur wenn es wirklich nicht anders geht.«

»Ich werde es bedenken, Stratege. Aber wie ist es mit deinem Schwanken, den Zweifeln, der Verzweiflung?«

Hannibal schwieg, wandte sich ab, setzte sich auf den Boden.»Die vielerlei Unmöglichkeiten«, sagte er schließlich kaum hörbar. »Ein konsularisches Heer – zwei römische Legionen, zwei Legionen römische Bundesgenossen, Reiterei, zusammen vielleicht vierundzwanzigtausend Mann. Sie auszuschalten wäre gut. Aber... Der Herbst kommt, wir haben in Iberien und hier schon zuviel Zeit verloren. Den Cornelier abfangen, zur Schlacht stellen, danach zwei Tage Rast – es würde uns weitere acht oder sogar zehn Tage kosten.« Er seufzte. »Wenn wir morgen aufbrechen, zu den Alpen, zuerst den Rhodanos aufwärts, dann die Isarra, wird es spät genug. Es wird schlimme Verluste geben, durch die Berge, den Weg, das Eis, die Bergmenschen. Wenn wir länger warten, wird es noch furchtbarer.«

»Und die Küste?«

»Unmöglich. Die Massalioten lassen uns nicht einfach vorbei. Wir müßten die Krieger aller hellenischen Städte der Küste überwinden – Massalia, Antipolis, Nikaia, wenigstens diese drei. Dann kämen wir nach Ligurien, wo die Römer Festungen angelegt haben. Außerdem können sie uns jederzeit mit der Flotte weitere Truppen in die Flanken werfen. Und von den Ligurern stehen viele auf ihrer Seite. Wenn wir überhaupt eine Möglichkeit haben, den Todesstoß gegen Qart Hadasht abzuwehren, müssen wir so schnell wie möglich mit so vielen Kämpfern wie möglich in Norditalien erscheinen – nicht bei den Ligurern, sondern bei den Bojern und Insubrern: Kelten. Dort können wir Hilfe bekommen – Nahrung, Pferde, Kämpfer. Alles andere...« Er hob die Arme. »Die Strecke, die ich ausgesucht habe, ist die mit dem wenigsten Schnee. Es gäbe andere Pässe, aber die Straßen dorthin führen über Gletscherfelder.«

»Wie ernst ist das mit dem Todesstoß? In Iberien hast du doch alles heruntergespielt – Qart Hadasht kann eine lange Belagerung aushalten und so weiter.«

Hannibal lächelte schwach. »Sempronius macht es sehr gründlich. Das letzte, was ich gehört habe, klingt übel. Er ist noch immer in Lilybaion, hebt weitere Truppen aus, läßt zusätzliche Schiffe beschlagnahmen oder bauen. Inzwischen hat er uns die letzten Inseln zwischen Sizilien und Libyen abgenommen – Melite, vor allem. Lauter vorgeschobene Stützpunkte für Rom, jetzt; er kann dort Lager und Werften nutzen.« Er stockte, summte einige Momente leise vor sich hin. »Wenn ich an seiner Stelle wäre...«

»Was dann?«

»Ich würde noch einen Mond warten und dann übersetzen. Im Winter das Hinterland verwüsten, versuchen, möglichst viele Libyer, Städte, Dörfer zum Abfall zu bringen, Qart Hadasht abschneiden.«

»Aber das haben doch auch die Söldner versucht, und Atilius Regulus. Nicht zu reden von Agathokles, vor neunzig Jahren.«

Hannibal winkte ab. »Die Lage ist anders. Sempronius kann alles einsetzen, was den anderen fehlte. Mehr Männer, mehr Nachschub; er hat die Herrschaft über die See, die bei allen bisherigen Belagerungen wir besaßen. Und er hat, was wir hier nicht haben und in Italien nicht haben werden – Belagerungsmaschinen, Sturmböcke, Türme, Katapulte.«

Antigonos schwieg. Agathokles' Heer war klein gewesen, kaum ein Drittel dessen, was Sempronius aufbieten konnte. Atilius Regulus war in einer ähnlichen Lage gewesen, und die Söldner hatten keinerlei Seemacht besessen und keine Belagerungsmaschinen. Sempronius konnte Qart Hadasht auf dem Wasser und an Land belagern, einschnüren, berennen; er konnte sich aus dem Hinterland versorgen und würde Nachschub aus Rom erhalten. Im Frühjahr weitere Legionen. Die große Isthmos-Mauer von Qart Hadasht mochte jedem Versuch einer Erstürmung trotzen, wenn genug Kämpfer in der Stadt waren; die Gärten von Megara mochten Früchte und Getreide liefern – ausreichend für ein Zehntel der Bevölkerung. Diesmal gab es keine auch nach Niederlagen und Verlusten immer noch ausreichend mächtige punische Flotte, die die Stadt versorgen und die Belagerung brechen konnte.

Aus der warmen Nacht griff eine eisige Faust nach Antigonos' Magen. »Dann war deine Rede, Qart Hadasht könne zunächst für sich selber sorgen, sich selbst verteidigen, also nur…«

»Zur Beruhigung der anderen. Ich hatte außerdem die schwache Hoffnung, daß Sempronius sich beeilt und nicht genug Truppen mitnimmt. Aber er macht es gründlich. O Tiggo, wir hätten Iberien von Truppen entblößen und alles nach Qart Hadasht bringen können – mühsam, mit hohen Verlusten. Und dann? Cornelius und Sempronius lachen und gehen nach Iberien, und in ein paar Monden stehen wir noch schwächer und hoffnungsloser da als am Ende des Libyschen Kriegs.«

»Also kampflose Niederlage – oder dies?«

Hannibal stand auf, gestützt auf Antigonos' Schulter. Die Bewegung war zäh, schwer. Am Fuß des Hügels hörten sie Stimmen; der junge punische Offizier, einer von tausend Hasdrubals, sprach mit den Posten.

»Oder dies.« Hannibal sagte es sehr leise. »Wenn wir früher losgekommen wären, im Sommer die Berge hätten nehmen können – selbst dann wäre es ein fast aussichtsloses Unterfangen geworden. Mit großem Heer und keltischer Hilfe. Roms Herrschaft in Italien ist sehr stark, sehr sicher. Aber jetzt, da wir erst im Herbst in die Berge gelangen, müssen wir furchtbare Verluste erwarten. Wenn wir überhaupt hinüberkommen… Es ist ein wenig so, als ob man sich ins eigene Schwert stürzt. Nur schwieriger.«

Publius Cornelius Scipio war offenbar tatsächlich so tüchtig, wie Hannibal es von ihm gesagt hatte. Er mochte den Gerüchten, die Punier seien bereits am Rhodanos, keinen Glauben schenken, aber vorsichtshalber hatte er dreihundert schwere Reiter ausgeschickt, mit massaliotischen Begleitern und keltischen Führern.

In der Ebene südöstlich von Theline, noch in Sichtweite der seltsamen weißen Bergformation, trafen die beiden Reitergruppen aufeinander. Die Numider fingen zunächst einen Aufklärungstrupp der Römer ab, unterhalb der Berge. Hasdrubal ließ die Gefangenen kurz, äußerst heftig und wirkungsvoll verhören. Antigonos blieb bei seinem Pferd.

»Schlecht für dich«, sagte der junge Punier, als das Verhör beendet war. Er kam langsam zu dem Hellenen. »Der Massaliot hat ein paar wichtige Dinge erzählt. Cornelius weiß noch nicht, wo wir sind, auch nicht, wie viele. Er hat an die fünfundzwanzigtausend Mann bei sich; sein Ziel ist Iberien. Aber was dich angeht...« Er schüttelte den Kopf.

»Was geht mich an?«

»Dein Bruder steht unter Bewachung; er kann sich bewegen und arbeiten, aber er wird beaufsichtigt. Offenbar wissen die Römer, daß der Bruder des Weinbauern und Händlers Attalos eine gewisse Rolle in Qart Hadasht spielt. Und offenbar wissen sie auch, daß er bei Hannibal ist und am Rhodanos das Heer verlassen will. Rom sucht nach dir, Antigonos.«

Antigonos dachte an Qart Hadasht, an die *Schwinge des Westwinds*, an Bostars Sohn Bomilkar und die übrige Besatzung. Und an Hanno den Großen. Er bleckte die Zähne.

»Irgendwas über mein Schiff?«

»Nichts. Aber ich an deiner Stelle würde nicht versuchen, nach Massalia oder wohin auch immer zu reiten.«

»Und ich an deiner Stelle«, sagte Antigonos, »würde ganz schnell aufsitzen lassen und kehrtmachen.«

Hasdrubal spuckte aus. »Fünfhundert gegen dreihundert. Ich finde, wir räumen hier erst noch auf.«

»Hast du schon mal mit leichten Numidern gegen schwere Römer gekämpft?«

Hasdrubal grinste. »Nein. Du?«

Eine halbe Stunde später war er tot. Wie die Hälfte der Römer und zwei Fünftel der Numider. Antigonos riß den Befehl an sich, unterstützt von Miqipsa, einem von vier überlebenden Scharführern. Früher oder später würden die Numider, nun doppelt überlegen, die Römer aufreiben, aber dem Hellenen erschien es sinnvoller, Hannibal dreihundert Mann und Nachrichten heimzubringen als drei Überlebende.

Er konnte sich nachher nicht erinnern, einen römischen Reiter mit dem Schwert durchbohrt zu haben – wie Miqipsa behauptete. Die Verbissenheit des Gefechts, die Härte und Standhaftigkeit der Römer, die trotz Unterlegenheit nicht wichen und sich zuletzt, da die Numider abrückten, als Sieger fühlen konnten, das Gebrüll, die Todesschreie, das Klirren der Waffen und das Blut auf den Klingen, die wiehernden stampfenden Pferde, all das vermengte sich zu einer furchtbaren Erinnerung, die gleichzeitig Vorahnung war.

Er sagte es Hannibal, am nächsten Tag, als sie das fast verlassene Lager am Rhodanos erreichten. Die Fußtruppen und ein Teil der Reiter waren bereits nach Norden unterwegs; der Stratege war mit den Elefanten und den übrigen Reitern zurückgeblieben.

»Sie werden nicht aufgeben, Hannibal. Wenn du sie in eine Falle lockst, wie hier am Fluß die Uolker, werden sie nicht wie die Hühner durcheinanderrennen und fliehen, sondern in geschlossenen Gruppen den Durchbruch suchen – oder sterben. Vergiß alles, was du an Kämpfen gesehen hast, Stratege.«

Hannibal pfiff auf vier Fingern und deutete flußaufwärts; das Zeichen zum Aufbruch. Noch gab es genug frische Pferde; die müden Reiter konnten neue Tiere besteigen und ihre erschöpften Pferde hinter sich herziehen.

»Ich weiß«, sagte Hannibal. »Komm.« Er nahm den Arm des Hellenen und zog ihn zu Syros. Der große indische Elefant kniete nieder und ließ sie auf seinen Rücken klettern; der »Inder« stieg auf ein frisches Pferd und nahm die Zügel des schweißbedeckten Tiers, das Antigonos' Gepäck trug.

»Ich weiß, Tiggo. Hamilkar hat es mir immer wieder eingeschärft, wenn ich der Meinung war, unsere libyschen und iberischen Kämpfer seien nun wirklich gut genug ausgebildet. Auch Hasdrubal – er war ja auf Sizilien und hat sie gesehen.«

Der Elefant setzte sich in Bewegung. Antigonos saß im Nacken, hinter Hannibal, den Rücken an den leeren Korb gelehnt. »Und du willst immer noch über die Alpen?«

Hannibal verdrehte den Kopf. »Was sonst? Im Strudel kann man nur versuchen, oben zu bleiben und möglichst lange Luft zu bekommen. Es gibt keinen Weg hinaus. Nur das Schlingen und Malmen am Ende. Kräftige Schwimmer können das Ende ein wenig – aufschieben.«

Während Antigonos' Abwesenheit hatte es die große Heeresversammlung gegeben. Hannibal stellte den Bojerfürsten Magilos vor, der über die Berge gekommen sei – dorther, wohin sie auf dem gleichen Weg gehen sollten.

Über die Rede, die er dabei hielt, erfuhr Antigonos nichts Genaues – oder zuviel Ungenaues. Jeder hatte andere Dinge behalten, und Sosylos, der eine schriftliche Fassung vorlegte, gab freimütig zu, dies sei die Rede, die Hannibal entsprechend den Erfordernissen der Rhetorik und des feinen Stils sowie den Wünschen seines Chronisten hätte halten sollen. Der Punier schien an die Lage der Länder außerhalb Italiens erinnert zu haben, Karchedons Klemme, die Schwierigkeiten, die man bereits überwunden hatte und daran, daß in den vergangenen Jahrzehnten immer wieder keltische Heere durch die Alpen gezogen seien. Was unordentliche Heerhaufen geschafft hätten, sei für die Besten und Tapfersten kein Problem. Überdies, wie Magilos bezeuge, warte jenseits der Berge reiche Beute, zu teilen nur mit den Verbündeten, die dort ebenfalls ihrer harrten: Kelten, überdrüssig der Knechtschaft, die Rom auch über Iberien und Libyen breiten wolle wie einen erstickenden Mantel.

Nach vier Tagen erreichten sie den Zusammenfluß von Isarra und Rhodanos. Im fruchtbaren flachen Schwemmland, »Insel« genannt, gab es eine Rast, die nach den Gewaltmärschen nötig war; und es ergab sich eine Möglichkeit, sehr viel Hilfe zu bekommen. Antigonos erfuhr von den Vorgängen nur am Rande; er versuchte, da es nun keinen anderen Weg mehr für ihn gab, sich nützlich zu machen, indem er Hasdrubal dem Grauen half. Die Schwierigkeiten des Ordnens, Versorgens und Planens lagen dem hellenischen Metöken und Händler näher als andere Dinge, die er hätte tun können.

Das zahlreiche und kampfkräftige Volk der Allobrogen, das die »Insel« und das Tal der Isarra bewohnte, war durch Streit zwischen den beiden Söhnen des verstorbenen Fürsten gespalten. Der ältere, Braneus, bat den auch hier schon berühmten punischen Feldherrn um ein Urteil; Hannibal entschied den Erbstreit zu Braneus' Gunsten, gestützt auch auf die Meinung des größten Teils der Ältesten des Volks. Braneus erwiderte diese Gunst, indem er das Heer mit Schlachtvieh, Getreide, Leder für berg- und winterfeste Schuhe und allen möglichen anderen Dingen ausrüstete und außerdem mit einem Teil seiner Leute die Isarra aufwärts begleitete.

Noch in einem weiteren Punkt waren die Allobrogen hilfreich: Sie wußten viel über den Weg, den das Heer nehmen mußte, und sie vermittelten zwischen den Bewohnern des Flußtals und den Puniern. Hasdrubal, Memnon und Antigonos kauften und tauschten ein, was sie an sinnvollen Dingen nur erhalten konnten.

»Die Alexandriner haben viele Versuche gemacht.« Memnon berichtete – unter Auslassung der übleren Einzelheiten – von den Erfahrungen, die man gewonnen hatte, als man vom König gelieferte Verbrecher hungern ließ, einseitig ernährte, mit diesem und jenem versorgte und ihnen dafür andere Dinge entzog. »Ptolemaios wollte durch die Wüste und brauchte Kenntnisse – wie das Heer versorgen, wenn keine Versorgung aus der Umgebung möglich ist, und derlei. Berge sind auch Wüste, nicht wahr?«

Hasdrubal kannte weniger durch gezielte Forschungen als aus Jahren der Erfahrung die haltbaren Früchte, die nahrhaften Pflanzen, die Dauer ihrer Haltbarkeit und die Schwierigkeiten, die sich in jedem einzelnen Fall stellten.

Die Schlachtrinder trugen zunächst Lasten und Vorräte, bis sie selbst als Vorrat genutzt wurden. Hasdrubal teilte alles gut ein; die getrockneten Weinbeeren aus Iberien blieben unangetastet, ebenso andere Nahrungsmittel, die auf dem Marsch eingehandelt wurden – vor allem Nüsse und Kastanien.

»Pferde mögen Nüsse nicht besonders gern«, sagte Hasdrubal, »aber sie können sie essen. Pferde essen aber kein Rindfleisch. Wir essen Rindfleisch sehr gern, aber kein Heu. Rinder essen kein Pferdefleisch, wohl aber Heu. Auf den Bergen gibt es kein Gras; sobald wir die Flußtäler verlassen, müssen wir für Rinder, Pferde und Elefanten Heu und Stroh mitschleppen. Die Rinder für uns, Heu für die Rinder. So ist das nun mal. Eine Handvoll Trockenbeeren ist so nahrhaft wie eine Handvoll Rinderlende und doppelt so kraftvoll wie mageres Fleisch; Beeren halten sich aber länger und sind leichter zu tragen. Nüsse sind dreimal nahrhafter als Kastanien oder Brot. Man kann Nüsse und Kastanien auch mahlen und mit Bergwasser aufkochen, aber Rindfleisch muß man füttern, solange es lebt.«

Die Allobrogen bestätigten abermals, daß der gewählte Weg der beste sei. Der Drouentios, weiter südlich, führe zu einem ebenfalls gangbaren Alpenpaß, sei aber wenige Tagesmärsche oberhalb seiner Mündung in den Rhodanos so reißend, sein Bett so eng, daß kleine Reisegruppen bereits Mühe hätten, und für ein großes Heer sei der Weg vollkommen unmöglich.

»Was nichts über den Weg sagt, den *wir* gehen müssen«, knurrte Hasdrubal am Abend des zehnten Tags nach Verlassen der »Insel«. Das Lager war eng geworden; sie hatten die Stelle erreicht, wo der reißende Bergfluß Aqra in die Isarra floß.

Am Morgen verließen Braneus und seine Leute das Heer, das nun nach Süden bog, ins Tal des Aqra. Andere Allobroger kamen – Stämme, deren

Häupter den durch Hannibals Schiedsspruch unterlegenen jüngeren Bruder als Herrn anerkannten. Mit dem Eintreffen dieser Feinde begann, was keiner je begreifen oder gar überschauen, erst recht jedoch nicht vergessen konnte. Später gelang es Antigonos, mit Hilfe der bruchstückhaften Aufzeichnungen von Sosylos eine undeutliche und immer wieder verschwimmende Gliederung der Tage und Nächte und Leiden und Mühen und Kämpfe vorzunehmen; in der Erinnerung zerflossen die Dinge zu einem zähen quälenden Brei, einem fortgesetzten Albtraum, dessen einzelne Phasen sich nur durch größere oder geringere Heftigkeit voneinander unterschieden.

Achtunddreißigtausend Fußkämpfer, achttausend Reiter, siebenunddreißig Elefanten, dazu anfangs noch zahlreiche Pack- und Schlachttiere zogen fünfzehn Tage lang durch eine Unterwelt, die auf den Gipfeln der Berge lag und gräßlicher war als alle erfundenen Umstände des Tartaros. Anfangs bemühte Antigonos sich, Bilder zu behalten und mit Sprachbildern aus den Unterweltgeschichten der Ägypter, der Babylonier und der Inder zu vergleichen, aber bald wurden er und die anderen Männer zu dem, was die Tiere gnädig von Beginn an sind: Fleisch, unfähig, das an der höchsten Grenze des Fühlbaren Erlittene durch Denken und Rückschau zu verschlimmern. Denn was auf sie wartete, was an ihnen fraß und riß, sie brannte und gefrieren ließ, war zu gewaltig und zu umfassend, als daß auch der klügste Philosoph sich denkend darüber hätte erheben können, es zu läutern und seinem Geist durch Unterteilung gefügig zu machen.

Diese Entstellung, das Zusammenschmelzen Tausender zu Einem, betraf die Stumpfsten und Feinsten gleichermaßen. Antigonos tat Offiziersdienst, wie Hasdrubal der Graue, Mago, Muttines, Maharbal, Budun, Qarthalo, Himilko, Hanno Sohn des Bomilkar, Itubal, Byryqt, Abdeshmun, Atbal, Giskon, Mutumbal, Bonqart und die anderen; wie sie suchte er, überlegene Kenntnisse und weiteren Blick, solange er darüber verfügte, allen nutzbar zu machen, zu retten, zu ordnen. Erfahrene Krieger wurden zu heulenden Fleischbündeln; andere wandelten sich zu wandelnden Pfeilern und gaben den Gefährten Halt. Beides, Zerbrechen und Verhärten, entzog sich der Beeinflussung; nicht jene, die stark bleiben wollten, blieben stark, sondern nur die, die es wollten und dank unkennbarer Gaben konnten. Spöttische Aufmunterung kam von Männern, die kaum je Witz gezeigt hatten; alte Feindschaften endeten oder waren zumindest ausgesetzt, da niemand die Kraft hatte, sie weiter zu pflegen. Mago, stärker als alle Bären aller Berge, hielt Antigonos, als der Hellene ausglitt, und klammerte sich dann an die Hand eines Iberers, der ihn vom Abgrund zurückriß.

An einem dieser Tage verlor Antigonos die Fühlung; plötzlich befand er sich allein auf einem Felssims, der keine Umkehr zuließ. Vor ihm öffnete sich ein düsterer Höhlengang; der Boden war glitschig, die Wände bedeckt mit einer Art Zotten. Er erreichte eine Halle, in der gesichtslose Statuen ihn anstarrten. Sie starrten ohne Augen und drehten sich auf ihren Steinsockeln, ihn mit Unblicken zu verfolgen, als er weiterging. Die zweite Halle war voller Kot und Treibsand, und es verstrich eine Unendlichkeit, bis er sie durchquert hatte. In der dritten Halle sah er, auf dem grasigen Boden, eine Frau, die Isis glich, aber auch Tsuniro; sie hatte keinerlei Hautfarbe und war nackt. Ihr Lächeln verzerrte sich zu einer Grimasse der Lust; erst als er sie erreichte, begriff er, daß es die Grimasse unvorstellbarer Qual, unendlichen Grauens und meerestiefen Ekels war. Sie besaß keine Stimme. Ihr köstlicher Leib wimmelte von Myriaden Maden, die sie zerfraßen. Dann fand Antigonos sich schreiend und würgend in einer Gruppe hohläugiger Iberer, die mit ihm einen Geröllhang entlangtaumelten.

Das Heer wurde zu einem zuckenden blutenden Leib, der zu zerfallen begann und nur durch ein eisernes Band gehalten wurde. Hannibal. Er war überall, überblickte alles – von Syros, einem Pferd, einem Felsen; wo er einen von zwanzig Zusammengebrochenen auf die Beine stellte, erhoben sich die übrigen neunzehn; wo er mit einer Handvoll Nüsse erschien, marschierten zehn stehend Verhungernde los; wo er sich hinsetzte, setzten sich hundert Darniederliegende aufrecht; wo er mit einem groben Witz erschien, lebten dreißig leblos Verzweifelte weiter; wo er schlief – aber er schlief ja nicht. Er schien keinen Schlaf zu brauchen. Wenn ein Paß gestürmt war, die Bergbewohner flohen, das Heer keuchend in Schnee und Eis niedersank und ruhte, rief er Offiziere zusammen, kümmerte sich um die Versorgung, gab Befehle zur Sicherung der Höhen, Anweisungen für den nächsten Tag. Einmal half er nacheinander den beiden tapferen Greisen, Myrkan und Barmokar, von den Elefanten herunter, trug sie zu einem Feuer, zeigte keltischen Führern, wie sie die punischen Gerusiasten reiben und pflegen sollten, und ging dann zu den erschöpften Tieren, um sie zu füttern und ihnen libysche Schmeicheleien unter die großen Ohrlappen zu flüstern. Er war Herz, Hirn, Helm und Hüftbinde des zuckenden wunden Leibs und Gott der Krieger;

irgendwann sagte Hasdrubal der Graue: »Glückliches China. Gegen *ihn* hätten die Männer des großen Alexandros nicht am Indos gemeutert; sie wären weitergezogen.«

Dinge, die am Anfang unmöglich schienen, nahmen sich später, als die wirklichen Schwierigkeiten begannen, wie ein Lustwandeln am sonnigen Strand aus: das Nachtlager in einem langen steinigen Tal; die Umgruppierung des ganzen Heeres über steinige Pfade, als der Troß in die Mitte genommen werden mußte und schwere Hopliten von der Nachhut zur Spitze kamen, um nachts einen Paß zu besetzen; es folgten ein kurzer Kampf und die schwelgerische Rast auf einer Hochebene, bei einem eroberten Ort. Später gab es keine Täler, keine Hochebenen, keine Orte und keine Rast außer kurzer Ohnmacht in Eis und Felsen.

Im Tal des Aqra sahen die Libyer, Numider, Gätulier, Iberer, Balliaren, Punier, Libyphöniker, Hellenen zum ersten Mal, was diese Berge wirklich bedeuteten. Man hatte vieles gehört, aber die Höhe der Berge, aus der Nähe betrachtet, die Schneemassen, die sich mit dem Himmel vermischten, die häßlichen auf Felsvorsprüngen gebauten Hütten, die Herdentiere und das Zugvieh, vor Kälte verkümmert, erneuerten den Schrecken; die ungeschorenen und verwilderten Menschen, die ganze lebende und leblose Natur, vor Frost erstarrt, und all diese Erscheinungen, aus der Nähe noch abscheulicher als in der Schilderung, trugen mit dazu bei. Als der Zug zu steigen begann, bemerkten sie, daß die Bergbewohner die vorspringenden Hügel besetzt hielten; wenn sie die versteckteren Täler besetzt gehalten und plötzlich angegriffen hätten, wäre eine ungeheure Flucht und Vernichtung daraus geworden. Hannibal ließ haltmachen und schickte Gallier zur Erkundung der Gegend voraus; von ihnen erfuhr er, daß es dort keinen Übergang gab, und so ließ er im Tal zwischen Felsstücken und Klippen lagern. Von den keltischen Führern hörte er, daß der Paß nur bei Tag besetzt gehalten werde, bei Nacht alle in ihre Häuser verschwänden; er rückte darauf bei Tagesanbruch an die Hügel heran, als ob er den Paß mit Gewalt nehmen wollte. Er verbrachte den Tag darauf mit ganz anderen Dingen als geplant. An der gleichen Stelle, wo sie haltgemacht hatten, befestigten sie ihr Lager. Als Hannibal merkte, daß die Bergbewohner von den Höhen herabgestiegen waren und nur vereinzelt noch Posten dastanden, ließ er den Troß mit der Reiterei und dem größten Teil der Fußtruppen zurück; an der Spitze seiner Kerntruppen marschierte er durch den Paß und bezog seine Stellung auf den Anhöhen, die die Feinde besetzt gehalten hatten.

Von dort brach er bei Morgengrauen auf, und der übrige Zug begann den Marsch. Die Bergbewohner wollten sich auf ihre Posten begeben, als sie plötzlich sahen, daß Feinde über ihren Köpfen auf den Anhöhen standen und andere auf dem Weg marschierten. Das ließ sie eine Zeitlang erstarren. Als sie aber Aufregung im Paß bemerkten und den Zug durch sein eigenes Getümmel, am meisten durch die scheugewordenen Pferde, in Verwirrung sahen, liefen sie von den Klippen herunter, mit allen Wegen und der Weglosigkeit vertraut. Das Heer wurde von Feinden und Gelände gleichzeitig bedrängt; mehr Getümmel entstand in den eigenen Reihen als mit den Feinden, da jeder als erster der Gefahr entgehen wollte. Besonders die Pferde machten den Zug unsicher, weil sie durch das schreckliche Geschrei scheu wurden, das die Täler mit ihrem Echo noch verstärkten. Wiehernd liefen sie hin und her, und wenn sie einen Schlag bekamen oder verwundet wurden, scheuten sie derart, daß sie Menschen und Gepäck aller Art beschädigten. Da der Paß auf beiden Seiten steil und abschüssig war, wurden im Gedränge viele Tiere in den Abgrund geschleudert, ebenso zahlreiche Krieger. Lasttiere rollten mit ihren Packen wie eingestürzte Häuser bergab. Hannibal blieb kurze Zeit stehen und hielt seine Leute zurück, um Getümmel und Durcheinander nicht noch zu vergrößern. Als er sah, daß der Zug durchbrochen wurde und die Gefahr bestand, das Heer ungeschlagen, aber ohne Gepäck über den Paß gebracht zu haben, eilte er von der Höhe herbei; durch den Angriff wurden die Feinde zersprengt, das Durcheinander war in dem Augenblick behoben, als durch die Flucht der Bergbewohner die Wege wieder frei waren. Bald zog das ganze Heer durch den Paß, ruhig und ohne Lärm. Sie eroberten eine Burg, die Hauptbefestigung dieser Gegend, und einige umliegende Dörfer und ernährten sich drei Tage lang von dem erbeuteten Vorrat und den Viehherden. In diesen drei Tagen legte man einen beträchtlichen Teil des Weges zurück.

Dann kam der Zug zu einem anderen Volksstamm, der für diese Gebirgsgegend eine Menge Bauern besaß. Dort wurde er nicht offen angegriffen, sondern durch List und Fallen beinahe eingeschlossen. Die Herren der kleinen Festungen, meist alte Leute, kamen als Unterhändler zu Hannibal und erklärten, sie seien durch das Unglück anderer belehrt worden; sie wollten lieber Freundschaft als Streit und würden gehorsam alle Befehle ausführen. Er möge von ihnen Vorräte, Wegführer und Geiseln entgegennehmen. Hannibal antwortete ihnen freundlich, empfing die Geiseln und verwendete auch die Vorräte. Dann folgte er ihren Wegführern in völlig geordnetem Zuge, aber nicht wie durch Freundesland. Den ersten Zug bildeten die Elefanten und die Reiter. Er selbst zog mit der Kerntruppe hinter ihnen her und hielt nach allen Seiten Ausschau. Als man in einen schmaleren Weg kam, der auf der einen Seite unter einem drohenden Bergjoch dahinlief, brachen die Bergmenschen auf allen Seiten aus dem Hinterhalt hervor, griffen von vorn und im Rücken an und kämpften im Nahkampf und aus der Entfernung. Sie wälzten große Steine auf den Zug herab. Die stärkste Streitmacht drängte im Rücken. Allen war klar, daß man eine ungeheure Niederlage in diesem Engpaß einstecken müsse, wenn man nicht die äußersten Teile des Heereszuges sicherte. Die Bergbewohner stürzten von der Seite auf den Weg, weil der Zug in der Mitte auseinandergerissen war; Hannibal verbrachte die Nacht ohne Reiterei und Gepäck.

Weil die Bergmenschen am folgenden Tag nicht mehr so heftig gegen die Lücke drängten, konnten sich die Truppen wieder vereinigen und den Paß hinter sich bringen; zum Glück geschah dies mit größerem Verlust an Zugtieren als an Menschen. Seitdem fielen die Bergbewohner sie nur noch in kleineren Haufen an, mehr wie Räuber als nach Kriegsart. Die Elefanten wurden mit großem Zeitverlust durch die engen und steilen Wege getrieben; aber sie machten den Zug doch überall dort, wo sie auftauchten, sicher, weil die Feinde vor den ungewöhnlichen Tieren Angst hatten.

Am neunten Tag kam man auf die Gipfel der Alpen, meist auf Irrwegen und durch schwieriges Gelände. Zwei Tage hielten sie auf der Höhe ein Standlager: elend, umkämpft, fast ohne Vorräte und ganz ohne Ruhe. Zugtiere, die in den Felsen abgestürzt waren, folgten der Spur und gelangten ins Lager. Zu allem kam auch noch Schneefall. Das Heer brach beim Morgengrauen auf und zog durch den hohen Schnee; die Feinde belästigten die Punier höchstens in kleinen Raubüberfällen. Aber der Weg war viel beschwerlicher als beim Aufstieg, weil die Alpen auf der italischen Seite steiler sind. Fast der ganze Weg war abschüssig, eng und glatt, so daß Stürze nicht zu vermeiden waren, wenn man erst einmal strauchelte, und dann blieb man auf der Stelle liegen. So stürzten Menschen und Tiere übereinander. Danach kam man zu einer noch viel engeren Klippe; ihre Felswände standen steil, daß nicht einmal ein unbewaffneter Soldat sich herablassen konnte, wenn er sich auch mit den Händen an den Büschen und Stämmen festzuhalten versuchte. Diese schon von Natur steile Stelle war erst kürzlich durch einen Erdrutsch beinahe tausend Fuß abgestürzt. Als Hannibal fragte, was den Zug hier aufhalte, weil die Reiterei wie am Ende eines Weges stehenblieb, meldete man ihm, auf diesem Felsen sei ein Weiterkommen unmöglich. Sofort ritt er selbst nach vorn, um sich das Gelände anzusehen. Tatsächlich mußte er das Heer auf einem Umweg durch die unwegsamen, nie betretenen Gegenden führen. Dann wurde der Weg völlig ungangbar. Denn solange der Neuschnee nicht zu hoch auf dem alten lag, konnten sie festen Fuß fassen, wenn sie darauf traten. Nun war aber der Schnee durch so viele Menschen und Tiere auseinandergetreten, und sie gingen auf dem bloßen Eis, schlüpfrigem Boden, auf dem kein Fußtritt haftete; und die abschüssige Fläche der Anhöhe ließ den Fuß noch viel eher ausgleiten. Wenn sie sich auf Händen oder Knien aufrichten wollten, verloren sie selbst die Stützen und fielen von neuem hin. Es gab weder Stämme noch Wurzeln, an die man sich mit dem Fuß oder der Hand stemmen konnte. So schoben sie sich nun auf glattem Eis und geschmolzenem Schnee vorwärts. Die Lasttiere traten oft durch; wenn sie mit den Hufen aufschlugen, um nach dem Fallen wieder aufzustehen, sanken sie völlig ein, so daß sie in dem harten, tiefen Eis steckenblieben wie in einem Fangeisen. Endlich schlug man auf der Höhe des Bergzuges ein Lager auf, vor einer weiteren Felswand. Das Gelände wurde unter größter Anstrengung gesäubert. Man mußte eine Menge Schnee weggraben und ausschachten. Nun wurden die Krieger und die wenigen übrigen Werkmeister an den Felsen geführt, um ihn gangbar zu machen; nur hier war der Weg möglich, der Stein mußte gebrochen werden. Dazu fällte man die ringsum stehenden Bäume und schichtete einen riesigen Stoß auf; man zündete ihn an, als sich ein günstiger Wind erhoben hatte, der das Feuer anfachte; dann machte man den erhitzten Stein durch Aufgießen des wenigen verbliebenen Essigweins und großer Mengen Schmelzwassers mürbe. Sie zerschlugen den spröde gewordenen Stein und machten seine Hänge durch kleinere Krümmungen gangbar; nun konnte man nicht nur die Zugtiere, sondern auch die Elefanten hinabführen. Vier Tage brachte man auf dieser Klippe zu. Am Fuß der Berge gab es Täler und Hügel, auch Bäche in der Nähe der Wälder. Hier schickte man die Tiere auf die Weide, und die ermatteten Menschen fanden endlich Ruhe. Nach drei Tagen ging es in die Ebene hinab. In fünfzehn Tagen hatte das Heer unter furchtbarsten Mühen die Alpen bezwungen, mit entsetzlichen Verlusten. Zwölftausend libysche Hopliten, achttausend iberische Fußkämpfer, an die tausend Leichtbewaffnete und sechstausend iberische und numidische Reiter erreichten Italien. Und alle siebenunddreißig Elefanten.

Alter Freund – dies gebe ich einem ligurischen Eseltreiber, einem etruskischen Händler und einem samnitischen Gesandten, hoffend, daß eines dich erreiche. Ein viertes bleibt mir, das fünfte Schreiben Antigonos dem Karchedonier, der mir beim Abschreiben half.

Du wirst gehört haben, was nicht zu beschreiben ist. Wir haben ein Wunder vollbracht – das heißt, nicht wir, sondern Er, der Fürst aller Strategen, Herausforderer der Götter, Entsetzen Roms, Staunen des Kosmos, Meister der Waffen, Lenker der Tiere, Herr und Hüter der Menschen, Bezwinger der Moira, Hannibal. Die Verluste waren furchtbar, die Erschöpfung ist gewaltig, die Qualen waren unsäglich, aber die Zukunft ist verändert. Die Taumelnden hat er gestützt, die Gestürzten aufgerichtet, die Zagenden ermutigt, die Kraftlosen gestärkt. Als wir nicht mehr kriechen konnten, ließ er uns ausschreiten; als Lawinen und Feinde das Heer zertrümmerten, fügte er die Teile wieder zusammen; als der Weg, der keiner war, uns erstickte und einzwängte, sprengte er die Felsen; als die steinige Unendlichkeit des getürmten Eises uns zur Verzweiflung wurde, brachte er uns auf einen Vorsprung und zeigte uns die grüne Ebene Italiens. Wir schleppten uns krank und zerlumpt und fast wahnsinnig aus den Bergen und waren von Feinden umgeben, da erstürmte er an der Spitze der letzten Kampffähigen die Stadt der Tauriner, römischer Bundesgenossen. Publius Cornelius Scipio erschien mit frischen Reitern, da führte Hannibal seine verhungerten Geister auf Pferdegerippen in die Schlacht – ein römisches Heer geschlagen auf italischem Boden, der Konsul verwundet, von seinem jugendlichen Sohn aus dem Gemenge geborgen. Ein römisches Heer geschlagen auf italischem Boden, o Philinos.

Erst vor wenigen Jahren warf Rom die Kelten Norditaliens nieder; Städte wurden zu Ackerland, Dörfer brannten, Männer und Frauen, Kinder und Greise wurden zu Tausenden abgeschlachtet. Rom begann mit dem Bau von Marschstraßen und Festungen, nahm Geiseln von den Überlebenden, raubte Vieh und Besitztümer, verteilte Truppen im ganzen Land. Niemals mehr, sagte der Senat, werde nach dieser furchtbaren Züchtigung ein Kelte das Haupt wider Rom zu heben wagen. Aber die

Fürsten der Bojer und der Insubrer schicken Nahrung und Kleidung, Holz und Schlachtvieh; sie mustern ihre Krieger und werden noch im Winter nicht nur Futter, sondern auch Pferde, nicht nur Pferde, sondern auch Reiter, nicht nur Reiter, sondern auch Waffen, nicht nur Waffen, sondern auch Fußkämpfer stellen. Die Samniter, in furchtbaren Kriegen von Rom unterworfen, schicken heimlich Gesandte; Bruttier und Kampaner kommen auf verborgenen Wegen durch Italien in den Norden, um den Mann zu sehen, der die Berge überwand und nun den Völkern und Städten Italiens die Freiheit vom römischen Joch bringen soll. Niemand hatte es geglaubt, nicht einmal Hannibal selbst; plötzlich flackern überall im Land die von den Legionen zertretenen Feuer wieder auf.

Aber zunächst kommt der Winter, und er wird furchtbar. Die Ebenen sind schneebedeckt; die Bewohner des Landes sagen, ein solcher Winter sei seit Jahrzehnten nicht gewesen. Und vor dem Winter kommt noch etwas, und dies ist vielleicht Hannibals größter Triumph.

Tiberius Sempronius Longus, bereit zur Eroberung Libyens, hat Lilybaion verlassen, mit dem größten Teil seiner Truppen. Qart Hadasht ist nicht länger bedroht. In wenigen Tagen wird er hier eintreffen, die Besatzungen aus den umliegenden Orten zusammenziehen und uns angreifen. Er muß es tun, denn das Jahr geht zu Ende, somit auch sein Konsulat; wenn er Ruhm erringen will, bleiben ihm nur noch wenige Tage. Dies ist unsere, ist Hannibals Möglichkeit. Allen, die die Legionen kennen, graut vor dem Treffen; ein konsularisches Feldheer mit Truppen der Bundesgenossen, verstärkt durch die übrige Reiterei des Corneliers – aber dies sagte der Stratege, als er seine Männer vor dem ersten Gefecht gegen Publius an dem Fluß Ticinus aufrichtete: Ihr, die ihr die Alpen bezwungen und unsterblichen Ruhm gewonnen habt, wer soll euch noch besiegen?

O Philinos, viel hast du gesehen, da du mit Hamilkar zogst; dies aber, aber dies, dieses jedoch sah keiner. Und keiner wird je begreifen, was in den vergangenen Monden geschah. Fünf Monde seit Überschreiten des Iberos – der Norden Iberiens erobert, die Pyrenäen überwunden, das südliche Gallien durchzogen, den Rhodanos überquert, die Alpen bezwungen, die Reiter des Cornelius Scipio geworfen. Fünf Monde, Freund. Fünf Monde.

12. AUGE DES MELQART

Eine wuchtige Gestalt, jäh zwischen den Zelten erschienen, rannte Antigonos nieder.

»Ah, der Metöke. Tut mir leid.« Mago streckte die Hand aus und zog den Hellenen auf die Beine.

Antigonos war von Kopf bis Fuß mit Lehm und Kot bedeckt. »Wenn du es wiederholen mußt, Punier, dann bitte im Sommer an einer trockenen Stelle.«

»Klar, klar.« Mago grinste. »Ich leg da dann vorher noch ein paar Keltinnen aus.« Er sah zu, wie Antigonos sich halbwegs zu reinigen versuchte.

»Keine Eile, Punier?«

»Nein; ich kann das Schauspiel genießen. Er ist noch nicht zurück.«

Hannibal war seit dem Morgen unterwegs; niemand wußte genau, was der Stratege plante. Es war ein scheußlicher Tag, der Tag nach der Wintersonnenwende. Kalt, naß und grau; die Ebene am Padus, in den hier die kleinere reißende Trebia mündete, war von einer dünnen Schneeschicht bedeckt. Die meisten Bäume der Gegend hatte man für das Lager und die Feuer gefällt; was noch stand, reckte kahle Äste in den niedrigen drückenden Himmel.

Plötzlich legte Mago eine Hand auf Antigonos' Schulter. »Ich danke dir für dieses wunderbare Schwert«, sagte er ernst. »Ich hätte nicht geglaubt, daß du die Berge überstehst; dafür schulde ich dir Achtung. Und ich weiß, wie sehr meine Brüder an dir hängen. Zwischen uns wird nie die lautere Liebe sein, Metöke; aber laß uns den Streit vergessen.«

Antigonos runzelte die Stirn. »Es ist nie mein Streit gewesen, Mago.«

Hannibals Bruder nickte, legte mit einem schrägen Lächeln die rechte Hand auf sein Herz und verschwand. Der Hellene blickte hinter ihm her, mit ratlosem Unbehagen. Mago war ein großer und furchtbarer Kämpfer, als Truppenführer nur zu vergleichen mit den Unvergleichlichen – Pyrrhos, Hamilkar, Hannibal. Antigonos zweifelte nicht daran, daß Mago, der sich bereitwillig seinem Bruder unterstellte, selbst ein Heer führen konnte. Aber es gab da die dunkle Seite – jene grausame Düsternis, die seit Jahrhunderten Phöniker und Punier den Hellenen verhaßt gemacht hatte. Dieser Krieg war schlimm, wie alle Kriege; auch Hannibal sandte Truppen aus, die Dörfer, Städte und Äcker jener Stämme zu plündern, die Roms Bundesgenossen waren. Auch Hannibal ließ töten, wo er nicht überreden konnte. Aber Mago übernahm die Führung solcher Trupps mit einer gewissen Lust, wobei er sich von Hannibal Monomachos kaum übertreffen ließ. Manchmal erschien es Antigonos, als ob in dem behaarten Riesenleib, der so sehr an Hamilkar Barkas erinnerte, ein Teil des Geistes von Hanno dem Großen steckte, und er brauchte sich nicht sehr zu bemühen, um sich Mago in Hannos Rolle vorzustellen, bei jenem ersten Treffen vor so vielen Jahren in Hannos Haus auf der Byrsa.

Er wollte sich säubern, entschied sich dann dagegen. Alles im Lager starrte vor Dreck, Lehm, Abfällen, verkrustetem Blut und Kot. Nach der kurzen Rast am Ende des Alpenübergangs waren sie unausgesetzt in Bewegung gewesen, und niemand außer Hannibal überblickte die Verzweigungen der Vorgänge. Welche Gesandten welcher Stämme und Völker aus welchen italischen Gebieten eingetroffen und abgereist waren, zu welchen Stämmen punische Boten geritten sein mochten, welche Kelten noch zu Rom standen, wo römische Besatzungen lagen ... Die abziehenden Truppen des Publius Cornelius hatten zunächst versucht, nach der Niederlage die Brücke über den Ticinus zu halten; dann hatten sie sie verbrannt. Hannibal beriet sich mit Hasdrubal dem Grauen, der innerhalb von zwei Tagen eine Brücke aus Schiffen und Flößen schlagen ließ – nicht über den Ticinus, sondern gleich über den großen Padus. Um wirklich Fühlung mit den zum Bündnis bereiten Kelten aufzunehmen, mußte die Kette römischer Festungen gesprengt werden, die das Land am Strom umspannte und die keltischen Stämme fesselte. Die ersten leichtbewaffneten Ligurer, angelockt von iberischem Silber und der Aussicht auf Ruhm, trafen bei den Puniern ein; die Mehrheit des Volks, das die Küsten und Berge am Sardonischen Meer bewohnte, blieb bei Rom, aber Teile der Stämme erinnerten sich ihrer alten Überlieferungen, nach denen sie vor Jahrhunderten aus dem nördlichen Libyen durch Iberien und Gallien hindurch zu ihren jetzigen Wohngegenden gezogen waren. Sie begrüßten Punier, Libyer und Numider als ferne Verwandte.

Sie brachten aber auch Nachrichten, die Hannibals Verdacht bestätigten und seine Achtung vor Cornelius Scipio noch erhöhten. Der Stratege hatte nach dem Gefecht am Ticinus angenommen, der Römer sei mit seiner Reiterei den Fußtruppen vorangeritten und werde bald mit den Legionen einen neuen Angriff unternehmen. Als der Angriff ausblieb und Kundschafter nur von verstreuten römischen Kohorten und Festungsbesatzungen berichteten, hatte Hannibal gewisse Schlüsse gezogen und mit seinen Offizieren erörtert. Die Ligurer bestätigten nun alles.

Publius Cornelius Scipio hatte am Rhodanos versucht, das punische Heer zu stellen, fand jedoch das Lager an der Stelle des Übergangs verlassen; er glaubte kaum, daß jemand es wagen konnte, die Alpen zu überqueren, noch dazu in dieser Jahreszeit, und versicherte mehrfach laut, keiner der Punier werde lebend nach Italien gelangen. Vorsichtshalber führte er dann den kleineren Teil seiner Truppen nach Ligurien zurück, vor allem Reiterei. Der größere Teil mit den meisten Schiffen war unter dem Befehl seines Bruders Gnaeus Cornelius Scipio zum ursprünglichen Ziel weitergefahren: nach Iberien.

»Wir können nicht alles haben«, sagte Hannibal, als man die Nachrichten besprach. »Sempronius hat Sizilien verlassen; Qart Hadasht ist sicher. Mir wäre lieber, wenn kein Römer nach Iberien ginge, aber...« Er schwieg, und Antigonos war mit dem unbehaglichen Gefühl in seine Decken gekrochen, daß Hannibal dem Vorstoß nach Iberien mehr Bedeutung beimaß, als er zugab.

Dann wieder Marsch, Lager, Marsch, Lager – immer am südlichen Ufer des Padus, flußabwärts, in Regen und Schnee, durch aufgeweichte schlammige Felder, über Grasflächen, die eher Sümpfen glichen. Der Frost reichte aus, um in jeder Nacht Menschen und Tiere zu töten, aber er war zu mild, um die Flüsse zu Eis und die Schlammflächen zu gangbaren Wegen zu machen.

Publius Cornelius hatte in einem kleinen Lager alle verfügbaren Truppen der weiteren Umgebung zusammengezogen, dazu keltische Krieger. Als diese ihn in einer düsteren Nacht verließen und zu Hannibal überliefen, brach der Römer wieder auf und zog weiter nach Osten, über die Trebia. Hannibal entließ die etwa zweitausendzweihundert keltischen Krieger mit Geschenken und freundlichen Reden; seinen Offizieren erklärte er, Freundschaft und Verstärkung im Frühjahr seien wichtiger als jetzt ein paar Überläufer.

Die jenseits der Trebia wohnenden keltischen Anamarer stellten wohl oder übel den Römern Vorräte, Tiere, Holz und andere Dinge zur Verfügung. Cornelius, sicher hinter den Wällen des Lagers, das vielleicht zweitausend Schritte vom Fluß entfernt war, sperrte den einzigen Weg, auf dem Hannibals Heer hätte weiterziehen können. Und den Übergang über die Trebia. Die Truppen des Tiberius Sempronius waren vor zehn Tagen ebenfalls eingetroffen. Die Römer brauchten nichts zu unternehmen; sie konnten warten.

Und nun war seit dem Morgen dieses scheußlichen Tages Hannibal unterwegs. Nicht einmal Mago wußte, was der Stratege ausgebrütet hatte. In den letzten Tagen und Nächten waren immer wieder Streiftrupps durch das Land der Anamarer gezogen, um zu plündern und zu brennen. Was verbrannt oder weggeschafft werden konnte, würde den Römern fehlen; außerdem mußten sie, um ihre Rolle als Beschützer der bündnistreuen Kelten spielen zu können, irgendwann etwas unternehmen. Wann, was, wie?

Die Ligurer und die bisher eingetroffenen Kelten, immerhin fast dreizehntausend Mann, Fußkämpfer und Reiter, machten das nicht einmal für Hasdrubal den Grauen zu ordnende Durcheinander des Lagers vollkommen. Mit ihrem Gewirr und Getriebe steckten sie schließlich auch die ruhigen, erprobten Truppen an, die seit dem Abmarsch aus Qart Hadasht in Iberien daran gewöhnt waren, Ordnung zu halten, Zelte in überschaubaren Reihen zu bauen und zu sichern, zu bestimmten Zeiten gemeinsam zu kochen und zu essen, um kein Brennholz zu vergeuden. Überall flackerten Einzelfeuer. Die Zelte und schiefen Hütten standen wie vom Himmel gefallen in Zickzacklinien und Halbkreisen. Es gab nur einen ungefähr geraden Weg, vom östlichen Walltor zum Strategenzelt. Viele der Kelten hatten Frauen mitgebracht; in einer Ecke des vor drei Tagen mit Erdwällen, Palisaden und Holzverschanzungen angelegten Lagers, vom Rest durch einen Zaun und Posten getrennt, hausten an die fünftausend Frauen und männliche Sklaven aus romtreuen Stämmen. Trotz aller Entbehrungen des Marschs, bei dem sie fast die Hälfte ihrer Kameraden verloren hatten, mochte auch den härtesten Kämpfern aus dem warmen Libyen oder den milden Regionen Iberiens die gewalttätige Paarung in eisigem Schlamm, umstanden von tausend verlausten Betrachtern, nicht unbedingt als elysisch erscheinen. Den Keltinnen bestimmt nicht; aber sie waren Beutestücke und hatten wie Münzen, Waffen oder Brennholz einen Zweck, keinen Sinn. Ebenso die Sklaven.

Antigonos sah Mago im Frauenpferch verschwinden; durch das Gekeife dröhnte Gelächter, die Stimme des Monomachos. Der eisige

Wind, der abgeflaut war, kam wieder stärker; ein kurzer Eisregen ging über das Lager nieder. Dann sprang der Wind um und brachte den Ekel der Latrinen und Viehweiden von Nordwesten. Einige der Elefanten waren krank, viele Pferde ebenfalls. Antigonos bahnte sich einen Weg durch verdreckte Iberer und verschlammte Kelten.

Vor dem Osttor traf er Maharbal und Muttines, die an der Postenkette entlangwanderten. »Etwas muß geschehen – hast du eine Idee, Tiggo?« sagte der Libyphöniker, als Antigonos sie erreicht hatte.

»Wir können nicht vorstoßen, mit den Römern im Rücken«, sagte Maharbal. »Zurück auch nicht, wenn wir nicht die ganze Gegend wieder für sie freimachen wollen. Außerdem wohin?« Er hob den rechten Stiefel aus der Pfütze, die sich sofort bildete, wenn man irgendwo stehenblieb, betrachtete das Loch in der Sohle, das seltsam frei von Schlamm war, verzog das Gesicht und zerrte an seinem Wollmantel.

Von den Hügeln oberhalb der Trebia, die etwa achttausend Schritte östlich des Lagers floß, näherten sich Numider. Nur an dem fast schwarzen Pferd erkannte Antigonos Hannibal, der mitten im Trupp ritt. Er warf einem anderen die Zügel zu, sprang ab und kam zu den Posten. Aus der Nähe sah der Hellene, daß das Gesicht des Strategen mit Kalk und Ocker verschmiert war. Der Bart schimmerte rötlich, und auf dem Kopf trug Hannibal einen fast blonden Keltenschopf.

»Wo ist Mago?« sagte er. Er schien kaum angestrengt zu sein; dabei hatte er mindestens zehn Stunden auf dem Pferderücken oder wer weiß wo verbracht.

»Im Lager, nehme ich an.« Maharbal wies mit dem Daumen hinter sich.

»Er fickt, wenn du es genau wissen willst«, sagte Antigonos.

»Ah. Dafür soll er ein paar Römerknie nehmen.« Hannibal fuhr sich über das Gesicht und spuckte in die verschmierte Handfläche. »Ich weiß jetzt, was ich wissen wollte.«

Muttines schien die Ohren aufzustellen. Manchmal meinte Antigonos, der Libyphöniker, der einen Teil der Reiterei befehligte, werde sich nach und nach in einen Hengst verwandeln. »Der Cornelier?«

Hannibal nickte. »Publius Cornelius ist noch immer krank – die Wunde und das Wetter. Sempronius hat den Oberbefehl. Und das ist gut so. Kommt.«

Er rief den Posten ein paar Befehle zu; vier der Männer liefen ins Lager. Eine halbe Stunde später, kurz vor dem mutmaßlichen Untergang der unsichtbaren Sonne, begann der Kriegsrat. Hannibal hatte sich gereinigt und die Verkleidungsstücke abgelegt. Er berichtete von seinem Ritt, der ihn als keltischen Trödler bis ans römische Lager geführt hatte.

»So, zu den Ergebnissen«, sagte er dann. »Der Cornelier, Roms bester Mann, fällt aus. Sempronius ist eitel und leichtsinnig, trotz aller Umsicht, die er auf Sizilien gezeigt hat. Er will vor der Wahl der neuen Konsuln unbedingt Schlachtenruhm erringen. Ich finde, wir geben ihm die Gelegenheit dazu.«

»Wie?« Mago beugte sich vor.

»Du, o Bruder, wirst ihm besonders helfen können. Such dir, wenn wir hier fertig sind, hundert Libyer und hundert Numider aus, gute harte Leute, und bring sie zum Osttor. Wir treffen uns dann. Ich habe einen feinen Hinterhalt gefunden – wenn man ihn dazu macht, heißt das.«

Hannibal schwieg einen Moment. »Leicht wird es nicht. Sie haben alles zusammengezogen, was sie finden konnten. Zwei vollständige konsularische Heere mit je zwei römischen Legionen und zwei Legionen Bundesgenossen, also zweimal achttausend Römer und zweimal zehntausend Latiner. Zur üblichen Reiterei kommen an die zweitausend Mann, die von der Ticinus-Sache übriggeblieben sind. Also sechzehntausend Römer, zwanzigtausend Bundesgenossen, dazu an die viertausend Kelten – Kenomanen – und nochmal viertausend Reiter. Sempronius weiß, daß er uns von der Zahl weit überlegen ist. Ich weiß, daß wir« – Hannibal blickte nacheinander in die Gesichter – »abgesehen von den Kelten die härteren Kämpfer und vor allem die besseren Offiziere haben. Folgendes.«

Er entwickelte seinen Plan; es dauerte nicht lange, bis alle überzeugt und sogar begeistert waren. Hasdrubal der Graue und Antigonos verließen das Zelt als erste, um die verfügbaren Vorräte an Öl zu sammeln und vorzubereiten.

Vor Mitternacht brach Mago mit seinen Leuten auf. Hannibal hatte eine kurze Rede gehalten und die hundert Libyer und hundert Numider angewiesen, jeder von ihnen solle neun weitere gute Leute auswählen. Tausend Fußkämpfer und tausend Reiter zogen in die Nacht nach Südosten. Ein kleiner Nebenfluß der Trebia, südlich der beiden Lager, war von Gestrüpp, überhängendem Gebüsch, Baumgruppen und Unterholz gesäumt; dort sollten sie sich verstecken und warten. Die übrigen Offiziere kamen noch einmal im Zelt des Strategen zusammen.

»Ich wiederhole mich, aber es ist unmöglich, diesen Teil der Sache zu gründlich zu machen.« Hannibal deutete auf einen Papyros, auf dem Zahlen, Kästchen und Reihen zu sehen waren. »Es wird unsere erste Schlacht gegen ein vollständiges römisches Feldheer. Wir haben es oft besprochen, aber römischen Legionen gegenüber muß man sich wiederholen. Wenn man überleben will.«

Antigonos hielt eine Fackel über den kleinen Tisch. In den Gesichtern der Offiziere sah er keinen Überdruß, keine Ablehnung gegen die Wiederholungen – nur beinahe atemlose Spannung, Aufmerksamkeit, Entschlossenheit und Ernst. Und etwas anderes: vollkommene Hingabe an den schlanken Mann, der all jene Einzelheiten im Kopf hatte, in denen die übrigen zu ertrinken drohten.

»Die Möglichkeiten des Einsatzes der Legion im Kampf sind unbegrenzt.« Hannibal lächelte. »Aber sie wissen nicht, daß sie diese Waffe noch schärfer, geschmeidiger und tödlicher machen können. Sie klammern sich an die hellenische Phalanx, statt kleinere bewegliche Einheiten zu suchen. Auf diesem Gelände – wir werden sehen, morgen. Wichtig sind vor allem ein paar grundlegende Dinge. Der Legionär ist römischer Bürger; er kämpft nicht aus Treue zum Feldherrn oder für Geld, sondern um alles. Wenn er flieht, kann er nicht, wie unsere Libyer oder Iberer, nach Hause gehen – er verliert alle Ehre, allen Besitz und meistens das Leben. Rechnet also nicht damit, durch Flügelbewegungen Gruppen abschneiden zu können, die sich dann ergeben; sie werden lieber sterben.«

Er deutete auf die einzelnen Linien und Kästchen. »Merkt euch die schwierige Zahl zehn, sie ist entscheidend.« Er wartete, bis das gedämpfte Lachen endete. »Die Legion besteht aus vielen kleinen Einheiten, die – wie gesagt – nicht sinnvoll genutzt werden. Beginnen wir unten. Die *centuria* ist die Grundeinheit; sie besteht nicht aus hundert Mann, was man meinen könnte, sondern aus sechzig Kämpfern, geführt von einem *centurio*.« Er blickte wieder auf. »Wenn es euch gelingt, die Hälfte aller *centuriones* auszuschalten, ist die Schlacht mehr als halb gewonnen. Sie sind wichtiger als alles andere, wichtiger als die *tribuni* selbst; nur der Konsul zählt mehr. Weiter. Zwei *centuriae* ergeben ein *manipulus*, geführt von zwei *centuriones*, natürlich. Die Legion hat zehn Manipel *velites*, das sind Leichtbewaffnete, also zwölfhundert Plänkler. Die erste, eigentlich vor-erste Reihe der Phalanx. Dann kommen zehn Manipel *hastati*, ursprünglich Lanzenkämpfer, die aber längst auch Speere und Schwerter haben. Es sind keine Leichtbewaffneten mehr, sondern halbleichte Fußkämpfer, und zwar die jüngeren, unerfahrenen.

413

Sie bilden das erste Treffen. Dahinter kommen zehn Manipel *principes,* die wichtigsten Männer, meistens Mitte Zwanzig, erfahren, mit mehreren Dienstjahren und Feldzügen. Die dritte Reihe bilden, wie der Name sagt, die *triarii;* es sind Veteranen, und von diesen gibt es nur fünf Manipel – zehn *centuriae.*«

Er grinste, als er in die Gesichter blickte, in denen deutlich zu sehen war, daß Rechnen bei einigen nicht als beliebteste Entspannung galt.

»Im Lager und auf dem Marsch bilden sie *cohortes,* jeweils aus einem Manipel *hastati,* einem Manipel *principes* und einer *centuria triarii.* Das wäre eine gute Kampfgruppe, aber in der Schlacht nutzen sie diese Möglichkeit nicht. Dazu kommen etwa dreihundert Reiter, bei jeder Legion. Wir haben aber morgen keine zwölfhundert Reiter gegen uns, sondern viertausend – ein paar Bundesgenossen und das, was der Cornelier noch hat retten können.«

Er richtete sich auf, beachtete den Tisch nicht länger und blickte von einem Gesicht zum anderen. »Freunde – tötet die *centuriones,* nehmt die Feldzeichen. Hasdrubal – du wirst morgen unsere Leichtbewaffneten befehligen, Balliaren und Ligurer. Dazu gebe ich dir die Hälfte der iberischen Fußkämpfer. Wen willst du als zweiten Mann?«

Hasdrubal der Graue zögerte. »Hanno – wenn ich ihn haben kann.«

Hanno, der Sohn des ehemaligen Suffeten, lächelte. »Von mir aus – es sei denn, Herr, du hast anderes mit mir vor.«

»Nein. Es ist gut. Hasdrubal befiehlt, solange die Reihen stehen. Ihr werdet keine Mühe haben, die römischen *velites* zu verjagen; mit den Iberern habt ihr fast dreimal mehr Leute. Wenn alles so läuft, wie wir es besprochen haben, stoßen dann die *hastati* gegen euch. Ärgert sie ein bißchen, aber nur kurz; Hasdrubal führt eine Hälfte nach links, Hanno die übrigen nach rechts. Sprecht das ab. Ihr stört dann auf den Flügeln die römische Reiterei. Wenn sie fort ist, rückt ihr vor und nehmt die *principes* und *triarii* von der Seite. Den Rücken überlassen wir Mago. Fragen? Gut. Also, zu den anderen Gruppen ...«

Am frühen Morgen, einem weiteren scheußlichen nassen eisigen Morgen, fand sich Antigonos in der ungewohnten Stellung des Befehlshabers im Lager. Hannibal hatte einige Wünsche, was Ordnung und Sauberkeit betraf; es war ein Zeichen seiner Sicherheit hinsichtlich der Schlacht, daß er Antigonos fast tausend Mann zurückließ, um aufzuräumen. Antigonos räumte.

Im Morgengrauen brachen die restlichen Numider auf, durchquerten die Trebia und griffen das römische Lager an; als sich das Gefecht mit den Vorposten zu einem größeren Gemenge entwickelte und Sempronius Truppen, aus dem Schlaf aufgeschreckt und ohne Frühstück, in den Kampf schickte, zogen sich die leichten Reiter allmählich zurück, ließen sich zum Fluß drängen, erhielten Verstärkung von keltischen Fußkämpfern aus dem punischen Lager. Daraufhin warf Sempronius weitere Einheiten an den Fluß.

Hannibal hatte seine Truppen früh zur Ruhe geschickt, früh wecken lassen und dafür gesorgt, daß alle ausreichend aßen. Die Numider und Kelten, die durch den Fluß gehen sollten, mußten sich und einander mit Öl einreiben. Als die Kelten eingriffen und sich mit den Numidern durch den Fluß zurückzogen, verfolgt von unausgeschlafenen, frierenden, hungrigen Römern, verließen Hasdrubal und Hanno mit den Leichtbewaffneten das Lager, marschierten schnell zum Westufer der Trebia und nahmen die Römer in die Zange, ohne sie in den Fluß zurückzudrängen. Dadurch wurde Tiberius Sempronius gezwungen, weitere Verstärkungen durch das eisige Wasser zu schicken.

Langsam ließen Hannibals Truppen sich zurückfallen, machten immer wieder Gegenstöße; andere Einheiten, ausgeruht und in warmer Kleidung, kamen aus dem Lager, bedrängten die nachsetzenden Römer, zogen weitere römische Verbände in den Kampf, der sich nun so weit entwickelt hatte, daß Sempronius sein ganzes übriges Heer einsetzen mußte, um nicht den bereits verwickelten Teil zu verlieren.

Bis es zur eigentlichen offenen Feldschlacht kam, waren mehrere Stunden vergangen – Stunden, in denen die Römer ohne Nahrung, mit unzureichender Kleidung und durchtränkt vom eisigen Trebiawasser gegen ausgeschlafene, genährte, ausreichend bekleidete und, soweit sie ins Wasser mußten, eingeölte Gegner gekämpft hatten.

Die Römer gehorchten Hannibals Berechnungen. Die dreifach gestaffelte Walze der fast sechsunddreißigtausend Fußkämpfer rückte vor; Hasdrubal und Hanno zogen ihre Leichtbewaffneten auf die Flügel. Dort waren die viertausend römischen Reiter in zähe Einzelkämpfe mit den fast zehntausend numidischen, iberischen und keltischen Reitern der Punier verwickelt, wurden zurückgedrängt und völlig zersprengt, als die Schleuderer, Speerwerfer und Bogenschützen eingriffen.

Hannibal selbst befehligte die Mitte der Fußtruppen: Libyer, die Hälfte der Iberer und viele Kelten. Er hatte einzelne Gruppen bilden lassen, die von fähigen Leuten wie Bonqart, Qarthalo, Himilko und dem Monomachos geleitet wurden und auf Hornsignale hin Wege öffneten oder Lücken schlossen. Der Angriff der Italier traf in der Mitte der punischen Reihen die Kelten. Die Elefanten, die auf den Flügeln hinter der Reiterei gewartet hatten, setzten sich in Bewegung und jagten die entsetzten Kenomanen in die Flucht; dann griffen sie mit der Reiterei und den Leichtbewaffneten die römischen Flanken an.

Inzwischen waren die Legionäre weit genug vorgedrungen und hatten sich in die Linien der Kelten und Libyer hineingefressen; Hannibal ließ das vereinbarte Signal blasen, und im Rücken des römischen Heers spien die Büsche, Baumgruppen und Böschungen am Nebenfluß der Trebia Magos Reiter und Fußkämpfer aus. Sie vollendeten die Umklammerung.

Am nächsten Tag wurde das Lager abgebrochen; dank der Räumarbeit von Antigonos und seinen Leuten ging alles schnell und reibungslos. Witterung und Jahreszeit, dazu die strategischen Erfordernisse erlaubten keine lange Ruhe nach der Schlacht. Hannibal wollte so schnell wie möglich ein festes und sicheres Winterlager am Rand des Siedlungsgebiets der Bojer und in Nähe der wichtigsten verbliebenen römischen Festungen beziehen. Die Gefangenen und Verwundeten wurden mitgeführt.

Auf punischer Seite waren die Verluste gering gewesen; allerdings waren viele Kelten gefallen, als fast zehntausend römische Fußkämpfer sich in der Mitte der Linien einen Durchbruch erkämpften. Die unersetzlichen Kerntruppen aus Libyen und Iberien hatten kaum gelitten, ebenso die iberischen und numidischen Reiter. Schlimm sah es bei den Elefanten aus. Von ihnen waren ohnehin viele durch Kälte und Krankheiten geschwächt; nun kamen üble Verwundungen dazu – römische Leichtbewaffnete hatten im Gedränge mit Lanzen und auch Schwertern versucht, die empfindlichen, ungeschützten Stellen der Tiere zu treffen, unter den Schwänzen und am Bauch.

Aber die Verluste wogen letzten Endes gering. Von allen Einheiten waren die ungeordneten Haufen der Kelten am leichtesten zu verschmerzen. Und am schnellsten zu ersetzen. Libyer und Iberer hatten die Kampfkraft der Legionäre kennengelernt, ohne selbst bluten zu müssen; zweifellos ein Gewinn.

Wichtiger waren jedoch andere Dinge. Zwei konsularische Heere mit Bundesgenossen, zusammen über vierzigtausend Mann, stellten eine ungeheure Kampfkraft dar, wie sie die Kelten Norditaliens nie gesehen hatten. Kleinere römische Verbände hatten ausgereicht, die Stämme vor ein paar Jahren aufzureiben und zu züchtigen, wie man es in Rom nannte. Nun war dieser furchtbare Feind, Unterdrücker, Räuber, Schänder geschlagen worden, von Kriegern, die die Alpen bezwungen hatten und einem Feldherrn dienten, der heute schon mit Alexandros und Pyrrhos verglichen wurde, und dieser Mann schickte die gefangenen italischen Bundesgenossen der Römer nach Hause, ohne Lösegeld, teilweise sogar mit Geschenken. Sie sollten überall seine Botschaft verbreiten: Karthago kämpft nicht gegen Italien, Karthago kämpft nur gegen Rom, und Hannibal bietet allen, die sich dem Ringen gegen das römische Joch anschließen, die Freiheit, die Wiederherstellung der alten Rechte und Gepflogenheiten – Freiheit von Tribut und Zwangsaushebungen, Freiheit der alten Sprachen und Sitten.

Die gefangenen Römer wurden als Sklaven mitgeführt oder verkauft; fast zwanzigtausend Legionäre waren an der Trebia gefallen. Es war der schlimmste Schlag, den Rom je auf offenem Feld hatte hinnehmen müssen. In ganz Norditalien stand kein römisches Heer mehr. Die etwa fünfzehntausend versprengten Überlebenden der Schlacht an der Trebia irrten durch das winterliche Land, erreichten nur zum Teil verstreute römische Festungen, viele ertranken in der Trebia oder erfroren in den eisigen Nächten. Es gab hier und da kleinere Besatzungstruppen in Festungen, Schutzgruppen in römischen Pflanzstädten, aber die Kette, die die Ebenen am Padus fesselte und an Rom band, war gesprengt. Das punische Heer beherrschte den Norden und die Straßen. Und jene Kelten, die bisher abgewartet hatten, schickten Krieger und Pferde, Waffen und Vorräte, Leder und Stoffe in Hannibals Lager.

Aber der Winter wurde länger und strenger als alles, was die Bewohner der Padus-Ebenen seit Jahrzehnten erlebt hatten. Antigonos fand ihn schlimmer als seine beiden britannischen Winter, da die Kälte nie die Nässe übertraf. Es fiel genug Schnee, um alles zu bedecken, aber er blieb nie lange liegen; die Wege waren schlammige Sümpfe. Die Flüsse schwollen an, traten über die Ufer, überfluteten Äcker und Weiden; sie waren eisig, aber wurden nicht zu Eis. Die Kelten des Landes litten, und auch die an trockene kalte Schneewinter gewöhnten Iberer aus den Bergregionen. Noch übler war es für die Libyer, Numider, Libyphöniker, Gätulier und Punier; am ärgsten traf es jedoch die Tiere. Neunundzwanzig Elefanten starben in den ersten zwanzig Tagen, an Krankheiten, an Kälte, an Nässe, an den Folgen ihrer Verwundungen, am Zusammenwirken all dieser Dinge. Zahllose numidische Pferde verendeten. Waffen rosteten, wurden schartig und brüchig, ehe feste Unterkünfte für alle Truppen beschafft werden konnten. Natürlich zerstörten die abziehenden Römer die Vorratslager; da alle Kelten Norditaliens sich den Puniern anschlossen und sie versorgten, gab es keinen Mangel an Menge, wohl jedoch an Güte. Oft war Getreide verschimmelt, wenn es nach langwieriger Beförderung aus keltischen Speichern durch das naßkalte Land Hannibals Winterlager erreichte. Pferde gingen an fauligem Heu zugrunde.

In der Mitte des Winters gelang es den ersten Boten, von Hannibal nach Qart Hadasht und Iberien oder von dort zu ihm zu gelangen. In einem Brief an Antigonos berichtete Bostar von der jubelnden Siegesstimmung im winterwarmen Libyen – die Nachrichten vom Alpenübergang und den Siegen an Ticinus und Trebia überwögen die schlechten Nachrichten aus anderen Gebieten.

Mit der erstaunlichsten Meldung begab Antigonos sich zu Hannibal. Der Stratege befand sich in seinem Zelt; solange nicht alle Kämpfer in festen Unterkünften waren, verzichtete er auf die Annehmlichkeiten eines trockenen Hauses. Er saß, eingewickelt in seinen rötlichen Wollmantel, am kleinen Tisch, las, schrieb und diktierte gleichzeitig; Sosylos, auf dem Lager, mit untergeschlagenen Beinen, einem Brett und Papyros, klapperte bisweilen mit den Zähnen.

Hannibal blickte auf, als der Posten das Zelt für Antigonos öffnete. »Tritt ein, Tiggo. Bringst du Gutes oder Schlechtes?« Er richtete die Augen auf die Rolle in Antigonos' Hand.

»Gemischtes. Vor allem Erstaunliches.« Antigonos nickte Sosylos zu, zog einen Schemel zum Tisch und setzte sich. Hannibal wirkte müde und niedergeschlagen; allerdings hätte Antigonos nicht sagen können, was ihm diesen Eindruck vermittelte. Die Augen des Strategen waren wach und scharf wie immer.

»Es geht um Hanno.«

Hannibal winkte ab. »Weiß ich schon – wenn du seine plötzliche Begeisterung für die Barkiden meinst.«

»Hätte ich mir denken können. Du hast es natürlich von anderen erfahren.« Antigonos blickte auf die aufgetürmten Rollen.

Hannibal stand auf, schob den Schemel weg, drückte den Rücken

durch und ging ein paar Schritte hin und her; er blinzelte ins Fackellicht.
»Hat Bostar Hintergründe?«

»Nein. Er schreibt nur, daß Hanno nicht müde wird, dich zu preisen
und den herrlichsten aller Helden oder derlei zu nennen. Er fragt sich
nur, wie ernst das ist; es gibt aber keine Hinweise auf den Grund für Hannos Umschwung.«

Hannibal hob die Schultern; es war gleichzeitig eine Geste der Gering-
schätzung und eine Andeutung von Frösteln. »Den Grund kann ich dir
nennen«, sagte er müde. »Jedenfalls nehme ich an, daß es sich so verhält.
Hanno preist uns und jubelt über die Siege – damit der Rat nicht auf den
Gedanken kommt, wir brauchten Unterstützung oder Verstärkung.«

Sosylos schnalzte. Antigonos kniff die Augen zusammen und klopfte
mit der Rolle auf den Tisch. »Ich fürchte, du hast mal wieder recht,
Freund. – Was ist das mit den schlechten Nachrichten aus anderen Weltgegenden?«

Sosylos seufzte im Hintergrund, hielt sich aber zurück. Hannibal biß
sich auf die Unterlippe. »Vielerlei – und vielerlei Schlechtes. Es beginnt
bei der Flotte, setzt sich fort im fernen Osten und endet in Iberien.«

In knappen Sätzen gab er Antigonos einen Überblick. Der Hellene
staunte wieder einmal über das gute Kundschafternetz, das der Punier
sogar hier im eisigen Norden Italiens nutzen konnte, und zwar in beiden
Richtungen. Aus einigen Nebensächlichkeiten ging klar hervor, daß
Hannibal unmittelbar mit den meisten hellenischen Herrschern in Verbindung stand, oder zumindest mit hohen Beratern.

Die Flotte von Qart Hadasht, bestehend vor allem aus den in Iberien
gebauten und vor Kriegsbeginn nach Libyen geschickten Schiffen, war
durch Aufteilung noch kleiner und unwirksamer und offenbar besonders unfähigen Männern anvertraut worden. Melite war verloren, eine
nach Lilybaion entsandte viel zu kleine Flotte von den Römern abgefangen und besiegt, ein dritter Verband, vom Sturm verweht, hatte eher
zufällig die vollkommen unwichtigen Liparischen Inseln besetzt, ein
vierter ein sinnloses Verheerungsunternehmen an der süditalischen
Küste abgeschlossen. Keine dieser Flotten war stärker gewesen als
bestenfalls fünfundzwanzig Schiffe, mehr als die Hälfte war gesunken
oder von den Römern erobert; den Einzelheiten zufolge entsprach die
Fähigkeit der verschiedenen Nauarchen und der Kapitäne insgesamt der
Sinnlosigkeit des Ganzen.

Offenbar hatte Hannibal in mehreren Schreiben die hellenischen

Städte, Städtebünde und Reiche beschworen, ihre albernen Streitereien zu beenden und in gegenseitiger Absprache die Lage zu nutzen, um die in Illyrien und Epeiros verlorenen Gebiete von den Römern zurückzuholen und die hellenischen Städte Italiens und Siziliens zu unterstützen, zu stärken, zu einer gemeinsamen Anstrengung aufzurufen. Alle Italioten und Sikelioten, früher selbständig und frei und selbst unter punischer Herrschaft noch nach innen autonom, waren nun unter römischer Aufsicht, tributpflichtig, viele mußten sich mit römischen Besatzungstruppen abfinden. Einzig Syrakosai hatte die Unabhängigkeit behalten – als Bundesgenosse Roms. Die Antworten schienen allgemein höflich zu sein; soviel sagte Hannibal jedenfalls. Die Tatsachen klangen jedoch anders.

Dies war die hellenische Einigkeit: Seit dreieinhalb Jahren führten Ptolemaios von Ägypten und Antiochos von Syrien Krieg gegeneinander, wobei Antiochos außerdem gleichzeitig mehrere Aufstände von Provinzstatthaltern zu bekämpfen hatte; seit zwei Jahren befanden sich Makedonien und seine hellenischen Bundesgenossen im Krieg mit den Aitolern, Philippos von Makedonien hatte zur Zeit des Alpenübergangs damit begonnen, Lakonien ausgiebig und gründlich zu plündern.

In Iberien schließlich waren die Römer unter dem anderen Cornelier gelandet; statt sich mit dem von Süden anrückenden Hasdrubal zu vereinigen, hatte Hannibals Statthalter nördlich des Iberos, Banno, mit unterlegenen Kräften übereilt eine Schlacht gewagt und ganz Iberien nördlich des Iberos verloren, alle Vorratslager, die Hälfte seiner Truppen, die Geiseln der nordiberischen Stämme und die Stadt Kissa mit dem von Hannibals Heer zurückgelassenen Gepäck.

Später, als das Grau des Himmels sich zu Schwarzgrau verfinsterte, erschien Sosylos bei Antigonos, der mit Hasdrubal dem Grauen und Memnon ein Holzhaus teilte.

»Du als sein Freund solltest es wissen«, sagte der Lakedaimonier leise, so daß nur Antigonos es hörte. »Er hat es keinem gesagt, und ich habe es nur zufällig gelesen, als ich in den Briefen etwas anderes suchte, um es abzuschreiben.« Er seufzte. »Nach der Landung der Römer in Iberien hat sich Himilke mit dem kleinen Hamilkar auf ein Schiff begeben, um nach Qart Hadasht in Libyen zu segeln. Es war eines von sieben Schiffen – eine kleine Flotte mit Nachrichten und Silber. Eines der Silberschiffe ist angekommen. Die anderen sind gesunken. Mit seiner Frau und seinem Sohn.«

Antigonos wickelte sich in seinen Mantel, nahm eine Amphore mit syrischem Wein und ging hinaus. Schneeregen zischte in den Feuern der Posten und mischte sich im Gesicht des Hellenen mit salziger Nässe.

Im Zelt des Strategen war die letzte Fackel fast niedergebrannt. Hannibal lag ausgestreckt auf den Decken, unter seinem Mantel, und starrte an die Zeltbahn über seinem Kopf.

Antigonos blieb beim Heer. Dafür gab es mehrere Gründe von unterschiedlichem Gewicht. Einmal das sichere Wissen, Teil eines Unterfangens zu sein, wie es die Geschichte noch nie verzeichnet hatte. Dann Bostars zweites Schreiben, das ihn hinsichtlich der Lage in Qart Hadasht und der Arbeit der Bank beruhigte; seine Anwesenheit dort war erwünscht, aber nicht unabdingbar. Ferner Unsicherheit der Wege; Boten mit verschlüsselten Nachrichten kamen und gingen, ohne Gewißheit, ihr Ziel erreichen zu können, und solange die Punier nicht über einen sicheren Hafen in Italien verfügten und ihre Flotte auf einen besseren Stand gebracht hatten, würde sich daran nichts ändern. Schließlich wog auch die Neugier des Händlers, der in einem fremden Land fremde Waren und Märkte sah.

Außerdem konnte er sich mehr als nützlich machen; Hannibal hatte ihn zum Bleiben aufgefordert, als Freund und als Stratege. Antigonos' Kenntnisse und Fähigkeiten in der Planung und Versorgung entlasteten Hasdrubal den Grauen, der ja auch einer von Hannibals besten Offizieren war.

Als der Winter zu Ende ging, lebten noch acht Elefanten, darunter Syros. Das Lager füllte sich mit keltischen Kriegern, deren Eingliederung und Ausbildung Hannibal zusammen mit Hasdrubal dem Grauen übernahm, während die übrigen Unterstrategen mit kleineren Trupps römische Festungen überfielen und die Marschstraßen überwachten.

Die keltischen Fürsten baten Hannibal dringend, nach Süden vorzustoßen, um Rom selbst anzugreifen. Neben strategischen Erwägungen, die Antigonos ihnen nicht unbedingt absprechen wollte, bewegte sie dabei vor allem die Abneigung gegen die Aussicht, daß ihr Land zum Kriegsschauplatz der nächsten Jahre werde. Hannibal, der ohnehin nach Süden ziehen mußte, wenn er das System der Bundesgenossen und Vasallen Roms aufbrechen wollte, ließ sich den Abmarsch durch die

Zusicherung regelmäßiger Nachschublieferungen – auch von Kämpfern – versüßen.

Was die Kundschafter und Spitzel aus Rom meldeten, führte bei den Offizierstreffen immer wieder zu Erheiterungen. Anders als in Qart Hadasht, wo seit einem Jahrhundert die Bedeutung der Tempel immer mehr abnahm, war die Führung in Rom durch Schlingen schwarzen Aberglaubens behindert. Hannibals Offiziere, die wie ihr Feldherr die tausend Götter ihrer Krieger ehrten, um die Männer nicht zu beunruhigen, verließen sich auf ihre Fähigkeiten, nicht auf göttliche Weisungen. Es kam ihnen mehr als seltsam vor, daß der Gegner, dessen Kampfkraft alle achteten und dessen Bestand an waffenfähigen Männern, Reichtümern und Städten alle fürchteten, sich auf die Eingeweide von Opfertieren oder die unentwirrbaren Linien des Vogelflugs verließ. Und daß im Lande Angst umging – nicht vor den punischen Waffen, sondern vor den dunklen Mächten und ihren Schreckenszeichen: In Sizilien hätten bei einigen Legionären die Spitzen ihrer Lanzen, in Sardonien bei einem Offizier der Stab in der Hand geglüht; blitzendes Feuer habe die Küsten erhellt; zwei Schilde hätten blutigen Schweiß gezeigt; in Praeneste seien glühende Steine vom Himmel gefallen, in Capena am Tage zwei Monde aufgegangen; die Quellen von Caere hätten blutiges Wasser sprudeln lassen; in Antium seien Schnittern blutige Ähren in den Korb gefallen; auf der Via Appia seien die Statue des Mars und die Bilder der römischen Wölfe schweißfeucht gewesen; Ziegen sei Wolle gewachsen; ein Hahn habe sich in eine Henne verwandelt (oder umgekehrt); wegen all dieser furchterregenden Vorkommnisse habe der Senat dem Gott Iupiter einen fünfzig Minen schweren Zackenblitz aus Gold geweiht und allerlei Feste zur Versöhnung der Götter abgehalten. Gnaeus Servilius Geminus, einer der beiden neuen Konsuln, habe all dies geziemend geleitet. Und neue Truppen ausgehoben.

Der andere Konsul, Gaius Flaminius, befand sich mit weiteren neuen Verbänden auf dem Marsch nordwärts, um die Versprengten des Winters zu sammeln; mit Hilfe der latinischen Verbündeten brachte er sein Heer auf dreißigtausend Fußkämpfer und dreitausend Reiter. Gegen Frühlingsende zog auch Konsul Servilius mit seinem Heer nach Norden, über die große Straße, die von Rom an der italischen Westküste zum Hafen Ariminum an der Ostküste führte.

Als die beiden konsularischen Heere mit zusammen fast siebzigtausend Mann Norditalien erreicht hatten, um dort gegen Punier und Kelten loszuschlagen, ließ Hannibal das Lager abbrechen und ordnete den Aufbruch für den folgenden Morgen an. Abends trafen sich die wichtigsten Offiziere in seinem Zelt; wie die anderen war auch Antigonos überzeugt davon, man werde versuchen, eines der beiden Heere auszuschalten und dann die Festungen an der Marschstraße zu stürmen.

»Wann geht es endlich los?« Mago reckte die Arme und zog sie gekrümmt langsam an seine Brust, als wolle er ein Flußpferd erdrosseln.

»Morgen.« Hannibal blickte nicht von den Karten auf. Die römischen Straßen, die Befestigungen, Berge, alles war eingezeichnet. Der Stratege deutete auf Sosylos. »Lies, Freund.«

Der Lakedaimonier räusperte sich. »Iberien«, sagte er betont düster. »Der Senat hat Publius Cornelius Scipio nach dem Ende seines Konsulats den Oberbefehl in Iberien verlängert. Er hat dreißig neue Penteren, jede Menge Lastschiffe und achttausend Mann bekommen und wird bald abfahren. Von Hasdrubal wissen wir nur, daß er neue Schiffe gebaut und neue Truppen angeworben hat.«

Muttines murmelte etwas Unverständliches und stieß Maharbal an.

»Herr«, sagte der Reiterführer, »wir begreifen, daß dies eine unerfreuliche Nachricht ist. Aber wir wußten doch, daß Rom über genug Leute verfügt, um an mehreren Stellen gleichzeitig Krieg zu führen.« Er lächelte ohne jede Freude. »Wie wir. Was also tun wir morgen?«

Hannibal blickte endlich auf; seine Augen waren gerötet. Antigonos wußte, daß der Stratege seit Tagen nicht geschlafen hatte; er war umhergeritten, hatte Bauern befragt und mit Kundschaftern gesprochen, Boten abgefertigt, Briefe gelesen und geschrieben, die Truppenausbildung und die Kampfübungen geleitet.

»Sieh mich nicht so besorgt an, Tiggo.« Hannibal zwinkerte. »Ich habe euch von Iberien berichten lassen, um euch auf gewisse Ähnlichkeiten hinzuweisen. Gnaeus Cornelius steht im Norden Iberiens; wir stehen im Norden Italiens. Sein Bruder wird ihm Verstärkung bringen – Hasdrubal kann uns keine schicken. Die beiden Cornelier werden den Iberos überschreiten und nach Süden vorstoßen, und wir marschieren morgen ebenfalls nach Süden. Nur dort ist die römische Herrschaft zu erschüttern. Unsere einzige Hoffnung ist, die Bundesgenossen und Vasallen von Rom zu lösen, und das können wir nur, wenn wir in ihren Ländern sind.«

Der Monomachos trat von einem Fuß auf den anderen; er schien sich unbehaglich zu fühlen. »Herr – wir haben das so oft besprochen und wissen es. Welche unangenehme Neuigkeit verbirgst du hinter den Wiederholungen?«

Hannibal betrachtete seinen riesigen Offizier. »Du ahnst es, nicht wahr? Wir müssen nach Süden. Die Straße, die bei Ariminum beginnt, wird von Servilius gesperrt; sie ist mit Festungen gesichert. Es wäre Wahnsinn, dort durchbrechen zu wollen. Die gute Marschstraße durch Umbrien scheidet also aus.« Er beschrieb mit dem Zeigefinger auf der Karte einen Bogen von südlich der Mündung des Padus nach Südwesten, gegen Rom. »Westlich davon, fast genau südlich von uns, Etrurien – die zweite mögliche Strecke. Flaminius ist, nachdem er alles zusammengekratzt hat, dorthin marschiert; er kann alle Wege und Pässe sperren.«

»Alle?« Hasdrubal der Graue runzelte die Stirn.

Hannibal nickte ihm zu. »Richtig; alle, die er für gangbar hält. Wir werden also einen nehmen, den er als unmöglich ansehen muß.« Wieder deutete er auf die Karte. »Diesen Flußlauf aufwärts, hier über die Apenninus-Berge ins Gebiet der Magellier, fast genau nach Süden, an den Oberlauf des Flusses namens Arnus. Der Ort, der unser Ziel ist, heißt Faesulae.«

Mago ergriff seinen Bruder bei den Schultern. »Nun sag schon, warum Flaminius den Weg für unmöglich hält!«

»Der Paß ist ein bißchen steil«, sagte Hannibal wie beiläufig. »Und vom etruskischen Dorf Pistoria an einem Nebenfluß des Arnus bis Faesulae ist es ein bißchen sumpfig.«

Jenseits des mörderischen Passes verendete der vorletzte Elefant; nur Syros schien alles nichts anhaben zu können. Nach dem harten langen Winter, in dem sehr viel Schnee gefallen war, der sich auf den hohen Bergen lange gehalten hatte, zog sich die Schneeschmelze hin und setzte eigentlich erst gegen Frühlingsende richtig ein. In den etrurischen Flußtälern waren die Tage erstickend heiß; Mückenschwärme verdunkelten den Himmel und stürzten sich auf Menschen und Tiere. Die Nächte blieben kalt, noch kälter durch das eisige Schmelzwasser.

Der letzte Teil des Marschs, vier Tage und drei Nächte, ließ Antigonos beinahe Sehnsucht nach den Alpen empfinden. Dabei hatte der Hellene noch Glück Am Abend vor dem ersten wirklichen Sumpftag ordnete Hannibal den langen Zug und gruppierte die Verbände neu.

»Tiggo. Wenn wir rauskommen, brauchen wir als erstes trockene Plätze, Verpflegung, Wasser, Raum für Latrinen, Weiden. Du weißt schon. Du übernimmst mit Hanno und Himilko die erste Gruppe; ich gebe euch fünfzig Hundertschaften Libyer und die Hälfte der Iberer und Balliaren. Hasdrubal: Du nimmst die übrigen Libyer und Iberer.« Er dehnte den nächsten Satz. »Paß vor allem auf, was hinter dir geschieht.«

Der Graue zog die Mundwinkel nach unten und nickte langsam. Hinter ihm würde ein Teil des Trosses kommen, dann die Kelten, dann wieder Troß, am Ende die iberischen und numidischen Reiter. Jeder Kämpfer trug zu seinem üblichen Marschgepäck Vorräte für mehrere Tage. Die Härtesten und Besten, die unersetzlich waren und möglicherweise jenseits des Sumpfs Weg und Lager freikämpfen mußten, gingen über Pfade, die noch nicht zu sehr zertrampelt waren, hatten hinter sich den Troß greifbar und verhinderten eine Flucht der unberechenbaren Kelten nach vorn. Die Kelten, zwischen den beiden Gepäckzügen, quälten sich durch bodenlos aufgewühlten und zerstampften Grund; erstaunlich an ihren Verlusten war nur, daß sie nicht noch höher ausfielen. Zum Schluß kamen die Reiter, die eine Flucht der Kelten nach hinten unmöglich machten; für sie war der Boden entsetzlich, aber das betraf eher ihre Pferde. Oft bei den Reitern, manchmal unter den Kelten, selten an der Spitze war Hannibal zu finden; er saß auf Syros, was ihm einen gewissen Überblick erlaubte.

Die Tage im dampfenden Sumpf, in den sie immer wieder bis zu den Knien oder tiefer einsanken, zerstochen und zerfressen von Mücken, verbrannt von der stechenden Sonne, waren das Grauen. Aber die Nächte waren schlimmer, in denen die Kälte nach den durchnäßten und verschlammten Männern griff, die sich nirgendwo ausstrecken konnten. Leichtsinnige Schläfer oder Männer, die einfach zu erschöpft waren und sich auf den trügerischen Boden legten, versanken und erstickten im Sumpf. Gepäckstücke wurden mit Lanzen, Schwertscheiden und Schilden zusammengebunden; wenn hundert Kämpfer ihre Ausrüstung hergaben, konnten vielleicht dreißig darauf ruhen. Am besten schliefen jene, die den Kadaver eines gestürzten Packtiers als Bett nehmen konnten – wenn das Tier in Ufernähe verendet war. Unter dem eisigen Wasser fanden sich dort steinige Uferwege und Reste alter etruskischer Deichanlagen. Das ganze restliche Tiefland war überflutet, Sumpf, bodenlos. Hier und da ragten einzelne Bäume oder die Spitzen von Buschwerk aus dem braungrünen Dreck. Jenseits des Flusses war Dunst der Horizont, diesseits die schwarzbraunen Zacken und Scharten ferner Berge. Dahinter, unsichtbar und drohend, römische Festungen.

Ab der Mitte des zweiten Tags häuften sich die Verluste. Den Männern fehlten die Kräfte, sich aus Löchern, in die sie sanken, wieder herauszuarbeiten oder, wenn sie in den kalten Fluß gestürzt waren, wieder dorthin zu schwimmen, wo noch eine Art Boden unter dem Wasser war. Manche, naß und entkräftet eingeschlafen, wachten am Ende der eisigen Nächte nicht mehr auf. Fieber breitete sich aus. Packtiere starben kreischend, von ihren Lasten unter die Oberfläche gedrückt. Viele Pferde verloren die Hufe durch Krankheiten und Entzündungen. Der heiße Gestank und Dunst bei Tag, der kalte Sumpfgestank bei Nacht drang in die Atemwege der Menschen und Tiere, nie verkrustender Schlamm kroch in alle Lücken der Packen, der Rüstungen, der Wesen.

Die Ärzte waren nahezu machtlos. Immer wieder wühlten sie sich auf überanstrengten Pferden den zerquälten Zug entlang. In der zweiten Nacht fand sich Memnon für eine kurze Rast bei den Truppen an der Spitze ein.

»Er wird erblinden«, sagte er düster, als Antigonos nach dem Strategen fragte. »Die Feuchtigkeit, der Dreck, die Anstrengung – ich weiß nicht, wann er zum letzten Mal geschlafen hat. Beide Augen sind entzündet. Zehn Tage Ruhe, mit Kräutersud, Umschlägen, verbundenen Augen, in trockener Wärme – aber was soll man hier machen?«

»Bewußtlos schlagen und auf Syros festbinden.«

Memnon sog die Oberlippe zwischen die Zähne. »Wollte Mago auch, aber Hannibal hatte sofort das Schwert blank. Und dann hat er ihm einen Vortrag gehalten, so in der Art, was Mago tun soll, wenn vielleicht was passiert. Einen Vortrag über Flaminius – Trottel, hält sich für einen überragenden Strategen, weil er vor sechs Jahren gegen die Kelten nicht sofort vom Pferd gefallen ist, in seinem ersten Konsulat. Verträgt alles, bloß keinen Spott, und wird wild, wenn er das Gefühl hat, man unterschätzt ihn.« Memnon ächzte, stützte sich auf Antigonos' Schulter und stand von dem Schild auf. Sofort sackte er bis zur halben Wade in den Schlick. »Ich muß wieder. Jedenfalls – du weißt Bescheid, Vater. Vielleicht hört er auf dich.«

Antigonos folgte Memnon mit den Blicken, als sein Sohn zu einem erschöpften Pferd watete. »Wenn wir hier raus sind«, sagte er müde. »Falls wir je hier rauskommen.«

»Dann ist es zu spät. Außerdem hat er für *die* Zeit schon wieder Pläne.«

»Scheußliche Schmerzen muß er haben.« Bei einer kurzen Rast in der Mittagshitze des dritten Tags, umgeben von Dunstschlieren und Mükken, bahnte sich Hasdrubal der Graue einen Weg zu den Befehlshabern der Spitze.

Hanno schwieg; Himilko breitete die Arme aus. »Was kann man nur machen? Er ist . . .« Er schluckte.

Hasdrubal blickte hinter einer vorbeitreibenden Leiche her; es mußte ein Kelte sein, den sichtbaren Stoffstücken nach. »Eben. Er ist, wie er ist. Inzwischen kennt er, glaube ich, auch schon die Hälfte aller Kelten mit Namen. Und sorgt sich um jeden einzelnen. Verglichen mit ihm sind wir alle Barbaren ohne Gehirn und Gefühl. Würmer. – Er würde ja keinen Ton sagen, wenn man ihm das Bein absägt. Aber vorhin hat er gestöhnt und versucht, seinen Schädel mit den Fäusten zusammenzupressen. Seine Augen . . .«

Antigonos blickte unter halbgeschlossenen Lidern auf den gleißenden Spiegel des Wassers. Es war unerträglich, dieses Licht; unerträglich schon für gesunde Augen.

Am Mittag des vierten Marschtags verließen sie den Sumpf des Arnustals; das fruchtbare Weide- und Ackerland südwestlich von Faesulae lag ein wenig höher, und die alten etruskischen Kanäle waren in gutem Zustand. Sie entwässerten die allzu feuchten Gebiete.

Kundschafter, seit dem Morgen in Abständen vorausgeschickt, meldeten, daß weit und breit keine römischen Truppen lägen. Sie hatten außerdem das ideale Lager gefunden, eine Art Wehrdorf – einen befestigten römischen Großgrundbesitz im Land der unterjochten alten Feinde, mit kleinem Fluß, großen Speichern und Scheunen, gewaltigen Herden und allerlei Gebäuden. Nach kurzer Beratung mit Antigonos suchten Hanno und Himilko Freiwillige und fanden sie, obwohl die meisten Libyer und Iberer kaum noch sitzen konnten. Mit zwei Gruppen von je etwa fünfhundert Mann brachen sie auf, nach Nordwesten und Nordosten, um das Wehrdorf zu umgehen, das Hinterland zu sichern und zu verhindern, daß alles Vieh weggetrieben wurde.

Mit den restlichen Leuten folgte Antigonos auf den Rat der Kundschafter hin Himilkos Gruppe, um das vorgesehene Lager fast von Nordosten zu erreichen. Auf diesem Weg, der nicht viel länger war als der direkte, blieb dem erschöpften Zug – ein Teil des ersten Trosses hatte bereits den Sumpf verlassen; die Spitze der Kelten erschien – der kleine Fluß erspart, durch den sie sonst hätten schwimmen müssen.

Als sie das römische Gut erreichten, war der Kampf bereits beendet. Die meisten Gebäude standen noch; nur ein Teil des Säulengangs im Nordosten, wo die Verteidiger bis zuletzt Widerstand geleistet hatten, war zerstört. An dieser Stelle lag die braune Erde brach oder hatte bereits eine frühe Ernte hinter sich; Antigonos lobte den Numider, der den Weg vorgeschlagen hatte. Möglichst wenig zu zerstören war sinnvoll, da so möglichst viel von den Feldfrüchten dem Heer erhalten blieb.

Unter anderen Umständen wäre es ein prächtiger Tag gewesen. Und ein prächtiger Anblick, als kurz vor Sonnenuntergang die Nachhut der Kelten, hier und da überholt von Reitern, sich wie eine endlose bunte Schlange dem Gehöft näherte. Alles war vorbereitet; Posten wiesen die Männer ein. Die kräftige Abendsonne ließ die fernen Apenninausläufer am Horizont näherrücken und in unwirklichem Blau aufleuchten. Weiße Wolkenballungen segelten träge nach Osten, vor dem milden Wind vom Sardonischen Meer. Mit seltsam leicht anmutenden weiten Schritten schob sich Syros an der Marschsäule vorbei, vorbei an zerstörten Außengebäuden und haltenden Numidern. Antigonos blickte durch den Säulengang hinaus, über die alte Steinbrücke, unter der einmal der umgeleitete Fluß geströmt war, zu den Hügeln, in denen der Schwanz der marschierenden Menschenschlange verschwand. Aus dem Innenhof huschte eine Katze, ließ sich auf einem geborstenen Säulenstumpf nieder. Die Luft war voll von Lärm und Gerüchen: Blut und Därme frischgeschlachteter Rinder, harziges Feuerholz, Klirren abgelegter Schwerter auf Ziegelboden, Scharren von Schöpfgeräten an den Wänden des gemauerten Brunnens, müde Stimmen, halblaute Gespräche, leises Gelächter.

Syros begann ein wenig zu schaukeln, als er den Schattensaum der Säulen erreichte. Die verschlammte Decke auf seinem Rücken war getrocknet und wie durch ein Wunder immer noch rot. Der Elefantenführer hob die Feldherrnlanze mit dem Halbmond der Tanit und dem kreisrunden Auge des Melqart. Hannibal saß hinter ihm. Zwischen den beiden Säulen, deren Bogen fehlte, reckte Syros den Rüssel und stieß einen Klagelaut aus; dann sackte er langsam vornüber in die Knie. Aus dem Maul rieselte Blut in dünnen Fäden. Der Lanzenträger sprang zu Boden und stützte den Strategen, der aus dem Nacken des großen Tiers glitt.

Hannibal sah entsetzlich aus. Beide Augen waren aufgequollen und verfärbt; über das rechte schien sich ein Rhombenschleier gelegt zu haben. Das Gesicht war aschfahl, von Schmerzen zerfressen. Aber der

428

Punier kam auf die Beine, schob den Lanzenträger beiseite und kniete neben dem Kopf von Syros nieder. Antigonos meinte, im Auge des Elefanten ein leichtes Zwinkern zu sehen; dann kippte der schwere Körper auf die Seite.

Mago, Hasdrubal der Graue, Antigonos, Memnon und Maharbal versuchten alles, aber es war Muttines, dem es schließlich gelang, den Strategen zu zweitägiger Rast in einem verdunkelten Raum zu bewegen. Hannibal schwieg; und er aß nichts.

»Als ob er sich völlig umgekrempelt hätte, das Äußere nach innen«, sagte Memnon. »Ohne daß etwas Inneres sichtbar wird. Sehr seltsam. Eine Art – eine Art heftiger Entspannung.«

Unwillkürlich sprachen sie leise, obwohl ein Gang und zwei Wände zwischen Hannibals Ruhe und ihrem Beratungsraum lagen. Im Hauptgebäude des Guts bewegte sich alles auf Zehenspitzen; die Tausende draußen in ihren Zelten und Hütten waren fast beängstigend still, und das lag nicht nur an der Erschöpfung.

»Im Augenblick ist ohnehin nichts zu erledigen«, sagte Mago. »Er soll ruhen. Rotes Auge des Melqart – wenn einer Ruhe verdient, dann er. Mit dem Heer gibt es keine Schwierigkeiten; die Kundschafter sind zuverlässig, und was an Entscheidungen nötig ist, können wir hier fällen. Die nächsten paar Tage. Aber dann . . .«

Die Befehlsgewalt hatte den jüngsten der Barkiden fast schlagartig verändert. Keine Sticheleien gegen Antigonos oder den Libyphöniker; Muttines' Gesicht zeigte deutlich eine Mischung aus Verwunderung und Erleichterung, wenn er Mago ansah.

»Du bist der Heiler.« Maharbal legte die Hände auf den Tisch. Seine Blicke irrten zwischen den Bechern und Krügen umher; Wasser und Wein schienen ihn mehr zu beschäftigen als die Gesichter der übrigen oder das Thema des Gesprächs. »Was wird mit ihm?«

Memnon suchte die Augen seines Vaters. Antigonos las die Frage und nickte widerstrebend.

»Er wird das rechte Auge verlieren«, sagte Memnon. »Mit Glück.«

»Was heißt mit Glück?« Mago stützte die Ellenbogen auf den Tisch und beugte sich vor. Aber er schaute Memnon nicht an.

»Das heißt, daß er vielleicht auf dem linken Auge nur noch die Hälfte sehen wird. Mit Glück behält er die Sehkraft – links. Rechts ist nichts zu retten.«

»Er ist unser Kopf«, sagte Hasdrubal der Graue mit belegter Stimme. »Und das Herz der Dreißigtausend da draußen. Was...«

Niemand sprach, und plötzlich begriff Antigonos, daß sie alle nicht nur bekümmert und besorgt waren. Mago, der einen Ochsen an den Hörnern packen und zu Boden werfen konnte und der sich notfalls allein mit einem Schwert unter Gebrüll auf eine ganze *centuria* römischer Fußkämpfer stürzen würde – Mago, der weder punische noch römische Götter noch das aufgewühlte Meer noch Stürme fürchtete – Mago hatte Angst, erbärmliche Angst. Nicht um sein eigenes Leben; nicht um das Heer, das er zum Sieg, in den Untergang oder zurück nach Iberien führen müßte. Maharbal, unter den gleichaltrigen Offizieren aus Hamilkars und Hasdrubals des Schönen Ausbildung vielleicht Hannibals engster Freund – Maharbal, der bisweilen die Gedanken des Strategen lesen zu können schien – Maharbal hatte elende Angst. Nicht um sein Leben oder seine Reiter. Hanno, der Sohn des alten Suffeten Bomilkar, fröhlich, erfinderisch, mutig, einer der besten Offiziere, auf die jemals ein Stratege sich hatte stützen können, saß da mit grauem Gesicht, voll abgründiger Angst. Der Libyphöniker Muttines, der den Strategen liebte und anbetete, den Hannibal niemals als Nichtpunier, sondern immer als Freund und guten Offizier behandelte; Hasdrubal der Graue, wortkarg, mit bester Übersicht und einem unglaublichen Gedächtnis, Kenner der hellenischen Philosophen und Taktiker, Meister der Versorgung und des Belagerungswesens, ein Mann, der ohne an sich zu zweifeln oder an der Aufgabe zu verzweifeln das Heer nach Libyen bringen würde, und wenn er alle Schiffe selbst bauen müßte; Hannibal Monomachos, der riesige, oft grausame punische Achilleus, der unter dem Himmel nur sich selbst zu fürchten brauchte; die edlen, reichen, gebildeten Punier Qarthalo, Bonqart, Himilko, die sich mit ihrem jeweiligen Vermögen Königreiche und Vergnügungsakademien im Inneren Libyens hätten schaffen können und es vorzogen, unter Hannibal zu dienen – sie alle hatten Angst, nagende zerrende wühlende Angst um das Leben des Lenkers und Vorbilds. Angst vor etwas, gegen das kein Panzer schützte, das nicht mit dem Schwert, der Lanze oder geschmeidigen Worten niederzukämpfen war: die Tücke einer Krankheit, die nach den ungeschützten und unersetzlichen Augen griff und sich von dort tiefer fressen mochte.

Nach den Tagen im Sumpf, den Mühen des Marschs und der Anstrengung des Ordnens hatte Antigonos einige Stunden geschlafen, einen weiteren Tag mit dem Planen und Zuteilen von Vorräten, Lagerplätzen,

Decken, Arzneien verbracht, dann volle zehn Stunden traumlos geschlummert. Er fühlte sich noch immer matt und spürte deutlicher als je zuvor, daß er einundfünfzig Jahre alt war. Aber vielleicht lag es an diesen Jahren, die er mit so vielen verschiedenen Dingen zugebracht hatte, daß er nun bei aller Erschöpfung frei war von der Angst, die die Offiziere lähmte und wie eine Dunstschicht über dem ganzen Heer lag.

Er stand auf, leerte im Stehen seinen Becher und klopfte dem neben ihm aufschreckenden Muttines auf die Schulter. »Ich gehe zu ihm.«

Der Raum jenseits des Gangs war halbdunkel. Hannibal lag auf einem breiten lederbespannten Holzbett, trug einen sauberen Chiton und hatte die Decken bis zum Bauch hinabgeschoben. Hände und Gesicht waren entspannt, die Augen mit weißen Tüchern verbunden. Neben dem Bett stand eine Schüssel; die Mischung aus Wasser und hundert Kräutern füllte das Zimmer mit einem gleichzeitig erfrischenden und beunruhigenden Duft.

»Söhnchen«, sagte Antigonos; er ließ sich auf der Bettkante nieder und nahm Hannibals rechte Hand. Sie war trocken und weder zu warm noch zu kalt. »Du solltest schreien oder singen oder ächzen, nach Wein und Weibern brüllen oder sonst etwas.«

Der Stratege lächelte flüchtig und drückte die Hand des Hellenen. »Besorgnis, Tiggo?«

»Deine Freunde. Sie wissen, was eine Schwertwunde ist, aber das hier und deine Zurückgezogenheit... Die besten Offiziere, die je ein Feldherr hatte. Wenn du in Babylon stürbest, würden sie dein Reich nicht aufteilen, sondern festigen und mehren. Aber jetzt sind sie wie Kinder, die sich davor fürchten, daß die Sonne untergehen könnte. Und zugleich sind sie groß und klug; deshalb wissen sie, daß diese Sonne wirklich nicht mehr aufgehen und alles in Finsternis zurücklassen würde.«

»Ich weiß, Tiggo. Ich weiß, daß sie etwas fürchten, was sie nicht bekämpfen können. Aber es ging nicht mehr.« Die rechte Hand tastete nach den Binden. »Trocken. Kannst du...?«

Antigonos half beim Abwickeln. Hannibal hielt die Augen geschlossen, während der Hellene die Binden in die Schüssel tauchte, halb auswrang und sie wieder um den Kopf schlang.

»Seit dem Mord an Hasdrubal«, sagte der Stratege halblaut, »habe ich hin und wieder geschlafen, aber nie geruht. Vier Jahre, Tiggo. Die Züge gegen iberische Völker, Zakantha, der Iberos, die Pyrenäen, die Alpen, der Sumpf. Cornelius und Sempronius. Der Kopf, verstehst du? Zu voll;

er wollte platzen. Deshalb. So viele Dinge ... Gedanken, Bilder, alles ...
ich konnte keinen Muskel mehr bewegen.«

»Besser? Hast du geschlafen?«

Hannibal schüttelte vorsichtig den Kopf. »Besser, ja; aber ich kann
nicht schlafen. Ich ... nein, nicht ich – etwas denkt. Ich werde gedacht.
Ordnen, bündeln, verstauen, Tiggo.«

Er wirkte völlig entspannt und sprach halblaut weiter. Fragen waren
dabei, die Antigonos zu beantworten oder hinwegzumutmaßen suchte.
Das meiste waren jedoch Mitteilungen, Erörterungen, Gedankengänge,
Gedankenspiele. Beherrscht, knapp, oft lakonisch, immer treffend for-
muliert – das Gefäß Kopf, das zu bersten drohte, ließ die Überfülle
abfließen, nachdem es sie gesichtet und geprüft hatte. Kaum ein Wort
über den Krieg, den Senat in Rom und den Rat von Qart Hadasht, den
Wahnsinn der hellenischen Welt; diese Dinge mußten im Gefäß bleiben
und gehörten nicht der Unterwelt des Fühlens, sondern den Kammern
und Speichern des Denkens an. Antigonos war froh, zu Hannibal gegangen zu sein; was der Stratege abfließen lassen mußte, hätte Maharbal
überfordert und wäre bei Mago auf Unverständnis gestoßen. Außer dem
Hellenen gab es nur noch einen Menschen, der an Hannibals Lager hätte
sitzen, lauschen, leise raten oder widersprechen können: Hasdrubal, der
ihm in vielen Hinsichten so ähnlich war. Aber der Bruder schlug sich in
Iberien mit Roms Legionen und iberischer Starrköpfigkeit herum.

Ein Gefilde, in dem die Gedanken des Strategen wie in einem Labyrinth wanderten, war das, was er schlicht Wärme nannte. »Zwei wunderbare Winter im neuen Qart Hadasht ... Himilkes Augen und Arme, und
mit dem Kleinen spielen.« Dann, nach kurzem Schweigen: »Wenn ich als
Junge länger bei dir und Tsuniro war, habe ich es gefühlt und geliebt.« Er
suchte nach Worten, um seine Gedanken klarer darzulegen, zu verdeutlichen, Unterschiede zu machen, und wechselte vom Punischen zur
Koine. »Zwischen euch *eros*, Tiggo, und *agape*, beides zusammen, und
die Geborgenheit für mich war auch all das zugleich, *eros*, *agape*, *philia*,
Tsuniros Streicheln und Lachen, dein Spott und deine Umarmung ...«

»Soll ich dich mehr verspotten oder häufiger umarmen?«

Hannibal grinste. »Beides. Vor allem: Ich weiß, daß du in Libyen
andere Dinge zu tun hast, aber – geh nicht zu bald fort.«

Danach bat er Antigonos, ihm von Kshyqti zu erzählen, der Mutter,
an die er sich als an unendliche Wärme und Sanftheit erinnerte, die ihn
kurz nach seinem vierten Geburtstag verlassen hatte. Später, nachdem

der Hellene erneut die Binden getränkt hatte, verlangte er Fleisch-brühe und »Ruhe, bis ich mich von selbst melde. Ich glaube, ich kann gleich schlafen.«

Mago, Maharbal und Muttines warteten; die übrigen hatten sich verstreut, um die Dinge zu erledigen, die getan werden mußten. Mago sprang vom Tisch auf, als Antigonos eintrat, kam ihm entgegen und legte die Hände auf seine Schultern.

»Wie ... was meinst du?«

»Er ist gesund. Was die Augen angeht, das kann ich nicht beurteilen, aber sonst fehlt ihm nichts. Er will Brühe und dann schlafen.«

Muttines seufzte erleichtert, Maharbal strahlte, und Mago tat etwas Unerhörtes: Er zog den Hellenen einen Moment lang an seine Brust. »Ich danke dir – Tiggo.« Dann grinste er und verbesserte sich: »Metöke.«

»Keine Ursache, Punier.«

»Obwohl«, sagte Mago, plötzlich wieder ernst, »wenn er wirklich erblindet ...«

»Das liegt beim Schicksal und bei Memnon. Aber sag mir, Mago – von wem möchtest du lieber geführt werden, von einem blinden Hannibal oder einem verblendeten Pyrrhos? Oder von sämtlichen römischen Konsuln sehend?«

Muttines hob beide Arme. »Und wenn ich den Mond fangen müßte, damit er in Gedanken sieht, Antigonos – lieber Hannibal ohne Augen, ohne Ohren und notfalls ohne Beine.«

»Nicht, daß wir es ihm wünschten«, sagte Maharbal.

Antigonos gab einem Küchensklaven Anweisungen und ging zurück in Hannibals Raum. »In wenigen Minuten wirst du verbrüht, Stratege. Hast du sonst noch einen Wunsch?«

»Schick einen Sklaven, der mich füttert – ich darf ja die Augen nicht öffnen, sagt dein Sohn. Und gib mir etwas zu denken – etwas anderes.«

»Füttern werde ich dich selbst. Was möchtest du gern denken? Etwas Kräftigendes für schlaffe Feldherren?«

Hannibal kicherte. »Etwas, das neue Entwässerungskanäle in meinem Gehirn zieht.«

Antigonos setzte sich wieder auf die Lagerkante. »Ah. Das wird schwierig. Willst du Weisheiten oder Dummheiten?«

»Beides, Tiggo. Alles, was dir einfällt.«

»Habe ich dir mal von Taprobane erzählt?«

»Die Insel südlich von Indien? Ich weiß, daß du dort warst, aber mehr, glaube ich, hast du nie erzählt.«

»Es gab da einen Händler aus China. Er hatte eine sehr freundliche und entgegenkommende Tochter; das war mir damals wichtiger als die Perlen seiner Rede. Aber ich erinnere mich an einige. Nicht gut aufgereiht, wie Perlen sein sollten, eher zufällig. Paßt aber für dich ganz gut. ›Ein gefällter Baum wirft keine Schatten‹, o darniederliegender Stratege. Und: ›Selbst ein dickes Seil beginnt an einem Faden zu faulen.‹ Oder dies – ›ein Floh auf der Schlafmatte ist übler als ein Löwe in der Steppe.‹ Und was der Vater des schönen Mädchens mir besonders nachdrücklich sagte, als ich zu viele Pläne gleichzeitig erörterte: ›Ein Berg von Federn bringt ein Boot zum Sinken.‹ Oder: ›Von einem Büffel zieht man nicht zwei Häute ab.‹ Kann dich derlei zu ein wenig mehr Schlaf bewegen?«

Hannibal gluckste. »Kluge Leute, die Händler aus China. Das letzte, was die östlichen Kundschafter gemeldet haben, vor dem Aufbruch aus Iberien, war, daß es dort einen neuen Herrscher gibt; er hat damit begonnen, aus vielen kleinen alten Mauern eine neue riesengroße zu machen, um die Welt fernzuhalten. Ein guter Gedanke. Vor hundert Jahren hätte die Oikumene eine Mauer um Rom bauen sollen.«

Memnon trat ein; er brachte die Schüssel mit Brühe und einen Löffel aus poliertem Holz. »Kein Gift«, sagte er, ehe er den Raum wieder verließ.

Antigonos fütterte den Strategen. Hannibal hatte sich halb aufgerichtet und stützte sich auf die Ellenbogen. Plötzlich kicherte der Hellene leise.

»Wie ich hier versuche, dich dem Leben wieder geneigt zu machen, erinnere ich mich an Reden über die Entsagung. In Indien trat vor langer Zeit ein milder Verkünder auf; der große König Ashoka, der Indien einigte, hat sich zu ihm bekannt und sogar Boten bis Alexandreia geschickt, um die sanfte Lehre zu verbreiten.«

»Hat dieser König der Welt und dem Erobern entsagt? Ich erinnere mich nicht, etwas von der Auflösung des indischen Reichs gehört zu haben.«

»Kluge Reden sind da, erwogen zu werden – sie befolgen wäre zu viel. Dieser milde Verkünder Gotamo sagte ungefähr dieses: ›Wer dem Weltleben entsagt, muß sich vor zwei Enden hüten. Das Leben in Lüsten ist ein Ende, gemein und niedrig; die Selbstquälerei ist ebenfalls unedel. Der Weg in der Mitte schafft Blick und Erkenntnis; dieser Weg in der Mitte führt zu Friede, Erkennen, Erleuchtung. Der mittlere Weg aber ist der achtfache Pfad und heißt: rechtes Glauben, rechtes Entschließen, rechtes Wort, rechte Tat, rechtes Leben, rechtes Streben, rechtes Gedenken, rechtes Sichversenken. Ferner gibt das fünffache Leid – Geburt ist Leid, Alter, Krankheit, Tod sind Leiden, mit Unlieben vereint und von Lieben getrennt sein ist Leid. Leid entsteht aus Durst – Durst nach Lust, nach Werden, nach Vergänglichkeit. Aufhebung des Leidens aber ist Aufhebung des Dursts und Tilgung des Begehrens.‹«

Hannibal rülpste. »Ich begehre noch mehrere Löffel Brühe, o belesener und vielkundiger Tiggo.«

»Gut, gut. Iß, damit du groß und stark wirst, Junge. Ich habe noch etwas für dich – ein ägyptisches Gebet. Ich kriege es sicher nicht vollständig zusammen; außerdem habe ich es von einem alten zahnlosen abtrünnigen Makedonen gehört, der kein Ägyptisch konnte und alle Städte und Tempel hellenisch wiedergab. Aber egal. Wappne dich. Und mach den Mund auf. ›O du mit den langen Schritten, der du erscheinst in Heliopolis: Ich bin kein Übeltäter. O du, der das Feuer hält und in Cheraba erscheint: Ich bin kein Mann der Gewalt. O du mit der Nase, der du in Hermupolis erscheinst: Ich habe keinen bösen Sinn. O Esser des Schattens, der in Elephantine erscheint: Ich bin nicht habgierig. O du Löwengestaltiger, der du im Himmel erscheinst: Ich betrüge nicht mit dem Kornmaß. O Knochenbrecher, der du‹, ich weiß nicht mehr, wo, erscheinst; ich glaube, jetzt kommt: ›Ich raube keine Nahrung. O du mit den grellen Zähnen – ich bin kein Lästerer. O du Bluttrinker – ich habe keine heiligen Tiere geschlachtet. O Herr der Rechtschaffenheit – ich bin kein Landräuber. O der du den Rücken wendest – ich bin kein Lauscher. O Viper aus Busiris – ich kümmere mich nur um meinen eigenen Kram. O Schlange – ich begehe nicht Ehebruch. O Seher im Haus des Min – ich bin mit niemandem unkeusch.‹ Na, satt?«

Hannibal ließ sich zurück auf das Lager sinken. »Mehrfach gesättigt, liebster aller Freunde. Dieses Gebet da, wiewohl unvollständig, wie du sagst – es ist ein feiner Katalog von Hinweisen auf Dinge, die ich wieder einmal tun sollte. Wenn ich geschlafen habe.«

Er schlief vierundzwanzig Stunden. Als Memnon ihn danach untersuchte, stellte er fest, daß Hannibals linkes Auge keinen Schaden davongetragen hatte; das rechte war blind.

Nach den Berichten der Kundschafter hatte Konsul Gaius Flaminius sein Heer in und um die Stadt Arretium gelegt, einige Tagesmärsche im Südosten; damit schützte er das reiche fruchtbare etrurische Kernland und konnte schnell alle größeren Straßen erreichen und sperren. Hannibal sammelte weitere Einzelheiten über Leben, Vorleben und Ansichten des Konsuls.

Tagelang kamen und gingen Gesandte etruskischer Städte und Sippen. Für Antigonos unfaßbar verwiesen sie auf die uralte Freundschaft zwischen Puniern und Etruskern und stützten sich dabei auf eine angeblich sichere Zeitrechnung: dreihundertdreißig Jahre sei es her, sagten sie, daß die befreundeten Mächte eine gemeinsame Flotte rüsteten, um dem Vordringen der hellenischen Phokaier im Westen ein Ende zu setzen. Antigonos wußte, daß es einmal eine Seeschlacht vor der Küste von Kyrnos gegeben hatte, bei Alalia, und daß danach keine phokaiischen Pflanzstädte mehr auf Kyrnos errichtet worden waren; er kannte auch die alten Handelsbeziehungen zwischen Karchedon und den Etruskern. Es überstieg jedoch sein Fassungsvermögen, daß die Etrusker nicht nur behaupteten, alle Jahre und die Texte aller Verträge genau zu kennen, sondern vor allem, daß sie von sich aus darauf zu sprechen kamen. Rom hatte ihnen ein Stück Land nach dem anderen genommen, eine Stadt nach der anderen besetzt; die letzte größere Erhebung lag mehr als sechzig Jahre zurück; man hatte Etrurien für einen festen und sicheren Teil des engsten römischen Bündniskreises gehalten.

Und nun warteten die Etrusker nicht, bis Hannibal ihnen schmeichelte, sie zu ködern versuchte, Vorschläge machte; sie selbst boten Hilfe an.

»In Maßen«, sagte Hannibal abends, als die Gesandten abgereist waren. »Keine Kämpfer, aber Lebensmittel, frische Pferde – die wir dringend brauchen, nach den Verlusten im Sumpf –, Metall für Waffen. Sie werden Nachschub aus Norditalien für uns durchlassen, solange wir und die Kelten kein Unheil anrichten und plündern. Und sie werden nichts bemerken, wenn etwa zwei oder drei Schiffe vor ihrer Küste ankern. Allerdings ist die Küste fast vollständig in römischer Hand.«

»Wie geht es weiter?« Mago schien nach sieben Rasttagen beinahe zu bersten; irgend etwas an ihm war unausgesetzt in Bewegung – eine Hand fuhr zum Kopf, ein Knie zuckte, ein Fuß scharrte.

»Flaminius weiß inzwischen, daß wir hier sind.« Hannibal zupfte an der roten Klappe über seinem rechten Auge; Antigonos hatte die Farbe empfohlen, im Hinblick auf Melqart. »Über die große Straße nach Norden wird er inzwischen den anderen Konsul benachrichtigt haben; wir müssen also damit rechnen, daß bald auch Servilius in Etrurien erscheint.«

Hasdrubal der Graue pfiff durch die Zähne. »Willst du abwarten, bis beide Heere zusammen sind?«

Hannibal lächelte; es war ein unangenehmes Lächeln. »Ich habe etwas anderes vor«, sagte er langsam. »Wir werden Flaminius kitzeln.«

»Läßt er sich denn kitzeln?« Muttines hob die Brauen.

»Er hält freiwillig den Bauch hin.« Hannibal stand auf und begann hin und her zu gehen. Dabei zählte er die Eigenschaften und Eigenheiten des Römers auf.

»Gaius Flaminius ist, was die Römer einen Plebejer nennen, ein Mann aus dem Volk, der sich aus eigener Kraft hochgearbeitet hat. Gegner der edlen alten Familien und des von ihnen beherrschten Senats. Ehrgeizig, oft starrsinnig; er ist stolz darauf, alles nur sich selbst zu verdanken, glaubt nicht an die Götter und mißachtet böse Vorzeichen.«

»Könnte fast ein guter Freund und Punier sein«, murmelte Maharbal; er grinste.

»Könnte er nicht. Bei allem, was ihn vom Senat trennt, ist er doch ein typischer Römer – andere Völker zählen nicht. Vor fünfzehn Jahren war er Volkstribun und hat ein Siedlungsgesetz durchgedrückt, gegen die Adligen; Land für arme römische Bauern. Sehr menschenfreundlich – aber das Land, das er verteilen wollte, gehört größtenteils heute noch den Kelten. Er hat die ersten großen Pflanzstädte am Padus angelegt; und die Festungen. Vor zehn Jahren war er Praetor und Statthalter auf Sizilien. Vor sechs Jahren war er zum ersten Mal Konsul; er schreibt sich den Sieg gegen die Insubrer zu und hat, gegen den Willen des Senats, damals vom römischen Volk einen Triumph erhalten.« Hannibal rümpfte die Nase; seine Stimme klang ein wenig verengt, als er weitersprach. »Tatsächlich verdankt er den Sieg gegen die Kelten seinen Kriegstribunen und vor allem den *centuriones;* die haben damals seine wirren Befehle nicht befolgt, sondern, eh, ausgelegt. Weiter. Vor drei Jahren war er Censor; damals hat er die große Marschstraße von Rom nach Ariminum bauen lassen, die deswegen Via Flaminia heißt; außerdem einen Zirkus auf dem Marsfeld in Rom. In den letzten Jahren hat er sich weitere Feinde im Senat gemacht,

indem er ein Gesetz unterstützte, das den Senatoren den Seehandel ver-
bietet – Trennung von politischer und wirtschaftlicher Macht.«

»Alles schön und gut«, sagte Mago; er gähnte. »Aber wohin führt uns
das?«

»Der Konsul ist ehrgeizig und eitel, rechthaberisch und ohne jeden
Witz. Er will alles sich selbst verdanken und gerät in Wut, sobald er das
Gefühl hat, man nimmt ihn nicht ernst.« Hannibal lächelte wieder dieses
unangenehme Lächeln mit halb gebleckten Zähnen. »Wir werden ihn
gründlich kitzeln und nicht daran denken, ihn auch nur halbwegs ernst-
zunehmen.«

In viertägigem Marsch erreichte der Heerwurm die Gegend um Arretium, fraß die Felder und Äcker leer, verwüstete römische Landgüter
und die Böden der noch treu zu Rom stehenden etruskischen Städte und
Stämme. Das Heer des anderen Konsuls hatte Ariminum verlassen und
kam in Eilmärschen über die Via Flaminia nach Süden. Flaminius, überzeugt von der eigenen Feldherrnkunst, erwartete die Verstärkung wahrscheinlich mit gemischten Gefühlen; er wollte, so nahm man in Hannibals Stab an, den alleinigen Triumph. Hannibal, Antigonos und Sosylos
heckten gemeinsam, den Charakter des Konsuls bedenkend, einen barbarischen, unsauberen, unvollständigen Vers in barbarischem Latein
aus, wobei sie lachten, bis die Bäuche schmerzten. Nach allen Gepflogenheiten der Kriegsführung mußte Gaius Flaminius damit rechnen, daß
der näherziehende Gegner ihm bei Arretium die Schlacht anbot. Aber
Hannibal ließ sein Heer kaum drei Marschstunden westlich der Stadt
vorbeiziehen, immer nach Süden. Numidische Aufklärer unter Maharbal fingen einige Dutzend römische Reiter, befragten sie und ließen sie
dann frei – mit einer versiegelten Botschaft an den Konsul. Sie enthielt
den gleichen Text wie fast hundert Stück Papyros, die die Reiter offen in
die Hände gedrückt bekamen. Maharbal berichtete, sie seien brüllend
und wiehernd davongeritten und würden die Sache zweifellos im römischen Heer verbreiten.

»Hoffentlich fangen sie ein paar Eselinnen ein«, sagte Hannibal.

Der scheußliche Text, den er mit den beiden anderen ausgetüftelt
hatte, bezog sich auf des Konsuls Selbsteinschätzung; er hatte sich in
Rom mehrfach eines durchdringenden und fruchtbaren Geistes sowie
vorbildlich tugendhaften Lebenswandels bezichtigt. Die Holperverse
lauteten:

FERTILITER CAIVM PENETRARE ASINA PVTAT
EXINDE FLAMINII CACAT SEMINEM.

»Die Eselin befindet, Gaius sei auf fruchtbare Weise durchdringend; dann scheißt sie des Flaminius Samen aus«, sagte Antigonos.

Der numidische Scharführer Miqipsa, der den Römern die Blätter übergeben hatte, schüttelte sich vor Lachen. »Und? Ist das gut auf Latein?«

»Vollkommen scheußlich – aber man weiß nicht, ob nicht der Konsul vor allem aus dem zweiten Vers, der unvollständig herumhinkt, eine zusätzliche Beleidigung herausliest. Von wegen, nicht mal das macht er richtig. Oder so.«

Die Felder der Römer und ihrer Bundesgenossen geplündert, Flaminius hätte sie schützen sollen; der schlachtbereite, ja schlachtgierige und ruhmsüchtige Konsul schnöde mißachtet vom weiterziehenden Hannibal; dazu holpriger Hohn in Versen, die von den Legionären begeistert wiederholt wurden: Gaius Flaminius wartete nicht auf den anderen Konsul, sondern ließ sein Heer aufbrechen und zog eilig hinter den Puniern her.

Aus Gründen, die zunächst niemand kannte, ließ Hannibal seine Leute langsamer marschieren, dann wieder schneller. Immer nach Süden, Richtung Clusium und Rom – aber am Abend des vierten Tags nach dem Mißachten des Konsuls und nach ausgiebiger Plünderung des Gebiets westlich von Cortona schwenkte Hannibals Heer nach Osten, zog durch einen Paß in den Bergen am Trasimenischen See und lagerte auf einer Höhe am Nordufer des Sees. Eine kleine Nachhut hielt den Paß; die Römer verbrachten die Nacht westlich der Berge.

Nach Einbruch der Dunkelheit meldeten Reiter der Nachhut, römische Sicherungstrupps seien bis in Paßnähe vorgerückt und hätten Beobachter auf höhergelegene Vorsprünge geschickt. Von dort seien die Feuer des punischen Lagers gut zu sehen.

Antigonos zweifelte nicht einen Augenblick daran, daß der Morgen ein Blutbad bringen würde. Und daß Hannibal die Möglichkeiten des Orts spätestens im Winterlager am Padus geprüft und erwogen hatte. Es gab keine Offiziersbesprechung; diesmal erteilte Hannibal lediglich Befehle, aber auch ohne Besprechung wußten alle, was der Preis war und was er möglicherweise kosten würde.

Später in der Nacht änderte Antigonos seine Einschätzung. Was er für bedrückte Ruhe gehalten hatte, war ruhige Gelassenheit; sogar bei den Kelten, die trotz ihrer wirren Bewaffnung und ihrer Unbeherrschtheit inzwischen gelernt hatten, die Befehle der punischen Offiziere schnell und genau zu befolgen.

Wieder, wie an der Trebia, überließ Hannibal das Lager dem Hellenen. »Zweitausend Libyer und tausend Iberer, Tiggo; du weißt, worum es geht. Sieh zu, daß die Feuer nicht ausgehen. Es muß aussehen, als ob das ganze Heer hier lagert.«

Kurz nach Mitternacht begann die große Verlegung. Maharbal und Muttines erhielten zur Abwechslung den Befehl über die Balliaren und die leichten iberischen, keltischen und ligurischen Lanzenkämpfer; sie marschierten sehr leise nach Osten, am Ufer des Sees entlang, und besetzten die Höhenzüge an der Stelle, wo der Uferweg anstieg und zur Ebene jenseits der Hügel führte. Mago, Himilko, Hannibal Monomachos und Hasdrubal der Graue hatten eine kürzere Strecke zurückzulegen; mit den keltischen Fußkämpfern gingen sie in den Hügeln nördlich des Sees in Stellung. Bei ihnen, befehligt von Qarthalo und Bonqart, die keltischen Reiter und ein Teil der Numider. Mit den übrigen Numidern, den iberischen Kataphrakten sowie den restlichen libyschen und iberischen Hopliten zog Hannibal hinter den Hügeln entlang zurück nach Westen, fast bis zum Paß, aber weiter nördlich.

Im Morgengrauen lag die weite Fläche des Sees unter einer dichten Dunstschicht. Antigonos ließ die Feuer wieder anfachen und bemühte sich, mehr von der Umgebung zu erkennen. Als es heller wurde, begriff er Hannibals Plan. Es war die vollkommene Falle, aus der nur eines die Römer retten konnte: gar nicht erst hineinzugehen. Aber auf Flaminius war Verlaß.

Nach kurzem Geplänkel räumte die punische Nachhut den Paß und flüchtete nach Osten, zwischen See und Bergen, zum Lager und daran vorbei. Flaminius ließ nachsetzen; er wollte den Gegner, so kurz nach Morgengrauen und bei weithin sichtbar lodernden Lagerfeuern, beim Frühstück überraschen. Der Weg – man konnte ihn beim besten Willen nicht als Straße bezeichnen – wurde immer enger. Im Süden der Trasimenische See, mit verschilftem Ufer und einem sumpfigen Landstreifen; dann der Weg; dann die Hügel.

Die flüchtenden Kämpfer der ehemaligen Nachhut erreichten den Engpaß im Osten, wo der Weg anstieg; kaum hundert oder zweihundert Schritt vor der römischen Vorhut rannten sie in die Enge, versickerten zwischen Gestrüpp und braungrauem Gestein. Dann stockte das schnelle Nachsetzen der Legionäre; von irgendwo flogen Steine, Pfeile, Speere.

Die Leichtbewaffneten, für den Paß und die engen felsigen Pfade bestens geeignet, sperrten den Ausgang. Inzwischen hatten sämtliche Römer das Seeufer erreicht; Antigonos preßte die Hände an die Ohren, als die Welt unterging in Lärm und Chaos.

Es begann wie mit einem ungeheuren sichtbaren Gongschlag: Die Sonne löste den Dunst über dem See und tauchte alles in zerfaserndes rötliches Milchlicht. Auf den Hügeln blinkten die Waffen und Feldzeichen der bisher verborgenen Truppen; gleichzeitig jaulten und gellten sämtliche punischen Signalhörner auf, mischten sich mit dem scheppernden Schrillen der römischen Trompeten. Im Westen, unterhalb des Passes, brachen Hannibals Kataphrakten über die römische Nachhut herein, gefolgt von den schweren libyschen und iberischen Fußkämpfern. Die Numider von Hannibals Gruppe besetzten den Paß – als letzte Eingreiftruppe, aber auch zur Sicherung; niemand wußte genau, wo die Truppen des anderen Konsuls inzwischen sein mochten.

Das Lager war über Nacht mit Blöcken, Pfosten, Palisaden und Erdhaufen befestigt worden; Antigonos' Libyer und Iberer hatten kaum Mühe, es gegen die Römer zu halten, die sich einen steilen steinigen Hang hinaufkämpfen mußten. Aus dem nächsten Hügelabschnitt weiter östlich stürmten mit entsetzlichem Gebrüll und blitzenden klirrenden Waffen die Kelten. Es waren viele Insubrer unter ihnen, die sich noch zu gut an Flaminius erinnerten, an das Gemetzel vor fast sechs Jahren, an die unzähligen hingeschlachteten Kinder, Frauen und Greise.

Als die Kelten, ihre Reiter und die von Himilko geführten Numider in die römischen Reihen krachten, glaubte Antigonos, die Erde wanke. Er war wohl der einzige, der – ohne seinen Sinnen zu trauen – das kräftige Beben spürte, das in weitem Umkreis Dörfer zerstörte.

Die Falle war zugeschnappt. Zwischen See und Sumpf auf der einen Seite, Bergen auf der anderen, einem besetzten Paß im Rücken und einem versperrten Höhenzug vor ihnen wurden die Legionen, der Ruhm, die Anmaßung und die Feldherrnkunst des Konsuls Gaius Flaminius vernichtet. Der erbitterte Kampf dauerte drei Stunden. Teilen der beiden zuerst in die Falle marschierten Legionen gelang zunächst ein Durchbruch durch die Stellung der Leichtbewaffneten; etwa sechstausend Mann erreichten die Ebene jenseits der Hügel und verschanzten sich in einem vom Erdbeben halbzerstörten Dorf. Maharbal setzte nach, schloß sie ein; am nächsten Tag ergaben sie sich.

Ein Insubrer namens Dukarrio hatte sich vor Beginn der Schlacht auf seinem Pferd festbinden lassen. Später gab es Gerüchte über seltsame Blutschwüre, aber niemand wußte Genaues. Oder vielleicht wußte einer der Überlebenden etwas, sagte jedoch nichts. Als die Schlacht begann, löste sich eine Hundertschaft insubrischer Reiter aus dem Verband, den ein Punier mit Namen Itubal befehligte. Die Kelten bildeten einen Keil und bohrten sich in die Mitte der römischen Reihen. Tollkühnheit, Tapferkeit, Glück oder Zufall – sie drangen unter furchtbaren Verlusten bis zu Flaminius vor. Dukarrio durchstach den Konsul mit der Lanze; dann zertrennte er mit dem eigenen Schwert die Stricke, die ihn auf dem Pferd festhielten, sprang ab, hieb drei Römer nieder, die ihm in den Weg traten, und zerstückelte die Leiche des Gaius Flaminius, ehe ein *triarius* ihm das Schwert ins Genick rammte. Andere Insubrer sagten, Flaminius selbst habe sechs Jahre zuvor die von Legionären umstellte Hütte angezündet, in der Dukarrios Eltern, seine Frau und vier Kinder schreiend verbrannten.

Der Tod des Konsuls entschied die Schlacht nicht, die von vornherein entschieden war; aber er beschleunigte das Ende. Die hier und da immer noch festen römischen Reihen lösten sich auf. Viele Legionäre bildeten Igelstellungen und kämpften bis zuletzt, andere ergaben sich oder versuchten zu fliehen. Viele, sehr viele erstickten im Ufersumpf oder ertranken beim Versuch, auf den See hinauszuschwimmen.

Es dauerte mehrere Tage, bis das ganze Ausmaß des Geschehenen überblickbar wurde. Fast zweitausendfünfhundert Kämpfer des punischen Heers waren gefallen; vor allem Kelten und Ligurer, aber auch Libyer, Iberer und mehr als dreißig punische Offiziere. In den folgenden Stunden starben weitere neunhundert Männer an ihren Verwundungen.

Sie hatten das einzige Heer vernichtet, das ihnen den Weg ins Herz Italiens und zu den römischen Kernländern versperren konnte – drei römische Legionen, die gleiche Anzahl an Bundesgenossen, mehr Reiter als sonst üblich, zusammen über dreißigtausend Mann. Nur wenige hundert konnten fliehen; fast fünfzehntausend Gefangene wurden gemacht, darunter die Durchgebrochenen, die Maharbal einholte. Er sicherte ihnen freien Abzug ohne Waffen zu; Hannibal runzelte die Stirn und ließ alle römischen Bundesgenossen frei, nicht jedoch die Römer. Maharbal lächelte und hob die Schultern; angesichts der hunderttausend Rechtsbrüche der Römer war ihm sein nicht eingelöstes Wort weniger wichtig als die Vermeidung weiterer Verluste durch Erstürmung des umkreisten Dorfs.

Einen Tag danach konnte er sich erneut auszeichnen. Mit Numidern, Kataphrakten und aufgesessenen Lanzenkämpfern fing er viertausend Mann römische Reiterei ab, die der Konsul Servilius vorausgeschickt hatte. Die Hälfte fiel, die andere Hälfte wurde gefangengenommen. Ohne weitere Zusicherungen.

Von Gaius Flaminius, den Hannibal ehrenvoll bestatten wollte, fand sich kein erkennbares Stück.

Sosylos, betrunken, weniger von Wein als von den Ereignissen, brach am Abend nach der Schlacht in hymnische Reden aus, durchwirkt und durchwoben von Versen aus der *Ilias*. Hannibal hörte weg; seine Mundwinkel hingen fast unter der Kinnlinie. Antigonos gelang es, die Faselei des Lakedaimoniers durch falsche Zitate und ungebührliche Zwischenfragen zu beenden und den Chronisten zu einem anderen Feuer zu schleppen.

Der Hellene konnte nicht schlafen. In ihm und um ihn war zuviel Unruhe. Holzstöße loderten die ganze Nacht hindurch; Waffen und Rüstungen der Gefallenen wurden zusammengetragen, Schmuck, Besitztümer und Münzen. Es mußte schnell getan werden. Hannibal wollte den Truppen einige Ruhetage gönnen, ohne sie vorher auf lange Märsche zu schicken. Das Lager in den Hügeln war gut – aber die Toten mußten verschwinden, ehe die Sonne des nächsten Tags Milliarden Mücken und Maden zeugte. Einige tausend Mann waren mit dem Ausheben von Massengräbern, dem Sammeln und Sichten der Toten befaßt; die anderen schliefen, hielten Wache, tranken, redeten. Die Nacht war kühl und klar; Antigonos lag auf dem Rücken, in einen Mantel gewickelt, zählte die Sterne und versuchte, nicht zu denken.

Im Morgengrauen, als mit der beginnenden Wärme wieder Dunst aus dem See brodelte, gab er alle sinnlosen Versuche auf, erhob sich, ging zu einem der Kochfeuer und ließ sich einen großen Becher mit heißem Würzwein füllen. Er fand Hannibal auf einem Felsen, nicht weit vom Lager; die Posten, die einen Halbkreis der Stille um den Strategen bildeten, ließen Antigonos durch.

Hannibal hatte die Arme verschränkt und starrte nach Süden; dort irgendwo lag Rom. Zu seinen Füßen türmte sich der Berg römischer Waffen, die das Rüstungsdurcheinander der Kelten beenden und unbrauchbar gewordene, rostige, schartige Schwerter bei Libyern und Iberern ersetzen sollten. Das Gesicht des Puniers war grau im grauen Dunst des grauen Morgens.

Antigonos trat leise neben ihn, legte ihm die linke Hand auf die Schulter und reichte ihm mit der Rechten den Becher.

»Danke, Tiggo.«

»Warst du die ganze Nacht hier?«

Hannibal zuckte mit den Schultern; er trank. Dann schaute er wieder hinab auf die Waffen. Und die riesigen halbgefüllten Gruben.

»Was macht deine Leber, Junge?«

Hannibal blinzelte, müde und überrascht. »Wieso Leber?«

»Du siehst aus wie Prometheus persönlich.«

Der Punier lachte gepreßt. Er deutete auf das Ufergelände. »Es werden keine Adler kommen; nur Geier.«

Antigonos nahm ihm den Becher ab, trank, reichte das Gefäß zurück. »Du hast das unbesiegbare Rom zum dritten Mal besiegt, Stratege«, sagte er halblaut. »Ein ganzes konsularisches Heer vernichtet. Und du siehst aus, als ob du lieber verloren hättest.«

Hannibal hielt den schmucklosen Kesselhelm in der Hand, betrachtete ihn, setzte ihn auf; erst jetzt nahm er den Becher wieder an.

»Nein. Das nicht.« Er trank, hielt den Becher in der Linken, legte den rechten Arm um die Schulter des Hellenen. »Du hast ihn doch gekannt, Tiggo – wie hat sich mein Vater gefühlt, nach dem Kampf?«

Antigonos zögerte, entschied sich dann für die Wahrheit. »Krank. Todkrank. Elend. Wie du. Ich glaube, das endet nie, auch nicht nach tausend Schlachten. Es sei denn, es gelingt dir, jeden einzelnen zu hassen.«

»Bauern, Handwerker, Bürger«, sagte Hannibal. Mit dem Fuß deutete er nach unten, zu den Gruben. »Söhne, Väter, Brüder. So viel Leben. Da unten liegen zehntausend weinende Familien. Wie soll ich sie hassen? Ich ... Nicht zu reden von unseren Männern.« Er seufzte. »Warum lassen sie uns nicht einfach in Ruhe?«

»Mach dein Herz hart, Stratege«, sagte Antigonos laut. »Die Römer werden dich, mich, uns, die Welt erst in Frieden lassen, wenn du sie dazu zwingst. Falls es dir gelingt.«

»Falls.«

»Außerdem vergiß nicht, Hannibal – die Römer sagen, es sei süß und ehrenvoll, für das Vaterland zu sterben.«

»Rattenkacke mit grüner Tunke.« Der Punier spuckte aus. Er ließ

444

Antigonos' Schulter los und zupfte an seiner Augenklappe. »Diese herben tugendhaften Philosophen. Man sollte sie zwingen, zwei Tage nach einer Schlacht von jedem Toten ein Stück wimmelndes Fleisch zu essen. Süß und ehrenvoll! Sie sollten sich so verhalten, daß man in allen Ländern süß und ehrenvoll *leben* kann.«

Antigonos schwieg. In Gedanken war er mit Naravas an Hamilkars Seite, in einem halberleuchteten Zelt, nach der Schlacht am Fluß, nach dem Gemetzel im Tal der Säge.

Als Hannibal wieder sprach, klang seine Stimme wie die von Hamilkar. »Nur eins ist noch furchtbarer als der Sieg«, sagte er langsam. »Die Niederlage.«

Antigonos legte eine Hand auf den Arm des Puniers. »Das ist ein anderes Fest, das du erst feiern solltest, wenn es dir zufällt.«

SOSYLOS VON SPARTA, IM WINTERLAGER ZU GERUNIUM,
AN ANTIGONOS VON KARCHEDON, HERR DER SANDBANK,
KARCHEDON – KARTHAGO – QART HADASHT, LIBYEN –
AFRIKA (WIE DIE RÖMER SAGEN)

Vielfaches Heil, Gewinn, Mehrung des Bestehenden und Meidung von Verlust – o Tiggo: Hannibal trug mir auf, dir dies und jenes zu schreiben; ich will manches und anderes hinzufügen. Erwähnt sei etwa – dies trug der Stratege mir keineswegs auf –, daß er deinen Spott und deinen Rat vermißt. Es sind einige neue Hellenen im Lager, oder Halbhellenen: Epikydes, Sohn eines Verbannten aus Syrakosai und einer punischen Mutter, und sein Bruder Hippokrates, beide aus Karchedon. Kennst du sie? Sie haben sich ein wenig herumgetrieben und den Achaiern im Krieg gegen Aitoler und Makedonen gedient. Immerhin ist wenigstens dieser Teil des hellenischen Irrsinns beendet; wie du vermutlich weißt, ist in Hellas mächtig der Friede ausgebrochen. Nicht zuletzt dank der klugen Briefe deines Freundes unseres Feldherrn an Agelaos von Naupaktos, den die Achaier nun zu ihrem Strategen gewählt haben. Epikydes brachte eine Niederschrift der Rede mit, die Agelaos bei den Verhandlungen mit Philippos hielt; das war kurz nachdem die Nachricht von der Schlacht am Trasimenischen See in die Oikumene ging. Ich weiß nicht mehr, ob du es warst, der damals mit Hannibal über den Charakter des Makedonenkönigs rätselte; warst du es?

Wie auch immer, Hannibals brieflicher Rat an Agelaos, den Makedonen mit der Aussicht auf Weltbeherrschung dazu zu bringen, den hellenischen Kleinkrieg zunächst zurückzustellen, hatte Erfolg. Der Naupaktier hat es sehr klug begonnen – jedem, sagte er, müsse klar sein, daß der Sieger des Ringens zwischen Rom und Karchedon sich nicht mit Italien und Sizilien begnügen, sondern alle Grenzen überschreiten werde; daher müsse besonders Philippos Hüter aller Hellenen sein, als ob ihm bereits ganz Hellas gehöre; und wenn er es gut hüte, werde es ihm gewaltlos zufallen. Daher solle er nach Westen blicken und im besten Moment die Hand nach der Weltherrschaft ausstrecken, indem er nach weiteren Siegen Hannibals die Punier unterstütze, denn zweifellos sei es nach der Niederwerfung Roms möglich, Karchedon Italien zu entreißen, und ebenso unzweifelhaft werde es nach einem Sieg Roms unmöglich sein, auch nur eine einzige hellenische Stadt in Italien zu halten.

Wenn aber diese im Westen drohende Wolke sich ungestört auftürmen könne und nach einer Niederlage Karchedons über Hellas entlüde, werde man die Kriege, Waffenstillstände und sonstigen Kinderspiele, die man zur Zeit betreibe, bitterlich beweinen.

Philippos und die übrigen wurden durch diese kluge Rede, die eigentlich Hannibal ihnen hielt, zu Friede und Verträgen gebracht; der Makedone prügelt sich nun mit Barbaren im Nordosten seines Reichs, die hellenischen Städte und Länder beseitigen die Verwüstungen des Kriegs. In etwa einem Jahr, so sagt des Agelaos Gesandter Iktinos, der einen Mond lang bei uns weilte, könnten sie alle bereit sein, neuen Vorschlägen zu lauschen. O Tiggo, du ahnst bereits, wohin dies Schreiben zielt: Im Herbst begehrt Hannibal einen punischen Hellenen als Gesandten, der den Achaiern, Aitolern und Makedonen die politischen, aber auch die wirtschaftlichen Vorzüge eines Bündnisses mit Karchedon nahezubringen vermag. O Tiggo.

Seltsam, wie manche Dinge sich wiederholen; seltsam, wie manche Gestalten wiederkehren, die man längst vergessen hatte. Verzeih, wenn ich bisweilen lateinische Zeichen verwende, aber Marcus Minucius Rufus ist ein alberner Name, der als Markos Minoukios Rouphos noch alberner wirkt – finde ich. Ein Jammer, daß dieser Tribun der römischen Reiter im kommenden Jahr nicht die Legionen befehligen wird; Hannibal sagte, es sei ein Vergnügen, mit ihm zu spielen, weil er noch dümmer sei als Flaminius. Aber Minucius durfte nur einmal spielen; es hat ihn und seine Leute viel gekostet. Die andere Gestalt dieser letzten Monde, dieser Wiedergänger unserer Geschichte, ist dagegen eher ein Glück. Ein Glück nämlich, daß die Römer in ihrer Ungeduld nach Hannibals großen Siegen nicht begreifen können oder wollen, was sie Quintus Fabius Maximus verdanken. Sei froh, Freund, daß du nicht mehr bei uns warst, als er uns in die Enge trieb, unseren Marsch mit seinen Legionen begleitete, die römischen Kämpfer immer über die Höhenzüge wandern ließ, wo die Numider und Kataphrakten sie nicht angreifen konnten; wie Fabius uns am Schlafen hinderte, weil er einfach in der Nähe war und jederzeit hätte losschlagen können; wie sich Ohnmacht und Wut in unserem Heer regten, weil Fabius sich nicht stellte, aber immer am Rande der Sichtweite blieb. Er ist kein großer Stratege, und – wie wir seit seinen Verhandlungen mit dem großen Hasdrubal wissen – er ist kein sprühender Geist; aber mit seinem zähen Hinhalten, Verfolgen, Abschneiden hat er uns, ohne das Leben seiner Legionen aufs Spiel zu setzen, fast den Untergang gebracht.

Seltsam, abermals seltsam, wie die Dinge sich verändern. Wir – ich bin noch weniger Punier als du, Tiggo, aber längst Teil dieses Epos – wollen Rom nicht vernichten, sondern durch Zermürbung zum Frieden zwingen; Rom will uns durch den Vernichtungskrieg auslöschen. Nun betreiben die Römer eine Strategie des Ermattens und zwingen Hannibal zu einer Strategie der Vernichtung. Sie zermürben, um zu vernichten; wir müssen vernichten, um zu zermürben. Ist die Welt nicht doch nur ein Tollhaus? Und wenn, dann wären wir die Insassen, aber wer sind die Wächter?

Und beinahe wäre es Quintus Fabius Maximus, den sie in Rom längst den Zauderer nennen, weil sie die Klugheit seines Handelns nicht begreifen – beinahe wäre es ihm gelungen. An einem Fluß namens Volturnus. Wir hatten das Wasser im Rücken und die Berge vor uns, und auf diesen Bergen, durch die ein einziger Paß führte, setzte sich Fabius fest. Aber, o Freund, hast du in den Schriften der hellenischen Kriegsdenker jemals von der Möglichkeit gelesen, einen überlegenen Gegner, der die Höhen und den Paß beherrscht, durch ein paar Leichtbewaffnete und zweihundert Mann von der Versorgung zu vertreiben? Manchmal scheint mir, es gebe zwischen allen Dingen des Kosmos keines, das Hannibal die Mitwirkung bei irgendeiner List verweigern kann. Wetter, wie an der Trebia, Wasser und Berge, wie am See in Etrurien, ja selbst die Klugheit des Gegners. Er kann alles nutzen, und ich weiß nicht, wo die Grenzen seines unglaublichen Geistes liegen mögen. Bisher sah ich sie jedenfalls nicht.

Dies geschah: Hannibal sagte, die Römer seien wohl bereit, jede Unmöglichkeit seinerseits für denkbar zu halten; also beriet er sich mit Hasdrubal dem Grauen. Zwischen dem Paß und dem römischen Lager gab es eine Anhöhe, steil, aber nicht zu steil; sie ließe sich übersteigen, aber niemals gegen einen starken Feind. Dennoch – in dieser Lage rechneten die Römer tatsächlich mit allem. Hasdrubal der Graue trieb unser gesamtes Schlachtvieh zusammen, etwa zweitausend Ochsen; er band ihnen Holz und Fackeln auf die Hörner, brachte die mächtige Herde etwa drei Stunden nach Mitternacht zum Fuß der genannten Anhöhe, leise und behutsam. Dann ließ er die Hölzer und Fackeln entzünden und trieb, unterstützt von den Leichtbewaffneten, die Tiere den steilen Hang hinauf. Fabius hatte den Paß von mehr als viertausend Mann sichern lassen; sie hätten ausgereicht, alle Heere der Oikumene in der steinigen

Enge aufzuhalten und aufzureiben. Als sie nun ein Flammenmeer den Hang hinaufbranden sahen – und ich versichere dir, von unten, aus unserem Lager, war es ein unglaublicher Anblick; wie muß es erst von oben gewirkt haben! –, meinten sie, Hannibal mache das Unmögliche möglich und werde mitten in der Nacht das schlummernde Lager des Fabius angreifen. Diese Überzeugung wurde für sie zur Gewißheit, als ihre eilig losgeschickten Aufklärer mit den Schleuderern und Lanzenkämpfern zusammenstießen. Darauf räumten sie den Paß und stürmten auf die Anhöhe, um den Durchbruch abzuwehren; sehr bald erhielten sie Verstärkung aus dem Lager. Wir, unterdessen, brachen auf; Hannibal selbst nahm die schweren libyschen Fußtruppen, besetzte den Paß, hielt ihn gegen die Römer, als sie endlich die List bemerkten, und brachte uns alle in Sicherheit.

So ist nun das zweite Jahr dieses großen und schrecklichen Kriegs vergangen; der milde Winter in einer festen Stadt läßt uns das Vergangene eher als bösen Traum empfinden. Zu diesem bösen Traum gehören auch jene Dinge, die sich auf dem Meer und in Iberien zutrugen. Aber von diesen wirst du wohl Genaueres wissen als ich. So laß mich denn schließen, o Antigonos Karchedonios, mit dem Wunsch, in einigen Monden deiner wieder teilhaftig zu werden. Mich dürstet; bring syrischen Wein, Freund, und zwar reichlich.

13. HANNIBAL

Hanno der Große machte große Geschäfte. Mehr als zwanzig Jahre lang hatte er die Werft auf der »Zunge« zwischen Meer und Tynes-See mit kleinen Aufträgen arbeiten lassen; nach Abzug der Kosten war in den meisten Jahren nichts geblieben. Die von Antigonos gegen Ende des ersten Römischen Kriegs verkaufte Anlage, damals von einem Mittelsmann Hannos übernommen, begann am Tag nach der römischen Kriegserklärung wieder mit der Herstellung von Schiffsteilen für Penteren und Trieren. Im ersten Kriegsjahr blieb der Bedarf gering; der Rat von Qart Hadasht versuchte, mit den von Hannibal aus Iberien geschickten Schiffen und den wenigen eigenen zurechtzukommen. Im zweiten Jahr wurden fast einhundert Penteren gebaut; gut die Hälfte davon mit Fertigteilen aus Hannos Werft. Die Waffenschmieden, die Hanno oder seinen Mittelsmännern gehörten, lieferten im zweiten Jahr des Kriegs fast zwei Drittel der in Qart Hadasht hergestellten Schwerter, Lanzenspitzen, Rüstungen und Helme.

Antigonos wußte, was er von Hannos Barkidenbegeisterung zu halten hatte. Zumal die von Hanno gebilligten Kriegsausgaben des Rats bisher die Stadt nichts kosteten. Aus den iberischen Silberlieferungen der Barkiden, fünfzehn Jahre lang verläßlich gestiegen, hatte Qart Hadasht große Rücklagen gebildet. Fast das Vierfache dessen, was Rom nach dem Sizilischen und dem Libyschen Krieg erpreßt hatte, lag teils gemünzt, teils als Finger und Barren im Schatz der Stadt: über zwölftausend Talente Silber allein aus den iberischen Lieferungen. Mehr als zehn Jahre lang hatte Iberien außerdem – bis auf einen kleinen, viel zu kleinen Anteil der punischen Hauptstadt – alle Truppen und Schiffe gestellt und bezahlt, dazu die Erschließung Iberiens und kleinere Befriedungszüge gegen numidische und mauretanische Stämme. In dieser Zeit des Friedens und der Ruhe, blühender Landwirtschaft und ständig zunehmenden Seehandels, satter Erträge aus Grenz- und Hafenzöllen sowie beständig fließender Abgaben der übrigen punischen und libyphönikischen Städte war der Staatsschatz von Qart Hadasht kaum durch Ausgaben belastet worden – keine Seuchen, keine Hungersnöte, keine großen Bauten. Weder der Führer der Barkiden im Rat, Himilko, noch Bostar, der über gute Sonderkenntnisse verfügte, konnten den Gesamtbestand angeben; sie schätzten ihn auf etwa zwanzigtausend Talente Silber, dazu mindestens tausend Talente Gold aus den Gruben am Okeanos, weit im Südwesten Libyens.

Antigonos und Hanno begegneten einander nur einmal in diesem Winter. Hanno pflegte ansonsten das Haus der Weinhändler, zu denen er ja nicht gehörte, kaum aufzusuchen, aber eines Abends erschien er im *Palast der berauschenden Beeren,* mit drei anderen Ratsherren; sie ließen sich am Nebentisch nieder.

Antigonos verzichtete darauf, seine Begleiterin, eine hellenisch-phönikische Kyprerin namens Tomyris, mit Hanno bekanntzumachen. Sie war zweiundvierzig Jahre alt, hatte drei Männer überlebt, besaß ein Dutzend Schiffe, Warenlager in Mytilene, Kition und Tyros und wickelte ihre punischen Geschäfte über die Sandbank ab. Für die hellenischen Schönheitsvorstellungen waren ihr Mund und ihre Hüften zu breit, aber Antigonos schätzte Faßbares höher als Ideales. Seit der ersten Begegnung, am Vormittag in der Bank, genossen beide das ungezwungen spöttische Verhältnis. Sie wollten die Nacht in dem oft von Antigonos genutzten Raum im dritten Stockwerk des Weinhändler-Hauses verbringen und aßen leicht. Hanno kam als schwerer unverdaulicher Nachtisch.

»Unter manchen Blicken faulen die Beeren, und der Käse beginnt zu schimmeln.« Antigonos schob die Platte in die Mitte des Tischs und leerte seinen Pokal.

Tomyris nahm eine Weinbeere, hielt sie hoch, drehte sie hin und her. »Diese ist noch heil, und ihr Saft ist für viele Dinge gut.«

Hanno klatschte in die Hände; als ein Schanksklave zu ihm stürzte, ließ er den fünfarmigen bronzenen Fackelträger verschieben, der zwischen den Tischen stand.

»Nun sehe ich dich besser, Metöke. Ein Vergnügen.«

Antigonos blickte nicht hinüber. »Edler Ratsherr Hanno«, sagte er halblaut, durch die Zähne. »Dein Abend sei leicht, deine Verdauung hurtig und dein Lager bequem. Oder ist das barkidische Silber in deinen Kissen zu hart?«

»Ich höre schlecht.« Hanno seufzte ausgiebig. »Das Alter bringt es mit sich, aber dieses Gebrechen erspart mir viele unerfreuliche Reden anderer, auf die ich sonst etwas würde erwidern müssen.«

»Wer zwänge dich denn, etwas zu erwidern? Langwieriges Schweigen deinerseits gölte der ganzen Stadt als großartiges Geschenk, glaube ich.« Antigonos starrte in seinen Pokal.

Tomyris' Mundwinkel zuckten. »Liebe alte Freunde, nach langer Trennung vereint, wie?«

Hanno lehnte sich in seinem gepolsterten Ledersitz zurück. »Ah ja.« Er faltete die Hände über dem Bauch. Im *Palast der berauschenden Beeren* war es still geworden; niemand ließ Teller oder Messer klirren, kein Schankdiener rührte sich. Außer dem Zischen und Knacken der Feuer und Fackeln war nur die dicke Stille zu hören; sie schien zu pulsieren.

»Ah ja. Alte Freunde, wie wahr. Und diesmal, Metöke, zerren wir gewissermaßen am gleichen Ruder. Ein seltenes Vergnügen.«

»Wann wirst du das Ruder fahrenlassen und aussteigen, Fürst der Landherren? Wenn das Schiff zu schlingern beginnt? Oder wenn dich außer Sichtweite des Landes die Seekrankheit packt?«

»Wenn ich genug gerudert habe, Metöke. So einfach. Dies wird aber auch der Zeitpunkt sein, an dem es für das Schiff besser wäre, die Segel zu streichen, die Ruder einzuziehen und am Kai festzumachen.«

»Diesmal hält ein anderer das Steuer, Hanno.«

»Ich weiß, Metöke. Aber wenn sich der Holzwurm des Kielraums annimmt, sollte der Steuermann den Hafen suchen.«

»Du vergißt, Punier, daß der Hafen dann vielleicht schon von italischen Seeräubern besetzt ist.«

Hanno stülpte die Lippen vor. »Das mag sein. In diesem Fall wäre es ein ungesunder Ort für den Steuermann. Aber gewisse Ruderer wie du und ich können auch mit Seeräubern Geschäfte machen – für sie rudern oder ihnen zeigen, wo das beste Holz für den Schiffbau wächst.«

Antigonos stand auf, schob seinen Stuhl zurück und streckte die Hand aus. Tomyris ergriff sie; ihre tiefen dunklen Augen wanderten immer wieder von Hanno zum Hellenen und zurück.

»Ich sage dir heute bereits eines für diesen Fall voraus, Hanno.« Antigonos sprach nicht laut, aber überdeutlich und scharf; es war in der letzten Ecke zu hören, und mindestens einer von Hannos Begleitern duckte sich. »Und ich rate dir gut, es nicht zu vergessen.«

Hanno nickte und sah den Hellenen fast fröhlich an. »Du siehst mich voll verwunderter Erwartung, Metöke. Was soll ich nicht vergessen?«

Antigonos zog seinen alten ägyptischen Dolch aus der Scheide und hielt ihn hoch; von der gekrümmten Klinge tropfte Fackellicht zu

Boden. »Ein Beispiel für die Vielfalt der alten Länder, Hanno. Wenn es irgendwann nur noch römische Waffenschmiede gibt; wenn der beste Steuermann, den dieses Schiff je hatte, von Holzwürmern zur Aufgabe gezwungen wird; wenn sich herausstellen sollte, daß jemand die Holzwürmer absichtlich in den Kielraum gebracht oder gelassen hat.« Er steckte den Dolch wieder ein.

Hanno kniff die Augen zusammen. »Alte Krokodile haben scharfe Zähne. Und dicke Panzer. Es liegen schon viele verrostete Dolche unter ihnen im Nil.«

Antigonos ließ Tomyris los, ging zu Hanno und klopfte ihm auf die Schulter. »Fett«, sagte er. »Keine Muskeln, kein Panzer, nur Fett. O großes altes Krokodil.«

Obwohl müde nach köstlicher Erschöpfung, konnte Antigonos doch nicht schlafen. Er kannte den Zustand und versuchte sich zu entspannen; seit seiner Rückkehr nach Qart Hadasht hatte er kaum je tief geschlafen. Vielleicht fehlten ihm die Mühen des Feldzugs, um wahre Ruhe zu finden; vielleicht war sein Körper nicht genug ausgeschöpft, sein Gehirn nicht genügend gefordert. Er lauschte der Nacht, Tomyris' Atemzügen, dem Knacken der Bohlen und des Betts. Irgendwo über ihnen raschelte es, vermutlich ein nächtliches Treffen der Mäuse des Hauses. Die Kleider, auf dem Boden verstreut, dünsteten Wein aus, brennendes Holz, Küche, Speisen. Noch etwas war da, vom Atem und dem Geruch der heißen Körper nicht vertrieben: die schwere Schärfe der Duftwässer, in denen Hanno sich suhlte und mit denen er seine Gewänder tränkte. Antigonos schnupperte an seiner rechten Hand; er hätte dem Punier nicht auf die Schulter klopfen sollen.

Als die Schreie der Nachtvögel seltener wurden und die erste Helligkeit den Rand des Vorhangs aus gefüttertem Leder umriß, ging ihm grell der Grund seiner Schlaflosigkeit auf. Wahrscheinlich machte er eine jähe Bewegung; Tomyris erwachte, setzte sich, sah ihn an, übergangslos klar.

»Was ist?«

Er berührte ihre Wange. »Nichts, o Gnade der Kypris. Nur ein plötzliches Begreifen.«

»Sag es, damit ich es weiß.«

Er nickte. »Fast zwei Jahre war ich bei Hannibal, habe gesehen, welche Leiden und Mühen Tausende auf sich nehmen, damit diese Stadt, in der

ich geboren wurde, weiter frei und groß bleibt. Und seit ich zurückgekommen bin, habe ich angefangen, sie zu hassen. Meine Stadt.«

Sie beugte sich vor, und es war, als ob sie mit der Zungenspitze
beschwörende Zeichen in seine Brust sengte. Dann murmelte sie: »Liebe
löscht Haß.« Mit einer geschmeidigen Bewegung, die gleichzeitig ein
Dehnen, ein Drehen und ein Wogen war, rollte sie sich auf ihn.

Es war noch immer früher Morgen, als sie das Haus der Weinhändler
verließen, um irgendwo zu frühstücken. Auf der Straße blieb Tomyris
stehen und nahm seine Hand.

»Mein Schiff kann heute segeln, es kann aber auch warten. Magst du
mir deine Stadt zeigen? Die Tage und die Nächte?«

Antigonos starrte in den grauen Winterhimmel. In den nächsten Stunden würde der kräftige Nordwind die Wolkendecke zerreißen und das
kalte Blau aufleuchten lassen. »Warum, Herrin des Handels?«

»Die größte und reichste Stadt der Oikumene, und eine der ältesten –
man sollte sie kennen.« Sie ließ seine Hand los. »Vor allem wüßte ich
gern, weshalb du sie so sehr liebst, daß du nun glaubst, sie zu hassen.«

Antigonos ergriff die kräftigen Schultern der Kyprerin und sah ihr in
die Augen. »Ich preise den gestrigen Tag, der dich in die Bank führte.
Komm.«

Durch Nebenstraßen erreichten sie den bewachten Zugang zum Handelshafen; fremde Händler durften ihn nicht betreten, sondern mußten
an der Außenmole festmachen, aber für den Herrn der Sandbank und
Freund der Barkiden gab es keine Sperren. Am Südende des Beckens,
gleich neben der beweglichen Brücke, aßen sie frischen Fisch in einer niemals geschlossenen Taverne. Die Kyprerin betrachtete die Muskeln der
Stauer und Fischer, sämtlich Punier und Libyer, verglich halblaut die
rötlichen und braunen Schurze mit den eher hellen, die die Hafenarbeiter
im Osten des Meers trugen, erkundigte sich nach Bedeutung von Amuletten und bemerkte, daß kaum jeder Zehnte ein paar Tropfen seines
Morgentranks – meistens warmes Bier – vergoß, um die Götter zu ehren.

»Sehr verblüffend und – anders.« Vor dem großen Laden eines Segel-
machers blieb sie stehen. Hinter der offenen Tür hockten vier Männer
und drei Frauen zwischen Tuchballen und sauber zusammengelegten
Bahnen; sie schnitten und nähten, rutschten auf Knien umher, hantierten
fast unsichtbar schnell mit Meßstöcken. Frauen und Männer waren
gleich gekleidet; alle trugen Schurze, kurze Tuniken und Sandalen. »Sehr
anders.«

Antigonos zog sie einige Schritte weiter. »Die Grotte der Düfte.« Er wies in die tiefe Lagerhalle der Genossenschaft der Nasenmeister. »Hier steckt auch ein Teil dessen, was die Bank und ihre Untergruppen betreiben. Wieso anders?«

»In den hellenischen Häfen arbeiten nur Männer; ich habe nie von Segelmacherinnen gehört. Und nichts von dem, was über die Sitten der Karchedonier gesagt wird, stimmt.« Sie schloß die Augen, rümpfte die Nase ein wenig und nahm die tausend Düfte auf, die aus den Regalen und Bottichen, den gestapelten Kisten mit Flaschen, den Reihen größerer Amphoren drangen. Immer ging einiges zu Bruch; immer flossen beim Abfüllen Tropfen kostbarer Essenzen neben die Behälter.

»Was meinst du? Die Kleidung? Die arbeitenden Frauen?«

»Ach, alles. Die Punier gelten als finstere Frömmler; aber kaum einer der Biertrinker opfert den Göttern. Die Punier, heißt es, verbergen ihre Körper und hüllen sich auch in der schlimmsten Hitze in dicke Tücher; aber jetzt sehe ich, daß die Stauer sogar im Winter fast nackt arbeiten. Wie ist es zu erklären, Herr der Sandbank? Ist alles, was über Karchedon berichtet wird, Lüge?«

»Geschichten brauchen Zeit, um sich zu verbreiten, und wenn sie das andere Ende des Meers erreicht haben, ist ihr Ursprung vielleicht schon verändert.« Er lächelte. »Es gibt Punier, die in jedem einzelnen Makedonen Alexandros sehen.«

Am Nordende des Hafens schob Antigonos seinen Arm unter den der Kyprerin. »Komm; ich will dir etwas Besonderes zeigen.«

»Was?«

»Etwas, das nicht einmal gewöhnliche Punier sehen dürfen.«

Sie kamen an der Hafenseite der Bank vorbei. Bostar stand im Kundenraum und sprach mit einem bärtigen, wollhaarigen Kapitän, warf ihnen über dessen Schulter einen Blick zu und machte eine Handbewegung, die eher ein sichtbarer Seufzer war denn ein Gruß.

»Was hat er?«

Antigonos giggelte leise. »Wenn ich ihn richtig verstehe, findet er, ich sollte mich um die Geschäfte kümmern und nicht mit fremden Frauen lustwandeln.«

Dreißig Schritte weiter erreichten sie die Klappbrücke über den »Flaschenhals«. Die gegenseitige Durchdringung der beiden großen Handelssprachen der westlichen Oikumene, des Punischen und der hellenischen Koine, hatte zahlreiche Mischbegriffe gezeugt und Wortherkünfte verwirrt. Ursprünglich war der *kothon* von Qart Hadasht der »kleine Hafen« gewesen, im Gegensatz zum großen äußeren Liegeplatz an Mole und Meer; das uralte phönikische *qatn*, klein, war jedoch in Karchedon längst vergessen, und die Punier selbst bezogen sich nun auf die alte, *kothon* genannte Feldflasche der lakedaimonischen Krieger. Dem rechteckigen »Bauch« der Flasche entsprach der Handelshafen; der »Flaschenhals« führte zum Kriegshafen, der fast rund war wie der Pfropfen oder Verschluß des Trinkgefäßes. Antigonos war fast sicher, daß die Lakedaimonier ihre Flasche nach der Form des punischen oder eines anderen Doppelhafens benannt hatten.

Zwei doppelt mannshohe Mauern umgaben den Kriegshafen. Schwere, unter Wasser mit Bronze, darüber mit Eisen beschlagene Tore und eine dicke Kette sperrten die Durchfahrt. Der Rand des »Halses« bestand aus gewaltigen Quadern, ohne Fugen und ohne Mörtel. Neben den Schiffstoren begann die Doppelmauer, mit einem von vier Posten bewachten Durchgang – Flügeltüren, ebenfalls mit Eisen verstärkt. Die Wächter waren Punier; sie trugen Bronzehelme mit rotem Busch, Nasen- und Wangenschutz, über dem Chiton bronzene Muskelpanzer mit Verzierungen, darunter eiserne Beinschützer und Sandalen; gerüstet waren sie mit Lanzen, Schwertern, Dolchen und ovalen Schilden.

Antigonos zog Tomyris mit sich. Vor den Posten blieb er stehen, legte die Faust aufs Herz und sagte halblaut: »Der Herr der Sandbank, Antigonos, begehrt ein Gespräch mit dem Herrn der Flotte.«

Einer der Wächter wandte sich ab, klopfte mit der flachen Hand an das Metall der Tür und sagte leise etwas in die kleine vergitterte Sprechöffnung in der Wand.

Antigonos trat ein paar Schritte zurück. »Sie werden dir die Augen verbinden«, murmelte er. »Aber aus den Räumen des Nauarchen wirst du den Hafen überblicken. Nicht viele Einzelheiten, aber da du kein römischer Spitzel bist, dürfte dir der Gesamteindruck genügen.«

Tomyris war ein wenig blaß geworden unter ihrer Bräune. »Du kannst hier wirklich... Ich meine, du bist Herr der Sandbank, aber kein Punier.«

»Ich kann. Und seit die Römer und alle anderen Penteren bauen können, gibt es hier eigentlich keine Geheimnisse mehr zu hüten. Außer den wirklichen Möglichkeiten, der Ausstattung, den Kammern und Werkstätten. Aber du wirst es sehen – teilweise.«

Einer der Flügel öffnete sich. Ein punischer Offizier, mit hellrotem

Umhang und goldener Spange auf der Schulter, trat vor den Durchgang. In der Hand hielt er eine breite weiße Leinenbinde. Als Tomyris nichts mehr sehen konnte, nahm Antigonos ihre Hand.

Die Insel des Nauarchen, durch einen kurzen Damm mit dem Kai verbunden, lag im Südosten des runden Beckens. Aus den oberen Stockwerken des Gebäudes überblickte man nicht nur den Kriegshafen, sondern auch den Handelshafen und die halbe Stadt. Der Turm war hoch genug, höher als die Seemauer. Der Befehlshaber der Flotte konnte die Schiffe in der weiten Bucht von Qart Hadasht zählen.

Wie Schachteln zogen sich die Schiffsschuppen um das Becken: zweihundertzwanzig Kammern für zweihundertzwanzig Schlachtschiffe. Mit Werkstätten, Waffenschmieden, Werften, Vorratsspeichern, Rüstkammern, Unterkünften für die Seetruppen und Ruderer, gewaltigen unterirdischen Lagerhallen für Eisen, Kupfer, Zinn und tausend Hölzer. Ein Silberschiff aus Iberien und zwei Frachter mit Eisenbarren lagen am Entladekai vor den Hallen; sie waren im Handelshafen von der Besatzung geräumt und den Offizieren des Nauarchen übergeben, dann durch Ruderer der Flotte in den Sperrbereich gebracht worden. Vierrädrige Wagen, beladen mit Metallbarren, rollten in Rillen die Schräge vom Kai zu den tiefen Hallen hinab. Zwei Offiziere überwachten die Arbeiten; die Stauer waren ausschließlich Punier der unteren Schichten. Sie trugen eine Art Lederpanzer und bunte Kopftücher.

Der Offizier, der sie führte, schwieg während des ganzen Wegs. Hinter den Toren überquerte eine kleine Klappbrücke aus Holz den »Flaschenhals«; wenige Schritte weiter begann der Damm zur Insel.

Der Nauarch war einer von Hannos Leuten, ein älterer grauer Mann namens Sapu. Er entließ den Offizier, löste selbst die Binde um Tomyris' Kopf und rückte Scherenstühle zurecht.

»Herr der Sandbank – was ist dein Begehren?«

»Dies ist die Handelsherrin Tomyris aus Kition, Sapu. Sie spricht Punisch, aber...«

Sapu hob die Hand. »Es macht mir keine Mühe«, sagte er auf Hellenisch. Tomyris verneigte sich; dann ließ sie sich nieder. Aus den großen Fenstern war der gesamte Bereich der Häfen, der unteren Stadt, der Bucht zu überschauen. Die Augen der Kyprerin irrten zwischen Sapu, Antigonos und den äußeren Anblicken hin und her.

»Es geht um eine Beförderung«, sagte Antigonos. Er lehnte sich zurück und betrachtete die Furchen im Gesicht des Nauarchen. »Elefanten und Numider für den Strategen. Ist es zur Zeit, das heißt nach Frühjahrsbeginn, überhaupt möglich, eine solche Ladung nach Italien zu bringen? Oder muß man mit dem Verlust aller Schiffe rechnen?«

Sapu kniff die Brauen zusammen. »Wer stellt die Lastschiffe, Herr der Sandbank?«

Antigonos deutete auf die Kyprerin. »Tomyris und die Bank, beide zusammen.«

»Es geht also um Geleitschutz. Hm.« Er wandte sich ab, nahm mehrere Rollen von seinem Tisch, wickelte sie auf, legte sie wieder fort. »Die Römer haben noch immer Schiffe in Lilybaion liegen, außerdem vor Drepana und in Panormos. Wenige; der größte Teil der Flotte liegt in Ostia und in Nordiberien. Trotzdem – die Fahrt nördlich von Sizilien ist nicht ohne Gefahren. Südlich sieht es besser aus; in Akragas liegen im Moment nur fünf Penteren und drei Trieren. Aber dann kommt die Ostküste, und dort wacht Syrakosai. Wo sollen die Kämpfer und die Elefanten an Land gehen?«

»Südlich von Neapolis. Kein Hafen, nur eine unbefestigte Bucht.«

Sapu schloß die Augen; seine rechte Hand malte die Umrisse Italiens in die Luft. »Im Süden, zwischen den italiotischen Städten, irgendwo bei Lokroi oder Taras, das wäre leichter.« Er öffnete die Augen und blickte aus dem Fenster. »Wenn der Rat keine anderen Beschlüsse fällt, was die Flotte angeht.«

»Die Ratsherren werden schon zustimmen, da es sie nichts kostet. Außer den Elefanten. Die Numider und die Verschiffung will ich dem Strategen schenken.«

Sapu pfiff durch die Zähne. »Eine reiche Gabe, Herr der Sandbank.«

Antigonos hob die Hand und spreizte die Finger. »Durch den Iberienhandel habe ich mehr verdient, als ich jemals an Hannibal oder seinen Bruder zurückzahlen kann. Es ist nicht für Qart Hadasht, Sapu – für Barkas und seine Söhne.«

Der Nauarch runzelte die Stirn. »Mir liegt mehr an der Stadt; wie du wissen dürftest, Antigonos.«

»Ich weiß. Rom zertrampelt alles, und wenn es nach Hanno dem Großen ginge, wären wir längst Dreck, der sich an die römische Sandale klammert und bei jeder Bodenberührung jubelt.«

Sapu grinste leicht. »Du benutzt unersprießliche Vergleiche, Antigonos. Und du vergißt, daß Hanno den Krieg und den Strategen unterstützt.«

»Solange es nichts kostet, sondern Hannos Reichtum noch mehrt, ja. Daß Qart Hadasht nach einer weiteren Niederlage ein ohnmächtiger Vasall der Römer sein wird, kümmert ihn nicht.«

Der Nauarch schwieg einen Moment; dann seufzte er. »Schon recht – Metöke. Aber bei aller Übereinstimmung mit Hanno sehen nicht alle Ratsherren der ›Alten‹ die Sache so. Ich bezweifle, daß du es mir glaubst, aber ich will mehr Schiffe und mehr Kämpfer, um den Krieg zu führen, nicht um jemandes Besitz zu vermehren.«

Antigonos hob die Achseln. »Herr der Flotte, es ehrt dich, und wahrscheinlich glaube ich dir sogar. Ich habe nie bezweifelt, daß in den Reihen der ›Alten‹ ehrenwerte Männer wissen, um was es geht. Trotzdem: Hanno zieht die Fäden, und Hanno spielt das Spiel Roms, indem er nicht gegen Rom, sondern nur für seine eigene Tasche arbeitet. – Aber das ist müßig. Wie viele Kampfschiffe braucht man deiner Ansicht nach, um dreißig Elefanten und dreitausend Numider zu geleiten?«

»Das hängt von vielen Dingen ab. Wenn der Rat zustimmt, könnten wir zwei Flotten losschicken. Eine, die an Lilybaion vorbei nach Norden und Nordosten segelt und die Römer ablenkt, vielleicht auch die italische Küste plündert, und dann die zweite, die deine Fracht die sizilische Südküste entlang geleitet und nahe Taras anlandet.«

Antigonos erhob sich. »Die Schiffe dazu wären vorhanden?«

»Ja. Wenn nicht andere Aufgaben übernommen werden müssen. Iberien, zum Beispiel.«

»Diese Einzelheiten und andere Dinge können wir noch bereden. Einstweilen danke ich dir, Sapu.«

Tomyris schwieg sehr lange. Erst als sie das Sperrgelände durch die Pforte neben dem großen Tor zur Stadt verlassen hatten und die Große Straße nach Westen gingen, räusperte sie sich.

»Du willst mich doch nicht ernsthaft in diesen Wahnsinn hineinziehen?«

»Nein.« Antigonos lachte. »Es ist nicht dein Krieg, Gnade der Kypris. Aber die Sache ist eilig; ich wollte schon seit Tagen mit dem Nauarchen reden, und auf diese Weise hast du nun gesehen, was einmal das Herz der großen Land- und Seemacht Karchedon war, und was heute noch groß und wichtig sein könnte.«

Tomyris blieb vor einem Laden stehen, der zehntausend verschiedene Trinkgefäße feilbot: Becher aus glattem Leder, Becher aus beschnitztem oder besticktem Leder, gläserne Kostbarkeiten, hauchdünn und in allen Farben des Regenbogens, irdene Pokale, Pokale aus Silber – glatt, verziert, geritzt, getrieben –, Krüge aus Alabaster, ein Krug aus Elfenbein in der Form eines Elefanten, mit gerecktem Rüssel als Tülle, breite Trinkschalen aus halben Straußeneiern. Antigonos deutete Tomyris' Blicke, bat sie zu warten und ging in den Laden. Der Besitzer war ein zahnloser, pergamenthäutiger Punier, der in seinem Kapuzengewand wie in einer Grotte zu leben schien; Antigonos feilschte nicht, sondern zwang den Preis hinab, als Kenner und Herr der Sandbank. Drei gleichartige Becher, jeder etwa eine Handlänge hoch, versehen mit je vier Löwenfüßchen; abgesehen davon waren die Gefäße kostbar und schlicht, mit feinen geometrischen Schnitzereien am Rand. Alle drei hatte ein punischer Künstler als Ganzes aus Stein geschnitten: Bernstein, Jade und Onyx. Antigonos zahlte, ließ die Becher mit Bast umwickeln und zur Bank bringen.

»Die Geschenke werden am Hafen auf dich warten«, sagte er draußen zu Tomyris. »Wenn du aufbrichst. Nicht vorher.«

»Du sollst mir nichts schenken.« Sie stemmte die Hände in die Hüften und starrte ihn kopfschüttelnd an.

»Gnade der Kypris – wenn du sie nicht willst, nimm sie als Huldigung an die Göttin.«

Sie lachte und ergriff seine Hand. »Was immer es sein mag, ich werde es schätzen und Aphrodite damit feiern. Und an einen punischen Bankherren denken, der immer eine Ausrede weiß.«

Auf der Agora bewunderte sie die Steine und Fratzen des viele hundert Jahre alten Ratsgebäudes; nach einem umfangreichen Mittagsmahl in einer der Schänken am Platz ließ Antigonos einen Mietwagen herbeiholen und wies den Fahrer an, über die engen Straßen der Byrsa hinaus in die Megara zu steuern. Die Gärten und Felder der Reichen waren winterlich karg; dank der zahllosen immergrünen Bäume und Sträucher um die hellen alten Häuser war die Fahrt jedoch vielleicht noch beeindruckender für Tomyris, als eine Besichtigung im frühen Sommer es gewesen wäre. Üppiges buntes Wachstum von tausend Pflanzen konnte sie überall in den Ländern am Meer sehen, aber die zurückhaltende, nüchterne, gediegene Pracht der Landhäuser im Winter schien Antigonos einzigartig, und die Kyprerin bestätigte dies durch stummen Genuß.

Salambua war heimgekehrt. Eine der zahlreichen innernumidischen Fehden hatte sie zur Witwe gemacht; Naravas war im Kampf gegen die

Masaesyler gefallen. Mit ihren beiden Kindern – dem achtzehnjährigen Gya und der fünfzehnjährigen Tushtinit – bewohnte sie einen Teil des alten Familienpalasts, beaufsichtigte die Diener und Gärtner und knüpfte Fäden. Die Brüder, die sie kaum gekannt hatten, vertrauten ihr beinahe blind; Antigonos hatte bereits von Bostar gehört, daß Salambua besser und genauer über die meisten Dinge Bescheid wisse als der Rat oder die Leiter der barkidischen Partei – die sich zweimal in jedem Mond in die Megara begaben. Nach seiner Rückkehr aus Italien hatte er sie nur einige Male flüchtig gesehen; zunächst war es ihm schwergefallen, in der nahezu kugelförmigen Frau die schlanke, zerbrechliche Salambua wahrzunehmen.

An diesem Nachmittag war sie eher düsterer Laune. Es dauerte einige Zeit, bis sie in Gegenwart von Tomyris offen zu sprechen begann.

»Hasdrubal macht mir Sorgen«, sagte sie, nachdem eine Dienerin frischen Kräutersud gebracht hatte. »Das heißt, nicht er unmittelbar, sondern die Lage, in die seine Abhängigkeit vom Rat ihn bringt.«

»Inwiefern ist er abhängiger als Hannibal? Hannibal hat ihn doch zu seinem Stellvertreter gemacht, und Hannibal kümmert sich kaum um das, was die beiden Vertreter der Ältesten sagen. Sie sagen auch nicht sehr viel.«

Salambua stopfte süße fette Gebäckkringel in den Mund, rührte einen großen Löffel Honig in ihren Kräutertrank und blähte die Wangen auf. »Punifef Miffmaff«, sagte sie undeutlich. Dann kaute sie, schluckte und grinste. »Punisches Mischmasch, wie immer. Das Heer wählt den Strategen; der Stratege stimmt seine Handlungen mit den Wünschen des Rats ab. Stratege von Libyen und Iberien war Hamilkar, nach ihm Hasdrubal; seit dessen Tod ist es Hannibal. In den zwischen Rat und Hamilkar beziehungsweise Hasdrubal damals ausgehandelten Abmachungen ist nirgendwo die Rede von einem vollkommen unabhängigen Unterstrategen; mein lieber kleiner Bruder Hasdrubal sitzt jetzt in Iberien zwischen den Mühlsteinen. Als Stratege hat er von den drei besten Lehrern gelernt – Hamilkar, Hasdrubal und Hannibal. Aber in seinen Entscheidungen ist er abhängig von den Weisungen der Ältesten; so abhängig, wie unsere Strategen im ersten Krieg es waren.«

Antigonos kratzte sich den Kopf. »Das habe ich nie bedacht«, sagte er langsam. »Aber es stimmt, natürlich. Und?«

»Er hat doppelte Schwierigkeiten. Ah, vierfache. Du weißt ja, was im Sommer dort geschehen ist.«

Antigonos nickte. Er wußte es zu gut. Stämme nördlich des Iberos waren zu den Römern übergelaufen; als Hasdrubal mit neuen Truppen in den Norden vorrückte, stieß er ins Leere, da Gnaeus Cornelius sich nicht zu einer Schlacht stellte. Statt dessen wartete der Römer, bis Hasdrubal weit genug im Binnenland war; dann begab er sich zu seiner Flotte, beraten und zumindest teilweise gesteuert von erfahrenen massaliotischen Kapitänen, übertölpelte den unerfahrenen Befehlshaber von Hasdrubals Flotte nahe der Iberos-Mündung und versenkte oder eroberte fast die Hälfte der neugebauten, mit schlechten Seeleuten besetzten Schiffe. Aber woher sollte Hasdrubal so schnell gute, erfahrene Kapitäne und Steuerleute bekommen, dazu harte seetüchtige Mannschaften? Als Hasdrubal selbst an die Küste eilte, um die Schiffe zu übernehmen und mit dem Rest der Flotte die Römer anzugreifen, waren die Römer wieder verschwunden – Gnaeus Cornelius Scipio segelte zu den Inseln der Schleuderer. Zwar gelang es ihm nicht, die Festung Ebyssos zu erstürmen, aber viele Sippen und Stämme liefen zu ihm über. Gleichzeitig stießen Keltiberer, die den Römern Geiseln gestellt und Freundschaft geschworen hatten, über den Iberos nach Süden vor und behelligten Verbündete der Punier, so daß Hasdrubal wieder die Küste verlassen und im Binnenland die Ordnung herstellen mußte. Während er in mehreren verlustreichen Schlachten die Keltiberer vernichtete, landete Publius Cornelius Scipio mit den vom Senat bewilligten Verstärkungen bei Tarrakon, Gnaeus kehrte von den Inseln zurück, die Römer stießen an der Küste vor bis Zakantha, eroberten die neue Burg und die Geiseln der umwohnenden Stämme, die dort festgehalten wurden, und zogen sich wieder zurück.

»Nicht genug mit den Römern und mit Aufständen hier und da«, sagte Salambua. »Die Flotte muß ausgebaut werden und braucht tüchtige Kapitäne, aber die könnte er nur von Handelsschiffen holen, und Hanno hat dafür gesorgt, daß alle Händler an ihre Geschäfte denken und keinen Kapitän abgeben. Außerdem ist der Befehlshaber der Flotte ein Trottel. Er heißt Hamilkar, und das ist eine Beleidigung. Und wenn Hasdrubal zu einem kleinen Strafzug gegen irgendeinen iberischen Stamm einen seiner Offiziere schicken will, sagen die befehlenden Ältesten: Tu es selbst. Und wenn er damit halbwegs fertig ist, berufen sie ihn ab, um die Silbergruben gegen einen römischen Vorstoß zu schützen, der nicht stattfindet. Und wenn er Freundschaft mit einem Stammesfürsten geschlossen hat und abzieht, kommt einer der Ältesten hinter seinem

Rücken an und verlangt von dem Fürsten, mit dem Hasdrubal Blut und Wein gemischt hat, Geiseln und Geld. Hannos Leute.« Beinahe hätte sie in ihren Becher gespuckt. »Schon im letzten Frühjahr wollte Hasdrubal mit seinen neuen Truppen weiter nach Norden, auf Hannibals Weg nach Italien. Er wollte den unfähigen Nauarchen absetzen – die Ältesten sagten nein. Er wollte Iberien von zwei fähigen Unterstrategen schützen lassen, hinhaltend – die Ältesten sagten nein. Ohne große Verluste im frühen Sommer durch die Alpen, ein zweites starkes punisches Heer in Italien, dort zusammen mit Hannibal eine schnelle Entscheidung – die Ältesten haben nur gezetert. Daß die Entscheidung innerhalb eines halben Jahres möglich wäre, und daß die beiden Cornelier mit ihren kleinen Heeren in dieser Zeit nicht viel Unheil anrichten können, wenn man sie nicht ohnehin zurückruft – alles unwichtig. ›Hasdrubal, du mußt die Gruben schützen – Hasdrubal, du mußt Schiffe bauen – Hasdrubal, du mußt, Hasdrubal, tu dies, Hasdrubal, laß jenes, Hasdrubal, tu immer sofort gleichzeitig alles zu Wasser und zu Lande, im Norden und Süden, alles was wir wollen, nur nicht das, was strategisch sinnvoll ist.‹ Punische Flohscheiße.«

Sie redete und redete und redete, setzte manchmal, wenn ihr ein punisches Wort fehlte, einen numidischen Begriff ein. Die schlanke, scharfsinnige Salambua mit der weichen Stimme war immer noch scharfsinnig, aber während der Körper sich gerundet hatte, war die Stimme dünn geworden, hart und oft schrill. Antigonos hatte sie und Naravas mehrfach besucht und wußte, daß ihre Rolle am numidischen Hof schwer gewesen war – Tochter des großen Hamilkar Barkas, Punierin, teils gehaßt, teils verehrt, immer beneidet von allen anderen Frauen; Gattin des jüngsten Bruders des ruhmreichen Königs Gya, dessen Nachfolger, der junge Masinissa, alles tat, um den Onkel zurückzusetzen, der an Hamilkars Seite gekämpft und Ruhm errungen hatte. Nach Naravas' Tod mußte alles vollends unerträglich geworden sein.

»Kleine Schwester«, sagte Antigonos, und für einen Augenblick wurde Salambuas Gesicht weich, »ich danke dir für die Kenntnisse, die du mir weitergegeben hast. Ich hatte wirklich geglaubt, Hasdrubal könnte in Iberien so unabhängig handeln wie Hannibal. Aber ich sehe noch nicht, wie man diese schlimme Sache ändern sollte.«

»Ich schon.« Salambua richtete sich auf; ihr Mund wurde zu einem harten Strich. »Man sollte Hanno . . . ah, aber das tut ja doch keiner.«

»Sag mir etwas anderes. Dreitausend massylische Reiter für Hannibal. Wen muß ich fragen?«

Sie riß die Augen auf. »Fragen? Nicht die alten Trottel, diese sogenannten Berater. Sie sind vergreist, seit sie sich nicht mehr an Naravas reiben können. Frag Masinissa. Aber teuer, Junge, teuer wird es werden.«

»Wie teuer, kleine Schwester?«

»Er wird einen halben *shiqlu* verlangen, für jeden Mann jeden Tag. Du kannst ihn vielleicht auf zehn *shiqlu* im Mond herunterhandeln – weniger nicht. Und er wird den Sold für ein Jahr im voraus verlangen. Ein Drittel für sich, zwei Drittel für die Krieger.«

Antigonos überschlug. Dreihundertsechzigtausend Schekel – hundert Talente Silber. Tomyris sog scharf die Luft zwischen den Zähnen ein.

»Du machst teure Geschenke, Herr der Sandbank«, murmelte sie. »Kannst du...?«

»Ich kann. Bostar wird zetern, aber ich habe gelernt, sein Zetern zu überhören.«

Salambua setzte ihren Becher ab, stützte die Ellenbogen auf den Tisch, das Kinn auf die Hände und blickte zwischen Antigonos und Tomyris hindurch. »Man könnte ein gutes Nachtmahl richten«, sagte sie halblaut. »Und Betten gibt es hier auch genug. O Tiggo, ich bin eine alte zänkische Frau geworden, nicht wahr? Wenn du ›kleine Schwester‹ zu mir sagst, sehe ich uns wieder hier sitzen – die Kleinen, die jetzt Krieg gegen das allmächtige Rom führen, Hasdrubal, Sapanibal, Mutter... Wollt ihr nicht bis zum Morgen bleiben?«

Sieben Tage lang erforschten Tomyris und Antigonos die Stadt und das Land. Sie ruderten zwischen den Schilfbänken des Sees von Tynes und beobachteten Fische und Wasservögel. In den stinkenden Gassen der Färber und Gerber sah der Hellene einen gebeugten triefäugigen Greis, in dem er seinen Jugendfreund Itubal zu erkennen glaubte. Im Gewimmel des Viertels der Metöken verlor er Tomyris aus den Augen und traf sie Stunden später nördlich des finsteren Baaltempels an der Großen Straße wieder. Sie sagte, nie habe sie so viele schlechte Preise geboten bekommen wie an diesem Tag; Antigonos riet ihr, die Augen nicht schwarz und die Lippen nicht rot zu schminken und keine grellrote Hüftschärpe zu tragen, aber am nächsten Morgen kleidete und bemalte sie sich genauso wie am Vortag. Unterhalb der Häuser der Edlen am Byrsahang stiegen sie in die Unterwelt, wanderten durch die dunklen Gewölbe und belebten auf einem uralten steinernen Sarg ihr Fleisch; Tomyris' Lust hallte durch die Gänge und Kammern, schreckte Ratten auf und vertrieb ein paar Jungen, die flohen und Götternamen riefen. Im Treiben eines Vorstadtmarkts glitt Antigonos auf einer faulen Frucht aus, hielt sich an Tomyris und am Wasserschlauch eines Esels fest; der Schlauch platzte, als beide am Boden lagen, und der Wasserverkäufer bewarf sie mit Tierkot und Abfällen. In den Tavernen der Messerstecher hinter dem Isthmoswall hörten sie Geschichten von Mord unter Mauretaniern, von Ränken in gätulischen Stämmen, von massylischen Räubern, masaesylischen Tierfängern, lauschten eine Nacht lang der Lebensgeschichte eines einäugigen Garamanten, der große Karawanen durch die Wüste geführt und kleine Karawanen in die Irre geleitet und ausgeplündert hatte. In den Schänken des äußeren Hafens sprachen sie mit punischen Seilmachern und Fischern, mit Matrosen aus Alexandreia, einem Sklavenhändler aus Kyrene, heruntergekommenen Kaufleuten aus dem alten phönikischen Mazabda, das Seleukos in Laodikeia umbenannt hatte, Seefahrern aus Häfen des Euxeinischen Meers, einem byzantinischen Lederwerker, den Schulden zum Segelmacher und Segelmeister eines pergamenischen Weinhändlers hatten sinken lassen; ein attischer Kaufmann lud sie zu scheußlichen Zerstreuungen an Bord seines Schiffes ein, was sie ablehnten; ein rhodischer Händler mit Edelsteinen bot ihnen eine Besichtigung seiner Schätze an, was sie annahmen; sandaliotische Schiffsknechte versuchten, sie mit einseitig beschwerten Würfeln zu betrügen; ein uralter iberischer Söldner bettelte um Wein und erzählte von Hamilkar und den Schlachten am Eryx; der persische Steuermann eines in Patrai gebauten Schiffs, das einem indischen Handelsherrn mit Niederlassungen in Charax, Sidon, Berenike am ägyptischen Meer und Salamis auf Kypros gehörte, sang kurz vor Morgengrauen schwermütige Lieder in erbärmlichem baktrischen Hellenisch von Liebeshändeln und nächtlichen Dolchen an den Ufern des Euphrates, den er Puratti nannte. Getreideküfer aus Taras und Rhegion priesen Hannibal, der die römischen Ernten zerstörte, und die Römer, die bei ihnen Getreide kauften, die punischen Mädchen wegen ihrer beherrschten Glut, die akragantinischen Mädchen wegen ihrer glühenden Unbeherrschtheit und die etruskischen Mädchen wegen vorherrschenden Glühens. Eine muskelbepackte Kreterin machte Tomyris deutliche Angebote, ruderte im Sonnenaufgang den Hellenen und die Kyprerin über die Bucht von Qart Hadasht und dehnte ihre Angebote kurz vor Erreichen des östlichen Ufers auf beide aus; als die Ablehnung endgültig und unmißverständlich wurde, schrie sie Verwünschungen in die Stille des frühen Morgens und trampelte herum, bis ihr Boot kenterte. Antigonos und Tomyris schwammen an Land, lachten am Strand, bis sie halbwegs trocken waren, erklommen den Zwei-Horn-Berg, schliefen ein paar Stunden unter einem stachligen Busch, stiegen wieder zum Ufer hinab, aßen in einer kleinen Fischerschänke und ließen sich von einem stummen Libyer nach Qart Hadasht zurückrudern. Das gekenterte Boot und die Kreterin waren nirgends zu sehen.

Die meisten Nächte verbrachten sie in der alten Wohnung des Hellenen nahe dem Tynes-Tor. In der letzten Nacht schliefen sie gar nicht; es war ein Dunkel des langen Redens und langen Liebens, bis ein wütender Elefant in den Ställen des Isthmoswalls die überlaute mißtönende Fanfare des neuen Tages blies.

Im Ausgang vom Hof zur Straße stolperte Antigonos über einen Leichnam, den Leichnam eines Bettlers, übersät von Pusteln, Geschwüren und Narben. Zwei Blocks weiter Richtung Hafen trieben sich einige mit Knüppeln und Messern ausgerüstete Büttel der Stadtwache herum; der Hellene warf ihnen einen silbernen *shiqlu* zu und bat sie, die Leiche zu beseitigen und schnell zu verbrennen.

Allmählich füllte sich die Große Straße. Karren mit Obst, Gemüse und Getreide rollten zu den Stadtteilmärkten. Die Läden wurden geöffnet. Sogar der Buchverkäufer, der nahe dem Tor der Byrsamauer mit hellenischen, ägyptischen und punischen Rollen handelte, war schon wach, obwohl seine Kunden kaum so früh kamen. Auf der Agora standen zwei Kreuze; einer der beiden Hingerichteten lebte noch. Man hatte ihn ans Holz gebunden, ihm Arme und Beine zerbrochen und das ganze Gemächt abgeschnitten. Der Haut nach handelte es sich um einen Libyer aus dem Süden; er mußte wohl eine Punierin vergewaltigt haben. Der andere Mann war tot; auch ihm hatte man die Knochen gebrochen, und seine Gedärme hingen aus dem zerschlitzten Bauch. Drei Ratsherren in schweren purpurgeränderten Tuniken gingen an den Kreuzen vorbei zum Ratsgebäude, in ein Gespräch vertieft.

Der Abschied war kurz. Antigonos brachte, nach Aufenthalten in der Bank und in einer Frühstücksschänke, die Kyprerin zur Außenmole und überreichte ihr die eingewickelten Becher.

»Erst an Bord zu öffnen. Ich danke dir für die Tage und Nächte.«

Tomyris nahm die Geschenke entgegen, wog sie in der Hand. »Ich danke dir für vieles und alles, Herr der Sandbank.« Dann lächelte sie traurig. »O Tiggo, sehen wir uns wieder?«

Er zuckte mit den Schultern. »Ein alter assyrischer Koch hat mir einmal gesagt, Köstlichkeiten könne man nicht vorbestellen, man müsse sich überraschen lassen.«

Sie legte ihre Wange an seine. »Ich will dir noch sagen, weshalb du deine Stadt liebst und haßt.«

»Ja.«

»Sie ist einzigartig. Die größte und reichste Stadt der Oikumene. Alles, was es auf der Welt gibt, kannst du hier finden. Alexandreia ist ein marmornes Dorf ohne Gesicht, Athen eine Provinzstadt dagegen. Und die Punier wissen es. Oder, wenn sie es nicht wissen, sie fühlen es. Deshalb, Herr der Sandbank, nehmen sie keinen Anteil an dem, was anderswo geschieht. Daß jemand für sie, in ihrem Namen und für ihre Zukunft, einen Krieg führt, wird sie erst berühren, wenn der Krieg vor ihren Mauern ausgetragen wird – Italien ist weit. Weil die Stadt einzig ist, liebst du sie – vor allem aber, weil sie ist wie sie ist. Denn Liebe ist grundlos. Jede Begründung ist schon eine Ausrede. Und du haßt sie, weil sie ist wie sie ist.« Sie seufzte. »Eine karge Weisheit, Tiggo. Wenn die Stadt anders wäre, könntest du sie weder lieben noch hassen. Beides fließt zusammen.«

»Nicht immer. Dich hasse ich nicht.«

Sie wandte sich wortlos um und ging an Bord.

Die Fürsten der Massyler und der Rat von Qart Hadasht lehnten Antigonos' Vorschläge ab. Es sei zu gefährlich, ohne festen italischen Hafen Truppen und Elefanten über das Meer zu schaffen und möglicherweise Tausende Stadien durch vom Feind beherrschtes Land ziehen zu lassen. Was einigen Boten gelinge, sei für größere Kämpfertruppen unmöglich. Außerdem gebe es andere Dinge zu bedenken. Hannibal habe bis jetzt alles gewonnen und keine Schwierigkeiten; natürlich wäre es gut, ihm mehr Leute zu schicken, aber die Notwendigkeit sei nicht sehr dringend. In Iberien dagegen, wo die Römer nicht nur Hasdrubal und die beiden Gerusiasten, sondern vor allem auch die Silbergruben bedrohten, könnte sich bald dringender Zwang zu Verstärkungen ergeben. Und aus den ehemals punisch beherrschten Städten Siziliens sei zu hören, daß man dort äußerst unzufrieden mit der Lage sei und lieber heute als morgen gegen die Römer anträte – wenn es eine Aussicht auf Erfolg gäbe. So daß, wie Himilko ein wenig verlegen ausführte, die Ratsmehrheit folgende Abstufung von Wichtigem beschlossen habe: Ausbau der Kriegsflotte und ihr Einsatz zur Störung römischer Nachschubwege zwischen Italien und Iberien; Werbung von Söldnern bei Numidern und Libyern, langsam und ohne allzu große Kosten, um sie auszubilden und im Land zu halten, bis ihr Einsatzort eindeutig gefunden sei.

Nach dem Gespräch, das in Himilkos Haus zwischen Agora und Byrsa stattfand, wanderte Antigonos eine Weile umher, um seine Gedanken zu ordnen und seine Befürchtungen hin und her zu wenden. Es war bereits früher Nachmittag, als er endlich in der Bank eintraf. Bostar, der an der entscheidenden Ratssitzung teilgenommen hatte, beendete eben eine Verhandlung mit einem ägyptischen Karawanenherrn und folgte Antigonos treppauf in ihr großes Arbeitsreich.

»Hat Himilko es dir stückchenweise gesagt?«

»Sehr stückchenweise. Wie war die Abstimmung?«

Bostar hockte sich auf die Fensterbank. »Schnell und aussichtslos. Um die vierzig, der harte Kern, wenn du so willst, waren dafür, sofort alles zu tun, was überhaupt getan werden kann. Der Rest – nun ja, eben der Rest. Zweihundertvierundfünfzig. Zwei waren krank, zwei sind bei Hannibal, zwei in Iberien.«

Antigonos schwieg sehr lange. Als er schließlich zu reden begann, klang seine Stimme so brüchig, wie sein Gemüt sich inwendig fühlte. »Die Größe des Strategen wird uns noch ein paar Jahre geben, Bostar. Drei oder vier – vielleicht. Wir sollten uns allmählich Gedanken machen, was danach geschieht. Zu geschehen hat, meine ich, mit der Bank und allem, was dazugehört.«

Bostar rieb sich die Augen, fuhr sich dann mit beiden Händen durch den gelichteten graugesprenkelten Schopf. »Das ist gespenstisch«, sagte er leise. »Wie lange ist es her, dreißig Jahre? Zweiunddreißig? Damals haben wir das gleiche Gespräch geführt; erinnerst du dich?«

Antigonos nickte matt. »Als ich vom Okeanos zurückkehrte; meinst du das?«

»Ja. Nach den großen Seesiegen. Alle römischen Flotten waren vernichtet. Und du ...«

»Damals habe ich mich geirrt, was die Zahl der verbleibenden Jahre angeht. Ich hatte nicht mit Hamilkars Kunst und Größe rechnen können; er wurde ja erst *nach* unserem Gespräch zum sizilischen Strategen gemacht.«

»Ich weiß nicht mehr, Tiggo, was du damals berechnet hast. Zwei oder drei Jahre, glaube ich, bis es den Kornsäcken gelingt, die Flotte abzuwracken und das Heer zu halbieren. Dann der Sieg der Römer. Sieben Jahre sind daraus geworden.«

Antigonos lachte; es klang beinahe wie das Kratzen von Kieseln auf dünnem Metall. »Na gut; ich erhöhe den Einsatz. Nicht drei oder vier Jahre. Sagen wir, Hannibal tut Wunder, und wir überstehen fünf oder sechs Jahre. Zufrieden?«

»Nein, aber du hast wahrscheinlich wieder recht. Scheußlich.« Bostar wandte sich halb um und starrte aus dem Fenster über den Hafen. »So viele Möglichkeiten«, sagte er halblaut. »So große einzigartige Möglichkeiten. Der beste Stratege, den es je gab. Und sie werfen alles ins Wasser. Wir haben Geld und Männer und Bauteile – dreihundert Schiffe könnte man allein dieses Jahr bauen; im nächsten Jahr noch einmal. Die Leute gründlich ausbilden, die römische Seeherrschaft brechen. Und jetzt reden sie vom Ausbau der Flotte – hat Himilko dir genaue Zahlen genannt? Nein? Dann hörst du sie von mir. Wir haben achtzig Schiffe, jetzt und hier. Hasdrubal hat vielleicht noch einmal fünfzig. Weitere fünfzig sollen nun gebaut werden. Man könnte sie gleich nach der Fertigstellung versenken. Viel mehr werden sie ohnehin nicht taugen.«

Antigonos lehnte sich in seinem Sessel zurück und schloß die Augen. Sie brannten. »Der Tag, an dem Qart Hadasht unterging, war gestern. Alles weitere wird nur die zähe lange Ausführung der Entscheidung sein. Wenn es zu spät ist, werden sie Schiffe bauen und Truppen aufstellen – wie vor sechsundzwanzig Jahren.«

»Es gibt Unterschiede.« Bostar zupfte an seinem Ohrläppchen. »Damals hatte Hanno eine knappe Mehrheit. Die Grundherren wollten den Krieg beenden, Frieden um jeden Preis, und sich wieder ihren libyschen Geschäften widmen. Die Fernhändler wollten den Krieg schnell gewinnen, konnten sich aber nicht durchsetzen. Heute zerren Grundherren und Fernhändler am selben Ruder – bei Melqarts rotem Auge, Tanits Schoß und Baals Schlachterbeil muß alles geschützt und darf nichts gewagt werden. Die iberischen Märkte! Die iberischen Gruben! Die Möglichkeit, wieder Geschäfte auf Sizilien zu machen! Italien ist weit, Hannibal hat Rom schon so gut wie besiegt. Und wie sie heulen werden, wenn die Sache zu Ende geht. Tiggo!« Bostar glitt von der Fensterbank, kam zum Tisch und packte den Hellenen bei den Schultern. »Was glaubst du denn, wie ich geredet habe! Versucht, ihnen all das klarzumachen. Daß sie Iberien verlieren, wenn sie jetzt nur daran denken, es zu schützen. Daß sie Sizilien nicht bekommen werden, weil Rom es erst dann wieder freiläßt, wenn Rom am Boden liegt und nicht mehr aufstehen kann. Daß sie Libyen auch verlieren werden, wenn sie jetzt nicht alles, alles, alles nach Italien schicken, was überhaupt zu schicken ist.« Er ließ den Hellenen los und ging zurück zum Fenster, mit schlurfenden Schritten.

Antigonos blickte an die Decke. »Soweit dieses.« Seine Stimme klang wieder fest. Und kalt. »Da die punischen Ratsherren die Zukunft der Oikumene verschenkt haben und nur an ihr Geld denken, wollen wir das jetzt auch tun. Retten können wir ohnehin nichts – nur vielleicht *unser* Geld.«

Bostar nickte langsam. »Was schlägst du vor?«

»Laß uns mit Nachdenken beginnen, Freund. Gemächlich, aber gründlich. Wenn wir Iberien und Libyen aufgeben, was bleibt dann?«

Bostar kaute auf der Unterlippe. »Wie lange, o großer Zukunftseher, wird Rom brauchen, um nach der Niederwerfung von Qart Hadasht auch die östliche Oikumene aufzufressen?«

Antigonos winkte ab. »Das dauert. Sie werden zunächst, nehme ich an, ihre Herrschaft in Iberien ausbauen müssen, um es nicht wieder zu verlieren – sobald sie es endgültig haben. Es wird nämlich nicht lange dauern, bis die Iberer genau wie jetzt die Sikelioten merken, wie liebenswürdig die punische Herrschaft war. Es wird Aufstände geben. Rom wird sie niederschlagen, kein Zweifel; aber in dieser Zeit kann es sich nicht ganz und mit aller Gewalt um die Hellenen kümmern. Sagen wir...« Er zögerte. Leiser fuhr er fort: »Es ist ein wenig unheimlich, all dieses Prophezeien. Wir reden auch über die Leichen von Hannibal und Hasdrubal, weißt du?«

»Und über hunderttausend andere Leichen«, sagte Bostar heftig. »Willst du sie einzeln aufzählen?«

»Nein. Sagen wir – fünf Jahre bis zum Sturz von Qart Hadasht. Dann zehn Jahre, bis die meisten hellenischen Städte und Staaten abhängig von Rom sind. Noch einmal zehn oder zwanzig, bis sie ihre Freiheit völlig verloren haben. In dreißig bis fünfunddreißig Jahren kommt Ägypten an die Reihe.«

»Das reicht bis an unser Lebensende, Freund. Wir sind beide zwei-undfünfzig.«

»O Bostar, ich habe dich selten so gnadenlos spotten hören.«

Der Punier fletschte die Zähne. »Soll ich mir leise weinend das Leben nehmen? Wir werden also nach und nach unsere Geschäfte nach Osten verlagern, wie? Kypros, Ägypten, die Seleukiden?«

»Was sonst? Wie fühlst du dich, Freund? Du siehst nicht gut aus.«

Bostar holte tief Luft. »Wie ich mich fühle? Wie ein... wie etwas... wie eine Amphore, die eben bemerkt, daß man sie angebohrt hat. Sie ist leergelaufen, Tiggo; es war syrischer Wein darin. Und jetzt wird sie mit Rattenkotze aufgefüllt.«

Im frühen Sommer rüstete der Rat zwei Flotten aus. Die erste bestand aus fünfzig Penteren und hundertzwanzig Lastschiffen, die dreitau-sendfünfhundert Libyer und tausend Numider an Bord hatten. Sie segel-ten zu den Ägatischen Inseln. Die zweite Flotte aus sechzig Penteren und wenigen Begleitschiffen fuhr offen die sizilische Südküste entlang, dann an der Ostküste ins Gebiet des römischen Bundesgenossen Hieron von Syrakosai, wo man Schiffe versenkte, kleinere Häfen plünderte und die Küste verheerte. Im Herbst hatte von Lilybaion aus eine römische Flotte sich bis zur Insel Meninx vorgewagt, die Ostküste des punischen Kern-lands verwüstet und einige tausend Mann verloren, als punische Festungstruppen aus Hadrymes und anderen Städten ausrückten und die Landungsmannschaften der Römer angriffen. Solange Rom Lily-baion hielt, konnte derlei immer wieder geschehen; außerdem war jede Landung der Punier auf Sizilien nahezu aussichtslos, solange die alte starke Festung dem Feind gehörte. Der Plan des Rats von Qart Hadasht war nicht dumm, wie sogar Antigonos einzuräumen bereit war; er war jedoch auch nicht besonders klug, und vor allem ging er nicht auf. Die zweite Flotte, die nach Syrakosai segelte, sollte die römischen Schiffe aus Lilybaion weglocken; wenn Crassus, der dort befehligte, den Bundes-genossen Hieron schützen wollte, mußte er sich an die Verfolgung der Flotte machen. Damit wäre Lilybaion für den Zugriff der ersten Flotte offen gewesen, die bei den Ägatischen Inseln wartete.

Aber Crassus tat nichts derlei; er blieb in Lilybaion, vertraute auf die gewaltigen Mauern der Stadt Syrakosai und forderte in Rom Verstär-kung an. So wurde eine starke Flotte, die Nachschub für Hannibal nach Italien oder für Hasdrubal nach Iberien hätte bringen können, und die ausgereicht haben würde, die Verbindungen zwischen Rom und Tarra-kon zu stören, in ein wenig wichtiges Unternehmen geschickt, noch dazu aufgeteilt. Es gab kaum Verluste, aber keinerlei Gewinn.

Antigonos, an Bord der *Schwinge des Westwinds*, segelte mit der zwei-ten Flotte bis in die Nähe von Syrakosai. Dann verwandelte Kapitän Bomilkar die *Schwinge* in die *Gnade der Kypris* aus Patrai, die mit augen-los weißen Segeln und einer Besatzung von Sikelioten und Italioten Taras anlief.

Die alte hellenische Stadt, die vor sechzig Jahren gegen die Bedrän-gung durch Rom Pyrrhos um Hilfe gebeten hatte und ihn dann im Stich ließ, genoß ihre theoretische Freiheit mit einer römischen Besatzungs-truppe. Römische Posten bewachten den Hafen, römische Zöllner kamen an Bord, römische Aufseher begleiteten jeden Vertreter der ta-rantinischen Behörden.

»Das ist der Vorzug, am Krieg unbeteiligt zu sein«, sagte der Wirt der Kaschemme, in der Antigonos einige Tage zubrachte. Bomilkar und das Schiff waren gleich wieder abgefahren.

»Inwiefern, Herr der Kehlen?«

Der Wirt füllte einen Krug mit Wasser und schob ihn neben den Wein-krug des Hellenen. Seine dunklen Augen blickten gleichzeitig listig und mißtrauisch. »Bist du – freier Hellene?«

Antigonos hob seinen Becher. »Gibt es das? Ich komme aus Megalo-polis und bin kein Freund der Römer. Wenn du das meinst.«

»Man kann nie wissen. Wir sind mit Rom weder befreundet noch sonst etwas; deshalb die Besatzungstruppen. Wenn wir römische Bundesge-nossen wären, hätten wir die doppelte Menge Römer in der Stadt. Und als Nutznießer des latinischen Bürgerrechts, Zeus sei davor, dürften wir auch noch selber Truppen stellen. Je inniger die Verbindung mit Rom, desto schlimmer die Lage.«

Antigonos schaute sich um. Der Schankraum war fast leer; aber die beiden einsamen Trinker nahe der Tür mochten römische Spitzel sein, Lauscher. Leise sagte er:

»Bündnisbürger ohne Stimmrecht, Vasall, Freund oder Knecht – ist da ein Unterschied? Eine Abstufung von Unfreiheit, allenfalls. Warum, wenn es so ist, öffnet ihr dann nicht den Puniern die Tore?«

Der Wirt hob entsetzt die Hände. »Nein! Niemals!«

»Warum nicht?«

»Erstens würden sich die Römer hier in der Burg verschanzen; die

Stadt wäre sofort ein Schlachtfeld. Zweitens – kennst du die Punier, Herr?«

»Flüchtig. Ein wenig. Wieso?«

Der Wirt beugte sich vor und flüsterte: »Sie opfern und fressen kleine Kinder, die Punier. Ganz finsteres Volk. Barbaren.«

»Und was sind die Römer?«

»Noch schlimmere Barbaren. Das stimmt, Fremder. Aber mit ihnen streiten wir uns erst seit siebzig Jahren; mit den Puniern führen alle Hellenen schon seit, ach, was weiß ich? Fünf, sechs Jahrhunderte? Jedenfalls ewig; so lange haben wir mit ihnen schon Krieg.«

»Und du meinst nicht, daß Rom, weil es schlimmer und näher ist, von Italioten und Puniern gemeinsam bekämpft werden müßte?«

Der Wirt wackelte mit dem Kopf. »Das wäre vernünftig, Fremder. Aber wer hätte je davon gehört, daß über wichtige Dinge wie Krieg, Friede, Freiheit oder Knechtschaft vernünftig entschieden würde? Angst. Bequemlichkeit. Ehrwürdiges Herkommen. Wiederholung geheiligter Fehler der Ahnen. So etwas. Aber doch keine Vernunft!«

Versteckt unter Heilkräutern, Dosen und Fläschchen brachte Antigonos fünf Talente in Gold zuerst vom Schiff an Land, dann aus der Stadt, trotz römischer Kontrollen. Mit vier Eseln zog er nordwärts, als hellenischer Krämer und Heiler. Die Summe – teils aus dem Barkas-Vermögen, teils aus seinem eigenen – entsprach etwa siebzig Talenten Silber oder zweihundertfünfzigtausend Schekeln: dreißig Tage Sold für fünfundzwanzigtausend Kämpfer. Mit seinen drei gemieteten Führern kam Antigonos gut voran; er zog daraus jedoch keine falschen Schlüsse – eine Truppe von dreitausend Numidern hätte sofort alle römischen Einheiten in Süditalien auf sich gezogen.

Die Punier, so erfuhr er bald, hielten sich in Apulien auf, am Illyrischen Meer, nahe Salapia. Von dort konnte Hannibal jede größere Truppenverschiebung zwischen Rom und Süditalien unterbinden; er beherrschte außerdem die reichen Äcker Apuliens. Das Hauptlager schien sich in einer kleinen Burg namens Cannae zu befinden.

Über dem ganzen Land lag eine seltsame Stimmung, und je näher Antigonos Cannae kam, desto greifbarer wurden die Gründe dafür, und desto deutlicher wurde die Natur der Stimmung. Apulische, bruttische, lukanische Bauern, mit denen er auf seinem windungsreichen Weg sprach, bekundeten durchaus Zuneigung zu dem punischen Strategen

und seinem Unternehmen und tiefen Haß auf die römischen Unterdrük-
ker; dennoch schätzten sie ihre Bereitschaft und die ihrer Landsleute,
sich auf die Seite des Puniers zu schlagen, nicht sehr hoch ein. Seit Jahrzehnten fürchteten sie Rom und hatten immer wieder erfahren, wie
schnell, hart und blutig der Senat Aufstände oder Freiheitsbestrebungen
niederschlagen ließ. Mit gespannter Erwartung verfolgten sie die Ereignisse, mit Hoffnung auf einen Sieg Hannibals, gleichzeitig aber mit
einem Gefühl von Ohnmacht und einer Vorahnung von Agonie; als ob
kein Sieg der Punier etwas an der grundsätzlichen Überlegenheit Roms
ändern könnte.

Hinzu kamen die Zahlen. Ungeheure Zahlen. Die beiden Konsuln des
Jahres, Lucius Aemilius Paullus und Gaius Terentius Varro, zogen bei
Larinum das größte Heer zusammen, das jemals auf italischem Boden
gestanden hatte. Acht römische Legionen und acht Legionen Bundesgenossen, zusammen über achtzigtausend Mann Fußvolk und sechstausend Reiter. Die große Schlacht, so hieß es, stehe unmittelbar bevor, und
die Punier verfügten nicht einmal über die Hälfte dessen, was die Römer
aufboten.

Eine Nacht lang rang Antigonos mit sich. Die Zahlen, immer wieder
von anderen wiederholt und bestätigt, schienen einigermaßen zuverlässig. Ein kleineres Heer mochte ein größeres besiegen, wenn es von
Rüstung und Ausbildung her überlegen war, wie die Makedonen des
Alexandros den Persern, aber niemand war den Legionen überlegen;
oder wenn es mit Überraschung, List, Hinterhalt arbeiten konnte, was
auf den weiten, überschaubaren Ebenen Apuliens nicht möglich war.
Hannibals Kunst mochte die unvermeidbare Katastrophe bestenfalls
abschwächen – und dann? Kein fester Stützpunkt, kein Hafen für einen
Rückzug über See. Der Sieg der Konsuln würde die ohnehin geringe
Unterstützung der südlichen Italier und Italioten für Hannibal beenden.
Die Niederlage des punischen Heers, gleich wie sie ausfiel, mußte der
Untergang sein.

Am Morgen beschloß der Hellene, weiterzureiten – trotz allem. Es
erschien ihm unwahrscheinlich, daß er nach einem römischen Sieg noch
irgendeinen Hafen erreichen könnte; vor allem aber war er dem großen
Strategen und besten Freund nun so nah, daß es ihm als Verrat erschienen wäre, umzukehren und den Untergang nicht zu teilen. Und wenn es
jetzt geschehen sollte, wäre ohnehin alles verloren, ihr Winterlager würden die Konsuln dann vor der Isthmos-Mauer von Qart Hadasht auf-

schlagen, und die finstere Annahme einer Niederlage innerhalb der nächsten fünf Jahre nahm sich plötzlich wie hoffnungsfroher Leichtsinn aus.

Als er die Führer entließ und allein mit den Eseln bei einer Baumgruppe übernachtete, war er noch zwei Wegstunden von Cannae entfernt. Weder punische noch römische Streifen durchzogen das Land; Antigonos nahm an, daß die Schlacht, zu der alle verfügbaren Truppen gebraucht wurden, unmittelbar bevorstand.

Sosylos begrüßte ihn hastig und mit schwermütiger Herzlichkeit und zerrte ihn förmlich zur halbzerstörten Burg von Cannae. Der hohe Turm stand auf einem Hügel; von oben gewann der Hellene einen guten Überblick über das Unheil, das sich bereits in Reih und Glied abzeichnete.

»Sie werden uns zermalmen«, sagte Sosylos düster. »Ich habe die ganze Nacht nicht geschlafen, Tiggo; aber das Preislied auf den toten Strategen ist trotzdem nicht fertig geworden. Ob...«

Antigonos unterbrach ihn. »All diese Lager, auf beiden Seiten des Flusses. Was soll das?«

Sosylos ächzte. »Hin und her, her und hin, heute so und gestern anders. Unser Lager auf dem Südufer« – er deutete auf ein verlassenes Geviert westlich der Burg – »war sehr gut, um im Land herumzuziehen und zu, eh, ernten. Die Römer haben ihr Hauptlager drüben aufgeschlagen.«

Undeutlich sah Antigonos weit im Nordosten Umrisse von Befestigungen.

»Dann sind sie über den Fluß gekommen und haben ein kleineres Lager auf diesem Ufer gemacht. Damit wir nicht ungestört herumreiten und plündern. Darauf hat Hannibal unser Lager aufs Nordufer verlegt, um die Römer zu reizen.«

Das neue Lager, jenseits des Flusses, lag fast genau gegenüber dem alten aufgegebenen. Die Römer, führte Sosylos aus, betrieben ein besonders spannendes Spiel: wechselnden Oberbefehl. Der Patrizier Aemilius Paullus sei für abwarten und zögern, wie der ehemalige Diktator Fabius; der Plebejer Terentius Varro wolle sich schlagen.

»Heute hat Terentius den Oberbefehl. Bitte sehr.« Er deutete auf die Heere, die am Südufer des Aufidus gegeneinander vorrückten. Das Geplänkel der Leichtbewaffneten hatte bereits begonnen. Der Lärm war gedämpft, er kam aus der Ferne. Die punische Aufstellung zog sich, fast genau rechts der Burg, weit nach Südosten; am nahen, linken Flügel sah Antigonos Trupps keltischer Reiter und iberischer Kataphrakten. Fast sieben Stadien entfernt, fast lautlos, fast nur an den Feldzeichen zu erkennen.

»Nie gab es solch einen Abend und solch eine Nacht«, sagte Sosylos. »Alle haben gewußt, daß es heute zur Schlacht kommt. Niemand, weder bei den einfachen Kriegern noch bei den Offizieren, hat sich auch nur den Hauch eines Schattens eines Traums von einer Siegesmöglichkeit ausgerechnet. Und trotzdem zweifelt keiner daran, daß heute abend das römische Heer vernichtet sein wird. Weil Hannibal es sagt. Niemand weiß, wie das Wunder geschehen soll, aber alle sind überzeugt, daß *er* es wirken wird. Sie haben gelacht und gesungen, als sie über den Fluß kamen, um sich aufzustellen.« Der Spartaner schüttelte den Kopf; seine Augen waren geweitet.

»Wie sind sie verteilt? Wer befiehlt?« Antigonos kniff die Augen zusammen. Staub stieg auf; die Sonne stand im Südosten und würde in weniger als einer halben Stunde die Römer blenden. Wenn die Reihen dann noch standen. Durch den dünnen Staubvorhang waren die massierten, tief gestaffelten Reihen des römischen und latinischen Fußvolks zu sehen. Das heißt, sie waren nicht zu sehen – zu erkennen war lediglich eine unermeßliche, unglaublich dichte Phalanx.

»Hier links« – Sosylos deutete auf die Reiter am Flügel – »die iberischen Kataphrakten, noch ungefähr zweitausend, und an die fünftausend Kelten, meistens Insubrer. Hasdrubal der Graue befehligt sie; er hat den Monomachos und Bonqart als Unterführer.«

»Hasdrubal bei den Reitern?«

Sosylos nickte und hob gleichzeitig die Schultern. »Ich verstehe es auch nicht. Er und der Monomachos haben noch nie die Reiter gehabt. Auf dem anderen Flügel sind die restlichen Numider, ungefähr dreitausend. Hanno, mit Maharbal und Qarthalo. Sie reiten gegen die Bundesgenossen; Hasdrubal gegen die römische Reiterei.«

Antigonos wollte den Staub wegwedeln, der nun immer dichter aufstieg. Erst als Sosylos kicherte, fand er wieder zu sich zurück. Die Phalanx des römischen Fußvolks rückte vor; die Plänkler wurden abgezogen. Es schien, als ob die Balliaren und Ligurer nicht, wie sonst Leichtbewaffnete nach der Eröffnung, hinter die Schlachtreihe zurückgezogen würden. Antigonos war nicht sicher, aber er meinte, durch den wehenden Staub kleinere Trupps nach rechts laufen zu sehen, zum Flügel, wo die Numider warteten.

»Ah! Da.«

Der Hellene brauchte den Finger des Chronisten nicht. Hasdrubals schwere iberische und keltische Reitertruppe stieß plötzlich vor. Dann geschah etwas Seltsames.

»Was machen die denn!« Sosylos schrie fast und beugte sich über den Rand des Turms. »Das ... was wird das?«

Kaum drei Atemzüge vor dem Zusammenprall mit der römischen Reiterei sprangen die Iberer und Kelten von den Pferden, die von einigen wenigen Reitern gesammelt wurden. Die gepanzerten Kämpfer waren plötzlich Hopliten. Antigonos schloß für einen Moment die Augen. Gepanzerte Reiter gegen gepanzerte Reiter zu Fuß – bei den Römern mußte jetzt die große Verwirrung einsetzen. Iberer und Kelten, sicher auf den Beinen, würden die auf Decken sitzenden, an die Mähnen der Pferde geklammerten Römer herunterstoßen, mit Lanze oder Schwert. Und sie würden nach den ungeschützen Beinen und Bäuchen der Reittiere stechen. Ein großartiger Einfall – aber dennoch: warum? Sie waren der römischen Reiterei ohnehin überlegen, an Zahl und Kampfkraft. Wozu diese Umwandlung der Reiterei in Fußkämpfer? Um den Reiterkampf zu beschleunigen?

»In der Mitte ist Hannibal«, sagte Sosylos. Seine Stimme war tonlose, fassungslose Verblüffung. »Mit Mago; außerdem Himilko, Muttines und Adherbal – aber was soll ...?« Er brach ab und raufte sich die Haare.

Später hörte Antigonos die Zahlen und die Anordnungen. Neben dem linken Flügel stand ein Block von etwa fünftausend schweren libyschen Hopliten, unter Muttines; daneben dreitausend iberische Fußkämpfer. Dann, ganz in der Mitte, unter Hannibals unmittelbarem Befehl, zehntausend Insubrer und Bojer; wieder dreitausend Iberer, die übrigen fünftausend Libyer. Dann die Numider. Aber er sah nur eine vollkommen sinnlose Bewegung, ein Vorrücken der Mitte, der römischen Phalanx entgegen. Nur die Mitte – die halb rechts und halb links stehenden Iberer und Libyer machten die Bewegung nicht mit. Aus der geraden punischen Schlachtreihe ragte plötzlich ein Buckel, den Römern zugewandt.

Dann begann, auch aus dieser Entfernung, alles zu dröhnen, trotz des leichten Südwestwinds, der den Lärm eigentlich von der Burg hätte fortwehen müssen. Er wehte den Römern den Staub des eigenen Vormarschs in die Augen, die von der Sonne bereits halb geblendet waren. Aber er war nicht stark genug, um das Geschrei zu übertönen, die Signale, das Klirren der Waffen von hunderttausend Kämpfern, das Gewieher der Pferde, Befehlsgebrüll, Todesschreie. Nichts von alledem war deutlich zu hören, alles wurde zu einem gleichzeitig dumpfen und schrillen Dröhnen.

Der halbe Reiterkampf am linken Flügel endete schon. Je weiter sich die Kampffläche dehnte, desto tiefer gerieten die Kelten, Iberer und Römer auf die teils lehmige, teils sandige verstrüppte Schräge am Ufer des Aufidus, und desto deutlicher wurde die Überlegenheit von Hasdrubals abgesessener Reiterei gegen die glitschenden, strauchelnden, eingeklemmten Ritter Roms. Soweit sie nicht niedergehauen oder gefangen waren, machten sie kehrt und flohen. Der größere Teil der Kataphrakten rannte zurück zu den Pferden, saß auf und jagte hinterher. Die übrigen, fast ausschließlich Kelten, galoppierten hinter die Mitte der punischen Reihe, sprangen ab und hielten sich bereit.

Langsam, langsam drängte die ungeheure Masse des römischen Fußvolks den dünnen vorgewölbten Buckel zurück in die Linie, dann nach hinten; es entstand eine rückwärtige Wölbung, die zu bersten drohte. Die abgesessenen keltischen Reiter schlossen die Lücken.

Weit im Südosten, auf dem rechten Flügel, hatte sich bisher wenig ereignet; die leichten Numider und die gepanzerten Reiter der römischen Bundesgenossen unter dem unmittelbaren Befehl von Gaius Terentius Varro waren umeinander und durcheinander geritten. Hanno und Maharbal wichen einem tatsächlichen Reiterkampf aus, lockten die Latiner weiter fort von der Phalanx. Zwischen dem römischen linken Flügel und der Masse der Fußkämpfer öffnete sich eine Lücke, wuchs schnell. Die vielleicht dreitausend Balliaren, Gätulier und Ligurer stießen in diesen Zwischenraum und trieben die latinischen Reiter mit Steinen und Speeren noch weiter zur Seite. Durch den Vormarsch, das Vorwärtsmalmen und Vorwärtswalzen der Phalanx hatten Hannibals Leichtbewaffnete inzwischen jede Fühlung zu den eigenen Reihen verloren und standen fast schon im Rücken der Römer.

Etwas, vielleicht das Gekreisch des lakedaimonischen Chronisten, brachte Antigonos auf den Turm zurück. Er wußte nicht, wo er gewesen war; zerstückelt in tausend Brüche und Augenteile, die jetzt wieder zusammenfanden. Sosylos hüpfte herum und schrie unausgesetzt »oh oh oh« oder »ah ah ah« oder »ei ei ei«; etwas, das sich anhörte, wie »ulalaleja«, sollte wohl seine Fassung des makedonischen Kriegsschreis sein. Der Spartaner war fahl; die Augen standen vor dem Kopf, die Lippen waren zurückgezogen, die Zunge hing heraus. Antigonos rüttelte ihn.

»Was? Was? Was?«

»Komm zu dir, Mann!«

»Ah, Tiggo.«

»Ah, Sosylos! Warum schreist du so herum?«

Der Chronist holte tief Luft. Die Augen zogen sich in die Höhlen zurück. »Schreien? Ich? Wie spät . . .?«

Erst jetzt bemerkte der Hellene, wie weit die Sonne inzwischen nach Süden gewandert war. Seit seiner letzten bewußten Wahrnehmung der Umgebung mußte eine Stunde vergangen sein.

Sosylos blickte ebenfalls zur Sonne, wandte sich dann wieder dem Schlachtfeld zu und fuhr mit der Rechten über die Mauerkante. »Ach, was soll's denn. Jeden Moment wird alles reißen, da vorn. Dann beginnt das Malmen und Schlachten.« Er klang, als werde er im nächsten Moment zu weinen beginnen.

Antigonos schüttelte leicht den Kopf; er fühlte sich beinahe betrunken. »Armer blinder Narr!« Er deutete auf die Ausbuchtung, die inzwischen fast die Form eines Halbkreises hatte. Die keltischen Reihen hielten noch, es gab keine Lücke.

»Wieso Narr?«

»Siehst du es denn nicht? Sosylos, siehst du es denn nicht? Den größten Triumph des größten aller Strategen?«

»Du bist wahnsinnig!«

Antigonos antwortete nicht. Er starrte hinüber zu den Reihen und Gruppen, den gestaffelten Blöcken der Libyer und Iberer, die neben dem keltischen Buckel gewartet hatten, ohne einzugreifen. Die römische Phalanx begann, an ihrer eigenen Masse zu ersticken. Achtzigtausend Fußkämpfer, tiefe Reihen, die fast alle nicht zum Einsatz kamen. Das größte Heer, das je auf italischem Boden gestanden hatte, drängte den Halbkreis von vielleicht zehntausend Kelten zurück, in die Linie, in eine Wölbung nach hinten. Die tiefe Staffelung bewirkte ungeheuren Druck, aber kämpfen konnten nur die ersten Reihen.

Neue Signale. Jetzt, endlich, nach zwei Stunden des Wartens, rückten die Libyer und Iberer vor, schwenkten nach innen. Durch das römische Vorwärtswalzen waren sie in die Flanke der Legionäre geraten; nun schlossen sie die Zange. Allmählich wurde auch deutlich, was sich auf dem Flügel der Numider getan hatte. Hasdrubals schwere Reiter waren nicht lange bei der Verfolgung der fliehenden Ritter geblieben; hinter den römischen Linien waren sie auf ihren frischen, noch nicht von Kämpfen geschwächten Pferden in den Rücken der latinischen Reiter des Terentius Varro gezogen, um zusammen mit den Numidern und Leichtbewaffneten innerhalb von Minuten auch diesen Flügel auszuschalten.

Nun fächerten sich die Numider auf, jagten über die Ebene am Aufidus, setzten den Flüchtenden nach; die Leichtbewaffneten schlossen sich an die rechts der Mitte vorgerückten Libyer und Iberer an und verlängerten die Zangenbacke. Hasdrubals Kataphrakten machten kehrt, schwenkten, verbanden hinter der römischen Phalanx die beiden Backen der punischen Zange, schlossen den Kessel.

Am Nachmittag flüchteten etwa zweitausend Römer zur Burg von Cannae, die nicht verteidigt wurde; sie waren zu erschöpft und zu entsetzt, um Antigonos' goldbeladene Esel zu behelligen oder auch nur zu bemerken, daß der Hellene und Sosylos auf dem Turm der Burg saßen. Es dauerte nicht lange; Hasdrubals schwere Reiter rückten an, und fast ohne Gegenwehr ergaben sich die aus dem Kessel Entkommenen. Sie wurden entwaffnet; bald darauf erschien der Punier Budun mit Leichtbewaffneten und ein paar Hundertschaften Libyern und übernahm die Bewachung.

Am frühen Abend bewölkte sich der Sommerhimmel, es fiel jedoch kein Regen. Antigonos trieb mit Hilfe von Sosylos und ein paar Iberern seine Esel durch den Aufidus zum punischen Lager. Der Untergang der Sonne entzog das dunkle blutige Feld den Blicken. Kleinere Trupps von Fußkämpfern – Mago und Hannibal Monomachos leiteten diesen Teil des Unternehmens – waren seit dem Nachmittag unterwegs zwischen den Leichenbergen, zusammen mit gefangenen Römern. Zählen, sichten, entkleiden, Waffen und Schmuck sammeln, die Leichtverletzten bergen und die Schwerverwundeten töten. Den größten und schlimmsten Teil des schlimmen Werks erledigten die fast willenlosen, von ihrer unvorstellbaren Katastrophe betäubten Gefangenen. Ihre Aufgabe war es auch, unter den Toten die Vornehmsten zu benennen und gesondert zusammenzutragen. Andere Truppenteile verfolgten noch immer Flüchtende; weitere schlossen die beiden römischen Lager ein, in denen sich Überlebende verschanzt hatten.

Unter dem bewölkten Himmel, der allmählich schwarz wurde, glitzerten Tausende kleiner Feuer in der Ebene. Hasdrubal der Graue, der den Befehl über die Reiter Muttines und Maharbal übergeben hatte und sich um das Lager kümmerte, nahm plötzlich den Arm des Hellenen, deutete nach oben und dann auf die Feuerstellen.

»Siehst du, Tiggo? Nun wärmen wir uns an den Sternen, die Hannibal vom Himmel geholt hat.«

»Du hast auch nicht geglaubt, daß es möglich ist, oder?«

Hasdrubal hob langsam die Hände über den Kopf und ließ sie wieder sinken. »Geglaubt? Was heißt geglaubt? Ich habe gewußt – wir alle, Mago und Maharbal und Hanno und die anderen, wir alle haben *gewußt*, daß es unmöglich ist. Daß wir heute abend tot sein werden.« Er zuckte mit den Schultern. »Aber *er* hat gesagt, daß es zu schaffen ist. Und da haben wir alle gleichzeitig gewußt, daß wir siegen werden. Wir haben beides gewußt, daß es geht und daß es nicht geht.«

Antigonos ließ sich auf die Knie sinken und zupfte an der Purpurschärpe. Gold auf eingefärbtem Leinen; der Stoff lag auf Kisten, die er verdeckte, und Sturzbäche von Münzen, begrenzt durch Barren und kanalisiert von Falten, ergossen sich auf den Boden von Hannibals Zelt. Ganz oben thronte der Sitzende Melqart. Einige von Hasdrubals Männern kamen und gingen; sie brachten besondere Beutestücke – Feldzeichen der Legionen, römische Münzen, prunkvolle Offiziersrüstungen. Zwei parallele Hecken aus römischen Lanzen und Feldzeichen führten aus der Mitte des Lagers zum Zelt. Zwischen ihnen war der Boden bedeckt mit den Togen gefallener Senatoren, die diese unter der Rüstung getragen hatten; mit Schwertern und Schwertscheiden; mit verzierten Stücken vom Zaumzeug römischer Ritter.

»Aber wie ist das möglich – beides gleichzeitig wissen und doch handeln?«

Hasdrubal legte ihm die Hand auf die Schulter. »Laß gut sein; du hast genug gezupft, Freund. – Wie es möglich ist? Ich weiß es nicht. Ich weiß nur, daß bei *ihm* alles möglich ist. Wenn er sagen würde: Wir ziehen durch diese Wüste, ich kenne Brunnen – aber wir wissen, daß es keinen Brunnen gibt; dann würden wir mit ihm ziehen, weil wir eben wissen, daß *er* Brunnen findet.«

Antigonos stand auf und betrachtete den grauen Punier, den harten erfahrenen Offizier und Lagerordner, den Meister der Versorgung, der an nichts und an keinen Gott glaubte.

»Und wenn Hannibal nun sagte, ich kenne den Weg auf den Olympos und will Zeus seine Blitze abnehmen?«

Hasdrubal stutzte; dann grinste er. »Ah, deine hellenischen Götter. Ja. Aber egal, ob Zeus oder Baal oder Melqart – ich würde mitziehen. Ich weiß, daß es Zeus nicht gibt, aber ich weiß auch, daß Hannibal die Blitze finden wird.«

Hannibal war bei den Verwundeten gewesen; nun ritt er, wie einer der Punier sagte, um die römischen Lager und beriet sich mit Bonqart und Bityas, die für die Einschließung zuständig waren. Antigonos vermißte Memnon, sagte sich aber, daß sein Sohn nach der Schlacht andere Dinge zu tun hätte und nicht im Feldherrnzelt zu einer Feier erscheinen würde.

Die übrigen Offiziere waren längst eingetroffen, nach und nach; ebenso die beiden Vertreter der Dreißig Ältesten des Rats von Qart Hadasht. Alle standen vor dem Zelt herum, vor dem Beginn des triumphalen Heckenwegs. Viele von ihnen hatten leichtere Verwundungen davongetragen; alle waren müde; die meisten tranken im Stehen aus irgendwelchen Gefäßen, die man ihnen reichte. Sklaven kamen mit Krügen. Dicker Bratengeruch machte die Nacht noch tiefer und dichter und überdeckte Schweiß, Blut, Staub und die Ausdünstungen der Pferde, auf denen einige der Punier den ganzen Tag gesessen hatten.

Dann kam Hannibal, von Staub und Blutspritzern wie von einer Kruste überzogen. Und etwas geschah, was später keiner erklären konnte, denn es war nicht abgesprochen – es geschah einfach so.

Myrkan und Barmokar, beide reich und alt, Angehörige der dreißigköpfigen Gerusia, der Ältesten im Rat von Qart Hadasht, graue, harte Greise, die den Weg über die Alpen und durch die Sümpfe auf sich genommen hatten, Berater und weitestgehend Vorgesetzte des Strategen, zwei der mächtigsten Männer der Oikumene: Myrkan und Barmokar, in makellos weiße Gewänder gekleidet, mit unbezahlbaren Ringen an den Fingern, knieten am Beginn der Triumph-Hecke nieder, streckten sich auf den Boden aus, auf dem Bauch, die Innenflächen der vorgereckten Hände aufwärts. In dieser unbequemen demütigen Haltung hoben sie, so gut es ging, die Köpfe. Im alten, kaum noch verständlichen Phönikisch der Tempel sagte Myrkan dumpf:

»Heil, Herr; Gnade des Baal; Größter der Sterblichen.«

Überall standen Posten mit Fackeln; ringsum flackerten die Feuer.

Glänzende römische Schilde, rechts und links des Gangs der Feldzeichen zu Stapeln aufgetürmt und im Gang einzeln an die Zeichen und Lanzen gelehnt, vermehrten das Licht. Die Gesichter waren gut sichtbar; und für Antigonos trotz allen Sehens unbegreiflich.

Er trat einen halben Schritt zurück und sah. Sah, wie der Libyphöniker Muttines niedersank, mit dem Ausdruck eines Hohen Priesters, der sich vor dem Schrein seines Gottes erniedrigt; sah loderndes Feuer, das nicht nur Widerschein war, im Gesicht von Hasdrubal dem Grauen, der sich neben Myrkan zu Boden warf; sah Strahlen, Verwunderung, Ehrfurcht und Ungläubigkeit in Magos Zügen; sah sie alle in die Knie sinken, sich am Boden ausstrecken, mit vorgereckten Händen, all die Söhne der vornehmsten Familien von Qart Hadasht, erfahrene Offiziere, Sieger über Iberer und Uolker, Bezwinger der Alpen und der etrurischen Sümpfe, Zertrümmerer der Unbesiegbarkeit Roms, Überwinder der Legionen am Ticinus, an der Trebia, am Trasimenischen See und nun bei Cannae – Itubal, Mutumbal, Byryqt, Boshmun, Arish, Adherbal, Bomilkar, Budun, Qarthalo, Atbal, Giskon, Gylimat, Himilko, Maharbal, Hanno, Mutun. Alle, auch Sosylos und die beiden Halbhellenen Epikydes und Hippokrates, auch Hannibal Monomachos.

Der Stratege stand einen Moment starr; unter dem Helm mit dem leicht vorgewölbten Rand waren seine Züge nicht zu erkennen. Antigonos kämpfte mit dem Drang, dem Zwang, sich wie die anderen zu Boden zu werfen; er verschränkte die Arme und blieb stehen.

Langsam, mit beinahe gleitenden Bewegungen kam Hannibal zum Beginn des Gangs der Feldzeichen; ohne auf die vorgereckten Arme und Hände zu treten. Zwischen den ersten Zeichen und Lanzen hielt er an, drehte sich um, zog das Schwert und hob es mit ausgestrecktem Arm über die Liegenden. Die britannische Klinge war voll von geronnenem Blut.

»Qart Hadasht.« Hannibals Stimme klang ruhig, gelassen, beherrscht. Mit der Schwertspitze berührte er Myrkan und Barmokar, dann Hasdrubal und Muttines.

»Erhebt euch, Väter der Stadt. Steht auf, Brüder des Siegs.« Er schob das Schwert in die Scheide.

Die anderen kamen langsam wieder auf die Beine. Antigonos, im Halbschatten und außerhalb des Gangs der Zeichen, stieß die angehaltene Luft aus, löste die Verschränkung der Arme und sagte halblaut: »Rotes Auge des Melqart! Willkommen, Stratege.«

Hannibal fuhr herum, starrte den Hellenen an, fast erschreckt; dann schob er den Helm in den Nacken, machte drei, vier Schritte und umarmte Antigonos.

»Tiggo – du hier? Hast du ...?«

Antigonos kicherte leise. »Ich habe deinen Triumph gesehen, Stratege, wie den unfaßbaren Sieg. Aber ich habe nicht gekniet, Junge.«

Hannibal trat einen Schritt zurück. Er zwinkerte. »Dann bin ich beruhigt.«

»Gib mir die Reiter, Herr – *alle!*« sagte Maharbal plötzlich. Sie saßen in der warmen Nacht vor dem Gang der Feldzeichen um ein riesiges Feuer, aßen und tranken.

»Warum, Freund?«

»Rom.« Maharbal deutete ins Dunkel, ungefähr nach Nordwesten. »In vier Tagen kannst du auf dem Kapitol speisen, Hannibal.«

Es wurde still; nur das Prasseln des Feuers und das dumpfe Summen der belebten nächtlichen Ebene waren noch zu hören. Kaum ein Wort über die Schlacht, die alle noch verarbeiten mußten, und kein Wort über die Zukunft – bisher.

»Auf dem Kapitol, Maharbal?«

»In Rom, Herr. Gib mir die Reiter – und bis du ankommst, ist die Tafel gedeckt.«

Hannibal starrte einen Moment ins Feuer; dann hob er den Becher. »Diesen Schluck auf euren Sieg, Freunde und Brüder«, sagte er ruhig. »Aber Rom ist nicht zu nehmen, Maharbal.«

Der Reiterführer, der sich im Sitzen hoch aufgerichtet hatte, sackte zusammen. Er schüttelte den Kopf. »Sieg?« sagte er; seine Stimme klang bitter. »Siegen, das kannst du, Hannibal – aber den Sieg nutzen ...«

Sosylos sprang auf, trat hinter Maharbal, legte eine Hand auf dessen Kopf. »Er hat recht, Stratege. Niemals hat es so etwas gegeben!« Er reckte die Arme in den Himmel und schrie die nächsten Sätze. »Als die Kelten Rom überrannten, nach der Schlacht an der Allia – da gab es noch das römische Heer! Als Pyrrhos Rom besiegte, konnten nach der Schlacht die Legionen immer abziehen und sich neu aufstellen! Heute abend gibt es in ganz Italien kein römisches Heer mehr! Der Konsul Gaius Terentius ist geflohen, der Konsul Lucius Aemilius gefallen! Gnaeus Servilius Geminus, Marcus Minucius Rufus, die Befehlshaber im vorigen Jahr – sie sind tot, Hannibal! Acht Legionen aufgerieben, acht Legionen Bundesgenossen dazu! Nie gab es solch einen Sieg! Warum, Herr, Stratege, Freund, o Hannibal, Liebling der Götter, an die du nicht glaubst, und Fürst aller Feldherren – warum willst du nicht auf Maharbal hören?!«

»Weil es Unsinn ist«, sagte Antigonos laut.

Die Punier und Halbhellenen starrten ihn an; Sosylos hob die Arme.

»Tiggo sagt es ein wenig hart, aber es stimmt.« Hannibal blickte in die versteinerten Gesichter. »Roms Mauern sind stark und hoch – wie sollen wir sie nehmen, ohne Belagerungstürme, ohne Katapulte, ohne Widder, ohne alles, was zu einer Belagerung nötig ist? Glaubt ihr, sie öffnen die Tore, wenn wir kommen? Roms Umgebung ist dicht bewohnt – zehntausend Orte, hunderttausend Häuser, in jedem Haus ein Schwert, in jedem Ort eine Hundertschaft. Glaubt ihr, sie lassen uns nur eine Nacht schlafen, ohne uns die Kehlen durchzuschneiden? Roms Speicher sind gefüllt, durch Rom fließt der Tiberus – meint ihr, sie werden ihre Nahrung verbrennen und ihren Fluß vergiften, um endlich einmal Hunger und Durst kennenzulernen? Und selbst wenn – wenn wir nach Rom zögen, es einschlössen, es belagerten. Was, glaubt ihr, würden die Römer tun? Selbst wenn wir über alles Belagerungsgerät der Welt verfügten, würden wir sechs, sieben, acht Monde brauchen, die Mauern zu zertrümmern und in die Stadt einzudringen. In dieser Zeit, Freunde, werden Roms Flotten die Truppen aus Sizilien und Iberien zurücktragen, und Roms latinische Verbündete werden neue Legionen aufstellen. Dann werden *wir* die Belagerten sein, zwischen den Mauern der Stadt und den Wällen der Legionslager. Wir haben einen großen Sieg errungen, heute; aber er hat uns viele Männer gekostet, und viele weitere sind verwundet. Vielleicht bleiben uns heute abend fünfundzwanzigtausend Kämpfer, die morgen früh marschieren könnten. Wenn wir viermal so viele hätten, um Straßen zu sperren, Besatzungen in Städte zu legen, Häfen zu sichern, einen Ring um Rom zu ziehen und trotzdem genügend Leute übrig zu behalten, die das Land durchkämmen und uns mit Nahrung versorgen können – *dann*, Freunde, säßen wir jetzt nicht hier. Dann wären wir sofort nach der Schlacht aufgebrochen.«

Später in der Nacht, als nur noch Muttines und Hasdrubal bei ihnen waren, fragte Antigonos nach Einzelheiten und Überlegungen des Strategen, nach anderen Möglichkeiten und Richtungen, in die sich die noch immer unglaubliche Schlacht hätte entwickeln können.

»Was, wenn sie auf dem linken Ufer angetreten wären?«

»Das konnten sie nicht.« Hannibal lächelte Hasdrubal zu. »Dafür haben wir gesorgt, indem wir das Lager verlegt haben; das war zum Teil Hasdrubals Idee. Weiter nördlich beginnen die Hügel; nahe am Fluß sind die Lager, und sie sind zu nah beieinander – kein Raum für eine Schlacht. Sie mußten also, als wir aufs rechte Ufer gegangen sind, dort antreten.«

»Aber was sollte diese Sache, die Kataphrakten zu Fußkämpfern zu machen? Ich weiß, daß es eine gute Idee war, denn sie hat sich ausgezahlt – aber wie konntest du sicher sein?«

»Es war ein Köder.« Hannibal leerte seinen Becher und reckte sich. »Ein Köder für die Angst der Römer vor unserer Reiterei. Nichts fürchten sie mehr als die weite flache Ebene, auf der sich unsere Reiter entfalten können. Als wir die Kataphrakten zwischen Fußvolk und Fluß förmlich eingeklemmt haben, haben wir einen Fehler gemacht – meinten die Römer. Und deshalb haben sie sich so beeilt mit ihrer Aufstellung. Damit wir den Fehler nicht mehr rückgängig machen können.«

Antigonos kaute eine Weile darauf herum; schließlich sagte er: »Trotzdem, Stratege. Sie hätten sich aufstellen können, aber nicht in dieser tiefen Staffelung, sondern mit einer doppelt so breiten, dabei immer noch ausreichend tiefen Phalanx.«

Hannibal hielt Muttines den Becher hin; der Libyphöniker füllte nach.

»Eine Umfassung ihrerseits? Dann hätte ich die Kelten in der Mitte geteilt, die Leichtbewaffneten gegen die römischen Reiter geschickt, und Hasdrubal wäre mit seinen schweren Reitern in der Mitte durch die römische Linie gebrochen. Wir hätten sie in zwei Teile gespalten. Vergiß nicht, ihre Reiterei war am Fluß eingeklemmt und wäre dann im eigenen Fußvolk erstickt. Es wäre schwieriger und blutiger geworden, aber die Römer konnten nicht gewinnen. Trotz aller Überlegenheit.« Nach kurzer Pause setzte er hinzu: »Sie hatten nur zwei Möglichkeiten des Siegs – genauer, eine; und eine, nicht zu verlieren.«

»Nämlich?«

»Sieg, wenn sie mit kleinen beweglichen Einheiten angetreten wären. Aber das können sie nicht. Und keine Niederlage, wenn sie im Lager geblieben wären. Aber dazu haben wir sie in den letzten Tagen zu sehr gereizt.«

Am nächsten Tag ergaben sich die beiden römischen Lager; sie waren vom Aufidus abgeschnitten und hatten kein Wasser. Nach und nach wurden die Ausmaße dessen, was am Vortag geschehen war, klarer. Fast fünfzehntausend Römer und Bundesgenossen waren gefangen, etwa die gleiche Menge mußte entkommen sein, in kleinen Gruppen im Land versickert. Über fünfzigtausend Gefallene bedeckten das Schlachtfeld; darunter neben zahlreichen Fürsten der römischen Bundesgenossen auch ein Konsul, mehrere Konsuln und Tribune früherer Jahre, beide Quaestoren des Jahres, neunundzwanzig Militärtribunen, etliche frühere und jetzige Praetoren und Aedilen, achtzig Senatoren.

Von den Kelten, die der Phalanx standgehalten hatten, war kaum einer unverletzt; viertausend waren gefallen. Außerdem etwa eintausendfünfhundert Libyer und Iberer sowie zweihundert Reiter. Die Zahl der Verwundeten, die genesen konnten, lag bei siebentausend; nach Meinung der Ärzte würden weitere tausend, vor allem Kelten, an ihren Verletzungen sterben. Hannibals Schätzung vom Vorabend war fast richtig; von den etwa dreiunddreißigtausend überlebenden Siegern hätten kaum fünfundzwanzigtausend einen Marsch auf Rom antreten können.

Die gefangenen Bundesgenossen entließ Hannibal mit Geschenken und freundlichen Worten; anders als nach den bisherigen Kämpfen wandte er sich diesmal auch an die gefangenen Römer. Er habe, sagte er ihnen, niemals das Ziel verfolgt, Rom zu zerstören und sei keineswegs ein Feind des römischen Volks. Jahrhundertelang habe Freundschaft geherrscht zwischen Rom und Qart Hadasht-Karthago; mit dem Angriff der Römer auf Sizilien habe vor achtundvierzig Jahren der erste Krieg begonnen, kaum zehn Jahre nach den großen karthagischen Hilfeleistungen für Rom im Kampf gegen Pyrrhos. Nach dem Krieg habe Rom den Friedensvertrag gebrochen und Karthago zum Abtreten Sardoniens und zur Zahlung zusätzlicher Gelder gezwungen. Dann habe der Senat mit Hasdrubal einen Vertrag geschlossen, in dem alle Gebiete südlich des Iberos den Puniern zugesprochen wurden; wenige Jahre danach habe Rom die südlich des Iberos liegende Stadt Zakantha-Saguntum zum Bundesgenossen erhoben und zugelassen, daß von dort aus Feindseligkeiten gegen die Punier und ihre iberischen Verbündeten unternommen wurden. Ziel seines Feldzugs sei es zunächst gewesen, die Römer daran zu hindern, seine Vaterstadt Karthago unmittelbar anzugreifen; nun sei er zum Frieden bereit, und dies seien seine Bedingungen: Rom zieht sich aus Iberien zurück; die Inseln Sizilien, Sardonien und

488

Kyrnos-Corsica werden von beiden Seiten freigegeben, das Meer um sie her ist beiden zur Nutzung offen, kann aber weder von Rom noch von Karthago beansprucht werden; die italischen Bundesgenossen Roms, die bei Rom bleiben wollen, sollen dies tun; die übrigen, die bisher von Rom zur Freundschaft gezwungen wurden, erhalten ihre Freiheit; es wird ein Vertrag über Friede und Freundschaft zwischen Senat und Volk der Stadt Rom und Rat und Volk von Karthago geschlossen. Kriegskosten sind nicht zu zahlen.

Zusätzlich, und mit dem ausdrücklichen Hinweis auf römische Forderungen beim Abzug von Hamilkars Truppen aus Sizilien, verlangte Hannibal Lösegeld für die römischen Gefangenen: fünfhundert silberne *denarii* für die Reiter, dreihundert für jeden Vollbürger, hundert für jeden bewaffneten Sklaven. Die Gefangenen sollten selbst zehn Vertrauensmänner wählen; diese werde er nach Rom schicken.

Nach langen Gesprächen unter den Offizieren wählte Hannibal als seinen Gesandten Qarthalo aus. Der Punier, der oft die Reiterei befehligt hatte, sprach Latein und die Koine, hatte gute hellenische Lehrer gehabt und war der Sohn eines Ratsherren, der inzwischen den Dreißig Ältesten angehörte. Qarthalo erhielt zwar genaue Anweisungen, auch von Myrkan und Barmokar, konnte aber notfalls abweichende Vereinbarungen wenn nicht treffen, so doch erörtern; er war politisch und militärisch eingeweiht.

Wie weit die Einweihung ging, erfuhr Antigonos nach der Abreise der Gesandtschaft. Die zehn Sprecher der Gefangenen hatten ihr Ehrenwort gegeben, im Fall des Scheiterns zurückzukehren.

»Kommen sie wirklich zurück?«

»Ach, Tiggo, ich weiß es nicht. Die Ehrenhaftigkeit der Römer... Atilius Regulus war ein Ehrenmann, und wenn Aemilius Paullus nicht gefallen wäre, hätte ich den Konsul geschickt; der wäre zurückgekommen. Außerdem hätte sein Wort in Rom Gewicht gehabt. Abwarten.«

»Trink noch einen Schluck, Stratege. Syrischer Wein ist gut gegen die Unbill des Daseins.«

Hannibal lächelte und hielt seinen Becher hin. »Danach ist Schluß; ich brauche morgen früh meinen Kopf.«

»Wozu?«

»Zum Denken, du Narr. Für den Fall, daß die Römer nicht auf unsere Vorschläge eingehen, müssen wir zunächst einmal den Krieg weiterführen.«

Antigonos hörte etwas hinter Hannibals Worten. »Was hast du Qart-halo noch mitgegeben?«

Hannibal lachte. »Dir entgeht nichts, wie?«

»Schäbige alte Händler hören immer im letzten Angebot des anderen noch ein allerletztes.«

»Ah ja.« Der Stratege beugte sich vor und sprach leiser. »Unter uns, Freund. Dieses Angebot ist das Wort des Strategen Hannibal, Sohn des Hamilkar Barkas – nicht abgesprochen mit den Ältesten und ohne Dek-kung aus Qart Hadasht. Qarthalo hat den Auftrag, notfalls bis zu einem ganz anderen Punkt zu gehen.«

Antigonos faltete die Hände hinter dem Kopf, lehnte sich zurück und blickte aus dem halboffenen Zelt auf die nächtliche Ebene, die Wach-feuer, die Lagerfeuer. »Sprich weiter.«

»Du siehst aus, als ob du es erraten könntest.«

»Ich nehme es an, ja. Iberien und Libyen für Qart Hadasht, ganz Ita-lien für Rom, einschließlich der großen Inseln?«

»Ja. Innere Autonomie für die hellenischen Städte im Rahmen des römischen Bündnissystems. Gegenseitige Anwendung von Binnenzöl-len, freier Handel, Landerechte für römische Händler in Libyen und Ibe-rien.«

»Also alles, was sie vor Beginn des Krieges hatten, und noch einiges dazu. Und was verlangst du von ihnen dafür?«

»Abrüstung. Halbierung der Flotte und des Heers. Verzicht auf Ein-mischung in Iberien und Libyen, Verzicht auf Einmischung in Hellas. Am besten wäre es, wenn der Vertrag, der ein paar Sicherheitsmaßnah-men enthalten müßte, von Philippos, Ptolemaios, Antiochos, Attalos und Beauftragten der hellenischen Städtebünde ebenfalls unterzeichnet würde. Mit heiligen Eiden in allen Tempeln zwischen Rom, Delphi und Babylon.«

Antigonos schwieg sehr lange. Hannibal hielt die Augen geschlossen, trank bisweilen kleine Schlucke und murmelte irgendwann:

»Und wenn sie sich unbedingt austoben wollen, sollen sie nach Gallien und Germanien gehen. Von mir aus auch nach Britannien und Thule. Sie sollen nur die Oikumene endlich in Ruhe lassen.«

»Glaubst du, Qart Hadasht stützt dich dabei?«

Hannibal öffnete die Augen. »Sie müssen.«

»Und du meinst, Rom... Du machst den Römern Geschenke, Stra-tege. Du gibst ihnen mehr, als sie tatsächlich heute haben.«

»Das ist nicht neu, Tiggo. Schon im ersten Vertrag vor dreihundert Jahren hat Qart Hadasht Rom als Herrin von Mittelitalien anerkannt, und sie haben über hundert Jahre gebraucht, um die Gebiete zu erobern.«

»Glaubst du, Rom nimmt an?«

Hannibal trank, lehnte sich zurück und schloß die Augen wieder. »Nein.«

Nach kaum zehn Tagen, in denen Hannibals Truppen kleinere Züge durch Apulien und einen Vorstoß nach Samnium unternommen hatten, kehrte Qarthalo zurück. Er brachte genau das, was Hannibal erwartet hatte: nichts.

»Sie haben einen neuen Diktator gewählt, Marcus Iunius Pera. Er hat mir einen seiner Beamten geschickt, einen Liktor; wir haben uns vielleicht eine halbe Stunde unterhalten.«

»Hast du ihm die Forderungen mitgeteilt?«

»Ja, Stratege. Alle – auch die äußersten. Er hat sie angehört und gesagt, er will es Diktator und Senat melden. Im übrigen hätte ich bis zum Sonnenuntergang das römische Stadtgebiet zu verlassen. Ende.«

»Und die Gefangenen?«

Qarthalo zuckte mit den Schultern. »Werden nicht freigekauft. Sie sind auch nicht mit zurückgekommen. Vielleicht kommen sie nach.«

Sie kamen nicht. In den folgenden Tagen gingen lediglich neue Nachrichten ein; Maharbal legte irgendwann in diesen Tagen seinen Helm vor Hannibals Füße und bat um Vergebung für seinen Vorschlag, Rom zu belagern; er sehe ein, daß es sinnlos sei.

Die bei Ostia an der Mündung des Tiberus liegende Flotte war zur Verstärkung nach Lilybaion geschickt worden; Diktator Pera hatte, nach den Gepflogenheiten der Diktatur, einen Befehlshaber der Reiterei ernannt, Tiberius Sempronius Gracchus, die unmittelbare Kriegführung jedoch dem erfahrenen Marcus Claudius Marcellus übertragen, der mit den restlichen verfügbaren Truppen bereits nach Canusium marschiert war und versprengte Überlebende der großen Katastrophe sammelte, während in Rom Jugendliche, Sklaven und Verbrecher bewaffnet wurden. Kein Wort von Friede, kein Hinweis auf die geringste Bereitschaft zu Verhandlungen. Aber Menschenopfer zur Beschwichtigung der Götter: Ein hellenisches und ein keltisches Paar, alle vier lebendig begraben auf dem Forum.

Nicht ganz einen Mond nach der großen Schlacht reiste Antigonos ab. Er hatte Botschaften für Philippos von Makedonien – im Kopf; da die römische Flotte auch das Illyrische Meer beherrschte, wäre es allzu leichtfertig gewesen, Schriftstücke bei sich zu führen, die den Römern in die Hände fallen konnten. Für die Vorbereitung der angestrebten Verhandlungen brauchte Hannibal jemanden, dem er bedingungslos vertraute; angesichts des uralten Hasses der Hellenen auf alles Phönikische und Punische konnte jedoch der erste Botschafter kein Punier sein. Antigonos war nicht nur der einzige Hellene, dem Hannibal vertrauen durfte; dank seiner verzweigten Handelsgeschäfte kannte er auch in Pella einige hochstehende Männer, die dem König gegenüber bezeugen konnten, daß er – auch ohne schriftlichen Auftrag – Herz, Auge, Ohr und Mund des Strategen und der Barkiden war. Den sich anbahnenden zähen Kleinkrieg um apulische Festungen – Canusium mit der von Claudius Marcellus befehligten Restlegion lag kaum zehn Meilen von Cannae entfernt – ließ er gern hinter sich.

Es war ersprießlich, wieder zu reisen, aber die Reise war unersprießlich. Apulische Fischer aus der Nähe von Salapia brachten ihn über das Meer; der Preis entsprach dem Gegenwert eines halben Dutzends Fischerboote. Das makedonische Reich war weitestgehend unwegsam; die Straßen glichen eher Suhlen von Wildsäuen, die Hälfte aller Bergpässe – sämtlich unweit makedonischer Festungen – wurde nicht von königlichen Truppen, sondern von Wegelagerern gehütet. In Apollonia, seit dem Tod des Pyrrhos mit Rom befreundet, hatte Antigonos nach besorgten Warnungen hellenischer Händler ein Dutzend herumlungernde Kappadokier in Sold genommen, mußte aber trotz ihrer Fertigkeiten mit dem Bogen selbst dreimal sein Schwert in Blut tauchen – das alte Schwert, das Hamilkar ihm nach der Schlacht gegen die Söldner gegeben hatte; durch einen von Hannibals Waffenschmieden verkürzt, geschliffen und geschärft. Der Weg war eine Schinderei; der Hellene begann sich alt zu fühlen und fragte sich immer wieder, warum der fünfte Träger des Königsnamens Philippos die halbe Welt erobern wollte, wenn er nicht einmal das eigene Reich ordnen konnte. Die makedonischen Truppen, die er sah, überzeugten ihn von der Güte römischer Legionen. Tausend libysche Fußkämpfer, befehligt von einem klugen Mann wie Muttines, hätten sich in vier Wochen von der illyrisch-epeirotischen Küste nach Pella durchkämpfen können, ohne allzu große Verluste zu erleiden. Die makedonische Hauptstadt, ein Gemenge aus Matsch,

Mist und Marmor, legte ihm eine neue Sicht der Dinge nah: Alexandros mochte nur deshalb zu seinen Eroberungszügen aufgebrochen sein, damit er nicht in Pella wohnen mußte.

Philippos zeigte eine gewisse Begeisterung für Hannibals Vorschläge und Angebote; man kam überein, im Frühjahr einen Vertrag zu unterzeichnen, der im wesentlichen Hannibals Wünschen entsprach. Philippos machte auf Antigonos mehrere Eindrücke; keiner von ihnen war besonders gut, und jeder löschte die anderen aus. Der Makedone schien ständig zu schwanken. Er war begeistert, am nächsten Tag von Zweifeln zerfressen; siegessicher und niedergeschlagen; er plante nach Norden und blickte nach Süden, gab sich weise und gnädig, rachsüchtig und kleinmütig, setzte in großen Reden ganze Königreiche aufs Spiel und geriet außer sich, wenn er beim Würfeln auch nur einen Obolos verlor (die Einsätze am Hof waren klein) – Fuchs und Schakal, Löwe und Hyäne, Muräne und Schweinsfisch. Zufällig sah Antigonos am Tag vor seiner Abreise die Waffen des Königs; die Scheide war golden, besetzt mit indischen Edelsteinen, aber die Klinge des Schwerts war schartig.

Der Winter hatte bereits begonnen, als er die italische Ostküste wieder erreichte. Es wurde ein milder Winter, und freundlich war auch die Stimmung im Land. In mehreren Städten gab es noch römische Truppen, aber die meisten Apulier, fast alle Samniten, viele Lukaner, Hirpiner und Bruttier, alle in langen blutigen Kriegen von Rom unterworfen, hatten sich auf Hannibals Seite gestellt. Die großen italiotischen Städte wie Taras, Metapontion, Lokroi und Rhegion zögerten noch. Aber mit wenigen Ausnahmen war der gesamte Süden Italiens entweder auf punischer Seite oder zumindest nicht mehr auf der Roms; Geheimgesandtschaften aus Taras und Metapontion ließen den Strategen wissen, es sei ihnen zwar noch nicht möglich, offen für ihn zu sprechen, unter anderem wegen der römischen Besatzungstruppen, man werde aber auch nichts mehr gegen punische Flotten unternehmen, die zum Beispiel in kleineren Häfen Nachschub anlanden könnten. Die Häfen wurden benannt.

Unangenehm war die alte Feindschaft der großen kampanischen Städte. Das reiche Capua hatte sich für Hannibal entschieden und damit fast zwangsläufig das ebenso alte und reiche, wegen seiner Seelage jedoch beinahe wichtigere Neapolis noch näher zu Rom getrieben, ebenso das heilige Kyme-Cumae.

Zunächst mochte Antigonos Capua keineswegs; zu glatt, zu ordentlich, zu aufgeräumt. Die Bewohner, die Latein mit mehreren Vermischungen sprachen, hielten die Stadt für mindestens ebenso alt wie Rom. Zunächst sei sie von Oskern gegründet, dann von Etruskern genommen, schließlich von Samniten ausgebaut worden. Rom hatte vor hundertzweiundzwanzig Jahren Capua und die Umgebung erobert, wenig später durch den Bau der Via Appia das ganze Gebiet für römische Truppen und Siedler erschlossen. Aber die rechtwinklig zueinander verlaufenden Straßen, die sauberen Häuserblocks, die überaus ordentliche Ordnung und nüchterne Üppigkeit der Stadt waren nicht römisch. Die westöstliche Hauptstraße, etwa zweieinhalbtausend Schritte von Stadttor zu Stadttor, war längst vor Anlegung der Via Appia so gerade gewesen; die römische Marschstraße, die von Casilinum im Nordwesten nach Calatia im Südosten Capuas verlief, hatte an der Straße die Richtung geändert und die Hauptstraße gewissermaßen verschlungen. Nordsüdlich trennten etwa zweitausend Schritte die schweren Mauern voneinander; in diesem Rechteck der Stadt gab es alles, was die Truppen so lange entbehrt hatten. Bäder, nicht nur das kupfern überwölbte achteckige Bad der Reichen, gespeist von heißen Quellen; Tavernen, hinter deren glatter Vorderseite ebenso gezecht, geflucht und gelogen wurde wie in allen Kaschemmen der Oikumene; Garküchen, in denen die tausend Feldfrüchte und Ackererträge der reichen kampanischen Ebene verarbeitet wurden, mit dem Fleisch von Rindern und Lämmern, Süßwasserfischen und Wild.

Und vor allem gab es Frauen. Vor Jahrzehnten hatte Capua von Rom eine Abart des latinischen Bürgerrechts erhalten – Capuaner durften sich als römische Bürger fühlen, ohne Stimmrecht zu besitzen, und hatten durch Zahlung von Abgaben und Stellung von Truppen dafür zu danken. Der letzten Zählung zufolge konnte Capua einschließlich seiner Umgebung fast dreißigtausend Fußkämpfer und viertausend Reiter stellen; nach den Gefechten der Römer gegen die Kelten und den ersten zwei Jahren des großen Kriegs fehlten bereits mehr als fünftausend Männer. Es gab über dreitausend jüngere Witwen und viel mehr Mädchen denn Jünglinge.

Fünf große Straßen kamen bei der Stadt zusammen – damit beherrschte Hannibal die wichtigsten Verbindungen zwischen Rom und dem Süden. Nachteile, die Capua oft schmerzlich verspürt hatte, wurden zu Vorzügen, etwa das Fehlen natürlicher Verteidigungshilfen. Da es weder einen reißenden Fluß noch eine unerklimmbare Felswand gab, hatten die Capuaner die eigentliche Stadt mit großen, breiten Mauern umgeben und in der Vergangenheit – gegen Samniter und Römer – nicht ausreichend besetzen können. In diese Mauern und die dazugehörigen Unterkünfte zogen die punischen Truppen; Hasdrubal der Graue, der nichts von müßigen Wintern hielt, beschäftigte mal die eine, mal die andere Gruppe mit Ausbesserungs- und Verstärkungsarbeiten.

Capuas Ratsherren hatten Hannibal und seinen Offizieren geräumige Häuser in Mauernähe zugewiesen. Als Antigonos endlich Capua erreichte, fand er zu seiner großen Freude Hannibal in bester Obhut. Pacuvia war dreißig Jahre alt, eine kluge und warmherzige Frau. Das von der Stadt mit Beschlag belegte Haus gehörte ihr; zunächst hatte sie es verlassen sollen und wollen.

Es gab viele gute und mehr schlechte Nachrichten, die an den langen ruhigen Winterabenden immer wieder beredet wurden. Hannibal war oft bei den Truppen, führte sie auf Eilmärschen durch Kampanien, ließ Casilinum belagern, an wichtigen Punkten Sicherungslager anlegen; meistens hielt er sich jedoch in der Stadt auf, in der er nun auch die langen Fäden seines Kundschafternetzes neu zu verknüpfen begann.

Die guten Nachrichten waren eher verschwommen, Zusagen oder Ankündigungen: Ein Fürst namens Hampsikhoras ließ aus Sardonien mitteilen, seine Landsleute sehnten sich, da denn Freiheit nicht zu erreichen sei, unter der drückenden römischen Herrschaft nach der milden Führung durch Qart Hadasht zurück. Ähnliche Botschaften kamen aus verschiedenen Gegenden Siziliens, wo die allgemeine römische Unterdrückung und zunehmende Übergriffe von Legionären gegen die Bevölkerung die alten guten Tage der karchedonischen Epikratie in immer helleres Licht rückten. Schließlich hieß es auch in Syrakosai, dessen greiser König Hieron noch vor zwei Jahren das alte Bündnis mit Rom erneuert und ein paar Bogenschützen an den Tiberus geschickt hatte, die Dinge seien in neue Bewegung geraten: Hieron werde demnächst sterben, zu spät für den vor kurzem schon verstorbenen Sohn Gelon, der eher den Puniern zugeneigt habe; der voraussichtliche Nachfolger, Hierons Enkel Hieronymos, werde sich jedoch von den Römern lossagen.

Diesen Verheißungen standen schlechte Tatsachen gegenüber. Antigonos' ungünstiger Bericht über Makedonien und Philippos gehörte dazu, desgleichen die Fortdauer des »hellenischen Irrsinns«. Nach der Schlacht bei Rapheia an der syrisch-ägyptischen Grenze war vor einem Jahr der Krieg zwischen Ptolemaios und Antiochos endlich zu Ende gegangen; aber noch immer dauerte die Erhebung des ehemaligen seleukidischen Statthalters in Asien, Achaios, gegen Antiochos an, und folglich ging der eine Krieg gleich in den anderen über. Ptolemaios mochte wieder imstande sein, über seine eigene Schwelle hinauszublicken; Antiochos war es immer noch nicht.

Die schlimmsten Meldungen kamen aus Iberien. Nach den Rückschlägen des Vorjahrs war es Hasdrubal gelungen, Aufstände niederzuschlagen, das Heer zu verstärken und eine neue Flotte zu bauen. Qart Hadasht hatte sogar Verstärkungen geschickt – immerhin viertausend libysche Fußkämpfer und fünfhundert Numider. Die Vertreter der Ältesten hatten ihn jedoch daran gehindert, den unfähigen Nauarchen Hamilkar abzusetzen – der sich nun mit den Römern ins Benehmen setzte und gleichzeitig die Tartessier aufwiegelte. Hasdrubal mußte, statt mit dem verstärkten Heer die beiden Cornelier am Iberos angreifen zu können, in Eilmärschen nach Süden ziehen. Kaum hatte er in einer kunstvoll angelegten Einkesselung die Tartessier vernichtet, als sein im Vorjahr geplanter Zug über Pyrenäen und Alpen nach Italien, den der Rat damals verhindert hatte, vom Rat in Qart Hadasht angeordnet wurde – so laut und unvorsichtig angeordnet wurde, daß nahezu alle Iberer davon erfuhren. Nun waren ihre Bündnisse nicht auf das ferne Qart Hadasht bezogen, sondern jeweils auf den Mann, mit dem sie geschlossen wurden. Die Nachricht von Hasdrubals bevorstehendem Abzug nach Italien ließ das Land überall aufflammen; erst auf drängende Briefe Hasdrubals hin schickte der Rat von Qart Hadasht einen unerfahrenen Unterstrategen namens Himilko mit etwa zehntausend Libyern und tausend Numidern nach Iberien – dort sollte er für Ruhe sorgen, nach Hasdrubals Abmarsch.

Wie um zu beweisen, daß sie die hohe Kunst sinnloser Verwirrung wahrhaft vollkommen beherrschten, griffen die beiden Ältesten in Hasdrubals Lager auch noch in Einzelheiten der Vorbereitung und Ausführung ein. Hasdrubal plante, die von Publius Cornelius Scipio geführte römische Flotte angreifen zu lassen, die Cornelier damit zu trennen, Gnaeus Cornelius durch kleine Störtrupps und falsche Nachrichten ins Hinterland zu locken und dann an der Küste zu den Pyrenäen vorzudringen, ohne sich auf zeitraubende und blutige Gefechte mit den Römern einzulassen. Die Ältesten entschieden anders: Die Flotte sei zu kostbar, um sie bei einem Angriff aufs Spiel zu setzen, und vor dem Abmarsch nach Italien habe Hasdrubal das römische Heer am Iberos zu vernichten. Und zwar sofort, ohne lange Ruhepause nach dem Zug gegen die Tartessier, ohne Neuordnung, ohne Flankenschutz durch zusätzliche Kräfte – Himilkos Truppen sollten im Süden Iberiens bleiben. Das erschöpfte Heer wurde von den vereinten Corneliern in der Nähe des Iberos geschlagen und beinahe zur Hälfte vernichtet.

»Ich frage mich manchmal, wieviel dein Bruder noch schluckt, bis er die Ältesten umbringt. Oder alles fallenläßt.« Antigonos rekelte sich vor dem großen Feuer; er hatte eine angenehme lange Redenacht mit Memnon und einen langen Tagschlaf hinter sich; sein Sohn war am frühen Nachmittag losgeritten, um die übliche Runde bei den vorgeschobenen Lagern zu machen. Hannibal, von sechsstündigem Ritt zurückgekehrt, saß mit bloßem Oberkörper auf einem Schemel, das Gesicht zum Feuer. Er hielt einen Becher mit warmem Würzwein in der Hand. Pacuvia rieb ihm den Rücken mit Öl und duftender Salbe ein.

»Er wird beides nicht tun.« Hannibal seufzte genüßlich, als Pacuvias Finger eine verspannte Stelle behandelten. »Beides wird er nicht tun, Tiggo. Er... er ist ein Barkas.«

»Trotzdem. O Stratege, eure Treue zu der Stadt, die ihr kaum kennt und die euch immer wieder in den Rücken fällt, hat etwas Göttliches. Entweder ist sie ein göttliches Mysterium, oder göttliche Dummheit.«

»Göttliches Blut«, sagte Pacuvia. Sie lächelte und knetete.

»Vielleicht. Das Gewicht von Blut und Geschichte und Überlieferung, Tiggo.«

Der Hellene starrte in seinen Becher. »Ich verstehe euch nicht. Nicht ganz. Es gibt doch Grenzen.«

Hannibal räusperte sich. »Glaubst du, ein Quintus Fabius Maximus würde zu uns überlaufen, wenn der Senat ihn enteignete? Zum Beispiel?«

Antigonos dachte lange nach. »Nein. Er würde sich als einfacher Legionär zu den Feldzeichen begeben. Vermutlich.«

»Eben.« Es klang, als ob damit alle Probleme erklärt und gelöst seien.

»Und Mago? Meinst du, auch er ließe sich so behandeln wie Hasdrubal – ohne selbst einen Aufstand zu machen?«

»Auch Mago, ja. Er ist mein Bruder und Hamilkars Sohn.«

Mago war längst abgereist. Er hatte einen Teil der Truppen weiter in den Süden geführt, um bruttische Städte mit sanftem Nachdruck zum Übertritt zu bewegen; anschließend war er mit etlichen Scheffeln von Ringen, Schwertgehängen und sonstigem Schmuck, den man toten Römern bei Cannae abgenommen hatte, nach Qart Hadasht gereist:

Botschafter seines Bruders, Mittler zwischen Stratege und Stadt, Überbringer der Wünsche des Feldherrn.

»Glaubst du, er bekommt, was du haben willst?«

Hannibal runzelte die Stirn und wiegte den Kopf. »Nach den schlechten Nachrichten aus Iberien? Ich fürchte, der Rat wird zuerst ans Silber denken und Truppen für Iberien werben.«

»Aber ohne Nachschub ...«

»Ich brauche Leute, ja. Ich weiß noch nicht ... Mal sehen, was das Frühjahr wirklich bringt.«

Die Römer mit ihren Festungen und kleinen Besatzungstruppen konnten Hannibal nicht bei größeren Unternehmen stören, aber sie zwangen ihn, sie unausgesetzt zu beobachten. Dafür mußte er Kämpfer abstellen. Er mußte Kämpfer abstellen, um wichtige Straßen zu beobachten, und andere Kämpfer, um von Römern bedrängte Städte zu schützen, die sich auf seine Seite gestellt hatten. Capua und die anderen neuen Freunde, die bisher Waffendienst für Rom hatten leisten müssen, waren nach den Verträgen ihm gegenüber nicht dazu verpflichtet – Capua hatte die Tore geöffnet, als Hannibal die Wahrung der alten Stadtverfassung, innere Autonomie und Freiheit von Zwangsleistungen versprach. Die Punier konnten Freiwillige werben, in Capua und anderswo, aber dazu brauchten sie Geld. Die Offiziere rechneten immer wieder, mit jedesmal anderen Ergebnissen, aber alle Zahlen wurden schließlich zu groß – um die bisher errungenen Gewinne an Land, Städten, Häfen, Verbündeten zu schützen, brauchte man mindestens noch einmal fünfundzwanzigtausend Mann. Geld, um sie zu besolden. Noch mehr Geld, um Italier anzuwerben. Oder sehr viel Geld, um *nur* Italier und vielleicht ein paar Hellenen anzuwerben, wenn keine neuen Truppen aus Qart Hadasht geschickt wurden.

»Kämpfer, Pferde, Münzen, Schiffe«, murmelte Hannibal. »Vor allem Schiffe. Wenn es doch zu einem Vertrag mit Philippos kommt – Makedonien hat keine Flotte. Wie sollen seine Truppen nach Italien gebracht werden? Wie soll Syrakosai geschützt werden, wenn Hieron stirbt und sein Enkel wirklich zu uns übergeht? Sardonien? Schiffe. Münzen. Waffen. Kämpfer.«

Vor dem Haus kam ein Reiter an. Oder mehrere. Ein Posten erschien in der Tür. Hannibal stand auf, warf sich den Chiton über, lächelte Pacuvia zu und ging hinaus.

»Braten, Hellene?«

»Herrin des Hauses – Göttin der Gastfreundschaft – ja!«

Sie nickte und verließ den Raum durch einen anderen Ausgang. Antigonos leerte seinen Becher und schloß die Augen. Er dachte an seine Zweifel. Dann an die Wunder, die Hannibal bisher gewirkt hatte. Der Alpenübergang war unmöglich gewesen, ebenso der Sieg der erschöpften Truppen gegen Cornelius und Sempronius; unmöglich der Marsch durch die Sümpfe, noch unmöglicher danach der Sieg gegen das starke Heer des Flaminius. Nicht zu reden von Cannae. Vollends unmöglich ein Aufbrechen der festgefügten römischen Bündnisse – und nun war fast ganz Süditalien punisch. Wieder wog Antigonos seine Zweifel gegen den offenbar unbegrenzten Einfallsreichtum Hannibals ab. Der Stratege war gewichtiger. Rom war niemals so erschüttert worden – war dieser große Krieg am Schluß doch noch zu gewinnen, trotz der Ratsherren von Qart Hadasht?

Schwere Schritte. Antigonos öffnete die Augen. Hannibal war wieder im Raum, kam langsam, sehr langsam zu ihm. Die Augen des Strategen schienen wie von einem dünnen Schleier verhangen.

»Was ist los?« Antigonos sprang auf, erinnerte sich daran, daß Hannibal die schwarzen Scherze schätzte, hüstelte. »Du siehst aus wie ... als ob dir gerade ein Bote den Untergang des ewigen Qart Hadasht gemeldet hätte.«

»Schlimmer, Tiggo.« Hannibals Stimme war kaum zu verstehen. Er streckte die Arme aus. »Ein sehr lieber alter Freund ... einer der ältesten. Halt mich.«

Antigonos legte die Arme um den Strategen, verblüfft und entsetzt. »Junge, wer ...?«

»Ein unersetzlicher Verlust, Tiggo.« Hannibal murmelte nur; er hielt Antigonos eng an sich gepreßt.

Der Hellene hatte einen Moment das seltsame Gefühl, nicht er halte Hannibal, sondern der Stratege halte ihn.

»O Tiggo«, sagte Hannibal leise. »Eine Lanze. Es ist schnell gegangen. Ein römischer Hinterhalt; an der Straße.«

Antigonos fühlte sich von den starken Muskeln des Puniers gehalten, gestützt. Und so gedreht, daß er zur Tür blicken mußte, über Hannibals Schulter hinweg. Vier Numider – einer hatte eine Narbe auf der Wange; wieso war das wichtig? – trugen einen Leichnam herein, legten ihn auf den Tisch. Eine Handbreit des abgebrochenen Schafts war zu sehen; die Spitze der Lanze steckte noch in Memnons Brust.

499

Grüße, Heil, Mut, Gesundheit, Freundschaft – o Tiggo: Wie du siehst, ist das Problem Nola noch immer nicht gelöst; Marcus Claudius Marcellus besitzt Festung und Straße und hat uns sogar eine kleine Niederlage zugefügt. Die erste, und es ist gut, daß es eine kleine war; aber irgendwann mußte die erste Niederlage sich ereignen. Bitter daran ist die Zahl der Verluste. Du weißt, daß jeder Mann zehnfach zählt, wenn der Nachschub ausbleibt. Allerdings weiß ich sehr wohl, wem ich die Reiter zu danken habe; viertausendfachen Dank, Freund.

Die Vorschläge, die du im Winter machtest und die wir damals für die Zukunft aufbewahrten, müssen nun wohl ausgeführt werden. Taste nicht die Grundlagen an, laß Daniel weiter gut den Besitz verwalten, so daß, sollte dieser Krieg je zu Ende gehen, ohne Tod und Untergang aller, ein paar alte Männer, Hannibal zahnlos, Hasdrubal hinkend, Mago mit Rückenschmerzen noch ein letztes Brot zu essen finden. Alles andere, Tiggo, und zwar alles alles, gib aus, gründlich und gezielt. Du weißt, wie die Sache steht – wir haben Süditalien, wir haben einen Teil Mittelitaliens, Syrakosai ist bei uns, Sardonien brennt, die westlichen Sikelioten erheben sich gegen Rom, der Vertrag mit Philippos ist in Kraft. Ich habe Qarthalo und Bonqart nach Norden geschickt, zu den Kelten, und sie haben uns ein kostbares Geschenk gemacht: Unter ihrer Führung haben die Bojer vier Legionen aufgerieben. Die Etrusker und sogar einige Latiner beginnen zu schwanken, die großen italiotischen Städte des Südens schwanken längst. Roms Heere stehen hier und da, aber Roms Macht ist zurückgeworfen auf den Zustand von vor hundert Jahren – vor Pyrrhos, vor dem ersten Römischen Krieg. Und dies trotz der schlimmen Vorgänge in Iberien.

Ich weiß, daß der Rat von Qart Hadasht alles für gewonnen hält und sich nur um die iberischen Silbergruben und Märkte sorgt. Ich habe ihnen geschrieben, jedem einzelnen Ratsherren; geschrieben, daß die Früchte gepflückt werden können, innerhalb eines Jahres, wenn genug Pflücker da sind, die Leiter zu zimmern und an den Baum zu lehnen, den Baum zu schütteln und die letzten störenden Äste zu zersägen. Ich lasse Münzen prägen, o Tiggo, in Bruttium – punische Münzen auf italischem

Boden. Aber es fehlt das Silber, genug Münzen zu prägen, und es fehlen die Männer, diese Münzen als Sold entgegenzunehmen. An Waffen fehlt es nicht – wenn es nur genug Kämpfer gäbe, die bei Cannae erbeuteten römischen Schwerter zu führen. Du weißt, wie sehr ich versucht habe, die unersetzlichen Libyer und Iberer zu schonen; aber viele der Männer haben ihre Treue von meinem Vater auf Hasdrubal und nun auf mich übertragen, und sie werden älter – wie du und ich. Das Errungene zu sichern, sparsam und hütend, ohne jedes Wagnis; die neuen Bundesgenossen zu schützen, Städte zu befestigen, Häfen zu halten, Straßen zu beobachten und gegen die Legionen zu sperren – dreißigtausend Männer würden hierzu genügen, aber ich habe sie nicht; schon an dieser geringen Zahl fehlt mir ein Fünftel. Weitere dreißigtausend Kämpfer, um die letzten entscheidenden Schläge zu führen, das scheinbar fugenlose Gebäude der latinischen Bündnisse zu sprengen. Ein Jahr – rotes Auge des Melqart, ein halbes Jahr, und Rom winselt um Frieden. Aber was wir hier haben, reicht weder zum einen noch zum anderen. Heute müssen wir diese Festung belagern, morgen in Eilmärschen zu einer Straße ziehen, um ein römisches Heer abzufangen, dann wieder in drei Teilen zwei befreundeten Städten helfen und einen Paß sperren. Alle sind müde, alle sind erschöpft, und alle sind großartig.

Aber: Wenn morgen ein römisches Heer in Libyen landete, wenn der Rat den Strick am Halse spürte und die Herren ihre Landgüter brennen sähen, dann – wir haben es gesehen, gehört, wir wissen es – dann, o Tiggo, würden sie innerhalb weniger Monde in Libyen, bei den Massylern und Masaesylen, den Mauretaniern und Gätuliern, bei den Garamanten, Augilen und Nasamonen, in Lakedaimonien und Asien hunderttausend Kämpfer werben. Sie sehen nicht, daß ihnen diese Ausgabe drohen wird – und das Ende. Jetzt ein Drittel davon, und die Früchte werden gepflückt. Jetzt nichts, und der Baum, der uns die Sonne nimmt, wird übermächtig wachsen.

Darum, Freund und Hüter der Gelder, gib aus, was du nur ausgeben kannst. Fünfhundert Numider sind zu wenig, aber sehr viel; dreihundert Gätulier dort, tausend Lakedaimonier da, zu wenig, viel zu wenig, aber schick sie mir.

Und versuch, mit Bostar und den anderen, auf eines hinzuwirken. Dies ist fast ebenso wichtig. Der Rat wird Schiffe und Truppen dorthin senden, wo die Börsen der Ratsherren bedroht sind oder Mehrung finden könnten. Sie werden Truppen schicken nach Iberien, statt Hasdrubal endlich sinnvoll handeln zu lassen, und sie werden sie verlieren; sie werden Sardonien mit Truppen und Geld stützen und alles verlieren; sie werden Sizilien mit Truppen und Geld versehen und alles verlieren – wenn die dorthin entsandten Strategen nicht eines beachten. Auch dies habe ich allen geschrieben, aber ich bitte dich, sag es jedem in der Stadt, mach ihnen Geschenke, damit sie hören: Sie sollen die Hälfte schicken, die andere Hälfte zu uns, nach Italien; und die, die den Befehl in Sardonien und Sizilien bekommen, sollen sich in Städten verschanzen und Häfen sichern, Berge befestigen und Mauern bauen, die Römer stören und beschäftigen, einfach indem sie da sind – aber bei allen Göttern, an die wer auch immer glauben mag, sie sollen niemals niemals niemals mit ihren unerprobten Truppen die offene Schlacht gegen Roms Legionen suchen. Schickt mir Kämpfer, setzt die alten Kämpfer ein, um Roms Krieger von Italien fernzuhalten – aber schlagt keine Schlachten. Verteidigt, aber greift nicht an; zermürbt, aber versucht nicht zu vernichten, denn dann werdet ihr vernichtet. Mit erfahrenen Führern und über lange Jahre kampferprobten Truppen und dazu mit List, Ausnutzung von Boden und Wetter und zuletzt Glück ist es möglich, die Legionen zu besiegen – aber nicht mit frisch angeworbenen Kämpfern unter unerfahrenen Führern.

Eines noch, o Tiggo, da ich es dir schulde und verdanke; und hierbei die Bitte, all deinen Einfluß einzusetzen, damit Schiffe gebaut und die Flotten nicht vergeudet werden. Wenn Verstärkungen unter vorsichtigen Führern in Sardonien und Sizilien gelandet sind, zieht sofort die Schiffe wieder ab, ehe es zum Seegefecht mit den Römern kommt. Es ist unwichtig, daß sie Schiffe haben; es zählt allein, daß unsere Schiffe beweglich bleiben – um Apollonia zu sperren, wenn die makedonischen Truppen es erreichen, und um die Makedonen nach Italien zu bringen.

Denn dies ist der Vertrag und der Eid, bewirkt durch deine kluge Vermittlung, den der Stratege Hannibal, die Ältesten Myrkan und Barmokar und alle Mitglieder des Rats von Qart Hadasht und alle anderen Punier, die mit Hannibal im Feld standen, geschlossen und abgelegt haben mit und gegenüber Xenophanes Sohn des Kleomachos aus Athen, den König Philippos Sohn des Demetrios als seinen, der Makedonen und ihrer Bundesgenossen Bevollmächtigten zu uns geschickt hat.

(Ich sende dir die hellenische Fassung, Freund; die punische liegt dem Rat bereits vor; du sollst jedoch bedenken, daß all dies nicht möglich gewesen wäre ohne dich, und daß es schwierig und umwegig war, denn

Xenophanes wurde auf der Reise hierher von Römern aufgegriffen und kam nur frei, weil er dem Befehlshaber erklären konnte, er habe wichtige Botschaften von Philippos für den Senat. Auf der Rückfahrt geriet er abermals in Römerhände, und diesmal ließen sie ihn nicht gehen. Rom kennt nun den Inhalt des Vertrags. Erst eine neue Gesandtschaft unter Herakleitos dem Finsteren, Kriton von Boiotien und Sositheos von Magnesia ist es gelungen, mit den Verträgen zu Philippos zurückzukehren. Du siehst, wie unendlich wichtig die Frage der Flotte im Illyrischen Meer ist. Bevor ich dir nun den Vertrag mitteile, wie er geschlossen wurde, laß mich noch einmal wiederholen: Kleine, vorsichtig geführte Hilfstruppen für Sardonien und Sizilien, die sich auf keinen Fall in eine Feldschlacht ziehen lassen sollen; freie Hand für Hasdrubal; schnell Verstärkungen nach Italien; Ausrichtung der Flotte auf das eine Ziel, makedonische Truppen über das Illyrische Meer zu bringen.)

Der Vertrag:

Vor Zeus, Hera und Apollon, vor dem Hüter von Karchedon, Herakles und Iolaos, vor Ares, Triton und Poseidon, vor den Göttern, die auf unserem Feldzug mit uns sind, und Sonne, Mond und Erde, vor den Flüssen, Häfen und Wassern, vor allen Göttern, die über Karchedon gebieten, vor allen Göttern, die über Makedonien und das übrige Hellas gebieten, vor allen Göttern, die uns auf dem Feldzug begleiten, so viele über diesen Eid wachen:

Der Feldherr Hannibal und alle Mitglieder des karchedonischen Rats, die bei ihm sind, und alle Karchedonier, die mit ihm im Felde stehen, erklären, nachdem es euch und uns in dieser Weise gut scheint, daß wir diesen Eid ablegen für Freundschaft und aufrichtiges Wohlwollen, Freunde, Verbündete und Brüder zu sein, unter dieser Bedingung:

Es sollen König Philippos, die Makedonen und alle übrigen Hellenen, soweit sie ihre Bundesgenossen sind, Schutz und Beistand gewähren den Karchedoniern als dem hohen Vertragspartner, dem Feldherrn Hannibal und denen, die bei ihm sind, und den unter karchedonischer Herrschaft Stehenden, die die gleichen Gesetze haben wie sie selbst, und den Einwohnern von Ityke, und allen Karchedon untertanen Städten und Stämmen, den Kriegern und Bundesgenossen, allen Städten und Stämmen in Italien, dem Keltenland und Ligurien, mit denen wir Freundschaft haben und mit denen wir dort noch Freundschaft und Bündnis schließen. Ebenso soll König Philippos, den Makedonen und den anderen Hellenen, die ihre Bundesgenossen sind, Schutz und Beistand zuteil werden von den Karchedoniern, die mit uns im Felde stehen, den Einwohnern von Ityke und von allen Städten und Stämmen, die Karchedon untertan sind, von den

Bundesgenossen und Kriegern, von allen Städten und Stämmen in Italien, dem Keltenland und Ligurien, und von allen, die dort noch Bundesgenossen werden.

Wir wollen gegen einander keine Ränke schmieden und keinen Hinterhalt legen, sondern in aufrichtiger Gesinnung und mit allem Eifer, ohne Arglist und böse Gedanken, Feinde denen sein, die gegen die Karchedonier Krieg führen, ausgenommen die Könige, Städte und Stämme, mit denen wir beschworene Verträge und Freundschaft haben. Aber auch wir werden Feinde sein denen, die gegen König Philippos Krieg führen, ausgenommen die Könige, Städte und Stämme, mit denen wir beschworene Verträge und Freundschaft haben.

Ihr werdet aber auch uns Bundesgenossen sein in dem Krieg, den wir mit den Römern haben, bis die Götter uns und euch den Sieg geben, und ihr werdet uns helfen, wie es erforderlich ist und wie wir übereinkommen. Wenn die Götter uns den Sieg gegeben haben im Krieg gegen die Römer und ihre Bundesgenossen, wenn dann die Römer um einen Vertrag über Freundschaft bitten, dann werden wir ihn so abschließen, daß dieselbe Freundschaft mit euch bestehen soll, und unter der Bedingung, daß es ihnen niemals erlaubt sein soll, Krieg gegen euch zu beginnen, und daß die Römer nicht Herren sein sollen über Kerkyra, Apollonia, Epidamnos, noch über Pharos, Dimale, die Parthiner und die Atintanen. Die Römer sollen Demetrios von Pharos alle seine Untertanen zurückgeben, die jetzt zum römischen Herrschaftsbereich gehören. Wenn aber die Römer Krieg gegen euch oder gegen uns beginnen, werden wir einander in diesem Krieg helfen, wie es für jeden erforderlich ist. Ebenso, wenn irgendwelche anderen Krieg anfangen, ausgenommen Könige, Städte und Stämme, mit denen wir beschworene Verträge und Freundschaft haben.

Wenn es uns aber gut scheint, von diesem Vertrag etwas wegzunehmen oder ihm etwas hinzuzufügen, dann werden wir nur so wegnehmen oder hinzufügen, wie es uns beiden gemeinsam gut scheint.

14. DER KOPF

»Wenn du einen Ziegenbock besoffen machst, ihm vorn rechts einen Klumpfuß besorgst, ihm die Augen verbindest und ihn einen Hang entlangrennen läßt, der voll ist von Karnickellöchern und hier und da getränkt mit dem Ausfluß einer brünstigen Ziege.«

»Ja«, sagte Antigonos schwach und nicht sehr interessiert.

»Und wenn du dann den Weg, den dieses arme Böcklein zurücklegt, auf einen Papyros malst – was kriegst du dann?«

»Du wirst es mir hoffentlich gleich sagen.«

Bostar nickte grimmig. »Ich sage es dir sofort. Dann kriegst du eine ziemlich gute Wiedergabe des Kurses, den der Rat von Qart Hadasht in diesem Krieg steuert.«

Antigonos quälte sich ein Grinsen ab. Er war müde; er fühlte sich alt und verbraucht; die hohle Hochstimmung in der Stadt ekelte ihn an, und Bostars Morgenscherz machte alles eher noch schlimmer.

Der alte Freund sah, daß die Dinge nicht so waren, wie sie sein sollten. »Die Kleinen?«

»Ich bin nicht mehr an gestörte Nächte gewöhnt – jedenfalls diese Form der Störung.«

Bostar klopfte ihm auf die Schulter und ging zu seinem Schreibtisch. »Nun denn, Großvater, genieß es einfach, indem du dir sagst, daß sie wenigstens zu klein sind, um von den Trotteln in den Krieg geschickt zu werden.«

»Großer Trost, großer Trost. Bah.«

Vor vier Tagen war endlich Qalaby angekommen, Memnons Witwe, mit den beiden Söhnen Hamilkar (fünf Jahre) und Aristeides (drei). Die fast fremde Schwiegertochter und die fremden Enkel waren eine selbstverständliche Verpflichtung, aber keinerlei Trost; sie rissen die Wunde wieder auf, die sich eben erst zu schließen begann. Er saß an seinem Tisch, auf dem sich die Rollen türmten, starrte aus dem Fenster, über den Hafen, in den grauen Winterhimmel. Er sagte sich, daß die meisten Leute starben, ehe sie sein Alter erreichten, dreiundfünfzig Jahre; daß er bereits ungewöhnlich alt sei. Er hatte sich immer bemüht, den unangenehmen Dingen entgegenzudenken, um sie zu überwinden; nun dachte er – oder etwas in ihm – *mit* diesen Dingen, erdachte ihnen gewissermaßen Verstärkung und Flankenschutz und mehrte ihre Wucht. Er hatte niemals Ärger mit seinen Zähnen gehabt; nun, da er darüber grübelte, daß das Leben seinen Biß verloren habe, begannen sie zu schmerzen. Weil er meinte, er sei alt, fühlte er sich wie ein Greis. Gerissene, einfallsreiche Geschäfte ließen ihn kalt; also fiel ihm nichts ein, und alle guten Geschäfte gingen auf Bostars Ideen zurück. Der ausgelaugte Greisenkörper werde, davon war er überzeugt, nie wieder eine Frau lieben, nie wieder eine lange Seereise ertragen, nie wieder auf einem Pferd sitzen; die Hafenkaschemmen langweilten ihn, Wein schmeckte wie Wasser, frisches Brot und der beste Braten glichen Papyros. Er spielte zerstreut mit einem Schreibhalm, knickte ihn, legte ihn auf die Tischplatte, starrte in die Vergangenheit. Seit drei Jahren keine Nachrichten, kein Lebenszeichen von seinem Bruder Attalos aus Massalia – Krieg. Vor fünf Jahren hatten die Schwester Arsinoë und ihr Mann Kassandros das alte Haus der Familie im Viertel der Metöken und das alte Handelsgeschäft beziehungsweise ihre Anteile daran an ihn verkauft und sich mit den erwachsenen Kindern nach Athen begeben. Sie brauchten nichts oder nicht viel zu tun, konnten von ihrem Vermögen leben. Aber sie waren nicht mehr da. Argiopes Mann war gestorben, vor wieviel Jahren? Sieben? Acht? Die Schwester lebte in dem alten Gutshaus an der Küste, nordwestlich von Qart Hadasht und Tynes, das sogar den Krieg der Söldner unbeschädigt überstanden hatte; Antigonos wußte nicht einmal, was ihre Kinder heute machten. Isis' Sohn Memnon tot, in Italien; Tsuniros Sohn Ariston fröhlich, reich und im Rahmen der Möglichkeiten mächtig, aber fern im Süden. Der Hellene seufzte leise, ohne es zu bemerken, und sagte sich, es wäre das Gescheiteste, Qalaby und die beiden Enkel zu lieben – aber im Moment haßte er sie, weil sie ihn an Memnon erinnerten und ihn nachts störten; mit ihnen aufs Land zu ziehen und ein lieber greiser Großvater zu sein – aber die Aussicht entsetzte ihn.

»Weißt du, was dir fehlt?«

Antigonos zuckte zusammen und blickte zu Bostar hinüber. »Nein. Was?«

Bostar grinste. »Eine lange Fahrt mit der *Schwinge*, jede Nacht das große Zechen mit Bomilkar auf dem Achterdeck, Besuche in Häfen, und wie hieß diese Halbhellenin? Tomyris? Ein paar Monde in ihrem Bett. Das fehlt dir, Junge.«

»Kannst du Gedanken lesen?«

»Nein, aber dein Gesicht.« Er erhob sich und kam vor Antigonos' Tisch. »Steh mal auf, Mann.«

»Warum?«

»Los, steh schon auf. Es ist wichtig.«

Antigonos zuckte mit den Schultern und stand auf. Bostar drehte ihn so, daß er zum Fenster blicken mußte, trat zurück und rammte ihm den rechten Fuß ins Gesäß.

»Deshalb«, sagte er beinahe ernst, als Antigonos herumfuhr. »Wenn du dich nicht selber in den Arsch trittst, muß ich es eben tun.«

Ob dank Bostars Tritt oder aus anderen Gründen: Antigonos verließ das düstere Tal; die Zähne schmerzten nicht mehr. Ein Backenzahn fiel aus. In den folgenden Monden entwickelte sich eine gewisse Herzlichkeit zwischen dem Hellenen und seiner iberischen Schwiegertochter, und innige Liebe zwischen dem Großvater und den Enkeln. Die Wohnung am Tynes-Tor lebte; dennoch hielt Antigonos sie nicht für den besten denkbaren Aufenthaltsort.

»Die Kinder brauchen etwas anderes«, sagte er an einem der milden Winterabende, als Hamilkar und Aristeides schliefen und er mit Qalaby im großen Wohnraum saß, wo sie warmen Würzwein tranken und den Duft atmeten, den die Kohlebecken – Holzkohle und tausend Kräuter, darunter ein wenig Weihrauch – sengend aussandten.

»Was, Vater?« Qalabys Gesicht war ein Spiel von Umrissen, die sich verschoben, Licht und Schatten, die wechselten, Augen, die leuchteten, Zähnen, die glitzerten.

»Bessere Luft. Mehr Platz.«

»Wir sind dir dankbar für alles.« Qalaby deutete im Sitzen eine Verneigung an.

Antigonos wußte, daß es kein leeres Gerede war; er wußte auch, wie schwer man ihnen die letzte Zeit in Iberien gemacht hatte. Nach Kriegsbeginn, als Memnon mit dem Heer in den Norden zog, war Qalaby zunächst im neuen Qart Hadasht geblieben; später, zur Geburt des zweiten Kindes, hatte sie sich in den Schoß ihrer Sippe zurückgezogen, in die Berge jenseits von Mastia. Als Hannibal nicht zurückkehrte, sondern nach Italien ging, mit Memnon, und als die Römer in Nordiberien landeten, änderte sich die Stimmung, selbst nahe am neuen Qart Hadasht. Memnon hatte ein wenig Geld zurücklassen können, und zunächst erhielt Qalaby wie die anderen in Iberien verbliebenen Frauen von Kriegern und Offizieren regelmäßig die Hälfte des Solds. Aber mit der wachsenden Unruhe, den Rückschlägen, dem Vordringen der Römer geriet auch die Zahlmeisterei in Iberiens Hauptstadt in Unordnung. Zuletzt waren Qalaby und die Kinder nur noch von der Sippe abhängig gewesen, in der einige für Rom zu sprechen begannen. Memnon mochte Hellene sein, aber Qalaby wurde zum Punierliebchen. Im Kern war die Stimmung nicht für die Römer, sondern lediglich für die eigene Freiheit. Besonnene Leute, von denen einige weiter gereist waren, versuchten den anderen begreiflich zu machen, daß es diese Möglichkeit gar nicht gab, daß sie nur die Wahl hatten zwischen den Puniern, die an wirtschaftlicher Erschließung und Gewinn interessiert waren und Gebräuche, Einrichtungen, Gepflogenheiten der Stämme nicht antasteten, und den Römern, die alles niederwalzen und ihren Vorstellungen angleichen würden. Als Antigonos Qalaby dann aufforderte, zu ihm nach Libyen zu kommen, war sie ohne langes Zögern an Bord der *Schwinge des Westwinds* gegangen.

Es gab noch ein Problem, ein für beide schmerzliches Thema, das aber irgendwann beredet werden mußte. Nicht, um sofort eine Lösung zu erreichen, sondern zur Klärung der Ansichten. Über den Rand seines Bechers betrachtete der Hellene die Ibererin, soweit dies im Halbdunkel möglich war. Aus einem Kohlebecken klang ein Zischen wie von einer unwirschen Schlange. Ein Lufthauch ließ die drei kleinen Öllampen flackern.

»Wir müssen noch über etwas anderes reden, Qalaby.«

»Sprich, Vater.«

Antigonos lehnte sich in seinem Ledersessel zurück und legte die Füße auf den niedrigen Tisch aus Holz und balliarischem Schilf.

»Du bist eine junge Frau, Qalaby. Memnon ist seit einem Jahr tot, und vor seinem Tod hattest du ihn schon zweieinhalb Jahre nicht mehr gesehen. Du bist im Haus seines und deines Vaters, und ich will nicht, daß du um ihn trauerst, bis du eine alte Frau wirst.«

Er sah sie nicht aufstehen, aber plötzlich kniete sie neben ihm und küßte seine Hände, stumm. Ihre Wangen waren naß. Er entzog ihr seine Rechte und streichelte ihren kurzen krausen Schopf.

Salambua war mehr als bereit; sie war begeistert, Witwe und Kinder des »kleinen Memnon« eine Weile im Barkas-Palast in der Megara aufnehmen zu können. Und darüber, daß der ältere der beiden Söhne Hamilkar hieß. Es war alles wie früher; die Kinder konnten mit Kindern von Dienern und Sklaven spielen, durch die Ställe, Gärten und Baumanlagen toben, reiten; und sie hatten weit bessere Luft als in der überfüllten Riesenstadt. Antigonos ritt jeden zweiten oder dritten Tag hinaus, spielte mit den Enkeln, übernachtete häufig draußen und spürte reitend, spielend und redend, daß mit dem Frühling auch seine alte Kraft wiederkehrte, daß der Körper kein morscher Palmstrunk war. Im Rückblick begriff er, daß die tiefe Niedergeschlagenheit sich aus tausend Dingen zusammengesetzt und gespeist hatte, und daß neben dem Tod des Sohns vor allem seine eigene seltsame Antipathie gegenüber der Stadt und ihrer Stimmung wesentlich gewesen war.

In diesem Jahr, dem vierten des Kriegs, hatte sich vieles ereignet, und in fast allen wichtigen Belangen war es so gekommen, wie Hannibal befürchtet und Antigonos angenommen hatte. Qart Hadasht jubelte über das Bündnis mit Makedonien – aber Philippos unternahm nichts; er hätte durch raschen Zugriff Häfen an der illyrischen Küste besetzen können, um im Frühjahr Truppen nach Italien bringen zu lassen. Nun lagen zwei römische Legionen in und bei Apollonia, und die von Hannibal erbetene schlagkräftige Flotte, die die Makedonen hätte übersetzen können, war nicht gebaut worden.

Mago, von Hannibal in die Heimat gesandt, hatte seine Aufgabe geschickt erledigt; Bostars Schilderung war eindeutig. Der Barkide hatte von den Siegen berichtet, dem Zustand in Italien, den eroberten oder übergelaufenen Städten und Gebieten, und dann hatte er Geld und Truppen verlangt. Hanno der Große war aufgestanden, um ihn mit Spott zu begießen – die Maske war gefallen. Er höre, sagte der alte Barkidenhasser, immer von Siegen und Gewinnen, und gleich danach von dringend notwendigen Verstärkungen und benötigtem Geld; so großartig könnten die Siege dann doch wohl nicht sein. Erst dann, nicht früher, ließ Mago zwei Scheffel – fast vier Talente – goldener und silberner Ringe in den Rat gießen, Schmuck gefallener Römer aus der Schlacht bei Cannae. Er forderte Hanno auf, die Ringe zu zählen und die Anzahl erschlagener Römer, denen sie gehört hatten, zu berechnen.

Der Rat beschloß, Hannibal Geld und Verstärkung zu schicken – viertausend numidische Reiter, vierzig Elefanten und tausend Talente

Silber. Zu wenig, viel zu wenig; außerdem waren die viertausend Massyler in Antigonos' Auftrag von Bostar angeworben worden und kosteten den Rat nichts, außer den Schiffen des Geleitschutzes. Ferner wurde beschlossen, Mago und ein junger Offizier namens Qarthalo – von Hannos des Großen Leuten – sollten in Iberien weitere zwanzigtausend Fußkämpfer und viertausend Reiter anwerben, die Hälfte für Iberien selbst, die anderen für Italien. In zähen Verhandlungen gelang es Mago, dem Rat mehr abzuringen; im Lauf des Winters – in dem Antigonos noch in Capua weilte, in dem Memnon starb, dem Winter nach Cannae – wurden zwölftausend Libyer und eintausendfünfhundert Numider angeworben, dazu weitere zwanzig Elefanten und abermals tausend Talente Silber bereitgestellt.

Im Frühjahr verließ eine kleine Flotte unter dem Befehl eines neuen Nauarchen, Bomilkar Sohn des Mutumbal, Qart Hadasht mit Ziel Italien; die zweite Flotte, die mit sechzig Schlachtschiffen die neu aufgestellten Libyer, Numider und Elefanten zusätzlich nach Italien bringen sollte, lief nicht aus, denn inzwischen waren die schlechten Nachrichten aus Iberien eingegangen – und Mago wurde mit den neuen Truppen zu seinem Bruder Hasdrubal geschickt. Ein anderer Hasdrubal, genannt der Kahle, segelte mit fast zwanzigtausend Mann nach Sardonien.

Alles geschah, wie Hannibal befürchtet, wie Antigonos beinahe erwartet hatte. Nicht genug Geld, nicht genug Truppen für den Strategen – aber in dem Moment, da der Rat die iberischen Silbergruben bedroht sah und eine Möglichkeit witterte, alte Besitzungen auf Sardonien zurückzugewinnen, gab es plötzlich Geld; es gab Schiffe, und vorher unerschwingliche Truppen wurden angeworben. Schon im Vorjahr hatte man viereinhalbtausend Mann nach Iberien geschickt, dann Himilko mit weiteren zehntausend – statt Hasdrubal endlich freie Hand zu lassen. Nun fuhren Mago und Qarthalo auch noch nach Iberien, eine Flotte nach Sardonien – insgesamt waren innerhalb weniger Monde fast dreiundfünfzigtausend Mann angeworben worden, aber Hannibal erhielt davon nur viertausend.

Da es ihm an Truppen fehlte, hatte der Stratege in Italien kaum neue Bewegungen beginnen können; außerdem mußte er seine geringen Kräfte weiter aufsplittern, um die großen italiotischen Städte, in denen römische Besatzungen zur Erhaltung der Zwangsfreundschaft lagen, zu locken, zu beeindrucken und, im Falle des Erfolgs, zu schützen. Rhegion blieb hart, aber Lokroi und Kroton traten auf die punische Seite. Hannibals Unterstrategen – Hanno in Lokroi, ein junger Itykaier namens Hamilkar in Kroton – schlossen Verträge, nach denen die Städte autonom und frei von Tributen oder Zwangsaushebungen wurden, ihre Häfen aber den Puniern öffneten. Gegen die ausgedünnten punischen Verbände konnten die Römer einige Orte in Samnium und Apulien zurückerobern; hierbei begann das, was in der gesamten Oikumene – folgenloses – Entsetzen hervorrief: Roms Strategie des Grauens. Städte, die zu Hannibal übergegangen waren, wurden zerstört, die Bewohner abgeschlachtet oder versklavt, der gesamte Grund zum Eigentum des römischen Staats erklärt.

Zu Iberien, Sardonien und Italien kam ein vierter Kriegsschauplatz: Syrakosai und Sizilien. Zunächst schickte Hannibal die beiden Halbhellenen Epikydes und Hippokrates, Söhne eines Syrakosiers und einer Punierin, zu Hieronymos von Syrakosai; bei den später in Qart Hadasht fortgesetzten Verhandlungen einigte man sich darauf, nach dem Erfolg die alten Grenzen wieder herzustellen – Ostsizilien für Syrakosai, Westsizilien jenseits des Grenzflusses Himeras für Qart Hadasht. Als Hieronymos plötzlich ganz Sizilien für sich forderte, ging der punische Rat auch darauf ein. Im Gegenzug schickte der jugendliche König der Syrakosier seinen Oheim Zoippos nach Alexandreia, um Ptolemaios für ein Bündnis gegen Rom zu gewinnen; vergeblich.

Um die Unüberschaubarkeit der Dinge zu steigern, die dank des methodischen Wahnsinns der Ratsherren von Qart Hadasht ohnehin kaum noch zu überblicken waren, gaben die Götter oder der über ihnen thronende Zufall einen fünften Schauplatz hinzu: das westliche Numidien.

In Iberien standen nun, dank der weisen Beschlüsse des Rats, fünf Feldherren: Hasdrubal, Mago, der im Vorjahr zu Hasdrubal gesandte Himilko, der mit Mago eingetroffene Qarthalo, schließlich auch noch der jüngere Sohn des ehemaligen barkidischen Suffeten Bomilkar, Hannibal, Bruder jenes Hanno, der in Italien weilte. Alle fünf waren von je zwei Mitgliedern des Rats der dreißig Ältesten begleitet; vorübergehend gelang es Hasdrubal und Mago, die Gerusiasten gegeneinander auszuspielen. Während Mago den Süden Iberiens zu beruhigen begann, zog Hasdrubal ausgewählte Truppen zusammen und rückte gegen die Römer vor. Es kam zu mehreren kleinen Gefechten; Publius und Gnaeus Cornelius Scipio stellten sich erst dann zu einer Schlacht, als die Ältesten wieder bei Hasdrubal waren und in Einzelheiten der Aufstellung hineinredeten. Die Schlacht ging verloren. Und römische Gesandte zogen den Fürsten Syphax, Herrscher der Masaesyler im westlichen Numidien, auf ihre Seite.

Als damit plötzlich die Landverbindung zwischen Qart Hadasht und den Säulen des Melqart in Gefahr geriet, übertraf der Rat sich selbst noch einmal. Statt, wie von Hasdrubal vorgeschlagen, in Libyen und bei den Massylern neue Truppen zu werben, Mago zu unterstellen und ihn gegen Syphax zu schicken, beriefen die Ältesten Hasdrubal aus Iberien ab – Hasdrubal, der als einziger hohes persönliches Ansehen bei vielen iberischen Stämmen genoß. Er erhielt auch weder freie Hand noch neue Truppen, sondern sollte mit den in Iberien dringend benötigten Einheiten übersetzen.

Der Baum des Wahnsinns trug bald Früchte. Die nach Sardonien entsandten Krieger unter Hasdrubal dem Kahlen, der alle Warnungen mißachtete und sich zur offenen Schlacht stellte, wurden von römischen Truppen vernichtet. Kämpfer, die unter Hannibal in Italien ausgereicht hätten, den Krieg zu entscheiden, starben sinnlos auf einem Nebenschauplatz.

Die einzigen Lichtblicke, abgesehen von dem zunächst folgenlosen Übertritt des Königs von Syrakosai, lieferten Hannibal, Hasdrubal und Mago. Hannibal baute trotz aller Widerstände und seiner Truppenknappheit die punische Stellung in Süditalien aus; Mago gelang es, Anweisungen der Gerusiasten mißzuverstehen und die iberischen Verhältnisse zu ordnen – so gut, daß die Cornelier in Rom Verstärkung erbaten, die Rom nicht schicken konnte; Hasdrubal schließlich brachte das Kunststück fertig, in einem Sturm vor den Säulen des Melqart vier von sechzig Lastschiffen zu verlieren, zufällig auch die beiden, auf denen sich die ihn behindernden Ältesten befanden. Darauf sandte er drei Viertel der zum Übersetzen vorbereiteten Truppen zurück zu Mago, hob in Gätulien, Mauretanien und den metagonischen Küstenstädten neue Kämpfer aus, besiegte Syphax in einem ersten Treffen und schloß einen persönlichen Freundschaftsbund mit Masinissa, dem Fürsten der Massyler.

Insgesamt war es ein verlorenes Jahr, ein Jahr sinnloser Unternehmungen und vermeidbarer Rückschläge. Rom litt furchtbar unter dem Krieg, führte ihn aber mit aller Entschiedenheit und Härte; Qart Hadasht schwamm in Üppigkeit und Überfluß, war großzügig bei nutzlosen Unterfangen und geizig bei allem, was Hannibal und den eigentlichen Krieg betraf.

Die Methode, die hinter diesem Wahnsinn steckte, war nicht schwer zu entdecken, aber es dauerte einige Zeit, bis alle Feinheiten sichtbar wurden – sichtbar für wenige.

Selbst Antigonos, der die verdeckten Abläufe durchschaute, sah gewisse Dinge zunächst nicht. Sie waren auch nicht so offensichtlich; zudem war es das Jahr nach Cannae und nach Memnons Tod, das Jahr seiner tiefsten Niedergeschlagenheit. Je wirrer die Beschlüsse des Rats wurden, je lauter der Jubel der Bevölkerung über vermeintlich mutige Maßnahmen, desto deutlicher sah der Hellene den Sieg der Römer. Der Rat der dreißig Ältesten – für die Mitglieder, die bei den verschiedenen Feldherren weilten, rückten nun andere nach – steuerte ganz offenbar zwischen mehreren Wünschen und Befürchtungen hindurch. Die Mehrheit der Ältesten wußte sehr wohl, daß die Stadt mit Hannibal einen neuen und größeren Alexandros besaß: einen Mann, der den Stellungskrieg ebenso beherrschte wie die überraschenden Bewegungen, der das gesamte Meer und die ganze Oikumene überblickte, Bündnisse mit alten Feinden der Punier wie Syrakosai und Makedonien zustandebrachte, der jedem römischen Strategen unendlich überlegen war, der aus jeder Lage das Beste und fast aus jeder Notlage einen Triumph machen konnte. Und einen Mann, dem im Feld die Truppen bedingungslos ergeben waren; nach dem weichen Winterlager in Capua hatte es beim ersten unglücklichen Treffen mit Claudius Marcellus vor Nola kriegsmüde Überläufer gegeben – genau zweihundertzwölf Iberer und Numider. Die Römer hatten sie geehrt, mit Gold überhäuft und in Sicherheit gebracht, aber alle anderen – Kelten, Iberer, Balliaren, Ligurer, Mauretanier, Gätulier, Libyer, Numider, Punier – zogen Hannibal und die Entbehrungen des grausamen Kriegs einer Erlösung durch Übergang zum Feind vor.

Und die Ältesten bedachten, was wohl geschähe, wenn Hannibal die Mittel erhielte, den Krieg siegreich zu beenden. Die Mittel waren da, alle wußten es – aber wer sollte den siegreichen Hannibal, von den Truppen vergöttert und vom Volk bejubelt, in die Schranken weisen? Nach dem Libyschen Krieg hatte Hamilkar geschwankt und sich dann gegen eine gewaltsame Machtübernahme entschieden. Aber der große Hamilkar war in der Stadt aufgewachsen, sein Sohn in der Fremde, in Iberien, im Feld. Hamilkar hatte im Rat gesessen und sich der viele hundert Jahre alten Einrichtungen bedient, hatte sie geachtet, wenn auch oft im Zorn – aber Hannibal kannte sie nicht oder kaum, hatte keinerlei Grund, sie zu achten, und würde nach dem Sieg keinen Anlaß haben, sich zu mäßigen. Und er hatte zwei Brüder, fast ebenso groß und für den Rat furchtbar wie er.

Antigonos wußte zu gut, daß keiner der Barkas-Söhne mit Gewalt nach der Macht greifen würde; bisweilen bedauerte er, vor zweiundzwanzig Jahren in der entscheidenden Beratung Hamilkar und Hasdrubal den Schönen zur Achtung der Einrichtungen und zum Verzicht auf Gewalt gedrängt zu haben. Er begriff aber auch die Furcht der Ratsherren – der »Alten« wie der Barkiden – vor der siegreichen Heimkehr des Strategen an der Spitze von Truppen, die nicht der Stadt, sondern dem Strategen ergeben waren.

Was er begriff, aber nicht hinzunehmen vermochte, und was ihn immer wieder in ohnmächtige bebende Wut versetzte, war das Verdursten des punischen Esels zwischen zwei gleich nahen Brunnen. Der Rat wollte alles *und* nichts, möglichst gleichzeitig und sofort. Iberien behalten, Sardonien zurückgewinnen, die alte Epikratie auf Sizilien wieder errichten, aber Rom nicht durch einen zu starken Hannibal besiegen lassen. Sie begriffen nicht, daß Rom erst dann keine Truppen mehr nach Iberien, Sardonien und Sizilien schicken würde, wenn die Stadt am Tiberus am Boden lag; und daß keiner außer Hannibal sie niederwerfen konnte. Der gleiche verhängnisvolle Irrtum, die gleiche Fehleinschätzung wie im ersten Krieg – die Annahme, Rom werde sich früher oder später auf einen Ausgleichsfrieden einlassen, wie Qart Hadasht es oft getan hatte. Der Bruch des Friedensvertrags, die Erpressung nach dem Libyschen Krieg, das Unterlaufen des Iberos-Vertrags durch das nachträgliche Bündnis mit Zakantha konnten die punischen Ratsherren nicht belehren. Rom schloß keinen Ausgleichsfrieden; Rom unterwarf oder wurde unterworfen. Die Möglichkeiten waren da – der Senat lieh Geld von den reichsten Bürgern Roms, um den Krieg fortsetzen zu können; Qart Hadasht besaß auch nach den Flottenbauten und Anwerbungen des vergangenen Jahres noch immer genug verfügbares Silber.

Wieder und wieder hatte der Hellene zusammen mit Bostar versucht, die ehrbaren alten Herrn der barkidischen Partei zu überzeugen – vergebens. Es wäre leicht gewesen, neben den fünfzigtausend Kämpfern, die in den letzten fünfzehn Monden angeworben worden waren, weitere zwanzigtausend aufzubieten, die Flotte noch einmal zu verstärken und dann alles gezielt einzusetzen. Syphax mochte seinen Krieg gegen die übrigen Numider führen; die Masaesyler konnten nicht innerhalb von zwei Jahren die Massyler zermalmen, und vor Ablauf der beiden Jahre würde Qart Hadasht Masinissa helfen können. Freie Hand für Hasdrubal in Iberien, und vielleicht dreißigtausend zusätzliche Kämpfer; zusammen mit Himilko und Qarthalo und den Hasdrubal ergebenen iberischen Stämmen mußte es ihm möglich sein, die beiden Cornelier wenn nicht zu schlagen, so doch einzudämmen und den Weg für ein iberisch-libysches Heer unter Magos Führung freizumachen, das über die Pyrenäen und Alpen nach Italien ziehen und Rom von Norden angreifen konnte. Von den in der Rechnung übriggebliebenen vierzigtausend Kämpfern zehntausend mit einer starken Flotte an die illyrische Küste, dort nach Absprache zusammen mit Philippos von Makedonien den Hafen Apollonia erobern und sichern, dann das Heer und makedonische Verbände nach Italien übersetzen. Die restlichen dreißigtausend Krieger und genug Silber sofort ohne Bedingungen zu Hannibal nach Italien. Dies im Frühjahr, und im Herbst wäre der Krieg beendet. Keine Truppen nach Sardonien oder Sizilien – die dortigen Legionen und Schiffe würden von den Römern sofort abgezogen werden, wenn Rom selbst in ernste Gefahr geriete.

Aber es war wie ein Flüstern im Sturm, eine Kerze im gleißenden Mittag, ein Pusten gegen die Grundsteine der Pyramiden. Und was an verdeckten Dingen im Rat und in der Oberschicht von Qart Hadasht ablief, ahnte Antigonos nicht einmal.

Es war im frühen Sommer, im fünften Jahr des Kriegs. Vor vier Jahren zu dieser Zeit war Antigonos mit Hannibals Heer nördlich des Iberos zu den Pyrenäen gezogen. Nun saß er Bostar gegenüber im riesigen Arbeitsraum der Bank und berechnete Verluste. Eine kleine römische Flotte, Überfälle auf die punische Küste, versenkte oder erbeutete Lastschiffe; unangenehmer Alltag in diesem Krieg, der die gesamte westliche Hälfte der Oikumene umfaßte.

Bostar trug ein beißend grellgrünes Gewand; immer wieder blickte Antigonos von seinen Rollen hoch. Durch die Fenster drang der Lärm und Ruch des Hafens – kreischendes Holz unter der Säge, heißes Pech, Schritte, Hämmern, das Schreien und Fluchen von tausend Arbeitern, der unersetzliche köstliche Duft von Brackwasser und faulem Fisch. Antigonos runzelte die Stirn und grübelte einige Zeit, bis er sich an das Kaschemmengedicht erinnerte, das mit diesen Gerüchen begonnen hatte. Seit Jahren schwieg der Dichter – die Dichterin? Die schmächtige Punierin, die Antigonos damals des Verfassens verdächtigt hatte, mochte noch leben oder gestorben sein, er wußte es nicht. Es gab viele Künste und viele Künstler; das alte Haus der Familie im Viertel der Metöken war zu einer Begegnungsstätte der Schreiber, Maler, Bildhauer und Musiker geworden, und die Bank verdiente gut an ihnen. Die Künstler hatten ebenfalls keinen Grund zur Klage; ohne Antigonos und seine Verbindungen, sein Auge, seinen Geschmack hätte der Bronzekünstler Boethos kaum so üppig leben können. In Qart Hadasht erzielten seine Werke Preise zwischen zwei und drei Minen; hundertfünfzig Schekel waren ein großer Erfolg. In Athen und Alexandreia bezahlte man für seine Sitzenden Melqarts – die dort als Sitzender Herakles galten –, seine springenden Löwen oder seine unvergleichlich aufregenden Aphroditen (die Libyerin, mit der Boethos zusammenlebte, war das aufregendere Vorbild) inzwischen das Zehnfache; ein Fünftel für die Bank. Vor kurzem hatte ein Mittelsmann Hannos des Großen eine Tanitbüste erworben.

»Woran denkst du – wovon träumst du, blöder Hellene?« Bostar blickte zu ihm herüber, mit gerunzelter Stirn; er kaute auf dem Ende seines Schreibhalms.

»An Kunst, punischer Lehmkopf, denke ich, und träume von Tagen der Fülle und des Friedens. Hanno hat eine Tanitbüste kaufen lassen, von Boethos.«

»Hanno kauft noch ganz andere Dinge, mein Lieber; aber beweisen kann man es nicht.«

»Was meinst du?«

Bostar kratzte sich die Brust; das grellgrüne Gewand knirschte unangenehm. »Ich meine die seltsamen Unfälle.«

Antigonos blinzelte. »Erkläre dich, o Freund. Ich vermag dir nicht zu folgen.«

»Vor drei Monden ist der Ratsherr Mutun ertrunken. Richtig?«

»Richtig. Er konnte nicht schwimmen.«

»Warum hat er sich dann auf dem See von Tynes herumgetrieben? Und vor zwei Monden ist ein Pferdegespann durchgegangen – zufällig zu dem Zeitpunkt, als der Ratsherr Shymnalo die Straße überquerte. Er wurde von den Hufen und von den Rädern des Karrens zerdrückt.«

»Worauf willst du hinaus?«

Bostar wackelte mit dem Kopf. »In den letzten dreizehn Monden sind elf Ratsherren durch derartige Unfälle umgekommen oder haben schlechten Fisch gegessen oder so etwas. Zwei waren Barkiden, einer war von Hannos Leuten, die übrigen eher unentschieden. Aber alle, o Antigonos, waren alt – an der Schwelle zum Rat der Ältesten. Von den hohen Dreißig sind vier auf natürliche Weise gestorben; durch die Unglücksfälle bei den anderen kam es, daß die vier, die in den Rat der Ältesten aufrückten, sämtlich Leute von Hanno sind. Und Hanno vergräbt sich seit einem Jahr in seiner Stadtfestung, bewacht wie der Schatz des Ptolemaios; wenn er die Festung verläßt, dann nur, um in den Rat zu gehen, und nur mit zwanzig Leibwächtern.«

»Seit wann weißt du das alles?«

»Ich *weiß* überhaupt nichts. Ich zähle nur ein paar Dinge zusammen. Aber wer soll sie beweisen? Der eine Mann von Hanno bringt die Rechnung durcheinander. Entweder war das wirklich ein Unfall, oder er wollte den Mund aufmachen, oder Hanno hat ihn einfach umlegen lassen, um sagen zu können: Was wollt ihr denn – meine Leute sind auch betroffen.«

Der Rat von Qart Hadasht: dreihundert Mitglieder, die reichsten und mächtigsten Männer. Wer es zu einem anständigen Vermögen bringen wollte, mußte ein Mindestmaß an Klugheit besitzen; irgendwann hatte man wohl auch geglaubt, die Reichsten würden der Versuchung, sich an der Stadt zu bereichern, am leichtesten widerstehen. Was nachweislich falsch war. Vor dem Ersten Römischen Krieg, nach einer langen Zeit des Wachstums und blühenden Fernhandels, war die Grenze der »Ratsfähigkeit« auf ein persönliches Vermögen von fünfhundert Talenten festgesetzt worden. Die geballte Macht nicht nur des Rats, sondern der Stadt insgesamt ließ sich daran ablesen, daß fast neunhundert Männer oberhalb dieser Grenze lagen. Vor zwölf Jahren, etwa zu der Zeit, als Hasdrubal und Fabius den Iberos-Vertrag aushandelten, hatte der Rat deshalb die Grenze angehoben, auf siebenhundertfünfzig Talente. Noch immer kamen mehr als fünfhundert Männer in Betracht. Wenn einer der Dreihundert starb, konnte er einen Nachfolger benennen; der Rat mußte diesem Wunsch jedoch nicht nachkommen und wählte oft andere. Die Ältesten der Dreihundert stellten den Kern der Macht, den Rat der Dreißig, von den Hellenen halb spöttisch »Greisung« genannt, *gerousia*. Der Rat benannte die Hundertvier des Gerichtshofs, weniger nach ihren Fähigkeiten als nach Beziehungen und Wünschen. Ferner bildete der Rat fünfköpfige Ausschüsse für bestimmte Probleme – Flottenbau, Steuerverwesung, öffentliche Ordnung, Anlage von Straßen und so weiter. Die einzigen wirklich von der Bevölkerung – den männlichen punischen

Vollbürgern – gewählten Amtsträger waren die jährlich zu bestimmenden Obersten Richter; aber die Gruppen im Rat verständigten sich vor der Wahl auf die zu wählenden Männer, und die neuen Suffeten wurden vom Volk nur bestätigt.

»Das heißt«, sagte Bostar nach längerem Schweigen, »daß von den Dreißig zweiundzwanzig hinter Hanno stehen. Einundzwanzig; einer ist er selbst.«

»Wie alt sind die ehrenwerten Herren?«

»Der Älteste ist Mula; er ist sechsundachtzig. Der Jüngste ist Himilko, neunundfünfzig. Und die nächsten drei Nachrücker aus dem Rat, wenn einer von den Ältesten stirbt, sind Hannos Leute.«

Tagelang bemühte sich Antigonos, Beweise zu finden; schließlich gab er auf und schrieb einen kurzen Brief.

> Antigonos Sohn des Aristeides, Herr der Sandbank, an Hanno den Großen, Herr des Rats der Ältesten.
> Punier: Dreißig Jahre der Nadelstiche liegen hinter uns; es war kein Friede, aber auch niemals offener Krieg. Bei Baal, dem du dienst, bei Melqart und Tanit, die die Bank hüten, sage ich dir: Wenn weitere seltsame Unfälle die Zahl deiner Leute im Rat der Ältesten vermehren und die der Barkiden vermindern, verläßt der ägyptische Dolch seine Scheide; bedenke die Macht der Bank, die sich in einem großen Krieg unmittelbar gegen Hanno richten würde.

Er erhielt keine Antwort. Es kamen allerdings auch keine Ratsherren mehr durch Unfälle ums Leben.

Im Sommer gerieten die Dinge wieder in Bewegung. Als Antigonos vom alten Familiengut an der Küste zurückkam, wo er Qalaby und die Kinder bei Argiope untergebracht hatte, gingen die neuen Meldungen bereits von Mund zu Mund. Philippos von Makedonien hatte die Hand nach Apollonia ausgestreckt, ohne punische Seeunterstützung; die römische Besatzung unter Marcus Valerius Laevinus hatte ihm die Finger zerquetscht. Es gab keinen Hafen an der illyrischen Küste, wo Philippos Truppen hätte verschiffen können. In Numidien drängten Hasdrubal und sein Bundesgenosse Masinissa den Masaesyler Syphax weiter zurück, ohne bisher seine Macht wirklich brechen zu können. In Iberien übernahmen Qarthalo und Hannibal Sohn des Bomilkar die Betreuung der Ältesten; Mago zog unbehelligt von diesen einen unberechenbaren Bewegungskrieg auf, zerrieb kleine römische Einheiten, erschien vor Städten abtrünniger Iberer, vertrieb allmählich die Cornelier aus den Gebieten des mittleren Binnenlands und warf sie an den Iberos zurück.

Antigonos verfolgte zähneknirschend die Aushebungen und Werbungen, die der Rat vornehmen ließ. Nach der Katastrophe in Sardonien hatte er vorübergehend wider besseres Wissen gehofft, sah sich jedoch in der Hoffnung getrogen, im Wissen bestätigt. Die dreißigtausend Fußkämpfer, sechstausend Reiter und vierzig Elefanten, die außerhalb von Qart Hadasht zusammengezogen wurden, waren nicht für Hannibal; sie sollten nach Sizilien gebracht werden. Bostar und Antigonos machten Mittel flüssig; zweitausend Talente in Silber und viertausendfünfhundert Hellenen – Messener und Lakedaimonier, in ihrer Heimat angeworben – wurden von Schiffen mit dem Auge des Melqart auf dem Segel nach Italien gebracht.

Der Seleukide Antiochos führte noch immer Krieg gegen seinen abgefallenen Statthalter im vorderen Asien; die Landverbindungen nach Indien waren unterbrochen. Der ägyptische König lag seiner Schwester bei, bedrückte das Volk, mehrte den Königsschatz und lieferte ptolemaisches Getreide ins hungernde Rom. Als König Hieronymos in Syrakosai ermordet wurde und die vom Nauarchen Bomilkar und einem Strategen namens Himilko befehligte punische Flotte den nächsten unwichtigen Nebenschauplatz erreichte, auf dem Rom nicht besiegt werden konnte, reiste Antigonos ab. Er hörte noch, daß die alte Festung Akragas, die die Römer vor sechsundvierzig Jahren erstmals erobert hatten, wieder in punischer Hand sei und nicht länger Agrigentum genannt werde; dann verließ er Qart Hadasht. Mit Eselmännern durchquerte er die libysche Wüste, verbrachte mehrere Monde in den Goldseifen nahe dem Gestade des Okeanos, bereiste die großen Flüsse Gyr und Gher und besuchte Ariston. Mit seinem Sohn ritt er tagelang westwärts, durch das Land der *gorillas*, zum feuerspeienden Götterberg an der Küste, von dem vor zwei Jahrhunderten Hanno der Seefahrer berichtet hatte. Im folgenden Frühjahr – allerdings hatte der punische Kalender keinen Bezug zu den Jahreszeiten tief im libyschen Süden – reiste Antigonos mit fast dreihundert schwarzen Kriegern aus Aristons Volk nach Osten, durch die Wüsten und Steppen und Gebirge, bis nach Kusch und an die Küste des ägyptischen Meers, um zu erkunden, ob der Weihrauchhandel mit Südarabien und der Gewürzhandel über das Meer mit Indien auf diesem Weg abzuwickeln seien, ohne ägyptische Zwischenlager und ohne ptolemaischen Zoll. Er stellte fest, daß es möglich wäre, aber zu teuer würde.

In Qart Hadasht hatte er neben vielen anderen Dingen und Menschen einen Sklaven zurückgelassen, einen Römer. Bei den Versteigerungen von Hannibals Gefangenen trieben Antigonos' Mittelsmänner die Preise hoch, um Hannibal zu Geld zu verhelfen. Römer kosteten inzwischen so viel wie Makedonen, waren aber als Sklaven allenfalls ein Zehntel wert. Fünfeinviertel Minen, dreihundertfünfzehn *shiqlu* für einen Mann, der ohne viel zu begreifen die Nachrichten und Berichte siebte, bearbeitete und dann mit lateinischen Zeichen in einem von lateinischen Namen durchsetzten ungelenken Punisch niederschrieb. Zu teuer auch dies, aber es waren fünfeinviertel Minen für Hannibals Kriegskasse gewesen, dreißig Monde Sold für einen Numider.

Auch nach seiner Rückkehr nach Qart Hadasht ließ Antigonos den Römer weiter dichten; was Septimus Torquatus dem Papyros übergab, eine Mischung aus eigensinnig ausgewählten Einzelheiten und undurchschaubaren Großdarstellungen, entsprach in seiner Wirrnis durchaus dem Krieg:

Hieronymus begann schon zu rüsten, als er von Verschwörern ermordet wurde. Die Aufrüstung der Römer ließ die Campanier und besonders die Einwohner von Capua alles befürchten. Sie baten Hannibal, sich ihnen wieder zu nähern, was er auch tat. Er belagerte Puteoli, konnte aber nichts ausrichten. Hanno wurde in Bruttien vom Tiberius Sempronius Gracchus, dessen Armee größtenteils aus Sklaven bestand, denen er für jeden feindlichen Kopf die Freiheit versprach, gänzlich geschlagen, daß von siebzehntausend zu Fuß und zwölftausend zu Pferde nur zweitausend lebendig erhalten wurden, welche auch dieses Glück nicht würden gehabt haben, wenn sich nicht die Überwinder mit Abhauen der Köpfe beschäftigt hätten. Von den Römern fielen zweitausend. Hannibal tat einen neuen Angriff auf Nola, wurde aber von Marcellus abgewiesen. Fabius eroberte Casilinum und schickte die gefangene Besatzung nach Rom. Hannibal hatte schon unterwegs Nachricht erhalten, daß sich in Tarent ein Verrat ihm zum Vorteil anspinnen würde. Diese Stadt war ihm wichtig, da sie einen guten Hafen hatte, wohin Philipp von Makedonien seine Truppen hätte schicken können. Er lagerte sich nur tausend Schritte von der Stadt. Da aber alles ruhig blieb, glaubte er, der Verrat sei entdeckt und zog nach Salapia, wohin er, um dort die Winterquartiere zu halten, Vorräte bringen ließ. Titus Valerius war aber von Marcus Valerius zur Beschützung und Verteidigung Tarents geschickt worden. In Sicilien belagerte unterdessen

Marcellus Syracus und die übrigen abgefallenen Städte. Himilco setzte etwa dreißigtausend Mann bei Heraclea an Land und vereinigte sich mit den übrigen Feinden der Römer. Zwar wurde hierdurch der Mut der Sicilianer angefeuert, aber er konnte es doch nicht dahin bringen, daß Marcellus die Belagerung aufhob. Im folgenden Jahr eroberte Fabius Arpi. Die carthaginiensische Besatzung erhielt freien Abzug. Hannibal hielt sich den größten Teil des Sommers nahe Tarent auf und hoffte noch immer die Stadt durch Verrat zu erobern, welches ihm auch endlich gelang. Es befanden sich in Rom Tarentiner als Geiseln, die aber, weil man weder in die Treue der Stadt, noch in ihre eigne Treue ein Mißtrauen setzte, sehr lässig bewacht wurden. Zu diesen begab sich ein gewisser Phileas aus Tarent, ein unruhiger und zu beständigen Händeln aufgelegter Kopf, und beredete sie, die Wache zu bestechen und zu entfliehen. Sie wurden jedoch eingeholt, mit Ruten gepeitscht und vom Felsen gestürzt. Diese harte Strafe erbitterte einige der vornehmsten Tarentiner so sehr, daß sich dreizehn der Vornehmsten, deren Anführer Nico und Philomenes waren, verschworen, die Stadt dem Hannibal zu übergeben. Unter dem Vorwand gegen den Feind Streifereien zu begehen, begaben sie sich außerhalb der Stadt, wo sich die Übrigen im Gehölz verbargen, die Anführer aber sich zu Hannibal führen ließen. Mit Freuden wurde ihr Angebot von ihm angenommen, und damit sie desto sicherer zurückkehren und von den Einwohnern größeres Zutrauen erhalten möchten, ließ er Vieh vor ihnen hertreiben, welches sie dann im Triumph als dem Feind abgenommen in die Stadt brachten. Bald nachher unternahmen sie eine andere Unterredung, in welcher die Bedingungen, unter welchen die Stadt dem Feldherrn sollte übergeben werden, festgesetzt wurden, nämlich: die Tarentiner sollten vom Eroberer für ganz frei erklärt werden, daß ihnen die Carthaginienser weder Zoll auflegen noch ihnen etwas befehlen könnten. Aber die Wohnungen der Römer könnten den Soldaten zur Plünderung freigegeben werden. Zugleich wurde den Verrätern eine Losung gegeben, daß sie zu allen Zeiten ins feindliche Lager kommen konnten. Philomenes war ein außerordentlicher Liebhaber der Jagd und pflegte die Küche des Gaius Livius, der Roms Befehlshaber der Stadt war, mit Wildbret zu versehen, und damit die Torwächter desto bereitwilliger würden, ihm zu allen Zeiten zu öffnen, erhielten auch sie einen Teil des Fangs. Nachdem alles vorbereitet war, wurde der Tag, an welchem Livius mit den Vornehmsten einem Gastmahl beiwohnte, zur Ausübung des Vorhabens festgesetzt. Hannibal, drei Tagesmärsche von der Stadt entfernt, ließ am festgesetzten Tage zehntausend von seinen besten Leuten zu Pferde und zu Fuß auf vier Tage Vorräte mitnehmen und gegen Morgen aufbrechen. Zugleich ließ er einen Teil der numidischen Reiterei eine Strecke voranreiten, teils um alle Entgegenkommenden gefangen zu nehmen, teils um die Einwohner glauben zu machen, daß es nur eine gewöhnliche Streife der Numider sei. Da er nur noch fünfzehntausend Schritte von der Stadt entfernt war, ließ er bei einem Fluß, wo allenthalben Täler und Aushöhlungen waren, Halt machen. Sobald die Abenddämmerung anfing, setzte er den Marsch fort, so daß er gegen Mitternacht mit seinem Wegweiser Philomenes, der ein großes Wildschwein mitschleppte, die Tore der Stadt erreichte. In der Stadt hatte sich Livius bei Sonnenuntergang zum Gastmahl begeben. Dort brachte man ihm die Nachricht, daß die Numider das Feld verheerten. Er befahl sogleich, daß am folgenden Morgen die Hälfte seiner Reiterei den Plünderungen Einhalt tun sollte, dachte aber an nichts weniger als daß der Feind der Stadt so nahe wäre. Nico, Tragiscus und andere Mitverschworene versammelten sich, sobald die Nacht anbrach, in der Stadt und erwarteten die Rückkehr des Livius vom Gastmahl mit Ungeduld. Als er erschien, stellten sich einige betrunken und brachten ihn unter Jauchzen und Lärmen nach Hause. Sie besetzten die Zugänge des Marktes und auch die Wohnung des Livius, weil sie wußten, daß, wenn etwas entdeckt würde, es ihm am ersten gemeldet werden müßte. Sie hatten sich mit Hannibal abgeredet, daß er bei Annäherung an die Stadt ihnen durch ein Feuer ein Zeichen geben sollte, welches sie durch ein ähnliches erwidern wollten. Sobald sie also das Zeichen der Carthaginienser sahen, hoben sie auch ihre Fackeln in die Höhe und eilten, um zu gleicher Zeit das Tor anzugreifen. Sie töteten zuerst die Wachen und brachen danach das Tor auf, als eben Hannibal mit den Seinigen ankam. Er zog sogleich mit seinen Truppen durch die nächsten Straßen nach dem Markt, nachdem er zweitausend von der Reiterei als Rückendeckung vor der Stadt gelassen hatte. Auf dem Markt ließ er Halt machen und wartete, ob Philomenes ebenso glücklich sein würde. Zur Sicherheit nahm dieser etwa tausend Africaner zu sich und suchte in ein anderes Tor einzudringen. So wie er sich dem Tor näherte, gab er sein gewöhnliches Zeichen; der Wächter kam, um ihm die Pforte zu öffnen. Philomenes schleppte mit drei anderen ein großes wildes Schwein herein, und als der Wächter das Tier betrachtete, wurde er niedergestoßen. Jetzt wurden noch Africaner eingelassen, die teils die Tore aufbrachen, teils die Wachen niederhieben. Sie zogen zum Markt; dort teilte der Feldherr zweitausend Gallier in drei Teile und gab jedem Trupp einige der Mitverschworenen, mit dem Befehl, die Zugänge zum Markt zu besetzen. Er befahl anderen, ihre Landsleute zu schützen, sie zu warnen und ihnen Freiheit zu versprechen, Römer jedoch sofort zu töten. Hierdurch entstanden in der Stadt Bewegungen. Livius, des Rausches wegen zur Gegenwehr untüchtig, begab sich mit seiner Familie zum Tor des Hafens und ließ sich in einem Kahn nach der Festung übersetzen. Philomenes ließ durch Hörner das gewöhnliche Zeichen geben. Dieses hatte die Folge, daß die Römer, die sich zerstreut zum Versammlungsort begeben wollten, von den Carthaginiensern und Galliern auf den Straßen umgebracht wurden. Am Morgen wußten die Tarentiner, die allenthalben die toten Römer liegen sahen, noch nicht was dieses zu bedeuten hätte, bis Hannibal bekannt machen ließ, daß sie sich ohne Waffen auf dem Markt einfinden sollten. Hier sprach er ihnen Mut zu und befahl, an ihre Häuser das Wort *Tarentiner* zu schreiben. Die römischen Besitzungen, ohne diese Schrift, wurden den Soldaten zur Plünderung übergeben. Da aber die Stadt mit der Festung verbunden und diese von den Römern besetzt war, wurden sie nach vielen Beratungen einig, die Stadt durch eine starke Mauer und Wall von der Burg zu trennen, damit die römische Besatzung der Stadt keinen Schaden zufügen könnte. Diese suchte das Werk zu verhindern, wurde aber durch die klugen Maßnahmen Hannibals mit großem Verlust zurückgeschlagen. Bald waren Mauer und Wall fertig, und man machte alle Anstalten, die Burg zu belagern, als Verstärkung über die See aus Metapontus ankam. Die ermutigten Belagerten machten einen Ausfall und zerstörten alle Belagerungsmaschinen. Jetzt sah man ein, daß man sich der Burg nicht würde bemächtigen können, wenn die Römer noch die Herrschaft zur See hätten, und diese konnte ihnen von den Tarentinern nicht genommen werden, da die Römer mit der Burg auch die Einfahrt zum Hafen innehatten. Aber Hannibal, dessen Geist alle Schwierigkeiten zu überwinden pflegte, gab ihnen den Rat, die Schiffe über Land in die See zu ziehen und sich so eine Flotte zu verschaffen. Mit Wagen, Hebebäumen und dergleichen wurde das Werk sogleich angefangen und so glücklich vollendet, daß sie zu Wasser und zu Land einschließen konnten. Hannibal bezog hierauf wieder sein altes Lager und hielt sich den übrigen Teil des Winters ruhig.

Unterdessen standen die beiden Consuln in Samnien und nahmen den Campaniern alle Zufuhr, so daß bald eine große Teuerung in Capua entstand, weil sie durch die römischen Heere zu säen verhindert worden waren. Sie schickten Gesandte zu Hannibal mit der Bitte, sie, ehe die römischen Consuln aus den Winterquartieren zögen, mit Getreide zu versehen. Hannibal schrieb sogleich an Hanno, der mit seinen Truppen in Bruttien stand. Dieser kam, verschanzte sich auf einer Anhöhe bei Beneventum, ließ von den Bundesgenossen Getreide anfahren und schrieb nach Capua, daß sie Proviantwagen schicken sollten, um es abzuholen. Aber die Campanier schickten kaum vierzig Wagen und zeigten sich in diesem ganzen Geschäft äußerst nachlässig. Das ward von den Beneventinern den Römern verraten. Fluvius kam nachts nach Beneventum und entschloß sich, da er hörte, daß im feindlichen Lager wegen Ablieferung des Getreides alles in Unordnung war, das Lager anzugreifen. Er befahl, daß seine Soldaten alles Gerät zurücklassen und nur mit den Waffen an dem bestimmten Ort sein sollten. Am folgenden Morgen griff er das feindliche Lager an. Die Feinde verteidigten ihre Anhöhe mit gleicher Tapferkeit, und es wurde schon von Fluvius zum Abzug geblasen, als ein Anführer eines Trupps die Fahne jenseits des Grabens warf und sich und die Seinigen verfluchte, wenn das Zeichen in die Gewalt der Feinde kommen sollte. Er selbst sprang in den Graben, alles folgte ihm, und in kurzer Zeit war das feindliche Lager erobert. An die sechstausend wurden getötet, siebentausend gefangen, und eine außerordentliche Beute an Vorräten, Wagen und dergleichen gemacht.

Hanno zog eilend nach Bruttien zurück. Hier schickten die Bewohner nach dem Abfall der Metapontier zu ihm und versprachen, wenn er sich ihren Mauern nähern würde, sich sogleich zu ergeben, welches auch, nachdem die römische Besatzung herausgelockt und größtenteils niedergehauen war, geschah. Auch ein Teil der Lucanier ging auf die carthaginiensische Seite, bei welcher Gelegenheit Tiberius Gracchus erschlagen wurde. Hannibal ließ den Leichnam des römischen Feldherren bergen und ehrenvoll bestatten.

Nach der Niederlage des Hanno schickten die Campanier Gesandte zu Hannibal, daß die beiden Consuln im Begriffe wären, Capua zu belagern. Er schickte sogleich einige tausend Mann Reiterei unter Anführung des Samniters Mago ab, welche auch die Feinde zurückschlugen und an fünfzehntausend töteten. Hannibal näherte sich unterdessen Capua, und beide Heere griffen sich an, doch so, daß keiner den Sieg davon trug. Um Hannibal von Capua abzuhalten, teilten sich die beiden Consuln. Er beschloß den Claudius zu verfolgen, der aber bald durch einen Umweg wieder in Campanien ankam. Marcus Centenius hatte durch seine Prahlereien das Zutrauen des Volks erworben, daß man ihm achttausend Mann übergab, um, wie er sagte, dem Krieg sogleich ein Ende zu machen. Er wurde in Lucanien von Hannibal angegriffen und gänzlich geschlagen, daß keine tausend Mann übrig blieben. Capua wurde unterdessen von den beiden Consuln mit vereinigten Kräften belagert. Ehe der Carthaginienser zur Hilfe eilte, beschloß er die Unvorsichtigkeit des Praetors Gnaeus Fulvius, der mit etwa zwanzigtausend Mann bei Herdonia in Apulien stand, zu nutzen. Er ließ in den umliegenden Dörfern, Wäldern und Tälern einen Teil seiner Mannschaft verstecken und am folgenden Morgen seine Truppen in Schlachtordnung stellen. Fulvius nahm mit so großer Freude wie Unvorsichtigkeit die Aufforderung an und wurde völlig geschlagen, daß nur zweitausend Mann übrig blieben. Er selbst floh zu Beginn der Schlacht.

Hannibal ging zurück nach Tarent und dann nach Brundusium, wo er aber nichts ausrichten konnte. Abermals kamen Gesandte aus Capua, welchen er Hilfe versprach. Um diese Zeit ward Syracus von Marcellus erobert. Eine schreckliche Pest raffte den größten Teil des carthaginiensischen Heers hin, und die Flotte unter Bomilcar floh aus dem Hafen und suchte die hohe See. Titus Otacilius plünderte die africanische Küste und eroberte viele Lastschiffe.

Unterdessen wurde die Belagerung von Capua fortgesetzt, und die Stadt war so eng eingeschlossen, daß eine Hungersnot entstand und die Einwohner nicht einmal Boten zu Hannibal schicken konnten. Endlich fand sich noch ein Numider, welcher Briefe ihm zu überbringen versprach. Hannibal ließ alles schwere Gepäck in Bruttien und zog nach Campanien. Er ließ den Belagerten anzeigen, wann er den Feind angreifen würde. Aber auch dieser Angriff war ohne Frucht. Nachdem er eine Zeitlang das römische Lager belagert hatte und sah, daß alles vergebens sei, beschloß er nach Rom zu gehen. Durch diesen kühnen Entschluß hoffte er, den Appius zu zwingen, entweder die Belagerung Capuas ganz aufzuheben oder doch seine Truppen zu teilen. Mit anhaltenden Märschen kam er durch Samnien, setzte über den Fluß Annien und näherte sich schon auf fünftausend Schritt Rom, ehe er bemerkt wurde. In der Stadt entstand die größte Verwirrung. Man glaubte, das Heer bei Capua sei geschlagen. Die Mauern wurden besetzt, man hielt häufige Beratungen. Hannibal war schon willens, am folgenden Tage die Stadt anzugreifen, als zum besonderen Glück der Römer Gnaeus Fulvius und Publius Sulpitius mit neu ausgehobenen Streitkräften ankamen, welche sie sogleich dem Feind entgegensetzten. Der Carthaginienser, der die Unmöglichkeit der Eroberung der Stadt einsah, ließ die umliegenden Gegenden plündern und machte große Beute. Da er weder die Stadt erobert noch das belagerte Capua befreit hatte, zog er wieder zurück. Aber Sulpitius hatte die Brücken über den Annien abwerfen lassen und zwang den Feind, mitten durch den Fluß zu setzen. Zwar konnte der Römer den carthaginiensischen Truppen wegen Deckung der numidischen Reiterei keinen Schaden tun, doch jagte er ihnen einen Teil der Beute ab.

Hannibal war unvermutet wieder bei Capua, griff das römische Lager an und eroberte es. Da er aber sah, daß sich die Feinde auf einem Hügel sehr vorteilhaft gelagert, ging er durch Apulien, Daunien und Bruttien und erschien plötzlich bei Rhegium, wo er viele rheginische Bürger gefangen nahm und beinahe die Stadt selbst erobert hatte.

Da die Belagerten in Capua sahen, daß sie keine Hilfe zu erwarten hatten, entschlossen sie sich endlich, sich zu ergeben. Siebenundzwanzig Ratsherrn nahmen Gift und starben in einem Hause zusammen. Die Übrigen hofften von den Römern Gnade zu erhalten. Aber Fulvius schickte sogleich einen Teil von ihnen nach Cales, einen anderen nach Theanum. Appius Claudius wollte sie retten und bestand darauf, daß die Entscheidung über Strafe oder Begnadigung in Rom geschehen sollte. Aber Fulvius zog bald darauf mit einem Teil Reiterei nach Theanum, und ließ sie alle mit Ruten streichen und ihnen die Köpfe abschlagen. Hierauf ging er nach Cales. Da er eben im Begriff war, auch diese hinrichten zu lassen, kam ein Bote aus Rom. Ungelesen legte Fulvius die Schrift in seinen Schoß und ließ sie hinrichten. Danach eröffnete er den Brief und fand, wie er vermutet hatte, den Aufschub der Hinrichtung.

In andern campanischen Städten handelte er mit gleicher Strenge; über achtzig vornehme Ratspersonen wurden hingerichtet, dreihundert Ritter ins Gefängnis geworfen, die übrigen Bürger größtenteils zu Sklaven gemacht.

Im folgenden Jahr eroberte Marcellus Salapia durch Verrat; in dieser Stadt lag ein ansehnlicher Teil der carthaginiensischen Reiterei. Die römische Flotte wurde von der tarentinischen geschlagen, doch erlitten diese wieder zu Land einigen Verlust. Laevinus eroberte Agrigent, wo noch eine carthaginiensische Besatzung lag, wodurch ganz Sicilien den Römern unterworfen ward.

Einige der wirren Jahre unterschieden sich von anderen; insgesamt behielt Antigonos ein Gemenge von Namen und Zahlen, von vermischten Eindrücken, von wütender Ohnmacht, entsagender Hoffnung zurück. Als Hasdrubal und Masinissa den Masaesylerfürsten Syphax niedergeworfen hatten – zwei kostbare Jahre dauerte diese Nebenhandlung des großen Kriegs –, nahm Hasdrubal den König der Massyler und einige tausend seiner Reiter mit nach Iberien. Dort war eine zerbrechliche Ruhe eingekehrt; die römischen Vorstöße wurden abgewiesen, aber es kam auch nicht zu großen punischen Schlägen. Die Ältesten erwiesen sich immer wieder als allerbeste Hindernisse. Zwei Jahre nach dem Krieg in Numidien – Antigonos wurde siebenundfünfzig, der Große Krieg kam ins achte Jahr – schickte Qart Hadasht eher versehentlich einen guten Unterstrategen: Hasdrubal, Sohn jenes Giskon, den die aufständischen Söldner im Libyschen Krieg zu Tode gemartert hatten. Mit Hannibals Brüdern gelang es ihm, ein halbes Jahr lang die Ältesten zu ausgedehnten Besichtigungen und Prüfungen der Silbergruben, der Werften in südlichen Häfen und der Verwaltung in Gadir und Karduba zu bewegen. In dieser Zeit rückten Hasdrubal Barkas, Hasdrubal Giskon, Mago und Masinisssa mit vier Heersäulen nach Norden vor. Zu der Zeit, da in Italien Hannibal vergeblich gegen Rom zog und Capua von den Römern erobert und entvölkert wurde, beendeten die vier Strategen in Iberien die römische Bedrohung. Publius Cornelius Scipio und Gnaeus Cornelius Scipio wurden mit ihren Heeren in die Enge getrieben, zur Schlacht gezwungen und vernichtet. Die von einem Legaten gesammelten überlebenden Legionäre, die sich in den Küstenbergen nördlich des Iberos verschanzten, hatten keine Bedeutung.

Nach dem großen Sieg hielt sich Antigonos zwei Monde in Iberien auf. Er rechnete fest damit, daß nun endlich Mago und Hasdrubal Giskon mit der Hälfte der fast siebzigtausend Kämpfer nach Norden und nach Italien ziehen würden. Aber der Rat von Qart Hadasht sah die Dinge anders: Vordringlich seien die endgültige Befriedung und Ordnung Iberiens, höhere Förderung in den Silbergruben, Erschließung weiterer Märkte.

Auf Sizilien war trotz des Untergangs und der Plünderung von Syrakosai der Krieg nicht beendet. Antigonos besuchte Akragas, sprach lange mit Sikelioten, die den großen Archimedes gekannt hatten, eines der Opfer römischer Schlächterei in Syrakosai; er erfuhr, daß Marcus Claudius Marcellus, Roms fähigster Feldherr, sogar bei einigen Römern den Beinamen »der Schlächter von Sizilien« erhalten hatte. Hannibal, in Italien immer mehr auf sich und die Gelder der Sandbank und seines eigenen Vermögens angewiesen, bestritt den Krieg zur Hälfte mit Italiern: Bruttier, Kampaner, Lukanier, die sich hatten anwerben lassen. Trotzdem sah er, was an anderen Plätzen geschah und bemühte sich, so gut es ging Lücken zu schließen.

Die schlimmste Lücke, Hellas, war nicht zu schließen. Der bedeutende Bündnispartner Philippos führte einen sinnlosen Kleinkrieg gegen andere hellenische Gebiete, die von kleinen römischen Truppen unterstützt wurden. Die zweite Lücke tat sich auf Sizilien auf. Himilko, der nicht sehr fähige, aber immerhin vorsichtige Unterstratege des ersten Jahrs, war abgelöst worden, auf Geheiß des Rats und der Hundertvier, die ihn der Untätigkeit bezichtigten. Einer heilsamen Untätigkeit: Er hatte kleine Bodengewinne gemacht, war jeder offenen Schlacht ausgewichen, hatte die Römer fast aus Westsizilien verdrängt. Sein Nachfolger wurde ein hirnloser Draufgänger namens Hanno – ein Großneffe Hannos des Großen. Innerhalb weniger Monde verlor er weite Gebiete und stieß die Sikelioten immer wieder vor den Kopf; er gebärdete sich als punischer Herr des Landes und sah alle anderen – auch die eigenen nichtpunischen Truppen – als minderwertig an. Hannibal bat den Rat von Qart Hadasht, Mago nach Sizilien zu holen; vergebens. Er schickte den treuen Maharbal – aber dessen Familie hatte irgendwann einmal Schulden bei Hannos Sippe gemacht, und der Unterstratege Hanno von Sizilien schickte Maharbal zurück nach Italien. Dann sandte Hannibal seinen besten verbliebenen Mann, den Libyphöniker Muttines. Antigonos sah den Beginn, ahnte das Ende und reiste ab.

Muttines übernahm die gesamte Reiterei und wurde zum Schrecken der Legionen, kämpfte aber insgesamt mehr gegen Hannos Anmaßung als gegen die Römer. In einem Moment der Verzweiflung gab er plötzlich auf, öffnete die Festung Akragas den Römern, nahm das angebotene römische Bürgerrecht an, nannte sich Marcus Valerius Mottones, reiste nach Rom und stürzte sich drei Monde danach in sein Schwert. Akragas war verloren, Hanno der Großmäulige wurde von den Legionen eingekreist und mit seinem Heer vernichtet. Der Krieg auf Sizilien war zu Ende.

Der Mittelpunkt des Strudels, Süditalien, schien beinahe ruhig, da die Römer selten unmittelbar gegen Hannibal vorzugehen wagten. Sie nahmen Städte, wenn der Stratege an einer anderen Stelle weilte, verbrannten die Erde, metzelten die Bevölkerung nieder, versklavten die Überlebenden, schienen es darauf anzulegen, das ganze Land, das sie dem immer mehr schrumpfenden Heer des Puniers nicht entreißen konnten, zu zerstören. Wenn einer der Konsuln oder Konsulare sich im Vertrauen auf die Überlegenheit der Zahlen zum Kampf stellte, verlor der Senat ein Heer und oft gleich den Heerführer dazu.

Die scheinbare Ruhe und die alten Besorgnisse ließen den Rat von Qart Hadasht Verstärkung für Hannibal als überflüssig oder gar schädlich betrachten. Sizilien verloren, Sardonien verloren, aber in Iberien war der große Sieg errungen, die Märkte und Silbergruben waren sicher, das große Aufräumen im Land konnte beginnen. Mago und Hasdrubal rangen mit den Ältesten: Es gebe nur zwei wichtige Ziele, nämlich die restlichen römischen Truppen zu vernichten, die in erbärmlichem Zustand waren und keine ernsthafte Gegenwehr hätten leisten können, und ein Heer durch Gallien und über die Alpen schicken. Der Rat und die Ältesten beschlossen es anders: Die Römer seien keine Bedrohung, früher oder später werde Rom sie aus Nordiberien zurückholen; und Hannibal wisse sich selbst zu helfen. In dem Jahr, da Akragas fiel, schickte Rom einen Fünfundzwanzigjährigen als Befehlshaber zu den ungeordneten Resttruppen nördlich des Iberos: Publius Cornelius Scipio, Sohn des vor einem Jahr gefallenen gleichnamigen Konsulars. Der junge Mann tat zunächst nicht viel; er hatte acht Jahre lang als Unterführer in Italien gekämpft und Hannibal studiert; nun begann er mit der Sammlung und Neubildung der entmutigten Restlegionäre. Hasdrubal und Mago, die das Problem der römischen Truppen mit einem schnellen Schlag endgültig hätten beseitigen können, wurden auf Strafzüge gegen kleinere iberische Völker im Süden geschickt und durften Tribute und Steuern eintreiben.

Im hellenischen Osten, am Rand des Strudels, taumelten Reiche, die noch nicht wußten, daß sie nur Treibgut waren, wirre Bahnen entlang und glaubten zu steuern. Attalos von Pergamon schloß einen Vertrag mit Rom und griff in Hellas ein, besetzte – mit einem römischen Hilfsheer – Aigina und trieb makedonische Besatzungen zurück. Philippos, der nach der Niederlage bei Apollonia keinerlei Versuch mehr gemacht hatte, seinen Vertrag mit Hannibal anzuwenden und auszuführen, prügelte sich mit hellenischen Kleinstaaten und Städten. Antiochos, Herr des Seleukidenreichs, hatte seinen abtrünnigen Statthalter besiegt und zog nun ostwärts, um die armenischen und baktrischen Gebiete wieder in den Griff zu bekommen. Ptolemaios lieferte den hungernden, an ihrer eigenen Brandwut leidenden Römern Getreide, ohne Zahlungen; da durch den Krieg kein punisches und iberisches Silber mehr in den Kreislauf der östlichen Oikumene kam, stellte der ägyptische Herrscher in dem Jahr, in dem der junge Cornelius Scipio nach Iberien ging, die Währung seines Reichs von Silber auf Kupfer um – sechzig Kupferdrachmen entsprachen einer alten Silberdrachme.

In Qart Hadasht schuf Boethos ein wunderbares kleines Werk, einen Jungen mit einer Gans; und Qalaby vermählte sich mit einem hellenischen Kaufmann aus Alexandreia. Antigonos litt leise, als seine Enkel an Bord des ägyptischen Schiffs gingen und gen Osten fuhren; dann übergab er Bostar die Führung der Geschäfte, ließ die neue, fünfte, *Schwinge des Westwinds* klarmachen, beaufsichtigte die Verladung von zweitausend Numidern und zweitausend Talenten Silber für Hannibal und stach in See, nachdem die Lastflotte abgesegelt war. Das Barkas-Vermögen war fast erschöpft; wie Rom, wie die Welt, wie Antigonos. Nur Qart Hadasht blühte und vernachlässigte die lebenswichtigen Dinge. Der Hellene war froh, als die Spitzen der Seemauer unter den Horizont sanken.

Der milde südiberische Winter ließ in den Gärten des neuen Qart Hadasht gelbe, bläuliche und silbrige Blumen schäumen. Die Werften arbeiteten; immerhin dies hatte Hasdrubal durchsetzen können. Es wurden dreißig neue Penteren gebaut.

»Sie hören und sehen nichts«, sagte der Punier. Er klang nicht einmal bitter; er war seit Jahren an den Wahnsinn gewöhnt. »Vor einem Jahr, noch vor einem halben Jahr hätten wir die Sache zu Ende bringen können. Kein Römer mehr nördlich des Iberos, Mago mit vierzigtausend Mann nach Italien. Es war greifbar, es wäre mühelos möglich gewesen. Jetzt...« Er runzelte nur leicht die Stirn. »Es waren vielleicht noch sechstausend Römer, verwirrt, fast waffenlos, fast ohne Führung. Jetzt ist alles anders.«

Antigonos blickte über die helle Bucht zum alten Mastia. Die Nachkommen seiner Handwerker lebten dort, noch immer; über dreißig Jahre... Seine Gedanken irrten durch die Zeit, zurück zu dem Schlag gegen Hanno, dem Verkauf des wertlos gewordenen, später von den Söldnern vernichteten Dorfs. Eine Pentere kroch über das Wasser. Die Ruderer waren neu wie das Schiff, das Eintauchen der Riemen sah furchtbar aus; wie lappige Fransen, die von einem Lufthauch bewegt wurden und in alle Richtungen waberten.

Noch ehe der Sohn des toten Corneliers nach Iberien gekommen war, hatten die Römer Verstärkungen geschickt – vor allem Truppen, die nach dem Fall Capuas freigeworden waren und die der Senat nicht gegen Hannibal einzusetzen wagte. Eine Legion, dann noch einmal zwölftausend Fußkämpfer und elfhundert Reiter, Römer und Latiner, waren nach Tarrakon gekommen und in einem schnellen Vorstoß Hasdrubal in den Rücken gefallen, als dieser sich in Nähe des Iberos mit einem kleineren Stamm plagte. Statt zu kämpfen – eingekesselt, zwischen Bergen – hatte Hasdrubal aufgegeben und die folgenden Übergabeverhandlungen in die Länge gezogen; über enge steinige Bergpfade sickerten in den Nächten, während verhandelt wurde, seine Fußkämpfer, Reiter und ein Dutzend Elefanten aus dem Kessel. Als er die Verhandlungen abbrach und die Römer zuschlagen wollten, war niemand mehr da. Nun jedoch hatte der junge Cornelius mit weiteren zwei Legionen Tarrakon erreicht.

»Er bildet sie aus, schleift sie, läßt sie in kleinen Gruppen üben. Mehr als dreißigtausend Fußkämpfer und dreieinhalbtausend Reiter. Tiggo, ich fürchte, er hat in Italien meinem Bruder zu genau zugeschaut.«

»Und was sagen deine Ältesten?«

»Die Trottel. Denken an die Silbergruben und massieren ihre Wänste. Und verteilen uns überall dort, wo wir nicht gebraucht werden. Mago sitzt irgendwo zwischen Karduba und Kastulo, der Sohn Giskons hockt in Gadir. Was, bei Melqarts Auge, soll er in Gadir?«

»Schiffe zählen.« Antigonos schob das Schwert beiseite, das ihm zwischen die Beine gerutscht war, und beugte sich über die Mauer des riesigen bunten Parks. Irgendwo trompetete ein Elefant. Von den Stallungen stieg schwere Süße in die Luft, Dunst warmen Dungs an einem warmen Wintertag. Die Dächer der Stadt glitzerten. Östlich der Insel steckte ein überladener Frachtsegler fest; Ruderboote pendelten zwischen dem Landhafen und dem Schiff und brachten Lasten zur Mole unter dem Kap.

»Was ist da los?«

Hasdrubal, der in einem Mauerwinkel gelehnt hatte, kam zu dem Hellenen. »Das da? Ein dummes Stück Sand. Bei bestimmten Windstärken und Nordwind wird das Wasser aus der Bucht getrieben; man kann dann fast herüberwaten.«

An der Nordseite der Bucht verließ ein anderer Segler die Hafenanlagen des alten Mastia. Der Bauweise nach mußte es sich um einen Händler aus einer italiotischen Stadt handeln, Lokroi oder Taras. Das Schiff glitt nahe an der neuen Pentere vorbei, die eben ein stümperhaftes Wenden betrieb.

Von den Bäumen des Parks flogen Vögel auf. Die Flamingos in ihrem Gehege – man hatte ihnen die Flügel gestutzt – waren unruhig, klapperten und schnatterten und staksten durcheinander.

Hasdrubal blinzelte, verschränkte die Arme und lehnte sich an die Mauer. »Es ist gut, daß du dein Schwert trägst, Tiggo.«

Der Hellene lachte leise und ohne Freude. »Und den alten Dolch. Wir leben in würdelosen Zeiten, Freund, Sohn und Bruder meiner Freunde. Ein friedliebender Händler, der im Frühjahr neunundfünfzig Jahre alt wird, sollte keine Waffen tragen müssen. Aber ich habe mich daran gewöhnt.« Er legte die Hand auf den Knauf des Schwerts. »Hamilkar hat es mir gegeben, vor . . . fast dreißig Jahren. Es hat einem seiner alten Söldner gehört; vorher.«

»Du wirst es verwenden müssen«, murmelte Hasdrubal. Er wirkte entspannt und trotzdem sprungbereit wie eine große Raubkatze.

»Das steht zu befürchten.« Antigonos hob die Schultern. »Wir sind kleine Männlein, die sich auf die riesige Erztafel verirrt haben, auf der die Muse der Geschichte mit Hammer und Meißel herumkrakelt. Man muß sich wehren.«

Hasdrubal seufzte. »Mir wäre es lieber, ich könnte außer Reichweite dieser Muse gelangen, Tiggo. Die Kinder wachsen sehen, die Frau lieben, gut essen und trinken, Friede mit Rom. Und keine Mordanschläge. Zieh.«

Er sprach scharf, aber nicht laut. Vier Männer mit verhüllten Gesichtern drangen aus dem Park auf sie ein. Der Punier, seit Jahren mit ständiger Lebensgefahr vertraut, hatte sie offenbar gesehen – oder geahnt.

Noch ehe Antigonos das Schwert ziehen konnte, hielt der zweite Sohn des Blitzes seine Waffe in der Hand, tauchte unter einem weit ausholenden Hieb durch, rammte dem ersten Angreifer den Schwertgriff in die Kehle, wirbelte herum. Die Klinge zuckte auf und kippte zur Seite. Aus dem Handgelenk des zweiten Meuchlers schoß dunkles Blut; die Faust mit dem Schwert klirrte auf die Steine. Der dritte Mann stieß mit seiner kurzen Waffe nach Hasdrubals Bauch, der vierte stürzte sich mit Schwert und Dolch auf Antigonos. Der Hellene ließ sich auf die Knie fallen, spürte den Luftzug, als das Schwert über seinem Schädel hinwegstrich, setzte langsam wie im Traum die Spitze seiner Waffe an den Nabel des Angreifers und stieß die Klinge ins Weiche. Dann sprang er auf, riß den ägyptischen Dolch aus der Scheide, stand hinter Hasdrubals Gegner und zog die krumme Schneide über den Hals des Mörders. Gleichzeitig vollendete Hasdrubal den wuchtigen Hieb, der dem Gegner die Waffe aus der Hand schmetterte und dann das Brustbein spaltete.

Nur der zweite Angreifer lebte noch. Mit verschleierten Augen starrte er auf sein Handgelenk, aus dem das Leben spritzte. Hasdrubal packte den Unterarm mit der Rechten, preßte ihn zusammen. Mit der Linken zog er seinen Dolch und hielt die Spitze der Klinge vor das linke Auge des Mannes.

»Wer hat euch bezahlt?« Die Stimme klang immer noch beherrscht, leise, scharf, kaum anders als zuvor.

Antigonos riß den Tuchstreifen vom Gesicht des ersten Angreifers, dem die Wucht des Schwertknaufs Zungenbein und Genick gebrochen hatte, drehte den Stoff zu einem Seil und band den Arm des Überlebenden ab.

»Wer?«

Der Mann antwortete nicht. Hasdrubal pfiff durch die Zähne und bewegte kaum merklich den Dolch. Schreiend hob der Verstümmelte die Arme vors Gesicht; eine Mischung von Flüssigkeiten, Fleisch und Glasigem rann die linke Wange herab.

»Wer?«

Das Schreien wurde zu einem dumpfen Jaulen. Hasdrubal nahm den Dolch in die Rechte, zerschlitzte mit einer schnellen Bewegung das Obergewand des Mannes, durchtrennte den Gürtel.

Antigonos wandte sich ab, reinigte seine ägyptische Waffe am Gewand des dritten Angreifers, steckte sie ein, bückte sich, drehte den Leichnam auf den Rücken und versuchte sein Schwert herauszuziehen.

Er hörte ein gurgelndes Gellen, dann wieder die ruhige Stimme Hasdrubals.

»Wer hat euch bezahlt? Du kannst schnell sterben. Oder zehn Tage lang. Sag es.«

»Dem . . . Demetrios. Demetrios . . . von Taras.«

»Der Raubvogelkopf? Ah.«

Der Körper schlug dumpf auf die Steine. Antigonos drehte sich langsam um. Hasdrubal hielt den besudelten Dolch hoch und blickte aufs Meer hinaus. Der Frachtsegler, der Mastia verlassen hatte, war noch zu sehen, aber nicht mehr einzuholen.

»Ich habe ihn gesehen, als die Römer zu den Verhandlungen hier waren«, sagte der Hellene heiser. »Und nach Hasdrubals Ermordung. Ich glaube, ich habe ihn auch in Rom gesehen.«

Hasdrubal holte tief Luft, steckte drei Finger in den Mund und stieß einen schrillen Pfiff aus. »Ich weiß, wo du ihn noch hättest sehen können, Tiggo.« Er bückte sich und wischte die Klinge ab. »Der redliche Handelsherr Demetrios von Taras, der seit zwanzig Jahren, seit die Stadt hier steht, Geschäfte mit uns gemacht hat, ist einer von Hannos Geschäftspartnern.«

Antigonos blickte von der Klinge des Schwerts, das Hamilkar ihm gegeben hatte, zum beherrschten Gesicht von Hamilkars Sohn.

»Hanno der Finstere?«

»Hanno die Ratte. Hanno der Aasgeier. Hanno der Totengräber von Qart Hadasht. Ja. – Alter Freund, Tiggo: Ich danke dir.«

Durch den Park stürmten Männer der Wachtruppe heran.

»Wofür?«

»Dafür.« Hasdrubal deutete auf die Leichen. »Allein wäre ich nicht mit ihnen fertiggeworden.«

»Ich glaube doch. Außerdem . . . es ging ja auch gegen meinen Hals.«

»Weil du zufällig hier warst.« Hasdrubal legte die Hände auf die Schultern des Hellenen. »Nicht schlecht für einen Greis, Tiggo. Du solltest dich nicht für älter halten, als du bist.«

Als die Wachmannschaften die Leichen fortgebracht hatten, Park und Burg abriegelten und nach möglichen weiteren Verschwörern suchten, zog Hasdrubal den Hellenen zu den Flamingogehegen.

»Die lieben Tiere. Und auch die anderen, die aufgeflattert sind. Aber ich konnte nicht mehr pfeifen oder rufen, weißt du.«

Antigonos nickte. »Sie waren schon zu nah, oder weshalb?«

»Sie meinten, sie können uns überraschen; deshalb konnten wir sie überraschen. Sonst...«

»Was wird mit Hanno?«

»Wir werden nichts beweisen können, Tiggo. ›Demetrios von Taras? Ein Kaufherr, ja, ich handle mit ihm. Aber Freunde, Punier, Landsleute – wenn ich gewußt hätte, daß er solche bösen Dinge tut...‹ So ungefähr.«

Es waren angenehme Tage in Iberiens Hauptstadt, mild und meistens trocken. Hasdrubal plante, ordnete, traf Vorkehrungen für das Frühjahr, fast unbehelligt von den beiden Gerusiasten, die in eine Art politische Winterstarre gefallen zu sein schienen. Sie hielten sich in einem abgesperrten Flügel der Burg auf, mit Wein, guten Speisen und jungen Mädchen. Es gab abstoßende Gerüchte über ihre Zerstreuungen.

An den Abenden zog Antigonos oft mit Bomilkar und anderen von der *Schwinge* durch die Hafenschänken der Inselhauptstadt oder der anderen Teilhäfen an der Bucht; manchmal verbrachte er die Nacht bei der Witwe eines Elfenbeinschnitzers im Handwerkerdorf. Meistens war er jedoch bei Hasdrubal und seiner Frau Ktusha, einer Balliarin von der großen Insel Klumyusa. Sie stammte aus einem Dorf an der steilen Nordwestküste, wo von punischen Siedlern in Jahrhunderten Terrassen angelegt und Zisternen gebaut worden waren. Aber die fruchtbaren Schichtungen der Hänge verfielen, seit vor acht Jahren die Römer einen Teil der Insel besetzt und die punischen Bauern und Grundherren getötet hatten. Mehrmals in diesen Winterwochen versuchten Antigonos und Hasdrubal, Ktusha zu überreden, umzustimmen, zu überzeugen, aber die Balliarin wollte nichts von den Vorschlägen hören, nicht mit den vier Kindern an Bord der *Schwinge* gehen und nicht nach Qart Hadasht in Libyen reisen.

»Und im Frühjahr? Was geschieht im Frühjahr?«

Sie lächelte. »Was auch immer im Frühjahr geschieht, Tiggo – ich habe einen Mann, wir haben zwei Söhne und zwei Töchter, und die haben wir, weil wir oft zusammen waren. So soll es bleiben. Hasdrubal wird mit dem Heer ziehen, und wir werden hier auf ihn warten.«

»Ist die Stadt sicher?«

Hasdrubal zuckte mit den Schultern. »Was ist sicher?« Er klang müde. »Mauern, Schiffe, Kämpfer und vierzigtausend Menschen. Aber Mörder können überall eindringen. Immerhin« – er fletschte die Zähne – »hat Ktusha in einem Punkt recht. Hier ist sie nicht so nah bei Hanno.«

»Aber die Römer...«

»Die Römer sind bei Tarrakon, zehn Tagesmärsche im Norden. Wenn es nach mir ginge...« Er schwieg.

Antigonos nickte nur. Hasdrubal, der Sohn des Giskon, hatte in den Lagern bei Gadir weit im Südwesten fast dreißigtausend Kämpfer; Mago lag bei Kastulo mit etwa der gleichen Truppenstärke, und die Lager in und um Mastia und Qart Hadasht bargen fast dreißigtausend Fußkämpfer aus Libyen, Mauretanien, Gätulien und Iberien, dazu an die siebentausend numidische und iberische Reiter und fünfzig Elefanten. Hasdrubal wollte während des Winters alle verfügbaren Truppen in kleinen Marschgruppen zum Iberos schicken, verstreut und unauffällig, und bei Frühlingsbeginn den großen Schlag gegen die Legionen führen. Aber die Ältesten hatten bereits alle Pläne für das Jahr gemacht. Hasdrubal Giskon mit seinen Kämpfern und fast vierzig Schiffen sollte die Tartessier und Lusitaner heimsuchen, Mago die Schwarzen Berge und die Gruben sichern, Hasdrubal nordwestlich ins Binnenland ziehen und die mit Rom liebäugelnden Karpesier bestrafen.

Antigonos hegte die gleichen Befürchtungen wie Hasdrubal. Sie sprachen sie nicht laut aus, aber im Schweigen waren sie fast greifbar. Als der Winter endete und Hasdrubal gegen die Karpesier aufbrach, ging Antigonos an Bord der *Schwinge des Westwinds*. Er hoffte, Hasdrubal in wenigen Monden wieder besuchen zu können; es sollten jedoch fast zweieinhalb Jahre vergehen, bis er etwas von Hasdrubal sah.

Ungünstige Winde trieben die *Schwinge* nach Norden, ein jäher Frühjahrssturm zerzauste das Schiff. Als er abflaute, befanden sie sich in den Gewässern, die Römer und Massalioten befuhren. Einer römischen Nachschubflotte konnten sie durch gnädiges Herabsinken der Nacht entgehen; am Morgen wurden sie von drei massaliotischen Trieren gesichtet, aufgebracht und nach Massalia geschleppt. Antigonos kannte das alte rechteckige Hafenbecken, die Lagerhäuser, die Tempel, die Säulenreihen und die Kaschemmen aus Friedenszeiten; eine seltsame Mischung aus Gefühlen der Heimkehr und des Verlustes hüllte ihn ein, als sie am Kai festmachten. Es stank wie in allen Häfen; das Licht der Frühlingssonne wurde von der düsteren brackigen Brühe verschluckt. Die Massalioten waren höflich; sie ließen Bomilkar, Antigonos und die Besatzung zunächst an Bord der *Schwinge* warten, statt sie in Ketten zu wickeln und über den belebten Kai zu treiben.

»Was jetzt, Herr und Freund meines Vaters?« sagte Bomilkar leise, als einer der Flottenoffiziere verschwand. Die Obsthändler und Fischweiber des Hafenmarkts kümmerten sich nach ein paar Blicken nicht weiter um die Wachtposten und das Schiff.

»Wir haben vielleicht Glück – trotz allem.« Antigonos deutete auf die massaliotischen Posten, die massaliotischen Zeichen an den Kriegsschiffen, die massaliotischen Wachen am Hafenausgang. »Diese alte reiche Stadt ist mächtig. Sie kann hundert Kampfschiffe ausrüsten und zwanzigtausend Krieger ins Feld schicken. Und sie ist Roms beste Freundin.«

Bomilkar grunzte und kratzte seinen schwarzen Bart. »Was ist daran Glück?«

»Glück daran ist, daß Massalia so stark und so treu ist, daß Rom keine Besatzungstruppen schicken muß, vielleicht auch nicht zu schicken wagt. Das heißt: Was immer mit uns geschieht, hängt nur von den Massalioten ab. Wir werden keinem Barbaren in die Hände fallen.«

Die massaliotischen Behörden beschlagnahmten Schiff und Ladung und verteilten die Besatzung auf die eigenen Kampfschiffe. Antigonos, berühmter und reicher Händler, Nachkomme großer Männer, die Massalias Handel seit hundert Jahren mitbestimmt hatten, und sein Kapitän Bomilkar, Sohn eines reichen punischen Ratsherrn, wurden in der Burg untergebracht, und da sie genug Silbermünzen – Schekel, Drachmen, Denare – besaßen, beschafften ihre Bewacher ihnen alles, was sie haben wollten: Wein, besseres Essen, Decken und Felle statt der Strohmatten, Buchrollen, Dirnen. Alles außer der Freiheit.

Antigonos erfuhr, daß sein Bruder Attalos vor vier Jahren gestorben war und einen einzigen Sohn und Erben hinterlassen hatte. Arkesilaos, Weinhändler und Schiffseigner, dreißig Jahre alt und teils bestürzt, teils peinlich berührt, teils zuvorkommend, besuchte seinen fremden Onkel und bot an, die Zustimmung des Rats von Massalia vorausgesetzt, Antigonos und Bomilkar in sein Haus aufzunehmen – unter Bewachung. Der Hellene erwog das Angebot, verzichtete dann jedoch mit Dank, um die Familie seines Neffen nicht zu belasten. Arkesilaos sorgte immerhin dafür, daß Bomilkar und Antigonos in hellere und größere Räume kamen; er versprach, auf Umwegen die Sandbank in Qart Hadasht zu verständigen, Nachrichten – auch über den großen Krieg zu vermitteln und die Handelsherrin Tomyris aus Kition suchen zu lassen. Antigonos hatte Tomyris noch zweimal in anderen Häfen getroffen, und jedesmal war es gewesen wie damals in Qart Hadasht. Tomyris kam aus einem

Hafen, der keiner der kriegführenden Parteien nahestand; ihre Häuser lagen auf Inseln, die teils den Seleukiden, teils Ägypten gehörten. Vielleicht, wenn es überhaupt möglich war, sie zu finden, konnte sie Wege öffnen – Antigonos befürchtete, ohne derartige Hilfe entweder bis zum Ende des Kriegs in Massalia bleiben zu müssen oder als Freund und Bankherr der Barkiden an Rom ausgeliefert zu werden. Bostar würde zweifellos über Dritte alles versuchen, aber eine Hand mehr im Gemenge mochte nützen.

Das enge Zusammenleben mit Bomilkar war leicht – und weit weniger eng als bei langen Reisen an Bord des Schiffs. Nachdem sich gewisse Gewöhnungen eingestellt hatten, rangen sie jeden Tag miteinander, liefen stundenlang durch den Burghof, fochten mit Stöcken; Antigonos stellte befriedigt fest, daß der Unterschied hinsichtlich Kraft und Geschicklichkeit zwischen ihnen geringer war als der Altersabstand von zweiundzwanzig Jahren.

Frühsommer, Sommer und Herbst verstrichen. Als der Winter begann, kam eine kurze Nachricht aus Qart Hadasht, daß Bostar alles versuche.

Das zehnte Jahr des Kriegs verging. Gerüchten und Berichten aus Italien zufolge erlitt Hannibal Niederlage um Niederlage und verlor fünfmal so viele Krieger, wie er überhaupt je befehligt hatte. Antigonos mißtraute den Einzelheiten und zog nur diesen Schluß: Der Stratege hielt noch immer fast ganz Süditalien; angesichts der mangelnden Unterstützung mehr als ein Wunder. Die große Siegesmeldung, Rom habe Taras/ Tarentum zurückgewonnen, mochte richtig sein; richtig klang aber auch, was Arkesilaos von anderen Händlern gehört hatte: Es gab große Risse im unerschütterlichen latinischen Bündnis; etwa die Hälfte der latinischen Städte stellte keine Truppen mehr für Rom und zahlte keine Abgaben. Ähnliche Abfallbewegungen schien es in Etrurien zu geben, wo Rom – ohne dort von Puniern bedroht zu sein – zwei Legionen stehen ließ. Antigonos raufte sich die Haare und dachte daran, wie schnell Rom zerbrechen müßte, wenn Hannibal nur ein Drittel der in Iberien verfügbaren Truppen zusätzlich erhielte.

Iberien und der Osten waren die beiden anderen Schauplätze in diesem Jahr, und die Vorführungen auf diesen Bühnen übertrafen alles, was dort in den vergangenen Jahren geschehen war. Philippos hatte endlich seine Truppen auf einen besseren Stand gebracht und verteidigte Makedonien, das mittlere Hellas, den nördlichen Peloponnesos und Euboia durch Siege gegen Aitoler, Pergamener und sogar ein römisches Heer; nach all den Jahren der Untätigkeit schickte Qart Hadasht eine Hilfs-flotte von fünfzig Penteren, die gegen die Römer alle wichtigen Häfen freihielt. Und der Makedone begann endlich mit dem Bau einer eigenen Flotte. Aber im Herbst ließ Philippos alles fahren und begab sich an die makedonische Nordgrenze, um ein paar aufmüpfige Stämme zu bekriegen.

In Iberien war es das Jahr der großen Katastrophe. Sie lief etwa so ab, wie Antigonos und Hasdrubal befürchtet hatten. Publius Cornelius Scipio, der seit Beginn des Kriegs Hannibals Bewegungen und Listen in Italien beobachtet hatte, stieß an der Küste nach Mastia-Qart Hadasht vor. Es war ein Gewaltmarsch, den keiner der punischen Strategen abschneiden konnte; durch die Weisheit der Ältesten standen sie alle zu weit im Süden oder Westen. Die römische Flotte unter Laelius lief in den Hafen ein. Am vierten Tag der Belagerung kamen starker Nordwind und eine ungewöhnliche Ebbe zusammen: Cornelius ließ Fußkämpfer vom Kap durch den Schlick zur Insel waten, wo sie einen unbewachten Mauer-abschnitt erstürmten. Dann gab der römische Feldherr, ehrwürdigen Gepflogenheiten seiner Vaterstadt folgend, in der besetzten Stadt das Plündern und Morden frei. Als der punische Befehlshaber der Burg, der nur tausend Kämpfer befehligte, daraufhin die Tore öffnete und sich ergab, lebten von vierzigtausend Menschen nicht mehr ganz zehntausend. Publius Cornelius Scipio hatte das Herz des punischen Iberien getroffen. Neben mehr als sechshundert Talenten aus dem Staatsschatz eroberten die Römer weitere fünfhundert Talente an Gold und Silber, Tausende goldene und silberne Gefäße, achtzehn Schlachtschiffe, dreiundsechzig Lastschiffe, vierhunderttausend Scheffel Weizen, zwei-hundertsiebzigtausend Scheffel Gerste, Zehntausende Schwerter, Rüstungen, Lanzen, Pferde; sie versklavten die besten Handwerker der Oikumene, nahmen zwei Mitglieder des Rats der Ältesten und fünfzehn weitere hochrangige Punier gefangen. Und sie erbeuteten oder befreiten über dreihundert Geiseln iberischer Stämme. Cornelius sicherte Stadt, Festung und Häfen und zog sich nach Tarrakon zurück, wo er die Ver-handlungen mit den iberischen Völkern eröffnete, indem er die befreiten Geiseln mit Geschenken entließ – wie Hannibal es in Italien mit römi-schen Bundesgenossen getan hatte. Und Hasdrubal Giskon, Hasdrubal Barkas und Mago, die sofort ihre Heere vereinigen und losschlagen woll-ten, wurden durch Befehle des Rats der Ältesten daran gehindert – die

Hauptstadt sei ohnehin verloren, nun solle man für Ruhe im Hinterland sorgen und keine Schlacht gegen Cornelius wagen. So konnte Cornelius für Ruhe im Hinterland sorgen, Bündnisse mit Iberern schließen und seine Stellung ausbauen.

Wegen der guten alten Handelsbeziehungen zwischen Massalia und Antigonos samt seinen Vorfahren wurde schrittweise der Bannkreis, den der Gefangene nicht überschreiten durfte, auf die ganze Stadt ausgedehnt. Es war eine große Erleichterung, bisweilen mit Bomilkar und drei oder vier Wächtern zum Hafen zu gehen, in Kaschemmen essen und trinken zu können, in den Buchläden zu stöbern oder auf den Plätzen Schauspiele, musikalische Darbietungen und Gaukler zu betrachten.

Manchmal kam es dabei zu Begegnungen mit den hohen Herren Massalias. An einem kalten Herbsttag, als die Bäume der Tempelbereiche sich meerwärts bogen und der schroffe Fallwind aus dem Norden, der das Hafenbecken geißelte, die Menschen in die Häuser trieb, teilte Antigonos in einer Schänke nahe dem Ratsgebäude heißen Würzwein mit dem Reeder Oreibasios. Der Massaliote, seit zwanzig Jahren im Geschäft mit der halben Oikumene, mochte fünfzig Jahre alt sein; mit dem fleckenlos schwarzen Bart und der glatten Haut glich er eher einem Jüngling. Unter seinem linken Auge zuckte ständig eine winzige Faser; Antigonos mußte sich zwingen, nicht immer dorthin zu starren.

»Wir verdienen gut und müssen nicht viel wagen. Aber dieser Krieg ist nichts als eine lange quälende Agonie. Besser, er ginge morgen zu Ende.«

»Er wird noch Jahre dauern.«

Oreibasios nickte mit harten Kopfbewegungen. »Du sagst es, Herr der Sandbank. Ich fürchte, du wirst sehr lange unser Gast sein müssen. Laß mich wissen, wenn es dir an etwas mangelt.«

Antigonos schwenkte seinen Becher und verfolgte die Kreisbahnen der Würzkräuter im Wein. »Schiff und Ladung wurden in Beschlag genommen. Die Münzen gehen zur Neige.«

Oreibasios räusperte sich. »Der Herr der Sandbank hätte unbegrenzte Mittel zur Verfügung...«

Antigonos blickte auf. »Hätte?«

»Wenn einer von uns genau wüßte, daß am Ende des Kriegs die Sandbank noch besteht.«

»Solange Karchedon besteht, wird auch die Sandbank bestehen.«

»Eben.«

»Du scheinst in dieser Frage keine großen Hoffnungen zu haben, Reeder.«

Oreibasios hob die Schultern. »Hoffnungen? Was sind Hoffnungen? Wir wissen zu gut, wie Rom vorgeht. Und wir kennen die Wunschträume und Fehleinschätzungen des Rats von Karchedon. Zähl beides zusammen – was erhältst du dann?«

Antigonos schwieg.

»Ich will es dir sagen.« Oreibasios beugte sich vor und ergriff mit spitzen Fingern einen Zipfel von Antigonos' Überwurf. »Ihr habt den größten Strategen seit Alexandros. Hannibal ist der menschgewordene Ares. Die Alpen, die Schlachten gegen die unschlagbaren Legionen … Seit fast zehn Jahren steht er mit Söldnern aus tausend Völkern in Italien, und keiner von ihnen hat je versucht, ihn zu töten und damit Ehrenbürger der Stadt Rom zu werden. Aber …« Er schüttelte den Kopf. »Wenn ich Punier wäre, Freund, ich wäre verzweifelt und wahnsinnig vor Wut. Niemand hätte geglaubt, daß Hannibal das gelingen kann, was ihm gelungen ist. Seit Cannae konnte er jedes Jahr, und dieses ist das achte, jedes Jahr konnte er den Krieg entscheiden, gewinnen, Rom niederwerfen. Irgendwann wird er vernichtet oder nach Karchedon zurückgerufen werden, und dann wird es so aussehen, als sei alles nach Cannae nur ein sinnloses verzweifeltes Ausharren gewesen.« Er zerrte an dem Stoffzipfel. »Aber wir wissen, daß es nicht stimmt. Selbst jetzt, nach dem Fall des neuen Karchedon in Iberien, würde ihm eine Flotte und ein gutes Nachschubheer ausreichen.«

»Ich weiß«, sagte Antigonos leise. »Latiner und Etrusker fallen ab, er beherrscht immer noch fast ganz Süditalien. Ein schneller harter Schlag … Aber sie lassen ihn allein.«

»Und deshalb steht Massalia bei Rom, Freund. Nicht nur wegen des alten Bündnisses. Zu Beginn des Kriegs hat es bösen Streit im Rat gegeben. Wir wissen, daß die Punier, so weit entfernt, uns nie beherrschen wollten und es nicht könnten. Unsere Unfreundschaft zu Karchedon ist überliefert; seit Jahrhunderten hassen Hellenen und Punier einander. Es ist sinnlos, aber so ist es nun einmal. Und wir hatten Auseinandersetzungen um Handelsplätze in Iberien, um Schiffahrt im westlichen Meer.«

»Und trotzdem Streit im Rat?«

»Trotzdem, ja. Karchedon zerstört nicht; Karchedon will Handel und Reichtum, Stützpunkte und Einfluß, aber keine festgefügte Herrschaft. Selbst das Reich in Iberien sollte ja nur ein Bollwerk sein. Reichtum durch Handel erwirbt man nicht, indem man die Märkte zerstört und die Handwerker tötet. Rom dagegen will nur herrschen. Irgendwann wird es die Art seiner Kriegführung bitter bezahlen müssen.«

»Meinst du Iberien?«

»Vor allem Italien selbst. Jede Stadt, die sie zurückerobern, nachdem Hannibal sie besessen hat, wird zerstört; die Bewohner werden hingemordet, das Land fällt an Rom. Jedes Jahr seit Cannae haben die Römer im eigenen Land mehr friedfertige Stadtbewohner abgeschlachtet, als sie in der größten aller Schlachten an Kriegern verloren. Wenn der Krieg zu Ende ist, wird es in Italien sehr viele Trümmer geben, verwüstete Felder, entvölkerte Städte. Das Rückgrat eines jeden Staats, der Stand der freien Bauern und halbfreien Pächter, wird nicht mehr da sein. Und Rom, ein Bauernvolk, wird das Land mit Sklaven bebauen. Natürlich hat auch Hannibal plündern lassen, aber neun Zehntel der Verwüstung wurden von den Römern selbst angerichtet. Den sturen trotzigen Bauern, der Rom geprägt hat, wird es nicht mehr geben; damit wird sich auch das Gesicht Roms und Italiens wandeln.«

»Und deshalb Streit im Rat? Habt ihr bei Kriegsbeginn dies alles vorausberechnet?«

Oreibasios lachte. »Es war nicht zu berechnen. Ohne Hannibal wäre der Krieg längst zu Ende, und diesen Mann konnten wir nicht errechnen. Nein, Herr der Sandbank.« Er ließ endlich den Gewandzipfel los. »Wenn Karchedon in jedem Jahr dieses Kriegs nur ein Fünftel seiner Kriegsausgaben zur Stärkung Hannibals verwendet hätte, wäre Rom längst auf seine alten Grenzen zurückgeworfen und durch Verträge gebunden. Oder zerstört. Aber Karchedon hat alles vergeudet, vertändelt, verschenkt, sinnlos geopfert. Und weil wir gewußt haben, errechnet und erwartet haben, daß der Rat von Karchedon genau dies tun würde, haben wir das alte Bündnis mit Rom nicht aufgekündigt. Karchedon war immer ein angenehmer Feind; Rom ist ein grauenhafter Freund. Karchedon hätte uns nicht geschützt; als wichtigster Freund Roms braucht Massalia keinen Schutz gegen Rom – noch nicht. Vielleicht gelingt es uns, auf diese Weise unsere Unabhängigkeit noch zehn oder zwanzig Jahre zu bewahren. Dann werden wir römische Provinz werden, mit einem Statthalter und römischer Besatzung, und sie werden uns zwingen, Latein zu sprechen und unsere alten Einrichtungen aufzugeben.«

Antigonos musterte das glatte Jünglingsgesicht. Das Zucken unter dem Auge war heftiger, merkbarer geworden; über den Zügen des Reeders lag eine kühle Bitterkeit. »Ihr habt euch also neben Rom gestellt, damit ihr nicht sofort, sondern erst in ein paar Jahrzehnten versklavt werdet?«

»So ist es. Und weil wir die Römer so brav unterstützen, dürfen wir jetzt in den von ihnen besetzten iberischen Gebieten handeln. Und« – er hüstelte – »weil wir so treue Freunde sind, stellen sie keine unannehmbaren Forderungen. Sie wissen genau so gut wie wir, daß Hannibal immer noch siegen kann, und daß sie alle Hilfe brauchen.«

»Was willst du damit sagen?«

»Ich will damit nur sagen, Herr der Sandbank, daß man in Rom weiß, daß du hier bist. Und sie wissen natürlich, daß du immer wieder versucht hast, Hannibal Geld und Truppen zu schicken. Aber sie haben deine Auslieferung nicht gefordert. Noch nicht.«

Antigonos trank langsam den abgekühlten Würzwein. »Und wenn sie mich wirklich haben wollen – was dann?«

Oreibasios lächelte. »Dann werden wir der Auslieferung zustimmen und dich fliehen lassen. Unauffällig. Bis dahin ...« Er spitzte den Mund und summte leise. »Dein Schiff – zehn Talente in Silber?«

»Zu viel, Herr der Schiffe.«

»Du verkennst die Lage. In diesen Jahren sinken viele Frachter, werden aufgebracht, erbeutet, gehen verloren. Schiffe kosten zur Zeit fast das Doppelte dessen, was man vor dem Krieg zahlen mußte. Und dein Schiff ist besonders gut ausgestattet und besonders seetüchtig.«

Fünf Tage später brachte ein Bote mehrere schwere Lederbeutel zu Antigonos. In seinem bequemen Gefängnis zählte der Hellene die Münzen. Sechs Talente; er wußte nicht, ob Oreibasios eigenes Geld oder Mittel des Rats flüssig gemacht hatte.

Im Frühjahr, fast ein Jahr nach Beginn der Gefangenschaft, kamen Gesandte des römischen Senats nach Massalia. Es war am Tag vor der großen Feier des Frühjahrsbeginns. Arkesilaos besuchte seinen Onkel, zum ersten Mal nach langer Zeit; er war in Eile.

»Morgen findet die Sonnenfeier statt, auf dem freien Platz vor dem Artemistempel.« Er zögerte, sprach absichtlich oder unwillkürlich leiser. »Es wird sich so ergeben, daß ihr einige Zeit ohne Bewachung seid. Oreibasios sorgt dafür. An der östlichen Mündung des Rhodanos wartet zwischen den Schilffeldern ein Schiff. Ihr müßt in den Gauklerkarren steigen, der mit blaugrauem Stoff bespannt ist. Es sind rote Tupfer darauf – ein Dreieck über dem linken Hinterrad.«

Ehe Bomilkar und Antigonos ihm danken oder Fragen stellen konnten, ging er.

Das Fest der Gleichheit von Tag und Nacht wurde in allen Tempeln von Massalia begangen. Einzig die kleine jüdische Gemeinschaft beteiligte sich nicht an den Feiern. Der Platz vor dem Tempel der Artemis hatte keine besondere Bedeutung; er war nur der größte. Die meisten Feiern fanden fast ohne Gläubige statt; Massalia hinterlegte an den vorgeschriebenen Tagen, etwa nach der Ernte, die vorgeschriebenen Gaben und schätzte ansonsten die Götter, weil (und die Priester, wenn) sie sie in Ruhe ließen. Auf dem großen Platz loderten Bratfeuer; die Weinbauern und Weinhändler hatten Stände mit mächtigen Amphoren und großen Holzfässern errichtet. Vor allen Schänken standen rohe Tische und Klötze; die Wirte aus nahegelegenen Straßen beteiligten sich mit Tischgruppen, die wie Brückenköpfe wirkten. Überall Zelte und Buden: Wahrsager, Schlangenmenschen, Erzähler, Schwertschlucker, Gaukler, Ungeheuer. Weitgereiste Tiersammler zeigten ihre seltensten Stücke. In einem Pferch am Rand des Platzes hielten zwei verschnittene Wisentbullen, eine Elefantenkuh und ein paar Schakale Abstand voneinander; daneben, hinter hohen Latten, wanderte ein Leopard im Kreis, fauchte, starrte mit glimmenden Augen in die Menge. In Kästen aus buntem Glas oder gebranntem Ton ringelten sich Giftschlangen; Skorpione glotzten und reckten die Schwänze.

In einem ausgesparten Geviert in der Platzmitte rangen nackte, von Öl und Schweiß glänzende Gallier und Germanen miteinander; wer sein Geld verlieren wollte, konnte einen der wilden Riesen herausfordern. Auf einem Holzsockel stand ein doppelköpfiges Kalb, gehütet von einer rothaarigen Frau mit Schuppenhaut und unendlich aufgedunsenen Gliedern. Eine Gruppe hellenisch-phrygischer Musiker mit Lyren, Syringen, verschiedenen Flöten, hölzernen und metallenen Schlaginstrumenten spielte auf den Tempelstufen. Antigonos und Bomilkar lauschten ihnen eine Weile und lachten mit den Massalioten, als der älteste der Musiker, die wunderbare vielschichtige Läufe und Harmonien hervorzauberten, von einem kurzen Aufenthalt in Rom berichtete, wo die Barbaren nach dem zweiten Stück unruhig wurden und nach dem dritten Stück verlangten, man solle die Instrumente weglegen und ein bißchen ringen oder mit den Fäusten kämpfen.

Ein weißbärtiger Riese mit umgehängter Trommel drängte sich durch die Menge, hieb auf das straffe Kalbfell und schrie immer wieder: »Ari, Ari, Aristoboulos. Aristoboulos und seine zuckenden Zwerge. Zuck, zuck, zuckende Zwerge. Kommt, kommt, kommt zu Ari, Ari, Ari und zuck, zuck, zuck.« Einer der Wächter berührte Antigonos am Ellenbogen.

»Du solltest dir die Zwerge ansehen, Herr. Eine Empfehlung des Reeders Oreibasios.«

Antigonos nickte und zog Bomilkar mit sich. Der Kapitän löste sich widerstrebend aus den Armen einer grellen Dirne. Aristoboulos – der trommelnde Riese selbst, aber nun ohne Bart – wandte sich an die Gaffer.

»Dringende Geschäfte rufen uns fort«, schrie er. »Sehr dringende Geschäfte. Dies ist unsere erste und einzige Vorstellung heute. Wer sehen will, der sehe; wer staunen will, der staune – wer sehen und staunen will, der zahle! Wenn das Gefäß eine gewisse Schwere erreicht hat, werden wir beginnen!«

Jemand schrie zurück. »Erst spielen, dann zahlen!«

Aristoboulos richtete sich auf; seine Stimme klang empört. »Die Kunst, die die Oikumene begeistert! Barbaren und Römer wollen zuerst sehen, dann zahlen; Menschen mit feinem Geschmack wissen, was ihnen entgehen würde!«

Das Holzgefäß wurde herumgereicht. Die Truppe schien tatsächlich einen gewissen Ruf zu haben; die meisten Umstehenden warfen Obolen oder sogar halbe Drachmen in den Topf. Aristoboulos hatte seinen Karren in eine enge Straße gestellt, die vom Platz nach Westen führte; halb in der Straßenmündung, halb auf dem Platz war ein von Fässern gehaltenes Seil gespannt. Im Kreis lagen dicke Matten. Aus den engstehenden Häusern zu beiden Seiten schauten Köpfe; Aristoboulos verfluchte die nichtzahlenden Anwohner, bis auch aus den Fenstern Münzen flogen.

Der Karren – groß, vierrädrig, überspannt mit einem blaugrauen Stoff – war hinten mit einer Klappe verschlossen. Plötzlich öffnete sie sich. Sieben Zwerge purzelten aus dem Wagen, schlugen Rad, rollten über-, unter-, durcheinander, rannten innerhalb des Seilkreises herum, sprangen aus drei verschiedenen Richtungen gleichzeitig übereinander weg, wie aus dem Wasser schnellende Fische. Dann stellten sich zwei von ihnen Rücken an Rücken; zwei stiegen auf ihre Schultern, der fünfte klomm auf die vier hinauf. Schließlich standen alle sieben aufeinander. Aristoboulos warf dem Obersten einen verschnürten Ballen zu. Der

Zwerg öffnete die Schnüre, streifte Stoff über seinen Kopf; blaugraue Wolle mit roten Punkten wallte nach unten, umhüllte den Zwergenturm. Der Oberste setzte einen breitkrempigen Hut auf; plötzlich wurde aus den Zwergen eine riesige Männergestalt, aus dem Wollumhang ein Mantel. Im Mantel öffnete sich ein Schlitz. Einer der Zwerge, in fleischfarbenen Stoff gehüllt, reckte sich dort heraus, als Phallos. Sein Kopf, kahl und rosig, war die Eichel. Der Turm schwankte rhythmisch vor und zurück, während Aristoboulos die Trommel schlug und ein kaum verständliches, zweifellos obszönes Lied grölte. Plötzlich spuckte der Phalloszwerg eine milchige Flüssigkeit und sackte dann vornüber; der Mantel hüllte ihn ein.

Die Zuschauer johlten, klatschten und trampelten. Der Mantel fiel, ebenso der Hut; die sieben Zwerge – zwei, zwei und dreimal einer aufeinander – kreischten und fuchtelten mit den Ärmchen. Aristoboulos warf dem untersten eine große Holzkugel zu, dann noch eine und noch eine und noch eine; schließlich waren es ein Dutzend oder mehr. Die Zwerge ließen die Kugeln hinauf- und hinabfliegen, von Hand zu Hand, in verwirrenden Bahnen. Nach einigen Augenblicken stieß der oberste Zwerg einen heiseren Schrei aus, als ihm eine Kugel entglitt. Sie prallte auf den Boden, zerfiel zu zwei Halbkugeln, eine weiße Taube flatterte auf und setzte sich auf Aristoboulos' Kopf. Als die zweite Kugel platzte und eine blaugefärbte Taube freigab, spürte Antigonos eine Berührung am Ellenbogen.

»Komm. Wir sind unbewacht.« Bomilkar flüsterte in sein Ohr, obwohl bei dem Geschrei und Gejohle ringsum auch laute Worte kaum vernehmbar gewesen wären.

Sie schoben sich langsam durch die Menge zum Wagen, in die enge Straße. Über dem linken Hinterrad sahen sie auf dem Holz das rote Dreieck. Vier Ochsen mit umgehängten Futtersäcken waren vor den Karren gespannt; Antigonos und Bomilkar stiegen auf den Bock und glitten unter das Verdeck.

Drinnen stank es erbärmlich; die Zwerge schienen dort nicht nur zu leben und zu essen, sondern auch ihre Notdurft zu verrichten. Taubenmist allein konnte es nicht sein. Bomilkar grinste den Hellenen an.

»Hast du nicht gelegentlich gemeint, an Bord der *Schwinge* wäre es eng?«

»Eng oder weit – paß auf deine Münzen auf. Ich fürchte, die Kleinen haben schnelle Finger.«

Bomilkar nickte und klopfte auf seinen Gürtel. »Da kommen sie nicht rein.«

Die Vorstellung dauerte sehr lange. Gekreisch, Gejohle und Gelächter sagten den beiden Eingesperrten immer wieder, daß sie etwas verpaßten, aber wenn die Flucht wirklich glückte, war das ein erschwinglicher Preis.

Plötzlich ergossen sich die Zwerge in den Karren, plappernd und zischelnd. Es war weder Hellenisch noch sonst eine Sprache, die Antigonos je gehört hatte. Aristoboulos schloß die Klappe; einer der Zwerge zwinkerte Antigonos zu, öffnete dann sein Obergewand und lachte heiser. Der Zwerg war eine Zwergin mit drei Brüsten. Antigonos seufzte unhörbar.

Der Wagen setzte sich in Bewegung, langsam, zäh, polternd. Wie in einem langwierigen Nachtmahr fühlte der Hellene sich von Zwergen beklettert, begrabscht, besabbert. Solange sie in der Stadt waren, wagte er sich nicht zu wehren.

Irgendwann wurde der Wagen angehalten; sie hörten Stimmen, dann rollte das Gefährt weiter. Aristoboulos knallte mit der Peitsche und knurrte tief in der Brust unentwirrbare Gesänge oder fast zusammenhanglose Fetzen eines einzigen endlosen Gesangs. Der Wagen schlingerte, legte sich schief, richtete sich wieder auf. Einer der Zwerge zerrte an Bomilkars Gürtel; ein anderer ließ eine dunkelrote Taube durchs Karreninnere flattern. Die Zwergin – oder gab es auch davon mehrere? alle mit drei Brüsten? – hatte sich vollkommen entkleidet; von den Knien bis zum Nabel war sie mit rötlichem Pelz bedeckt. Sie spreizte die Beine, stieß schrille Geräusche aus und nestelte an Antigonos' Schurz. In diesem Augenblick hielt der Wagen an; Aristoboulos steckte den Kopf unter die Plane, keckerte bei dem Anblick, der sich ihm bot, und schmatzte.

»Ich muß unterbrechen – ihr beide steigt jetzt aus.«

Arkesilaos wartete am Rand der Straße, die sich nordwestlich von Massalia durch die Küstenhügel wand. Er saß auf einem Pferd und hielt die Zügel von zwei weiteren Reittieren. Sie trugen Decken, zusammengebundene Vorratssäcke, Lederflaschen und Schwerter.

Nach drei Tagen vorsichtiger Fortbewegung erreichten sie den Rhodanos. Viele Städte und Stämme am Strom betrieben Fluß- und Seehandel; man mußte auch mit römischen Wachschiffen rechnen. In einem kleinen Hafen verkauften sie die Pferde und erstanden einen flachen Kahn.

Bomilkar seufzte tief und lustvoll, als die Strömung sie erfaßte und an den verschilften Ufern entlang zum Meer trieb.

»Salz«, sagte er, mit halbgeschlossenen Lidern. »Oh das Meer. Mein Meer.«

»Nicht mehr lange, Freund. Bald werden die Römer es ihr Meer nennen.«

Bomilkar spuckte über Bord. »Sie können nicht jeden einzelnen Tropfen beherrschen.«

Am späten Nachmittag kamen sie zu den ausgedehnten Schilffeldern des unmittelbaren Mündungsgebiets. Unter der roten schrägen Sonne wogte der nasse knirschende Dschungel. Flamingos, Reiher und Kraniche flogen durch den verschleierten Himmel. Ein paar Armlängen neben dem Kahn stieg ein riesiger Fisch fast senkrecht empor, schnappte nach etwas und klatschte wieder ins Wasser.

»Kein Boot in Sicht.« Bomilkar starrte flußaufwärts und flußabwärts. »Niemand beobachtet uns. Aber wo sollen wir das verheißene Schiff suchen?«

Antigonos runzelte die Stirn. »Du bist der Kapitän – wo würdest du dich verbergen?«

»Nicht zu nah am Meer – die Römer. Und nicht zu weit stromauf; da wird es im Schilf zu seicht.«

»Hilft uns sehr viel weiter.«

Bomilkar grinste. »Ach, ich soll helfen?«

»Ich habe dich lange nicht mehr verprügelt, Sohn meines Freundes.«

»Zuletzt vor etwa dreißig Jahren.«

Antigonos stand auf; Bomilkar hielt den Kahn ruhig. Der Hellene starrte in den Schilfdschungel; dann legte er die Hände an den Mund und schrie: »Taaaniiit! Meeelqaaart!«

Bomilkar kicherte. »Daß ich das noch erleben durfte! Der finstere Leugner aller Götter, Antigonos Sohn des Aristeides, schreit nach Tanit und Melqart. Aber vielleicht hast du recht. Jedes römische Wachboot, das dich hört, kommt bestimmt her. Die werden uns helfen.«

Sie warteten; schließlich ließen sie den Kahn wieder treiben. Ein Stück weiter flußab sahen sie, weit rechts, ein kleines Fischerboot im Dickicht; es mochte auch das Boot eines Schilfschnitters sein. Ein Mann saß darin, mit breitem Hut, Angel und Reusenschnur. Bomilkar lenkte den Kahn ins Schilf und rief den einsamen Angler an.

»He, Herr der Fische, wir haben uns verlaufen.«

Der Angler blickte unter der Krempe noch einen Moment aufs Wasser; dann schob er den Hut zurück. Es war Tomyris.

Noch immer, nach fast elf Kriegsjahren, gab es in Qart Hadasht keine Anzeichen von Mühsal, Müdigkeit oder knapper Versorgung. Antigonos zögerte einige Zeit, rang mit sich, ob er den offenen Kampf gegen Hanno aufnehmen sollte, aber Bostar riet ab. Hanno sei nur noch halb so wichtig; der Rat habe endlich beschlossen, Hasdrubal und Mago in Iberien halbwegs freie Hand zu geben.

Zu spät, und wahrlich nur halbwegs. Hasdrubal war mit seinem Heer nach Südwesten gezogen, verfolgt von Cornelius. Er wollte die Römer in das Gebiet locken, in dem Hasdrubal Giskon und Mago mit ihren Truppen eingreifen konnten, aber Publius Cornelius Scipio erwies sich erneut als gelehriger Schüler Hannibals. Bei Baikula, nördlich des Baits, etwa auf halber Strecke zwischen Kastulo und Karduba, kam es zur Schlacht. Durch den Abfall und Übertritt zahlreicher Ibererstämme verfügte der römische Befehlshaber zum ersten Mal über eine zahlenmäßig stärkere Truppe. Mit unerhörter Wucht griffen die Legionen und ihre iberischen Verbündeten aus dem Marsch heraus an – eine barkidische Bewegungsschlacht. Hasdrubal sah, daß der Kampf nicht zu gewinnen war; mit klugen Zügen gelang es ihm jedoch, fast das ganze Heer aus der Schlacht zu ziehen. Er marschierte nach Nordwesten, zu Mago – aber Cornelius setzte nicht nach.

Nördlich der Schwarzen Berge trafen sich die punischen Strategen und die Vertreter der Ältesten zur Beratung. Mago, Hasdrubal Barkas, der Massylerfürst Masinissa, Hasdrubal Giskon, ein weiterer neuer Unterstratege namens Hanno und die Gerusiasten Arish, Mished und Mastanabal stritten zwei Tage um den richtigen Weg. Hasdrubal und Mago sprachen für eine von zwei Möglichkeiten: Zusammenfassung aller Heere und der verstreuten Kampfschiffe zum vernichtenden Schlag gegen Cornelius in Iberien; oder Rückzug auf leicht zu haltende Stellungen im Süden und Übergang aller verfügbaren Truppen nach Italien, zur Hälfte über Land mit Hasdrubal Giskon, zur Hälfte über See mit Mago direkt zu Hannibal. Die Gerusiasten entschieden sich für eine untaugliche Mischung. Hasdrubal Barkas sollte mit seinem Heer über Pyrenäen und Alpen nach Norditalien ziehen und sich irgendwo mit Hannibal vereinigen; Hasdrubal Giskon sollte mit den übrigen Truppen – die immer noch zu einem Angriff ausgereicht hätten – den Süden sichern; Masinissa sollte mit dreitausend Reitern im Land umherstreifen, Bundesgenossen schützen und Gegner behelligen; Mago sollte in Nordlibyen und auf den Inseln der Balliaren neue Kämpfer werben – nicht etwa für Hannibal, sondern für Iberien, die Silbergruben, die Märkte.

Dieser Wirrnis im Westen standen Erfolge im Osten gegenüber. Philippos konnte sich, mit Hilfe der punischen Flotte, insgesamt gegen die Römer behaupten; nach einer verlorenen Schlacht schied Attalos von Pergamon zunächst einmal aus dem Krieg aus und kehrte nach Asien zurück, um sich – in Fortführung der besten hellenischen Übungen – eine Weile mit Prusias von Bithynien zu balgen. Antiochos und das gewaltige Heer des seleukidischen Reichs befanden sich auf dem großen Marsch nach Osten, um die von Alexandros eroberten Gebiete in Parthien und Baktrien wieder unter seine Herrschaft zu bringen. Rhodos baute im Windschatten der Ereignisse eine riesige Flotte und wurde zur größten Seemacht der östlichen Oikumene; zusammen mit Ptolemaios versuchten die Rhodier zwischen Makedonien und Rom zu vermitteln.

Antigonos gab wieder einmal den Versuch auf, Formen von Logik und Sinn in den Ereignissen und Beschlüssen zu finden. Während eine römische Flotte die punischen Küsten verheerte, waren die punischen Kampfschiffe im ganzen Meer verteilt; offenbar wußte niemand im Rat, wieviele Penteren und Trieren es überhaupt gab – in Iberien, vor der süditalischen Küste, vor Libyen in den tausend Häfen, in Hellas. Nicht einmal, so wurde gesagt, Hanno der Große; der inzwischen Zweiundsiebzigjährige sei überdies ernstlich krank und seit Monden nicht mehr mit Ratsangelegenheiten befaßt.

Aus der Veräußerung iberischer Geschäfte und der Verlagerung nach Osten hatten sich größere Gewinne angehäuft; in der Sandbank steckte immer noch ein nicht sofort verfügbarer Teil des Barkas-Vermögens. Antigonos beriet sich lange mit Bostar, forderte vom Rat Geleitschutz, erhielt zunächst die Zusage, dann die Schiffe – fünfzig Penteren und zweihundert Lastsegler –, zog tausend Talente Silber aus dem Verkehr, warb dreitausend Libyer und zweitausend Numider an und segelte im Herbst mit den Truppen, allerlei Nachschubgütern und den restlichen etwa siebenhundert Talenten nach Italien. Qart Hadasht schlummerte in den Winter hinein; in den numidischen Ländern herrschte Ruhe. Der Fürst der Masaesyler, Syphax, hatte die alte punische Tochterstadt Siga zu seiner Hauptstadt gemacht und schien abwarten zu wollen, wie die Dinge in Iberien sich entwickelten. Wahrscheinlich würde er sich später auf die Seite des Siegers schlagen. Sein feindlicher Nachbar Masinissa hatte nicht so viele Kämpfer mit nach Iberien genommen, daß Syphax die Massyler leichten Herzens hätte angreifen können. Immerhin: Eines der Kriegsgebiete war ruhig, wenn auch nicht friedlich.

Auf der Überfahrt ergötzte sich Antigonos an den Auszügen des Septimus Torquatus. Der römische Schreiber gehörte offensichtlich zu jenen, die auch durch langjähriges Üben nicht besser wurden. Allerdings waren seine Abhandlungen über den Krieg in Italien gründlicher als alle Gerüchte, die der Hellene während der Gefangenschaft in Massalia gehört hatte.

Marcellus eroberte verschiedne Städte in Samnien und machte große Beute. Der Proconsul Gnaeus Fulvius stand unweit Herdonia und hoffte, diese Stadt durch Verrat zu erobern. Da Hannibal hörte, daß er eine unsichere Stellung hätte und daß nicht die gehörige Ordnung im Lager herrsche, kam er mit verdoppelten Märschen aus Bruttien und stellte seine Truppen in Schlachtordnung. Fulvius war gleich willig. Aber Hannibal befahl, daß während des Gefechts der Fußtruppen die Reiterei das Lager angreifen und dem Feind in den Rücken fallen sollte. Da dieses geschah, wurden die Römer in Unordnung gebracht und flohen, nachdem sie an eintausendzweihundert Mann verloren hatten.

Marcellus nahm den Rest der geschlagenen Armee zu sich und ging Hannibal entgegen. Es entstand abermals ein Gefecht, welches durch die Nacht beendigt wurde. Hannibal zog in der folgenden Nacht weiter. Marcellus verfolgte ihn; täglich kam es zu kleinen Scharmützeln. Die römische Flotte plünderte die africanischen, die carthaginiensische die sardinischen Küsten.

Im folgenden Jahr erregten die Nachrichten von den Zurüstungen der Carthaginienser in Rom neue Sorgen, besonders weil sich ein großer Teil der römischen Colonien und Bundesgenossen weigerten, Geld und Mannschaft zur Fortsetzung des Kriegs zu geben. Hannibal näherte sich Canusium. Marcellus folgte ihm und erreichte ihn. Man focht abermals, aber die Nacht ließ den Sieg unentschieden. Am folgenden Tag wurde das Gefecht erneuert, aber zum Nachteil der Römer, denn sie verloren an dreitausend Mann und flohen ins Lager.

Fabius belagerte Tarent. Hier hatte Hannibal eine Besatzung von Bruttiern eingelegt, dessen Anführer eine Frau liebte, deren Bruder im Heer des Fabius war. Nachdem dieser die nötige Abrede mit dem Fabius genommen hatte, ging er zu den Tarentinern über und überredete seine Schwester, ihren Liebhaber dahin zu bringen, die Stadt zu übergeben. Dieses geschah auch. In der Nacht wurde der Römer in die Tore gelassen und ihm die Stadt übergeben. Am folgenden Morgen fand die Besatzung den Markt besetzt. Die vornehmsten Verräter starben im Gefecht. Die Stadt wurde geplündert, und der größte Teil der Besatzung und Einwohner niedergehauen oder zu Sklaven gemacht.

Im folgenden zwölften Jahr dieses Kriegs stand das römische Heer unter dem Marcellus und Crispinus in Apulien, wohin sich auch Hannibal wandte. Er hielt sich nicht für stark genug, mit beiden zu fechten, und suchte nur Gelegenheit sie zu überlisten. Er hörte, daß von Tarent einige Truppen abgeschickt werden sollten, um Locri zu belagern. Diese ließ er durch einen Hinterhalt angreifen, tötete zweitausend und nahm eintausendzweihundert gefangen. Zwischen beiden feindlichen Lagern war ein bewachsener Hügel, der von keinem in Besitz genommen war. Hannibal versteckte einige Mannschaft in dem Gehölze. Marcellus und Crispinus wollten die Gegend besehen, ob sie nicht dem Feinde näher kommen könnten; unvermutet wurden sie, da sie sich zu weit wagten, mit ihrem Gefolge von ihrem Lager abgeschnitten. Gleich im Anfange des Treffens wurde Marcellus mit einer Lanze durchstochen und fiel vom Pferde. Crispinus und Marcellus' Sohn flohen verwundet. Die übrigen wurden niedergehauen oder gefangengenommen. Hannibal besetzte sogleich den Hügel. Aber Crispinus zog sich zurück. Der Carthaginienser ließ den Marcellus ehrenvoll bestatten und richtete hierauf seinen Marsch nach Locri, welches von Cincius, der aus Sicilien herübergekommen war, belagert wurde. Dieser hob bei Herannäherung des Feindes sogleich die Belagerung auf.

Die ständigen Bewegungen, Übermittlung von Nachrichten, Beobachtung des Gegners, Verhandlungen mit Städten endeten nicht einmal im Winter. Die Libyer und Numider hüllten sich in wärmere Gewänder; eine Gruppe illyrischer Schwertkämpfer, eben erst übers Meer aus den Bergen weit im Nordosten angekommen, lief fast nackt herum, bis auf Schurz und die ewigen halbheiligen Wieselfellmützen.

Das Hauptlager befand sich vielleicht hundert Stadien oberhalb von Metapontion. Mittelpunkt war ein befestigtes Dorf auf einem Hügel am Bradanus; der Fluß bildete die Grenze zwischen Lukanien und Apulien. Etwa hundert Stadien jenseits des Bradanus verlief die südlichste Verlängerung der Via Appia, die Rom mit Taras/Tarentum und Brundusium verband. Auch die wichtigsten Straßen durch Lukanien nach Bruttium ließen sich von hier aus erreichen.

Es gab viele neue Gruppen und Gesichter. Und viele traurige Lücken. Muttines' Verrat und Tod lagen zwei Jahre zurück; seither waren auch Maharbal und Hasdrubal der Graue in Gefechten mit den Römern gefallen. Hanno, der Sohn des alten Bomilkar, trotz einiger verlorener Kämpfe Hannibals bester zweiter Mann, leitete das auf zahlreiche Festungen und Lager verteilte halbe Heer in Bruttium. An der Gesamtstärke hatte sich wenig geändert, wohl aber an der Zusammensetzung. Am Tag der Wintersonnenwende tranken Hannibal, Antigonos, Sosylos und der Reiterführer Bonqart Wein auf einer Terrasse über dem Fluß. Unter ihnen, auf einem flachen Uferstreifen, führten mit Stöcken und Holzschilden bewaffnete, grauhaarige Kelten vor, wie eine Staffelung römischer *principes* gespalten und zersplittert werden konnte. Die Gegner bei der Übung waren bruttische Bauernsöhne, angeworbene Lukanier, Kampaner, ein paar Italioten aus Metapontion und der Gegend um Sybaris; an die dreihundert Kämpfer sahen zu, belehrt von einem punischen Offizier. Unter den Zuschauern waren wenige Libyer, kein Iberer, ein paar Gätulier und Balliaren; außerdem etliche Haartrachten, Bekleidungen und Hautbemalungen, die Antigonos nicht benennen konnte.

»Sikelioten«, sagte Bonqart. »Wollen lieber mit Hannibal sterben als unter einem römischen Provinzverwalter leben. Sardonier. Söhne liparischer Fischer. Ligurer. Illyrer. Epeiroten. Kreter. Achaier. Wir haben sogar ein Dutzend Parther – frag mich nicht, wie die hergekommen sind; irgendwann waren sie da und wollten für den größten Strategen kämpfen.«

Der Stratege saß still da, mit geschlossenem Auge, zupfte an der roten Klappe über dem anderen, trank, setzte den Becher ab, legte den Hinterkopf an die Wand des Hauses.

»Und ein paar Thraker.« Sosylos grinste schwach. »Dazu liebe Landsleute – Lakedaimonier. Bithynier. Kappadokier. Akarnanier und Leute von Kephallonia. Athener, Euboier, Paphlagonier, Armenier, Pontiner, Ägypter, Makedonen, Kyprer, Chaldäer, Gedrosier, Syrer, Araber. Hab ich was vergessen?«

»Dreißig keltische Stämme«, sagte Hannibal, ohne seine Haltung zu verändern. »Fünf numidische Völker. Libyer aus zwanzig Stämmen und Städten. Samniten, Latiner, Sabiner, Etrusker. Fünfundfünfzig iberische Völker. Ach ja, ein paar Punier sind auch dabei.«

»Fast genau zehn Jahre ist es her, seit ich in Eis, Schnee und Kot dein Lager an der Trebia aufgeräumt habe, Stratege. Hier ist es wärmer als im Norden.«

Bonqart betrachtete den Hellenen fast versonnen. »Zehn Jahre? Eher tausend, Herr der Sandbank. Du hast dich kaum verändert seitdem.«

»Ich war damals schon alt. Zwischen fünfzig und sechzig verändert man sich nicht mehr so sehr.«

Bonqart schnitt eine Grimasse und folgte mit dem Zeigefinger den Kerben um seinen Mund und neben der Nase, den Furchen auf der Stirn. »Ich war vierundzwanzig, als wir den Iberos überschritten haben. Jetzt – jetzt bin ich mindestens siebzig.«

»Bemerkenswerte Rechenkünste.« Sosylos gluckste und fuhr sich durch das graue Haar. »Vierundzwanzig und tausend ergeben siebzig.«

Geräuschlos, fast schwebend erschien Melite. Im Haus war es kühler; die schlanke Frau trug einen Wollumhang über dem chitonartigen Rock. Hannibal schien ihr unhörbares Kommen gespürt zu haben, öffnete das Auge und lächelte zu ihr empor.

»Fürst meines Herzens«, sagte sie. »Ein Bote sucht dich. Ruhst du oder...?«

»Ruht er neuerdings gelegentlich?«

Hannibal warf dem Hellenen einen spöttischen Blick zu. »Onkel Tiggo sorgt sich wieder um den Jungen. Lieb von dir. Ich bin gleich zurück.« Er stand auf, geschmeidig und schnell wie immer. Sein Haar war noch dunkel, ebenso der Bart. Er nahm Melites Hand und zog sie ins Haus.

»Ich glaube, ich weiß, was das für ein Bote ist.« Sosylos kniff ein Auge zu und schielte Antigonos an. »Er bringt ein Geschenk für dich.«

»Ein Geschenk für mich?«

»Hannibal hat danach geschickt, als du angekommen bist. Ich hatte es völlig vergessen, aber er denkt an alles.«

Nach wenigen Augenblicken kehrten Hannibal und Melite zurück. Der Punier trug einen länglichen Gegenstand, in eine Wolldecke gewickkelt. Vor Antigonos blieb er stehen, grinste plötzlich, kniete nieder. Melite legte ihm die Hand auf den Kopf.

»Herr der Sandbank; Freund; o Tiggo. Wir pflegen tote Feinde ehrenvoll zu bestatten und die Gräber zu achten; die Römer halten es nicht so. Deshalb habe ich vor Beginn der großen Belagerung etwas aus einem Grab in Capua bergen lassen.«

Antigonos wickelte die Decke ab und hielt Memnons britannisches Schwert hoch. »Ich danke dir sehr«, sagte er kaum vernehmlich; er beugte sich vor und legte die Wange an die des Strategen.

Hannibal stand auf. »Es war in Kroton.« Er schob Melite einen Scherenstuhl hin und setzte sich wieder auf den Schemel an der Hauswand.

»Dann ist nur eines der sechs Schwerter verloren – bisher.«

»Welches?«

»Das von Bomilkar - Bostars Sohn, dein alter Freund. Sein Schwert, mein alter Dolch und das Schwert, das dein Vater mir gab, sind in Massalia.«

»Das von Ariston...?«

»Ist bei Ariston.« Antigonos berichtete kurz von seinem letzten Besuch im tiefen Süden.

Später sagte Hannibal wie beiläufig: »Das falsche Schwert ist hierhin unterwegs. Hasdrubal hat bei den Allobrogen sein Winterlager aufgeschlagen. Im Frühjahr wird er über die Alpen ziehen. Er hätte in Iberien bleiben sollen – wegen der Fürsten und der Stämme, die vielleicht noch auf ihn hören würden. Mago hätte kommen sollen – nicht über die Alpen, sondern hierher, übers Meer.«

»Du klingst besorgt.«

Hannibal kaute einen Moment auf der Unterlippe. »Nnnein – besorgt nicht. Alles ist gefährlich; vielleicht kommt Hasdrubal leichter über die Alpen als wir damals. Zu einer besseren Jahreszeit, und vielleicht hat er weniger Ärger mit den Bergmenschen. Aber...«

Die Kriegsschiffe der Punier waren überall und nirgends; um von einem Hafen in Südiberien das große Heer sicher nach Italien bringen zu können, hätten die zersplitterten Flotten zusammengefaßt werden müssen – achtundzwanzigtausend Fußkämpfer, siebentausend Reiter, dreißig Elefanten waren mit Hasdrubal losgezogen.

»Eine große Flotte, die nicht sofort wieder abgesegelt wäre.« Hannibal nahm die Klappe von seinem toten Auge und rieb es. Der Anblick war nicht erfreulich. »Wir hätten ausreichende Besatzungen hier unten zurücklassen und an der kampanischen Küste vorrücken können, mit einem starken Heer und Seeunterstützung. Jetzt – jetzt wird alles viel schwieriger.«

Im Herbst, als die Nachrichten von Hasdrubals Zug Italien erreichten, hatte der Senat sofort alle Truppen aus Illyrien und Hellas abgezogen. Hasdrubal mochte Kelten und Ligurer anwerben – angeblich hatten seine Botschafter schon im Herbst achttausend Kämpfer in den oberitalischen Gebieten gesammelt – und mit einem nochmals verstärkten Heer nach Süden ziehen; Hannibal mußte in jedem Fall Besatzungstruppen zur Sicherung der süditalischen Gebiete zurücklassen. Statt eines sehr starken Heers zur Beendigung des Kriegs würden zwei schwächere

Heere zu einem Treffpunkt ziehen. Und zwischen ihnen standen sechzehn Legionen, dazu römische Bundesgenossen.

Für das Entsetzen des Senats gab es einen weiteren Grund. Einige Jahre vor Beginn des Kriegs war eine Volkszählung durchgeführt worden; damals hatte Rom zweihundertsiebzigtausend waffenfähige Bürger gehabt, die Bundesgenossen zusammen über vierhunderttausend. Nach zehneinhalb Jahren Krieg sowie acht Jahren der von den Römern betriebenen Verwüstung und Zerstörung des eigenen und bundesgenössischen Landes hatte eine neue Zählung nur noch einhundertsiebenunddreißigtausend waffenfähige römische Bürger ergeben; Latiner und Etrusker stellten kaum noch Truppen, ebenso Sabiner, Lukaner und Samniten. Die verfügbaren Mannschaften waren auf ein Drittel des früheren Bestands geschmolzen. Roms Herrschaft zerrüttet, Roms Mannschaft geschrumpft, Roms Landschaft verödet; der Staatsschatz leer. Nur die Legionen und der Wille des Senats hielten den Rest zusammen – einen Rest, den nicht einmal die treuesten Bundesgenossen noch unterstützen wollten. Ein schneller harter Schlag mit einem starken Heer unter Hannibals Führung, gesichert und gestützt auf eine vereinte Flotte...

»Nicht träumen, Stratege«, sagte Antigonos halblaut. »Es kann sein, daß die Frucht niemals so greifbar war wie heute. Aber die Frucht kann nur im Wachen gepflückt werden. Was macht dein liebenswerter Bundesgenosse Philippos? Jetzt, da die Römer alles aus seinen Ländern abgezogen haben?«

Hannibal schwieg; Melite sagte: »Was, o Antigonos, sollte er tun, und was tut er deiner Meinung nach?«

Der Hellene hob die Schultern. »Er sollte Apollonia nehmen und nach Italien übersetzen. Aber er wird nichts tun.«

Manchmal fiel es Antigonos schwer zu begreifen, daß der Mann, der seit mehr als zehn Jahren das Staunen der Welt war, im kommenden Sommer erst vierzig Jahre alt werden würde. In den Gesprächen anderer, in den Berichten und Gerüchten, die die Oikumene durchzogen und wahrscheinlich wie auslaufende Kräuselwellen über die Oikumene hinausschwappten, war er größer als Alexandros, Pyrrhos, Kyros, und ebenso weit entfernt wie Odysseus oder Achilleus. Er war aber auch der sehnige, nimmermüde, alles überblickende Mann, der ein paar Nächte mit Melite verbrachte und dann mit wenigen Begleitern von Lager zu Lager, von

Ort zu Ort ritt, mit den Vorposten sprach, mit gätulischen Bogenschützen, libyschen Schwertkämpfern, iberischen Reitern, balliarischen Schleuderern, keltischen Lanzenträgern, spartanischen Hopliten, numidischen Streifen und lydischen Plänklern nächtelang an Feuern hockte. Antigonos ritt oft mit. In einer stürmischen Nacht gegen Ende des Winters lagerten sie weit am Oberlauf des Bradanus, wo unterhalb des Gebirgszugs, der das apulische Kernland um Venusia von den Ländern der Iapygen, Messapier und Salentiner trennte, einige Stadien nordöstlich der Ortschaft Bantia die Römer ein vorgeschobenes Kastell unterhielten. Iapyger und Messapier waren vor fünfzehn Jahren mit sechsundfünfzigtausend Kriegern verzeichnet worden und stellten heute vielleicht noch sieben- oder achttausend Mann für Rom. Das Kastell schützte die Via Appia und den Paß nach Venusia.

Antigonos hatte sich vor Mitternacht in eine Decke gewickelt und zu schlafen versucht. Es gab keine Hütten, keine Zelte; Sturm und Regen löschten jedes Feuer. Der Hellene schlief noch nicht, als jemand seine Schulter berührte.

»Wach auf, Tiggo.«

Er setzte sich fröstelnd. »Was ist los?«

Hannibal ging in die Hocke. »Wir werden das römische Wachlager nehmen. Im Winter rechnen sie nicht damit, und schon gar nicht bei diesem Wetter.« Aus dem Bart des Puniers troff der Regen.

»Hast du genug Leute?«

Hannibal lachte leise. »Es sind drei römische Manipel und ungefähr vierhundert Iapyger, drüben. Keine achthundert Mann. Wir haben vierzig Numider und zweihundert Libyer.«

Antigonos pfiff. »Wie du es sagst, klingt es wie eine furchtbare Übermacht deinerseits.«

»Ist es auch. Machst du mit?«

Antigonos rollte sich aus der Decke und legte die Hand auf den Knauf des Schwerts, das einmal Memnon gehört hatte. »Irgendwann muß auch ein alter Metöke sterben. Warum nicht in dieser Nacht?«

Hannibal nickte. »Eine gute Nacht, Freund. Ich gebe dir fünfundzwanzig Libyer. Folgendes.«

Antigonos lauschte; schließlich nickte er langsam. »Ich begreife, weshalb sie dich fürchten. Und weshalb du immer noch lebst, Junge. Wir sehen uns im Morgengrauen.«

Es blieben sechs Stunden für die Arbeiten. Das römische Wachlager maß etwa siebzig mal siebzig Schritte. Es war von einem Graben umgeben, der Erdwall mit Palisaden verstärkt; zwei Tore, nach Nordwesten und nach Südosten. An jeder Lagerseite, hinter den Palisaden, standen mehrere Posten; in dieser Nacht konnten sie nicht viel sehen. Überdies hatte die Untätigkeit der Wintermonde sie offenbar sorglos werden lassen; aus den Berichten der Libyer mußte man diesen Schluß ziehen.

Im ersten fahlen Morgenlicht erschien Antigonos mit seinen fünfundzwanzig Mann vor dem südöstlichen Tor. Sie alle waren von Schlamm bedeckt, verdreckt, erschöpft. Antigonos rief die römischen Posten an.

»Wir von Hannibal weg«, schrie er. »Wichtig Neues. Schicken Mann heraus für melden.« Sein Latein war längst nahezu vollkommen, aber es machte ihm keine Schwierigkeiten, wie ein alter Sikeliot zu stammeln.

Das Tor öffnete sich halb. Ein nicht ganz bekleideter *centurio* kam im strömenden Regen heraus und musterte das verdreckte Häuflein. »Was ist los? Woher kommt ihr?«

»Metapontum. Hannibal aufbrechen in Lukanien, was ist Grumentum; hat Verräter in Lager.«

»In welchem Lager?«

»Flaccus.«

Offenbar überzeugte der Name den *centurio* noch mehr als das Aussehen der Männer. Vor wenigen Tagen erst war Quintus Flaccus ins Lager nach Grumentum gekommen, von Rom aus. »Verräter?«

»Vier Namen. Du *centurio* mein Schwert, bringen mich zu ... zu ... zu Lagerherr.«

Der Römer betrachtete noch einmal die verdreckte Schar vermeintlicher Überläufer, schaute auf das Schwert, das Antigonos ihm samt der Scheide reichte, zuckte mit den Schultern und winkte ein paar Legionäre herbei.

»Nehmt ihnen die Waffen ab. Und mitkommen. Das soll der Tribun selbst hören.«

Antigonos und etwa zehn Libyer waren bereits im Lager, noch nicht entwaffnet. Der Hellene stieß einen Schrei aus, riß das Schwert aus der Scheide, setzte die Spitze an die Kehle des *centurio*. »Nicht bewegen – wenn du leben willst!«

Die Libyer stürzten sich auf die langsamen, unausgeschlafenen Römer; bestenfalls ein Viertel des Lagers war bereits wach. Die übrigen von Antigonos' Begleitern drängten die wenigen ganz wachen Posten zurück, öffneten das Tor weit, verkeilten es. Ein Horn schrillte.

Etwa hundert Schritte vor dem Lagertor stand dürres, struppiges Buschwerk, hinter dem sich niemand verbergen konnte. Andernfalls hätten die Römer es längst beseitigt. Es gab genug gutes Feuerholz in der Gegend; die winzigen stachligen Ranken waren nicht einmal zu diesem Zweck verwendbar.

In der Nacht hatten Hannibals Männer Reisig, Ballen von Gestrüpp, Zweige und Äste dorthin geschleppt. Im hellen Tageslicht mochte ein römischer Posten bemerken, daß alles dichter und ein wenig größer schien als am Vortag, aber in der Morgendämmerung, in Regen und dünnem Nebel würde niemand stutzen. Von diesem erweiterten Buschwerk aus hatten sich in den Nachtstunden die Männer, ohne Waffen und Rüstungen, wie die Maulwürfe durch den aufgeweichten Lehm zum Lager gewühlt. Als die ersten nahe am Tor angekommen waren, hatte man ihnen von hinten ihre Schwerter gereicht. In den Scheiden; alles war verdreckt und von Lehm überzogen, aber die Klingen blieben sauber.

Antigonos' Schrei war das Zeichen. Das Buschwerk bebte, spaltete sich, zerbrach. Die Numider, mit je einem aufgesessenen Fußkämpfer hinter sich, galoppierten über das Lehmfeld, jagten durch das Tor, zersprengten die erste kleine Gruppe römischer Krieger, ritten bis zum anderen Tor, machten kehrt. Die Fußkämpfer sprangen ab, vor dem Zelt des Tribunen; einen Augenblick später – so schien es Antigonos – tauchte einer der Männer schon wieder aus dem Zelt auf. Er schwenkte eine Lanze; auf der Spitze steckte der Kopf des römischen Lagerherrn.

Die übrigen Fußkämpfer, die unter einer Schlammschicht in den selbstgegrabenen Furchen gelegen hatten, stürmten ins Lager, wie Erdgeister. Hannibal war der erste. Es kam zu einem kurzen, blutigen Gemenge. Die Hornsignale und die Schreie weckten den größten Teil des Lagers nun erst auf; mitten im Winter schliefen die Römer und ihre Bundesgenossen nicht mit den Waffen. Selbst von den schon vor dem Angriff Erwachten hatten nur wenige die Schwerter griffbereit. Der Kopf des Tribunen, in der Lagermitte auf einer schwankenden Lanze, war für die meisten das Zeichen zur Aufgabe. Die Bundesgenossen versuchten nicht erst, sich zu wehren; wer von den Römern zum Schwert griff, wurde niedergehauen. Der *centurio* war klüger; er hielt still und überlebte.

»Ich werde allmählich zu alt für diesen Unfug.« Antigonos rieb den Rükken an der bantinischen Eiche und zog den Mantel fester um sich. »Greise gehören ins Bett.« Seine Knochen schmerzten, aber abgesehen davon und von der Müdigkeit fühlte er sich prächtig.

Die Nacht war kalt und klar; nach dem Dauerregen der letzten Tage blieb der Boden schwammig. Es war eine vorgeschobene Postenstellung, nordwestlich des eroberten Lagers; der Zugang zum Paß und die Via Appia ließen sich gut beobachten und notfalls sperren.

Hannibal öffnete die Augen. »Ja, ja; mit Spielzeug und einem heißen Stein, gut umwickelt. Tiggo, es gibt Leute, die werden nie alt. Du gehörst dazu.«

»Meine Knochen sind nicht deiner Meinung.«

Der Stratege zog den Inhalt der Nase hoch. »Wenn du mit deinen Knochen redest . . . Selbst schuld.«

Plötzlich schlief er, mit leichtem Atem und vollkommen entspannt. In seinen dunkelroten Mantel gewickelt lag er auf dem Boden, drei Schritte von Antigonos entfernt. Der Hellene blieb an die Eiche gelehnt sitzen, voll von einer wachen Müdigkeit. Müdigkeit und Anspannung; das Gemisch sickerte in vielseitigen, nicht immer vollständigen Denkbildern aus ihm heraus, schäumte zu eiligen unverknüpften Fasern und Fetzen auf. Die Müdigkeit wurde weicher, ohne Nachlassen der Spannung. Die klaren Sterne und der schlummernde Stratege, die niedergebrannten Feuer, in denen es zischte und knackte, die leisen Stimmen der Wachenden, Schritte von Posten, die das Lager umrundeten; ein paar Nachtvögel strichen über Feld und Büsche. Es roch nach feuchtem Leder, nassem Stoff, Asche und Glut, Pferdekot und Männerschweiß, nachhallenden Ruchechos von verkrustetem Blut auf scharfem Eisen. Ein kurzer, schwacher Nachtwind, der sich gleich wieder legte, brachte einen Schwall Knoblauch, Braten und Wein aus der Lagermitte. So ähnlich hatte es in zehntausend Nächten gerochen, in Gallien und Britannien, auf Schiffen, in der Wüste Libyens und am großen Fluß Ganga, außerhalb von Pa'alipotra, oder am Ufer des Nil. Im Norden mußte es nun sehr kalt sein; Antigonos entsann sich des Winters nach dem Alpenübergang, als sie oft morgens tote Elefanten zerhacken mußten, um sie fortschaffen zu können. Der Winter nach der Schlacht an der Trebia, vor dem Frühjahr in den etrurischen Sümpfen. Zehn Jahre eines erbarmungslosen Kriegs, in den sich nach und nach fast die ganze Oikumene verstrickt hatte. Zehn Jahre seither, elf Jahre insgesamt Blut, ausgelöschte Heere, versenkte

Schiffe, zerstörte Städte. Publius Cornelius Scipio, besiegt am Ticinus, sieben Jahre später gefallen in Iberien, wie sein Bruder Gnaeus; Sempronius, besiegt an der Trebia; Flaminius, gefallen am Trasimenischen See; Aemilius Paullus, gestorben in der größten aller Schlachten, bei Cannae... Roms furchtbare Niederlagen, immer wieder und immer wieder, der Verlust des Nordens, die Abfallbewegung bei Etruskern und Latinern, der Verlust fast ganz Süditaliens, der Verlust von zwei Dritteln aller waffenfähigen Männer. Ohne die Kühnheit dieses Schlummernden, der drei Schritte von der Eiche entfernt lag, den dicken Schatten eines laublosen Asts auf dem Gesicht, ohne Hannibals Listen und Künste wäre das uralte Karchedon längst versunken. Zwei Jahre, vielleicht drei hätten die Punier hinter ihren mächtigen Mauern einer Belagerung trotzen können. Das unbesiegbare Rom, die eisernen Legionen, die Konsuln, Legaten, Tribunen, *centuriones*, immer wieder besiegt, aufgerieben, zertrümmert, von unterlegenen Kräften überlegen geschlagen. Die Kunst, der Geist, der Kopf dieses Mannes, den seine Kämpfer anbeteten und liebten, dem sie bedingungslos durch Feuer und Eis, Eisen und Blut folgten, weil er sie führte und voranging, der nur in einem Zelt schlief, wenn auch alle anderen Zelte hatten, der mit ihnen Wasser trank und aufgequollene Körner kaute, statt sich einer Feldherrenküche zu bedienen. In all den Jahren nur ein Verrat – Muttines auf Sizilien, aber es war kein Verrat an Hannibal, sondern die Verzweiflung eines großartigen Reiterführers über den stumpfen Punier, dem er sich dort unterstellen mußte. In all den Jahren nur einmal ein Abfallen von Truppen – die zweihundertzwölf Iberer und Numider, die nach dem üppigen Winterlager in Capua und dem Rückschlag bei Nola zu den Römern überliefen. Zu Marcus Claudius Marcellus, fünfmal Konsul, als erster römischer Befehlshaber ungeschlagen, damals bei Nola – Claudius Marcellus, der Schlächter von Sizilien, vor einem Jahr gefallen in einem Hinterhalt bei Petelia. Roms Schwert, so hatten sie ihn genannt; nun war es zerbrochen. Und Roms Schild, Quintus Fabius Maximus der Zauderer, war brüchig und greise geworden.

In all diesen Jahren der ständigen Bewegung, der blitzartigen Angriffe, des listigen Ausweichens und schnellen Zuschlagens, hatte die Stadt ihren Strategen bewundert und gefürchtet und vernachlässigt. Neun Jahre lang, seit der Schlacht bei Cannae, hatte Hannibal immer gerade genug Kämpfer gehabt, um seine Stellung zu halten. Neun Jahre lang die Möglichkeit des Siegs, neun Jahre lang die reife Frucht und den Baum greifbar, aber nicht genug Arme zum Pflücken. Ein Bruchteil dessen, was die Kornsäcke des punischen Rats in Iberien, auf Sardonien und Sizilien sinnlos vergeudet hatten, wäre genug gewesen für den Strategen – genug, die eroberten oder durch kluge Verhandlungen gewonnenen Gebiete und Städte zu sichern, Roms letzte Heere zu zerschlagen, Roms letzte Festungen zu nehmen.

Durch die nahezu göttliche Ironie des Zufalls konnte das Ziel jetzt erreicht werden. Es hatte eines Mannes bedurft, des jungen Publius Cornelius Scipio, und seiner Lernfähigkeit. Er hatte Hannibal aus der Ferne beobachtet, die römischen Truppen in Iberien neu, anders und besser ausgebildet, die starre Phalanx aufgelöst, bewegliche kleinere Einheiten geschaffen. Unsinnige Befehle der punischen Ältesten hatten Hasdrubal und Mago gelähmt, ihre Streitkräfte aufgesplittert. Was alle guten Gründe, alle Briefe, alle Ränke, alles Flehen nicht hatten bewirken können, bewirkte die iberische Katastrophe: Endlich kam das große zweite Heer. Es kam auf dem falschen Weg und mit dem falschen Führer, der als einziger vielleicht Iberien hätte bewahren können. Aber es kam, und wenn es Italien erreichte, wenn Hannibal und Hasdrubal sich vereinigten, mochte Iberien getrost verlorengehen; es gäbe dann keinen Senat mehr, den jungen Cornelier zurückzurufen. In Rom, so lauteten die Berichte, herrschte das nackte Entsetzen.

Der fast volle Mond wanderte über den tiefen kalten Himmel. Hannibals Gesicht wurde heller, als der Schatten des Asts weiterkroch. Einer der Doppelposten, auf ewiger Runde um das Lager, kam vorbei – ein Kelte und ein Libyer. Sie blieben einen Moment stehen; dann ging der Kelte langsam weiter. Der Libyer näherte sich dem schlafenden Strategen. Antigonos legte die Hand an den Schwertgriff. In seinem übermüdeten Kopf kreisten zwei Gedankenräder: Wundern darüber, daß Hannibal in all den Jahren, in denen römische Heere verblutet waren, das Wunder gewirkt hatte, einen Teil der alten Kerntruppen aus Libyern, Iberern und Numidern zu bewahren; Angst vor dem, was geschähe, wenn es in dieser oder einer anderen Nacht einem Meuchelmörder gelänge, das Staunen der Welt und die Angst Roms zu beenden.

Aber der Libyer holte zwei kurze Speere und einen Schild von einem anderen Feuer, kniete neben dem Strategen nieder, steckte die Speere in den Boden und lehnte den Schild gegen sie, daß Schatten auf Hannibals Gesicht fiel. Antigonos entspannte sich; die Libyer glaubten, daß das Licht des vollen Mondes im unbeschirmt Schlafenden Wahnsinn auslöste. Mit einer beinahe zärtlichen Bewegung zupfte der Libyer den Mantel des Strategen zurecht, bis die Schulter wieder bedeckt war. Er richtete sich auf und blickte zufällig zu Antigonos herüber; er lächelte, als er dem Blick des Hellenen begegnete. Er war alt, einer der Männer, die sicher unter Hasdrubal dem Schönen, vielleicht schon unter Hamilkar gedient hatten.

Etwa eine halbe Stunde später, als Antigonos endlich das Gefühl hatte, bald einschlafen zu können, klirrte irgendwo eine Waffe. Ohne jeden merkbaren Übergang vom Schlafen zum Wachen sprang Hannibal auf, blickte in die Richtung, aus der das Klirren gekommen war, hatte sein Schwert in der Hand. Dann steckte er es ein und wandte sich um.

»Noch oder wieder wach, Tiggo?«

»Noch, mein Freund. Ich habe dein Gesicht betrachtet und Gedanken gedacht.«

Hannibal kauerte sich neben das schwach glimmende Feuer, fachte es wieder an und stellte einen Zinnkrug hinein, mit Wein und Wasser, ein paar Stäubchen Kinnamon und Honig, den er mit einem Hornlöffel aus einem Tongefäß nahm. Mit der Rechten rieb er sich das Auge und blickte zum Mond hinauf.

»Etwa eine Stunde, wie?«

»Ungefähr. Leg dich doch wieder hin. Laß mich das da machen.«

»Hinlegen? Wieso? Ich hab doch geschlafen. Das hier erledigt sich von selbst. Es gibt zuviel zu tun. Schlaf du, Tiggo.« Der Stratege stand auf. Mit einem halben Brotfladen in der Hand machte er sich auf die Runde ums Lager.

Antigonos blieb sitzen, bis Dampf aus dem Zinnkrug stieg. Er umwickelte die Hand, nahm den Krug aus dem Feuer, goß etwas in einen Becher und stellte den Krug auf einen heißen Stein, der halb im Feuer lag. Mit dem Becher und einem Stück Brot kehrte er zur Eiche zurück.

Zwei Tage später kamen fünfhundert Kelten und Bruttier und hundertfünfzig Numider an. Hannibal übergab ihrem Befehlshaber, einem schmaläugigen Punier namens Sedenbal, das Lager und die Bewachung des Passes. Mit wenigen Begleitern ritten er und Antigonos zurück zu dem kleinen Ort am Fluß oberhalb von Metapontion, zu den Häusern und zu Melite.

In dieser zweiten Hälfte des Winters blieb es ruhig und wurde wieder wärmer. Boten kamen und gingen jeden Tag. Im Hafen von Kroton landete eine kleine Flotte Nachschub und tausend Numider an. Viel zu wenig. Mit einzelnen Booten kamen etwa zweitausend Messenier und Spartaner. Viel zu wenig. Hannibal schickte den grau gewordenen Numider Miqipsa und einen jungen Punier, Boshmun, um die Männer zu bestimmten Plätzen zu bringen.

Es gab einige Wiedersehensfeiern. Gegen Winterende, als die Vorbereitungen für den Frühjahrsfeldzug fast abgeschlossen waren, kam Hanno nach Metapontion, mit ihm fast dreizehntausend Mann, Fußtruppen und Reiter, aus den Lagern und Festungen Bruttiums. Himilko war dabei, beherrscht, kühl und bestens gekleidet, wie immer. Sie hatten Bruttium fast unbedeckt zurückgelassen; winzige Festungsbesatzungen sollten Süditalien halten, bis alles vorüber war.

Die Hochstimmung war fast unwirklich, und sie steckte alle an. Im Norden, in Gallien, würde der Frühling noch auf sich warten lassen; außerdem konnte Hasdrubal nach Frühlingsbeginn im Tal nicht sofort durch die Alpen ziehen. Er mußte die Schneeschmelze abwarten, und wahrscheinlich mußte er sich danach den Weg freikämpfen, wie sein Bruder fast elf Jahre zuvor. Hannibal rechnete damit, daß das Heer im frühen Sommer bei den Kelten und Ligurern sein würde. Dann Boten, das Treffen, die Vereinigung der Heere, die Zertrümmerung der Legionen, die Belagerung Roms, der Friede. Beide Heere zusammen wären den restlichen römischen Truppen immer noch an Zahl unterlegen, aber Rom hatte keinen Hannibal.

Das erste Ziel war Grumentum, im Herzen Lukaniens, etwa sechzig Meilen westlich von Metapontion. Dort hütete ein großes Heer unter Flaccus und dem Konsul Claudius Nero die Straßen nach Norden und Nordwesten. Den vier Legionen und etwa fünfzehntausend Mann bundesgenössischer Truppen, zusammen fast vierzigtausend Kämpfer, zog Hannibal mit allem entgegen, was er zusammenbringen konnte: Sechstausend numidische Reiter, tausend iberische Kataphrakten, tausend Kelten zu Pferde, sechstausend libysche Hopliten, dreitausend iberische und fünftausend keltische Fußkämpfer, nicht ganz zweitausend leichtbewaffnete Ligurer, Balliaren und Gätulier, sowie sechstausend Mann Fußvolk aus Bruttium, Kampanien, Lukanien, Hellas und der übrigen Welt. Dreißigtausend Krieger, ausgeruht, gut ausgebildet, zu einer Einheit verschmolzen durch die Kunst und die Führung des Strategen.

Bei Grumentum stellten Claudius Nero und Flaccus sich zur Schlacht. Die Kataphrakten, unerwartet in der Mitte der punischen Reihen, zerbrachen die Phalanx der *hastati* und *principes,* bohrten sich in die neben-einander aufgereihten Manipel der *triarii;* Libyer und Kelten stießen nach. Die numidischen Reiter verwirbelten Roms Ritter, trieben die Reste in die Ausläufer der Berge. Claudius Nero brach nach kaum einer Stunde den Kampf ab, nahm mit schweren Verlusten seine Truppen hinter die Wälle des Lagers zurück und ließ sie in der nächsten Nacht abmarschieren. Hannibal entschied sich für eine zweitägige Rast; dann ging es nach Norden, über den Bradanus, durch den Paß nach Venusia. Hier kam es zu einem weiteren Treffen; Flaccus und Claudius Nero hatten Verstärkungen erhalten, brachten eineinhalbmal so viele Kämpfer ins Feld wie Hannibal und brachen nach eineinhalb Stunden auch diese Schlacht ab, wieder mit schweren Verlusten. Hannibal ließ nachsetzen: nach Nordosten, nach Canusium unweit von Cannae. Hier kamen die Straßen aus Latium, Kampanien und Samnium zusammen, von den östlichen und westlichen Küsten und aus dem Binnenland. Claudius Nero verschanzte sich wenige Meilen westlich von Canusium hinter dem Aufidus; bei Grumentum hatte er es mit einer Phalanx versucht, bei Venusia mit hintereinander gestaffelten Manipeln. Bei Grumentum hatte Hannibal das Gefecht durch die Kataphrakten entschieden, bei Venusia durch einen schrägen Angriffskeil des schweren Fußvolks aus Libyern und Kelten. Der Konsul begnügte sich nun damit, die Flußübergänge und die Straßen nach Norden und Westen zu sperren. In einem überraschenden Nachtangriff der Reiter, die mit aufgesessenen Fußkämpfern den Aufidus fern von den römischen Stellungen überquerten und kurz nach Mitternacht Lager und Verschanzungen angriffen, wurden die Römer abermals zurückgeworfen; die Punier beherrschten beide Ufer und alle Übergänge.

Nun bauten die Römer ein weitgespanntes System von Wällen und Verhauen mit zwei stark befestigten, etwas zurückliegenden Lagern. Hannibal schickte Streifen, die die Veränderungen im nördlichen Apulien erkunden und Umgehungen finden sollten. Lukanische Städte, die sich Rom wieder angenähert hatten, gingen erneut zu den Puniern über. In Samnium brach ein begrenzter Aufstand los.

Es war wie ein Rausch, die Befreiung, die Erlösung nach Jahren. Endlich das zweite Heer, endlich die Möglichkeit der Entscheidung. Der Rausch hielt an, auch während man tagelang fast untätig in und bei Canusium lagerte. Der Ort war ein guter Lagerplatz; die Streifen hatten mehrere Wege gefunden, die römischen Sperren zu umgehen, aber das Heer blieb am Aufidus. Jede Bewegung nach Norden oder Nordwesten war unsinnig, solange man nicht wußte, welchen Weg Hasdrubals Heer nehmen würde. Stieß er etwa an der italischen Ostküste nach Süden vor, wurden Begegnung und Vereinigung schwierig, wenn Hannibals Heer sich zu weit nach Westen begab.

Alle fieberten. Nur der Stratege wirkte beherrscht und kühl, wie immer. Er ließ Plünderzüge unternehmen, römisch besetzte Ortschaften umreiten, die Straßen erkunden. Und warten. Abend für Abend blinzelten die Feuer der römischen Sperrstellung zu den Feuern des punischen Lagers herüber; Tag für Tag kam es zu kleinen Scharmützeln von Reitertrupps oder Leichtbewaffneten. Bis zu jenem furchtbaren Abend, als die Römer den Puniern ein Geschenk machten.

Später setzte sich das Bild zusammen, das an diesem Abend keiner sehen konnte. Hasdrubal war viel früher und ohne jede Mühe durch die Alpen gezogen, hatte in Norditalien Ligurer und Kelten gesammelt und war mit einem Heer von über vierzigtausend Mann und dreißig Elefanten zur Ostküste vorgestoßen, vorbei an Ariminum, um auf der Via Flaminia nach Süden zu marschieren. Seine Boten – vier Kelten und zwei Numider – wurden von den Römern abgefangen. Claudius Nero wagte alles und gewann. Hinter der Kette von Feuern und Posten zog er seine besten Truppen ab – sechstausend Fußkämpfer und tausend Reiter – und hetzte sie in Eilmärschen nach Norden; in der Nähe des Metaurus erreichte er das Lager des anderen Konsuls, Marcus Livius Salinator. Obwohl sie alles geheimhielten, verrieten doppelte Hornsignale dem erfahrenen und umsichtigen Hasdrubal, daß beim Gegner etwas geschehen war. Er brach sein Lager ab und zog nach Nordwesten, um auf dem linken Ufer des Metaurus zur Marschstraße zu gelangen und die Römer zu umgehen. Aber die ortskundigen Führer verließen ihn in der Nacht, und die neu zum Heer gestoßenen Kelten sorgten immer wieder für Stockungen und Durcheinander. Vor Erreichen und Überschreiten des Flusses wurde das Heer von den Römern eingeholt und zur Schlacht gezwungen.

Antigonos hockte mit Führern und Unterführern an einem Feuer; jemand sang ein freches bruttisches Lied, die Männer lachten und erzählten Anekdoten. Bei den Posten gab es auf einmal Unruhe; dann kamen zwei Libyer gelaufen.

Was sie brachten, erreichte Himilkos Hände. Des Puniers Beine schienen einzuknicken; auch im Zwielicht der Feuer sah Antigonos das

Gesicht aschfahl werden. Er hielt den rundlichen Gegenstand hoch. Wie in einem grausigen Traum streckte Antigonos die Hände aus. Das Ding war verformt, verkrustet, verfärbt und stank.

»Ich gehe. Gib . . .«

Vielleicht dachte er es auch nur, sagte es nicht. Er wußte auch nicht, wie es ihm gelang, die Beine voreinander zu setzen. Sein Gesicht troff. Er spürte die Unruhe der Männer; obwohl er nicht bei sich war, konnte ein verbliebener Teil des Hellenen die bleierne Last des Entsetzens im Lager körperlich spüren. Durch seinen Kopf rasten Bilder, Sätze, ganze Unterhaltungen. Und Erinnerungen, die aus Bildern und Wörtern und Gerüchen und Empfindungen bestanden. Die Elefanten am Ufer des Taggo. Die Meuchelmörder im iberischen Qart Hadasht. Wind von den Schwarzen Bergen. Hasdrubal der Schöne und seine Verwaltung. Das lange Gespräch von vor drei Abenden, mit Hannibal, über den mittleren Bruder, den er seit elf Jahren nicht gesehen hatte, die Vorfreude, die Pläne, den Zug des vereinigten Heers.

Um ins Zelt des Strategen zu gelangen, mußte er mit dem freien linken Arm eine Stoffbahn hochschlagen. Der rechte Arm war noch draußen, als Antigonos ins Innere blickte. Hannibal und Sosylos, umschienen von drei Fackeln und vier Öllämpchen, saßen mit tausend Rollen Papyros an dem kleinen Tisch. Der Stratege wandte dem Eingang den Rücken zu. Ungewöhnlich. Als ob er ahnte und nicht sehen wollte.

Etwas, nicht Antigonos, sagte heiser: »Du läßt vornehme Feinde allzu ehrenhaft bestatten, Junge.« Es war eine sinnlose Bemerkung.

Hannibal bewegte sich nicht. Sosylos schaute auf; sein Gesicht verfiel, als Antigonos ganz im Zelt war. Farbe und Fassung schwand aus den Zügen des Lakedaimoniers. Er hob die Hände, ließ den Schreibhalm fallen, murmelte auf Hellenisch: »Einst wird kommen der Tag, da das heilige Karchedon hinsinkt.« Wie blind stand er auf, drängte sich an Antigonos vorbei und stolperte aus dem Zelt.

Hannibal drehte sich langsam um; sein Auge schien zusammengekniffen und gleichzeitig über alle Maßen groß. Der Körper krümmte sich: ein mit unsagbarer Wucht gespannter Bogen, der entweder unter der Spannung zerbrechen oder in der Befreiung bersten wird. Auf dem Tisch rollte sich unendlich langsam ein Papyros zusammen, kullerte über die Tischkante, tropfte zu Boden.

Auf die leere Fläche stellte Antigonos das blutverkrustete Haupt des Hasdrubal Barkas. Er grub seine Finger in die Schultern des Strategen.

Heil, Gewinn und Behagen, Herrin der Zwischenlager und Schiffe – o Tomyris: Greise sollten reisen; es weitet das Gemüt, dehnt die Fasern des Wahrnehmens, siebt das Erinnern und fördert die Hurtigkeit des Leibes. Noch immer ist Saft unter der alten Borke. Den Winter, sofern hier von einem solchen geredet werden kann, will ich teilweise an dieser heißen sandigen Küste verbringen. In den ersten Frühlingstagen hoffe ich, Laodikeia zu erreichen; ein Boot wird mich von Gerrha nach Charax bringen, den Euphrates aufwärts, dann die übliche Strecke zum Meer, mit Pferden oder einer Karawane. Wenn die Unbilden der Kriege und des Wetters es gestatten, wird Bomilkar um die Sommersonnenwende in Pelusion eintreffen. Die drei Monde und die Meilen dazwischen würde der alte punische Metöke gern auf deinem Schiff verbringen. Herrin meines Herzens, Gebieterin meines Gemächts, Gespielin des Nachtwinds, o Tomyris: Sollten die Winde, die Wellen und die Wechselfälle dawider sein, sorge dich jedoch nicht. Alte Männer finden immer eine wurmstichige Barke oder eine Hütte, in der verlauste Seeleute das Vergangene in Wein ertränken.

Die neueren Fälle von hellenischem Wahnsinn haben immerhin in einem Fall sinnvolle Wirkungen. Der Friedensschluß des Philippos mit Rom, ohne Rücksicht auf seinen Vertrag mit Karchedon, die tyrannische Vormundschaft des Agathokles seit dem Tod des vierten Ptolemaios und die Wirren in Ägypten, all dies ist sinnlos und widerwärtig. Der Seleukide, der sich nun Antiochos der Große nennt, hat nach der Neuordnung seiner östlichen Reichsteile den von Alexandros geplanten Arabienzug ausgeführt; Gerrha ist tributpflichtig, Weihrauch erreicht nun durch das Arabische Meer die Euphratesmündung. Desgleichen Gewürze und Steine, Stoffe und Wissen aus Indien. Wir, die wir im Windschatten der Großen dümpeln, die uns keinen Raum zum Segeln lassen, können keinen Einfluß auf die Richtung ihrer und unserer Reise nehmen und haben uns von den Brocken Abfalls zu nähren, die ihre Köche über Bord werfen. Wir dürfen bisweilen ungehört zetern.

Dies aber fällt für uns ab: Weihrauch und Gewürze. In Gerrha ist Weihrauch billiger als im Süden des Ägyptischen Meers, zumal nun, da die Flotte des Seleukiden die arabischen Seeräuber vernichtet hat, während andere unflätige Erheber von Zwangszöllen die enge Meerespforte südlich von Ägypten und Kusch noch immer verseuchen. Charax nimmt zwei Hundertstel für die Einfuhr, Laodikeia die gleiche Menge für die Ausfuhr, und Antiochos verlangt ein Hundertstel Königssteuer. Im Reich der Ptolemaier ist es anders – wie wir zu gut wissen. Zwei Zehntel für den König, vier Hundertstel bei der Ankunft in Berenike, vier Hundertstel beim Verlassen von Alexandreia. Die Kosten für die Beförderung durch das Land der Zwei Ströme dürften ebenfalls weit niedriger liegen als jene durch Ägypten. Beachte dies, Herrin des Handels. Die Sandbank unterhält seit einigen Jahren eine Nebenbank und zahlreiche Lagerhallen in Laodikeia, dazu vier Karawanen, ein Gasthaus und eine kleine Werft. Du kennst unsere Bedingungen. Es war klug, wenngleich gewissenlos, das versinkende Iberien beizeiten aufzugeben, sich auf die Dummheit des Rats von Karchedon mehr zu verlassen als auf die Künste der letzten Strategen in Iberien.

Eine Betrüblichkeit will ich dir noch sagen, ehe ich schließe. O die seltsamen Empfindungen alter Männer, die ihre Herzen jählings an Enkel hängen, die sie zuvor kaum kannten. Qalaby und ihr zweiter Gemahl haben Alexandreia verlassen und sich nach Berenike am Ägyptischen Meer begeben. Es ist gut, daß die beiden Enkel fern sind von den Wirren in Alexandreia. Aber ob der Greis, der nach Karchedon heimkehren will, sie dort noch einmal sehen wird?

Gelingen, o Fürstin des Meers, Gewinn, Lust, sanfte aber stetige Winde, und ein Treffen in Laodikeia – Tiggo.

15. FÜRST DES FRIEDENS

Es hatte viele und viel angenehmere Winter gegeben als diesen, fast fünf Jahre nach Hasdrubals Ende, vor Beginn des siebzehnten Kriegsjahrs. Und vor der unaufschiebbaren Entscheidung. Die Winde, die Luft und das Meer lockten Antigonos wieder in die Ferne; die Dinge in Qart Hadasht und Libyen zwangen ihn beinahe, der Seesucht nachzugeben. Aber die Barbaren hielten ihn fest. In jenem Jahr, da Antiochos und Philippos ein Abkommen gegen Ägypten schlossen und der ptolemaische Befehlshaber von Pelusion, Tlepolemos, den Vormund-Tyrannen Agathokles in Alexandreia stürzte, als der fünfte Krieg zwischen Ägypten und Syrien sich abzeichnete, als Antigonos aus Arabien heimkehrte, stand Publius Cornelius Scipio bereits seit einem Jahr in Libyen. Hannibal, ohne Nachschub und mit schwindenden Truppen, hatte bei Kroton abermals, trotz gegnerischer Übermacht, ein römisches Heer geschlagen. Die Welt begann zu stürzen; der Rat von Qart Hadasht begriff nicht, daß nur ein Pfeiler sie noch hielt, der selbe wie seit Jahren; daß Italien von den Römern verwüstet, kriegsmüde, arm und ausgeblutet war; daß der Cornelier nach Iberien auch Libyen nehmen mochte, Ityke, Hipu Akra, Tynes, daß er aber an den gewaltigen Mauern scheitern mußte und daß in diesem Jahr, wie in allen Jahren seit Cannae, ein starkes Nachschubheer alles hätte retten können.

Cornelius Scipio selbst sagte es, mehrfach, in diesem unersprießlichen Winter. Er hatte frische, unausgebildete Truppen unter Mago und Hasdrubal Giskon in Iberien geschlagen, die punische Herrschaft dort beendet, durch eine Gabe und gute Worte den Massyler Masinissa auf seine Seite gebracht. Hasdrubal Giskons Tochter Sapanibal, von den Römern Sophonisba genannt, war dem Masaesyler Syphax vermählt worden und hatte ihn auf die Seite von Qart Hadasht gezogen. Syphax und der Sohn des Giskon brachten ein gewaltiges Heer zusammen, mehr als fünfzigtausend Krieger, und verloren alles durch eine List des Corneliers, der Verhandlungen begann und bei Nacht die Lager der Feinde anstecken ließ. Die Hälfte dieser verlorenen Truppen nach Italien ...

»Natürlich könnte er es noch immer zwingen – aber der Rat hat ihn und Mago zurückgerufen.«

Antigonos betrachtete den Römer, dessen Gastgeber er sein mußte. Die Hauptlager der Römer bei Ityke und Tynes waren etwa gleich weit von dem alten Landgut entfernt. Es hatte die Landung des Regulus und den Libyschen Krieg unbeschadet überstanden. Nun beherbergte es den römischen Feldherrn und seinen engsten Stab.

»Was schaust du mich so zweifelnd an, Hellene?«

Antigonos hob den linken Mundwinkel. »Ich bewundere deine Fähigkeiten und Kenntnisse, Römer. Da du meine Gastfreundschaft genießt und mein Haus nicht zerstörst, will ich mich nicht erdreisten, dich durch Äußerungen über deine Kriegführung zu beleidigen. Sag mir nur, da ich neugierig bin wie die meisten alten Männer: Was tätest du an Stelle der Ratsherren? Was, wenn du Hannibal wärst?«

Der Römer spielte mit dem Kristallbecher; die Strahlen der Abendsonne und die Farbe des Weins, das Glimmen der Kohlebecken und der grüne Marmor der Tischplatte vermengten sich in einem fransigen Punkt schattigen Leuchtens. Das beinahe hellenische oder etruskische, keineswegs grobe Gesicht des Corneliers war entspannt, fast ein wenig belustigt. Er war dreiunddreißig; Antigonos würde bald sechsundsechzig sein. Der Hellene, der Regulus gekannt hatte, Hanno den Großen, Hamilkar den Größeren, Hasdrubal den Schönen, Hannibal, Hasdrubal, Mago, Philippos von Makedonien und Ptolemaios Philopator, achtete seinen hohen Gast, ohne ihn allzu sehr zu schätzen. Der Römer war gebildet, sprach fließend Hellenisch; er war klug und hatte die beste Ausbildung genossen, die ein Heerführer nur bekommen kann – harten Dienst in den Legionen, Teilnahme an zahlreichen verlorenen Schlachten zwischen Ticinus und Bradanus, die genutzte Möglichkeit, aus den Listen und Künsten des größten Gegners zu lernen und die Fehler der eigenen Feldherrn nicht zu wiederholen; dazu die Ränke und das Gezänk der römischen Politik. Aber er war auch der Mann, der in Iberien – Qart Hadasht, Orongis, Ilurgeia – unmenschliche Blutbäder angerichtet hatte, ohne jeglichen strategischen oder auch nur taktischen Sinn, und der die grauenhaften Metzeleien seines Stellvertreters Pleminius in Lokroi gedeckt hatte, Metzeleien, deren Ausmaße sogar vom harten römischen Senat mißbilligt und in einem Verfahren untersucht worden waren.

»An Stelle der Ratsherren?« Scipio runzelte die Stirn. »Ich hätte vermutlich vor Jahren alles versucht, den Kriegsausbruch zu verhindern. Aber nachdem der Krieg einmal begonnen war, hätte ich jeden verfügbaren Mann, jedes Pferd, jedes Schiff und jeden Obolos zu Hannibal geschickt.«

Antigonos nahm die Freundlichkeit des Römers zur Kenntnis, der in den auf Hellenisch geführten Gesprächen nie Karchedon oder gar Karthago sagte, sondern immer Qart Hadasht, wenn ihm auch der Kehllaut meistens zu einem gewöhnlichen *kappa* wurde, und niemals Hannibas, sondern Hannibal. Der Hellene seinerseits verzichtete darauf, den Römer Kornelios oder Skipios zu nennen.

Es gab nicht zu viel zu tun in diesem Winter; Cornelius schickte Boten nach Rom, nach Sizilien, zu seinen Lagern, zu Masinissa, bereitete die ersten Unternehmungen des Frühjahrs vor, las in Antigonos' Büchern und genoß offenbar die langen Unterredungen mit dem alten Freund der Barkiden.

Antigonos hütete sich, derlei Genuß und die gelegentlichen Artigkeiten zu überschätzen; er prüfte und wog ab, was er selbst sagen konnte, ohne punische Stellungen und Möglichkeiten preiszugeben. Er war seines Lebens sicher, daran zweifelte er nicht; Publius Cornelius würde vielleicht ganz Libyen und Qart Hadasht entvölkern, aber alle wichtigen Leute im Triumph nach Rom heimführen. Der Cornelier hatte ihm gleich zu Beginn der unfreiwilligen Gastfreundschaft seine Befriedigung darüber ausgedrückt, den in Rom seit über vierzig Jahren als wichtigen Freund Hamilkars, Hasdrubals des Schönen und Hannibals bekannten Herrn der Sandbank durch einen glücklichen Zufall in die Hände bekommen zu haben. Ein unglücklicher Zufall, nach Antigonos' Meinung. Starker Westwind hatte Bomilkar gezwungen, weit ins Meer hinaus zu kreuzen; als der Wind umschwang, trieb er die sechste *Schwinge des Westwinds* an die Küste zwischen Ityke und Qart Hadasht, in eine kleine römische Flotte. Bomilkar und die Mannschaft saßen ebenso auf dem Landgut fest wie Antigonos; die *Schwinge* diente den Römern als Botenschiff.

»Ich weiß«, sagte Cornelius nach längerem Schweigen, »daß du alles versucht hast. Wenn ich mich in deine Sandalen stelle – ich würde mir nichts vorwerfen. Aber den anderen?« Er hob den Becher; ohne Spott, wie es schien, trank er auf die verhängnisvollen Fehler der Ältesten von Qart Hadasht.

Es wurde dunkel. Antigonos klatschte in die Hände. Einer seiner Sklaven – Libyer – kam herein, begleitet von einem Römer, der mit der Hand am Schwertknauf im Eingang stand, während der Sklave acht Öllampen und drei weitere Kohlebecken anzündete. Vor den halbverhängten Fenstern flackerten die Feuer der kleinen Truppe, die Cornelius um das Haus lagern ließ. Milder Nordwest fuhr durch die Zypressen und überdeckte den Gestank der Feuer und der Kohlebecken, der Bratstellen und der Männer, der Pferde, Latrinen und Abfallberge mit einem Hauch von Salz, Tang und Weite.

»Doch. Ich werfe mir etwas vor.«

Der Blick des Corneliers war abgeglitten, von Antigonos' Gesicht zu der alten Truhe, deren geschnitzte Figuren im unsteten Licht zu tanzen schienen.

»Was, Herr des Hauses?«

»Nicht früher die Verbindungen zwischen dem Kaufmann Demetrios von Taras und dem ehrwürdigen großen Hanno gesehen und mit dem Schwert zertrennt zu haben.«

Das flüchtige Lächeln des Römers beseitigte die letzten Zweifel des Hellenen. Scipio räusperte sich.

»Was wird Hannibal deiner Meinung nach tun?«

Antigonos hob die Schultern. »Ich weiß es nicht. Ich weiß weder, welche Kräfte ihm zur Verfügung stehen, noch wo Mago sich aufhält.«

»Nirgendwo.«

Antigonos setzte den Becher ab; hart. Ein wenig Wein schwappte auf die Platte des Tischs, die im Zwielicht der Lampen nicht mehr grün, sondern schwärzlich glomm. »Heißt das . . .?«

Cornelius nickte. »Ich weiß, ich bin ein schlechter Gast. Aber ich hatte einfach vergessen, es dir zu sagen. Ja. Mago ist tot. Gestorben auf der Überfahrt, irgendwo bei Sardonien, an den Folgen einer Wunde.«

Antigonos schloß die Augen. Drei Löwen, deren Brüllen die Welt erschüttern wird . . . Nun lebte nur noch einer, der größte. Magos Tod erfüllte den Hellenen mit einer unbestimmten Trauer, die eher der Stadt und dem Bruder galt als Mago selbst. Der Rat hatte ihn auf ein weiteres unsinniges Unternehmen geschickt – unsinnig in dieser Weise und zu diesem Zeitpunkt. Als Iberien bereits so gut wie verloren war, hatten Mago und Hasdrubal Giskon noch einmal fast fünfzigtausend Kämpfer aufgestellt und gegen Scipio geführt, dessen erfahrene Legionen nur wenig Mühe mit den neu angeworbenen Söldnern hatten. Dann war Mago auf die kleinere der Balliaren-Inseln gefahren, hatte dort einen natürlichen Hafen ausgebaut, Truppen geworben und sie auf Befehl des Rats wieder nicht zu Hannibal, sondern nach Norditalien gebracht. Durch späteren Nachschub aus Qart Hadasht – für Mago, wieder nicht für Hannibal – und durch Werbungen bei Kelten und Ligurern war sein Heer auf fünfundzwanzigtausend Fußkämpfer und viertausend Reiter angeschwollen, dazu zehn Elefanten und etwa vierzig Penteren und Trieren. Aber starke römische Truppen riegelten Norditalien ab; ein Durchbruch nach Süden, die Vereinigung mit Hannibal war unmöglich. Das falsche Heer am falschen Platz. Dennoch ließ der Rat Mago in Ligurien, statt ihn und seine Leute nach Libyen oder Bruttium zu bringen.

»Und sein Heer?«

»Ist zum Teil bei Hannibal. In Hadrymes. Ein Teil steht noch immer im Keltenland, befehligt von einem Punier namens Hamilkar.«

»Ein guter Name.«

Cornelius' Augen glitzerten. »Einer der besten. Aber nicht alle, die ihn tragen, füllen ihn aus. – Nun, was wird Hannibal tun, deiner Meinung nach?«

»Ich weiß es nicht. Ich nehme an, er wird versuchen, sich zu verstärken.«

»Er hat jedenfalls einen klugen Freund.« Scipio leerte den Becher und stand auf.

»Jeder hat die Freunde, die er verdient. Und die Feinde, die ihm zufallen. Beide kann man sich nur selten aussuchen.«

Der Römer verzog das Gesicht. »Auch dies ist wahr. Zu wahr. Deine Nacht sei angenehm, Hellene – trotz meiner Anwesenheit.«

Antigonos bewegte flüchtig die Rechte. Als Cornelius gegangen war, füllte er seinen Becher nach und bereitete sich auf eine weitere lange schlaflose Nacht des Brütens vor. Scipio schien ungeheure Achtung, beinahe Furcht vor Hannibal zu empfinden – »er könnte es immer noch zwingen«. Antigonos seufzte und dachte an die vergeudeten Jahre, die vergeudeten Menschen, die vergeudeten Mittel. Noch im vergangenen Jahr, fünfzehn Jahre nach Überquerung der Alpen, dreizehn Jahre nach Cannae, wäre alles erreichbar gewesen. Die punischen Flotten, die Heere, das Geld... Und die seltsamen Nebenlinien der Geschichte.

Sapanibal, die schöne Tochter des Hasdrubal Giskon, Frau des Masaesylers Syphax. Hasdrubal und Syphax hatten im vorigen Winter die Römer bei Ityke eingeschlossen, sich auf Verhandlungen eingelassen, statt die Entscheidung zu erzwingen, und dann alles durch List und Feuer verloren. Aber neue Truppen trafen ein, viertausend iberische Söldner; Hasdrubal warb Libyer, Syphax hob in seinem Reich ein weiteres Heer aus, und wenige Monde nach der Katastrophe von Ityke standen wieder über dreißigtausend Kämpfer bereit. Als erfahrene Truppen dagewesen waren, hatten Hasdrubal und Syphax gezaudert und alles verspielt; statt nun ihre unerfahrenen neuen Verbände auszubilden oder, was besser gewesen wäre, zu Hannibal ins verwüstete Italien zu schicken, griffen sie an und verspielten in der Schlacht auf den Großen Feldern wieder alles.

Nun, endlich, setzte Qart Hadasht die Flotte zu anderem als nur zur Beförderung von Nachschub an den falschen Ort ein. Es gelang zwar nicht, die römische Belagerung von Ityke zu sprengen, aber immerhin wurde ein Teil der römischen Flotte erobert oder versenkt. Und Syphax hob abermals ein Heer aus; die Masaesyler waren längst noch nicht erschöpft. Abermals wagte er mit unerfahrenen Kriegern zuviel; diesmal geriet er selbst in Gefangenschaft. Sein alter Todfeind Masinissa benutzte ihn als Faustpfand, um die Übergabe der Hauptstadt Kirta zu erpressen; noch am Tag der Übergabe vermählte er sich mit Sapanibal, der Frau des Syphax, der Tochter von Hasdrubal Giskon. Teils, wie es hieß, entflammt durch ihre Schönheit, teils um zu verhindern, daß sie den Römern in die Hände fiel. Aber Scipio wußte sehr wohl, daß der listige Numider große Ziele in Libyen hatte – nach dem Krieg; eine Verbindung des Massylerkönigs mit einer der großen Sippen von Qart Hadasht? Cornelius verlangte die Auslieferung von Sapanibal; Masinissa ließ ihr Gift bringen, damit sie selbst entscheide. Sie entschied sich gegen Rom.

Dies geschah im frühen Herbst, ehe Mago und Hannibal Italien verlassen hatten. Syphax gefangen, die Römer noch immer vor Ityke und Tynes, Qart Hadasht vom Hinterland abgeschnitten – eine Mehrheit des Rats sprach für den Frieden und schickte eine Gesandtschaft zu Cornelius. Man handelte einen Vertragsentwurf aus, Friede unter diesen Bedingungen: Rückgabe aller Gefangenen und Überläufer, Rückberufung der beiden Heere aus Süditalien und Ligurien, Verzicht auf Iberien, Verzicht auf alle Inseln zwischen Italien und Libyen, Auslieferung aller Kriegsschiffe bis auf zwanzig, Zahlung von fünftausend Talenten Silber, Stellung von Geiseln. Gesandte wurden nach Rom geschickt, wo Senat und Volksversammlung dem Vertrag zustimmten.

Römische und punische Gesandte kehrten zurück nach Libyen. Und nun begab sich die nächste der Unbegreiflichkeiten, Ungeheuerlichkeiten und Unsinnigkeiten in der Kriegführung des punischen Rats. Römische Frachtsegler wurden von einem Sturm in die Bucht von Qart Hadasht getrieben; während des Waffenstillstands, während man die Rückkehr der Gesandten und den römischen Bescheid erwartete. Inzwischen waren jedoch Hannibals Heer und die Reste von Magos Truppen gelandet; der Rat von Qart Hadasht beschloß, die gestrandeten Römerschiffe aufzubringen. Eine Gesandtschaft des Corneliers wurde nicht angehört und sogar bedroht.

Antigonos kannte von allem nur das, was Cornelius ihm mitzuteilen beliebte, zweifelte jedoch nicht an der Wahrheit des Berichts. Die Vorgänge waren zu unglaublich, als daß Publius Cornelius Scipio sie sich hätte ausdenken können. Damit war der bereits ausgehandelte und beschlossene Friede aufgekündigt. Hanno der Große und der neue, kommende Mann der »Alten«, ein weiterer Hasdrubal mit dem Antigonos unverständlichen Beinamen der Bock, hatten dafür gesorgt, daß wenigstens die Gesandtschaft der Römer unverletzt die Stadt verlassen konnte. Zum ersten Mal in fünfundvierzig Jahren war der Hellene mit einer Maßnahme von Hanno einverstanden.

Wieder und wieder ging er in dieser Nacht und in vielen folgenden Nächten die Abläufe durch; wieder und wieder kehrte er ins Qart Hadasht seiner Kindheit zurück, in Hamilkars Iberien, zu den Iberos-Verhandlungen Hasdrubals des Schönen, zu den unentwirrbaren erbarmungslosen blutigen Jahren des Kriegs. Die Ratsherren der alten Stadt... Bis zuletzt hätte ein Teil der jahrelang angeblich nicht verfügbaren, immer wieder anderswo vergeudeten Truppen und Mittel ausgereicht, unter Hannibals Führung den Sieg in Italien zu erringen, trotz des verlorenen Iberien und trotz einer Belagerung von Qart Hadasht durch die Römer. Dann hatte man um den Frieden gebettelt und ihn erhalten und ihn weggeworfen, in maßlosem Übermut und im Vertrauen auf den Strategen, den man all die Jahre bewundert, gefürchtet und nicht unterstützt hatte. Angeblich, so Cornelius' Mittelsmänner, hatte Hannibal nach seiner Landung bei Hadrymes die Gesandten des Rats für wahnsinnig erklärt; ihre Aufforderung, sofort etwas gegen die Römer zu unternehmen, habe er mit der Bemerkung beantwortet: »Zuerst habt ihr durch Dummheit und Geiz jahrelang den Sieg verhindert; nun habt ihr den Frieden verschleudert. Was jetzt geschieht, bestimmt nicht der Rat von Qart Hadasht, bestimmen nicht die Ältesten oder die Richter. Was jetzt geschieht, bestimmen nur noch drei: die Waffen, Publius Cornelius und euer Stratege.«

Neben vielen anderen Gedanken und Erkenntnissen kreisten Antigonos' strudelnde Nächte der Schlaflosigkeit immer wieder um drei Punkte, Löcher in seinem Kosmos. Publius Cornelius Scipio; die Flotte; Hanno.

Cornelius war ein zäher, harter, kluger Mann. Nach allem, was Antigonos in fast einem halben Jahr der Gefangenschaft gesehen hatte, war er bereit, den Römer neben die fähigsten Unterführer aus Hannibals unvergleichlichem Stab der ersten Kriegsjahre zu stellen: Maharbal, Muttines, Hasdrubal den Grauen; vielleicht auch Mago. Aber Cornelius verfügte über acht Legionen, dazu die ebenfalls seit Jahren kampferprobten Krieger von Masinissa. Was mochte Hannibal noch dagegenstellen können, an alten Kämpfern und Neuwerbungen aus dem ausgezehrten Hinterland? Die Römer würden nicht nur um den Sieg, sondern um die Herrschaft über die Oikumene kämpfen – und um ihr nacktes Leben; Hannibals Truppen konnten nach einer Niederlage immer noch fliehen, und das höchste Ziel der letzten Schlacht würde allenfalls ein ehrenhafter Friede, ehrenhafte Freiheit für Qart Hadasht sein.

Die Flotte quälte den Hellenen. Offenbar fürchteten sich die Römer vor den punischen Kampfschiffen, die während des ganzen Kriegs nur einmal, im letzten Jahr vor Ityke, zum Kampf eingesetzt worden waren. Es mußten sehr viel mehr sein, als Antigonos bisher angenommen hatte. Wie ließe sich denn sonst erklären, daß es zwei punischen Heeren, von Ligurien und Bruttium aus, gelungen war, unbehelligt Libyen zu erreichen? Was, wenn endlich der Rat... Aber der Rat würde nicht, weder endlich noch unendlich.

Aller Haß, zu dem Antigonos fähig war, alle Feindschaft, die er trotz Ekels und trotz Widerwillens den Römern gegenüber nie empfunden hatte, richtete sich, je länger die schlaflosen Nächte und je schlafloser die langen Nächte wurden, gegen die Ratsherren von Qart Hadasht, ihre Gier, ihren Geiz, ihr Mißtrauen, ihre Ränke, ihre hunderttausendfache Vergeudung von Menschen, von Mitteln, von Möglichkeiten. Im Brennpunkt des ungeheuren Hasses, der immer schärfer und immer kälter wurde, stand Hanno. Hanno der Große, den damals nicht zuerst getötet zu haben, statt des unseligen Sklaven, Antigonos für den größten Fehler seines Lebens, vielleicht den schlimmsten Fehler in der langen Geschichte von Qart Hadasht hielt. Der zweitgrößte Fehler, dessen war er sich inzwischen sicher, war es gewesen, daß er Hamilkar und Hasdrubal den Schönen nicht zur gewaltsamen Machtübernahme gedrängt hatte, nach dem Libyschen Krieg. Asche von vorgestern. Aber diese Asche rieselte noch immer und bedeckte die Köpfe der Heutigen.

Der Frühling kam, dann der Sommer. Cornelius Scipio blieb oft lange fort, kehrte immer wieder zum Gut zurück, das auch während seiner Abwesenheit scharf bewacht wurde. In den von Roms Posten bestimmten Grenzen konnten Antigonos' Sklaven, Knechte und Pächter die Felder bestellen; Vieh zu hüten gab es nicht mehr. Zunächst widerstrebend, dann ergeben ins Unabänderliche aß der Hellene mit den römischen Offizieren von dem, was ihre Leute aus dem Land zusammentrieben. Das alte libyphönikische Ityke trotzte der Belagerung; Qart Hadasht ebenfalls, wenngleich – so weit den römischen Meldungen zu trauen war – unter Schwierigkeiten. Durch das Lager bei Tynes und die römischen Streifen war der Isthmos nicht mehr bewohnbar; die Felder und Gärten trugen zur Ernährung der Römer bei. Wie in den schlimmsten Tagen des Libyschen Kriegs drängten sich fast siebenhunderttausend Menschen hinter den mächtigen Mauern; die Stadt war eng und unruhig, es kam zu Plünderungen und Kämpfen, wenn die Plünderer aus Hunger, Gier oder Wahn Stadtpaläste angriffen, die von den Wachtruppen der Reichen gehütet wurden. Antigonos hoffte, daß seine Schwester Argiope in der Megara war, bei ihrer alten Freundin Salambua, hinter den Mauern des barkidischen Palasts. Argiope hatte sich zufällig in der Stadt aufgehalten, als die Römer landeten, und sie war nicht auf das Landgut zurückgekehrt.

Mit Erlaubnis des Corneliers hatte Antigonos Bostar mitgeteilt, daß er noch lebe, und Bostar hatte den Empfang der Mitteilung knapp bestätigt. Aber Scipio lehnte es ab, Antigonos freizugeben oder unter Bedeckung bis zur Stadt bringen zu lassen. Der Hellene gehörte zu den Männern, die im Fall einer völligen Niederlage und Zerstörung von Qart Hadasht im Triumph nach Rom gebracht würden; falls es nicht zur Zerstörung, sondern zu einer Umwandlung der punischen Metropole und ihres Umlands in eine römische Provinz käme, wäre der Herr der Sandbank wichtig für den Neuaufbau von Land und Handel.

Es gab aber einen weiteren Grund, den Antigonos nach und nach aus Gesprächsfetzen heraussiebte: Angst. Zunächst fiel es ihm schwer, diese Angst wahrzunehmen oder gar für begründet zu halten. Je älter das Jahr wurde, desto klarer sah er jedoch die Umrisse der römischen Befürchtungen. Vor allem bezogen sie sich auf Hannibal, der fünfzehn Jahre lang mit geringen Mitteln und einem kleinen Heer Italien beherrscht, Konsuln besiegt, Rom bedroht hatte und schließlich ungeschlagen abgezogen war. Zweitens wußte Cornelius zu gut, wie es in den Ländern am Meer aussah – Iberien besetzt, aber unruhig; punische Restverbände und aufständische Kelten in Norditalien; mühsam übertünchte Risse im latinischen Bündnis; Süditalien weitgehend entvölkert, Städte zerstört, Äcker und Felder unbebaut; überall mußte Rom seine Legionen stehen lassen, um mit Gewalt den Zusammenbruch zu verhindern, auch auf Sardonien, Sizilien und Kyrnos. Die letzte Volkszählung hatte wieder zweihundertvierzehntausend waffenfähige Bürger ergeben, aber diese Zahl war ein Traum. Mehr als die Hälfte der Waffenfähigen, darunter auch Teile der aufgestellten Legionen, konnte keinen Waffendienst tun, sondern mußte Schäden ausbessern, die Landwirtschaft notdürftig in Gang halten, Banden von Mordbrennern bekämpfen, die Italien durchzogen, oder Festungen und Stadtbesatzungen ergänzen, um in Sizilien und den italiotischen Gebieten Aufstände zu verhindern. Die etwa zwanzig Legionen – genaue Zahlen kannte der Hellene nicht –, die in Iberien, Italien, dem italischen Gallien, auf Sizilien, Sardonien, Kyrnos und mit Scipio in Libyen standen, stellten alles dar, was Rom noch aufbieten konnte. Nach und nach mochten noch einmal kleinere Verstärkungen ausgehoben werden, kleinere Mengen an Nachschub für die Truppen des Corneliers. Vielleicht ließe sich sein Heer von acht auf zehn Legionen bringen, in einem Jahr; aber Rom war erschöpft, ausgeblutet, die Verbindungswege überdehnt. Qart Hadasht dagegen schien über eine große Flotte zu verfügen und sie nicht zu nutzen; die Dörfer des von den Römern besetzten Hinterlands konnten weder Nahrung noch Kämpfer liefern, aber es schien keine Schwierigkeiten mit der Versorgung zu geben – Qart Hadasht wurde über den Seeweg ernährt. Das hieß nicht nur, daß die römische Flotte zu schwach war, die Stadt abzuriegeln; es hieß auch, daß der ganze Osten und Süden der punischen Länder noch frei war – und dort stand Hannibal. Der punische Staatsschatz mochte leer sein, aber der Reichtum von Qart Hadasht war längst noch nicht erschöpft.

Und ebenso, wie die Herren des punischen Rats seit Jahrzehnten, zwei Kriege und die Zeiten des Friedens hindurch, Rom, Roms Härte, Roms Zähigkeit, Roms ausschließlichen Herrschaftswillen und Machtanspruch falsch beurteilt, mit den eigenen milderen Maßen gemessen hatten, ebenso rechnete Publius Cornelius Scipio nun mit punischen Maßnahmen, die römischem Denken entsprochen hätten. Etwa dies:

vorübergehende Unterstellung von allen und allem unter Einen – wie Rom sich Fabius Maximus und Iunius Pera als Diktatoren unterstellt hatte. Der Diktator konnte nur Hannibal heißen; er würde die zerstreuten Flotten zusammenfassen, die Reichen zur Zahlung von Geld an den Staatsschatz zwingen, aus der Bevölkerung der Stadt mindestens fünfzigtausend Waffenfähige ausheben, aus dem fernen libyschen Hinterland weitere Kämpfer dazuholen. Die Masaesyler waren nicht geschlagen; Syphax' Sohn Vermina schien neue Truppen zusammenzuziehen, und Roms Bundesgenosse Masinissa war mit der Regelung seiner Ansprüche so sehr beschäftigt, daß er nur einige tausend Krieger in eine Schlacht mitbringen konnte, aber kein gewaltiges Heer.

So sahen die Dinge aus – wenn man sie nicht mit den Augen der punischen Ratsherren betrachtete. Die Dreihundert, gleich ob »Alte« oder Barkiden, waren weder zum Krieg noch zum Frieden fähig, wie sie bewiesen hatten. Antigonos zweifelte keinen Augenblick daran, daß das Heer des Cornelius, auch verstärkt durch Masinissa, zu vielen kleinen Stückchen eines schwarzen Nichts zerfetzt werden würde, wenn Qart Hadasht Hannibal alle Möglichkeiten endlich endlich endlich gab. Masinissa hatte einst ein Freundschaftsbündnis mit Hasdrubal Barkas geschlossen, nicht mit Qart Hadasht; der Massyler würde nach einem punischen Sieg einen Ausgleich und einen Bund mit Hannibal suchen, dem Bruder des toten Freundes. Scipio wußte es; der Römer wußte auch, daß vier Jahre nach seinem iberischen Triumph die iberischen Völker der sanften punischen Herrschaft nachtrauerten und sich sofort wieder erheben würden; und daß Rom eine neue Landung des großen punischen Strategen in Italien nicht überstehen konnte. An dieser Stelle seiner Überlegungen begriff Antigonos auch, weshalb der römische Krieger den punischen Metöken so sicher und streng bewachen ließ. Antigonos hatte einmal durch seinen Auftritt im Rat und viele Male durch Gespräche mit einzelnen Ratsherren Entscheidungen herbeigeführt. Der Hellene konnte nicht wissen, was genau in Qart Hadasht vor sich ging; aber offenbar wußte Scipio genug um zu befürchten, daß der Herr der Sandbank die große endgültige Wende bewirken würde.

Antigonos teilte diese Furcht nicht, die für ihn eine Hoffnung gewesen wäre. Im Jahr der Schlacht von Cannae hatte er die Niederlage vorhergesagt, für die nächsten fünf oder sechs Jahre. Hannibals überragende Kunst war stärker gewesen als die wahnsinnigen Beschlüsse der punischen Ratsherren. Jetzt, vierzehn Jahre nach Cannae, fünf Jahre nach

Hasdrubals Tod, vier Jahre nach dem Verlust Iberiens, war dieser erbarmungslose Krieg noch immer zu gewinnen. Publius Cornelius Scipio hatte recht. Aber er brauchte sich keine Sorgen zu machen; die Römer brauchten sich nicht zu fürchten. Sie konnten sich, jetzt wie vor zehn oder fünfzehn oder fünfzig Jahren, auf den Rat und die Ältesten von Qart Hadasht verlassen.

Nach einem langen verwinkelten Gespräch in einer Nacht des frühen Sommers entdeckte Cornelius den Behälter für frische Schreibhalme auf Antigonos' Tisch. Mit einem Blick bat er um Erlaubnis; dann nahm er die Halme heraus und strich mit den Fingerkuppen über die verzierte, geschnitzte Schale.

Das Straußenei war innen vergoldet; außen zeigte es Einzelheiten aus dem Fahrtbericht des großen Seefahrers Hanno – den qualmenden Götterberg, die behaarten Wilden, die er *gorilla* genannt und deren abgezogene Felle er dem Tempel des Baal geschenkt hatte, die Gründung des Orts auf der Insel Kerne. Es waren winzige Bilder von fast schmerzhafter Deutlichkeit. Das obere Viertel der Schale fehlte; der Rand glich einer grobseidenen Purpurborte, war aber ebenfalls geschnitzt. Das Ei stand in einem Fuß aus hauchdünnem Gold mit getriebenen Ranken – Ranken und Blüten fantastischer Pflanzen.

»Wie macht ihr das nur?« murmelte der Römer. »Es ist wunderbar – in ganz Italien gibt es nichts Vergleichbares.«

»Ich schenke es dir – für einen ehrenhaften Frieden mit Hannibal; einen Frieden, der uns Luft zum Atmen und Muße zum Schnitzen läßt.«

Cornelius stellte die Schale zurück auf den Tisch.

Der Sommer verging mit kleineren Gefechten; hier wurde ein Ort besetzt, dort ein Schiff aufgebracht. Aber Qart Hadasht setzte die Flotte nicht ein, Ityke blieb belagert, das römische Lager bei Tynes wurde nicht angegriffen. Hanno der Große und Hasdrubal der Bock konnten keine neue Friedensgesandtschaft zusammenbringen, aber sie verhinderten die völlige Übergabe der Stadt und aller Mittel an den Strategen. Tychaios, Fürst der numidischen Areakiden, stieß mit etwa zweitausend Reitern zu Hannibal; Vermina, Sohn des Syphax, brach mit starken Kräften im Westen Libyens auf, um ins Lager des Strategen zu ziehen.

Publius Cornelius Scipio verließ das Landgut; diesmal endgültig. Und er nahm Antigonos mit. Die Entscheidung stand bevor. Hannibal hatte

Hadrymes an der Ostküste verlassen und war ins punische Kernland marschiert, in die fruchtbaren Ebenen bei Zama. Der Cornelier mußte schnell handeln. Antigonos wußte nicht, was in Rom und Qart Hadasht geschah, entnahm aber undeutlichen Äußerungen Scipios, daß nach einem Jahr der Tatenlosigkeit der Senat den Befehl in Afrika, wie die Römer Libyen nannten, einem anderen übertragen könnte. Zu diesem Problem des Ehrgeizes kam ein Problem der Kriegführung: Auch mit seinen beschränkten Mitteln verfügte Hannibal inzwischen offenbar über ein starkes Heer, das im Winter die römische Versorgung aus dem libyschen Hinterland abschneiden, die Belagerer vor Ityke und Tynes zu Belagerten machen, einschnüren und aushungern konnte. Und nach seiner Kenntnis der punischen Innenwelt nahm der Hellene an, daß in Qart Hadasht Unruhe, Knappheit, Ungeduld herrschten; daß Hannibal einen langwierigen Zermürbungskrieg einer Entscheidungsschlacht vorzöge, aber damit rechnen mußte, daß Hanno der Große und Hasdrubal der Bock, denen wohl kein gleichgroßer Barkide gegenüberstand, bei Verlängerung des Schwebezustands immer mehr Ratsherren und Vollbürger auf ihre Seite ziehen würden: Absetzung des Strategen, Friede um jeden Preis – und der Preis mußte noch höher sein als beim gebrochenen Vertrag.

Boten, immer wieder Boten. Vermina kam, war aber noch weit fort. Masinissa kam, kam nicht, kam doch. Ein Botschafter von Hannibal – der Stratege schlug eine Unterredung vor. Cornelius zögerte; am nächsten Tag kam Masinissas Vorhut, aber der Massyler brachte nicht die erhofften zwanzigtausend Reiter, nur etwa sechstausend Fußkämpfer und viertausend Reiter.

Römer und Numider marschierten nach Zama. Antigonos ritt als bewachter Gefangener im Stab des Corneliers mit. Er versuchte mehrfach und unauffällig, mit Masinissa ins Gespräch zu kommen; Scipio schien alles zu ahnen oder auch zu sehen und sorgte dafür, daß der Hellene und der Numider nie allein waren.

An einem heißen trockenen Herbsttag erreichten sie Naraggara; Scipio schickte Hannibal einen Boten und nannte seine Bedingungen, Ort und Zeit für ein Gespräch. Der Punier verließ mit seinem Heer Zama und schlug kaum sechstausend Schritte von den Römern entfernt sein Lager auf.

Kaum jemand schlief in dieser Nacht. Abends kam es zu einer erregten Auseinandersetzung zwischen Masinissa und Scipio. Antigonos hatte in

Hörweite des Numiders geäußert, an dem Gespräch mit Hannibal sollten beide verbündeten Feldherren teilnehmen. Cornelius ließ den Hellenen daraufhin unter scharfer Bewachung in ein Zelt bringen. Am Morgen, am bleichen Morgen nach weißer Nacht, in der der bloße Name des punischen Strategen fast alle Römer wachhielt, teilte ein blasser Cornelius Scipio dem Hellenen mit, wer zur Unterredung gehen würde.

»Masinissa bleibt hier. Der Punier soll ihn nicht einwickeln. Aber du kommst mit.«

Antigonos ließ beinahe den Becher fallen. Im römischen Lager gab es warmes säuerliches Dünnbier zum Frühstück. »Was?«

Scipio nickte. »Als Dolmetscher.«

»Ihr braucht keinen. Du sprichst die Koine, Hannibal auch. Außerdem kann er Latein.«

»Du kommst mit.«

Sie trafen sich in der Mitte der weiten Ebene zwischen den Lagern. Bei der langsamen Annäherung stutzte Hannibal einen Moment; wahrscheinlich, als er Antigonos erkannte. Bis sie einander gegenüberstanden, war von Überraschung oder Entsetzen nichts mehr zu sehen. Das Gesicht des Strategen, der eine schwarze Augenklappe trug, schien aus dunklem Marmor geschnitzt, mit feinsten Werkzeugen.

»Kein Verrat, Junge«, sagte Antigonos. »Ich bin sein Gefangener.« Er wollte die Arme ausstrecken, aber Cornelius hielt ihn zurück und deutete auf den Boden.

»Du hast einen sehr treuen und überaus verschwiegenen Freund, großer Punier. Ich fürchte, er weiß inzwischen mehr von mir als ich von ihm.« Scipio sprach Hellenisch.

Hannibal schob den schlichten Kesselhelm ein wenig zurück und ließ sich auf dem staubigen Boden nieder. Gegen die glänzende Rüstung des Römers – verzierter Muskelpanzer, hoher Helm mit rotem Busch, roter Feldherrnmantel – wirkte Hannibals bronzebesetzter Lederpanzer schäbig. Aber wo der punische Stratege sich niederließ, war der Mittelpunkt der Ebene, Libyens, der Oikumene.

»Ave.« Mehr sagte Hannibal nicht; er betrachtete den zwölf Jahre jüngeren Römer.

Scipio verschränkte auf dem Schoß die Finger; Antigonos, seitlich von ihm, sah die weißen Knöchel.

»Ich habe lange auf diese Begegnung gewartet«, sagte der Römer. »Mit dem Schwert oder mit Worten dir gegenüberzustehen oder zu sitzen.«

Hannibal neigte knapp den Kopf. »Eure und unsere Götter, der Zufall und der Verlauf der Dinge haben es nicht eher zugelassen. Seit deiner großartigen Eroberung des neuen Karchedon in Iberien habe ich gewünscht, dich zu sehen. Ohne Schwert, Cornelier; wir brauchen uns nicht aneinander zu messen. Die Oikumene weiß, daß wir gleich groß sind.«

Dünn in der heißen windstillen Luft hörten sie von Hannibals Lager her Elefanten trompeten. Scipio blickte an dem Punier vorbei.

»Wir werden uns messen müssen – morgen. Wenn es uns nicht gelingt, Einigung zu erzielen.«

Hannibal lächelte; seine Hände lagen locker auf seinen Knien. »Zwei große Heere«, sagte er halblaut. »Zwei gute Strategen. Wo keiner dem anderen überlegen ist, kann nur der Zufall entscheiden, die Gunst des Unwägbaren. Willst du dich, deine Männer, Roms Glück und Zukunft dem blinden Schicksal überlassen, Tyches Würfelspiel? Ich bin bereit zu jeder gerechten Einigung.«

»Die hättet ihr vor zwanzig Jahren, als ihr sie hattet, bewahren können, Punier. Du warst es, der Saguntum angriff, eine Stadt römischer Bundesgenossen.«

»Du weißt ebenso gut wie ich, Cornelier, daß der damalige Stratege Hasdrubal und euer großer Fabius einen Vertrag ausgehandelt haben, nach dem alles südlich des Iberos den Puniern gehören soll. Und daß euer Bündnis mit Zakantha, einer Stadt südlich des Iberos, Jahre nach diesem Vertrag geschlossen wurde. Die erste Vertragsverletzung geschah also durch euch.«

Scipio löste die verkrampften Finger und breitete die Arme aus. »Quintus Fabius Maximus, Vater des Vaterlands und Schild Roms, ist im vorigen Jahr gestorben. Wir reden von der Gegenwart, Punier.«

»Die Gegenwart kann nur dann das Gebäude der Zukunft tragen, wenn beim Verfugen der Grundmauern die Mängel und Risse aus der Vergangenheit erkannt und ausgebessert werden.«

Cornelius grub die Finger der Rechten in den spröden Boden. »Nicht Baumeister sind wir, Punier, sondern Krieger. Laß uns über den Krieg und sein Ende reden.«

Hannibal hob die Schultern. »Ich zöge es vor, wenn wir, die beiden größten und ruhmreichsten Herren des Feldes, heute beschlössen, zu Fürsten des Friedens zu werden. Solange die Welt besteht und Menschen sich erinnern, wird man unsere Namen in einem Atemzug nennen,

Römer. Wenn es zu einer Schlacht käme – für die Sterne, die Götter und die Menschen nach uns würde sich nichts ändern. Dein Sieg morgen, mein Sieg morgen – weder das eine noch das andere kann den Ruhm mehren oder mindern. Darum sollten wir nicht über das Ende des Kriegs reden, sondern über den Beginn des Friedens.«

Der Händler, der Feilscher, der Überreder Antigonos saß starr da und wagte kaum zu atmen. Hannibal hatte mit wenigen Blicken und aus den wenigen Worten des Römers alles erkannt: Ehrgeiz und Gier nach Ruhm. Jedem anderen Gegner konnte der Cornelier entgegenkommen, aber nicht dem größten. Roms Zukunft, der Untergang oder die Herrschaft über den größten Teil der Oikumene, alles war bedeutungslos. Und Hannibal schien wirklich den Frieden zu wollen – fast um jeden Preis. Antigonos dachte an die Gesandtschaft unter Qarthalo, nach der Schlacht bei Cannae. Fast unbewußt seufzte er; Scipio blickte ihn unwillig an.

»Sei ruhig, Hellene.«

Antigonos bemühte sich um ein Grinsen. »Der Dolmetscher wird ja wohl seufzen dürfen, weil er nichts zu tun hat.«

Cornelius zuckte mit den Schultern. »Gleichgültig. – Was sind deine Bedingungen für einen Frieden, Punier?«

Hannibal hob eine Hand, die Innenfläche zum Römer. »Ich habe keine Bedingungen zu stellen, Cornelius. Das steht nur dem Überlegenen zu. Unter Gleichen sollte man Wünsche äußern und eine Annäherung suchen.«

»Welche Annäherung, welche Wünsche auch immer, Hannibal – es wird schwer werden, sie meinen Kriegern zu erläutern. Wir haben alle punischen Heere Iberiens und Afrikas geschlagen, und es stehen viele Legionäre hinter mir, die noch klein waren, als ihre Väter am Trasimenischen See und bei Cannae starben. Sie wollen Rache, nicht Ausgleich.«

»Bei mir, Römer, stehen viele Männer, die am Trasimenischen See und bei Cannae gesiegt haben. Sie haben am Ticinus deinen Vater und dich besiegt; damals warst du noch ein Junge. Sie haben Flaminius vernichtet, Aemilius Paullus getötet, Claudius Marcellus zu seinen Ahnen geschickt. Deine Männer kennen nur die eigene Stärke und schwache Gegner; meine Männer wissen, daß Roms Legionen besiegbar sind.« Er zögerte; dann streckte er beide Hände aus, die Innenflächen nach oben. »Bedenke eines, Römer: Du bist von Sieg zu Sieg geeilt, Liebling eures Mars, der Sterne und der Kämpfer. Dein Vater und sein Bruder waren groß, aber du bist heute bereits der größte Stratege, den Rom je hatte. Man wird dich in eine Reihe stellen mit Xerxes und Dareios, Themistokles, Alexandros, Pyrrhos und, ohne jeden Zweifel, auch mit Hannibal und Hamilkar. Wenn es zum Kampf kommt und du siegst, wird es deinen Ruhm nicht vermehren. Wenn du aber einen guten Frieden schließen könntest, dich trotzdem zur Schlacht entschlössest und alles verlörest, würde man sagen: Er war groß wie Alexandros und die anderen der Allergrößten, aber er kannte nicht die Grenze zwischen klugem Wagemut und jenem Wahnsinn, den Leichtfertige für Kühnheit halten.«

Der Römer schwieg sehr lange. Schließlich sagte er leise: »Was bietest du, was schlägst du vor?«

»Italien, Iberien und alle Inseln für Rom, jetzt und für immer. Karchedon verpflichtet sich, niemals Unruhen in diesen Gebieten anzustacheln oder auszunutzen. Übergabe, sofort und ohne Lösegeld, aller Gefangenen. Stellung von Geiseln, wenn du unbedingt willst. Ein Vertrag, in dem Rom darauf verzichtet, in Libyen einzugreifen. Anerkennung deines Bundesgenossen Masinissa als Herrscher der Massyler und Festlegung heiliger Grenzen zwischen seinem Reich und den punischen Teilen Libyens. Freier Handel aller mit allen. Karchedon zahlt einen von dir zu bestimmenden Betrag als Beteiligung am Wiederaufbau des nicht nur von Puniern verwüsteten Italien. Karchedon behält nur so viele Kriegsschiffe, wie zur Sicherung unserer Küsten notwendig sind, und nur so viele Kämpfer, wie die Verteidigung unserer Grenzen erfordert. In jedem künftigen Krieg Roms leistet Karchedon Waffenhilfe – als Freund und Verbündeter, nicht als Untergebener. Ausgenommen Kriege gegen Städte oder Völker, mit denen wir Bündnisse unterhalten.«

»Das ist einerseits weniger, andererseits mehr als das, was im vorigen Jahr vereinbart wurde – ehe deine Leute den Waffenstillstand und den Vertrag brachen.«

Hannibal nickte. »Wahnsinnige Narren; ich habe es ihnen gesagt. Ich mag nicht für Verblendete im Rat Abbitte leisten, Cornelier; wohl für Verführte im Volk.«

Scipio wehrte ab, mit beiden Armen. »Was immer du bittest oder abbittest, all dies ist zu wenig.«

»Was verlangst du, Römer?«

Publius Cornelius Scipio holte tief Luft. »Alles, Punier. Karchedon liefert die Flotte aus, bis auf zehn Schiffe. Karchedon wird nie wieder Krieg führen, wo auch immer und mit wem auch immer. Es sei denn,

Rom stimmte zu. Karchedon wird kein Heer unterhalten und gibt Masinissa alle Gebiete zurück, die jemals ihm und seinen Vorfahren gehört haben. Karchedon zahlt zehntausend Talente Silber, liefert alle Waffen aus und unterstellt sich einem römischen Praetor.«

Hannibal lachte. »Komm zu dir, Cornelius. Du kannst als Fürst des Krieges und als Fürst des Friedens Eingang in die Halle des Ruhms finden; als Fürst der Torheit verspielst du alles. Friede, Römer, mit Bestätigung all dessen, was römische Waffen in den vergangenen Jahren erkämpft haben; mit einem verkleinerten Karchedon, das nie wieder Rom gefährden kann. Aber nicht demütigende Unterwerfung. Karchedon wird eher bis zum letzten Atemzug und zum letzten Blutstropfen kämpfen. Wenn du die Stadt zum Sitz eines römischen Provinzverwesers machen willst, mußt du sie zuerst zerstören.«

Scipio verschränkte die Finger wieder. »Dies – oder die Schlacht, Punier.«

Hannibal stand auf; Scipio und Antigonos ebenfalls. Der Hellene räusperte sich.

»Maßlosigkeit mindert Ruhm und Ehre, Cornelius«, sagte er laut. Dann, an Hannibal gewandt: »Ich brächte dir gern ein Geschenk wie deinem Vater. Vor der Schlacht.«

Hannibal blickte einen Moment traurig. »All deine kostbaren Geschenke, Tiggo ... Ich gäbe sie zurück, für dieses eine Geschenk. Oder den Frieden.«

Die Heere waren etwa gleich stark; dank Masinissa verfügten die Römer über die größeren Reitertruppen. Cornelius Scipio hatte die Nacht in seinem Zelt verbracht und morgens eine Rede an die Legionen gehalten. Hannibal würde die Nacht bei den Truppen verbracht haben und nun ebenfalls bei ihnen sein, statt wie Scipio auf einem kleinen Hügel die Ebene zu überblicken. Antigonos, bewacht von zwei Leichtverletzten, näherte sich der Erhebung; Scipio blickte ihn einen Moment lang an, dann nickte er.

Der braune, staubige Boden der abgeernteten Felder. Fast neunzigtausend Männer, Tausende von Pferden. Unüberschaubare Bewegungen, Wälder von Speeren und Feldzeichen, das Glitzern der Waffen und Rüstungen. Staub stieg auf, bildete dicke Wolken. Signalbläser und Meldereiter. Kein Wind, nur der Geruch der ausgebeuteten Erde und der sinnlos in eine überflüssige Schlacht geschickten Krieger. Masinissa, auf einem schwarzen Hengst, rief Cornelius etwas zu und galoppierte nach rechts.

Der Staub sank langsam wieder zu Boden. Cornelius Scipio beschirmte die Augen mit der Rechten. »Listiger Daimon«, sagte er leise. Er winkte Meldereiter herbei, gab den Bläsern neue Anweisungen.

Antigonos starrte zu den Schlachtreihen hinüber. Die Legionen bildeten eine dreifache Phalanx, ohne große Räume zwischen den *hastati*, den *principes* und den *triarii*. Die italischen Reiter unter Laelius warteten auf dem linken Flügel, Masinissas Numider auf dem rechten.

Hannibals Truppen, über deren Stärke und Zusammensetzung Antigonos nichts wußte, standen in acht großen Vierecken, nicht seitlich, sondern mit den Spitzen zur römischen Linie. Davor die beiden dünnen Reihen der römischen und punischen Plänkler. Hinter den Vierecken schwenkten zwei große Gruppen von Fußkämpfern zu einer langen Linie aus. Die Flügel waren von Reitern besetzt; den Italiern standen Punier gegenüber, wahrscheinlich aus den punischen Städten und Dörfern der Ostküste; Masinissas Numidern die Numider des Tychaios. Vermina war noch nicht eingetroffen.

Die Plänkler hatten bereits den Kampf eröffnet, als Scipio zum Rückzug blasen ließ. Überall gellten die Hörner. Aus den Räumen zwischen Hannibals Vierecken erschienen Elefanten. Antigonos versuchte sie zu zählen, aber der aufsteigende Staub nahm ihm und dem römischen Feldherrn die Sicht. Scipio schrie Befehle; der Hellene hörte nicht hin.

Der zweite Versuch. Als der Staub niedersank, hatten die Römer vier dichte Truppenblöcke gebildet, mit geringen Zwischenräumen. Ihnen standen drei mächtige punische Blöcke gegenüber, dahinter Eingreiftruppen. Hannibal hatte die Leichtbewaffneten auf die Flügel genommen, die Elefanten und die schweren punischen Reiter als Stoßkeil in die Mitte, mit einigen Tausendschaften Hopliten. Die Numider ritten hinter den Eingreiftruppen umher.

Cornelius Scipio ächzte. »Wir werden zertrümmert und aufgerollt. Alle Götter Roms! Fällt ihm denn immer noch etwas ein? Rückzug! Sofort Rückzug!« Er winkte Meldereiter herbei.

Der dritte Versuch. Die Manipel der *hastati*, nach vorn von der Linie der leichten *velites* abgeschirmt, bildeten Blöcke mit blockweiten Zwischenräumen. Dahinter, die Lücken abdeckend, die Manipel der *principes*, hinter diesen, wiederum in den Lücken, die Manipel der *triarii*. Antigonos dachte plötzlich an Hannibals Vortrag über die Verwendbarkeit der Legionen – wann? Vor der Schlacht an der Trebia? Er lachte bitter und hustete, als er Staub einatmete.

Hannibals Heer bildete ein Dreieck, die Spitze der Mitte der römischen Reihen gegenüber. Die Elefanten an den Flanken, die Reiter hinter ihnen. Wieder rückten die Plänkler vor, wieder ächzte der Römer und ließ abermals zum Rückzug blasen.

Antigonos wußte nicht, wieviel Zeit inzwischen vergangen war. Nur, daß es niemals eine solche Schlacht gegeben hatte. Er näherte sich dem Cornelier, der in den Staub starrte.

»Blas die Schlacht ab, Römer«, sagte er halblaut.

Scipio fuhr herum; seine Züge waren verzerrt. »Was?«

»Blas die Schlacht ab. Was ihr beide, du und Hannibal, hier an Einfallsreichtum und Gehorsamkeit der Truppen vorgeführt habt, reicht aus, um drei gewöhnliche Kriege zu gewinnen. Nie gab es solche Heere, nie gab es zwei so große Strategen. So viel Kunst, Kühnheit und Menschen in einer Schlacht zu vergeuden wäre ein Verbrechen.«

Scipio zögerte. Seine Hände öffneten und schlossen sich immer wieder. »Ich muß ... ich muß doch«, murmelte er.

»Du mußt nicht, Römer. Fordere nicht zuviel von den Göttern. Du hast den Frieden in der Hand – wozu willst du ihn verschenken? Oder das, was du ohne Blut haben kannst, in einem Gemetzel aufs Spiel setzen?«

Wieder sank der Staub. Wieder bot sich ein neues Bild; und wieder hatte Cornelius Scipio eine Schlachtordnung befohlen, die sich gegen Hannibals vorigen Einfall richtete, ohne dem neuen gerecht zu werden. Die Römer waren zusammengerückt; die Manipel der *hastati, principes* und *triarii* standen in tiefen Säulen hintereinander, dazwischen manipelweite Räume. Vor ihnen die *velites*, dann die punischen Plänkler, hinter diesen, in einer Reihe, die Elefanten, vielleicht achtzig, mehr jedenfalls, als Hannibal jemals vorher hatte einsetzen können. Dahinter, mit großem Abstand zueinander, drei Reihen Fußkämpfer.

Wieder kamen Meldereiter. Nach den lateinischen Fetzen, die Antigonos halbbewußt aufnahm, schienen sie die Feldzeichen zu erläutern und zu deuten. Wie am Anfang standen die punischen Reiter den italischen, Hannibals Numider denen von Masinissa gegenüber. Die drei Reihen der Fußkämpfer schienen jeweils aus etwa zwölftausend Mann zu bestehen, und zwar in der ersten Magos Resttruppen und die neuen Söldner – Ligurer, Kelten, Balliaren, Mauretanier, alle von punischen

Schiffen übers Meer herbeigebracht, ohne daß Rom es hatte verhindern können; in der zweiten Reihe, so die Meldungen, standen Libyer, dazu Punier aus den Städten der Ostküste; in der letzten, fast zweihundert Schritte hinter der zweiten, die Besten der Besten, Hannibals unbesiegte Kerntruppen aus den italischen Feldzügen.

»Was...« murmelte Cornelius, aber er kam nicht dazu, weiterzusprechen oder ein fünftes Mal den Rückzug und die Neubildung anzuordnen. Auf dem rechten römischen Flügel jagten Masinissas Numider los, rissen die neben ihnen stehenden Leichtbewaffneten mit. Die Schlacht hatte begonnen, und jetzt wäre jeder Befehl zum Rückzug gleichbedeutend mit Auflösung und Niederlage gewesen.

Cornelius Scipio schwieg; alle Anweisungen waren längst gegeben. Aus dem Staub über dem römischen Heer brachen die Elefanten hervor, trompetend und offenbar nicht mehr zu zügeln. Sie hatten vielleicht Schaden angerichtet, vielleicht auch nicht; es war nicht zu sehen. Auf jeden Fall waren die Manipelsäulen seitlich ausgewichen und hatten die großen Tiere durch die Gassen zwischen den Blöcken des Fußvolks rennen lassen.

Scipio schickte Meldereiter; die *velites* sollten im Rücken der eigenen Truppen eine Abfangstellung gegen zurückkehrende Elefanten bilden.

Die Welt versank in Staub, dumpfem Klirren und Geschrei. Nichts war zu sehen; was dort vor sich ging, war nur den immer schneller eintreffenden Meldungen zu entnehmen, vielleicht auch den quäkenden, stotternden Hornsignalen, die Antigonos aber nicht entwirren konnte.

Offenbar hatten Römer und Masinissas Numider dank ihrer Überzahl das Reitertreffen entschieden und verfolgten nun die fliehenden Gegner. Die *hastati* fraßen sich in die erste Reihe der punischen Söldner, drängten sie langsam zurück.

An diesem Punkt begann das Verhängnis. Anders als bei Cannae und in so vielen anderen Schlachten hielten die neugeworbenen Söldner, die nicht jenes grenzenlose Vertrauen zu ihrem Strategen haben konnten, dem Anprall nicht stand. Als bei ihnen die ersten Lücken aufrissen und die zweite Reihe der Punier und Libyer hinter ihnen nicht zu Hilfe kam, stellten sie den Kampf gegen die Römer ein, schrien, sie seien verraten worden und stürzten sich fast mit den nachdrängenden *hastati* und *principes* auf Hannibals zweites Treffen. Es löste sich nach kurzer Zeit auf: die Römer drängten nach.

Dann kamen neue Meldereiter. Antigonos verstand nicht, was sie riefen; er sah nur, wie Cornelius Scipio plötzlich wankte und die Hände vors Gesicht schlug. »Dieser schwarze Daimon«, sagte der Römer durch die Zähne. »Dieser finsterste aller Daimonen und größte aller Strategen. Rückzug! Sofort Rückzug blasen! Mein Pferd!«

Später begriff Antigonos, was in dieser entscheidenden Phase geschehen war. Die Kämpfer der aufgelösten ersten Reihen wurden von Hannibal selbst und seinen wichtigsten Unterführern auf die Flügel des dritten Treffens gebracht und neu aufgestellt – wie der Punier dieses Wunder vollbrachte, blieb dem Hellenen ein Rätsel. Die ersten beiden Treffen hätten *hastati* und *principes* schwächen und aufreiben sollen, bis die *triarii* eingreifen mußten. Erst dann sollten die Unbesiegten, die Überlebenden so vieler Kämpfe in Italien dem römischen Heer den Todesstoß versetzen. Aber selbst die Katastrophe, den Zusammenbruch der beiden ersten Treffen konnte Hannibal noch durch sein unmittelbares Eingreifen zu einem Vorteil machen – einem Vorteil, der so unglaublich war, daß er wie von vornherein berechnet schien. Die nachdrängenden *hastati*, *principes* und *triarii* näherten sich in Staub und Geschrei, stolpernd und gleitend über Leichen und Waffen, der dritten Reihe – die durch die Neubesetzung der Flügel mit den Überlebenden der beiden ersten Treffen verlängert war. Sehr viel verlängert. Die Flügel begannen vorzurücken.

Nur das plötzliche Begreifen, das schnelle Handeln des Publius Cornelius Scipio rettete die Legionen vor der Umfassung, dem Kessel, der Vernichtung. Er jagte zu Pferd durch Staub und Gedränge, brachte seine schon siegestrunkenen Kämpfer zum Stehen, brachte sie mit Hilfe der *centuriones* dazu, daß sie wieder auf Signale hörten, sich sammelten, zurückwichen, Reihen bildeten, aufschlossen, schwenkten. Das Gelände, übertürmt von Tausenden von Gefallenen, der Staub und das Gedränge verhinderten einen sofortigen Sturmangriff der punischen Truppen; die Kampfpause dauerte fast eine Stunde. Dann prallten die Heere wieder aufeinander – die nicht mehr so lange Reihe von Hannibals ebenfalls umgruppierten Kriegern und die Phalanx der Römer. In der verbissenen Schlacht taten sich nach und nach auf beiden Seiten Lücken auf; Punier und neue Söldner waren den Legionen unterlegen, Hannibals Kerntruppen aus dem langen Krieg zerbrachen die römischen Reihen, stießen durch, zertrümmerten die Phalanx, die längst wankte, aber noch nicht stürzte. Den *velites* gelang es, einige Lücken vorübergehend zu schließen; die meisten der Leichtbewaffneten waren jedoch mit der Abwehr der zurückkehrenden Elefanten beschäftigt.

Die Zeit entschied die Schlacht – die Zeit und Scipios schnelles Eingreifen, als die Umfassung gedroht hatte. Die einstündige Kampfpause mitten in der Schlacht brachte den Römern den Sieg, als Hannibals Unbesiegte ihn schon in den Händen zu halten schienen. Der Stratege hatte seinen zahlenmäßig unterlegenen Reitern befohlen, nach kurzem Gefecht zu fliehen und die Reitertruppen von Laelius und Masinissa möglichst weit wegzulocken. Nicht einmal die ganze Stunde Kampfpause – eine Viertelstunde weniger hätte genügt. Publius Cornelius Scipio war längst vom Pferd gestiegen und kämpfte zu Fuß, mit dem Schwert, um den Untergang vielleicht noch abzuwenden. Überall rissen die Reihen der Legionen auf; die Männer, die bei Cannae, am Trasimenischen See, bei Kroton und an vielen anderen Orten gegen die Väter gesiegt hatten, rangen nun auch die Söhne nieder. Antigonos hörte das Siegesgeheul der Iberer, sah aus dem Staub libysche Feldzeichen vorrücken. In diesem Moment kehrten Laelius und Masinissa zurück, mit noch immer fast achttausend Reitern; eine halbe Stunde, eine Viertelstunde später wären sie an den von Schwertern starrenden Vierecken der Sieger zerbrochen, nun zerbrachen sie den Rücken der beinahe Siegreichen.

Hannibal entkam; wie Antigonos später hörte, ritt er in achtundvierzig Stunden, ohne Rast außer zum Pferdewechsel, nach Hadrymes.

Publius Cornelius Scipio entging den Dingen nicht, die auch Hamilkar und Hannibal zermürbt hatten – Elend, Ekel, Würgen und Krankheit von Leib und Seele nach dem Blutbad. Er sagte nicht viel, und an den Hellenen gewandt überhaupt nichts, aber Antigonos las im Gesicht des Römers, daß er an diesem Tag zehn Jahre älter geworden war. Und daß er dieses wußte: In der Niederlage hatte sich der Gegner als der größere Stratege erwiesen; der Sieg, der Scipios Ruhm krönen und vollenden sollte, war ein Geschenk des Zufalls, des Glücks, der Zeit – einer Viertelstunde.

Eines blieb zu tun, und Antigonos beschloß, es schnell, leise und gründlich zu erledigen, ehe die Wirren endeten. Zahllose Menschen waren in Qart Hadasht gestorben oder verschwunden – Argiope wurde auf der Großen Straße von Plünderern erschlagen, von ihren Kindern hörte Antigonos nie wieder etwas –; da kam es auf einen mehr oder weniger nicht an. Fast wären es sehr viel mehr geworden; im Stab von Cornelius Scipio und seinen Beratern wurde erörtert, nach dem Sieg die Stadt Karthago doch zu belagern, zu erobern und zu zerstören, aber der Cornelier entschied sich dagegen. Noch hatten die Gegner einen Strategen, eine Flotte, Menschen und Geld; das Äußerste, die letzten Mittel, die sie dann sicherlich einsetzen würden. Der Römer beschloß, die Götter nicht noch einmal herauszufordern.

Es dauerte einige Zeit, bis der Waffenstillstand vereinbart wurde und Antigonos freikam. Die Bedingungen waren hart; ein Tribun erzählte dem Hellenen, der Barkide Giskon habe im Rat der Stadt Brandreden zur Fortsetzung des Kriegs gehalten, und Hannibal, zu Schiff von Hadrymes in die Hauptstadt gereist, habe den Schwätzer vom Rednerpult gezerrt. Danach kamen Gesandte unter Führung von Hasdrubal dem Bock. (»Er stinkt wie ein Bock, und er rammelt wie ein Bock, deshalb«, sagte der Tribun.) Der Waffenstillstand sollte drei Monde dauern und wurde von Scipio unter diesen Bedingungen gewährt: Karthago ersetzt den Schaden, der durch die Wegnahme der gestrandeten Schiffe während des früheren Waffenstillstands entstanden ist – fünfundzwanzigtausend römische Pfund Silber, etwa zweihundertachtzig Talente, zu bezahlen auf der Stelle; Karthago verpflegt und besoldet die römischen Truppen; Karthago stellt hundertfünfzig junge Geiseln, auszuwählen von Scipio; die Römer stellen bei Vereinbarung der Waffenruhe alle Plünderungen ein.

Vor der Verkündung der Bedingungen für einen Friedensvertrag verlangte ein Senator im römischen Stab, die Auslieferung Hannibals zur Bedingung zu machen. Die meisten Vertreter der römischen Behörden stimmten ihm sofort zu; die Legaten und Tribunen des Corneliers schwiegen; Masinissa stand auf und verließ die Beratung; Laelius schnitt eine Fratze und fuhr sich durch das Haar. Publius Cornelius Scipio zog sein Schwert, faßte es an der Klinge und hielt dem Senator den Knauf hin.

»Was soll das?«

»Man kann verlangen, daß ein Bild des Mars übergeben wird, aber nicht der Gott selbst. Wenn der Senat die Auslieferung des größten aller Strategen zur Bedingung macht, wird Karthago den Krieg fortsetzen. Aber Rom braucht dann einen anderen Befehlshaber – ich spiele dabei nicht mit. Es gibt Grenzen.«

Schließlich wurden folgende Bedingungen genannt:

- Rom und Karthago sind Freunde und Bundesgenossen;
- Karthago bleibt autonom;
- Karthago bleibt frei von Besatzung;
- Karthago behält, was es in Afrika innerhalb der Punischen Gräben besaß, als Publius Cornelius Scipio nach Afrika übersetzte;

- aller Besitz Masinissas und seiner Vorfahren innerhalb des näher zu bestimmenden karthagischen Gebiets ist an Masinissa zurückzugeben;
- Karthago liefert alle Gefangenen und Überläufer aus;
- Karthago ruft die noch in ligurischen und keltischen Gebieten befindlichen Truppen zurück;
- Karthago liefert alle Kampfschiffe bis auf zehn Trieren aus und wird in Zukunft nie mehr als zehn Kampfschiffe besitzen;
- Karthago liefert alle Kampfelefanten aus und wird nie mehr neue Kampfelefanten abrichten;
- Karthago wird nie mehr Krieg außerhalb Afrikas führen;
- Karthago wird innerhalb Afrikas nur mit römischer Erlaubnis Krieg führen;
- Karthago wird nie wieder ligurische oder keltische Söldner werben;
- Karthago wird niemals Feinde Roms unterstützen;
- Karthago zahlt zehntausend Talente Silber, und zwar fünfzig Jahre lang jeweils zweihundert;
- Karthago stellt hundert vom römischen Feldherrn auszuwählende Geiseln, nicht jünger als vierzehn und nicht älter als dreißig Jahre.

Zeitspannen für die Erfüllung einzelner Punkte wurden festgesetzt. Als der Waffenstillstand vereinbart war, ließ Cornelius Scipio den Hellenen frei; Antigonos begab sich zu seinem Landgut, um dort die Dinge zu ordnen, und ritt dann nach Qart Hadasht. Der Winter war kühl, nachts froren die stehenden kleinen Gewässer manchmal zu, und Rauhreif erfüllte das Gemüt des Hellenen. Im kommenden Sommer würde er siebenundsechzig werden, die Stadt – seine Stadt – ging ins sechshundertvierzehnte Jahr ihrer Geschichte; zwei lange Strecken, die sich rasch dem Ende näherten. Was blieb denn noch? Eine unsichere Grenze, die uralte verschüttete Wallanlage, die irgendwo zwischen Ityke und Hipu begann, grob südsüdöstlich ins Hinterland lief und dann in einem Bogen ostwärts die Küste gegenüber der Insel Meninx erreichte. Irgendwo mochte es auffindbare Spuren dieses Grabens geben, aber Antigonos hatte auf all seinen Reisen und Ritten nie etwas davon gesehen. War es römische Unwissenheit oder Berechnung? Man hätte die Grenze genau bestimmen können, durch Namen von Grenzstädten, Bergen, Flüssen. Masinissa würde seinen Traum vom numidischen Großreich weiterträumen; er war Roms Bundesgenosse. Was, wenn er die undeutliche Grenze überschritt? Ob die Römer dann die Erlaubnis zu einem

Abwehrkrieg von Qart Hadasht gegen einen römischen Bundesgenossen geben würden?

Und der lange punische Küstenstreifen zwischen der Insel Meninx und der kyrenisch-ägyptischen Grenze, mit den alten reichen Handelsniederlassungen? Er lag außerhalb des von Scipio festgelegten Gebiets; ebenso die Städte zwischen Hipu und den Säulen des Melqart. Der Handel mit ihnen war nicht untersagt, aber von dort würden bald keine Abgaben mehr in den Schatz von Qart Hadasht fließen. Iberiens Silber, Britanniens Zinn, das Gold der libyschen Küsten am Okeanos – verloren wie Qart Hadasht in Iberien, wie das ehrwürdige Gadir, Qart Eya, Ispali (dort hatte Scipio die Stadt Italica gegründet, für entlassene alte Legionäre), Qart Iuba, Mainake, Hamilkars Gründung Leuke Akra, die fünfhundert Jahre alten Siedlungen und Städte auf den Inseln der Balliaren. Qart Hadasht war gefesselt, geknebelt, entmannt, zur Freundschaft Roms verurteilt, aber ohne römischen Schutz. Die Sandbank, die ihre Geschäfte klug von West nach Ost verlagert hatte, bisher angesehene Einrichtung im reichen und mächtigen Karchedon, war in Zukunft irgendeine Bank einer geplünderten ohnmächtigen Stadt, deren Ausfallbürgschaften niemand ernstnehmen würde. Und im Osten, wo die Bank hätte handeln können, hatten Philippos von Makedonien und Antiochos mit dem Krieg gegen das vom unmündigen fünften Ptolemaier gelenkte Ägypten und seine Besitzungen in Asien und der Ägäis begonnen. Was blieb?

Qart Hadasht erinnerte ihn an das, was zu tun er sich vorgenommen hatte. Seit Beginn des Waffenstillstands hatten die Bewohner der Vororte und Dörfer des Isthmos die Stadt langsam wieder verlassen – nicht alle, nicht gleich; viele kehrten nachts hinter die Isthmos-Mauer zurück. Immer noch zogen in der Dunkelheit Horden durch die Gassen; Wut, Verzweiflung, Enttäuschung und die Gegensätze zwischen Anhängern der Barkiden und der »Alten« entluden sich täglich und vor allem nächtlich in Straßenkämpfen, Plünderungen, Brandstiftungen und Messergefechten. Die Büttel, zu wenige und nicht für Kämpfe ausgebildet, beschränkten sich darauf, im grauen Morgen die Toten fortzuschaffen. Die Gesandten unter Hasdrubal dem Bock waren in Rom, um den Frieden auszuhandeln, der im Feld vorläufig galt, innerhalb der Stadtmauern jedoch fehlte. Die Reichen schützten sich durch Wächtertruppen; alles andere war Chaos und Mord.

Nicht ganz – es gab auch die Kaschemmen, die Häfen, die Tavernen, die Bauern, Wasserverkäufer, Obsthändler, Buchläden; den Rat, der abwechselnd im Ratsgebäude und im Eshmuntempel zusammentrat; es gab den Strategen, der ungeschützt, ohne Wächter, zwischen dem Barkidenpalast in der Megara und dem Rat wechselte, Boten ins Land schickte, an Fäden zog, die Antigonos längst für zerschnitten gehalten hatte. Noch galt der Friede mit seinen harten Bedingungen nicht; noch gab es die niemals eingesetzte punische Flotte. Nachts spien Schiffe, die aus den Häfen an der Ostküste kamen, Männer aus, die von Hannibals Leuten erwartet und durch die Stadt zu den Unterkünften in der großen Mauer geführt wurden. Niemand wußte, was im einzelnen vor sich ging, was der Stratege plante, ob der Rat welchen Plänen auch immer zustimmte; und niemand konnte wissen, ob der Senat in Rom den Frieden annehmen, die Bedingungen bestätigen oder verschärfen würde; ob Qart Hadasht im Frühjahr noch einmal, zum letzten Mal kämpfen mußte.

Antigonos beschloß, Hannibal zunächst nicht aufzusuchen; er sah voraus, daß der Stratege und Freund die Rachsucht eines alten Mannes nicht billigen würde. Zwei Nächte verbrachte er im Haus der Weinhändler, die Tage in der Bank. Dort gab es nicht viel zu tun; während des Waffenstillstands durfte Qart Hadasht weder Gesandtschaften noch Händler aus fremden Gebieten empfangen. Bostar hatte eine punische Wachtruppe angemietet, um die Bank zu schützen. Eine weitere Truppe aus Puniern und Metöken hütete den Stadtteil, in dem er wohnte. Er bat Antigonos dringend, vorübergehend zu ihm zu ziehen, aber der Hellene lehnte ab.

Zehn Tage trieb er sich in der Hafengegend herum, im Viertel der Metöken, bei den Färbern und Fuhrleuten; er trug schäbige Kleidung, falsche Haare, einen falschen rötlichen Bart, redete mit tausend Leuten und gab fast zwanzig Minen in Silbermünzen aus. Nach und nach erfuhr er, was er wissen wollte, lachte, als die größte Schwierigkeit sich von selbst löste, kaufte die Schwerter und das Schweigen von zwanzig kräftigen hellenischen Metöken aus Sippen, die er seit langem kannte, und bereitete alles weitere vor.

Ein bösartiges Gedicht, das Antigonos an andere Epigramme aus unendlich weit entfernten Tagen erinnerte, machte in der Stadt die Runde, wie eine Zusammenfassung all seiner Empfindungen und Absichten:

Schlimm der Schimpf dieser Stadt: gefallen in römische Knechtschaft.
Schrecklich die Schande des Volks: Aus Geiz verriet es den Helden.
Scheußlich die Schmach aller Welt: Noch immer lebt Hanno die Viper.

Der Hohe Priester des Baal, Mitglied im Rat der Ältesten und Führer der Romfreunde, neunundsiebzig Jahre alt, bei bester Gesundheit, reicher als je zuvor und im Begriff, wieder eine Mehrheit im Rat hinter sich zu bringen. Seit Beginn des Waffenstillstands hielt er sich am schwärzesten Ort der Oikumene auf, im Tempel des Baal, dem uralten *tofet*. Der heilige Ort, nur an Festtagen zugänglich und allen Nichtpuniern streng verboten, war leichter zu schützen als Hannos Palast in der Byrsa. Alle Metöken haßten und fürchteten den Tempel; Antigonos verließ sich hierauf noch mehr als auf sein Silber und die alten Sippenfreundschaften: Den heiligsten Ort des furchtbaren alten punischen Gottes zu entweihen war schlimmer als alles, was im Tempel geschehen sollte; keiner der Männer würde je davon zu sprechen wagen.

Nachmittags begann es zu regnen. Der Himmel, grau seit Tagen, barst über der Stadt und schüttete ein Meer hinab. Sturzbäche schwemmten Erdreich aus den Gärten auf der Byrsa; bräunliche Gischt schäumte die engen Straßen hinab zur Agora. Bis zum Sonnenuntergang stand das Wasser knietief auf den Straßen und Gassen der Stadt. Offene Kähne im Hafen liefen voll und sanken. In den Gruben der Gerber ertranken drei Gehilfen; ihre Leichen trieben mit der widerlichen Brühe durch das Viertel hinter der Isthmos-Mauer. Die Regenvorhänge um den Baal-Tempel wehrten alles Licht ab, löschten abends die Fackeln von Hannos Wächtern, machten sie blind.

Der Überfall verlief ohne Schwierigkeiten; alles ging sehr schnell. Zehn Punier, die innerhalb weniger Momente niedergeschlagen, gefesselt und geknebelt waren. Antigonos' Leute verbanden ihnen die Augen und nahmen ihre Plätze ein; zehn als Wächter, die übrigen drangen in den Tempel vor, schleppten die Gefäße ins Innere.

Die riesige Bronzegestalt des kinderfressenden Gottes, inwendig erhellt durch das niemals verlöschende Feuer für die *mulk*-Feier, glühte drohend am Ende der weiten Halle. Die Metöken erstarrten; Antigonos kämpfte ein furchtsames Schaudern nieder. Die schwarzen Säulen, die tiefrot glimmenden Wandbehänge, die Reihen der steinernen Bänke, die Blutsteine und die auf einer Art Altar ausgebreiteten Gewänder und Geräte der Priester schienen das Licht widerspiegelnd zu fressen.

In einer Ecke der Halle ruhte Hanno der Große, auf einem breiten bequemen Lager, umgeben von Kerzen und Öllampen. Er hatte sich in Leopardenfelle gewickelt und las einen Papyros. Neben ihm standen mehrere Amphoren, Becher, Platten und Teller mit Speiseresten. Der alte Ratsherr blickte auf.

»Du schändest den Tempel, Metöke.«

Die Stimme hallte mehrfach gebrochen durch unsichtbare Gänge und Kammern. Hannos Augen mußten immer noch scharf sein; Antigonos hätte den Punier aus dieser Entfernung nicht erkannt.

»Ich komme, um dem Hohen Priester zu huldigen, Punier. In dieser Stadt wurde ich geboren, vor fast siebenundsechzig Jahren.« Antigonos ging langsam zu ihm hin. »Für diese Stadt habe ich fast siebenundsechzig Jahre gelebt, gekämpft, gearbeitet und oft genug gelitten. Meinen Sohn Memnon habe ich der Stadt und ihren Göttern geopfert. Nun bin ich ebenso Punier wie du, Hanno.«

»Niemand ist Punier, der nicht als Punier geboren wurde, von einer punischen Mutter, gezeugt von einem punischen Vater. Geh.«

»Ich bleibe, Hanno. Großer Hanno, ich bin gekommen, um etwas zu bereinigen, was seit über vierzig Jahren zwischen uns steht. Um einen Fehler zu beheben – zu spät, leider viel zu spät, aber zwei alte Männer, deren letzte Tage gezählt sind, sollten sich vor dem Ende aussprechen.«

Hanno stand auf. Seine Bewegungen waren immer noch schnell, keineswegs die eines hinfälligen Greises.

»Du machst mich neugierig – punischer Metöke.«

Antigonos gab seinen Leuten Zeichen. Sie stellten die Gefäße auf eine Bankreihe und zogen sich ins Halbdunkel zurück.

»Wo sind meine Wächter?« sagte Hanno plötzlich, als ob er vorher nicht an sie gedacht hätte.

»Sie hüten uns, ruhig und gelassen. Sie werden uns nicht stören. Niemand wird uns stören bei dieser heiligen Handlung, Hanno. Es ist eine sehr heilige Handlung – vor dem Antlitz des großen Baal wollen wir gemeinsam speisen – eine punische Speise. Punische Pampe, wie mein Vater sagte.«

Hanno kam näher. Die Augen waren eisig wie früher; Bart und Haar weiß, längst nicht mehr gefärbt. Das zerfurchte Gesicht drückte ein seltsames Gemenge von Abscheu, Neugier, Fragen, Aufmerksamkeit und Mißtrauen aus. Und noch etwas, das Antigonos nicht benennen konnte, etwas wie unbegreifliche, unzugängliche, dem Hellenen für immer verschlossene Einheit von Mann und Tempel, Punier und Gott, Ratsherr und Wesen der alten Stadt. Antigonos fröstelte.

Mühsam riß er sich zusammen und begann mit der Zubereitung. Aus einem Schlauch goß er Wasser in eine große Schüssel und streute etwa eine Mine weißen Mehls hinein. Er rührte, bis Mehl und Wasser zu einem dicken Brei wurden. Hanno stand neben ihm, schwieg, schaute zu. Den Brei ließ Antigonos in eine zweite große Schüssel laufen, füllte sie auf mit drei Minen frischem Käse, einer halben Mine Honig und einem Ei.

»Brot und Salz dazu, Hanno. Sei so gut, mir das Brot dort drüben zu reichen.«

Der Punier hob die Schultern, stieß einen Knurrlaut aus und ging zum Ende der Steinbank. Bis er das Brot genommen und umgedreht hatte, war der wichtigste Teil der Handlung vollzogen: Der Inhalt einer kleinen Glasflasche befand sich auf dem Boden des Napfs, den Antigonos nun mit dem Brei füllte. Hanno sah zu, wie der Hellene rührte; mit kaum merklichem Widerstreben nahm er aus Antigonos' Hand den Napf entgegen.

»Magst du das Brot brechen, Punier?«

Wieder zuckte Hanno wortlos mit den Schultern, stellte seinen Napf ab und brach den Brotfladen in zwei Teile. Antigonos hatte den zweiten Napf gefüllt, behielt ihn in der linken Hand und streute mit der Rechten Salz auf die beiden Brothälften.

»Vor dem Angesicht des Baal sage ich feierlich, was zu sagen ist.« Er hob den Napf. »Ich, der Herr der Sandbank, Antigonos Sohn des Aristeides, geboren und aufgewachsen in Qart Hadasht, will tilgen allen Haß und alle Feindschaft, Groll, Neid, schlechte Gedanken und böse Wünsche, die ich in der Vergangenheit gehegt habe und noch heute hege gegen Hanno den Großen, Herr vieler Ländereien, Ältester von Qart Hadasht, Hoher Priester des Baal. Wenn dieses Mahl gegessen ist, soll von alledem nichts mehr zwischen Hanno und Antigonos sein.«

Hanno starrte den Hellenen an. Plötzlich grinste er und blinzelte. »Ein großer Eid, Metöke. Punischer Metöke. Gut. Wenn du es so willst... Wirklich alles?«

»Alles«, sagte Antigonos leise. »Der erste Krieg gegen Rom, der Libysche Krieg, die Ränke gegen Hamilkar, die Ränke gegen Hasdrubal, unsere Ränke, deine Freundschaft zu Rom, dein Haß und deine Wühlarbeit gegen Hannibal – alles. Sogar Demetrios von Taras.«

Hanno schüttelte langsam den Kopf. »Und warum?«

»Qart Hadasht ist zertrümmert. Wir wollen es gemeinsam aufrichten – in bedingungslosem Frieden. Zu beiderseitigem Vorteil.«

Hanno runzelte die Stirn, zögerte; dann nickte er, hob den Napf vor Baal und sprach die Worte vom Tilgen allen Hasses, und daß nichts mehr zwischen ihnen sei.

Sie aßen den Brei; danach aßen sie das Brot. Hanno goß Wein in zwei Becher und reichte einen dem Hellenen, der aufmerksam zusah.

»Dann laß uns auch trinken, zwei Punier vor dem Gott.«

Sie tranken. Hanno ließ sich auf die Steinbank sinken und blickte zu Antigonos auf.

»Du bist mir ein guter Feind gewesen«, sagte er, mit einem schiefen Lächeln. »Ich weiß nicht, ob ich nicht die lange Feindschaft vermissen werde.«

Antigonos hob eine Braue. »Ich nicht. Ich kann sehr gut ohne sie leben, Hanno. Aber lausch mir eine kleine Weile. Ich will dir eine Geschichte von Schwertern erzählen.«

»Von Schwertern?«

»Zur Besiegelung des Friedens zwischen uns, wenn du willst. Das erste Schwert gehörte einem von Hamilkars Unterführern im Krieg auf Sizilien; ich tötete ihn in der Schlacht auf den Feldern am Bagradas, als Naravas zu Hamilkar kam. Der Blitz schenkte es mir nach dem Kampf. Vor acht Jahren, als ich in Gefangenschaft geriet, in Massalia, wurde es mir genommen.« Er machte eine Pause; Hanno saß ruhig da. Einmal legte er kurz die Hand auf den Bauch.

»Vor fast dreieinhalb Jahrzehnten bezahlte ich bei einem Schmied in Britannien viel Gold für Schwerter, die ich später abholte. Sechs Schwerter, Hanno. Eines erhielt der Sohn meines Freundes Bostar, mein heutiger Kapitän Bomilkar. Es ging ebenfalls in Massalia verloren. Eines erhielt mein Sohn Ariston, der heute tief im Süden Libyens ein Reich beherrscht. Drei für die Söhne des Blitzes. Hasdrubals Schwert zerbrach unter ihm, als er am Metaurus fiel, ein tapferer Mann in seiner letzten Schlacht. Mago starb auf der Überfahrt von Ligurien nach Libyen; sein Schwert ging verloren, niemand weiß wo. Hannibal, der größte Sohn dieser Stadt, besitzt seines noch. Das sechste Schwert gehörte meinem Sohn Memnon; er starb bei Capua. Heute trage ich es.« Er legte die Hand auf den Griff der Waffe, die an seinem Gürtel hing.

Hanno betrachtete ihn mit neuem Mißtrauen. »Warum diese Schwertergeschichte?«

»Sie ist noch nicht beendet, Hanno. Alle, die starben, danken ihren Tod dir. Wenn es dir möglich war, Nachschub zu verhindern, hast du ihn verhindert. Wenn dir das nicht möglich war, hast du dafür gesorgt, daß er nicht dorthin kam, wo er den Krieg entschieden hätte. Deine Parteigänger unter den Ältesten haben durch sinnlose Befehle Iberien ins Chaos gestürzt. Das Blut von Hasdrubal, Mago, Memnon und Zehntausenden in allen drei Kriegen, gegen Rom und die Söldner, färbt den Saum deines kostbaren Gewands. Deine Ohren hallen von den Todesschreien am Eryx, bei Zama und Baikula, vom Knirschen der versenkten Schiffe, vom Gurgeln des Wassers in den Kehlen der Ertrinkenden, vom Kreischen der Verstümmelten, von den erwürgten Klagelauten der geschändeten Frauen.«

»Ich höre nichts«, sagte Hanno. Er grinste; dann ächzte er leise, fuhr sich mit dem Daumen vom Hals zum Bauch und zurück, ergriff den Becher und stürzte den Wein hinunter.

»Du hast mit Hilfe des Demetrios die Römer von allem in Kenntnis gesetzt, was sie niemals hätten wissen dürfen. Du hast Hasdrubal den Schönen ermorden lassen und Scipio den Weg ins neue Qart Hadasht gezeigt. Du hast Myriaden anderer Schändlichkeiten begangen, immer gegen die Stadt und das Volk, immer nur für deine Tasche. Oft habe ich gewünscht, ich könnte dir eine Schlange in den Rachen stecken und deine Lippen vernähen.«

Hanno nickte und rülpste. »Hat dich beeindruckt, wie?« Er verzog den Mund.

»Aber ab jetzt soll kein Haß mehr sein zwischen uns. All dies will ich vergessen, Punier. Denn ich habe meine Rache genommen, und nach der Rache kommt der Friede, das Schweigen, das Vergessen.«

Hanno kniff die Augen zusammen. Wieder faßte er sich an den Bauch. »Was . . . wieso Rache?«

Antigonos zog das Schwert, das Memnon gehört hatte. Die Klinge war schartig, an der Oberkante wie zerfressen, aber die Schneide war scharf. »Mit diesem Schwert meines toten Sohns, o großer Hanno, habe ich Haare vom Schweif eines Pferdes geschnitten und zerkleinert. Mit einer starken Feile, o großer Hanno, habe ich Späne von diesem Schwert gelöst. Beides, Haar und Späne, dazu ein langsam wirkendes Gift, waren in der punischen Pampe in deinem Napf.« Er stieß das Schwert in die Scheide zurück. »Dein Gott Baal ist mein Zeuge: Nachdem dieses Mahl gegessen ist, wird nichts mehr zwischen uns sein.«

Hanno starrte ihn an, mit aufgerissenen Augen. Der Mund öffnete sich, die Zunge fuhr über die Lippen. Im Halbdunkel der ungeheuren Halle floß die Farbe aus seinem Gesicht, bis es zu einem verdichteten Nebelfleck wurde. Er wollte aufspringen.

Dann krampfte sich sein Körper zusammen. Hanno schrie. Er schrie stundenlang, verfluchte Antigonos, winselte um den Todesstoß, jaulte und kreischte, wand sich auf dem feuchten kalten Boden. Er schrie, bis die Bronze des Baal vom Widerhall zu dröhnen schien. Antigonos stand neben ihm, betrachtete ihn, verhärtete sein Inneres, dachte an die Toten und Verstümmelten, Gemarterten und Geschändeten. Neun Stunden nach dem ersten Schrei starb Hanno der Große, zusammengekrümmt, mit blutigen Schaumblasen vor dem Mund, von innen nach außen zerfressen von tausend glühenden Schlangenzähnen, im Morgengrauen, zu Füßen des furchtbaren Gottes.

Die Metöken, aschfahl, sammelten Schüsseln, Näpfe und Gefäße ein. Die Ablösung fand eine Stunde später Hannos Wächter gefesselt, mit verbundenen Augen, fast ertrunken unter dem Regen und fast wahnsinnig vor Angst. Sie berichteten vom zornigen Gebrüll des Gottes und von tausend Geistern, die sie nachts überfallen hatten.

Es war, als hätten der Regen und die Tat Qart Hadasht geläutert. Einen Moment lang ließ Antigonos sich durch diese verlockende Überlegung verblüffen; dann begriff er, daß eine andere Macht für die Reinigung der Straßen von Mordgesindel zuständig war.

Bostar berichtete später aus dem Rat, der sich am Abend von Hannos letztem Mahl ohne Hanno und viele andere, die wegen des gewaltigen Regens zuhausegeblieben waren, im Eshmun-Tempel getroffen hatte.

»Ein guter Auftritt«, sagte er. Mit gespreizten Fingern fuhr er sich durch das gelichtete Haar. »Hannibal hat ihnen einfach mitgeteilt, daß er um Mitternacht zuschlägt. Da man ihn den Krieg größtenteils selbst habe bezahlen lassen und ihn so daran gehindert habe, als Stratege die äußere Sicherheit der Stadt zu hüten, werde man sicher nichts dagegen haben, daß er nun aus eigener Tasche die Mittel vorstrecke, wenigstens im Inneren der Stadt für Sicherheit zu sorgen.« Bostar kicherte. »Dann sind ein paar von Hannos Leuten aufgesprungen, von wegen, so geht das ja nicht, darüber muß ein Ratsbeschluß gefällt werden, und es sind nicht genug Ratsherren anwesend. Daraufhin hat er gesagt: ›Ihr braucht euch nicht um einen Ratsbeschluß zu bemühen. Das ist eine Entscheidung des Strategen. Wenn ihr nicht wollt, daß er sich um die Sicherheit von Qart Hadasht kümmert, müßt ihr ihn eben absetzen. An eurer Stelle würde ich damit aber warten, bis die Römer wirklich abgezogen sind.‹«

Auf der Agora standen dreißig Kreuze; an ihnen hingen Plünderer, Mörder, Messerstecher, Vergewaltiger. Kurz nach Mitternacht waren zahllose Streifen aus den Mauerunterkünften ausgerückt, jeweils zehn Kämpfer mit einem punischen Führer. Nach und nach kehrte Ruhe in die Stadt zurück. Und immer mehr Penteren, Tetreren und Trieren kamen in die Bucht und in den Kriegshafen, bis er sie nicht mehr fassen konnte; danach lagen sie an der Außenmole oder ankerten vor der »Zunge«.

Als Antigonos Hannibal besuchen wollte, war der Stratege verschwunden. Salambua, noch aufgedunsener und noch zänkischer, konnte nichts Genaues sagen. Auch in den Truppenunterkünften an der Isthmos-Mauer war er nicht zu finden. Immerhin stieß Antigonos dort auf einen alten Freund, Hannibals Unterstrategen Bonqart.

»Er kümmert sich um dies und jenes«, sagte der Punier mit einem Zwinkern. »Ich weiß es nicht, Tiggo, aber ich glaube, er ist draußen.«

»Was macht er denn da?«

Bonqart hob die Schultern. »Mit Kundschaftern reden, Leute sammeln, was sonst? Und alles in Verkleidung, unter Scipios Nase.«

Das Frühjahr kam, und mit dem Frühjahr der Vollzug des grausigen Friedens. Tausende drängten sich auf der Mauer an der Bucht, auf den Dächern der Häuser und den freien Stellen der Byrsa. Fassungslos zählte Antigonos wieder und wieder die Schiffe, die aus allen Teilen des Meers zusammengekommen und von den Römern zusammengebunden waren. Aus diesem punischen Hafen fünf, aus jenem zehn, dreißig von jenseits der Säulen des Melqart, so viele hierher, noch mehr von dort... Rom, die stärkste Macht der Oikumene, hatte während des ganzen Kriegs das Meer beherrscht; Roms Flotte bestand aus zweihundertvierzig Kampfschiffen.

Da gingen sie in Flammen auf, die Schiffe von Qart Hadasht, der Stadt, deren Seeleute sechshundert Jahre lang das Meer und den Okeanos befahren hatten. Zehn Trieren lagen im Kriegshafen; auf der Reede stiegen Rauchwolken auf, Flammen schlugen empor. Sie brannten, die ungenutzten Waffen, vergeudet wie alles andere – zweiundzwanzig klobige Tetreren, siebenundsechzig Trieren, vierhundertelf Penteren: Fünfhundert Schlachtschiffe, mehr als doppelt soviel wie alles, was Rom je aufgeboten hatte. Kein Wind verteilte den Rauch. Der Himmel über der Stadt wurde schwarz. Viele auf den Mauern husteten und würgten, bis ihnen die Tränen vergingen.

Vor dem Abzug seiner Truppen machte Publius Cornelius Scipio seinen massylischen Verbündeten Masinissa zum König über das gesamte Reich der Masaesyler und anderer Numidervölker. Syphax wurde nach Rom gebracht, wo er in der Haft starb. Scipio erhielt einen Triumph; fortan nannte man ihn Africanus.

Hannibal war während dieser ganzen Zeit unauffindbar. Es mochte sein, daß er verschwunden bleiben wollte, damit kein Römer im letzten Moment noch seine Auslieferung fordern konnte; Gerüchte sagten, er habe sich zu Masinissa begeben, um mit dem nun mächtigsten Mann Libyens zu verhandeln.

Wenige Tage nach dem Abzug der letzten römischen Truppen erhielt Antigonos einen Brief seines alten, so lange nicht gesehenen Freundes Daniel. Der Jude verwaltete immer noch die Barkas-Güter in der Byssatis, im Hinterland zwischen Thapsos und Acholla. Der Sohn des Hausherren sei mit ein paar Freunden dagewesen, schrieb der vorsichtige Daniel; inzwischen seien sie weitergeritten, um die Kanäle und vor allem den Graben zu überprüfen.

Bald kamen genauere Berichte. Der Stratege sammelte versprengte Überlebende seines alten Heers und beschränkte sich nicht darauf, den Punischen Graben zu überprüfen und die Grenze zu sichern. Numidische Plünderer – manche sagten: Streifen des Königs Masinissa – zogen durchs Land; an mehreren Stellen kam es zu libyschen Aufständen. In den Bergen nahe der Karawanenstraßen bildeten sich ganze Heere von Wegelagerern. Im Sommer erreichte die erste Karawane aus Sabrata die Hauptstadt; Iberer und Libyer begleiteten sie.

Über den tiefblauen Himmel liefen dünne Streifen von der Farbe geronnener Sahne. Bostar zügelte die Pferde, als der Weg sich dreiteilte. An der Nordseite des Hügels, umstanden von Zypressen und kleinen Palmen, lehnte ein Schuppen an einem großen gemauerten Wasserbehälter. Die Wege und die Bewässerungsgräben lösten sich in der Ferne zu wabernden Luftschichtungen auf, über denen Ölbäume kopfunter aus dem Himmel hingen. Die wellige, von Hügeln durchsetzte Ebene mochte sich bis zum Ende der Welt erstrecken, mit den Reihen der Ölbäume, weißflaumigem Knoblauch, Wein, Weizen, Artischocken.

»Und jetzt?«

Antigonos ließ sich vom Karren gleiten und ging zum Schuppen. Darin fand er Werkzeug, Reste von Saatgut, aber auch zwei halbvolle Gefäße aus grobem Ton, mit Wasser und Wein. Der Hellene lehnte die Tür wieder an. »Irgendwo müssen hier Arbeiter sein.«

Bostar legte die Hände an den Mund und brüllte: »Hooooo!«

Die knotige Verwachsung am Fuß eines nahen Ölbaums bewegte sich, stand auf und kam näher. Es war ein alter Mann, graubraun im Gesicht, mit graubraunem Haar, einem graubraunen Überwurf und Sandalen.

»Freund, wie kommen wir zum Haus?«

Der Mann betrachtete Antigonos, legte den Kopf schief, lächelte und öffnete den Mund, in dem nur noch vier oder fünf verfärbte Zähne steckten. »Den rechten Weg – hier entlang, Herr Tiggo.«

Antigonos kniff die Augen zusammen. »Du... ich kenne dein Gesicht. Moment.« Er hob die Hand. »Der Name... der Name ist Mi... Marbil, richtig?«

Der Mann lachte, kam noch einen Schritt näher, streckte die Hand aus und umklammerte Antigonos' Unterarm. »Du ehrst mich, Freund des Strategen. So viele Jahre.«

Der Hellene berührte die Schulter des Arbeiters. »So viele Jahre, ja. Ich wußte nicht, daß du hier arbeitest. Gibt es noch mehr?«

Marbil deutete in mehrere Richtungen. »Viele. Aber das hier ist der alte Teil; die meisten sind bei den neuen Pflanzungen. Bleibst du länger, Herr?«

»Nenn mich nicht Herr, alter Freund. Nach all den Jahren... Ja, wir bleiben länger.«

»Dann sehen wir uns. Fahrt hier entlang.« Marbil trat zurück zwischen die Bäume.

Antigonos stieg auf den Karren; Bostar schnalzte. Die beiden Pferde trabten an. Der Hellene wandte sich noch einmal um und winkte der graubraunen Gestalt.

»Alte Bekannte, was?«

Antigonos nickte. »Wir kennen uns seit, ah, fast vierzig Jahren. Er ist einer von Hamilkars iberischen Panzerreitern. Die Schlacht am Taggo, als Hamilkar fiel, die Züge in Iberien mit Hasdrubal, dann mit Hannibal nach Italien – ich nehme an, er war auch bei Zama dabei.«

Bostar pfiff leise. »Vom Taggo bis Naraggara. Und jetzt stutzt er Ölbäume.«

Antigonos seufzte. »Der Dank von Qart Hadasht ist fein abgewogen und grenzenlos, wie du weißt. Hanno wurde in einer goldenen Amphore bestattet; die alten Kämpfer, die nicht in ihre römisch besetzten Heimatländer zurückkönnen...«

Der Weg wand sich zwischen Öl und Wein, Hügeln, unter denen Zisternen lagen, und Gräben hindurch, überquerte mehrere kleine Steinbrücken, stieg ein wenig an und fiel dann in ein weites grünes Tal, in dem Rinder und Pferde weideten. Eine dreimal mannshohe Mauer umgab in der Talmitte eine Gruppe alter hoher Laubbäume; durch das satte Grün schimmerten weiße Wände. Außerhalb des umwallten Bereichs lagen wie ausgebreitete Flügel Nebengebäude und Stallungen.

Ein paar Jungen liefen ihnen entgegen und führten die Pferde. Aus dem Tor in der Mauer tauchte eine gebückte Gestalt auf. Das helle Gewand schlotterte um den hageren Körper; aus dem grauen Schopf ragte ein spitzer schwarzer Hut.

Bostar ließ die Zügel los, hob die Arme und schrie: »Ha! Der Ziegenschänder!«

Daniel verschränkte die Arme und lehnte sich an die Torsäule. »Die edlen Herren«, sagte er laut. »Der punische Lehmkopf und der blöde Hellene. Daß ich das noch erleben darf!«

Antigonos hatte Bostar zu einer Weltreise überredet – drei Tage mit Bomilkars Schiff von Qart Hadasht nach Acholla. Daniel war zuletzt drei Jahre vor Beginn des Kriegs in der Hauptstadt gewesen, im Jahr von Hasdrubals Ermordung. Seit einem Vierteljahrhundert hatten Bostar und Daniel einander oft geschäftlich geschrieben, ohne sich zu Gesicht zu bekommen. Antigonos war im Jahr nach Cannae auf dem Gut gewesen; auch das lag nun fast neunzehn Jahre zurück.

Drei zerfurchte Gesichter, drei Zweiundsiebzigjährige. Sie kicherten, zwickten und umarmten einander. »So richtig verändert hat sich keiner von euch«, sagte Daniel. »Vertrottelt wart ihr immer schon. Kommt, ins Haus. Der Hausherr ist aber noch nicht zurück.«

»Wo steckt er denn?«

»Ist heute früh irgendwohin losgeritten. Mit seiner Frau.«

Antigonos schüttelte den Kopf. »Seiner was?«

»Frau. Nie gehört?« Daniel grinste. »Zweibeiniges Geschöpf mit griffiger Oberfläche. Zur Fortpflanzung nötig, ansonsten eher nutzlos und nicht besonders haltbar.«

Vom Glauben seiner Ahnen, der ihn verpflichtete, nur eine Jüdin zur

Frau zu nehmen, war Daniel nicht abgefallen; er hatte ihn lediglich durch Gleichgültigkeit und Nichtverwendung schal werden lassen, sich mit einer Libyerin vermählt, fünf Kinder gezeugt, war vierzehnfacher Großvater und seit fünf Jahren Witwer.

Sie gingen unter den Bäumen hindurch zu einer zweiten Mauer, an deren Innenseite sich weitere Schuppen und Ställe befanden. Der Boden zwischen Mauer und Haus war mit Ziegeln bedeckt; Antigonos sah drei Brunnen. Das Haus selbst stand auf einer Grundfläche von vielleicht fünfzigmal fünfzig Schritten; das untere der drei Geschosse hatte keine Fenster. Die Tür war mit Eisenplatten verstärkt. Unter den Fenstern des ersten Stockwerks zogen sich wie ein Fransensaum Eisenstacheln um das ganze Haus.

Während Daniel Erfrischungen bereiten ließ, wanderten Bostar und Antigonos durch das Gebäude, an das der Hellene sich auch nach so langer Zeit gut erinnerte. Die kleine Festung, in der Hannibals Vorfahren sich oft gegen plündernde Numider oder Libyer verteidigt hatten, stammte in ihrer jetzigen Form von Baalyaton, dem Vater des Hannibal, dem Vater von Hamilkar dem Blitz. Teile der Einrichtung waren jedoch älter. Schwere hundertjährige Truhen, ägyptische Glasgefäße aus der Zeit vor der persischen Herrschaft am Nil, der bronzene Brustschutz, der einem Krieger des Kroisos gehört hatte, geschnitzte Jadefiguren aus China, der nach unbekannten Vorschriften behandelte Kopf eines großen menschenähnlichen Affen – ein Vorfahr namens Mago hatte an der langen Libyenfahrt des Seefahrers Hanno auf dem Okeanos teilgenommen –; eine goldene Platte, groß wie ein Wagenrad, mit getriebenen Darstellungen aus der alten indischen Götterwelt; ein schillerndes schlichtes Gefäß aus glattem Zedernholz zur Aufbewahrung von Weihrauch, das der Steuermann des Schiffs der Königstochter Elissa aus Tyros mitgebracht hatte; tausend Tierfiguren aus Walknochen, Elfenbein, Schildpatt, Onyx, Karneol; Schmuckstücke aus Gold, Silber, grünem Kupfer, hundert verschiedenen Edelsteinen. Antigonos betrachtete mit Liebe und Trauer eine Kette aus leuchtend grünen Steinen, die sich mit kleineren blutroten abwechselten, aufgereiht auf dünnstem Golddraht, mit zwei handtellergroßen, von Goldstreben gehaltenen Goldscheiben, auf denen sich fantastische Vögel spreizten: ins Gold eingelassene, mit einer dünnen Schicht von rauchfarbenem Glas überzogene Edelsteinsplitter. Kshyqti hatte diesen wunderbaren Schmuck bei einigen festlichen Anlässen am Hals und auf der Brust getragen.

In anderen Räumen standen schwere Betten aus Ebenholz, mit geschnitzten Menschenköpfen und Elfenbeinplättchen, weißen Leinenlaken auf straffem narbigen Leder, darüber Decken aus purpurgetränkter Seide mit Goldborten oder aus schwerem Goldbrokat. In der Bibliothek – drei ineinandergehenden Räumen an der Westseite – lagen in schwarzen Regalen Tausende luftdicht mit Wachs verschlossener Tonzylinder. Sie enthielten Papyrosrollen, Abschriften oder Einzelstücke unersetzlicher, unbezahlbarer und zum Teil unglaublicher Werke: der Reisebericht des Steuermanns Mago, hundertmal ausführlicher als Hannos Bericht im Tempel; eine frühe hellenische Niederschrift der Odysseus-Verse des blinden Homeros, samt einer frühen phönikischen Übersetzung; Abschriften der Königschroniken der Stadt Tyros; Chroniken aus Gadir, Tarshish, Liksh, Kalpe, Kerne, Qart Hanno an der Mündung des Gyr; die Chroniken von Qart Hadasht, die Berichte der Festungsmeister Siziliens und Sardoniens, die Berichte der Hafenherren auf den Glücklichen Inseln; die Aufzeichnungen der Kapitäne, die den Okeanos überquert und im Norden und Süden der jenseitigen Länder Handel getrieben hatten; eine verbotene Niederlegung der heiligen Bücher der Ägypter in Volksschrift; Manethos ägyptische Vorlagen; eine ägyptische Tempelschrift-Fassung der sumerischen Geschichten von Gilgamesh und Engiddu; eine vollständige Abschrift der Bücher der Sibylle, einschließlich jener, die die weise Frau vernichtet hatte, als die Römer den Preis nicht bezahlen wollten; die Sternbeobachtungen der Ägypter und Babylonier; die Schriften der hellenischen Strategen, Taktiker und Belagerungsmeister; Aristoteles, Platon, Euripides, Sophokles, Aischylos, Aristophanes und zahlreiche andere hellenische Schriftsteller; die Erinnerungen des Themistokles, geschrieben am persischen Königshof; die wirren und witzigen Lügengeschichten des Mutumbal, der vor vierhundert Jahren in Qart Hadasht gelebt hatte; der knappe und bisweilen gehässige Bericht – Antigonos hatte ihn mit Wonne gelesen, bei seinem ersten Aufenthalt – eines namenlosen tyrischen Kaufmanns über die tatsächlichen Begebenheiten bei Ilion; Tempelschriften; Handelslisten, Versicherungslisten, Ladelisten von Schiffen, die irgendwann einmal der Familie gehört hatten; der Bericht des punischen Seefahrers Arish über seine Reise von Ägypten zum Weihrauchland, nach Indien und Taprobane, zu den Inseln weit im Osten, auf denen es Tiger, Elefanten, Nashörner, seltsame Rieseneidechsen und feuerspeiende Berge gab, weiter nach China, dann zurück durch Wüsten und Steppen, über Berge und reißende Ströme, zum Euxeinischen Meer; die wild wehmütigen Liebeslieder einer namenlosen punischen Dichterin aus der Zeit kurz nach der Stadtgründung; die Händler- und Kriegerepen von Bityas dem Itykaier, Gylimat aus Qart Hadasht, Mago dem Frevler, Boshmun dem Halbherzigen; die Verträge zwischen Qart Hadasht und Tarshish, die Verträge mit Etruskern, Sikelioten, Italioten, Athenern, Korinthern, Lakedaimoniern, Ägyptern, Persern, Arabern, Kuschiten, Massalioten, Römern, Makedonen, Gätuliern ...

Fast alle Räume waren mit tiefen Teppichen ausgelegt, geknüpft vor allem in Qart Hadasht, aber auch in Ägypten oder Indien; überall hingen bunte Wandbehänge neben alten Schwertern; aus allen Wänden ragten eiserne oder bronzene Arme und Fäuste, die Fackeln tragen konnten. Alle Räume, auch die des nach außen fensterlosen Erdgeschosses, waren hell und kühl; die weißen Wände nahmen das Licht des Innenhofs auf, Schächte und Durchbrüche sorgten für bewegte Luft. In den oberen Stockwerken waren die Fenster nach Süden mit Läden verschlossen; für alle Fenster des Hauses gab es bewegliche Holzrahmen, bespannt mit durchscheinender Schweinsblase.

Die Gänge der beiden oberen Geschosse führten zu Galerien am Innenhof; Antigonos und Bostar stiegen die hölzernen Treppen hinab. An der Innenseite des Erdgeschosses trugen schlichte Säulen aus grünem Marmor die Ziegelbögen mit den Bohlen der Galerie. Blumen in tausend Farben und mit zehntausend Düften, in Kübeln und Beeten, erfüllten den Innenhof, in dessen Mitte ein Brunnen aus schwarzem Marmor stand. Daneben, auf einen niedrigen Tisch, hatte Daniel kalten Braten, Brot, säuerlich eingelegte Artischocken, gedünsteten Lauch, Honig, Früchte, Wein und Wasser auftragen lassen.

Beim Essen redeten sie kaum von Dingen der letzten Jahre; wie alte Männer überall sprachen sie von der Jugend. Erst viel später kam Antigonos auf seine Frage zurück.

»Was war das jetzt mit der Frau?«

Daniel schloß die Augen. »Die schönste, klügste und mildeste Frau zwischen den Säulen des Melqart und den Vororten von Babylon.«

Sie hieß Elissa und war mehr als alles, was Daniel gesagt hatte. Die Haut – Sahne und Nuß – schien ein wenig über den Backenknochen zu spannen, Haar und Augen bargen schwarzes Licht, das knielange weiße Gewand mit purpurnen Längsstreifen und goldener Hüftschärpe umriß ein Bildwerk der Aphrodite; aber Elissa war, was keine erdachte Göttin je sein wird, strahlend lebendig. Zähne zu beißen, Lippen zu lächeln, Lider zu blinzeln; sie sprühte Witz und Wärme, und als er sie sich bewegen sah, dachte Antigonos an ein seidenes Segel, gefüllt mit dem frischen milden Südwest eines Herbstmorgens, irgendwo zwischen den Inseln der Balliaren und Sardonien.

Sie redeten bis tief in die Nacht hinein; zuerst im Hof, dann am Feuer in einem der großen Wohnräume des ersten Stocks. Es gab viel zu berichten, auszutauschen, zu vergleichen; und sehr viel Gelächter. Antigonos, seiner eigenen tiefen Stimme unbewußt, behielt ein Gemenge von Klängen und Gerüchen und Geräuschen im Gedächtnis, eine verflochtene Kostbarkeit aus Vielem. Elissa wie Narde, Mandeln, Kinnamon und glimmender Alabaster; das scharfe Keckern, mit dem Daniel seine spöttischen Bemerkungen umsäumte; der kühle klare Wein im Innenhof, der heiße verdünnte Wein mit Honig und Pfeffer am Feuer; Elissas warme rauhe Stimme wie die mit Fingerkuppen gestrählte Kehle eines fernen Vogels aus Schneeflaum und Smaragden; die knackenden Hölzer und jene seltsame Mischung aus Weihrauch und anderen Kräutern, die aus den Kohlebecken aufstieg wie frisches Hafenwasser; die Nachtlieder einer alten Libyerin draußen bei den Ställen; Bostars Dolchstich-Bewegungen, die seine Gehässigkeiten über die Lage der punischen Wirtschaft begleiteten; der Schrei eines Nachtvogels, nach dessen Verklingen sie erstmals den Lärm der Zikaden hörten; die umfangende Gelassenheit des ehemaligen Strategen, die Kühnheit seiner neuen Pläne.

So viel zu sagen, und alles wurde gesagt, in Sprüngen von Gebiet zu Gebiet. Antigonos' Besuch bei seinem Sohn Ariston im fernen Süden; Bostars Versuche, die Bank durch die Klippen und Strudel der wirren Jahre zu steuern; Daniels und Hannibals große Neuerungsarbeit in der Byssatis, nicht nur auf dem barkidischen Gut – große neue Pflanzungen, Zusammenfassung kleiner Pächterländer, Bewirtschaftung mit vielen ehemaligen Kämpfern; die neuen Formen des alten hellenischen Wahnsinns und Roms Gratwanderung zwischen wirtschaftlichem Untergang und kriegerischer Übermacht: der dreijährige Krieg zwischen Rom und Makedonien, Philippos' Niederlage gegen Titus Quinctius Flamininus, die Angriffe des Seleukiden gegen Ägypten und Pergamon, die Besetzung von Ephesos und Abydos – Philippos und Antiochos gegen Ägypten, Rom gegen Philippos, Attalos für Rom, Antiochos und Rhodos gegen Philippos, Aufstand in Nordiberien gegen Rom, Krieg punischer

Resttruppen und keltischer Krieger unter Hamilkar in Norditalien gegen Rom, Einnahme von Placentia, Niederlage und Tod des Hamilkar... Irgendwann schlief Daniel ein, schnarchend, in seinem Sessel; Bostar streckte sich redend auf einem Stapel aus Teppichen und Decken aus und verstummte mitten in einem Satz; Elissa brach zu einer Nachtwanderung durch das Haus auf und kehrte nicht zurück.

Im Morgengrauen lehnte Antigonos am Rand des Brunnens; der Innenhof war ein unentwirrbares Muster aus grauen und tausendfach grünen Linien und Feldern, durchtränkt vom Rieseln des Wassers und dem Gurren erwachender Tauben. Hannibal, mit untergeschlagenen Beinen, hockte auf dem Tisch. Im veränderlichen Zwielicht war das Gesicht mit der roten Augenklappe jung und zugleich von Müdigkeit zermürbt. Er sprach über die wunde Grenze und seine vergeblichen Versuche, eine Unterredung mit Masinissa zustande zu bringen.

»Die Römer haben es ihm verboten, fürchte ich. Als ob sie glaubten, Hannibals bloße Gegenwart würde ausreichen, den Massyler umzudrehen.«

»Das kann stimmen; wahrscheinlich haben sie sogar recht. Vergiß nicht, er war Hasdrubals Freund, dann Roms Bundesgenosse, dann Sapanibals Mann für drei Tage. Er hat seine Träume, aber er ist leicht zu beeinflussen. Scipio, der ihn beeinflußt hat, weiß das am besten.«

Hannibal zuckte mit den Schultern. »Trotzdem. Bei allem, was Rom heute darstellt, kann ich ihm doch nichts bieten.«

Antigonos lächelte. »Verfinstere nicht dein Licht, Größter der Punier. Masinissa ist ein Barbar, aber lange in Qart Hadasht aufgewachsen. Qart Hadasht ist seit sechshundert Jahren ein Zauberwort, bei dem alle Numider Neid, Furcht und Kleinmut empfinden. Und Masinissa ist ein Krieger, der den größten Strategen achtet und seit dem kleinen Grenzkrieg damals auch fürchtet.«

Ein Jahr nach dem Friedensschluß hatten die Numider begonnen, die undeutliche Grenze zu überschreiten, Dörfer zu plündern, Gebiete zu besetzen. In einer Schlacht hatten dreitausend alte Kämpfer des Strategen eine vierfache numidische Übermacht unter der unmittelbaren Führung von Masinissa aufgerieben.

»Ja, aber die blutige Nase hat er mit Roms Hilfe schnell geheilt.«

Antigonos seufzte und rekelte sich. »Er hat in Rom gejammert, und die Römer haben deine Absetzung als Stratege durchgesetzt. Hat dich das daran gehindert, weiterzumachen? Ich habe da einiges an Geschichten gehört – kleine Truppen, von einem Vermummten geführt, wie Wegelagerer. Sie haben jeden Übergriff der Numider mit einem Gegenstoß beantwortet, der schlimmer war.«

Hannibal grinste. »Ich war ziemlich viel unterwegs, in den letzten Jahren. Jetzt ist die Grenze einigermaßen sicher; aber wir mußten wirklich jeden einzelnen Finger von Masinissa dreimal versengen, bis er genug hatte.«

Fahles Rot kroch über den Himmel. Die von der Nacht verkapselten Düfte der Blumen befreiten sich, erfrischt und befeuchtet.

Antigonos betrachtete den Punier. Durch die Schlieren in seinen müden alten Augen sah er die braunen Beine, auf den Knien die Hände mit den langen ruhigen Fingern, den weißen kurzen Chiton, den krausen schwarzen Bart, die Augenklappe, den schwarzen Schopf. Und durch ein Zusammenspiel von Schlieren, Morgenfarben, Wein und Wünschen sah er wie einen durchsichtigen Mantel die *energeia,* die ungeheure Tatkraft und Macht, den umfassenden Willen des Einundfünfzigjährigen, der noch immer kaum Schlaf brauchte und nie ruhen würde.

»Du hast mehrere kühne Anspielungen gemacht, was die Dinge angeht, die du tun willst.«

Hannibal nickte. »Sie haben mich gezwungen, den Krieg zu verlieren«, sagte er ohne Bitterkeit. »Jetzt will ich sie zwingen, den Frieden zu gewinnen.«

»Dazu brauchst du ein Amt, Freund.«

»Das ist das Problem, Tiggo. Nach außen wie nach innen. Rom kann dem König der Numider verbieten, mit dem alten Strategen Hannibal zu reden; wenn Hannibal aber die Stadt vertritt, als Träger eines Amts, muß sogar Rom mit Hannibal reden. Wie Masinissa, wie Antiochos, wie der nächste Ptolemaios.«

»Sie werden reden, sicherlich, aber nicht mit dem Vertreter der Stadt, sondern mit dem Träger eines ruhmreichen Namens, mit dem alten Strategen. Die Stadt ist zerrissen und ohne Bedeutung.«

Hannibal reckte sich, verschränkte die Hände hinter dem Kopf, machte kreiselnde Bewegungen mit den Ellenbogen. »Fünf Monde, Tiggo – mehr brauche ich nicht, um die Stadt wieder groß zu machen.«

Antigonos grinste. »Es war ein ersprießlicher Nachmittagsausflug, mit dir die Alpen zu überqueren. Qart Hadasht wieder groß zu machen ist schwieriger.«

Hannibal schüttelte den Kopf. »Du irrst, Tiggo. Ich sagte doch: Ich war ziemlich viel unterwegs in den letzten Jahren. Ich weiß, wovon ich spreche, und ich weiß, was getan werden müßte.«

»Du weißt auch, daß Rom jeden Gewaltstreich mit der Entsendung von Legionen beantworten wird.«

»Ich weiß. Ich weiß auch, daß Legionen alles sind, was Rom hat. In Etrurien tobt ein Sklavenaufstand – im Krieg haben sie ihr eigenes Land so gründlich verwüstet, daß sie jetzt nur noch Sklaven haben, keine Bauern mehr. In den nächsten Jahren wird es überall Sklavenaufstände geben. Sie brauchen Geld und Getreide, Tiggo, ein starkes freundliches Qart Hadasht, keine mörderische Belagerung. Scipio weiß, wie stark die Mauern sind.«

»Was willst du tun? Wie kann ich helfen?«

Hannibal beugte sich vor, immer noch auf dem Tisch sitzend; er legte beide Hände auf Antigonos' Schultern. »Liebster aller Freunde, du hast meinem Vater, meinem Schwager, meinen Brüdern, mir und der Stadt mehr geholfen, als jemals irgendeiner zurückzahlen kann.«

»Ich frage nicht nach Rückzahlung, Junge.«

»Ich weiß. Aber – nein, zur Zeit brauche ich keine Hilfe. Der ehemalige Stratege von Libyen, Iberien und Italien ist Mitglied des Rats von Qart Hadasht und kann sich um Ämter bewerben. Außerdem bin ich dank deiner, Bostars und Daniels Hilfe noch oder wieder ein wohlhabender Grundherr und kann alles, was bei der Vergabe von Ämtern bezahlt werden muß, mühelos selbst bezahlen.«

»Welches Amt, Staunen der Welt?«

Hannibal grinste kurz, wurde aber sofort wieder ernst. »In ein paar Monden werden die neuen Suffeten vom Volk gewählt.«

Antigonos hielt einen Moment die Luft an. »Natürlich. Der Rat und die Hundertvier werden dir nichts geben, aber das Volk ...«

»Das Volk wird mir, hoffe ich, noch viel mehr geben, aber darüber muß ich länger nachdenken.«

»Hannibal als Suffet.« Antigonos wiegte den Kopf. »Fürst des Friedens und höchster Richter von Qart Hadasht ... Und dann?«

»Ah, man wird sehen. Es hängt von zu vielen Dingen ab.«

Auf dem freien Platz hinter den Ställen, Scheunen und Speichern loderten die Feuer. Am Abend des Tags der Sommersonnenwende bewirtete der Herr des Guts alle Arbeiter und Arbeiterinnen und die Angehörigen. Nackte Kinder wuselten zwischen den Gruppen umher; staunende halbwüchsige Jungen und Mädchen halfen, die Spieße zu drehen, die Brote zu verteilen, Wein auszuschenken und verdrückten sich später, begeistert und berauscht, miteinander in die Büsche und hinter die Gebäude. Pächter, freigelassene Sklaven, alte Krieger aus vielen Völkern, junge und ältere Frauen, Greisinnen und Greise, alle aßen, tranken, sangen, erzählten oder lauschten Geschichten. Bostar war umringt von einem Dutzend Kinder, denen er schäbige Lieder und witzige Spiele beibrachte. Daniel und Hannibal gingen von Gruppe zu Gruppe, von Feuer zu Feuer; ebenso Antigonos, der nach Marbil noch hundert andere altvertraute Männer wiedersah, mit ihnen und ihren Frauen sprach, Geschichten austauschte, Preisreden auf Hannibal anhörte, der seine Krieger zu unsterblichem Ruhm geführt und ihnen nach dem Krieg Brot und Arbeit gegeben hatte.

Irgendwann fand er sich, einen von viel zu vielen Bechern mit Wein in der Hand, auf einem Strohballen sitzend, den Rücken an die Mauer gelehnt. Sie sangen und tanzten und lachten noch immer. Die Feuer, die Gefäße, die Gesichter im Widerschein der weißen Wände; weit jenseits das dunkle Wiegen der Gräser und Halme unter dem Nachtwind, unter den Sternen, auf den Hügeln am Horizont. Müde bedachte er seinen zerbrechlichen, alten, wundersam haltbaren Körper, ein Gefäß, in dem das Leben zur Neige ging; er schloß die Augen, trank und sog mit Mund und Nase die Nacht in sich auf. In den Dunst des Weins, das Harz der brennenden Hölzer, den Geruch der Ställe, der schwitzenden tanzenden Frauen und Männer, den kühlen Ruch der Mauern, Zypressen und Eichen, den leichten Modergeruch des Strohs mischte sich ein Hauch von bitterer Süße, Mandeln und Kinnamon, und ohne die Augen zu öffnen wußte er, daß Elissa zu ihm gekommen war.

Er hob den Becher, die Augen noch immer geschlossen. »Herrin der Sterne. Fürstin der Farben der Nacht.«

Ein leichtes Lachen. Wind, der Goldstaub auf ein Palmblatt weht. »Herr der Sandbank. Störe ich dich?«

»Du labst mein Gemüt durch dein Kommen.«

Die Strohballen bewegten sich; Elissa ließ sich nieder. »Welche Gedanken in dieser Nacht, Antigonos?«

»Gedanken eines törichten alten Mannes, Elissa. Darüber, daß hier angenehm zu leben ist, und wie gut es wäre, hier zu sterben.«

»Wegen der Männer, die hier sind, und der vielen, die fehlen?«

Er öffnete die Augen, blinzelte. »Wegen der Dinge, die diese Nacht birgt. Gerüche, die an andere Gerüche erinnern und an die Orte, an denen ich sie roch. Feuer, die an andere Feuer erinnern. Feuer in Iberien, in den Alpen, in Eis und Schnee, im Regen eines italischen Winters, in der heißen Ebene von Cannae. All die Feuer, Elissa – und dies hier das erste, seit Friede ist.«

»Auch für mich, Antigonos.«

Lange Minuten später sagte er halblaut: »Was kann ich dir zu bewahren geben, Fürstin?«

Sie begriff sofort und lachte; ein trauriges, fast tonloses Lachen. »Nichts von dem, was bewahrt zu werden sich lohnt, läßt sich bewahren. Was immer ich gern wüßte, wäre morgen schon ohne Bedeutung. Er ist immer im Wandel, immer unruhig, immer unterwegs. Du weißt es, Antigonos.«

»Aber sein nächstes Ziel ist fest und unverrückbar. Qart Hadasht. Wenigstens ein Jahr lang wird er dort bleiben.«

»Ein Dschungel. In Italien war er sicherer. Oder hier.« Sie seufzte, nippte an ihrem Becher. »Erzähl mir von dir – Tiggo.«

Er hob die Schultern. »Was soll ich erzählen? Ich wurde als Sohn eines Metöken in Qart Hadasht geboren. Meine Väter waren Händler, ich bin es noch. Ich habe eine Bank aufgebaut, das Vermögen von Hamilkar Barkas und Hannibal verwaltet. Ich bin ein wenig gereist, bis nach Indien und Britannien. Ich habe den Ersten Römischen Krieg ein wenig, den Libyschen Krieg ganz, den Frieden teilweise, den Zweiten Römischen Krieg größtenteils gesehen. Nun bin ich alt, immer noch töricht, beneide Hannibal darum, daß er von dir geliebt wird, trinke zuviel und erträume mir einen ersprießlichen Tod.«

Ihre Hand, warm und doch kühl, legte sich auf seinen Arm. »Wie er gesagt hat: Tiggo ist das Herz der Dinge und tut, als sei sein Pochen unwichtig.«

»Sagt er das? Ha. Erzähl mir von dir, Gebieterin der Herzen.«

Sie redeten von tausend Dingen; im Morgengrauen saßen sie noch immer an der Mauer. Elissa, Tochter eines Reeders, war im Jahr der Ermordung Hasdrubals des Schönen geboren und zwei Jahre nach dem Tod von Hasdrubal Barkas gegen ihren Willen mit einem Großneffen Hannos des Großen vermählt worden. Er stellte sich gegen seinen Großonkel, als die Stadt dem Untergang geweiht schien, und fiel als Unterführer der Reiterei in der Schlacht von Naraggara.

»Friede«, sagte sie, als der Himmel blutrot wurde. »Friede. Wein.

Bücher. Söhne und Töchter. Freunde. Dafür sorgen, daß das Elend abnimmt und die Freude sich mehrt. – Tiggo, ich habe ihn so oft in den Armen gehalten. Er ist klug und sanft, sein Körper ist immer noch der eines jungen Kriegers. Aber sag mir, wenn du kannst – hilf mir, wenn ich das erbitten darf: Habe ich das Recht... Es ist, als ob ich etwas allein besitzen wollte, was der ganzen Oikumene, dem Kosmos gehört.«

»Er ist ein Mann, kein Gott, Elissa. Er hat gelacht und geweint und getrunken und getötet, bei Frauen gelegen und die Welt zum Staunen gebracht. Aber ich habe ihn nie so ruhig und... so geebnet gesehen wie hier. Er hat, zu früh, die Wärme und Geborgenheit der Fürstin Kshyqti verloren. Ein wenig davon, sagt er, hat er als Kind dann in meinem Haus gefunden. Sein Vater, der große Hamilkar, hat ihn geliebt, aber so, wie sein Leben beschaffen war, konnte er den Söhnen keine Wärme geben. Hannibal hat der Stadt mehr gegeben, als sie haben wollte, und der Oikumene mehr, als sie wert ist. Du, Elissa, gibst ihm alles, was er sich je gewünscht hat. Von Menschen gewünscht, nicht von der Muse der Geschichte.«

»Ich kenne ihn und kenne ihn gar nicht. Erzähl mir... ich bin nicht neidisch auf Dinge, die vorher waren, aber ich will mehr wissen. Erzähl mir von den Frauen.« Ihre Nägel bohrten sich in seinen Arm. »Auch von schlimmen Dingen, wie sie im Krieg geschehen.«

Antigonos löste ihre Hand von seinem Arm, streichelte sie. »Er hat in all den Jahren nie eine Frau mit Gewalt genommen, entehrt, mißhandelt oder geschändet.« Ohne seine Worte sorgfältig zu wählen, erzählte er. Als die ersten trunkenen Schläfer sich regten und die Tiere in den Ställen und auf den nahen Weiden laut und ungeduldig wurden, hatte er von vielen anderen Menschen und Dingen geredet, von *yama* und Ylan, Isis und Tsuniro, Memnon und Ariston, Hasdrubal und Mago, den Gesprächen mit Cornelius Scipio, der gelassenen Trauer, mit der ihn die Nachricht vom Untergang jenes Schiffs erfüllt hatte, mit dem Tomyris in einen Sturm gesegelt war... Er beugte sich vor und ergriff die Hände der Frau, die Hannibal liebte.

»Glück läßt sich nicht anordnen oder mit Gewalt bewahren, Elissa. Scheußliche Rede eines alten Mannes. Wenn es da ist, nimm es in die Arme und drück es an dein Herz; frag nicht, ob die Götter, die es nicht gibt, sich bei der Zuteilung geirrt haben, ob es anderen, der Oikumene, dem Kosmos zustünde. Wenn es Götter gäbe, gäbe es gar kein Glück für die Menschen, denn die Götter würden es für sich behalten und neidischer hüten als das Feuer, das angeblich Prometheus ihnen stehlen konnte. Was ist schon das Feuer, verglichen mit der Liebe?«

Sie lächelte müde und traurig, kniete vor ihm und küßte ihn auf beide Wangen. »Ich danke dir für eine kostbare lange Nacht.«

»Bedank dich nicht für eine unwichtige Gabe, durch deren Annahme du dem Geber ein großes Geschenk gemacht hast.«

Plötzlich kicherte sie. »O Tiggo – der Stratege ist klug und weiß, was er von dir zu halten hat. Er liebt dich; ich habe ihn vor Stunden gesehen, wie er uns sah und lächelte. Er hat gesagt, daß du immer zu allem Guten Besseres hinzufügst. Aber… ich habe noch eine Frage. Nicht als Elissa, nicht als Geliebte des großen Hannibal, nicht als Frau, die dich in Qart Hadasht oft besuchen wird. Sondern als Witwe des Großneffen von Hanno der Viper.«

Antigonos verdrehte die Augen. »Du schändest die vergangene Nacht, indem du diesen Namen nennst.«

»Trotzdem. Hannibal sagte, er habe den Namen gelesen, den du in Hannos Fleisch geschnitten hast. Er wollte mir aber nicht erklären, was er damit meint.«

Antigonos setzte sich auf. »Hat er das gesagt? Schwarzer Daimon!«

»Was hat er gemeint, Freund?«

»Hanno der Große starb zu Füßen seines Gottes, wie es sich geziemt. Ich habe nichts in sein Fleisch geschnitten.«

Elissa legte die Hände an seine Wangen; ihre dunklen Augen saugten alle Kraft zu lügen aus dem alten Händler heraus. »Es hieß damals, Gott Baal habe in seiner Gnade das Herz seines Hohen Priesters bersten lassen. Ich habe ihn immer gehaßt und war traurig über dieses ehrenwerte Ende.«

Antigonos seufzte und legte seine Hände auf die von Elissa, die immer noch seine Wangen hielten. »Auch nach weiteren zweiundsiebzig Jahren werde ich Punier nicht verstehen. Und Punierinnen. Du, Gefäß aller Liebe und Schönheit, kannst hassen?«

Aus ihren Augen spritzte schwarzes Licht.

»O Elissa«, sagte er leise, »verstehst du die Sprache der Tempel? Das alte Phönikisch, nicht zum Punischen abgeschliffen?«

Sie nickte; ihre großen Augen waren voller Fragen.

»Der gnadenloseste aller Punier, eine der finstersten Gestalten, die die Muse der Geschichte je ersonnen hat, Hanno, mit dem Beinamen der Große, hieß *Khenu*.«

»Der Gnädige – die Gnade – ich weiß.« Begreifen glomm im Hintergrund ihrer Augen auf.

»Er war Hoher Priester des Baal – des gnadenlosesten aller erfundenen punischen Götter. Ich habe dafür gesorgt, daß im Tod Hanno und Baal zusammenfanden. Das ist der Name, den ich nicht in sein Fleisch, aber mit seinem Fleisch geschrieben habe.«

Langsam, staunend sagte sie: »Hanno, Baal – *Khenu*, Baal – Hannibal.«

»Gnade des Baal.«

Sie löste die Hände von seinen Wangen, ergriff seine Hände, preßte sie fast wütend zusammen. »Und wie . . . wie hast du es getan?«

Antigonos seufzte, schloß die Augen, erzählte von der Regennacht und dem *tofet*. Als er fertig war, öffnete er die Augen und blickte sie an.

Elissa warf den Kopf nach hinten, bis alle Sehnen ihres schlanken Halses hervortraten. Sie lachte, lachte gellend, schnappte nach Luft, lachte wieder. Dann beugte sie sich vor und küßte seine Hände.

In Qart Hadasht gab es eine weitere Todesfeier, die durchgestanden werden mußte und keinen Aufschub duldete. Salambua, Tochter von Hamilkar und Kshyqti, Witwe von Naravas, Schwester von Hannibal, Hasdrubal, Mago und der längst verstorbenen Sapanibal, der ersten Frau des schönen Hasdrubal, war dem Übermaß an Fett und der Stauung ihres Gemüts erlegen, des großen sanften Herzens, das unter der scharfen Zunge verschüttet kein Schlupfloch und keinen Gegenstand seiner Zuneigung mehr fand. Sie wurde in einer goldenen Amphore bestattet.

Bei der Volksversammlung für die Wahl der neuen Suffeten beschwor Hasdrubal der Bock die Vollbürger, auf keinen Fall Hannibal zu wählen. Er stellte ihnen die vom Rat gebilligten Bewerber vor, zwei Ratsherren aus den Reihen der »Alten«, die sich neuerdings abwechselnd Friedensfreunde und Freunde Roms nannten. Hannibal, der seinen alten Freund, Offizier, Untergebenen Bonqart zur Bewerbung überredet hatte, ebenfalls Ratsmitglied und Sproß einer alten reichen Sippe, hielt eine kurze, scharfe, tödliche Ansprache. Der Platz vor dem Ratsgebäude war überfüllt; die angekündigte Bewerbung des ehemaligen Strategen hatte mehr Wahlbürger auf die Agora gelockt als je eine andere Suffetenwahl.

»Hasdrubal, den wir den Bock nennen, weil er stinkt und eure Töchter schändet, so oft er kann – Hasdrubal, der im Rat weinte, als die erste Zahlung von zweihundert Talenten an Rom fällig war – Hasdrubal, der mich für leichtfertig erklärte und rücksichtslos gegenüber den Tränen anderer, weil ich über seine Tränen lachte – Hasdrubal, dem ich damals gesagt habe, er hätte weinen sollen, als mit unseren fünfhundert Kampfschiffen unsere Freiheit brannte – Hasdrubal der Bock, Römerfreund, der jeden Mond einen Bericht an den Senat in Rom schickt – Hasdrubal, der jahrelang nichts getan, unsere blutende Grenze gegen Masinissa zu sichern – Hasdrubal, der bald auch zum Pissen die führende Hand eines Römers brauchen wird – Hasdrubal der Bock, der aus eurem Schweiß Silber, aus euren Tränen Gold, aus eurem Blut Edelsteine für sich gemacht hat – Hasdrubal der Stinkige, dessen Leute seit Jahren die Stadt verrotten lassen, ins Elend stürzen, Räubern und Dieben übergeben, die sich nachts an euch bereichern wie Hasdrubal der Bock bei Tag – dieser Hasdrubal will euch, Bürger von Qart Hadasht, jetzt auch noch vorschreiben, wen ihr zu wählen habt!«

Er machte eine Pause. Seine tragende Stimme hatte jeden der Zehntausende auf dem Platz erreicht. Die Stille war dick, die Spannung reißend. Hasdrubal, nur wenige Schritte von Hannibal entfernt, verschränkte die Arme, löste sie wieder; sein Gesicht war von der Farbe eines bösen Sonnenuntergangs.

Hannibals Tonfall, bisher schneidend, wurde mild, fast traurig. »Es gab andere Männer, die den Namen Hasdrubal trugen. Wir brauchen gar nicht weit zurückzugehen in der Geschichte von Qart Hadasht – in einer ruhmreichen Geschichte, die von den klebrigen Fingern dieses Mannes hier besudelt wird. Hasdrubal der Stratege, der auf Sizilien gegen Timoleon kämpfte. Hasdrubal der Schöne, der zusammen mit Hamilkar dem Blitz den Libyschen Krieg beendete und Iberien eroberte, der nach Hamilkars Tod acht Jahre lang ein großer Stratege von Libyen und Iberien war, die Stadt schützte, den Handel förderte, einen klugen Vertrag mit Rom schloß, den die Römer dann brachen. Hasdrubal Sohn des Hamilkar, mein Bruder, der trotz der Behinderung durch Hannos Parteigänger tapfer und klug in Iberien und Numidien kämpfte, über die Alpen nach Italien zog und als großer Feldherr in einer großen Schlacht fiel, geehrt sogar von den Römern. Dieser Hasdrubal hier« – er wandte sich dem Führer der Friedensfreunde zu, mit ausgestrecktem Arm – »schändet eure Töchter, die Stadt und den Namen, den bessere Männer besser trugen. Über die Windbeutel, die er für die höchsten Ämter von Qart Hadasht vorschlägt, will ich lieber schweigen.

Ihr kennt mich. Ihr wißt, was ich in den Jahren des Kriegs getan habe.

Aber macht euch keine falschen Hoffnungen. Wenn ihr Bonqart und mich wählt, wird es keinen Krieg geben. Rom ist zu stark, Masinissa ist zu mächtig. Durch das Zaudern des Rats wurde ich gezwungen, den Krieg zu verlieren. Mit eurer Hilfe, Bürger, gegen den Rat und gegen das Gericht der Hundertvier will ich versuchen, den Frieden zu gewinnen. Die Stadt und das Land müssen wieder atmen können, in sicheren Grenzen; ihr müßt wieder schlafen können in sicheren Nächten; wir alle müssen wieder arbeiten können mit sicherem Gewinn, der nicht in die Taschen verfaulter Amtsträger fließt, sondern uns allen und der Stadt hilft. Ich bin viel gereist in den letzten Jahren; ich weiß, daß von fünf *shiqlu*, die in einem punischen Hafen an Zoll bezahlt werden, nur einer den Schatz der Stadt erreicht. Und ich weiß, wo die übrigen vier *shiqlu* bleiben. Ich will die Hände abhacken, die nach dem Geld greifen, das die Stadt so dringend braucht. Ich will die Grenzen sichern, damit unsere reichen Güter und die großen Pflanzungen unbesorgt und ungeplündert arbeiten können. Ich will die Städte zwischen Acholla und Sabrata, die von Seeräubern geplagt werden und von Wegelagerern, wieder sicher machen, damit der Handel und die Abgaben fließen können. Dazu sollen unsere zehn Kriegsschiffe eingesetzt werden, und die Städte sollen kleine Truppen erhalten. Ich höre die Ratsherren stöhnen – Truppen kosten Geld, das stimmt. Aber sie kosten weniger als der Ausfall von Zöllen und Tributen.«

Er machte noch einmal eine kleine Pause; dann lächelte er. »Und nun will ich aufhören mit Reden. Ich bitte euch nur um eines. Wenn ihr wählt, bedenkt, wen und was ihr wählt. Solltet ihr Bonqart und mich wählen, dann bleibt nach der Wahl bitte hier, denn die neuen Suffeten wollen zwei wichtige neue Gesetze vorschlagen. Wir werden, wenn ihr uns wählt, die Ämter natürlich erst zum neuen Jahr antreten, aber unabhängig von der Person der Suffeten – die Gesetze macht ihr, das Volk.«

Nach der Rede und den unmißverständlichen Bekundungen der Menge wußte Antigonos, wie die Wahl ausgehen würde. Er saß im ersten Stockwerk einer Schänke an der Agora, konnte alles überblicken und fragte sich, was Hannibal plante. Bei allen Gesprächen der letzten Zeit war nie die Rede von einem sofort zu beratenden neuen Gesetz gewesen.

Die Menge teilte sich, quirlte durcheinander. Die noch im Amt befindlichen Suffeten, die die Wahl leiteten, verzichteten darauf, Köpfe zu zählen. Vor den von Hasdrubal dem Bock vorgeschlagenen Bewerbern an einer Seite des Ratsgebäudes war viel Raum; etwa ein Siebtel der Vollbürger stand hier, alle übrigen auf der anderen Seite, vor Hannibal und Bonqart.

Nach den üblichen Anrufungen der Götter und der Verkündung des Ergebnisses dankten Hannibal und Bonqart den Bürgern für die Wahl; dann sprach noch einmal der ehemalige Stratege.

»Der Sommer geht zu Ende; in zwanzig Tagen beginnt das neue Jahr, Freunde. Die Pläne, die wir gemeinsam ausführen wollen, werden den geplünderten Schatz der Stadt wieder füllen, langsam und stetig. Sie werden es uns möglich machen, ohne Tränen die jährlichen zweihundert Talente Silber an Rom zu zahlen. Ihr werdet schnell Besserung sehen – aber nicht schnell genug. Es wird drei oder vier Monde dauern, bis die neuen Maßnahmen sich auszahlen, aber zur Verwirklichung der Pläne wird die Stadt sofort Geld brauchen. Wer von euch besitzt mehr als fünfzig *shiqlu*? Ich rede nicht von Werkzeug oder Wohnung und ihrem Wert, sondern von Geld.«

Es mochten etwa Zweitausend von den mehr als Vierzigtausend sein – zweitausend Arme wurden gereckt.

»Gut. Dies ist das erste neue Gesetz, über das wir eine Abstimmung erbitten – jetzt, sofort. Ihr wißt, daß ich nicht geizig bin. Neun Zehntel des Vermögens, das meine Väter erworben haben, habe ich im Krieg für euch ausgegeben, als der Rat mir keine Truppen bezahlen wollte. Vom letzten Zehntel werde ich die Hälfte in den Schatz der Stadt zahlen. Von euch erbitte ich ein Gesetz, daß jeder, der mehr als fünfzig *shiqlu* besitzt, von seinem Vermögen ein Hundertstel als Notabgabe an die Stadt zahle.«

Er wartete, gelassen und scheinbar völlig ungerührt, bis der Lärm sich legte. Die bei der Wahl anwesenden Ratsherren fuchtelten mit den Armen und schrien durcheinander.

»Ich weiß, daß die Bürger der Stadt niemals Abgaben haben zahlen müssen – aber die Stadt war niemals in einer so schlimmen Lage. Ich schlage dieses Gesetz vor; Bonqart ebenfalls. Wir haben überlegt, wie die Abgabe geleistet werden kann, gerecht und ohne Schaden für die Bürger und die Stadt. Wenn ihr einverstanden seid, sollten die Gilden und Zünfte von Qart Hadasht hundert rechtschaffene Männer auswählen, die lesen und schreiben können, die Gesetze kennen und achten und sich nicht bestechen lassen. Diese Hundert sollen den Kämmerer beraten. Wer über sein Vermögen keine Angaben machen will oder Angaben macht, die unglaubhaft scheinen, soll von den Hundert geschätzt werden. Große Geschäfte oder Banken, die nicht einer Person, sondern vielen gehören, sollen nicht nach dem Vermögen, über das sie ja nicht verfügen können, sondern nach ihrem Gewinn eine Abgabe leisten – ein Zehntel des Gewinns im zu Ende gehenden Jahr.«

Suffeten und Ratsherren sowie die anwesenden Mitglieder des Gerichts der Hundertvier berieten, aber vergebens. Die neugewählten Suffeten schlugen ein unerhörtes Gesetz vor, brachen mit Überlieferungen und Gebräuchen – aber die Gesetze der Stadt gaben ihnen die Möglichkeit, dies zu tun.

Die Abstimmung zog sich lange hin. Nicht, weil es Zweifel am Ergebnis gegeben hätte, das ebenso eindeutig war wie die Suffetenwahl, sondern weil immer wieder Ratsherren und Richter in die Menge liefen, redeten, fuchtelten, beschworen. Fast eine Stunde verging, bis Hannibal und Bonqart das zweite Gesetz zur Abstimmung brachten – ein Gesetz, das einem Umsturz gleichkam.

Hannibals kühle Stimme erörterte das Vorhaben, als ob es um eine Alltäglichkeit ginge.

»Aus den reichsten und ältesten Häusern der Stadt werden die dreihundert Herren des Rats gewählt. Dreißig von ihnen bilden den Rat der Ältesten. Aus denen, die nicht zu den Großen Dreihundert gehören, aber ihnen nahekommen, bestimmt der Rat die Hundertvier – die Richter, die unsere Gesetze wahren. Rat und Hundertvier bestimmen die Zusammensetzung der fünfköpfigen Ausschüsse, die über wichtige Einzelfragen entscheiden, die Zollerhebung beaufsichtigen, für Ruhe in der Stadt sorgen und so weiter. Es mag ehrbare Männer unter ihnen geben« – gewaltiges Gelächter –, »aber daß Reiche auf Lebenszeit für hohe Ämter bestimmt werden und andere Reiche nach dem Tod der alten Amtsträger ihre Nachfolger werden, erscheint Bonqart und mir... nun ja, unklug. Die Reichen und Weisen haben Qart Hadasht lange und geschickt geleitet; sie haben bisweilen Fehler gemacht, wie jeder Mensch. Aber die Stadt und das Land bestehen nicht nur aus Reichen und Weisen. Wir schlagen daher vor, daß ihr, die Bürger von Qart Hadasht, in den Stadtteilen, in den Zünften, in den Gilden, in den Arbeitsausschüssen tausend rechtschaffene, ehrliche Männer bestimmt, die lesen und schreiben können und die Gesetze achten und kennen. Diese Tausend stellen sich am Tag nach der Übernahme der Ämter durch die neuen Suffeten euch, der Volksversammlung, zur Wahl. Aus diesen Tausend werden die Hundertvier Richter gewählt – jedes Jahr neu, nicht auf Lebenszeit. Sie erhalten während ihrer Amtszeit eine Bezahlung von der Stadt, damit sie weder von anderen Geld annehmen noch hungern müssen. Nach einem Jahr treten sie ab; andere werden gewählt. Niemand kann zweimal gewählt werden. Die Amtszeit der bisherigen Hundertvier endet, wenn ihr zustimmt, am Tag des Amtsantritts der neuen Suffeten.«

Es war ein heißer Frühherbst, aber nicht die Sonne ließ die ganze Stadt brodeln, bis zum Beginn des neuen Jahres und lange danach. Die wüsten Kriege des Friedens begannen. Wenige Tage nach Übernahme der Ämter legten die neuen Suffeten dem Rat und den neuen Richtern Stapel und Berge von Beweisen gegen bestechliche Zöllner, Zollaufseher, Männer der Zollverwesung, Mitglieder verschiedener Pentarchien und Mitglieds des hohen Rats von Qart Hadasht vor. Die Vermögensabgabe brachte fast dreitausend Talente ein, ohne jemandem Schaden oder Schmerzen zuzufügen. Die Suffeten beauftragten einen erfahrenen Unterführer aus dem Römischen Krieg, Adherbal, mit der Aufstellung einer Grenztruppe von sechstausend Mann zu Fuß und tausend Reitern, verstärkten und säuberten die Wachtruppen der Stadt, forderten die Zünfte auf, in den Stadtvierteln Bürgerwachen zu bilden. Mit den zehn Trieren und ausgewählten Mannschaften unternahm Bonqart einen schnellen Vorstoß gegen die Seeräuber der Syrte; Besatzungen wurden in die punischen Städte und Handelsplätze zwischen Takape und Philainon gelegt.

Plötzlich kamen wieder Karawanen an; innerhalb von zwei Monden verdreifachte sich das Aufkommen aus Land- und Hafenzöllen. Masinissa schickte Gesandte. Die neuen Richter verhängten harte Strafen gegen bestechliche Amtsträger; Vermögen wurden beschlagnahmt. Der Seehandel kam wieder in Schwung; in der uralten Stadt, die immer noch über die klügsten Kaufleute und besten Handwerker der Oikumene verfügte und deren fruchtbares Hinterland wieder Überschüsse zu liefern begann, kam der verschüttete, verödete, mißbrauchte, vergessene Reichtum wieder zum Vorschein, und er war ungeheuer. Antigonos schätzte, daß beim Ablauf der Amtszeit von Hannibal und Bonqart die Stadt imstande sein würde, die restlichen achttausendachthundert Talente Silber an Rom auf einen Schlag zu zahlen. Rom, ein bis an die Zähne bewaffneter, ansonsten zerrütteter Staat von Hungerleidern, das immer weiter zerbröckelnde Makedonien, die hellenischen Städte und Staaten wie Pergamon, das reiche, von Unruhen erschütterte Ägypten, sogar der immer weiter in die Ägäis vordringende Seleukide Antiochos blickten nach Qart Hadasht, schickten Botschafter und weiteten den Handel aus. Vor siebzig Jahren war die Stadt Herrin des Meers und stärkste Macht der westlichen Oikumene gewesen; trotz der Kriege, Zusammenbrüche, Verkleinerung und Beschneidung war sie nun wieder die wichtigste und stärkste Wirtschaftsmacht.

Hannibal, nun auch im Frieden das Staunen der Welt, hatte dieses und ein anderes neues Leben gezeugt: Elissa war schwanger. Aber die Wunder, die sich innerhalb weniger Monde vollzogen, forderten ihren Preis an Ruhe. Hannibal und Bonqart zertrümmerten mit Hilfe der Volksversammlung und der neuen Richter den zähen Widerstand der Reichen und des Rats, und sie hatten durchgesetzt, daß auch Suffeten nur einmal für ein Jahr gewählt werden konnten. Es würde keine Wiederwahl geben; alles, was sie zu tun beabsichtigten, mußten sie in diesem einen Jahr durchpeitschen. Der Palast in der Megara wimmelte zu jeder Tages- und Nachtzeit von Boten, Botschaftern, Mitarbeitern, Amtsträgern, Bittstellern... Qart Hadasht brodelte und blühte, während Rom litt, Iberien den nächsten Aufruhr begann, die norditalischen Kelten den Krieg fortsetzten, in Oberägypten ein Aufstand gegen den jungen Ptolemaios losbrach und Antiochos den Hellespont überschritt, um auch im Westen das Reich des Alexandros wieder zu errichten.

Antigonos besuchte Elissa am Vorabend ihrer Abreise; sie wollte Hannibals Kind auf Hannibals Gut in der Byssatis gebären, nicht im Trubel und Taumel von Qart Hadasht.

»Die alten Wölfe fletschen die Zähne«, sagte sie. »Ich fürchte, irgendwann wird ihre Stunde kommen. Tiggo, ich habe Angst. Alles geht zu schnell, zu gut, zu wunderbar. Und dies.« Sie legte die Hand auf den Bauch, wo sich die Wölbung zu zeigen begann.

»Ich will versuchen, auf ihn aufzupassen.«

Sie nickte langsam. »Wenn es dir gelingt.«

Aber es kam nicht die Stunde der Wölfe. Es kamen zwei Briefe aus Rom, mit einem schnellen Boot – sie kamen einen Tag vor dem großen römischen Kriegsschiff mit den Gesandten. Ein Brief stammte von Sosylos dem Verräter, der nach der letzten Schlacht zu Scipio gegangen war. Der andere Brief kam von Torquatus, dem römischen Schreiber, der sich der guten Behandlung erinnerte. Beide waren an Antigonos gerichtet; Briefe an den Suffeten Hannibal hätten Rom nicht mehr verlassen können. Beide bezichtigten Publius Cornelius Scipio eines ehrenhaften Verbrechens, für das ihm, dem Sieger von Naraggara und *princeps* des römischen Senats, ewiger Ruhm gebührt. Er hatte beide zu sich kommen lassen, sich wie nebenbei nach Hannibals Gesundheit erkundigt, von der sie weniger wußten als er, dunkle Reden über ein mietbares Kurierboot in Ostia gehalten und wie im Selbstgespräch über Hasdrubal den Bock geplaudert, der mit Klagen gegen den Suffeten nach Rom gekommen sei – Hannibal plane, Karthago mit Antiochos zu verbünden und gegen Rom Krieg zu führen. Er wisse natürlich, murmelte Scipio dann, daß all dies Unsinn sei, und er habe sich dem Senat widersetzt, aber gegen seinen Willen sei nun beschlossen worden, von Karthago die Auslieferung des Suffeten Hannibal und seines Freundes und Bankherren Antigonos zu fordern.

Einen Tag nach dem Boot kam das Kriegsschiff der römischen Wölfin, und es begann die Zeit Hasdrubals: die Stunde des Bocks.

ELISSA, TOCHTER DES BUDUN, GATTIN HANNIBALS,
AN ANTIGONOS SOHN DES ARISTEIDES,
HERR DER SANDBANK

Hüter der Schätze, Schirmherr der Blitze, Freund aller Freunde – o
Tiggo. Hannibal schreibt mir, alles stehe zum Besten. Das Land hier ist
ruhig und glücklich; man singt bei der Arbeit. Ich weiß, daß Hannibal
und Bonqart mit den Zünften und der Volksversammlung Wunder vollbracht haben, daß die neuen Gesetze nur von einer Volksversammlung
aufgehoben werden können, daß selbst ein Suffet namens Hasdrubal der
Bock den befreiten Strom nicht wieder stauen kann. Das Land ist lieb-
lich, Daniel erheitert mich durch boshaftes Geschwätz; er sagt, ich solle
den blöden alten Trottel von hellenischem Metöken grüßen – wen kann
er nur meinen?

Aber wie das Kind in meinem Leib wächst, wuchern die schlimmen
Träume. O Tiggo, Träume von Blut und Untergang. Nicht jede Nacht,
aber zu oft, allzu oft. Kannst du, der du so weit gereist bist und so lange in
so vielen Ländern und Zeiten gelebt hast, solche Träume deuten? Ein
Schiff, am Land verankert, das sich mit Blut füllt und doch nicht sinkt;
ein Turm, der in der Wüste aufragt und immer näher kommt, und jedesmal wenn ich sehen kann, daß er aus gräßlichen Schlangen besteht, erwache ich schreiend; ein Löwe aus alles durchdringendem Feuer; eine him-
melhohe Wasserwand, die alle rettenden Treppen und Leitern fortreißt.
Angst, Tiggo; ich habe Angst und sollte doch jubeln über die Wunder im
Land und in meinem Leib.

Drei Monde noch, und abgesehen von den Träumen gibt es keine
Beschwerden. Wirst du kommen, Tiggo, wenn das Kind da ist? Sohn
oder Tochter, gleichviel, deine Hand sollte auf dem Haupt des Kindes
ruhen, wie sie auf dem Hannibals geruht hat. Ich weiß, was du Kshyqti
versprochen hast, und ich weiß auch, daß ich nicht würdig bin, Kshyqtis
Schmuck zu tragen, den Hannibal mir schenkte. Aber ich liebe dich und
danke dir für die Jahre der Freundschaft, die du ihm und den anderen
geschenkt hast, und ich bitte dich, auch dieses künftige Kind zu lieben
und zu hüten.

Schreib mir, ob du kommen wirst. Und ob du die Träume lesen
kannst. Und hüte ihn. Elissa.

EPILOG

Zehn Tage habe ich kein Wort geschrieben, zehn Tage die Kreterin kein Wort schreiben lassen. Zehn Tage des Sinnens, zehn Abende des Trinkens, zehn Nächte des Trauerns. Bomilkar hat mir an den Tagen und Abenden geholfen, Korinna in den Nächten. Seltsam, daß etwas längst als verloren Betrauertes und Hingenommenes, im Gedächtnis vergraben, neu hervortreten und als Geier an der Leber zerren und kauen kann; daß Totes aufersteht, beschworen durch tote Gegenstände.

Bomilkar hat sie mir gebracht; ich segne, preise, tadle und verfluche ihn. Sie müssen einen seltsamen Weg gegangen sein, die beiden Dinge. Ein Sklave barg sie bei Hannibals Tod und versteckte sie vor den Römern und vor König Prusias; in den Wirren des Kriegs zwischen Prusias' Sohn, verbündet mit Pergamon und Kappadokien, gegen Pharnakes von Pontos gelang es Hannibals letztem Diener, Brief und Schwert von Libyssa nach Kalchedon und Byzantion zu bringen und von dort nach Pella, wo er sie einem Händler übergab, der mich kennt und alles aufbewahrte, da er nicht wußte, wo ich mich aufhielt. In Pella starb der Sklave. Und nun, zwei Jahre nach Hannibals Tod, brachte Bomilkar alles her.

Antigonos Karchedonios, früher Herr der Sandbank zu Karchedon.
O Tiggo, dies in Eile. Die Flasche habe ich vom Hals genommen; bald werde ich Elissa zum letzten Mal küssen. Ich weiß nicht, worauf die Knechte des Prusias und die Begleiter des Römers warten. Titus Quinctius Flamininus hat in Nikomedeia die Auslieferung eines Greises verlangt.
Sieben Ausgänge unter der Erde, zum Meer und zu den Bergen, und in allen glimmen Fackeln. Ich will der großen Besorgnis der Römer ein Ende machen, da sie es nicht erwarten können, einen alten Mann in Ruhe sterben zu sehen.
O Tiggo, der lange Tag endet, und es beginnt die Nacht, aus der niemand wiederkehrt. Wenn ich das Leben in Stunden eines Tages teile, warst du zu allen Stunden bei mir. Es war ein guter Tag, und er war nicht vergeudet. Nur Kleinmütige beklagen, was nicht erreicht werden konnte.

Ich kann dir niemals danken. Das Schwert gib einem, der es führen kann. Ich umarme dich.

Nur die unvollständige Anschrift war auf Hellenisch, der Rest auf Punisch.

Lange, lange habe ich den einsamen Mond betrachtet, der in den vergangenen Nächten zunahm. Das Meer glitzert und lockt; Salz dringt in die Gemächer. Heute habe ich alles bereinigt, alles verfügt, alles Unklare geklärt. Aristophanes von Byzantion, Herr der großen Bibliothek, hat die beschriebenen Rollen entgegengenommen und wird sie, nachdem zwei Abschriften gefertigt sind, in die Abteilung Karchedon legen. Korinna wird, wenn die letzte Rolle beschrieben ist, einhundert Talente erhalten und frei sein. Das Haus, die Geschäfte, die Lager, die Schiffe, die Häuser in anderen Städten hinterlasse ich Memnons Söhnen, die in den beiden vergangenen Jahren liebenswerte und vorzügliche Enkel waren – Väter meiner Urenkel, deren ältester bereits dreizehn Jahre zählt. Fünfhundert Silbertalente in Goldmünzen und Silberbarren werden Bomilkar und mich auf der langen Reise begleiten, uns beide und die gute letzte Mannschaft der letzten *Schwinge des Westwinds*. Den Nil hinauf ins elende Kusch, von dort mit Eselmännern durch die westliche Wüste und über die Berge. Ariston erwartet uns unter den südlichen Sternen, im dampfenden Dschungel. Sein Reich, mit dem anderen Schwert erkämpft, dem letzten, berührt den südlichen Okeanos. Es wird noch einmal einen Hafen geben, ein Haus und Wein am Gestade, Salz und Wogen. Dann die Nacht.

Dieses lange Werk jedoch wird ohne rechten Abschluß bleiben. Die Bruchstücke aus vielen Jahren, begonnene Aufzeichnungen, aufbewahrte Briefe, all dies habe ich mit Korinnas Hilfe und Spott ausgebessert und zusammengefügt. Es ist darin zuviel die Rede von einer unwichtigen Person namens Antigonos, einem eitlen Händler und Bankherrn, dessen Lüste und Leiden für niemanden von Belang sind. Zu wenig von Hamilkar dem Blitz und Hasdrubal dem Schönen; viel zu wenig von Hannibal.

Was ich am Anfang erwog, die Schilderung meiner Jugend zu ergänzen, ist müßig und überflüssig. Es sind Erlebnisse aus einer anderen Zeit, und sie wurden erlebt von einem jungen Mann, den ich längst nicht mehr kenne.

Der Brief, das Schwert, die beim Schreiben erwachten Erinnerungen an das Glück des neuerweckten Qart Hadasht, an den größten aller Suffeten, an die kostbare Elissa und an das Grauen der Stunde des Bocks: Zusammen lähmen sie Zunge und Feder. Die Vorgänge von dort bis zu Hannibals Ende gründlich zu schildern würde abermals hundert Rollen Papyros erfordern, viele Tage und mehr Kraft, als ich nach dieser Erschütterung und Lähmung noch besitze. Zwölf Jahre lagen zwischen dem Ende des Ersten Römischen Kriegs und Hamilkars Tod, zwölf Jahre zwischen der Erstürmung von Zakantha und dem Tod Hasdrubals in der Schlacht am Metaurus; abermals zwölf Jahre, in denen nicht weniger geschah, zwischen Hannibals Flucht aus Qart Hadasht und seinem Tod in Libyssa. Noch einmal zwölf Jahre der Pläne eines großen Mannes – großer, durchführbarer Pläne, die an der eitlen Winzigkeit der Könige Antiochos und Prusias scheiterten; zwölf Jahre des Kampfs gegen die Barbaren und ihre konsularischen und senatorischen Führer, Räuberhauptleute. Im Land der Galater, ein Jahr nach der großen Schlacht am Berge Sipylos, schanden sie die Männer, schändeten sie Frauen, schächteten Kinder und Greise; sie ließen ein Fünftel der Menschen leben, und diese vierzigtausend wurden versklavt; die alten Königsstädte, die die galatischen Kelten nicht angetastet hatten, die Paläste von Kroisos und Kyros, die Tempel von tausend Göttern, wurden zertrümmert und geplündert, wie im gleichen Jahr das alte ehrwürdige ionische Ambrakia. Und ich besitze nicht einmal eine Abschrift von Hannibals Brief hierüber, den er mir zeigte, ehe er ihn an Roms Bundesgenossen, die Rhodier schickte. Es war ein Brief von großartigem Hohn und Trotz; er tadelte die Rhodier ob ihrer mangelnden Folgerichtigkeit und riet ihnen, wenn sie denn die Oikumene und sich selbst zugrunderichten wollten, doch statt des Bündnisses mit den mordenden Söhnen der räudigen Wölfin einen Vertrag zu schließen mit allen Skorpionen, Schakalen, Zitterrochen und Muränen, den feuerspeienden Bergen und dem Erdbeben, der Springflut und dem Hagel über der Ernte und allem, was im Kosmos Barbarei und Niedertracht verkörpern mag.

Wäre ich nicht der alte Händler, sondern ein feinsinniger Schreiber, so erfände ich diesen Brief neu, schriebe ihn nieder als Schlüssel und Verschlüsselung von Hannibals Leben, etwa so, wie Sosylos Hannibals Rede an die libyschen Hopliten schrieb, die in einer befreundeten italischen Stadt einen Laden geplündert hatten. Sosylos schrieb nämlich etwa dies: »O ihr kühnen Recken, wagemutigen Kämpfer, ihr Tapfersten der Tapferen, unbezwingliche Sieger über die Legionen – bedenket und erwäget doch, daß wir in diesem hohen Kampfe der Freunde bedürfen, die uns ihre Städte öffnen und ihre Speicher, daß wir unseren Hunger stillen mögen. Edle Helden danken für solche Freundlichkeit durch höfliche und gesittete Zurückhaltung. Als euer Feldherr ermahne und befehle ich euch hiermit, hinfort derlei zu unterlassen.« Hannibal hatte die vier Kämpfer tatsächlich angewiesen, sofort alles Plündergut zurückzugeben, den Laden wieder aufzubauen und den Schaden aus ihrem Sold zu ersetzen; dann sagte er, an die vier Hopliten und alle anderen Umstehenden gewandt: »Den nächsten von euch Rattenärschen, der seine Finger nicht bei sich behalten kann, werde ich eigenhändig auspeitschen und aufhängen.«

Nichts davon. Überhaupt nichts mehr. Zwölf Jahre, vom zweiundfünfzigsten zum vierundsechzigsten Jahr seines Lebens. Was Hannibal in dieser Zeit plante und ausführte, würde einem minderen Mann zur Unsterblichkeit gereichen; in der Geschichte, die bald nur noch römische Schreiber für die ganze Oikumene verfassen werden, aus ihrer Sicht und mit ihren scheußlichen Gerätschaften, wird all dies verblassen neben dem, was er vorher tat. Aber der Herr der großen Bibliothek, Aristophanes von Byzantion, drängt mich, zumindest eine kurze Zusammenfassung zu versuchen, da mein Werk sonst allzu unvollständig wäre.

Ich werde schnell sprechen; Korinna und Bomilkar werden einander schreibend abwechseln. Viel Wein, der das Erinnern erschließt und zugleich die Schmerzen des Erinnerns dämpft. In zwei Nächten rundet sich der Mond; der Tag nach dem Vollmond ist, sagt man, der förderlichste aller Reisetage.

Es begann die Stunde des Bocks. Hasdrubal kehrte an Bord der römischen Pentere heim; von Lilybaion aus folgten dem einen Schiff zwanzig weitere, die Botschaft des Senats zu verdeutlichen. Aber da war die *Schwinge des Westwinds* bereits ausgelaufen. Ich hatte die Briefe des Verräters Sosylos und des Römers Torquatus vormittags in der Sandbank erhalten. Innerhalb von drei Stunden brachten wir alles zuwege. Bomilkar bereitete den Aufbruch vor und ließ an Bord schaffen, was mir teuer war – Buchrollen, Erinnerungsstücke, Memnons schartiges Schwert. Und Münzen. Bostar und ich setzten einen Vertrag auf, demzufolge die Sandbank und alle auf punischem Boden befindlichen Güter der Bank und ihrer Unternehmen ihm gehörten. Er wolle, sagte er, die nächste Zeit betrachten und dann versuchen, alles nach und nach zu verkaufen, um sich ebenfalls in ein anderes Land zu begeben. Aber die Herren des Rats und die Musen des Zufalls und der Geschichte wollten es nicht so.

Hannibal und Bonqart hielten sich im Ratsgebäude auf. Sie begriffen sofort. Ohne große Vorkehrungen übergaben sie die Führung der Amtsgeschäfte zwei Männern der Hundertvier. Bonqarts Frau und seine Kinder befanden sich in Sikka; er sollte nicht ausgeliefert werden, wußte jedoch, was mit ihm geschehen würde, sobald Hasdrubal der Bock und seine Leute, gestützt auf römische Schwerter, mit dem großen Aufräumen begönnen. Gegen Mittag verließ er Qart Hadasht zu Pferde; er erreichte Sikka einige Tage später und begab sich mit Frau, Kindern und dem beweglichen Vermögen zu Masinissa, der ihn ehrenhaft aufnahm.

Hannibal ritt über die »Zunge« nach Südosten. Ich beschwor ihn, mit mir an Bord der *Schwinge* zu gehen und in Thapsos Vertraute an Land, zu Elissa, zu schicken, aber er hegte Befürchtungen und meinte, zu Pferd, mit häufigen Pferdewechseln, werde er schneller in der Byssatis ankommen.

Er hatte recht; dennoch kam er zu spät. Hasdrubal der Bock bediente sich der von Hannibal eingerichteten Signalfeuer, um von Qart Hadasht aus die Büttel der Städte Thapsos, Acholla und Qartudun zu Hannibals Gut zu senden. Nicht die Besatzungen der jeweiligen Festung, die dem ehemaligen Strategen ergeben waren.

Die Büttel, bewaffnet und geführt von einem Punier namens Mutumbal, kamen in der Nacht. Bis Hannibal sein Gut erreichte, war alles längst vorüber, die Büttel fort, das Gut geplündert und niedergebrannt, sechshundert alte Kämpfer, Frauen, Kinder und Greise abgeschlachtet. Daniel wurde an den Füßen aufgehängt; dann schlitzte man ihm den Bauch auf und ließ ihn sterben. Elissa ... Ich hoffe, daß es in dieser Reihenfolge geschah und schnell ging. Elissa, Mandeln und Kinnamon und der Nachtwind im Seidensegel; Elissa wurde geköpft, aus ihrem Bauch schnitt man das Kind heraus, einen Jungen, nicht ganz einen Mond vor der Geburt, und zerstückelte ihn.

Hannibal kam zur *Schwinge,* einige Meilen vor dem Hafen von Thapsos, mit einem kleinen Boot. Er kam mit fünf alten libyschen Hopliten. Er kam mit versteinertem Inneren. Und er kam mit einem Faß; es war mit Nägeln ausgeschlagen; zwischen ihren Spitzen schrie und wimmerte Mutumbal, Anführer der Büttel. Auf halber Strecke zwischen Thapsos und Qerqenna begegneten wir großen Raubfischen. Zwei Stunden nach Sonnenaufgang banden wir ein Lederseil um Mutumbals Brust und ließen ihn über Bord. Wir zogen ihn immer wieder aus dem Wasser, aber er wurde vermindert. Sein Tod kam zu sanft und zu schnell; am frühen Nachmittag gaben wir den Raubfischen den winselnden Rest.

Im Hafen von Qerqenna lagen Händler. Und ein punisches Wachschiff, dessen Kapitän bereits wußte, daß Hannibal gesucht wurde. Der ehemalige Stratege, ehemalige Suffet ging an Bord des Wachschiffs, mit einigen Amphoren besten syrischen Weins, und lud den Kapitän und die Händler zu einem Trunk. Die Sonne brannte; man nahm die Segel ab und errichtete ein Sonnendach auf dem Achterdeck des Seglers. Kurz vor Sonnenuntergang erhob Hannibal sich, um weitere Amphoren zu holen; als er an Bord der *Schwinge* kam, gab ich den Befehl zum Auslaufen. Bis die Händler und das Wachschiff die abgenommenen Segel wieder setzen konnten, umgab uns die Nacht.

Rom vergaß mich; der Bankherr Antigonos aus Karthago war zum Händler Antigonos irgendwo im Osten der Oikumene geworden, und da er keine punischen Heere mehr besoldete, verlor er jede Bedeutung; es ist daher ziemlich, ihn auch aus dieser Zusammenfassung verschwinden zu lassen.

Hannibal begab sich nach Ephesos, wo Antiochos der Große Hof und Stab versammelt hatte und alle weiteren großen Pläne beriet, vorbereitete, aufgab, änderte. Zuvor hatte der Punier sich in Tyros aufgehalten, der Mutter von Qart Hadasht; die Phöniker ehrten ihn als den größten Sohn ihres Volkes, feierten ihn wie einen König, gaben ihm all die Ehre, die Qart Hadasht ihm verweigert hatte. Und sie langweilten ihn zu Tode.

Antiochos blickte nach Hellas, auf das Trümmerfeld einander bekriegender Kleinstaaten und herabgesunkener Randstädte wie Sparta und Athen. Zwei Jahre zuvor hatten Roms Legionen unter Quinctius Flamininus bei Kynoskephalai die makedonische Phalanx zertrümmert und Philippos zum Frieden gezwungen, gegen Zahlung von tausend Talenten in Silber und Auslieferung der makedonischen Flotte. In Asien gab es neben zahlreichen Kleinstaaten, deren die meisten halb oder ganz dem Seleukiden unterstanden, nur noch Bithynien, Pergamon und das kleine, aber kampfstarke und durch eine große Flotte geschützte Rhodos. Ein Versuch des Antiochos, Kypros zu nehmen, war im Vorjahr gescheitert; nach seinem Übergang über den Hellespont nach Thrakien hatten sich die Spannungen zwischen Rom und dem Seleukiden verschärft.

Antiochos nahm den größten aller Strategen mit Ehren auf; für Rom gab es neuen Grund zu Entsetzen und Besorgnis. Aufgrund inhaltloser Gerüchte hatte die größte Kriegsmacht der westlichen Oikumene die Auslieferung des Suffeten verlangt, der angeblich mit Antiochos im Einvernehmen gegen Rom stehe; so wurde Hannibal an den Hof des Herrschers der größten Kriegsmacht der östlichen Oikumene getrieben und beriet ihn bei seinen gegen Rom gerichteten Plänen. Der Verdacht bewirkte den Verdachtsgrund.

Antiochos der Große – zu klein für den Namen, viel zu klein für das Reich und die Möglichkeiten. Zwei Jahre vor der Ermordung Hasdrubals des Schönen begann seine Herrschaft; vier Jahre vor Hannibals Tod, ein Jahr nach dem Ende des Kriegs gegen die Römer wurde er bei der Plünderung eines Baal-Tempels in Susa erschlagen; fürwahr ein königlicher und angemessener Schluß. Als Hannibal zu ihm nach Ephesos kam, herrschte Antiochos, ohne zu beherrschen, über zahllose Menschen und Länder, vom Hellespont zum Arabischen Meer, vom Land der Juden bis zur Grenze Indiens: Satrapien, deren Treue zum König jederzeit zweifelhaft sein mußte. Der Reichtum des Reichs kam den Menschen weit mehr zugute als im lagidischen Ägypten, wo alles Gold nur dem König nützte; dennoch blieb für Antiochos zu viel zu vergeuden übrig. Seine unermeßlichen Kriegsmannschaften vergeudete er in sinnlosen Kriegen um Palmdörfer und ausgetrocknete Brunnen; sein Gold nutzte er nicht, die Klingen der Schwerter zu schärfen, sondern die Helme seiner Reiter zu verzieren; im einzigen sinnvollen Krieg, den er führte, vergeudete er schließlich den Rat, die Pläne und den Beistand des Mannes, der für ihn alles hätte gewinnen können.

Drei Jahre lang, in Ephesos und anderen Städten und Festungen des riesigen Reichs, riet Hannibal zuerst vom Krieg gegen Rom ab, dann zu bestimmten Formen der Kriegsführung, da der König auf dem Waffengang bestand. Antiochos war kurzsichtig; er wollte das Reich des Alexandros erneuern und Hellas einigen, sah aber nicht, daß dieser Krieg in und gegen Italien geführt werden mußte. Er begriff ebensowenig wie die punischen Ratsherren, daß es mit Rom keinen begrenzten Streit geben konnte.

Zur Vorbereitung des großen Feldzugs schloß Antiochos einen Verständigungsfrieden mit Ägypten und vermählte seine Tochter Kleopatra mit dem fünften Ptolemaios. Ein Jahr nach Hannibals Flucht aus Qart Hadasht setzten die Truppen des großen Königs abermals über den Hellespont und eroberten Thrakien – die Römer hatten sich im vergangenen

Herbst aus Hellas zurückgezogen. Gesandte des Seleukiden reisten nach Rom, wo sie dem Senat die Pläne des Antiochos erläuterten: Einigung der Hellenen ohne Bedrohung Roms. Der Senat erklärte, was in Hellas geschehe, sei eine römische Angelegenheit, nicht eine seleukidische.

Etwa zu dieser Zeit sandte Hannibal den Tyrer Harashty, von den Hellenen Ariston genannt, mit Botschaften nach Qart Hadasht; Hasdrubal der Bock erfuhr davon. Harashty entging der Verhaftung und konnte fliehen. Durch ihn erfuhren wir immerhin Näheres über die Lage der Bank und des barkidischen Vermögens. Alles war eingezogen, beschlagnahmt, unter die Verwaltung des Rats gestellt. Sie hatten den Palast in der Megara ebenso niedergebrannt wie das Gut in der Byssatis; die Geschäfte der Bank sollten zugunsten der Stadt zu Ende abgewickelt werden. Danach würde man die Bank auflösen. Den alten Bostar hatten sie gezwungen, ihre schmierige Arbeit zu erledigen; er stand unter scharfer Aufsicht, und es dauerte noch zwei Jahre, bis er erstmals selbst Botschaften an mich schicken konnte.

Aber der Fehlschlag von Harashtys Reise bekümmerte Hannibal nicht besonders; Qart Hadasht würde mit seiner gewaltigen Wirtschaftskraft auf die Seite der Seleukiden treten, wenn Rom erst wirklich taumelte.

Und dies war sein großer, neuer, einleuchtender Plan: Antiochos der Große, Befreier und Einiger aller Hellenen, sollte in Hellas landen und Verteidigungsstellungen gegen einen römischen Angriff beziehen und ausbauen. Hannibal und von ihm beauftragte Botschafter würden das übrige tun. Das Ackerland Süditaliens, verwüstet und entvölkert, lag brach oder wurde mit Sklaven bewirtschaftet; der Sklavenaufstand in Etrurien war noch immer nicht völlig niedergeschlagen, Aufstände in Apulien mußten bald ausbrechen und ließen sich schüren. Die von Hellenen begründeten und bewohnten Städte Italiens und Siziliens stöhnten und murrten über die römischen Unterdrücker. Der Keltenkrieg am Fuß der Alpen dauerte an; die Illyrer träumten vom Wiedergewinn der Freiheit. Kleinere Aufstände in Iberien konnten vom richtigen Mann mit den richtigen Mitteln zum großen Krieg angefacht werden. Rom herrschte nur mit dem Schwert, aber die Legionen waren verhaßte Besatzungstruppen sogar im unmittelbaren Umfeld der Stadt: Die Risse im latinischen Bündnis hatten sich seit dem Ende des Kriegs gegen Hannibal noch vergrößert und vertieft.

Es war nicht nur Hannibals Meinung; alle Kundschafter und Reisenden bestätigten diese Einschätzung: Roms Lage war weit schlechter als zu dem Zeitpunkt, da Qart Hadasht den Strategen zum Schutz der Hauptstadt nach Libyen zurückrief. Kluge Gesandte mit genug Geld konnten in Iberien nicht nur den großen Aufstand bewirken, sondern zusätzlich Kämpfer anwerben, ebenso bei den Kelten, bei den Ligurern und in Illyrien. Die seleukidische Flotte zur Verschiffung der Söldner und als Flankenschutz, zehntausend seleukidische Fußkämpfer, tausend Reiter, ein paar Elefanten und zweitausend Talente zur Anwerbung oder Beschwichtigung der Italioten, dazu gesicherte Abwehrstellungen in Hellas, die einen schnellen römischen Gegenstoß vereiteln würden, und das aufgeblähte Kriegsungeheuer Rom würde zerbrechen, platzen, zusammenstürzen. Es konnte sich ja nur behaupten, weil alle Feinde einzeln zu schwach waren, und zu den Feinden zählten inzwischen sogar die Latiner und Etrusker.

Ein großer Plan, ein kühner und dabei einfacher Entwurf. Nichts von alledem war unerreichbar oder unerschwinglich; ohne Zuziehung von Kämpfern aus den östlichen Reichsteilen, ohne Aushebung neuer Truppen verfügte Antiochos über mehr als hunderttausend Mann seines stehenden Heers; er besaß mehr als genug Geld, um Hannibals Vorschläge zu bezahlen. Aber er besaß weder die nötige Klarheit des Blicks noch die nötige Größe des Geistes.

Und er hatte schlechte Ratgeber. Den unfähigen Strategen Thoas, der ihm half, den Krieg schnell zu verlieren; einen in der Kriegskunst unsäglich bewanderten Philosophen namens Phormion; einen weiteren Redner, dessen Name nicht verzeichnet ist. Dieser verkündete einst zum Beifall des Hofstaats, nur ein Weltweiser könne auch ein wahrer Feldherr sein. Hannibal lachte und sagte, Feldherr werde man nicht durch die Betrachtung der Wolken und das Beschreiben von Papyros, sondern im Feld. Phormion hielt einen stundenlangen Vortrag über die Kriegskunst, der allein ob seiner Unverständlichkeit und Länge alle ungeheuer beeindruckte. Jemand fragte den Punier anschließend, was er dazu zu sagen habe. Hannibal hatte das zu sagen: »Ich bin in meinem Leben schon vielen eitlen Schwätzern begegnet, aber dieser hier übertrifft sie alle.«

Nach vielem Zaudern und Schwanken beschloß Antiochos, den Plan seines großen Strategen Thoas auszuführen und Hannibal lediglich als Begleiter mitzunehmen. Das Heer setzte nach Hellas über und erstürmte klangvolle Namen ohne Bedeutung, statt haltbare Stellungen zu sichern. Im Winter machte Antiochos sich bei den Hellenen durch Anmaßung und Prunksucht zusätzlich unbeliebt. Im Frühjahr kam der römische Gegenstoß.

Da Hannibal bei Antiochos weilte, hatte der Senat angenommen, der Seleukide werde diesem die Kriegführung überlassen. Wer seine schärfste Waffe nicht nutzt, nicht nutzen will, sollte keinen Krieg beginnen. Rom, in klarer Erkenntnis der eigenen Schwäche und der ungeheuren Möglichkeiten des großen Königs, vor allem aber entsetzt darüber, abermals gegen Hannibal kämpfen zu müssen, dem diesmal weit mehr und bessere Mittel zur Verfügung stünden, dies arme entsetzte raubgierige Rom hatte mit dem sofortigen Angriff auf Italien gerechnet und Bollwerke errichtet. Aber der Angriff kam nicht; Acilius Glabro setzte mit den freigewordenen Legionen nach Illyrien über, zog nach Thessalien und vernichtete bei den Thermopylen das fast dreimal so große Heer des Antiochos. Hannibal beglückwünschte den Strategen Thoas nach der Niederlage. Er habe, sagte der Punier, in Anbetracht der Kräfte acht Möglichkeiten des Sieges und eine der Niederlage gesehen; in Anbetracht des Wetters und der Landschaft abermals nur eine mögliche Niederlage, aber elf leicht durchführbare Formen der Umfassung und des Sieges; es zeuge gewiß von hoher Kunstfertigkeit, daß es Thoas gelungen sei, die einzig denkbare Aufstellung der Truppen zu finden, die zum Verlust der Schlacht führen mußte.

Antiochos hielt den Krieg für beendet, da er sich ja aus Hellas zurückzog. Statt gegen das Nachsetzen der Römer zu rüsten oder nun endlich Hannibals Landung in Italien zu gestatten, ließ er sich auf Kleinkriege gegen Pergamon und Rhodos ein. Er machte Hannibal zum Nauarchen; der Meister des Landkriegs sollte eine Flotte gegen die stärkste Seemacht des Ostens führen, gegen Rhodos. Hannibal führte jedoch nicht allein; er befehligte einen Flügel der seleukidischen Flotte und gewann seinen Teil des Treffens. Der andere Flügel, unter Antiochos' Günstling Apollonios, zerbrach und zog den siegreichen Teil mit in den Untergang.

Ein Jahr nach der Schlacht in Thessalien marschierten die Römer unter Lucius Cornelius Scipio, beraten von seinem Bruder Publius, in Asien ein, wie Hannibal erwartet und vorhergesagt hatte. Am Berg Sipylos nahe der Stadt Magnesia sollte die Entscheidung fallen. Antiochos, der Thoas inzwischen mißtraute, war nicht bereit, seine Truppen dem Punier zu unterstellen; er selbst wollte den Ruhm und die Größe, und er wollte sie allein.

Am Tag vor der Schlacht, als die ungeheuren Truppenmassen vor ihrem Herrscher aufmarschierten, wies Antiochos sichtlich begeistert auf die Kataphrakten mit ihren goldenen Helmen und wehenden Büschen, auf die Fußkämpfer mit den goldverzierten Brustpanzern, auf die Unterführer mit ihren edelsteinbesetzten Schwertgriffen und sagte:

»Meinst du nicht, daß das für die Römer reichen wird?«

»Sie sind ungeheuer beutegierig«, sagte Hannibal, »aber das wird sogar ihnen reichen.«

Zwei Stunden nach Beginn der Schlacht ritt Hannibal fort; hinter ihm blieb das von fünf Legionen und ein paar tausend Mann pergamenischer Verbündeter vernichtete Riesenherr des Riesenreichs. Im Hafen Megiste erreichte ihn eine Botschaft des Königs. Einmal, immerhin, bewies Antiochos eine Art Größe. Er ließ seinen mißachteten, aber wenigstens geehrten Gast wissen, daß Rom seine Auslieferung verlangte.

Kurze Zeit verbrachte Hannibal in Gortyn auf Kreta, wo er sich gegen die Habgier der Kreter schützte, indem er sein Geld in beschädigten Gefäßen im Hof seines Hauses herumliegen ließ, während die Gortyner feine Amphoren bewachten, die er – mit Blei gefüllt – dem Tempel zur sicheren Aufbewahrung anvertraut hatte.

Ich besuchte ihn dort, in einem namenlosen Hafen, an einem traurigen Herbsttag. Es war ein Zufall, daß ich ihn noch antraf; sein Schiff, ein kleiner Schnellsegler, lag zum Auslaufen bereit. Schäbige Tonkrüge wurden an Bord gebracht; herumlungernde Kreter lachten darüber. Die Hafentaverne stank nach Knoblauchsud.

»Und jetzt?« sagte ich, als wir alles beredet hatten, was zu bereden war.

Er hob den Becher, zum vierten Mal gefüllt. »Die Welt ist eng geworden, Tiggo. Nun, da auch Publius Cornelius meint, es gebe nirgendwo Frieden, solange ich frei herumlaufe...«

»Wohin kannst du gehen? Qart Hadasht wird dich ausliefern; sie haben ja den Römern sogar ein paar Kriegsschiffe gestellt, gegen Antiochos. Iberien ist römisch, Makedonien liefert dich aus, Hellas ebenso. Ägypten? Ägypten wird dich ausliefern, sobald ein Römer es dort verlangt. Das Reich des Antiochos ist verschlossen. Nicht einmal nach Indien kannst du noch reisen; du müßtest ja durch seleukidische Gebiete, wo man dich sofort festnehmen wird.«

Er hob die Schultern. »Das Euxeinische Meer. Du weißt ja, ich brauche Wasser und Salz.«

»Ich weiß. Wie ich.«

Er klopfte auf den Griff des britannischen Schwerts. »Am Ende bleibt immer noch das. Besser das, als wie Syphax in einem römischen Keller verrecken.«

Er segelte nach Armenien, wo er dem König Artaxias, der auch Statthalter des Antiochos war, eine Stadt baute. Aber im folgenden Jahr schlossen Rom und Antiochos Frieden – der Seleukide lieferte seine Flotte aus und zahlte fünfzehntausend Talente. Außerdem verpflichtete er sich, Hannibal auszuliefern, wann immer der Punier wo auch immer seleukidischen Boden betrat. Hannibal mußte aus dem seleukidischen Armenien fliehen; die zu Byzantion, Makedonien oder anderen Romfreunden gehörigen Städte im Norden des Euxeinischen Meers versperrten ihm den Weg in die skythischen Steppen. Seleukidische Satrapien hinderten ihn daran, sich nach Osten zu wenden, nach Indien oder noch weiter. Im Süden ebenfalls seleukidische Provinzen, dazu Roms Bundesgenossen Kappadokien und Pergamon. Ihm blieb nur Bithynien, nur König Prusias, der ihn schließlich mit morschen Kähnen gegen Pergamons Flotte segeln ließ. Nach dem bestürzenden Sieg begab sich Hannibal ins Binnenland, prüfte die Grenzfestungen, lockte ein kleineres Heer des Pergameners Eumenes in einen Hinterhalt, rieb es auf. Die Pläne, die großen und immer noch und immer wieder kühnen, durchführbaren Pläne...

Aber Prusias wollte den Ruhm selbst; er setzte Hannibal als Heerführer ab, schenkte ihm ein feines Haus am Meer, in Libyssa, zwischen Nikomedeia und Kalchedon, und führte allein seine Truppen in die Niederlage. Dann kam Titus Quinctius Flamininus, und der größte Stratege, der aus dieser Umfassung keinen Ausweg mehr finden konnte, küßte zum letzten Mal Elissa.

O Aristophanes, da hast du dein Ende. Meinst du nicht auch, einer deiner Geschichtsschreiber hätte es besser gewoben, schöner gestriemt, erhebender geflochten, erhabener gekritzelt? Mit klirrenden Ansprachen, Herr der großen Bibliothek; mit befeuernden Schwertern, trompetenden Paukeneseln, auskeilenden Elefanten, äpfelnden Kataphrakten? Mit einem strahlenden Helden, der zwölf Jahre nach seiner Flucht aus Qart Hadasht die gläserne Geliebte umarmt, im löwenschwangeren Abend oder unter den Rosenfingern der Eos geflügelte Worte der wallenden Brust entsteigen lässet? Umschäumt von schnöden Königen, blökenden Römern, ödem Getöse?

Aber ich will nicht geifern oder hadern. Als ich achtzig Jahre alt wurde, vor langer Zeit, machte ich meinen Frieden mit den Göttern, die es nie gab. Memnons schartiges Schwert, in drei Teile zerbrochen, sandte ich zum Tempel des uralten Amun in die Oase. Nun kein Hader mehr mit dem besseren Teil des Kosmos, dem wirklichen; auch mit den Menschen will ich Frieden machen, den es nie geben wird. Das andere Schwert...

Die Sonne sinkt; der Vollmond kriecht bereits auf den Himmel wie ein schlechter Vergleich. Wir werden sie foppen, Bomilkar und die *Schwinge des Westwinds* und die Mannschaft und ich; alle werden wir foppen. Der Bote des Aristophanes von Byzantion wartet auf die letzte Rolle; er sagt, morgen werde es ein Fest in der Bibliothek geben, ein Abschiedsfest für Antigonos den Karchedonier. Die Söhne, Enkelinnen und Enkel von Memnon und der zu früh verstorbenen Qalaby wollen meiner harren am Hafen des Mareotis-Sees. Ah, Qalaby, wenn du noch dabei wärst.

Korinna wird die Lampen löschen und mit dem Boten der Bibliothek das Haus verlassen. Die Gefilde von Eleusis. Ihre hundert Talente, dreihundertsechzigtausend Drachmen nach ptolemaischer Rechnung, warten in der königlichen Bank; das Leben in Alexandreia ist teurer geworden, hörte ich. Man braucht nun eineinhalb Drachmen am Tag, um erträglich zu leben. Korinna, du wirst erträglich leben, aber weine nicht, sondern schreib.

Sie wird die Lampen löschen, wenn das letzte Wort geschrieben ist. Die Genehmigung, die in Ägypten für jeden Atemzug beantragt werden muß, die Erlaubnis, mit der *Schwinge* durch die Kanäle zum Nil und diesen aufwärts zu segeln bis zu den ersten Katarakten, auch diese ist erteilt. Die *Schwinge* liegt am Binnenhafen; es wird gutes Segeln sein, mit Nordwestwind, der das Tuch bläht, mit vollem Mond, der Land und Wasser mit milchigem Tränenreif überzieht. Und mit der schäbigen Freude eines alten Händlers, der überflüssigen Ehrungen und quälenden Abschieden entgeht.

Ylans Schwert, geschmiedet bei den Tanzenden Steinen, in Britannien: Hannibals Schwert, das ich einem geben soll, der es führen kann. Bomilkar und Korinna haben nach längeren Zweifeln zugestimmt und mir geholfen. Die fünf Teile des Schwerts werde ich in den Nil werfen; morgen.

Anhang

GLOSSAR

Zur Schreibweise einiger Namen: *Q*
(Qart, Qarthalo etc.) ist nicht als -*kw*- zu
lesen; es ist die lat. Standardumschrift für
den in der Kehle gebildeten k-Laut (etwa
das arab. *qaf*): »meist stimmloser uvu-
larer Plosiv«. Da karthagische Selbst-
bezeichnungen, in vielen Fällen sogar
Städtenamen unbekannt sind (das alte
sidonische Ityke/Utica ist nur in diesen
griech. bzw. lat. Formen verzeichnet),
bin ich, wo dies möglich war, auf griech.
Fremd- bzw. Lehnwörter ausgewichen
(z. B. »Agora«) oder habe griech. Na-
mensvarianten benutzt. Direkte Latinis-
men wie »Organisation«, »Transport«,
»Grieche« wären im Mund eines Hellenen oder Puniers grotesk; andere, z. B.
»Punier«, »Offizier«, »Truppen« erwiesen sich als kaum zu umgehen, so daß ich
Inkonsequenz in Kauf nahm, um klobige
Umschreibungen zu vermeiden. Ähnlich inkonsequent ist die Schreibweise
bei griech. Namen oder Wörtern. Wo
Differenzierungen nötig sind (»Oikumene«, »Oikonomos« sind etwas anderes als Ökumene und Ökonom), habe ich
zu differenzieren versucht; durchgängig
»Oikoumene«, »Aigypten«, »Phoini-
ker« oder »Prousias« zu schreiben erschien mir jedoch als allzu pretiös ge-
spreizt.

Die meisten Spezialisten finden sich, wie
Prof. Werner Huß, Verfasser der mit
großem Abstand besten, reichsten und
fundiertesten *Geschichte der Karthager*
(München 1985), »nur widerwillig«
bereit, wenigstens die bekanntesten
Namen in vokalisierter Form zu verwenden – Hanno statt *Ḥnʾ*, Hannibal statt
Ḥnbʾl. Es hätte jedoch die Wissenschaft-
lichkeit kaum geschändet, mit Vorbehalt
und in sehr eckigen Klammern eine mut-
maßliche Aussprache von Namen wie
Mlkpls anzugeben; auch bei stummer

Lektüre imaginiert man Laute. Eine Fan-
tasterei über die Arbeit des zehnköpfigen
Ausschusses für Sakralbauten, *ʾšrt hʾšm
ʾš ʾl hmqdšm*, blieb ungeschrieben; ein
Slapstickdialog über die Kasuistik der
Gebührenordnung für Opferungen
zwischen Antigonos und dem Chef
(rbʾ) des hierfür zuständigen Ausschusses der *šlšm hʾš ʾš ʾl hmšʾtt* wurde mit Bedauern dem Papierkorb übergeben.
Stadtnamen, die ich vokalisieren mußte
oder aus offensichtlichen Gründen zu
erfinden hatte, sind nach guter Indoger-
manistentradition durch einen vorange-
stellten Asterisk als *Invention gekenn-
zeichnet.

Antipolis
griech. Gründung ca. 600 vC; Antibes.

Aspy
Spj, Aspis; mehrere Orte; A. an der tunesischen Ostküste (lat. Clupea) war
Hauptquartier und Fluchthafen der Re-
gulus-Invasion, A. (Buʾayrat al Hasûn)
an der Großen Syrte ein alter phön. Hafen.

Baikula
lat. Baecula, Bailén.

*Baits
lat. Baetis, Guadalquivir.

Balliaren
(griech. *ballein* werfen, schleudern) die
Balearen und ihre Bewohner, »Schleuderer«, nicht nur von den Karthagern als
Leichtbewaffnete angeworben. Die Namen Mallorca (Maiorica, lat. *maior*, größer) und Menorca (Minorica, lat. *minor*,
kleiner) sind römischen Ursprungs; für
Mallorca gilt ein älterer Name Krom-
yussa oder Klumyussa als halbwegs gesichert. 206/205 ließ Hannibals Bruder

Mago auf Menorca, wo er Truppen aushob, einen Hafen ausbauen, den die Römer Portus Magonis nannten; heute Mahón. Die span. »Tunke aus Mahón«, *salsa mahonesa*, ist als Mayonnaise geläufig. Man esse die nächste Portion Pommes mit Majo im Gedenken an einen großen Karthager.

Barkino
lat. Barcino, Barcelona.

Drachme
vgl. Talent.

Elymer
möglicherweise mit Ligurern verwandtes Volk in Westsizilien; verbündete sich gegen die vordringenden Griechen mit Phönikern und Karthagern.

Emporion
massaliotische Kolonie in Nordspanien; Ampurias.

Gadir
griech. Gadeira, lat. Gades; Cádiz. Um 1130 vC als sidonische Faktorei gegründet, seit ca. 550 vC karthagisch.

Gher, Gyr, Nighir
Flußnamen, von den antiken Geographen unterschiedlich für Zu-/Abflüsse des Tschadsees, Niger und Senegal eingesetzt; letzterer hieß später auch Darados/-dus. Karthag. See- und Karawanenhandel mit Westafrika ist sicher, ebenso dortige Faktoreien; allerdings wurde bisher südlich von Mogador (ältere Namen unbekannt) nichts eindeutig identifiziert. Orte wie Qart Hanno sind *erfunden.

Glückselige Inseln
Kanarische Inseln.

Hadrymes
oder Adrymes, lat. Hadrumetum; Sousse (Tunesien).

Hannibal
(lat.), pun. *Khenu Baal (Ḥnb'l)*, »Gnade des Baal«, griech. Hannibas. Anders als Alexander, Tschinghis Khan, Napoleon etc. (sobald die Hypnose durch das schiere Ausmaß ihrer Aktionen nachläßt, fallen sie ob der blutigen Sinnlosigkeit ihrer Eroberungszüge für mich in einem negativen Archetyp zusammen, dessen furchtbarstes Gesicht das von Hitler ist) übt der Karthager noch immer eine starke Faszination aus. Da die antiken Autoren fast ausnahmslos Kriegsgeschichte schrieben, kommt mangels Daten der vielleicht aufregendste Teil von Hannibals Leben zu kurz: seine »zivile« Karriere mit Wirtschaftsreformen, Verfassungsänderung, Demokratisierung. Allerdings sind die Kriegsgeschichte, die machtpolitischen und »völkerrechtlichen« Aspekte, die Rückschlüsse und -wirkungen auf die beteiligten Mächte interessant genug. Roms »Außenpolitik« unterschied zwischen drei Sorten Ausland: Staaten/Gebiete, die noch nicht unterworfen sind; abhängige Territorien, die bis auf weiteres halbautonom bleiben können; Rest der Welt, zu fern/heiß/sumpfig o.ä. Bündnispartner wie Massalia, Syrakosai oder Ägypten wurden früher oder später zu Provinzen; gleichberechtigte Partner auf der Basis der Koexistenz gab es nicht. In der Zeit der Republik erfaßten »Volkszählungen« nur die waffenfähigen Männer: jeder Römer ein Legionär. Mommsen war nicht der letzte Historiker, der Respekt für römische »Tugenden« der republikanischen Zeit bekennt; ich bekenne, daß mir angesichts von planmäßiger Aggression, Expansion, totalitärem

Weltherrschaftsanspruch, Strategie der verbrannten Erde, Massakern an der Zivilbevölkerung, Terror, fortgesetzten Vertragsbrüchen und Völkermord eher respektfreie und zweifellos unstatthafte Parallelen zu Vorkommnissen der jüngeren Vergangenheit in den Sinn geraten. (Auch für Komplexe wie »Appeasement« oder »einseitige Abrüstung« lassen sich in Rom und Karthago Anregungen finden.)

Abgesehen von Bürgerkriegen war bis zum Ende des (west-)römischen Reichs der Zweite Punische auch Roms letzter Krieg; alle späteren »auswärtigen« Konflikte waren regional begrenzte Feldzüge. Die Schlacht im Teutoburger Wald kostete 3 Legionen; incl. der Bundesgenossen verlor Rom allein bei Cannae 16 Legionen.

Der furchtbare Gegner, der sich als alter Mann das Leben nahm, damit die Römer ruhig schlafen konnten, plante keineswegs Roms Eroberung und Zerstörung. Hannibals Friedensangebot nach Cannae, die Formulierung der Ziele im Vertrag mit Philipp von Makedonien zeigen, daß es ihm lediglich um die Wiederherstellung des Status Quo ging. Livius mußte Hannibal dämonisieren, um Roms Verfahrensweisen rechtfertigen zu können; für die punische Treulosigkeit und Grausamkeit, die er Hannibal zuspricht, gibt er allerdings auf den weit über 1000 Seiten der mit Hannibals Krieg befaßten Bücher von *Ab urbe condita* keine Beispiele. Abgesehen von der grundsätzlichen Inhumanität aller Kriege war Hannibals Kriegführung (in einem prinzipiell defensiven Krieg, den er nicht führen *wollte*, sondern nach Roms Kriegserklärung führen *mußte*) bemerkenswert human, richtete sich nahezu ausschließlich gegen militärische Ziele und setzte nur selten und begrenzt

Terror oder Verwüstung ein, um taktische Ziele zu erreichen, während derlei bei Rom zur Strategie gehörte.

Der Krieg war auf beiden Seiten eine konsequente Fortsetzung der bisherigen Politik: römische Expansion, karthagisches Bewahren. Während Rom relativ schnell alle eroberten Gebiete umgestaltete und romanisierte, hatte Karthago (mit Ausnahme des unmittelbaren Hinterlands) über Jahrhunderte hinweg in den nicht eigentlich »besetzten« Gebieten die Sprachen, Gebräuche und autonomen Institutionen nicht angetastet: Handel braucht Leute, mit denen man handeln kann; totalitäre Ideologie kann notfalls auf Menschen verzichten. Außer Schutz- und Wachtruppen unterhielt Karthago kein stehendes Heer; wenn die Handelsinteressen bedroht waren, wurden Söldner angeworben, für begrenzte Zeit. Gegen Rom wurde diese Politik zum Selbstmord; die Entscheidung konnte nur in Italien fallen, aber fast aller Nachschub wurde in Gebiete dirigiert, in denen wirtschaftliche Interessen auf dem Spiel standen.

Neben der kommerziellen Blendung gab es in Karthago sicherlich auch die Frage, was man im Fall eines Siegs mit dem Sieger und seinen nicht auf die Stadt, sondern auf ihn eingeschworenen Kämpfern machen sollte.

Gewisse Vorgänge bzw. Nicht-Vorgänge sind wahrscheinlich nur mit dem schwammigen Begriff Patriotismus (nicht Chauvinismus; dafür war Rom zuständig) zu erklären – weshalb Hamilkar und Hasdrubal 237 nicht putschten; weshalb Hasdrubal (den iberische Stämme zu ihrem Fürsten gemacht hatten) nach der Gründung einer Karthago genannten Hauptstadt, der Prägung eigener Münzen und der ohne Rücksprache durchgeführten Verhandlung des

Ebro-Vertrags mit Rom kein eigenes iberisches Königreich proklamierte; weshalb Hannibal, ohne Nachschub, im Stich gelassen, nicht in Italien einfach den Kram hinschmiß oder 203 die Macht in Karthago übernahm, statt auf Weisung des Rats den Krieg fortzusetzen. Ob die unbedingte Loyalität von Hamilkar, Hasdrubal und Hannibal ihre historische Größe ausmacht oder mindert, mag ich nicht beurteilen.

*Hipu
pun. *'p';* zwei wichtige Häfen, Hippo Diarrhytus (»Zarytos« in *Salammbô*), heute Biserte, und Hippo Regius/Bône/ Annaba.

*Huejat
pun. *Wjt,* griech. Heoa, lat. Oea/Aelia Augusta Felix; Tripolis (Libyen).

Iberien
Spanien und Portugal; die ursprünglich wahrscheinlich aus Nordafrika eingedrungenen Iberer hatten sich zur Zeit der Pun. Kriege bereits mit Ureinwohnern und von Norden gekommenen Kelten weitestgehend vermischt.

Igilgili
Jijel (Algerien).

Ikosion
lat. Icosium, Algier.

Iol
lat. Caesarea Mauretaniae, Cherchell (Algerien).

-ioten
bezeichnet Griechen bzw. Abkömmlinge griech. Kolonisten; Italioten sind die Bewohner der griech. kolonisierten Gebiete Italiens, Sikelioten die Siziliens.

*Ispali o. ä.
lat. Hispalis, Sevilla; wie bei vielen karthag. Gründungen auf der iber. Halbinsel, zu denen wahrscheinlich auch Avila und Braga gehören, ist der Gründungsname unbekannt.

Ityke
lat. Utica, an der damaligen Mündung des Bagradas/Medjerda, vielleicht älteste phönikische (sidonische) Gründung im Westen.

Kalpe
Gibraltar.

Kanopos
Canopus, Abukir; ca. 600 vC von Griechen (wahrscheinlich auf älterer ägypt. Stadt) gegründet, später meist von Ägyptern bevölkerter »Kirmes-«Vorort von Alexandreia.

Karalis
vermutlich ursprünglich Qart Lis o. ä.; Cagliari.

*Karduba
vgl. *Qart Iuba.

Kastulo
lat. Castulo; Cazorla (Spanien).

Kirta
lat. Cirta; Constantine (Algerien); Hauptstadt der massylischen Ostnumider (Masinissa).

*Lepqy
pun. *Lpqj,* mehrere Städte: lat. Leptis Magna, östl. von Tripolis/Libyen, großer alter pun. Hafen; lat. Leptis Minor, heute Lamta an der tunesischen Ostküste.

Leuke Akra
oder Akra Leuke, Alicante; wahrscheinlich ca. 233 vC von Hamilkar gegründet.

Libyen
griech. Bezeichnung mit wechselndem Umfang, teils ganz Afrika, bei anderen Autoren Nordafrika minus Ägypten; im Text gleich Afrika.

*Liksh
pun. *Lkš*, lat. Lixus; Larache, Marokko.

Maqom Hadasht
»neuer Ort«, lat. Macomades; Sidra (Libyen).

Mastia
alter, iberischer Ort an der Bucht von Cartagena, Hauptstadt der Kontestaner.

Mine
vgl. Talent.

Nikaia
griech. Gründung ca. 600 vC; Nizza.

Nora
karthag. Faktorei auf Sardinien.

Obolos
vgl. Talent.

Olont
karthag. Faktorei in Spanien; Huelva.

Pentere
Mangels konkreter Fundstücke zweifeln Historiker, ob es sich um ein Kriegsschiff mit fünf Ruderdecks oder um eines mit einem Deck und fünf Mann pro Ruder gehandelt habe. Nach den Informationen bei Polybios und Livius (Kampfweise, hohe Stückzahl und kurze Bauzeit während der Punischen Kriege) ist der

klobige, materialaufwendige Fünfdekker eher unwahrscheinlich.

Philainon Bomoi
lat. Arae Philaenorum, Al Qaws; karthag. Grenzfestung am Ostrand der Großen Syrte gegen das griech./ägypt. Kyrene.

Qartenna
lat. Cartenna, Ténès (Algerien).

*Qart Eya
lat. Carteia, an der Bucht von Algeciras.

Qart Hadasht
»neue Stadt«, griech. Karchedon, lat. Carthago. Für das »neu« gibt es drei Erklärungen: neu gegenüber der Mutterstadt Tyros, gegenüber der benachbarten alten sidonischen Gründung Ityke, gegenüber einem älteren sidonischen Ort, der vorher an gleicher Stelle gelegen haben mag.
Für die Entstehung des gängigen Karthago-Bilds (hermetische Theokratie + Kampfelefanten + Orient-Exotik) gibt es viele Gründe, von nachhallenden antiphönikischen Ressentiments der ursprünglich zivilisatorisch und kulturell unterlegenen Griechen bis hin zur feindlichen Propaganda (Polybios und Livius schrieben nicht *über* Karthago, sondern *für* Rom). Die Theokratie, wenn es sie je in dieser Form gab, endete vor 550 vC – für die Punischen Kriege sind zig Fälle von wegen schlechter Vorzeichen verschobenen Schlachten o. ä. seitens der Römer verzeichnet, während bei den Karthagern Götter nur in konventionellen Eidesformeln auftauchen; Kampfelefanten wurden zuerst in Indien, dann von Seleukiden, Ptolemaiern und Pyrrhos eingesetzt; Orient-Exotik stammt im wesentlichen aus dem 19. Jahrhundert.

Entscheidungen trafen Rat, Gericht und Strategen; zieht man Baalpriester und Elefanten ab, bleibt eine reiche Großstadt, weitestgehend säkularisiert, mit Mischbevölkerung, in der vielleicht noch ein Zehntel reine Punier waren. (In den Augen eines Eintags-Touristen vom Mars, der z. B. zu Fronleichnam 1988 die Tagesschau sah, wäre die Bundesrepublik eine Theokratie mit rätselhaften Zügen; die Kölner Schiffsprozession, eines der wichtigsten Nachrichtenthemen des Tages, ließe auf Richtlinienkompetenz für den Herrn des prächtigsten = wichtigsten Hauses schließen, wobei die Frage entstünde, wieso die Verehrer eines offenbar aquatischen Gottes einen in den Himmel gespitzten Dom bauen mußten.)

Wie stark Flaubert mit *Salammbô* das gängige Bild geprägt hat, läßt sich gar nicht ermessen. Dabei war das vielschichtige Kunstwerk nie als historische Rekonstruktion gedacht. Was vor der Kulisse Karthago geschieht, ist zunächst eine Subversion französischer Mythen des Zweiten Kaiserreichs, vorgeführt von differenzierten Antihelden, angelehnt an Polybios, angereichert mit ägyptischen und biblischen Motiven; es ist äußerste Kunstfertigkeit, erbarmungslose Hinrichtung des allwissenden Erzählers, eisige Objektivität der »Kameraführung«; vor allem ist es ein in sich vollkommenes Werk, aber kein »historischer Roman« über Karthago.

*Qart Iuba
*Karduba, lat. Corduba, Córdoba; wahrscheinlich von den Karthagern gegründet; ohne befriedigende Etymologie.

Regulus
Der bei Tynes geschlagene und gefangene Konsul Marcus Atilius Regulus wurde römischer Legende zufolge in Karthago gefoltert und hingerichtet, nachdem er, auf Ehrenwort »beurlaubt«, in Rom gegen Frieden mit Karthago geredet hatte. Polybios weiß nichts davon; die neuere Forschung nimmt an, daß die Römer die Legende erfanden, um Mißhandlungen karthagischer Gefangener in Rom zu rechtfertigen oder zu kaschieren.

Rhakotis
Vermutlich vor 600 vC von Griechen gegründet, später Teil von Alexandreia und zur Zeit der Ptolemaier ältester und schäbigster Stadtteil, in dem die Ägypter der Metropole wohnten.

Rhode
massaliotische Faktorei in Nordspanien; Rosas.

Rusadir
karthag. Hafen; Melilla.

Sala
karthag. Kolonie; Rabat/Marokko.

Sardonien
Sardinien; ab etwa 510 bis 237 vC zu fast zwei Dritteln (Süden und Westen) karthagisch; nach 480 vC durch Festungen und Mauern gesichert.

Schekel/*shiqlu*
vgl. Talent.

*Sepqy
Spqj; griech. Sebta, Ceuta.

Sikka
heute El Kef, westl. Tunesien.

*Tabraq
lat. Thabarca, heute Tabarqa, nordwestl. Tunesien.

Talent

griech. *talanton,* »Waage, Gewicht«; urspr. babylonische Maßeinheit, zeitlich und räumlich stark verschieden. Im 3. Jh. vC, auch ausdrücklich in den röm.-karthag. Verträgen, vor allem das attische bzw. euböische Talent zu etwa 27 kg, unterteilt in 60 Minen zu 60 Schekel bzw. 100 Drachmen. Münzgewicht und Feingehalt variieren ebenso wie duo-/dezimale Unterteilung. Zeitweilig gab es im Mittelmeerbereich zwei grundsätzliche Münzfüße: den attischen (6 Obolen = 1 Drachme, 100 Drachmen = 1 Mine, 60 Minen = 1 Talent), dem sich später Rom anschloß, und den karthagischen (60 Schekel = 1 Mine, 60 Minen = 1 Talent), den lange Zeit auch das ptolemaische Ägypten hielt. Zur Zeit des Ersten Punischen Kriegs besaß Rom mit dem internen Kupfer-As keine konvertible Handelswährung. – Die 10 000 Talente, die Karthago nach 201 an Rom zu zahlen hatte, entsprechen 270 Tonnen Silber, Ende 1988 etwas über eine Milliarde DM. Eine klarere Relation ergibt sich, wenn man die damaligen Löhne und Preise zugrunde legt. In der östlichen Oikumene verdiente ein Tagelöhner etwa 2 Obolen, ein gelernter Arbeiter 4 Obolen am Tag; das Existenzminimum dürfte pro Kopf bei 2 Obolen, für eine vierköpfige Familie bei 1 Drachme gelegen haben; ca. 52 kg Weizen kosteten 5 Drachmen, die Jahresmiete für ein normales Haus betrug 20 Drachmen. (Die Zahlen gelten ungefähr bis 330 vC und ab 220 vC; zwischenzeitlich stiegen sie bis zum Fünffachen. Während der Inflation im östlichen Teil der Oikumene, ausgelöst durch Alexanders Ausmünzung des persischen Kronschatzes von 50 000 Talenten, blieb Karthagos Währung fast stabil.) Wenn wir das monatliche Existenzminimum für ca. 200 vC mit 30 × 2 Obolen = 10 Drachmen = ⅟₆₀₀ Talent ansetzen, das heutige in der Bundesrepublik ebenso niedrig mit ca. DM 800, entspräche 1 Talent etwa 480 000 DM, die römische Reparationsforderung insgesamt 4 800 000 000 DM. Allein der Restbetrag von 8000 Talenten, den Karthago nach Hannibals Finanzreform auf einen Schlag an Rom vorauszahlen wollte, beliefe sich auf 3,84 Milliarden DM. Von Kriegsanleihen und einem Hochfahren der Naturalabgaben des Hinterlands in Notzeiten abgesehen finanzierte Karthago sich nur durch Tribute, Ein- und Ausfuhrzölle von je 2–5 % und Naturalabgaben der libyschen Bauern von ca. 20–25 %. Der Zoll von 2 % erbrachte noch nach dem Zweiten Punischen Krieg allein in Sabrata 2 Talente pro Tag, und Roms Gier auf Spanien wird deutlicher, wenn man Plinius' Angabe bedenkt, daß eine bestimmte Silbergrube zu Hannibals Zeiten 300 röm. Pfund (etwa 100 kg, nicht ganz 4 Talente) reines Silber am Tag förderte.

Tarshish

Tršjš, Tartessos, Name der Hauptstadt (?) und des zugehörigen südspan. Reichs ca. 750–550 vC; das Reich und seine Handelsbeziehungen u. a. zu Massalia und Karthago sind belegt, eine Stadt wurde bisher nicht eindeutig gefunden. Sie könnte nahe der heutigen Guadalquivir-Mündung gelegen haben und wurde ca. 550 vC von den Karthagern zerstört.

Tingis

phön. oder karthag. Gründung, Tanger.

*Tiouest

griech. Theouesta, lat. Thevesta, griech. auch Hekatontapylon, heute Tébessa, östl. Algerien.

Trogodyten
antikes Volk am ägypt.-sudan. Ostufer des Roten Meers; nicht mit höhlenbewohnenden Troglodyten zu verwechseln.

Tynes
lat. Tunes, Tunis.

Vektis
die Insel Wight.

Zakantha
lat. Saguntum, später Murviedro, heute Sagunto nördl. von Valencia; wegen der Ähnlichkeit der Namen wurde von Rom behauptet/angenommen, die iberische Stadt sei von Griechen aus Zakynthos gegründet/bewohnt und daher Karthago gegenüber »schutzwürdig«.

Zilis
karthag. Faktorei; Dchar Kedid, Marokko.

CHRONOLOGIE
Hannibals Daten sind gesichert, da sie von den antiken Autoren mit anderen verifizierbaren Ereignissen verknüpft werden (er war 9 Jahre alt, als sein Vater ihn mit nach Spanien nahm, mit kaum 26 Jahren erhielt er den Oberbefehl usw.): 247–183 vC. Für seine Brüder Hasdrubal und Mago, aber auch für Hamilkar Barkas und Hasdrubal den Schönen liegen nur die Todesdaten fest; hier habe ich Geburtsdaten angesetzt, die den historischen Abläufen entsprechend einigermaßen wahrscheinlich sind.

Hanno der Große, eine der finstersten Gestalten der Weltgeschichte, ist bei Flaubert angemessen dämonisiert, kann aber zur Zeit des Söldnerkriegs kein alter Mann gewesen sein, da er noch gegen Ende des Zweiten Punischen Kriegs als Hannibals Gegenspieler erwähnt wird. Die Endfassung von Antigonos' »Manuskript« geschieht im Jahr 181 vC; Antigonos' Geburt habe ich 268 angesetzt.

Die Lebensdaten der historischen Personen:
Hamilkar Barkas 280–229; Hanno der Große 280–201; Hasdrubal der Schöne 261–221; Hasdrubal Barkas 245–207; Mago 243–203.

ca. 1200
Beginn der phönikischen Kolonisation im Westen; Gründung von Faktoreien und Stützpunkten in Nordafrika, Spanien, Sizilien, marokkanische Atlantikküste.

814
Gründung von Qart Hadasht/Karchedon/Karthago durch Auswanderer aus Tyros.

800
Beginn der griechischen Kolonisation; Etrusker in Italien.

753
Gründung Roms.

ab 750
Nach Adaptierung der phön. Schrift durch Griechen Endfassung von *Ilias* und *Odyssee*; Aristokratie in Athen, Expansion Spartas; schrittweiser Niedergang der phön. Mutterstädte unter assyrischer (später babylonischer, persischer, makedonischer) Herrschaft, Karthago phön. Metropole des Westens.

ab 700

Etruskische Seeherrschaft im Tyrrheni-schen Meer; Karthago übernimmt nach und nach alte phön. Faktoreien und gründet eigene Handelsstützpunkte und Kolonien (z. B. 654 Ebyssos/Ibiza).

ca. 600

Beginn der Konflikte zwischen Karthago und nach Westen ausgreifenden Griechen; nach Seesieg gegen Karthager vor der Rhônemündung gründen Griechen Massalia/Marseille etc. Etruskische Könige in Rom, etr. Herrschaft in Mittel- und Oberitalien; im Auftrag von Pharao Necho II. umfährt phön. Expeditionsflotte in 3 Jahren Afrika.

ab 550

Karthager zerstören südspan. Reich von Tartessos/Tarshish, sperren westl. Mittelmeer und Straße von Gibraltar; Ende der griech. Westkolonisation nach Seesieg (535) der verbündeten Karthager und Etrusker vor Alalia/Aleria (Korsika) über Phokäer; Sicherung (bis ca. 510) der alten phön. Gründungen gegen vordringende Griechen (Kämpfe u. a. auf Sizilien und am Rand der Großen Syrte). Trotz mehrerer Kriege vor allem gegen Syrakus (u. a. 480, 409–06, 387, 342–39, 315–05) bleiben die Grenzen der karthag. Sphäre (Nordafrika von der Großen Syrte bis zu den Kanarischen Inseln, Südspanien, Sardinien, westl. Drittel Siziliens) bis 264 stabil.

510

Ende der etruskischen Königsherrschaft in Rom.

509

1. Vertrag zwischen Karthago und Rom; enthält frühes Beispiel staatlicher Ausfallbürgschaft bei Exportgeschäften, weitgehende gegenseitige Freizügigkeit des Handels; sichert karthag. Besitzstand, räumt Rom aber Territorien ein, die (z. B. Tarrakina) z. T. erst 200 Jahre später endgültig römisch werden. Polybios:

Unter folgenden Bedingungen soll Freundschaft bestehen zwischen den Römern und den Bundesgenossen der Römer und den Karthagern und den Bundesgenossen der Karthager. Die Römer und die Bundesgenossen der Römer sollen nicht über das Schöne Vorgebirge [Kap Farina] hinausfahren, es sei denn, daß sie durch Sturm oder Feinde dazu gezwungen werden. Wenn aber einer durch Gewalt verschlagen und zu landen genötigt ist, soll es ihm nicht gestattet sein, etwas zu kaufen oder zu nehmen, außer was zur Ausbesserung des Fahrzeugs oder zu Opfern nötig ist. [Innerhalb von fünf Tagen soll er wieder auslaufen,] die aber die des Handels wegen kommen, sollen kein Geschäft rechtskräftig abschließen dürfen, es sei denn im Beisein eines Herolds oder eines Schreibers. Was aber in deren Gegenwart verkauft wird, dafür soll die Schuld dem Verkäufer vom Staat verbürgt sein, bei allem, was entweder in Libyen oder auf Sardinien verkauft wird. Wenn ein Römer nach Sizilien kommt, soweit es unter der Hoheit der Karthager steht, sollen die Römer in allem Gleichberechtigung genießen. Die Karthager aber sollen sich keine Übergriffe zuschulden kommen lassen gegen das Volk der Ardeaten, Antiaten, Laurentiner, Krikaiiten, Tarrakiniten, noch sonst gegen irgendeinen von den Latinern, soweit sie [den Römern] untertänig sind. Wenn aber irgendwelche keine

Untertanen sind, sollen sie sich von deren Städten fernhalten. Wenn sie aber eine einnehmen, sollen sie diese den Römern unversehrt übergeben. Einen festen Platz sollen sie nicht in Latium bauen. Und wenn sie als Feinde in das Land kommen, sollen sie nicht in dem Lande übernachten.

500

Kelteneinfall in der Po-Ebene beendet etrusk. Herrschaft in Norditalien; ab etwa 500 dehnt Rom sein Territorium durch gezielte Aggression gegen lateinische und nichtlateinische Nachbarn von ca. 20 km² auf ganz Italien südlich der Po-Ebene aus (bis 264); röm. Überlieferung zufolge wurden die Tore des Janus-Tempels, die nur im Krieg geöffnet waren, erstmals (seit etwa 730) im Jahre 236 geschlossen – vorübergehend.

ca. 450

Karthager Himilko befährt Atlantik, erreicht Sargassomeer, Britannien, Irland.

ca. 425

Hanno der Seefahrer gründet Kolonien am Atlantik, erreicht Kamerun, hinterlegt nach Rückkehr Reisebericht und Gorillafelle im Baaltempel von Karthago.

349/48

2. Vertrag Karthago-Rom; laut Polybios:

> Unter folgenden Bedingungen soll Freundschaft bestehen zwischen den Römern und den Bundesgenossen der Römer und dem Volk der Karthager, Tyrier und Uticaeer und deren Bundesgenossen. Die Römer sollen jenseits des Schönen Vorgebirges und von Mastia Tarseïos [Cartagena?] weder Kaperei oder Handel

treiben noch eine Stadt gründen. Wenn die Karthager aber in Latium eine Stadt einnehmen, die den Römern nicht untertan ist, sollen sie Hab und Gut und die Menschen behalten, die Stadt dagegen [den Römern] übergeben. Und wenn Karthager Gefangene machen aus einem Volk, mit dem die Römer laut schriftlichen Vertrags in Frieden stehen, das ihnen aber nicht untertan ist, so sollen sie diese nicht in die römischen Häfen bringen. Wenn aber einer dorthin gebracht wird und ein Römer legt Hand an ihn, so soll er frei sein. Ebenso sollen aber auch die Römer nichts dergleichen tun. Wenn aus einem Lande, das unter karthagischer Herrschaft steht, ein Römer Wasser oder Wegzehrung nimmt, so soll er nicht mit Hilfe der Wegzehrung jemandem Unrecht tun, mit dem [die Karthager] Frieden und Freundschaft haben. [Ebenso soll aber auch der] Karthager das nicht tun. Wenn jedoch dergleichen vorkommt, soll sich der Betreffende nicht auf eigene Hand Genugtuung verschaffen. Wenn dies jemand tut, soll es als Vergehen gegen den Staat gelten. In Sardinien und Libyen soll kein Römer Handel treiben oder eine Stadt gründen [noch landen], außer so lange, bis er sich verproviantiert und sein Fahrzeug ausgebessert hat. Wenn ihn ein Sturm dorthin getrieben hat, soll er innerhalb von fünf Tagen wieder auslaufen. In Sizilien, soweit es karthagisches Hoheitsgebiet ist, und in Karthago soll er alles tun und verkaufen dürfen, was auch einem karthagischen Bürger gestattet ist. Ebenso soll auch der Karthager in Rom tun dürfen.

342
Der Vertrag wird laut Livius bekräftigt und ergänzt, wahrscheinlich um neue röm. Eroberungen zu sanktionieren.

310
Während der Belagerung durch Agathokles von Syrakus letzte Menschenopfer in Karthago (erstmals seit ca. 500).

306
Neuer Vertrag Karthago-Rom, von Polybios geleugnet, von Livius mehrfach implizit bestätigt, in dem Rom sich verpflichtet, keinesfalls nach Sizilien überzugreifen (»Philinos-Vertrag«).

303
Vertrag Rom-Taras/Tarent über Seegrenze (Lakinisches Vorgebirge).

289
Nach Tod des Tyrannen Agathokles wirre Bürgerkriege und plündernde Söldner auf Sizilien; Karthago versucht zu vermitteln.

285
Kampanische Söldner (»Mamertiner« = Söhne des Mamers/Mars) besetzen Messana/Messina.

282
Rom bricht Vertrag von 303, röm. Schiffe in der Bucht von Tarent versenkt, Rom legt Besatzungen in südital. Griechenstädte Rhegion, Thurioi, Lokroi. Tarent schließt Bündnis gegen Rom mit Pyrrhos von Epeiros (Schwiegersohn des Agathokles).

281
Röm. Kriegserklärung an Tarent; erste Kämpfe.

280
Pyrrhos landet in Italien, schlägt Römer bei Herakleia, von Rom unterworfene Bruttier, Samniten, Lukaner schließen sich ihm an; röm. Besatzung in Rhegion meutert und übernimmt die Stadt (Kampaner, ebenfalls »Mamertiner«).

279
Pyrrhos siegt bei Ausculum, bietet Frieden an, verlangt Freiheit für südital. Griechenstädte; Rom lehnt ab, beansprucht Herrschaft über ganz Italien. Karthago und Rom erneuern Vertrag mit folgendem Zusatz (Polybios):

> Wenn sie mit Pyrrhus einen schriftlichen Vertrag abschließen, so sollen es beide tun. Damit es ihnen aber möglich sei, einander im Lande derer, die bekriegt werden, beizustehen: welche von beiden immer der Hilfe bedürfen, so sollen die Karthager die Schiffe stellen sowohl zum Transport wie zum Angriff, den Sold dagegen soll jeder von beiden Teilen für seine Leute selbst übernehmen. Die Karthager sollen den Römern nötigenfalls auch zur See Beistand leisten. Die Schiffsbemannung aber soll niemand zwingen, wider ihren Willen an Land zu gehen.

Karthago liefert Getreide, Waffen, Hilfsgelder an Rom: hellenisch-epeirotisches Großreich vom Balkan bis Sizilien würde altes Kräftegleichgewicht zerstören und karthag. Positionen bedrohen.

278
Karthager errichten zweite Front auf Sizilien, Pyrrhos setzt dorthin über. Karthag. Flotte transportiert röm. Truppen nach Süditalien.

277–76
Pyrrhos drängt Karthager auf Sizilien

zurück, kann aber keine Entscheidung erzwingen; inzwischen besiegen Römer in Italien Pyrrhos' Bundesgenossen und belagern Griechenstädte.

275
Pyrrhos kehrt zurück nach Italien; Karthager vernichten Großteil seiner Flotte. Ergebnislose Schlacht bei Beneventum; Pyrrhos läßt Besatzung in Tarent und geht zurück nach Epeiros.

272
Nach Pyrrhos' Tod übergibt sein Statthalter Milon Tarent den Römern. Karthag. Flottendemonstration in der Bucht von Tarent als Warnung an Rom.

270
Römer erobern Rhegion/Reggio; Mamertiner hingerichtet; darauf erbitten Mamertiner in Messana karthag. Schutzbesatzung, die in den folgenden Jahren versucht, das Terrorregime von innen zu beenden.

269–65
Rom erobert restliches Etrurien und ganze Adriaküste Italiens.

265 (?)
Mamertiner verdrängen karthag. Besatzung aus Messana.

264
Karthago und Syrakus verbünden sich gegen Friedens- und Handelsstörer in Messana, belagern die Stadt. Mamertiner bitten Rom um Hilfe. Angeblich schickt Karthago Gesandtschaft nach Rom, die auf die Verträge und die alte Freundschaft verweist und zu bedenken gibt, Rom könne nicht eine Sorte Banditen (in Rhegion) hinrichten und der anderen Sorte helfen. Rom schickt konsulari-

sches Heer nach Sizilien: Erster Einsatz außerhalb Italiens und Bruch der gültigen Freundschafts- und Grenzverträge.

263
Römer besiegen karthag. und syrakus. Belagerungstruppen, besetzen Messana. Syrakus wechselt Fronten, schließt sich Rom an; Karthago zögert.

262
Noch immer ohne Kriegserklärung greift Rom karthag. Epikratie in Sizilien an, belagert Akragas/Agrigent. Flottenbau in Rom.

261
Beginn der karthag. Kriegsrüstung; Karthager räumen Akragas, Römer plündern die Stadt und versklaven Überlebende des Massakers. Karthag. Flotte verheert ital. Küste.

260
Gegen seemännische Überlegenheit der Karthager setzen Römer Enterbrücken (»Raben«) ein, machen Seeschlacht zu Infanteriegefecht; Konsul Gaius Duilius siegt mit dieser Taktik vor Mylae.

259
Seegefechte vor Sardinien und Korsika; Römer erobern Alalia.

258
Römer erobern und verwüsten Kamarina und Enna; Bundesgenossen verweigern Aushebung für Flottendienst.

257
Röm. Flottenbau (330 Kriegsschiffe) für direkten Angriff auf Karthago.

256
In einer der größten Seeschlachten der Geschichte (700 Kampfschiffe) wehren Karthager vor Kap Eknomos röm. Durchbruchsversuch ab, ziehen sich anschließend zurück und bieten Frieden an. Römer lehnen ab, umgehen karthag. Sperrflotte und landen in Osttunesien. Konsul Marcus Atilius Regulus besiegt karthag. Heer; Karthago bietet erneut Frieden an, Regulus verlangt praktisch bedingungslose Kapitulation.

255
Regulus bei Tynes/Tunis besiegt und gefangen; Reste des röm. Heers werden evakuiert. Evakuierungsflotte geht vor Kamarina in Sturm unter. Karthager erobern Akragas zurück.

254
Römer erobern Panormos/Palermo; neuer Flottenbau.

253
Röm. Flotte strandet in der Kleinen Syrte, gerettete Schiffe sinken bei Rückfahrt in Sturm.

252
Römer besetzen Liparische Inseln; Stellungskrieg in Sizilien.

251 (?)
Neues karthag. Friedensangebot (Rückkehr zu alten Grenzen) in Rom abgelehnt.

250
Röm. Landsieg bei Panormos, ergebnislose Belagerung von Lilybaion/Lilybaeum/Marsala.

249
Karthager vernichten röm. Flotte vor Drepana/Trapani; zweite röm. Flotte wird von Karthagern bei aufziehendem Sturm vor Leeküste manövriert, wo sie sinkt. Rom gibt die Seekriegführung auf; Karthago setzt nicht nach und läßt Flotte verfallen.

247
Aufstände im karthag. Hinterland, niedergeschlagen (bis 241) von Hanno dem Großen; Hamilkar Barkas Stratege in Sizilien, reorganisiert Heer, drängt Römer zurück.

246–44
Hamilkar baut Stellungen aus, erhält aber kaum Nachschub; Karthago setzt Flotte kaum noch ein.

244–42
Stellungskrieg am Berg Eryx.

242
Rom baut neue Flotte.

241
Karthag. Restflotte bei den Ägatischen Inseln vernichtet; Friedensvertrag zwischen Lutatius Catulus und Hamilkar wird vom Senat verschärft (Polybios):

> Unter diesen Bedingungen soll Freundschaft sein zwischen Karthago und Rom, vorausgesetzt daß auch das römische Volk es gutheißt. Die Karthager sollen ganz Sizilien räumen und keinen Krieg gegen Hieron führen noch gegen die Syrakusaner oder die Bundesgenossen der Syrakusaner die Waffen ergreifen. Die Karthager sollen den Römern sämtliche Kriegsgefangenen ohne Lösegeld zurückgeben. An Geld sollen die Karthager den Römern in zwanzig Jahren zweitausendzweihundert euboeische Talente zahlen.

Als dieser Vertrag nach Rom gebracht wurde, nahm das Volk ihn
nicht an, sondern entsandte zehn
Männer, die sich an Ort und Stelle
über die Sachlage unterrichten sollten. Diese änderten an den Haupt-
punkten nichts mehr und verschärf-
ten nur in einigen untergeordneten
Dingen die den Karthagern auferleg-
ten Bedingungen. Sie setzten die
Frist für die Zahlungen auf die Hälfte
herab, fügten noch tausend Talente
hinzu und ordneten die Räumung aller Inseln an, die zwischen Italien
und Sizilien liegen.

241–238
Libyscher oder Söldnerkrieg; karthag.
Söldner und aufständische Libyer bela-
gern Ityke/Utica und Hipu/Hippo
Diarrhytos/Biserte, erobern Tynes.
Hanno versagt als Stratege.

240
Hamilkar siegt am Bagradas und auf den
Großen Feldern; karthag. Söldner auf
Sardinien schließen sich Aufstand an.

239
Gemeinsamer Oberbefehl Hannos und
Hamilkars, gegenseitige Blockade, keine
Entscheidung im Feld. Söldner auf Sardinien bieten Übergabe der Insel an Rom
an, Rom lehnt ab; karthag. Nachschubflotte sinkt in Sturm, Ityke und Hipu ergeben sich den Belagerern.

238
Hamilkar besiegt Söldner endgültig,
stellt karthag. Herrschaft wieder her.

237
Flottenbau zur Niederschlagung des
Aufstands auf Sardinien; dortige Söldner
bieten in Rom erneut Übergabe an; dies-

mal akzeptiert Rom, erklärt karthag.
Rüstung zum *casus belli*, verlangt
Abtretung Sardiniens und Zahlung von
1200 Talenten. Hamilkar geht nach Iberien.

229
Bei seinem Tod kontrollieren Karthager
Südspanien bis zur Sierra Morena (Sil-
bergruben); Nachfolger als Stratege wird
sein Schwiegersohn Hasdrubal (der
Schöne).

229–28
Rom führt Krieg in Illyrien.

228/27
Hasdrubal gründet bei Mastia Neukarthago (Qart Hadasht in Iberien, Cartagena) als neue Hauptstadt.

226/25
Hasdrubal handelt mit Rom Ebro-Ver-
trag aus, der Spanien südlich des Ebro zum
karth. Einflußgebiet macht (vgl. S. 337).

222 (?)
Trotzdem nimmt Rom die Stadt Zakan-
tha/Sagunt südlich des Ebro in ein (nie
formalisiertes) Bündnisverhältnis auf;
antikarthag. Agitation geht von Sagunt
aus.

221
Hasdrubal wird ermordet; Nachfolger
wird Hamilkars Sohn Hannibal.

219
Belagerung und Eroberung von Sagunt
ohne röm. Intervention; erst nach dem
Untergang der Stadt schickt Rom Gesandte, die in Karthago Hannibals Auslieferung verlangen; nach Ablehnung
durch den Rat erfolgt röm. Kriegserklärung.

218

Rom zieht Invasionsheer gegen Karthago auf Sizilien zusammen; Hannibals Zug über die Alpen zwingt Rom in die Defensive. Siege Hannibals an Ticinus und Trebia.

217

Kelten schließen sich Hannibal an; Marsch nach Süden, Sieg am Trasimenischen See. Röm. Erfolge in Spanien. Quintus Fabius Maximus Diktator, Ermattungsstrategie.

216

Rom kehrt zur offensiven Kriegführung zurück; schlimmste Niederlage der röm. Geschichte bei Cannae; Menschenopfer in Rom, Ablehnung von Hannibals Friedensangebot.

215

Hannibal kontrolliert fast ganz Süditalien, kann jedoch wegen fehlender Unterstützung aus Karthago (Nachschub geht statt zu ihm nach Spanien, Sardinien, Sizilien) die Vorteile nicht nutzen. Syrakus geht zu Karthago über; Bündnis Hannibals mit Philipp von Makedonien (Wortlaut laut Polybios vgl. S. 503/4); Risse im röm. Bündnissystem. Hannibals Bruder Mago, zuerst mit ihm in Italien, wird von Karthago mit Verstärkungen nach Spanien geschickt, gleichzeitig Hasdrubal von dort nach Nordafrika geholt, um numidische Masaesyler unter Syphax niederzuhalten. Bündnis Hasdrubals mit Massylerfürst Masinissa.

214

Krieg in Italien erstarrt, da Römer Hannibal nicht anzugreifen wagen, Hannibal aber kaum Nachschub erhält. Keine großen Veränderungen in Spanien. Römer

beginnen Krieg gegen Philipp auf dem Balkan und in Griechenland.

213–12

Belagerung von Syrakus durch röm. Truppen endet mit Einnahme und Plünderung der Stadt (Tod von Archimedes).

211

Nach Sieg über Syphax kehrt Hasdrubal nach Spanien zurück, besiegt nacheinander Gnaeus und Publius Cornelius Scipio. Reste der röm. Truppen werden nicht verfolgt.

210

Publius Cornelius Scipio (*235), Sohn des gefallenen Kommandeurs, erhält Oberbefehl in Spanien, reorganisiert und verstärkt Heer, übt nach Hannibals Vorbild Operationen mit beweglichen kleineren Einheiten.

209

Scipio erobert Neukarthago; karthag. Verstärkungen für Spanien, kein Nachschub für Hannibal, der weiterhin auf enger werdendem Raum Bewegungskrieg in Italien führt.

208

In der Schlacht bei Baikula/Bailén erzwingt Hasdrubal gegen Scipio Durchbruch nach Norden; Mago, Masinissa und Hasdrubal Giskon setzen Krieg in Spanien fort, Hasdrubal zieht über Pyrenäen zu den Alpen. Hannibal nimmt Offensive wieder auf; Erhebung der Latiner und Etrusker gegen Rom.

207

Hannibal siegt bei Grumentum und Venusia. Hasdrubal überquert die Alpen, wird vor der geplanten Vereinigung mit Hannibal von den Römern am Metaurus besiegt und fällt in der Schlacht.

206
Ende der karthag. Herrschaft in Spanien; Scipio besiegt Mago und Masinissa. Masinissa schließt sich Rom an; Hasdrubal Giskon und Mago versuchen letzten Widerstand.

205
Philipp von Makedonien schließt Separatfrieden mit Rom. Scipio in Süditalien und Sizilien, rüstet für Übergang nach Afrika. Mago fährt nach Menorca, besetzt den nach ihm benannten Hafen Mahón (Portus Magonis), landet mit Söldnern in Ligurien.

204
Scipio fährt mit Heer nach Afrika. Syphax vermählt sich mit der Tochter von Hasdrubal Giskon und tritt auf die Seite Karthagos. Hannibal siegt bei Kroton gegen röm. Heer – sein letzter Sieg in Italien.

203
Scipio und Masinissa besiegen Hasdrubal Giskon und Syphax; Friedensverhandlungen. Hannibal und Mago werden zurückgerufen, Mago stirbt auf der Überfahrt; Kämpfe gegen karthag. Resttruppen in Norditalien unter Hamilkar dauern bis 197.

202
Scipio und Masinissa siegen bei Zama gegen Hannibal.

201
Friedensvertrag (vgl. S. 592/3); Karthago verzichtet auf Spanien, liefert Kriegsflotte aus (500 Schiffe), zahlt 10 000 Talente in 50 Jahresraten, darf Krieg nur noch mit Zustimmung Roms führen. Numidisches Großreich unter Masinissa. Scipio erhält Triumph und Ehrenname Africanus.

200
Masinissa beginnt mit Übergriffen auf karthag. Territorium; nach Niederlage gegen Hannibal führt er Klage in Rom. Römer erzwingen Absetzung des Strategen. Beginn des 2. Makedonischen Kriegs gegen Philipp (bis 197), Keltenkrieg in Norditalien (bis 190); Plantagenwirtschaft mit Sklaven in Italien nach den von den Römern selbst vorgenommenen Verwüstungen während des Kriegs.

197
Titus Quinctius Flamininus besiegt Philipp bei Kynoskephalai; Makedonien liefert seine Flotte aus und zahlt 1000 Talente.

196
Aufstände in Spanien, Sklavenaufstand in Etrurien. Hannibal wird in Karthago zum Suffeten gewählt, reformiert Wirtschaft, saniert Finanzen, ändert Verfassung (bisher auf Lebenszeit bestimmte Richter werden nun jährlich gewählt); Opposition des (Geld-)Adels.

195
Römer besiegen Spartaner. Karthag. Opposition denunziert Hannibal in Rom; Römer verlangen seine Auslieferung. Hannibal flieht zu Antiochos III.

193
Neubeginn von Masinissas Überfällen auf karthag. Gebiet; karthag. Bitte, sich wehren zu dürfen, wird von Rom abgelehnt.

192–188

Krieg zwischen Rom und dem Seleukidenreich; Antiochos mißtraut Hannibals Ratschlägen für Heeresreform und
Kriegführung.

191

Niederlage des seleukidischen Heers bei
den Thermopylen; Karthago stellt
Kampfschiffe für Rom und bietet Rest-
zahlung von 8000 Talenten sofort an, was
Rom ablehnt, um Karthago abhängig zu
halten.

190

Lucius und Publius Cornelius Scipio besiegen Antiochos bei Magnesia in Klein-
asien. Aufstände in Spanien.

189

Eroberung und Plünderung von Ambrakia durch Römer.

188

Friedensschluß; Antiochos tritt Klein-
asien (an röm. Bundesgenossen Pergamon und Rhodos) ab, zahlt 15 000
Talente in 12 Jahresraten, liefert Kriegsflotte aus. Hannibal flieht vor röm.
Auslieferungsbegehren über Kreta nach
Armenien, dann zu König Prusias von
Bithynien. In Rom Hochverratsprozeß
gegen Scipio Africanus; Scipio lehnt es
ab, sich zu verteidigen, und verläßt die
Stadt.

186–83

Krieg zwischen Bithynien und Pergamon; Sieg der bithyn. Flotte unter Hannibal, danach röm. Intervention.

183

Prusias stimmt röm. Auslieferungsver-
langen zu; Hannibal stirbt in Libyssa
durch Selbstmord. Im gleichen Jahr Tod
von Scipio Africanus auf seinem Landgut, wo er auch bestattet wird: »Mein
undankbares Vaterland soll meine Gebeine nicht haben.«

182–81

Aufstand in Ligurien.

180–178

Kriege in Spanien.

178–77

Unterwerfung von Istrien.

177

Feldzug auf Sardinien.

173

Feldzug auf Korsika.

171–168

3. Makedonischer Krieg, endet mit Aufteilung Makedoniens in vier Teilreiche.
Wieder Übergriffe Masinissas gegen karthag. Territorium.

168

Vernichtungsfeldzug der Römer gegen
Molosser in Epeiros.

161

Masinissa stößt zur Kleinen Syrte vor,
trennt Karthago von den Handels-
häfen der lib. Küste ab. Obwohl er
wenige Jahre zuvor in Karthago um
Durchzugserlaubnis für dieses Gebiet gebeten und es damit als karthagisches Territorium anerkannt hatte,
spricht Rom ihm nun die Gebiete
zu.

157–155

Röm. Feldzüge in Dalmatien; Verschär-
fung der Grenzspannungen zwischen
Karthago und Masinissa.

Masinissa besetzt Orte im karthagischen Kernland; Karthago stellt Heer auf, das von Masinissa geschlagen wird. Trotz der Niederlage interveniert Rom, da der Vertrag von 201 Roms Zustimmung vorausgesetzt hätte. Geheimbeschluß des Senats über die Zerstörung von Karthago.

149–146
Dritter Punischer Krieg; gleichzeitig endgültige Unterwerfung von Makedonien und Griechenland.

149
Römer ziehen Flotte und Heer (80 000 Mann) in Sizilien zusammen; Karthago bietet Kapitulation an, Römer gehen scheinbar darauf ein, setzen dennoch nach Afrika über. Ityke/Utica geht zu den Römern über. Römer sichern Frieden zu, wenn Karthago Waffen ausliefert; nach der Auslieferung verlangen sie Räumung der Stadt und Umsiedlung der Bewohner ins Binnenland. Abgelehnt; Beginn der Belagerung. Masinissa stirbt mit fast 90 Jahren.

146
Nach dreijähriger Belagerung wird Karthago erobert und zerstört (so auch Korinth im selben Jahr). Einrichtung der röm. Provinz Africa mit Hauptstadt Utica.

46/45 vC
Neugründung Karthagos als röm. Kolonie durch Caesar.

ca. 200 nC
Kaiser Septimius Severus (* 145, Regierung 193–211) läßt Hannibals Grab in Libyssa mit weißem Marmor ausstatten.

439
Karthago Hauptstadt des Vandalenreichs.

476
Formelles Ende des Weströmischen Reichs, Absetzung des letzten Kaisers Romulus Augustulus.

533
Karthago von Belisar erobert, Teil des oström. Reichs.

697
Karthago von Arabern erobert und endgültig zerstört.

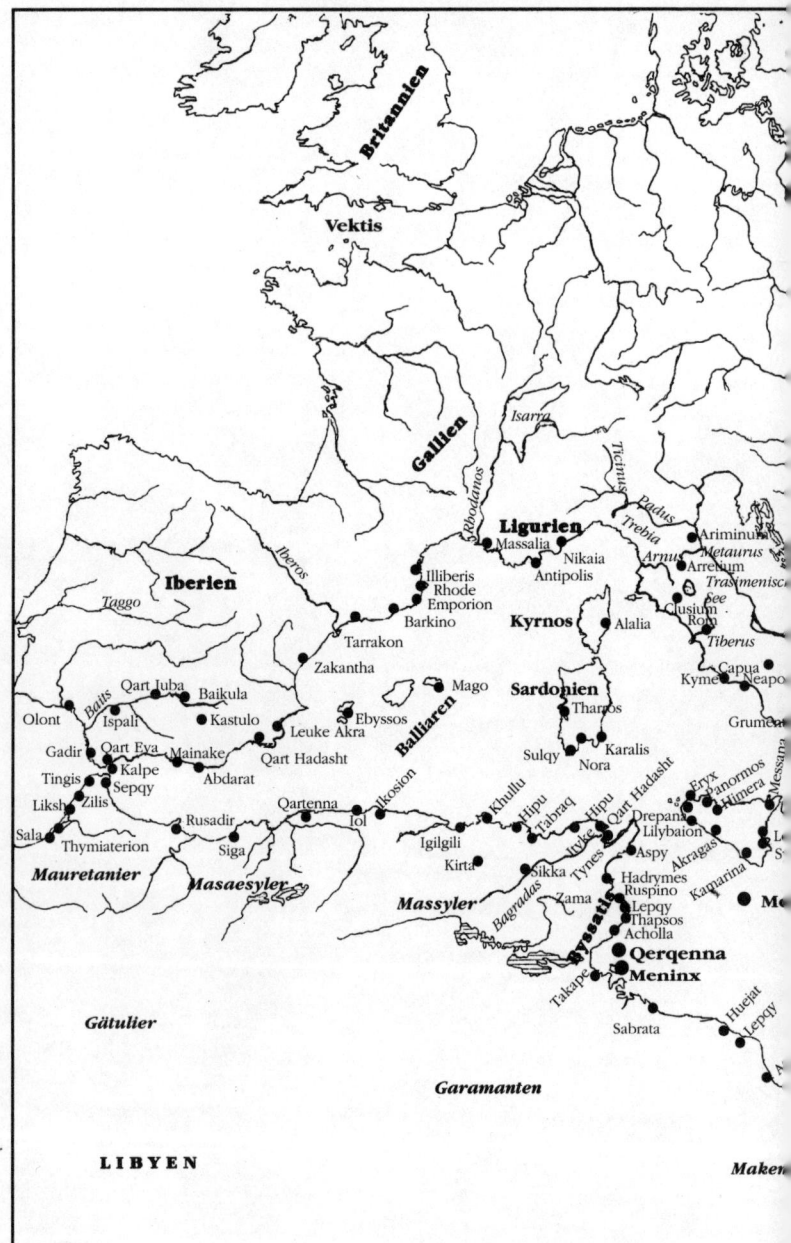

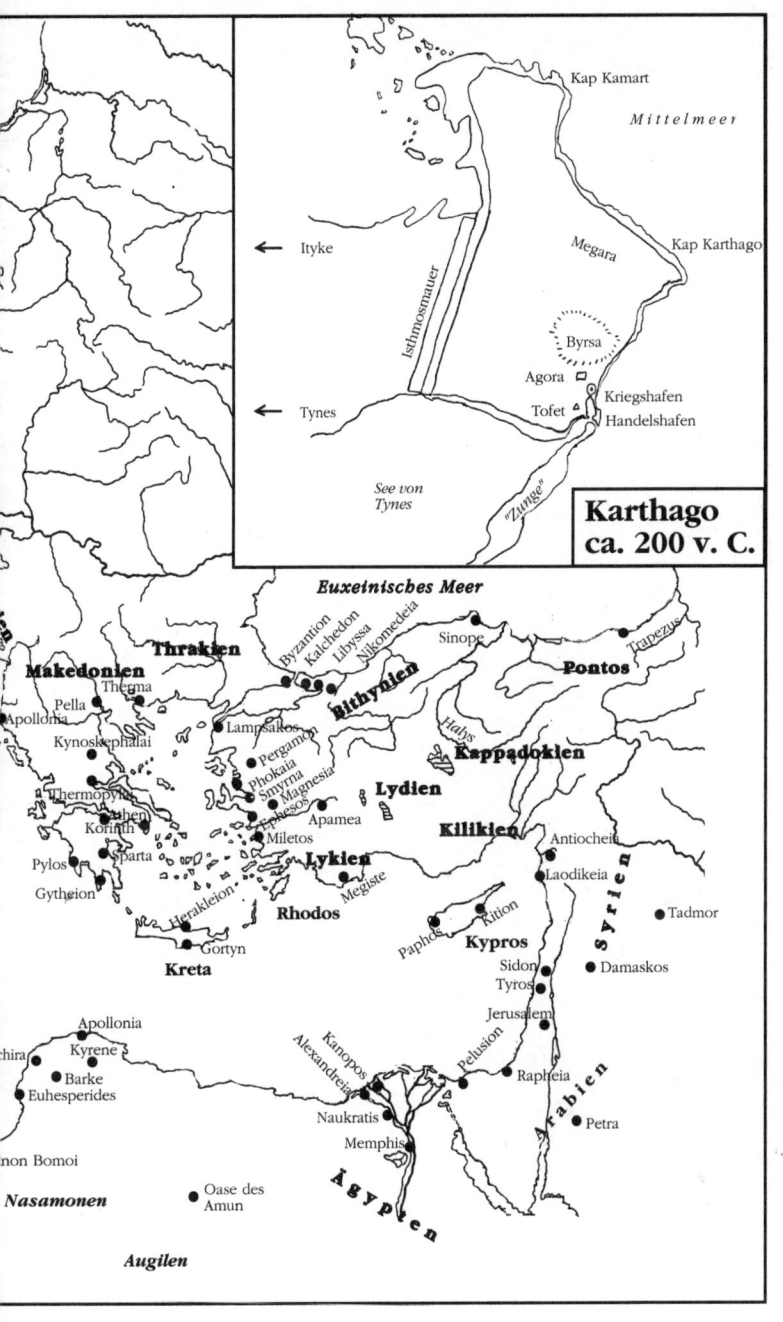

Mittelmeer

Kap Kamart

Megara

Kap Karthago

← Ityke

Isthmosmauer

Byrsa

Agora

← Tynes

Tofet

Kriegshafen

Handelshafen

See von
Tynes

"Zunge"

**Karthago
ca. 200 v. C.**

Euxeinisches Meer

Thrakien

Byzantion

Kalchedon

Libyssa

Nikomedeia

Sinope

Trapezus

Makedonien

Therma

Bithynien

Pontos

Pella

Apollonia

Lampsakos

Halys

Kappadokien

Kynoskephalai

Pergamon

Phokaia

Smyrna

Magnesia

Lydien

Thermopylai

Athen

Ephesos

Apamea

Kilikien

Antiocheia

Korinth

Miletos

Laodikeia

Pylos

Sparta

Lykien

Megiste

Syrien

Gytheion

Herakleion

Rhodos

Paphos

Kition

Kypros

Tadmor

Gortyn

Sidon

Damaskos

Kreta

Tyros

Jerusalem

Apollonia

Kyrene

Kanopos

Alexandreia

Pelusion

Rapheia

Arabien

chira

Barke

Euhesperides

Naukratis

Petra

non Bomoi

Memphis

Ägypten

Nasamonen

Oase des
Amun

Augilen

Gisbert Haefs, geboren am 9.1.1950 in Wachtendonk/Niederrhein; studierte Anglistik und Romanistik; Komponist, Kneipier, Chansonnier; Übersetzer aus dem Englischen, Französischen und Spanischen u.a. Werke von Ambrose Bierce, Jorge Luis Borges, Georges Brassens, Conan Doyle, Rudyard Kipling, Tom Lehrer, G.K. Chesterton, Guy de Maupassant, Heberto Padilla; Schöpfer der Barakuda-Tetralogie; lebt als freier Schriftsteller in Bonn.

Bücher im Haffmans Verlag: *Kipling Companion* (mit Bildern, Dokumenten und Bibliographie, 1987) – *Und oben sitzt ein Rabe* (Krimi, 1988) – *Das Doppelgrab in der Provence* (Krimi, 1988) – *Mörder & Marder* (Krimi, 1988). Außerdem regelmäßig Beiträge im Magazin für jede Art von Literatur *Der Rabe* (seit 1982). – Von Gisbert Haefs neu übersetzt: Conan Doyle, *Die Abenteuer des Sherlock Holmes* (Erzählungen, 1984) – *Der Hund der Baskervilles* (Roman, 1984) – *Eine Studie in Scharlachrot* (Roman, 1984) – Ambrose Bierce, Werke in vier Bänden: *Des Teufels Wörterbuch* (Band 1, 1986) – *Geschichten aus dem Bürgerkrieg* (Band 2, in Vorbereitung) – *Horrorgeschichten* (Band 3, 1988) – Rudyard Kipling, Werke »Zürcher Edition«: *Das Dschungelbuch* (Geschichten, 1987) – *Kim* (Roman, 1987) – *Vielerlei Schliche* (Erzählungen, 1987) – *Das zweite Dschungelbuch* (Geschichten, 1987) – *Stalky & Co* (Erzählungen, 1988) – Gustave Flaubert, *Das Wörterbuch der übernommenen Ideen* (Nachwort von Julian Barnes, 1987).

GISBERT HAEFS
Die drei Romane mit Baltasar Matzbach

HaffmansTaschenBuch 9

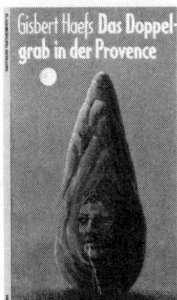

HaffmansTaschenBuch 13

HaffmansTaschenBuch 19

RUDYARD KIPLINGs WERKE

»ZÜRCHER EDITION« IM HAFFMANS VERLAG

HERAUSGEGEBEN UND ÜBERSETZT VON GISBERT HAEFS

Die Ausgabe lehnt sich an die von Kipling selbst gestaltete »Uniform Edition« seiner Werke an: gebunden, Fadenheftung, schwarzer Kopfschnitt, rote Elefantenhaut; mit Kiplings Vignette (der elefantenköpfige Ganesha, »Gott des glückhaften Beginnens«, mit Lotosbüschel).

Alle Bände sind originalgetreu, vollständig neu übersetzt und jeweils mit einem Anhang versehen, der neben editorischer Notiz und ausführlichen Anmerkungen die wichtigsten Ergebnisse der Rezeption enthält.

Abweichungen von der Zusammenstellung der Originalbände gibt es nur, wo dies sinnvoller Ergänzung oder größerer Vollständigkeit dient – also mehr, nicht weniger.

Vielerlei Schliche (Many Inventions)
Erzählungen

Das Dschungelbuch (The Jungle Book)
Erzählungen und (zweisprachige) Gedichte

Das Zweite Dschungelbuch (The Second Jungle Book),
Erzählungen und (zweisprachige) Gedichte

Kim (Kim)
Roman

Stalky & Co. (Stalky & Co.),
Erzählungen und (zweisprachige) Gedichte

Kipling Companion
Essay, Daten über Leben und Werk,
Fotos, Zitate über RK, Übersetzungsbeispiele,
Ausgaben, Werkliste

Weitere Bände in Vorbereitung

AMBROSE BIERCE
WERKE IN 4 BÄNDEN
Herausgegeben von
Gisbert Haefs

Des Teufels Wörterbuch
Band 1
Deutsch von Gisbert Haefs

Bürgerkriegsgeschichten
Band 2
(In Vorbereitung)

Horrorgeschichten
Band 3
Deutsch von Gisbert Haefs

Lügengeschichten und
Fantastische Fabeln
Band 4
Deutsch von Viola Eigenberz
und Trautchen Neetix

SIR ARTHUR CONAN DOYLE
SHERLOCK HOLMES
WERKAUSGABE IN NEUN EINZELBÄNDEN
NACH DEN ERSTAUSGABEN NEU UND GETREU
ÜBERSETZT

Eine Studie in Scharlachrot
Romane Bd. I.
Aus dem Englischen von Gisbert Haefs

Das Zeichen der Vier
Romane Bd. II.
Deutsch von Leslie Giger

Der Hund der Baskervilles
Romane Bd. III.
Deutsch von Gisbert Haefs

Das Tal der Angst
Romane Bd. IV.
Deutsch von Hans Wolf

Die Abenteuer des Sherlock Holmes
Erzählungen Bd. I.
Deutsch von Gisbert Haefs

Die Memoiren des Sherlock Holmes
Erzählungen Bd. II.
Deutsch von Nikolaus Stingl

Die Rückkehr des Sherlock Holmes
Erzählungen Bd. III.
Deutsch von Werner Schmitz

Seine Abschiedsvorstellung
Erzählungen Bd. IV.
Deutsch von Leslie Giger

Sherlock Holmes' Buch der Fälle
Erzählungen Bd. V.
Deutsch von Hans Wolf

sowie

Sherlock-Holmes-Handbuch
Conan-Doyle-Chronik, Die Plots aller Stories,
Who-is-who in Sherlock Holmes, Holmes-Illustrationen,
Holmes-Verfilmungen, Karten, Fotos etc.
Herausgegeben von Zeus Weinstein